Schwerpunkte Rauscher • Klausurenkurs im Internationalen Privat- und Verfahrensrecht

Klausurenkurs im Internationalen Privat- und Verfahrensrecht

für Schwerpunktbereich und Masterprüfung

von

Dr. Dr. h.c. Thomas Rauscher

Professor an der Universität Leipzig
Professor h.c. der Eötvös Loránd Universität Budapest

4., neu bearbeitete Auflage

C.F. Müller

Bibliografische Information der Deutschen Nationalbibliothek
Die Deutsche Nationalbibliothek verzeichnet diese Publikation in der Deutschen Nationalbibliografie; detaillierte bibliografische Daten sind im Internet über <http://dnb.d-nb.de> abrufbar.

ISBN 978-3-8114-4914-5

E-Mail: kundenservice@cfmueller.de
Telefon: +49 89 2183 7923
Telefax: +49 89 2183 7620

www.cfmueller.de
www.cfmueller-campus.de

Satz: TypoScript, München
Druck: CPI Books GmbH, Leck

Vorwort

Wer sich im Schwerpunktstudium oder einem Master-Studiengang dem zunehmend europäisierten IPR und IZPR widmet, muss neben neuen Themen auch neue Darstellungsweisen erlernen. Die vorliegende Fallsammlung will beiden Herausforderungen mit einer möglichst breit angelegten Wiederholung der gesamten prüfungsrelevanten Materie anhand von Fällen genügen. Diesem Zweck dienen auch die thematischen Hinweise auf mein Lehrbuch (Internationales Privatrecht, 5. Aufl., 2017).

Mit diesem systematischen Ansatz erscheint es sinnvoll, die Grundthematik der einzelnen Fälle auch in der 4. Auflage nicht zu ändern. Gleichwohl wird für Nutzer der Vorauflage das Gefühl des deja vu nur von kurzer Dauer sein; alle Fälle sind, teils durch Verschiebung von Daten, teils durch Änderungen oder Erweiterungen des Sachverhalts, so umgestaltet, dass sich in der Lösung die jüngeren Entwicklungen des IPR und IZPR widerspiegeln. Für langjährige Nutzer des Werkes eröffnet sich nebenbei die durchaus spannende Möglichkeit, den massiven Einfluss insbesondere des Europäischen Kollisionsrechts auf die Falllösung im IPR über die beiden letzten Dekaden zu beobachten.

Zeitangaben für die Bearbeitung der Fälle habe ich entfernt; die Fälle haben zwar das Anforderungsniveau von Examens- bzw Masterprüfungen, sind aber in 5 Stunden nicht zu bearbeiten. Die abgestuften Fallfragen erlauben jedoch abschnittsweise Lösungen und ein Aufbautraining für die in den Prüfungsordnungen vorkommenden Prüfungszeiten von zwei bis fünf Stunden. Alle Fälle sind mit den in der universitären Schwerpunktprüfung üblicherweise zugelassenen Hilfsmitteln zu lösen.

Die Europäisierung des Kollisionsrechts hat eine erhebliche Breite erreicht; mit Inkrafttreten der EU-ErbrechtsVO, für die erstmals Irland und das UK nicht optiert haben, sowie der beiden Güterrechtsverordnungen, die angesichts des offenen Dissenses zwischen Modernisten und Traditionalisten des Familienrechts nur in Verstärkter Zusammenarbeit erlassen wurden, ist, bis auf das eher begrenzte Projekt einer Verordnung über die Drittwirkungen der Zession, das derzeit anhängige Programm abgeschlossen. Ein Vorschlag zu einer Reform der Brüssel IIa-VO, der auch Anpassungen an die EuGH-Rechtsprechung zu Art. 6 ff Brüssel IIa-VO enthält, liegt seit 30.6.2016 vor; der Rat hat am 12.12.2018 einen Gemeinsamen Standpunkt mit Änderungen beschlossen.

Freilich spiegelt sich auch in unserem EU-rechtlichen Segment ein großes Problem der gegenwärtigen Lage der EU: Kompromisse erscheinen nicht mehr selbstverständlich. Das „Europa der zwei Geschwindigkeiten", welches im Modell der Verstärkten Zusammenarbeit Ausdruck findet, erlaubt es den teilnehmenden Mitgliedstaaten, sich als die „moderneren" Europäer zu fühlen, sendet aber Mitgliedstaaten, denen die Abkehr von nationaler Rechtstradition gerade im Familien- und Erbrecht zu schnell geht, in die Resignation. Der Brexit, der jeden Europäer schmerzen muss, aber gewiss nicht allein die Schuld des UK ist, ist nur ein vorläufiger Gipfel eines Problems. Die EU spaltet nicht nur, wer dem Zeitgeist nicht immer bedingungslos folgt. Die EU spaltet auch, wer nur seine Vision eines modernen Europa gelten lässt. Ein Verzicht auf die Provokation eines Nein der Mitgliedstaaten in Ost-Mitteleuropa durch zwei Güterrechtsverordnungen hätte zur gemeinsamen Verabschiedung einer rein ehegüterrechtlichen VO für alle Mitgliedstaaten führen können, wobei sodann jedem Mitgliedstaat, wie bei Rom III, freistünde, was er unter „Ehe" verstehen will.

Ich wünsche allen, die sich mit diesem Buch auf Modulprüfungen, Schwerpunktprüfungen und andere Examina vorbereiten, viel Erfolg und wachsende Freude an der grenzenlosen und faszinierenden Welt des internationalen und europäischen Privatrechtsverkehrs.

Meinen Mitarbeitern danke ich herzlich für fruchtbare Diskussionen, wertvolle Hinweise zur Rechtsentwicklung und motivierende Kritik, nicht zuletzt aber für unermüdliche sorgsame Korrekturen des Manuskripts.

Leipzig, im Juni 2019 *Thomas Rauscher*

Inhaltsverzeichnis

Literaturverzeichnis

I. Lehrbücher

von Bar/Mankowski	Internationales Privatrecht Band 2: Besonderer Teil (2. Aufl., 2019)
von Bar/Mankowski	Internationales Privatrecht Band 1: Allgemeine Lehren (2. Aufl., 2003)
Geimer	Internationales Zivilprozessrecht (7. Aufl., 2014)
von Hoffmann/Thorn	Internationales Privatrecht (10. Aufl., 2019)
Kegel/Schurig	Internationales Privatrecht (9. Aufl., 2004)
Koch/Magnus/Winkler von Mohrenfels	IPR und Rechtsvergleichung (4. Aufl., 2010)
Kropholler	Internationales Privatrecht (6. Aufl., 2006)
Linke/Hau	Internationales Zivilverfahrensrecht (7. Aufl., 2018)
Rauscher	Internationales Privatrecht (5. Aufl., 2017)
Schack	Internationales Zivilverfahrensrecht (7. Aufl., 2017)
Zweigert/Kötz	Einführung in die Rechtsvergleichung auf dem Gebiete des Privatrechts (3. Aufl., 1996)

II. Kommentare

Gebauer/Wiedmann	Zivilrecht unter europäischem Einfluss (2. Aufl., 2010)
Geimer/Schütze	Europäisches Zivilverfahrensrecht (3. Aufl., 2010)
Johannsen/Henrich	Familienrecht (6. Aufl., 2015)
Kropholler/von Hein	Europäisches Zivilprozessrecht (9. Aufl., 2011, demnächst 10. Aufl., 2019)
Krüger/Rauscher (Hrsg)	Münchener Kommentar ZPO (5. Aufl., 2016–2017), dort: Band 3 (2017)
Palandt	Bürgerliches Gesetzbuch (78. Aufl., 2019 [Thorn])
Rauscher (Hrsg)	EuZPR/EuIPR (4. Aufl. 2015/2016)
Rauscher (Hrsg)	Münchener Kommentar zum FamFG (3. Aufl., 2018–2019), dort: Band 2 (2019)
Säcker/Rixecker (Hrsg)	Münchener Kommentar BGB (7. Aufl., 2016–2019), dort: Band 10 (2017), Band 11 (2018)
Schlosser/Hess	EU-Zivilprozessrecht (4. Aufl., 2015)
von Staudinger	Kommentar zum BGB (13. Bearbeitung 1993 ff)
Zöller	Zivilprozessordnung (32. Aufl., 2018), dort: Anh I, II

III. Quellensammlungen

von Bar	Ausländisches Privat- und Privatverfahrensrecht in deutscher Sprache (10. Aufl., 2017)
Bergmann/Ferid/Henrich	Internationales Ehe- und Kindschaftsrecht (Loseblatt)
Ferid/Firsching/Dörner/Hausmann	Internationales Erbrecht (Loseblatt)
Geimer/Schütze (Hrsg)	Internationaler Rechtsverkehr in Zivil- und Handelssachen (56. Aufl., 2018, Loseblatt)
Jayme/Hausmann	Internationales Privat- und Verfahrensrecht (19. Aufl., 2018)
Rieck	Ausländisches Familienrecht (2005 ff, Länderfaszikel)
Süß	Erbrecht in Europa (3. Aufl., 2015)
Süß/Ring	Eherecht in Europa (3. Aufl., 2017)

IV. Fallsammlungen und Anleitungen zur Lösung von Fällen

Basedow/CoesterWaltjen/Mansel [früher: *Drobnig/Ferid/Kegel/Zweigert (Hrsg)*]	Gutachten zum internationalen und ausländischen Privatrecht (1965-)
Carl/Franke/Ghassabeh/Hanke	Examenskurs: IPR, IZVR, EuR (2005)
Coester-Waltjen/Mäsch	Übungen in Internationalem Privatrecht und Rechtsvergleichung (5. Aufl., 2017)
Elwan/von Menhofer/Otto	Gutachten zum ausländischen Familien- und Erbrecht (2005)
Fuchs/Hau/Thorn	Fälle zum Internationalen Privatrecht (5. Aufl., 2019)
Max Planck Institut für ausländisches und internationales Privatrecht (Hrsg)	Die deutsche Rechtsprechung auf dem Gebiete des Internationalen Privatrechts (1926 ff)
Rösler	Internationales Privat- und Zivilverfahrensrecht – Prüfe Dein Wissen (6. Aufl., 2019)
Schack	Höchstrichterliche Rechtsprechung zum internationalen Privat- und Verfahrensrecht (2. Aufl., 2000)

Abkürzungsverzeichnis

(nur abgekürzt zitierte Rechtsquellen)

ABGB	Allgemeines Bürgerliches Gesetzbuch (Österreich)
AdÜbAG	Adoptionsübereinkommens-Ausführungsgesetz vom 5.11.2001
AdWirkG	Adoptionswirkungsgesetz vom 5.11.2001
AEntG	Arbeitnehmer-Entsendegesetz vom 26.2.1996
AEUV	Vertrag über die Arbeitsweise der Europäischen Union idF vom 9.5.2008
AK	Astikos Kodix (Griechisches Zivilgesetzbuch)
ANNSICL	Annual Survey of International & Comparative Law
ArbN-EntsendeRiLi	Richtlinie 96/71/EG vom 16.12.1996 über die Entsendung von Arbeitnehmern im Rahmen der Erbringung von Dienstleistungen
AsylG	Asylgesetz vom 2.8.2008
AuslG	Ausländergesetz vom 1.7.1996
AußStrG	Außerstreitgesetz (Österreich)
AVAG	Anerkennungs- und Vollstreckungsausführungsgesetz idF vom 3.12.2009
BeitrittsÜbk	Beitrittsübereinkommen zum EuGVÜ
BeurkG	Beurkundungsgesetz vom 28.8.1969
BGB	Bürgerliches Gesetzbuch idF vom 2.1.2002
BRAO	Bundesrechtsanwaltsordnung vom 1.8.1959
Brüssel I-VO	Verordnung (EG) Nr 44/2001 vom 22.12.2000 über die gerichtliche Zuständigkeit und die Anerkennung und Vollstreckung von Entscheidungen in Zivil- und Handelssachen
Brüssel Ia-VO	Verordnung (EU) Nr 1215/2012 vom 12.12.2012 über die gerichtliche Zuständigkeit und die Anerkennung und Vollstreckung von Entscheidungen in Zivil- und Handelssachen
Brüssel II-VO	Verordnung (EG) Nr 1347/2000 vom 29.5.2000 über die Zuständigkeit und die Anerkennung und Vollstreckung von Entscheidungen in Ehesachen und in Verfahren betreffend die elterliche Verantwortung
Brüssel IIa-VO	Verordnung (EG) Nr 2201/2003 vom 27.11.2003 über die Zuständigkeit etc in Ehesachen und in Verfahren betreffend die elterliche Verantwortung und zur Aufhebung der VO (EG) Nr 1347/2000
cc	codice civile / código civil / code civil
CISG	Übereinkommen der Vereinten Nationen über Verträge über den internationalen Warenkauf vom 11.4.1980
DDR-RAG	Rechtsanwendungsgesetz der DDR vom 5.12.1975

Disp.s.l.in gen	Disposizioni sulla legge in generale (Vorbemerkungen zum ital cc, abgelöst durch ital IPRG 1995
EGBGB	Einführungsgesetz zum Bürgerlichen Gesetzbuch vom 18.8.1896
EG-UntVO	Verordnung (EG) Nr 4/2009 vom 18.12.2008 über die Zuständigkeit, das anwendbare Recht, die Anerkennung und Vollstreckung von Entscheidungen und die Zusammenarbeit in Unterhaltssachen
EGV	Vertrag über die Europäische Gemeinschaft idF vom 2.10.1997 (Amsterdam)
EG-VollstrTitelVO	Verordnung (EG) Nr 805/2004 vom 21.4.2004 zur Einführung eines europäischen Vollstreckungstitels für unbestrittene Forderungen
EGVVG	Einführungsgesetz zum Versicherungsvertragsgesetz vom 30.5.1908
EG-ZustDG	EG-Zustellungsdurchführungsgesetz vom 9.7.2001
EG-ZustellVO	Verordnung (EG) Nr 1393/2007 vom 13.11.2007 (Zustellung gerichtlicher und außergerichtlicher Schriftstücke)
EheG	Ehegesetz vom 20.2.1946 aufgehoben mit Wirkung vom 1.7.1998
EPTL	Estates Powers and Trust Law (New York)
ErbRÄndG (2015)	Österreichisches Erbrechts-Änderungsgesetz 2015
EU-EheGüterVO	Verordnung (EU) 2016/1103 vom 24. Juni 2016 zur Durchführung einer Verstärkten Zusammenarbeit im Bereich der Zuständigkeit, des anzuwendenden Rechts und der Anerkennung und Vollstreckung von Entscheidungen in Fragen des ehelichen Güterstandes.
EU-ErbVO	Verordnung (EU) Nr 650/2012 vom 4.7.2012 über die Zuständigkeit, das anwendbare Recht, die Anerkennung und Vollstreckung von Entscheidungen und die Annahme und Vollstreckung öffentlicher Urkunden in Erbsachen sowie zur Einführung eines Europäischen Nachlasszeugnisses
EuGVÜ	Brüsseler EWG-Übereinkommen über die gerichtliche Zuständigkeit und die Vollstreckung gerichtlicher Entscheidungen in Zivil- und Handelssachen vom 27.9.1968
EuKEntfÜbk	Luxemburger Europäisches Übereinkommen über die Anerkennung und Vollstreckung von Entscheidungen über das Sorgerecht für Kinder und die Wiederherstellung des Sorgeverhältnisses vom 20.5.1980
EV	Einigungsvertrag vom 31.8.1990
EVÜ	Römisches EWG-Übereinkommen über das auf vertragliche Schuldverhältnisse anzuwendende Recht vom 19.6.1980
EWGV	Vertrag zur Gründung der Europäischen Wirtschaftsgemeinschaft vom 25.3.1957
FamFG	Gesetz über das Verfahren in Familiensachen und in den Angelegenheiten der freiwilligen Gerichtsbarkeit vom 17.12.2008
FamNamRG	Familiennamensrechtsgesetz vom 16.12.1993
FamRÄndG	Familienrechtsänderungsgesetz vom 11.8.1961
FGG	Gesetz über die Angelegenheiten der freiwilligen Gerichtsbarkeit vom 17.5.1898 aufgehoben mit Wirkung vom 1.9.2009

FGG-RG	Gesetz zur Reform des Verfahrens in Familiensachen und in den Angelegenheiten der freiwilligen Gerichtsbarkeit (FGG-Reformgesetz) vom 17.12.2008
GBO	Grundbuchordnung idF vom 26.5.1994
GFK	Abkommen über die Rechtsstellung der Flüchtlinge vom 28.7.1951 (Genfer Flüchtlingskonvention)
GG	Grundgesetz für die Bundesrepublik Deutschland vom 23.5.1949
GmbHG	Gesetz betreffend die Gesellschaften mit beschränkter Haftung vom 20.4.1892
GVG	Gerichtsverfassungsgesetz idF der Bekanntmachung vom 9.5.1975
HAdoptÜbk 1993	Haager Übereinkommen über den Schutz von Kindern und die Zusammenarbeit auf dem Gebiet der internationalen Adoption vom 29.5.1993
HausTWiG	Haustürwiderrufsgesetz vom 16.1.1986 aufgehoben mit Wirkung vom 1.1.2002
HBÜ	Haager Übereinkommen über die Beweisaufnahme im Ausland in Zivil- und Handelssachen vom 18.3.1970
HGB	Handelsgesetzbuch vom 10.5.1897
HKiEntÜ	Haager Übereinkommen über die zivilrechtlichen Aspekte internationaler Kindesentführung vom 25.10.1980
HöfeO	Höfeordnung idF vom 26.7.1976
HUntStProt 2007	Haager Protokoll über das auf Unterhaltspflichten anzuwendende Recht vom 23.11.2007
HUÜbk 1973	Haager Übereinkommen über das auf Unterhaltspflichten anzuwendende Recht vom 2.10.1973
HZÜ	Haager Übereinkommen über die Zustellung gerichtlicher und außergerichtlicher Schriftstücke im Ausland in Zivil- und Handelssachen vom 15.11.1965
ILRG	Gesetz betreffend das Interlokale Kollisionsrecht (jeweils mit Länderangabe, soweit nicht aus dem Fallzusammenhang eindeutig)
IntErbG	Gesetz zum Internationalen Erbrecht und zur Änderung von Vorschriften des zum Erbschein sowie zur Änderung sonstiger Vorschriften vom 29.6.2015
IntErbRVG	Internationales Erbrechtsverfahrensgesetz vom 29.6.2015
IntGüRG	Gesetz zum Internationalen Güterrecht und zur Änderung von Vorschriften des IPR vom 17.12.2018
IPRG	Gesetz betreffend das Internationale Privatrecht (jeweils mit Länderangabe, soweit nicht aus dem Fallzusammenhang eindeutig)
IWRZ	Zeitschrift für Internationales Wirtschaftsrecht
Kfz-HaftpflichtRiLi	Richtlinie 2009/103/EG vom 16.9.2009 über die Kraftfahrzeug-Haftpflichtversicherung

KindRG	Kindschaftsrechtsreformgesetz vom 16.12.1997
KSÜ	Haager Übereinkommen über die Zuständigkeit, das anwendbare Recht, die Anerkennung, Vollstreckung und Zusammenarbeit auf dem Gebiet der elterlichen Verantwortung und der Maßnahmen zum Schutz von Kindern (Haager Kinderschutzübereinkommen) vom 19.10.1996
Luganer Übk	Luganer Übereinkommen über die gerichtliche Zuständigkeit und die Anerkennung und Vollstreckung gerichtlicher Entscheidungen in Zivil- und Handelssachen vom 30.10.2007
MSA	Haager Übereinkommen über die Zuständigkeit der Behörden und das anzuwendende Recht auf dem Gebiet des Schutzes von Minderjährigen (Haager Minderjährigenschutzabkommen) vom 5.10.1961
MuSchG	Mutterschutzgesetz vom 24.1.1952 idF vom 20.6.2002
ncpc	nouveau code de procedure civile (Frankreich)
OR	Obligationenrecht (Schweiz)
PflVG	Pflichtversicherungsgesetz idF vom 5.4.1965
PStG	Personenstandsgesetz vom 19.2.2007
PStRG	Personenstandsrechtsreformgesetz vom 19.2.2007
RechtsAnwVO	Rechtsanwendungsverordnung idF vom 21.2.1936 aufgehoben mit Wirkung vom 1.6.1999
Rom I-VO	Verordnung (EG) Nr 593/2008 vom 17.6.2008 über das auf vertragliche Schuldverhältnisse anwendbare Recht
Rom II-VO	Verordnung (EG) Nr 864/2007 vom 11.7.2007 über das auf außervertragliche Schuldverhältnisse anwendbare Recht
Rom III-VO	Verordnung (EU) Nr 1259/2010 vom 20.12.2010 zur Durchführung einer Verstärkten Zusammenarbeit im Bereich des auf die Ehescheidung und Trennung ohne Auflösung des Ehebandes anzuwendenden Rechts
RPflG	Rechtspflegergesetz vom 5.11.1969
RuStAG	Reichs- und Staatsangehörigkeitsgesetz vom 22.7.1913
RVG	Gesetz über die Vergütung der Rechtsanwältinnen und Rechtsanwälte (Rechtsanwaltsvergütungsgesetz) vom 5.5.2004
StAG	Staatsangehörigkeitsgesetz vom 15.7.1999
StVG	Straßenverkehrsgesetz idF vom 5.3.2003
TestFormÜbk	Haager Übereinkommen über das auf die Form letztwilliger Verfügungen anzuwendende Recht vom 5.10.1961
TVG	Tarifvertragsgesetz idF vom 25.8.1969

UmwG	Umwandlungsgesetz vom 28.10.1994
UNÜ	New Yorker UN-Übereinkommen über die Anerkennung und Vollstreckung ausländischer Schiedssprüche vom 10.6.1958
USC	United States Code
VAG	Versicherungsaufsichtsgesetz idF vom 17.12.1992
VAHRG	Gesetz zur Regelung von Härten im Versorgungsausgleich vom 21.2.1983
VerbR	Zeitschrift für Verbraucherrecht (Österreich)
VermG	Vermögensgesetz idF vom 9.2.2005
VersAusglG	Versorgungsausgleichsgesetz vom 3.4.2009
VVG	Versicherungsvertragsgesetz idF vom 23.11.2007
WpHG	Wertpapierhandelsgesetz idF vom 9.9.1998
ZfPW	Zeitschrift für die gesamte Privatrechtswissenschaft
ZGB	Zivilgesetzbuch (mit Länderangabe)
ZPO	Zivilprozessordnung idF vom 5.12.2005
ZustAusfG	Gesetz zur Ausführung des Haager Übereinkommens vom 15. November 1965 über die Zustellung gerichtlicher und außergerichtlicher Schriftstücke im Ausland in Zivil- oder Handelssachen und des Haager Übereinkommens vom 18. März 1970 über die Beweisaufnahme im Ausland in Zivil- oder Handelssachen vom 22.12.1977
ZustRG	Zustellungsreformgesetz vom 25.6.2001

1. Teil

Hinweise zur Bearbeitung von Fällen mit Auslandsbezug

I. Zur Arbeit mit diesem Buch

1. Wiederholen

Wer mit diesem Buch arbeitet, möchte bereits vorhandenes Wissen vertiefen. 1

Die in diesem Buch gesammelten Fälle decken thematisch die Anforderungen eines Curriculums im Schwerpunktstudium IPR/IZPR/EuIPR/EuZPR sowie zu Modulen dieser Fächer in Masterstudiengängen im Wesentlichen ab. Es versteht sich von selbst, dass nicht das gesamte Detailwissen zu diesen Themen hier vermittelt werden kann. Deshalb ist das Buch eng verknüpft mit dem vom selben Autor verfassten „Schwerpunktbereich IPR" in der Reihe „Schwerpunkte". Am Ende jeder Falllösung wird auf die Behandlung der relevanten Themen dort hingewiesen. Das UN-Kaufrecht (CISG) gehört häufig zu solchen Curricula, ist aber im vorliegenden Buch nur punktuell erfasst.

2. Falllösung üben

Wer mit diesem Buch arbeitet, möchte lernen, in welcher Weise das Wissen in eine praktische Falllösung umzusetzen ist. 2

Die Fälle haben durchweg den Schwierigkeitsgrad von Modulprüfungen in Masterstudiengängen, Abschlussklausuren im universitären Schwerpunktbereich oder Seminararbeiten zur Lösung auslandsrechtlicher Fälle, insoweit allerdings ohne größere auslandsrechtliche Herausforderungen, die im Seminar, für dessen Bearbeitung eine Bibliothek zur Verfügung steht, üblich sind. Auslandsrechtliche Kenntnisse sind nicht gefordert, rechtsvergleichende insoweit, als mit auslandsrechtlichen Normen sinnvoll umzugehen ist. Der Umfang der Fälle überschreitet hingegen den üblicher Klausuren, die in Abhängigkeit von den jeweiligen Prüfungsordnungen meist zwischen 2 und 5 Stunden Bearbeitungszeit haben.

3. Prüfung simulieren

Wer mit diesem Buch arbeitet, möchte Sicherheit gewinnen, die Prüfung zu bestehen. 3

Dazu gehört Ehrlichkeit sich selbst gegenüber, die das Buch ermöglicht, aber nicht überwachen kann. Alle Hinweise, auch diejenigen auf die behandelten Themen, finden sich nach der Überschrift „Strukturierung des Falles". Wer sich selbst einer Prüfungssituation aussetzen will, legt nur den Falltext und die anschließenden Materialien zugrunde. Wie in jeder juristischen Falllösung bedeutet die Strukturierung des Falles, also eine gründliche Skizze, welche die Probleme abarbeitet und logisch aufbauend löst, eine unverzichtbare Grundlage. Hierauf sollten 50–60 % der verfügbaren Zeit verwendet werden. Je besser die Skizze ist, um so mehr wird der Rest zur bloßen Ausformulierung bereits gelöster Fragen. Wer keine Probleme hat, fließend zu formulieren, kann getrost die Fälle auch nur als vollständige Lösungsskizze bearbeiten und seine Lösung an der jeweils ausführlichen „Strukturierung des Falles" messen.

II. Besonderheiten des Falles mit Auslandsbezug

1. Generell zum Aufbau

a) Logik statt Schemata

4 Noch weniger als bei der Klausur zum BGB ist es beim Auslandsfall ratsam, auswendig gelernten Aufbauschemata zu folgen. Die Fallgestaltungen sind vielfältig und die logisch geordnete Darstellung lässt sich nicht universell tauglich schematisieren. Im Übrigen gilt wie in jedem juristischen Gutachten auch hier das Prinzip, Fragen dort zu erörtern, wo sie sich stellen, weil die systematisch nachfolgende Norm in einem Regelungskomplex oder das nächste Tatbestandsmerkmal einer Norm die Frage aufwirft. Gewisse Unterschiede ergeben sich bei der groben Gliederung von Themenkomplexen und der Feingliederung einzelner Probleme.

b) Grobgliederung

5 Wird man nicht ohnehin durch Fallfragen zu einer bestimmten Grobgliederung aufgefordert, so empfiehlt sich in den recht häufigen Fällen, in denen nach der Entscheidung des angerufenen Gerichts oder der Beurteilung einer inhaltlich bereits bezeichneten Klage gefragt wird, ein Aufbau, der nacheinander Zulässigkeit (überwiegend die internationale, teils auch die örtliche, sachliche und funktionale Zuständigkeit), Kollisionsnormen und materielle Rechtslage behandelt.

Ist hingegen in einer Beratungssituation nach den rechtlichen Möglichkeiten in einer Fallsituation gefragt, kann es zunächst erforderlich sein, das anwendbare Recht zu bestimmen, und erst danach die internationale Zuständigkeit für ein nach dem materiellen Recht aussichtsreiches Begehren.

Sind im selben Verfahren mehrere Gegenstände zu behandeln, die verschiedenen Regeln unterliegen (zB der Scheidungsverbund, in dem die Scheidung selbst und jede Folgesache bei Zuständigkeit und IPR eigenen Regeln folgen), so dient es meist der Verständlichkeit der Darstellung, zuerst für alle Gegenstände die Zulässigkeit/Zuständigkeit zu prüfen und dann zum IPR überzugehen.

Die Sorge, den „Gutachtenstil" nicht zu verletzen, darf nicht dazu verleiten, einen Aufbau nach der letztlich angewendeten Anspruchsgrundlage des vom IPR berufenen Rechts zu wählen. Fälle mit Auslandsbezug sind in der gerichtlichen Praxis oft Gegenstand von „echten“ Rechtsgutachten und kein Gericht hätte Verständnis, wenn die systematische Verständlichkeit unter einem gezwungen wirkenden Gesamtaufbau leidet. Aufteilung einzelner Problemfelder in der Gesamtgliederung ist hier gefordert.

c) Feingliederung

Die Feingliederung wird nicht von Grundregeln bestimmt, sondern von der Normlogik. **6**
In welcher Reihenfolge in einer Zuständigkeitsprüfung die internationale, örtliche und sachliche Zuständigkeit stehen, ob man zuerst das KSÜ oder zuerst die Brüssel IIa-VO prüft, ob man bei einer doppelstaatigen Person mit Art. 7 Abs. 1 EGBGB oder mit Art. 5 Abs. 1 EGBGB beginnt, kann kein noch überschaubar gehaltenes Schema (das dann wenn es darauf ankommt, nicht als zulässiges Hilfsmittel zur Hand ist) entscheiden. Logische Einordnung erklärt die Stellung des Problems im Fallaufbau zwanglos: Die internationale steht vor der örtlichen und der sachlichen Zuständigkeit – ehe wir nicht wissen, dass deutsche Gerichte zuständig sind, stellt sich die Frage nach dem örtlich zuständigen Gericht nicht. Die Brüssel IIa-VO ist vor dem KSÜ zu prüfen, denn sie regelt ihr Verhältnis zum Anwendungsbereich des KSÜ in Art. 61 Brüssel IIa-VO. Art. 5 Abs. 1 EGBGB interessiert so lange nicht, wie nicht eine Verweisungsnorm die Staatsangehörigkeit ins Spiel bringt, also ist erst Art. 7 Abs. 1 EGBGB zu prüfen, der die Frage impliziert, wie mit einem Doppelstaater als Anknüpfungssubjekt zu verfahren ist.

d) Checklisten

Hilfreich als Wegweiser in der Fülle gelernter Fragestellungen können Checklisten sein, **7**
die für die großen Themen in einer Grobgliederung die in Betracht zu ziehenden Aspekte und die sie regelnden Rechtsinstrumente auflisten. Nicht nach Art eines Aufbauschemas, sondern als Gedächtnisstütze, die der Bearbeiter wie ein Pilot vor oder nach einem bestimmten Abschnitt der Reise durch den Fall in Gedanken „abhakt“, um zu prüfen, ob etwas womöglich Relevantes übersehen wurde. Eine Checkliste übt im Gegensatz zu einem Aufbauschema auf Prüfungskandidaten nicht den magischen Zwang aus, jeden Punkt zu erörtern. Sind Aspekte unproblematisch, so bedeutet die Erwähnung auf der Checkliste nicht, dass man darüber im Gutachten Worte verliert. So ist der in Klausuren äußerst beliebte Prüfungspunkt „Qualifikation“ zwar eine schöne Ovation an den Savigny'schen „Sitz des Rechtsverhältnisses“, wirkt aber ziemlich aufgesetzt, wenn man ihn ohne Anlass in die Breite zieht. Die Qualifikation hat allerdings in jüngerer Zeit eine neue, nicht zu unterschätzende Facette hinzugewonnen, weil EG/EU-Verordnungen manches anders qualifizieren als wir es vom EGBGB gewohnt sind; berühmtes Beispiel ist die – in Verkennung der auch vom EuGH immer vertretenen funktionalen Qualifikation judizierte – erbrechtliche Behandlung des § 1371 Abs. 1 BGB durch den EuGH.

Auch Checklisten sind als Hilfsmittel nicht zugelassen – was bedauerlich ist, denn kein vernünftiger Praktiker wird der Selbstüberschätzung erliegen, alle in einem Fall in Betracht kommenden Aspekte und Regeln auswendig zu kennen. Nun sollen sich ja deutsche juristische Prüfungskandidaten in einem später nie mehr erreichten Zustand der Allwissenheit befinden, was aber die Verwendung der Checkliste nicht ausschließt; sie ist nämlich im Vergleich zu Schemata eher kurz. Und wenn sie im Laufe des Lernens mit diesem Buch selbst erstellt wird, dann prägt sie sich durchaus ein.

e) Beispiel: Checkliste Internationale Zuständigkeit

8 Europarecht

- Brüssel Ia-VO // Brüssel I-VO
- EG-VollstrTitelVO, EG-Mahn-VO, EG-BagatellVO
- EG-UntVO– Brüssel II-VO // Brüssel IIa-VO
- EU-ErbVO, EU-EheGüterVO, EU-ELPGüterVO
- sachlich – zeitlich – räumlich(-persönlich)

Völkerverträge

- MSA
- KSÜ
- EuKEntfÜbk
- Luganer Übk 2007
- sachlich – zeitlich – räumlich(-persönlich)

Deutsches IZPR

- §§ 12 ff ZPO entsprechend
- §§ 98, 100, 102, 103 FamFG
- §§ 99, 101, 104
- § 105 FamFG
- sachlich-zeitlich

Wer mehr Details aufnehmen möchte, etwa verschiedene Zuständigkeitsgründe und -systeme (Verbraucher, Versicherte, Arbeitnehmer) der Brüssel Ia-VO, sollte bedenken, dass eine schlanke und einprägsame Checkliste nur zu den Normen führen muss, die als zulässige Hilfsmittel beim Lösen des Falles verfügbar sind. Man will nicht in das Stichwortverzeichnis sehen müssen, aber muss nicht das Inhaltsverzeichnis des Rechtsinstruments auswendig lernen. Speicherplatz überlassen wir getrost der „künstlichen Intelligenz“ und lösen unsere Fälle mit der nur dem menschlichen Denken eigenen Mischung aus Wissen, Logik und Phantasie.

2. Prozessuale Fragen

a) Fragestellungen

9 Während in Klausuren des Ersten Staatsexamens das Zivilprozessrecht fast ausschließlich in kleinen Zusatzfragen vorkommt, spielt das Internationale Zivilprozessrecht (IZPR), vor allem aber das Europäische Zivilprozessrecht (EuZPR), im Fall mit Auslandsbezug eine tragende Rolle. Sowohl aus Gerichts- als auch aus Anwaltsperspektive wird häufig danach gefragt sein, ob ein Gericht oder deutsche Gerichte, manchmal auch ausländische Gerichte, international zur Entscheidung zuständig sind. Gerade der

Aspekt einer ausländischen Zuständigkeit wird in der deutschen Beratungspraxis oft nicht ausreichend einbezogen, was das in den USA als Kunst geübte, dem Mandanten nützliche *forum shopping* blockiert. Es ist praktisch, wenn man den Mandanten vor einem deutschen Gericht vertreten kann, kann aber im Ergebnis oder auch bei den Rechtsermittlungskosten in Anwendung ausländischen Rechts Nachteile haben.

Hinzu kommen Fragen der Partei- und Prozessfähigkeit ausländischer Parteien, die Ausländersicherheit und Zustellungsprobleme.

Als Hauptfrage, oft aber auch als Vorfrage innerhalb einer Verfahrenssituation, kann sich die Anerkennung ausländischer Entscheidungen oder die Beachtung ausländischer Rechtshängigkeit stellen.

b) Aufbauhinweise

Zulässigkeitsfragen, insbesondere die internationale Zuständigkeit, sind regelmäßig **10**
zuerst zu prüfen.

Gerichtsbarkeit, Partei- und Prozessfähigkeit, Klageerhebung (Zustellung!) und Ausländersicherheit werden (nach der Zuständigkeit) nur geprüft, wenn sich nach dem Sachverhalt Probleme ergeben. Auch eine anderweitige Rechtshängigkeit wird meist auf der Zulässigkeitsebene relevant.

Hingegen kann die Anerkennung ausländischer Entscheidungen die Zulässigkeit beeinflussen (jemand erhebt den Einwand der *res iudicata* oder des fehlenden Rechtsschutzbedürfnisses); sie kann aber auch die materielle Ebene betreffen (Scheidungsantrag unbegründet, weil die Ehe bereits – in Deutschland anerkennungsfähig – im Ausland geschieden oder aufgehoben ist).

Auch wenn Bearbeitern im Kenntnisstand des Ersten Staatsexamens jede prozessrechtliche Erkenntnis eher hochwertig erscheinen mag: Trotz des oft prozessualen Bezuges sind gerade Fälle mit Auslandsbezug nicht der Ort, um banale Grundkenntnisse der ZPO auszubreiten. Ist in einem Fall mit Auslandsbezug nach der Zulässigkeit der Klage gefragt, so geht es um spezifisch auslandsrechtliche Probleme. Das Abarbeiten banal erfüllter Prozessvoraussetzungen („Der deutsche Kläger ist parteifähig, wenn er rechtsfähig ist; ja, er wurde geboren und ist noch nicht verstorben“) ist zeitraubender Ballast. Hingegen kann die Parteifähigkeit und die prozessfähige Vertretung einer ausländischen juristischen Person durchaus eine zentrale Frage eines auslandsrechtlichen Falles bedeuten („der Senior Vice President X der als corporation des Rechts von Hong Kong in London gegründeten Klägerin erteilt Rechtsanwalt R Prozessvollmacht“). Auch bei der örtlichen Zuständigkeit bedarf es eines Instinkts für erörterungsbedürftige und für banale Fragen.

3. IPR

a) Fragestellungen

11 Die Suche nach dem im Fall anwendbaren Recht ist Gegenstand vieler Fälle mit Auslandsbezug; rein prozessuale Fälle kommen freilich im Bereich der Anerkennung ausländischer Entscheidungen vor. Selbst wenn deutsche Gerichte nicht international zuständig sind, wird die Fallfrage oft deutlich machen, dass auch das anwendbare Recht [hilfsgutachtlich] zu ermitteln ist. Auch in diesem Bereich haben völkervertragliche und europarechtliche Instrumente einen zunehmend größeren Anwendungsbereich, aus dem sich Abgrenzungsprobleme (welche Fragen des Vertrages unterliegen dem CISG, welche dem Vertragsstatut?) ergeben.

Eine wichtige Aufgabe besteht hier zunächst darin, die Fragen des Falles zutreffend zu qualifizieren. Dabei muss immer in Betracht gezogen werden, dass ein einheitlicher Lebenssachverhalt mehreren Rechtsordnungen untersteht. Zunehmend Bedeutung hat die durchaus vom deutschen Recht abweichende Qualifikation in EU-Instrumenten, die deren Anwendungsbereich bestimmt (zB Anwendung der Rom III-VO auf private Scheidungen oder die Scheidung gleichgeschlechtlicher Ehen).

b) Aufbauhinweise

12 Die Anspruchsprüfung, in Fällen mit Auslandsbezug häufig als Begründetheitsprüfung in einem Klagefall enthalten, beginnt im Gegensatz zum gewohnten internen Fall nicht mit einer Anspruchsgrundlage. Ehe nicht das anwendbare Recht ermittelt ist, hat es keinen Sinn, eine Anspruchsgrundlage voranzustellen und künstlich zu fragen, ob das dazugehörige Recht anwendbar ist. Es ist im Gutachten sachgerecht, vorab das – für jeden Teilbereich des Falles – anzuwendende Recht in einem dem Anspruchsaufbau nachgebildeten „Verweisungsnormaufbau" zu prüfen.

Am Anfang steht immer die letztlich das anwendbare Recht bestimmende Verweisungsnorm. Sonstige Kollisionsnormen, etwa zu Staatenlosigkeit oder Mehrstaatigkeit folgen in diesem Aufbau, wenn sich zeigt, dass es auf diese Normen ankommt, zB, weil an die Staatsangehörigkeit einer Person angeknüpft wird und diese (womöglich) zwei Staatsangehörigkeiten hat oder staatenlos ist.

Geht es im Fall um mehrere Statuten, so ist es eine Frage verständlicher Darstellung, ob man einheitlich die IPR-Ebene prüft und anschließend die materiellen Rechtsprobleme nach dem jeweils anwendbaren Recht, oder ob man nach Einzelfragen gliedert und dort jeweils IPR und materielles Recht abarbeitet. Geringere Schwierigkeiten ergeben sich meist, wenn man zunächst das IPR „abarbeitet". Damit ist dann der Fundus der materiellen Normen bestimmt, mit dem man den Fall lösen darf.

Vorfragenanknüpfungen bringen Bearbeiter leicht in Aufbaunöte. Hier lässt es sich oft nicht vermeiden, eine IPR-Prüfung (Anknüpfung der Vorfrage) in die materielle Prüfung einzuflechten. ZB lässt es sich aufbaulogisch nicht begründen, einen Ehescheidungsfall – vermeintlich historisch – mit der Prüfung der wirksamen Eheschließung zu beginnen. Ob die Parteien verheiratet sind, ist eine Vorfrage, die sich erst im materiellen Scheidungstatbestand stellt. Dort muss sie dann auch behandelt werden. Doch auch hier gilt: Es gibt Probleme und es gibt Selbstverständliches: Wer in jedem Scheidungsfall die Wirksamkeit der im Sachverhalt nicht problematisierten Eheschließung („die Parteien haben am ... in ... geheiratet") prüft, oder gar, ob der Standesbeamte bei der unverdächtigen Eheschließung ordnungsgemäß bestellt und mitwirkungsfähig war, schreibt nicht nur Überflüssiges in zu knapper Zeit, sondern langweilt auch den Leser.

4. Interpersonale, interlokale und intertemporale Fragen

a) Fragestellungen

Interpersonale und interlokale Fragestellungen ergeben sich, wenn in der vom deutschen IPR verwiesenen Rechtsordnung eine Rechtsspaltung im IPR und/oder im materiellen Recht besteht. Abhängig von den im jeweiligen Studium erwarteten rechtsvergleichenden Kenntnissen wird darauf durch die Mitteilung von Normen des betreffenden Staates hingewiesen oder die Kenntnis einiger Grundbegriffe vorausgesetzt. **13**

Intertemporale Fragen können sich auf jeder Stufe der Prüfung ergeben; mit Ausnahme deutscher Normen, bei denen die Kenntnis der Standorte intertemporaler Regelungen erwartet wird (Art. 219 ff EGBGB, Schlussbestimmungen in Artikelgesetzen), werden dazu intertemporale Regeln der von eine Rechtsänderung betroffenen Rechtsordnung mitgeteilt. Zunehmende Bedeutung haben intertemporale Fragen im Kontext von EU-Rechtsinstrumenten, die regelmäßig ihren zeitlichen Anwendungsbereich in Schlussbestimmungen detailliert regeln.

b) Aufbauhinweise

Die Behandlung der Rechtsspaltung bei gespaltenem IPR erfolgt auf der Stufe der Rückverweisungsprüfung; also anlässlich der Suche nach dem anwendbaren fremden IPR. Ist das IPR einheitlich geregelt, das materielle Recht aber gespalten, so ist die Rechtsspaltung erst zu prüfen, wenn das ausländische Recht die Verweisung angenommen hat. **14**

Intertemporale Kollisionen werden immer erst dort geprüft, wo es für die Falllösung darauf ankommt, ob die alte oder die neue Regelung Anwendung findet. Gelangt man erst im materiellen ausländischen Recht zu einer intertemporalen Frage, kann es dennoch der Übersichtlichkeit dienen, die intertemporale Frage vor der materiellen Lösung des Falles zu behandeln, wenn ein ganzes Rechtsgebiet (zB eine Reform des Kaufrechts, des Eherechts, des Erbrechts) betroffen ist.

5. Materielles ausländisches Recht

a) Anwendung und Auslegung

Materielles ausländisches Recht wird wohl in jeder universitären Schwerpunktprüfung mitgeteilt; bei Masterstudiengängen kommt es darauf an, ob ggf materiellrechtliche **15**

Kenntnisse einer bestimmten ausländischen Rechtsordnung zum Curriculum gehören. Selbst wenn man für seine bevorstehende Prüfung danach von der Mitteilung ausländischer Normen ausgehen darf, lohnt sich das rechtsvergleichende Studium. Durchaus erwartet werden kann nämlich ein vernünftiges Verständnis einer mitgeteilten ausländischen Regelung, das nicht selten systematische und dogmatische Grundkenntnisse voraussetzt. Wer eine *legítima* als Pflichtteil behandelt, im französischen Sachenrecht das Abstraktionsprinzip sucht, das *domicile* für den ins Englische übersetzten Wohnsitz hält und die *mailbox theory* noch nie gegen die Zugangstheorie abgegrenzt hat, hat es sicher schwerer, grundlegende auslandsrechtliche Zusammenhänge zu erfassen. Die oft gestellte Frage, „wie viel und welche Rechtsvergleichung zu lernen" sei, lässt sich schwer beantworten.

Sich hier ein Fundament von Kenntnissen zu schaffen, ist in systematischer Weise mit dem wegweisenden und leider nicht neu verlegten Werk von *Zweigert/Kötz*[1] möglich, gewiss auch mit Leitfäden oder dicken Lehrbüchern zur Rechtsvergleichung jüngeren Datums. Die Faszination ausländischen Rechts, dessen Studium in historischem und sozialem Kontext auch Verständnis der fremden Kultur fördert, entsteht freilich nur, wenn man es nicht bei der Methodenlehre der Rechtsvergleichung belässt, der sich manche Werke nach dem eher praktisch orientierten Geschmack des Verfassers etwas zu breit widmen: Die in den letzten zwei Jahrzehnten zahlreich publizierten kleinen Lehrbücher zur Einführung in dieses und jenes Recht sind zwar nicht immer im methodischen Sinn Rechtsvergleichung, also Spiegelung des eigenen Rechtsverständnisses am fremden Recht; aber sie bieten beste Einstiege in die unbegrenzte spannende Welt der Verschiedenheit von Recht, Gesellschaft und Kultur. Vieles, was sich beim Nachschlagen der dort gefundenen Rechtsbegriffe (Sprachkenntnisse vorausgesetzt) bei *Wikipedia* findet – auch wenn diese Quelle nicht wissenschaftlich zitationsfähig ist – ist jedenfalls in den größeren Rechtsordnungen (USA, UK, Frankreich, Italien, Spanien) von durchaus ordentlicher Qualität. Überhaupt hat das Internet die rechtsvergleichenden Erkenntnisquellen revolutioniert und Studenten sollten sich in der Kunst der Quellen- und Entscheidungssuche üben. Nicht zuletzt die aus der gerichtlichen Praxis im Familien- bzw Erbrecht nicht wegzudenkenden Nachschlagewerke *Bergmann/Ferid* und *Ferid/Firsching* sollten jedenfalls bei der Falllösung im Seminar vertraut sein.

Schließlich sollten entsprechende Vorlesungen besucht werden, zumal wenn sie von muttersprachlichen Juristen aus der behandelten Rechtsordnung angeboten werden, auch wenn kein unmittelbarer Zwang dazu besteht. Es macht aber bei aller Breite dieses Studiums einen ganz besonderen Reiz der hier behandelten Fächer aus, dass man, ob im Studium oder später als Praktiker, immer wieder vor neuen Phänomenen steht.

b) Der deutsche ordre public

16 Art. 6 EGBGB ist eine Bestimmung, die in Praxis und Prüfung § 242 und § 138 BGB ähnelt. In der Praxis eine wichtige Generalklausel, mit der unerträgliche Ergebnisse,

1 Einführung in die Rechtsvergleichung (3. Aufl., 1996).

hier solche, die uns eine ausländische Rechtsordnung beschert, abgewehrt werden. In der Prüfung sind beide Normen nicht selten Anreiz, im Kandidaten die Sehnsucht nach individueller Gerechtigkeit zu wecken. Prüfungskandidaten sollten sich hier bremsen. Art. 6 EGBGB kann natürlich in einem Prüfungsfall vorkommen; dann liegt aber das Augenmerk darauf, ob sorgsam Inlandsbezug, Fallbezug und Verstoß gegen elementare Grundsätze deutschen Rechts geprüft werden. Wortreich lebenserfahrene Ausführungen zur Unerträglichkeit ausländischen Rechts sind nicht erwartet, kosten Zeit und schaden nicht selten der Arbeit in den Augen des Prüfers, zumal wenn es sich um wohlfeile Phrasen eines politisch korrekten Grundkonsenses handelt. So schwer es manchem Prüfling fällt: Art. 6 EGBGB ist nicht dazu da, andere Rechtsordnungen zu belehren, wie gerecht das deutsche Rechtssystem ist.

6. Völkervertragliche und europarechtliche Instrumente

a) Sachlicher Anwendungsbereich

Völkervertragliche und europarechtliche Instrumente des IPR und IZPR haben einen **17**
definierten sachlichen Anwendungsbereich, den man behandeln muss, sobald man positiv zu dem jeweiligen Instrument greift. Das Haager KSÜ gilt im Zuständigkeitsbereich für Schutzmaßnahmen über Kinder, also sind zunächst beide Begriffe zu behandeln; die Brüssel IIa-VO erfasst Ehescheidungen, -trennungen etc, also wird man schon an dieser Stelle die Frage behandeln, ob die Scheidung der Ehe zweier niederländischer Frauen unter die Verordnung fällt. Greift das Instrument für die zu lösende Frage nicht ein, so kann man sich alle weiteren Überlegungen, auch hilfsweiser Natur, ersparen. Kein Prüfer möchte Ausführungen zu den Vertragsstaaten eines Abkommens lesen, das schon in der Sache nicht anwendbar ist.

b) Zeitlicher Anwendungsbereich

Nicht ebenso eindeutig lässt sich der Standort der Behandlung des zeitlichen Anwen- **18**
dungsbereichs festlegen, da die zeitliche Geltung mit der Vertrags- oder Mitgliedstaatseigenschaft eines Staates zu tun haben kann. Ist ein Übereinkommen *loi uniforme*, gilt also unabhängig von Gegenseitigkeit, dann kommt es nur auf die intertemporale Geltung in Deutschland an. Andererseits kann die Anwendbarkeit von räumlich-persönlichen Voraussetzungen abhängen, die sich mit der intertemporalen Frage mischen: Wenn Art. 5 Abs. 1 Brüssel Ia-VO die Anwendung vom Wohnsitz des Beklagten in einem Mitgliedstaat abhängig macht, dann lässt sich bei Wohnsitz in einem Beitrittsstaat die zeitliche Anwendbarkeit erst beantworten, sobald man die Kriterien der räumlich-persönlichen Anwendbarkeit behandelt hat.

Geltung eines Rechtsinstruments, im Sinn der Anwendbarkeit im Fall, kann hierbei deutlich später eintreten als das Inkrafttreten. Vor allem EU-Instrumente des EuZPR und EuIPR treten meist erst einige Zeit nach der Veröffentlichung im ABl. EU in Geltung und verfügen in Schlussbestimmungen häufig über detaillierte intertemporale Regeln. Beim Übergang zu EU-Instrumenten wird es häufig sinnvoll sein, die intertemporale Anwendung vorab zu prüfen, wenn der sachliche Anwendungsbereich naheliegt, aber das neue EU-Instrument zeitlich noch nicht anwendbar ist (zB wird man derzeit nicht – auch nicht hilfsgutachtlich – in einem Erbfall die bereits existente, aber noch nicht anwendbare EU-ErbVO auf ihren potentiellen materiellen Anwendungsbereich hin untersuchen).

c) Räumlich-persönlicher Anwendungsbereich

19 Völker- und europarechtliche Rechtsinstrumente, die nicht *loi uniforme* sind, haben einen begrenzten räumlich-persönlichen Anwendungsbereich, der ebenfalls vor Anwendung des regelnden Teils des Instruments zu prüfen ist. Hier unterläuft nicht selten der Fehler, dass instinktive Ansichten zum Anwendungsbereich an die Stelle der entsprechenden Bestimmungen des Instruments gesetzt werden. Wenn im Fall ein deutscher und ein polnischer Staatsangehöriger vorkommen, dann bedeutet dies, auch wenn Polen Vertragsstaat ist, selbstverständlich nicht, dass der Fall den zB vom UN-Kaufrecht geforderten Bezug zu einem anderen Vertragsstaat hat.

d) Verhältnis zu anderen Instrumenten

20 Die völkervertraglichen, vor allem aber die in den letzten zwei Jahrzehnten in großer Zahl geschaffenen europarechtlichen Instrumente bringen es mit sich, dass in vielen Fällen mit Auslandsbezug mehrere materiell einschlägige Rechtsinstrumente existieren. Ob ein deutsches Gericht seine internationale Zuständigkeit für eine Sorgerechtsregelung nach Art. 1 KSÜ, 1 MSA, 9 ff Brüssel IIa-VO oder § 99 FamFG bestimmt, ist in der Prüfung nicht zuletzt ein Aufbauproblem. Hierbei empfiehlt es sich in der Reihenfolge Europarecht – Völkerrecht – Deutsches Recht vorzugehen. Europarechtliche Instrumente zur Zuständigkeit regeln in ihren Schlussartikeln nämlich ihr Verhältnis zu Völkerverträgen. Völkerverträge verdrängen in ihrem Anwendungsbereich das nationale IZPR. Gelangt man im Beispiel tatsächlich zu deutschem Verfahrensrecht, dann stellt sich für einen in dritter Instanz (Revision bzw Rechtsbeschwerde) noch anhängigen Fall – knapp 10 Jahre nach Inkrafttreten des FamFG nur noch selten – die Abgrenzung zwischen §§ 43, 35b FGG aF und § 99 FamFG als intertemporales Problem, das aus Sicht der jüngeren Norm zu beantworten ist.[2]

2 In diesem Fall Art. 111 FGG-RG.

2. Teil

Klausuren

I. Namens- und Personenrecht

Fall 1

Der vietnamesische Name

Die vietnamesische Staatsangehörige Hu Thi Ying und der vietnamesische Staatsangehörige Thieu Phan John haben sich 1980 in Ho-Chi-Minh-Stadt (Saigon) kennengelernt. Da John in der ehemaligen Republik Vietnam (Süd-Vietnam) einer pro-amerikanischen Partei angehört hatte und nach dem Sieg der Viet Kong in der Volksrepublik Vietnam deshalb Verfolgungen ausgesetzt war, floh das Paar 1980 auf einem Fischkutter in das Südchinesische Meer. Dort wurden sie mit anderen Flüchtlingen von einem italienischen Handelsschiff aufgegriffen und gelangten nach Italien, wo sie um Asyl nachsuchten. 21

Auf ihren Antrag wurde Ying am 10.11.1981 aus der vietnamesischen Staatsangehörigkeit entlassen. Am 20.12.1981 schlossen Ying und John vor dem Personenstandsbeamten der Stadt Bologna die Ehe.

Aufgrund von Absprachen zwischen Italien und Deutschland über die Aufnahme von Flüchtlingen wurde den Ehegatten eine Aufnahme in Deutschland angeboten; hier leben sie seit Oktober 1982.

Da der Untergang der kommunistischen Herrschaften in Osteuropa auch einen allmählichen Liberalisierungsprozess in Vietnam zur Folge hatte, bemühte sich John seit 1990 um Kontakte zu in Deutschland lebenden Vietnamesen. Im Jahr 1993 ließ er sich schließlich durch das vietnamesische Generalkonsulat in Bonn wieder einen vietnamesischen Pass ausstellen.

Am 25.2.1996 wurde in Frankfurt/Main der gemeinsame Sohn Frank geboren. Aus diesem Anlass wurde beim Standesamt Frankfurt/Main ein Familienbuch angelegt. Der notariell beglaubigte Antrag der Ehegatten vom 27.2.1996 enthielt die Erklärung: „Wir bestimmen als Ehenamen gemäß § 1355 Abs. 1 S. 1 BGB den Namen des Ehemannes „Thieu“. Die Eintragung im Familienbuch erfolgte entsprechend.

1998 erwarb Ying auf ihren Antrag die deutsche Staatsangehörigkeit.

Am 4.12.2017 wurde die Ehe von John und Ying durch das Amtsgericht – Familiengericht – Frankfurt/Main geschieden. Ying beantragt beim Standesamt Frankfurt/Main am 2.1.2018, die ihrer Ansicht nach falsche Eintragung ihres Familiennamens im Familienbuch zu ändern. Außerdem erklärt sie am selben Tag in notariell beglaubigter Urkunde gegenüber dem Standesamt: „Ich nehme meinen vor der Ehe geführten Namen Hu wieder an und erkläre gemäß Art. 47 EGBGB die Umwandelung meines Vornamens Ying in „Yvonne" und die Umwandelung meines Nachnamens Hu in „Huber".

1. Ist der Antrag der Ying beim Standesbeamten erfolgreich?
2. Trifft die im Familienbuch eingetragene Namensführung zu?
3. Welchen Familien- und Vornamen führt Ying nunmehr?
4. Nach welchem Recht beurteilt sich der Familienname von Frank? Ist eine Rechtswahl zu deutschem Recht möglich?

Materialien

I. Intertemporale Hinweise zum deutschen Recht

a) Vor Inkrafttreten des Gesetzes zur Neuregelung des IPR v. 25.7.1986 geltendes IPR

22 Für den Namen existierte keine gesetzliche Kollisionsnorm. Grundsätzlich wurde bereits angeknüpft wie nach Art. 10 Abs. 1 EGBGB geltender Fassung. Hinsichtlich des Erwerbs eines gemeinsamen Ehenamens war jedoch nach Wahl der Ehegatten das Ehewirkungsstatut anzuwenden.

Art. 14 Abs. 1 EGBGB in der bis 31.8.1986 geltenden Fassung

(1) Die persönlichen Rechtsbeziehungen deutscher Ehegatten zueinander werden nach den deutschen Gesetzen beurteilt, auch wenn die Ehegatten ihren Wohnsitz im Auslande haben.

(2) Die deutschen Gesetze finden auch Anwendung, wenn der Mann die Reichsangehörigkeit verloren, die Frau sie aber behalten hat.

b) Sonstige intertemporale Geltung von Kollisionsnormen

Art. 10 Abs. 2 S. 1 und 2 EGBGB gelten in der gegenwärtig geltenden Fassung seit Inkrafttreten des FamNamRG am 1.1.1994.

Art. 10 Abs. 3 EGBGB gilt in der gegenwärtigen Fassung erst seit Inkrafttreten des KindRG am 1.7.1998. Vorher konnte das Namensstatut eines „ehelichen" Kindes nur gewählt werden, wenn kein Elternteil Deutscher war und die Wahl vor der Beurkundung der Geburt erfolgte (Art. 10 Abs. 5 aF EGBGB).

c) Im Übrigen ist davon auszugehen, dass weitere relevante kollisionsrechtliche Fragen vor Inkrafttreten der neuen Art. 3 ff EGBGB inhaltlich ebenso geregelt waren wie im geltenden Recht.

II. Italienisches IPR vor Inkrafttreten des IPRG 1995[1]

d) Die **italienische** Rechtsprechung unterstellte bis zum Inkrafttreten der Kollisionsnormen im italienischen IPR-Gesetz von 1995 am 1.9.1995 den Namen einer Person – auch den Namenserwerb aufgrund familienrechtlicher Vorgänge – dem Recht des Staates, dem die Person angehört.

---

1 RabelsZ 15 (1949) 116 ff.

e) Art. 17 Abs. 1 disposizioni sulla legge in generale (disp.s.l.in gen.) (codice civile – Bestimmungen über das Recht im Allgemeinen)

Der Personenstand, die Rechts- und Geschäftsfähigkeit der Personen und die Rechtsverhältnisse der Familie werden vom Recht des Staates geregelt, dem diese angehören.

f) Art. 26 disp.s.l.in gen.

(I) Die Form der Rechtsgeschäfte unter Lebenden und der letztwilligen Verfügungen wird vom Recht des Ortes geregelt, an dem das Rechtsgeschäft vorgenommen wurde, oder von dem Recht, das den Inhalt des Rechtsgeschäfts regelt, oder vom Heimatrecht des Verfügenden oder der Vertragschließenden, soweit es ihnen gemeinsam ist.

(II) Die Formen der Öffentlichkeit von Rechtsgeschäften, die auf Begründung, Übertragung oder Aufhebung von Rechten an Sachen gerichtet sind, werden vom Recht des Ortes geregelt, an dem sich die Sachen befinden.

[Hinweis: Art. 26 fand auch auf die Eheschließungsform Anwendung.]

g) Art. 29 disp.s.l.in gen.

Besitzt eine Person keine Staatsangehörigkeit, so ist in allen Fällen, in denen nach den vorstehenden Bestimmungen das Heimatrecht maßgebend wäre, das Recht des Residenzortes anzuwenden.

III. Italienisches materielles Recht[2]

h) Art. 106 codice civile (cc)

Die Ehe muss öffentlich im Rathaus vor dem Zivilstandsbeamten, bei dem das Aufgebot bestellt worden ist, geschlossen werden.

i) Art. 143 bis cc

Die verheiratete Frau fügt ihrem eigenen Familiennamen den des Mannes hinzu und behält ihn auch als Witwe bis zur Wiederverheiratung.

[Hinweis: Diese Bestimmung wird so verstanden, dass die Frau diese Namensführung wählen kann, aber nicht wählen muss.]

k) Im Übrigen ist davon auszugehen, dass weitere relevante Bestimmungen des italienischen Rechts inhaltlich deutschem Recht entsprechen.

IV. Vietnamesisches Staatsangehörigkeitsrecht[3]

l) Gesetz über die Staatsbürgerschaft der sozialistischen Republik Vietnam vom 28.6.1988

(In Kraft bis 31.12.1998)

Art. 6

(1) Ein Kind, dessen Eltern beide vietnamesische Staatsbürger sind, erwirbt die vietnamesische Staatsbürgerschaft unabhängig davon, ob es innerhalb oder außerhalb des Hoheitsgebietes der Sozialistischen Republik Vietnam geboren ist.

---

2 Gesetzestexte und Rechtsinformationen zum italienischen Recht finden sich auf der Web-Seite www.altalex.com; deutscher Text: *Patti* Italienisches Zivilgesetzbuch (3. Aufl, 2019); kompakte Kommentierung des cc: *Cian/Trabucchi* Commentario Breve al Codice Civile (13. Aufl, 2018).

3 Bergmann/Ferid/Henrich/Dutta/Ebert/*Wohlgemuth* Vietnam (Stand 1991).

(2) Ist ein Elternteil vietnamesischer Staatsbürger und der andere eine staatenlose Person oder unbekannt, erwirbt das Kind die vietnamesische Staatsbürgerschaft unabhängig davon, ob es innerhalb des Hoheitsgebietes der Sozialistischen Republik Vietnam geboren ist.

V. Vietnamesisches IPR

m) Das vietnamesische IPR enthält keine ausdrückliche namensrechtliche Kollisionsnorm. Es folgt jedoch für personenstands- und namensrechtliche Fragen dem Staatsangehörigkeitsprinzip. Besitzt ein Anknüpfungssubjekt neben der vietnamesischen Staatsangehörigkeit auch eine andere, so geht die vietnamesische Staatsangehörigkeit vor.

VI. Vietnamesisches materielles Recht

n) Der Name einer Person besteht regelmäßig aus drei Teilen: dem Familiennamen, gefolgt von einem Mittelnamen (für Männer Phan [gesprochen „van“]; für Frauen Thi), gefolgt von einem die Person individuell bezeichnenden Rufnamen. Der geschlechtsspezifische Mittelname wird in der Praxis auch gelegentlich weggelassen. Im Übrigen ist davon auszugehen, dass der Bearbeiter die namensrechtlichen Bestimmungen des vietnamesischen Rechts bisher nicht ermitteln konnte.

Strukturierung des Falles

Wesentliche Themen: Intertemporales Recht, Personalstatut Staatenloser, Personalstatut Flüchtlinge, Namensstatut, Ehenamensstatut und dessen Wahl, Kindesnamensstatut und dessen Wahl, Vorfragen im Namensstatut, Namensbestimmung nach Art. 47 EGBGB. 23

Frage 1: Antrag der Ying

1. **Zuständigkeit**
   - Führung des Personenstandsregisters (§ 3 PStG)
   - Fortführung Familienbuch nach 1.1.2009 (§ 77 Abs. 2 PStG)
2. **Änderung des Eintrags**
   § 46 PStG (–)
3. **Berichtigung des Eintrags**
   § 47 PStG (–)
4. **Berichtigungen auf Anordnung des Gerichts** (§ 48 PStG) (+)
   - Zuständigkeit § 50 PStG

Ergebnis: Ying muss Antrag nach § 48 PStG beim AG Frankfurt/Main stellen.

Frage 2: Namensführung in der Ehe Ying – John

I. Erwerb eines Ehenamens bei Eheschließung

1. **Deutsches IPR**
   a) **Art. 220 Abs. 1 EGBGB**
   - Intertemporal (1.9.1986, IPR-Neuregelung): Art. 220 Abs. 1 EGBGB (+)

   b) **Anknüpfung Heimatrecht**
   - Anknüpfung an individuelles Heimatrecht
   - Gemeinsame Namensführung: Kumulation
   - oder Ehewirkungsstatut

   c) **Alternativ: Ehewirkungsstatut**
   - Ehewirkungsstatut Art. 14 aF EGBGB, Verallseitigung: gemeinsames Personalstatut

   d) **Staatsangehörigkeit jedes Ehegatten**
   - Staatsangehörigkeit/Personalstatut jedes Ehegatten
   - John Art. 12 Genfer Flüchtlingskonvention (+): ital Recht
   - Ying Art. 12 Genfer Flüchtlingskonvention (-), kein abgeleiteter Flüchtlingsstatus
   - Ying staatenlos durch Entlassung: ital Recht (Art. 5 Abs. 2 EGBGB)

   e) **Ehewirkungsstatut**
   - Ehewirkungsstatut: ital Recht

   f) **Gesamtverweisung**
   - Gesamtverweisung (Art. 27 aF EGBGB, vgl Art. 4 Abs. 1 EGBGB)
2. **Italienisches IPR**
   a) **Intertemporal: Inkrafttreten IPRG 1995**
   - Intertemporal (1.9.1995, IPRG von 1995): Art. 72 IPRG

   b) **Namensstatut John**
   - Namensstatut John: Personalstatut
   - Italien Mitglied Genfer Flüchtlingskonvention: ital Recht

   c) **Namensstatut Ying**
   - Namensstatut Ying: Art. 29 *disp.s.l.in gen.*, Wohnsitz: ital Recht

   d) **Ehewirkungsstatut**
   - Ehewirkungsstatut: Art. 17 *disp.s.l.in gen.*, gemeinsames Personalstatut: ital Recht.
3. **Materielles italienisches Recht**
   a) **Ehename**
   - Art. 143-bis cc: Ehename (-), Begleitname (+)

   b) **Deutscher ordre public**
   - Deutscher ordre public (Art. 30 aF EGBGB wie Art. 6 EGBGB): (-)
   - Benachteiligung Ehemann nicht in concreto
   - Kein Inlandsbezug bei Eheschließung

   c) **Vorfrage: Wirksame Ehe**
   - Ausnahmsweise unselbstständige Anknüpfung im Namensrecht
   - Ital IPR: materielle Voraussetzungen der Eheschließung Art. 17 *disp.s.l.in gen.*(+)
   - Ital IPR: formelle Voraussetzungen: Art. 26 *disp.s.l.in gen.*, Ortsform genügt (+)

   d) **Name der Ying**

Ergebnis: Name der Ying nach italienischem Recht ist „Hu“ oder „Hu in Thieu“, nicht aber „Thieu“

II. Erwerb eines Ehenamens durch Namenswahl

1. Ehenamensstatut

a) Wandelbares Ehenamensstatut

- Ehenamensstatut Art. 10 Abs. 1 EGBGB: individuelles Personalstatut
- Ying Staatenlose mit deutschem Personalstatut
- John Verlust des Status nach Art. 12 Genfer Flüchtlingskonvention
- Art. 1 Abschnitt C Nr 1 Genfer Flüchtlingskonvention: Antrag auf Erteilung eines Reisepasses (+)
  Gesamtverweisung in vietnamesisches Recht (Art. 4 Abs. 1 EGBGB)
  vietnamesisches Recht nimmt an
- Namenswahl in Kumulation deutschen und vietnamesischen Rechts fraglich

b) Art. 10 Abs. 2 EGBGB

- Deutsches Ehenamensstatut Art. 10 Abs. 2 EGBGB
- Art. 10 Abs. 2 EGBGB, in Kraft seit 1.4.1994, intertemporal anwendbar
- Tatbestand Art. 10 Abs. 2 Nr 1 *oder* Nr 2 EGBGB: beides (+)
- Form des Art. 10 Abs. 2 S. 2 EGBGB: § 129 BGB (+)
- Wahl eines deutschen Ehenamensstatuts also wirksam

2. Materiellrechtliche Ehenamenswahl

a) Vorfrage der Ehe

- Selbstständige oder unselbstständige Anknüpfung bei deutschem Namensstatut einerlei
- Materielle Wirksamkeit: Kumulativ beide Heimatrechte (Art. 13 Abs. 1 EGBGB)
- Form: Bei Eheschließung im Ausland genügt Ortsform, Art. 11 EGBGB

b) Materielle Ehenamensbestimmung

- Geburtsname des Ehemannes „Thieu" wählbar (§ 1355 Abs. 2 BGB) (+)
- auch nach der Eheschließung (§ 1355 Abs. 3 S. 2 BGB, Art. 10 Abs. 2 S. 2 EGBGB) (+)
- Form des § 1355 Abs. 3 S. 2 BGB geht in der Form des Art. 10 Abs. 2 S. 2 EGBGB auf (+).

Ergebnis: Die im Familienbuch eingetragene Namensführung „Thieu" trifft zu.

Frage 3: Namensführung der Ying

1. Wiederannahme des Geburtsnamens

a) Anknüpfung

- Aktuelles Namensstatut: Ying deutsche Staatsangehörige (Art. 10 Abs. 1 EGBGB)

b) Formstatut

- Form nicht speziell in Art. 10 Abs. 1 EGBGB, also Art. 11 Abs. 1 EGBGB

c) § 1355 BGB

- also § 1355 Abs. 5 S. 2 BGB: Ying kann Geburtsname „Hu" wieder annehmen

Form: Deutsches Recht als Geschäftsstatut (§ 1355 Abs. 5 S. 2, Abs. 4 S. 5 BGB) (+)

2. Anpassung des Namens nach Erwerb eines deutschen Namensstatuts

a) Anwendbarkeit Art. 47 EGBGB

Recht zur Namensanpassung: Art. 47 EGBGB

b) Anpassung nach Art. 47 EGBGB

- ausländisches Namensstatut, Erwerb deutschen Namensstatuts (+), Art. 47 EGBGB somit anwendbar
- Art. 47 Abs. 1 S. 1 Nr 1, 2, 4 EGBGB: Keine Änderung der Namensbestandteile (-)
- Art. 47 Abs. 1 S. 1 Nr 3 EGBGB: Ablegen Zwischenname „Thi"
- Art. 47 Abs. 1 S. 1 Nr 5 Hs. 1 EGBGB: Keine deutschsprachigen Namensformen (-)
- Art. 47 Abs. 1 S. 1 Nr 5 Hs. 2 EGBGB: Nur Annahme eines neuen Vornamens (insoweit +)

Ergebnis: Ying heißt nunmehr Yvonne Hu.

Frage 4: Namensstatut des Frank

1. Namensstatut

- Staatsangehörigkeit (Art. 10 Abs. 1 EGBGB)

a) § 4 Abs. 3 StAG

- Deutsche Staatsangehörigkeit von Geburt § 4 Abs. 3 StAG: erst seit 1.1.2000 (-)

b) Art. 12 GFK

- Abgeleiteter Flüchtlingsstatus: Vater John hatte Flüchtlingsstatus verloren (-)

c) **Kein abgeleitetes Personalstatut bei Staatenlosigkeit**
   - Deutsches Personalstatut bei Staatenlosigkeit: nur originär, nicht abgeleitet (-)

d) **Vietnamesische Staatsangehörigkeit**
   - Vietnamesische Staatsangehörigkeit: Art. 6 Abs. 2 vietnamesisches Staatsbürgerschaftsgesetz (+)

2. **Einfluss des Ehenamensstatuts**
   - Wahl des Ehenamensstatuts durch Eltern: keine Erstreckung auf Kind

3. **Wahl des Kindesnamensstatuts**

a) **Art. 10 Abs. 3 EGBGB intertemporal anwendbar**
   - Wahl deutschen Rechts nach Art. 10 Abs. 3 Nr 1, Nr 2 EGBGB
   - Art. 10 Abs. 3 EGBGB intertemporal anwendbar
   - Art. 224 § 3 Abs. 1 S. 1 EGBGB (-)
   - Sinn und Zweck gemessen an Art. 10 Abs. 5 aF EGBGB (+)

b) **§ 1617c Abs. 1 BGB analog**
   - § 1617c BGB analog (+)

Ergebnis: Der Sorgeberechtigte kann für Frank deutsches Recht als Namensstatut wählen.

Lösung

Frage 1: Antrag der Ying

1. Zuständigkeit

24 Der Antrag beim Standesamt, die Namenseintragung in dem (nach § 15a Abs. 1 S. 1 Nr 1 Hs. 2 PStG aF[1] angelegten) Familienbuch zu ändern, kann nur erfolgreich sein, wenn das Standesamt zur Änderung befugt ist. Die Frage der internationalen **Zuständigkeit** stellt sich nicht, es geht um die Führung eines deutschen Personenstandsbuches.

Funktionell zuständig ist seit dem 1.1.2009 nicht mehr der Standesbeamte, sondern das Standesamt (§ 3 PStG). **Örtlich** zuständig ist das Standesamt, bei dem das betreffende Personenstandsbuch geführt wird. Gemäß § 3 PStG ist zwar seit dem 1.1.2009 kein Familienbuch mehr vorgesehen. Vorher angelegte Familienbücher werden jedoch gemäß § 77 Abs. 2 S. 1 PStG als Heiratseinträge fortgeführt. Da die in Italien geschlossene Ehe vorliegend nicht in einem deutschen Heiratsbuch beurkundet wurde, bleibt für die Fortführung das Standesamt zuständig, bei dem zuletzt das Familienbuch geführt wurde (§ 77 Abs. 2 S. 2 PStG).

2. Änderung des Eintrags

25 Eine **Änderung** nach § 46 PStG scheidet aus. Sie ist nur zulässig, wenn eine Eintragung auf Unrichtigkeiten in der Anzeige von Geburten und Sterbefällen zurückgeht.

3. Berichtigung des Eintrags

26 Eine **Berichtigung** ohne gerichtliche Mitwirkung käme nach § 47 PStG in Betracht. Die Fälle der Berichtigung wurden zwar gegenüber § 46a aF PStG erweitert, eine Namensberichtigung käme aber weiterhin nur in Betracht, wenn der richtige Name durch andere Personenstandsurkunden festgestellt wäre (§ 47 Abs. 1 S. 3 PStG), was nicht der Fall ist.

4. Berichtigung auf Anordnung des Gerichts

27 Andere Berichtigungen kann das Standesamt nicht selbst vornehmen, sondern „nur" (§ 48 Abs. 1 PStG) das **Gericht**. Ying müsste also einen Antrag nach § 48 PStG stellen, wozu sie nach § 48 Abs. 2 S. 1 PStG als Beteiligte berechtigt ist. Sachlich zuständig ist das Amtsgericht; örtlich zuständig ist das AG Frankfurt/Main, das gemäß § 50 Abs. 1 PStG für den gesamten Gerichtsbezirk des LG Frankfurt/Main zuständig ist, in dem das Standesamt, dessen Personenstandsregister berichtigt werden soll, seinen Sitz hat (§ 50 Abs. 2 PStG).

28 **Ergebnis:** Ying muss Antrag nach § 48 PStG beim AG Frankfurt/Main stellen.

---

1 Das PStG idF. BGBl. III, Gliederungsnummer 211-1 ist zum 1.1.2009 außer Kraft getreten: Art. 5 Abs. 2 S. 2 Personenstandsrechtsreformgesetz vom 19.2.2007, BGBl. 2007 I 122; gleichzeitig ist das PStG neuer Fassung (Art. 1 Personenstandsrechtsreformgesetz) in Kraft getreten.

Frage 2: Namensführung in der Ehe Ying – John

I. Erwerb eines Ehenamens bei Eheschließung

1. Deutsches IPR

a) Art. 220 Abs. 1 EGBGB

Am 1.9.1986 ist das Gesetz zur Neuregelung des IPR in Kraft getreten. Für den Namenserwerb durch die am 20.12.1981 erfolgte Eheschließung ist also **intertemporal** zu klären, ob altes oder neues Kollisionsrecht anzuwenden ist. **29**

Art. 220 EGBGB ist die intertemporale Kollisionsnorm für diese Gesetzesänderung. Maßgeblich ist Art. 220 Abs. 1 EGBGB; der Erwerb eines Ehenamens durch eine vor dem 1.9.1986 erfolgte Eheschließung müsste ein abgeschlossener Vorgang sein. Unbeschadet der Streitfrage, ob auch eine abgeschlossene kollisionsrechtliche Anknüpfung genügt,[2] ist ein Vorgang jedenfalls abgeschlossen, wenn bereits materielle Rechtsfolgen kraft Gesetzes eingetreten sind. Das ist der Fall, wenn mit Eheschließung ein Name erworben oder gewählt wurde. Es ist das alte IPR anzuwenden.

b) Anknüpfung Heimatrecht

Anzuknüpfen ist einerseits an das **Heimatrecht** jedes Ehegatten für jeweils dessen Namensführung (wie nach Art. 10 Abs. 1 EGBGB, MAT a). Eine gemeinsame Namensführung ist danach nur möglich, wenn *beide* individuellen Namensstatute die konkret angestrebte Namensführung, ggf nach einer Namenswahl, zulassen. **30**

c) Alternativ: Ehewirkungsstatut

Nach früherem deutschem IPR war für eine gemeinsame Namensführung von Ehegatten aber zudem alternativ nach Wahl der Ehegatten auch an das **Ehewirkungsstatut** bei Eheschließung anzuknüpfen (MAT a). **31**

Das Ehewirkungsstatut ist nach altem IPR zu bestimmen, weil es insoweit ein Element der Bestimmung des Namensstatuts ist und die Namensbestimmung bei Eheschließung ein abgeschlossener Vorgang ist (Art. 220 Abs. 1 EGBGB).

Art. 14 aF EGBGB (MAT a) enthält eine Kollisionsnorm nur für deutsche Ehegatten, ist also einseitige Kollisionsnorm. Nach dem zum früheren IPR entwickelten Prinzip der **Verallseitigung** folgt daraus die Anknüpfung des Ehewirkungsstatuts bei gemeinsamer Staatsangehörigkeit (Personalstatut) der Ehegatten an dieses Recht.

d) Staatsangehörigkeit jedes Ehegatten

Festzustellen ist also die Staatsangehörigkeit (bzw das **Personalstatut**) jedes Ehegatten im Zeitpunkt ihrer Eheschließung. **32**

---

2 So der BGH in ständiger Rechtsprechung: BGH FamRZ 1997, 542, 543.

33 **aa)** Bis zu ihrer Flucht waren Ying und John vietnamesische Staatsangehörige. Im Zeitpunkt der Eheschließung ist jedoch ein Personalstatut nach Art. 12 des UN-Abkommens über die Rechtsstellung der Flüchtlinge v. 28.7.1951[3] (Genfer Flüchtlingskonvention) zu prüfen.

Art. 12 Genfer Flüchtlingskonvention setzt die Eigenschaft als **Flüchtling** iSd Art. 1 Genfer Flüchtlingskonvention voraus, wobei gemäß Art. I Abs. 2 Genfer Protokoll über die Rechtsstellung der Flüchtlinge v. 31.1.1967[4] die zeitliche Beschränkung als in Art. 1 Abschnitt A Nr 2 Genfer Flüchtlingskonvention nicht mehr enthalten anzusehen ist. In Betracht kommt das Flüchtlingsmerkmal der begründeten Furcht vor Verfolgung wegen ihrer politischen Überzeugung. Das trifft nach Sachverhalt für John zu. John befand sich bei Eheschließung außerhalb seines Heimatstaates Vietnam und wollte offenkundig den Schutz Vietnams wegen der Verfolgungsbefürchtung nicht in Anspruch nehmen. John war also Konventions-Flüchtling. Im Zeitpunkt der Eheschließung bestimmt sich sein Personalstatut nach dem Recht des Landes seines Wohnsitzes, hilfsweise des Landes seines (schlichten) Aufenthalts; er hat also ein italienisches Personalstatut.

Für den Namen des John wird damit auf italienisches Recht verwiesen.

34 **bb)** Ying erfüllte selbst nicht die Voraussetzung der begründeten Furcht vor Verfolgung. Ob ein **abgeleiteter Flüchtlingsstatus** für Familienangehörige möglich ist, lassen Genfer Flüchtlingskonvention und Protokoll offen. Für Ying ist die strittige Frage jedenfalls zu verneinen; eine solche Erstreckung wird nur für Familienangehörige vertreten, welche die Staatsangehörigkeit des Flüchtlings aufgrund familienrechtlicher Vorgänge (Erwerb durch Geburt oder Eheschließung) teilen;[5] Ying war bis zur Eheschließung keine Familienangehörige von John und leitet ihre vietnamesische Staatsangehörigkeit nicht von John ab. Ying hatte also nach der Aufnahme in Italien weiter ein vietnamesisches Personalstatut.

35 **cc)** Ying hat die vietnamesische Staatsangehörigkeit jedoch noch vor Eheschließung durch **Entlassung** verloren und ist dadurch staatenlos geworden. Ihr Personalstatut als Staatenlose bestimmt sich nach dem Recht ihres gewöhnlichen, hilfsweise schlichten Aufenthaltes (Art. 29 aF EGBGB entspricht Art. 5 Abs. 2 EGBGB, vgl MAT c). Der **gewöhnliche Aufenthalt** bestimmt sich rein tatsächlich nach dem Daseinsmittelpunkt. Vorliegend könnte ein italienischer gewöhnlicher Aufenthalt fraglich sein. Zwar können auch Flüchtlinge oder Asylbewerber ohne bereits gesicherten Status einen gewöhnlichen Aufenthalt im Aufnahmeland erwerben,[6] wenn ihr Verbleib nicht offenkundig ausländerrechtlich/aufenthaltsrechtlich unzulässig ist. Erforderlich ist jedoch eine gewisse soziale Eingliederung, die zB bei von vornherein kurzfristigem Aufenthalt, besonders bei Flüchtlingen in Durchgangslagern, fehlen kann. Hier ist angesichts eines nicht von

3 *Jayme/Hausmann*[19] Nr 10.
4 *Jayme/Hausmann*[19] Nr 11.
5 So BayObLGZ 1999, 27, 30; Einzelheiten BeckOK-BGB/*Lorenz* (1.5.2018) Art. 5 EGBGB Rn 27.
6 BGH NJW 1993, 2047, 2048 f.; OLG Nürnberg FamRZ 2002, 324; OLG Hamm NJW 1990, 651; OLG Koblenz FamRZ 1990, 536; OLG Koblenz FamRZ 2016, 993.

vornherein vorübergehenden (Asylantrag!) einjährigen Aufenthalts wohl von einem italienischen gewöhnlichen Aufenthalt bei Eheschließung auszugehen.

Nähere Ermittlungen zum Sachverhalt sind jedoch nicht erforderlich, denn Ying hatte bei Eheschließung in Italien wenigstens **schlichten Aufenthalt**.

Für den Namen der Ying wird damit auf italienisches Recht verwiesen.

e) Ehewirkungsstatut

Für die alternative Anknüpfung an das Ehewirkungsstatut ist auf das gemeinsame italienische **Personalstatut** im Zeitpunkt der Eheschließung (für den untersuchten Namenserwerb maßgeblicher Zeitpunkt) abzustellen, also auf italienisches Recht. **36**

f) Gesamtverweisung

Beide alternativ zu prüfenden Anknüpfungen sprechen eine Gesamtverweisung aus (aus **Art. 27 aF** EGBGB entwickeltes Prinzip, das Art. 4 Abs. 1 EGBGB entspricht – vgl MAT c). Es sind also die Kollisionsnormen des jeweils verwiesenen Rechts zu prüfen.[7] **37**

2. Italienisches IPR

a) Intertemporal: Inkrafttreten IPRG 1995

Im italienischen IPR stellt sich ebenfalls eine **intertemporale Frage**, denn am 1.9.1995 ist der kollisionsrechtliche Teil des IPRG von 1995 in Kraft getreten. Die Lösung intertemporaler Fragen wird immer der betroffenen Rechtsordnung überlassen, in der eine Rechtsänderung stattgefunden hat. Gesucht wird also nicht, vom deutschen Übergangsrecht ausgehend, das italienische IPR des Jahres 1981. Es entscheidet vielmehr die italienische intertemporale Kollisionsnorm, ob altes oder neues IPR anzuwenden ist. **38**

Das italienische intertemporale Recht erklärt aber (wie Art. 220 Abs. 1 EGBGB, MAT k) das alte IPR für anwendbar: Gemäß Art. 72 des italienischen IPRG von 1995 gelten die neuen Bestimmungen auch in nach seinem Inkrafttreten eingeleiteten gerichtlichen Verfahren *nicht*, sofern es sich um abgeschlossene Sachverhalte handelt.

b) Namensstatut John

Für das **Namensstatut** des John ist nach früherem italienischen IPR dessen Personalstatut berufen (MAT d). Italien gehört der Genfer Flüchtlingskonvention an, John hatte also auch aus italienischer Sicht ein italienisches Personalstatut (Art. 12 Genfer Flüchtlingskonvention). Italienisches Recht nimmt die Verweisung an. **39**

---

7 Zum Aufbau: An dieser Stelle kann noch nicht auf die weitere Prüfung der alternativen Anknüpfung an das Ehewirkungsstatut verzichtet werden, obgleich für beide individuellen Namensstatute ebenfalls auf italienisches Recht verwiesen ist. Die alternative Anknüpfung an das *Ehewirkungsstatut* hat bei Prüfung der Gesamtverweisung ein eigenes Schicksal; es wird auch im fremden IPR die *ehewirkungsrechtliche*, nicht die namensrechtliche IPR-Norm angewendet. Anders wäre dies, wenn lediglich auf der Suche nach dem *Namensstatut* anknüpfungstechnisch die *Anknüpfungssystematik* der ehewirkungsrechtlichen Kollisionsnorm verwendet würde – wie dies zB Art. 15 EGBGB tut.

c) Namensstatut Ying

40 Für die staatenlose Ying knüpft das (alte) italienische IPR an den Wohnsitz (Art. 29 *disp.s.l.ingen.*, MAT g) an. Der Wohnsitzbegriff des italienischen Rechts (Art. 43 Abs. 2 *codice civile* – cc) entspricht insoweit dem deutschen (MAT k), als auch ein kürzerer, freiwilliger Aufenthalt den Wohnsitz begründen kann.[8]

Individuelles Namensstatut beider Ehegatten ist also italienisches Recht.

d) Ehewirkungsstatut

41 Für das **Ehewirkungsstatut** ist die bei gemeinsamem Personalstatut maßgebliche ehewirkungsrechtliche italienische Kollisionsnorm anzuwenden (vgl Fn 7), also Art. 17 *disp.s.l.ingen.* (MAT e). Das italienische IPR nimmt danach für das Ehewirkungsstatut bei Eheschließung die Verweisung an.

3. Materielles italienisches Recht

a) Ehename

42 Einen Ehenamen bei Eheschließung können die Ehegatten also nur nach italienischem Recht erworben haben. Auf die Frage, ob die Ehegatten sich (konkludent) für eine Namensführung nach dem Ehewirkungsstatut entschieden hatten, kommt es nicht an.

Art. 143-bis cc (MAT i) sieht keinen § 1355 Abs. 1 BGB vergleichbaren Ehenamen vor, sondern lediglich die Möglichkeit der Führung des Familiennamens des Mannes durch die Ehefrau als Begleitname, vergleichbar § 1355 Abs. 4 BGB. Die Namen werden nicht durch Bindestrich verbunden, sondern durch das Wort „in“. Der Mann führt seinen Familiennamen weiter – und zwar als Geburtsnamen, nicht als Ehenamen.

b) Deutscher ordre public

43 Diese Regelung könnte gegen den deutschen ordre public verstoßen (Art. 30 aF EGBGB wie Art. 6 EGBGB – MAT c), weil sie sich **einseitig an die Ehefrau** richtet (Art. 3 Abs. 2 GG). Das scheidet jedoch aus mehreren Gründen aus: Art. 143-bis cc gibt der Ehefrau nur ein Recht zur Namensgestaltung; dass der Ehemann nicht dasselbe Recht hat, wirkt sich im konkreten Fall nicht aus, da John keine andere Namensführung will. Zudem fehlt es im Zeitpunkt der Eheschließung an jedem Inlandsbezug. Schließlich würde eine Korrektur immer nur zur Nichtanwendung von Art. 143-bis cc führen, nicht aber zu einer Ehenamensregelung nach dem Vorbild von § 1355 BGB.

8 Das italienische Recht stellt – was hier nicht erheblich ist – anders als das deutsche Recht bei wechselnden Aufenthalten auf den *gewöhnlichen* Aufenthalt ab und kennt, anders als das deutsche Recht (§ 7 Abs. 2 BGB), keinen mehrfachen Wohnsitz.

c) Vorfrage: Wirksame Ehe

Die italienische namensrechtliche Regelung (Art. 143-bis cc) stellt jedoch die **Vorfrage der wirksamen Ehe**. Nur bei wirksam geschlossener Ehe ist Ying „verheiratete Frau". 44

aa) Vorfragen werden im deutschen IPR grundsätzlich selbstständig angeknüpft, also dem deutschen IPR unterstellt. Eine Ausnahme ist jedoch bei statusrechtlichen Vorfragen (Ehe, Abstammung) im Namensrecht geboten.[9] Da der Name eng mit hoheitlichen Funktionen (Ausweispapiere, Personenstandspapiere) verbunden ist, wäre es nicht sinnvoll, eine zum Namenserwerb führende Vorfrage aus deutscher Sicht anders zu beurteilen als das maßgebliche Namensstatut. Diese heute herrschende Ansicht hatte sich schon zum früheren IPR durchgesetzt (MAT c). Die Vorfrage der wirksamen Eheschließung ist also unselbstständig – vom italienischen IPR als Namensstatut ausgehend – anzuknüpfen.

bb) Die materiellen **Voraussetzungen der Eheschließung** bestimmen sich gemäß Art. 17 *disp.s.l.in gen.* (MAT e) nach dem gemeinsamen italienischen Personalstatut der Ehegatten. Die formellen Voraussetzungen sind nach dem klaren Wortlaut des Art. 26 *disp.s.l.in gen.* (MAT f) alternativ an eines der dort genannten Kriterien anzuknüpfen, es genügt ua die Wirksamkeit nach der italienischen Ortsform.

cc) Hinweise auf materielle Mängel ergeben sich nach dem Sachverhalt nicht, so dass von der materiellen Wirksamkeit der Ehe auszugehen ist.

Die Formwirksamkeit ergibt sich, soweit der Sachverhalt Aussagen enthält, aus Art. 106 cc (MAT h).

d) Name der Ying

Damit führte Ying nach Eheschließung den Familiennamen „Hu" oder „Hu in Thieu", nicht aber „Thieu". Ob sie den Vornamen weiterhin nach dem Nachnamen führte (Hu Thi Ying) oder die Namensreihenfolge europäisierte (Ying Hu) oder italienisierte (Ying Hu in Thieu), blieb ohnehin ihr überlassen, da das italienische Recht ebenso wie das deutsche Recht nur bestimmt, welcher Namensteil Vor- bzw Nachname ist, nicht aber in welcher Reihenfolge diese Namen im Rechtsverkehr zu gebrauchen sind.[10] 45

Ergebnis: Name der Ying nach italienischem Recht ist „Hu" oder „Hu in Thieu", nicht aber „Thieu".

---

9 BGHZ 90, 129, 140; aA sowie eingehend zum Streitstand: BeckOK-BGB/*Mäsch* (1.11.2018) Art. 10 EGBGB Rn 11.

10 Eine Reihung des Vornamens nach dem Nachnamen ändert nicht die funktionale Definition, vgl umgangssprachlich in Bayern („der Huber Sepp") oder offiziell in Ungarn („Liszt Ferenc Airport").

II. Erwerb eines Ehenamens durch Namenswahl

1. Ehenamensstatut

46 Die Ehegatten könnten jedoch den Namen „Thieu" durch **Erklärung vom 27.2.1996** zum Ehenamen bestimmt haben.

a) Wandelbares Ehenamensstatut

47 Dazu ist das **Ehenamensstatut** zu bestimmen, denn das Namensstatut ist wandelbar. Art. 10 Abs. 1 EGBGB stellt ohne Bezug auf einen Anknüpfungszeitpunkt für jeden Ehegatten auf sein Heimatrecht/Personalstatut ab.

Ying besaß zu diesem Zeitpunkt als Staatenlose ein deutsches Personal- und damit Namensstatut (Art. 5 Abs. 2 EGBGB).

John könnte sein seit der Aufnahme als Flüchtling in Deutschland gemäß Art. 12 Genfer Flüchtlingskonvention bestehendes deutsches Personalstatut nach Art. 1 Abschnitt C Nr 1 Genfer Flüchtlingskonvention verloren haben. Dazu müsste er sich freiwillig erneut dem Schutz Vietnams unterstellt haben, was in dem erfolgreichen Antrag auf Erteilung eines Reisepasses[11] zu sehen ist. Dadurch wurde die noch bestehende vietnamesische Staatsangehörigkeit von John auch kollisionsrechtlich wieder als Personalstatut und damit als Namensstatut maßgeblich.

Diese Gesamtverweisung in vietnamesisches Recht (Art. 4 Abs. 1 EGBGB) nimmt das vietnamesische Recht an (MAT m).

Damit haben die Ehegatten verschiedene Personalstatuten. Ein Ehename ist in diesem Fall nur wählbar, wenn beide Rechtsordnungen die gewünschte Namensführung kraft Gesetzes oder Wahl zulassen. Da das vietnamesische Namensrecht durch den Bearbeiter nicht weiter ermittelbar war (MAT n), ist vor weiteren Bemühungen vorrangig nach anderen Möglichkeiten zu suchen, die Wirksamkeit der Namenswahl mit Mitteln des deutschen Kollisionsrechts zu erreichen.

b) Art. 10 Abs. 2 EGBGB

48 Ein **deutsches Ehenamensstatut** könnte sich aus Art. 10 Abs. 2 EGBGB ergeben.

aa) Art. 10 Abs. 2 EGBGB enthält entgegen seinem Wortlaut „können … ihren … Namen wählen" kein materielles Namenswahlrecht, sondern eine kollisionsrechtliche **Rechtswahlbefugnis**;[12] die materielle Bestimmung des Ehenamens folgt nur aus dem gewählten Recht.

---

11 BGH MDR 1966, 129; OLG Hamm FamRZ 1993, 111, 113; vgl auch BVerwG StAZ 1993, 219: freiwillige Rückkehr.

12 BayObLGZ 1999, 153, 158; BGH NJW-RR 2015, 321.

bb) Dazu müsste Art. 10 Abs. 2 EGBGB idF durch FamNamRG v. 16.12.1993, in Kraft seit 1.4.1994, **intertemporal anwendbar** sein. Da das Namensstatut wandelbar ist, unterliegt die Zulässigkeit einer Wahl des Namensstatuts dem im Zeitpunkt der Namenswahl geltenden Recht; Art. 10 Abs. 2 EGBGB ist also anzuwenden.

cc) Die **tatbestandlichen Voraussetzungen** liegen sogar für beide Alternativen, Art. 10 Abs. 2 Nr 1 *oder* Nr 2 EGBGB, vor. Ying hat ein deutsches Personalstatut; beide Ehegatten haben einen deutschen gewöhnlichen Aufenthalt.

dd) Die **Form** des Art. 10 Abs. 2 S. 2 EGBGB ist gewahrt; die Erklärungen sind in der Form des § 129 BGB gegenüber dem Standesbeamten abgegeben.

Die Wahl eines deutschen **Ehenamensstatuts** ist also wirksam.

2. Materiellrechtliche Ehenamenswahl

Materiellrechtlich unterliegt die **Bestimmung des Ehenamens** § 1355 Abs. 1 S. 1, Abs. 2 BGB. **49**

a) Vorfrage der Ehe

aa) Eine Bestimmung des Ehenamens nach § 1355 BGB können jedoch nur **„Ehegatten"** treffen. Damit stellt sich wieder die Vorfrage der wirksamen Ehe. Unter – hier gewähltem – deutschem Namensstatut ist die Vorfrage ausgehend von deutschem IPR anzuknüpfen; bei deutschem Sachstatut sind selbstständige und unselbstständige Anknüpfung freilich nicht zu unterscheiden.[13] **50**

bb) Die **materielle Wirksamkeit** der Eheschließung beurteilt sich (als abgeschlossener Vorgang, Art. 220 Abs. 1 EGBGB) kumulativ nach den beiden Heimatrechten im Zeitpunkt der Eheschließung. Art. 13 Abs. 1 aF EGBGB wurde im Wege der Verallseitigung die heute in Art. 13 Abs. 1 EGBGB ausdrücklich bestimmte Kollisionsnorm entnommen (vgl MAT c). Die Verweisung führt damit für beide Ehegatten als Gesamtverweisung in das jeweils anwendbare italienische Personalstatut im Zeitpunkt der Eheschließung; das italienische Recht nimmt, wie gesehen (Rn 41), diese Verweisung an. **51**

cc) Die **formelle Wirksamkeit** der Eheschließung bestimmt sich für eine im Ausland geschlossene Ehe nach Art. 11 EGBGB (alter wie neuer Fassung). Art. 13 Abs. 3 EGBGB (früher § 15a EheG aF) bezieht sich nur auf die Eheschließung im Inland. Es **52**

13 Aufbau: Man könnte bereits die Vorfrage der wirksamen Ehe bei Art. 10 Abs. 2 EGBGB prüfen, denn nur „Ehegatten" können ein Ehenamensstatut bestimmen und zugleich einen Ehenamen wählen. Auch dann muss für die Vorfragenanknüpfung der wirksame Status nach dem zu wählenden Statut angeknüpft werden.

genügt also die Wahrung der Ortsform, alternativ der Geschäftsform (Kumulation der von Art. 13 Abs. 1 EGBGB berufenen Personalstatute). Die Form italienischen Rechts ist, wie gesehen (Rn 44), gewahrt.

b) Materielle Ehenamensbestimmung

53 **aa)** Es handelt sich also auch aus deutscher Sicht um Ehegatten. Der **Geburtsname** des Ehemannes „Thieu" konnte gewählt werden (§ 1355 Abs. 2 BGB). Die Wahl konnte auch nach der Eheschließung erfolgen (§ 1355 Abs. 3 S. 2 BGB, Art. 10 Abs. 2 S. 2 EGBGB). Die Form des § 1355 Abs. 3 S. 2 BGB geht in der Form des Art. 10 Abs. 2 S. 2 EGBGB auf.

Die Ehegatten haben damit wirksam den Ehenamen „Thieu" bestimmt, die Eintragung im Familienbuch ist also zutreffend.

54 **bb)** Ob die **Zwischennamen** „Thi" und „Phan" während der Ehe weiter geführt wurden, muss für den vorliegenden Fall nicht geklärt werden; grundsätzlich wurde auch vor Inkrafttreten von Art. 47 EGBGB ein Wahlrecht vertreten, wobei mangels einer Wahl für den Zwischennamen umstritten war und bleibt, ob dieser bei Erwerb der deutschen Staatsangehörigkeit als Teil des Vornamens oder als Zwischenname weitergeführt wird oder wegen Unverträglichkeit mit deutschem Namensrecht erlischt; Unverträglichkeit wird zutreffend nur selten angenommen und liegt nicht vor, wenn der Namensträger aus seinem alten Namensstatut einen Zwischennamen mitbringt, der als solcher weitergeführt werden kann.[14] Nicht geklärt werden muss auch, wie das italienische Recht die Führung des Zwischennamens beurteilte. Denn Ying will ausweislich ihres Antrages nunmehr jedenfalls den Zwischennamen ablegen.

55 **Ergebnis:** Die im Familienbuch eingetragene Namensführung „Thieu" trifft zu.

Frage 3: Namensführung der Ying

1. Wiederannahme des Geburtsnamens

a) Anknüpfung

56 **Kollisionsrechtlich** beurteilt sich die Namensführung nach der Ehescheidung nach dem aktuellen Namensstatut jedes Ehegatten. Anzuknüpfen ist also an das gegenwärtige Personalstatut der Ying; diese ist deutsche Staatsangehörige, hat also ein deutsches Namensstatut.

---

14 BGH NJW 2014, 1383: Vatersname nach bulgarischem Recht; zur Thematik BeckOK-BGB/*Mäsch* (1.11.2018) Art. 10 EGBGB Rn 17.

b) Formstatut

Die **Form** ehenamensrechtlicher Erklärungen ist in Art. 10 Abs. 1 EGBGB nicht – wie für die Erklärung nach Art. 10 Abs. 2 EGBGB – speziell geregelt. Es genügt deshalb nach Art. 11 Abs. 1 EGBGB wahlweise die Wahrung der Ortsform (relevant zB bei Ehenamenswahl anlässlich der Eheschließung deutscher Ehegatten im Ausland) oder der Geschäftsform. **57**

c) § 1355 BGB

Ying kann durch **Erklärung** nach § 1355 Abs. 5 S. 2 BGB, wie gewünscht, ihren Geburtsnamen „Hu" wieder annehmen. **58**

Die Form deutschen Rechts als des Geschäftsstatuts (Art. 11 Abs. 1 iVm Art. 10 Abs. 1 EGBGB) ist gewahrt (§ 1355 Abs. 5 S. 2, Abs. 4 S. 5 BGB).

2. Anpassung des Namens nach Erwerb eines deutschen Namensstatuts

a) Anwendbarkeit Art. 47 EGBGB

Ying könnte ein Recht zur **Namensanpassung** gemäß Art. 47 EGBGB[15] haben. An sich bleibt bei Erwerb eines deutschen Namensstatuts gemäß Art. 10 Abs. 1 EGBGB der bisher geführte Name – vorbehaltlich Unverträglichkeit (Rn 54) – unverändert als unter vorherigem Namensstatut wohlerworbenes Recht bestehen. Art. 47 EGBGB ändert diese kollisionsrechtliche Lage nicht, erlaubt aber als, auch systematisch nicht in das IPR eingeordnete, materiellrechtliche Norm dem Namensträger nach Erwerb der deutschen Staatsangehörigkeit eine Anpassung an die Üblichkeiten der deutschen Namensführung. **59**

b) Anpassung nach Art. 47 EGBGB

Da Ying ein ausländisches Namensstatut hatte und durch Erwerb der deutschen Staatsangehörigkeit 1998 ein deutsches Namensstatut erworben hat, ist **Art. 47 EGBGB anwendbar**. Eine Befristung der Bestimmungsrechte sieht Art. 47 EGBGB nicht vor. **60**

aa) Art. 47 Abs. 1 S. 1 Nr 1, 2, 4 EGBGB führen vorliegend offenkundig nicht zu dem gewünschten Ergebnis, da diese Normen nur eine Auswahl aus dem phonetisch unveränderten bisherigen Namen erlauben.

bb) Art. 47 Abs. 1 S. 1 Nr 3 EGBGB erlaubt jedenfalls die Ablegung des Zwischennamens „Thi", insoweit also wirksame Wahl.

---

15 Art. 47 EGBGB sollte gemäß Art. 5 Abs. 2 PStRG, BGBl. 2007 I 122 am 1.1.2009 in Kraft treten, gilt jedoch gemäß Art. 4 Abs. 1a des Siebten Gesetzes zur Änderung des Bundesvertriebenengesetzes (BGBl. 2007 I 748) bereits seit dem 24.5.2007.

cc) Nach Art. 47 Abs. 1 S. 1 Nr 5 Hs. 1 EGBGB kann Ying eine deutschsprachige Form des Vornamens und des Nachnamens annehmen. Nun gibt es freilich weder zu „Ying“ noch zu „Hu“ deutschsprachige Pendants.[16] In Betracht kommt daher nur Art. 47 Abs. 1 S. 1 Nr 5 Hs. 2 EGBGB, der jedoch nur die Annahme eines neuen Vornamens, nicht aber eines Familiennamens erlaubt; beim Familiennamen ist eine Eindeutschung regelmäßig nur bei linguistischer Verwandtschaft des geführten mit einem deutschen Namen möglich.[17]

Im Ergebnis heißt Ying also nunmehr mit Vornamen Yvonne. Da sie den Zwischennamen abgelegt hat, die Namensbestimmung des Nachnamens zu „Huber“ aber unwirksam ist, heißt sie mit Nachnamen weiter „Hu“.

61 **Ergebnis:** Ying heißt nunmehr „Yvonne Hu“.

Frage 4: Namensstatut des Frank

1. Namensstatut

62 Der Familienname des Frank bestimmt sich nach seinem Namensstatut, also nach dem Recht des **Staates, dem Frank angehört** (Art. 10 Abs. 1 EGBGB).

a) § 4 Abs. 3 StAG

Ein Erwerb der **deutschen Staatsangehörigkeit** von Geburt kommt nicht in Betracht. Das deutsche Staatsangehörigkeitsrecht sieht erst seit dem 1.1.2000 für nach dem 31.12.1999 in Deutschland geborene Kinder in § 4 Abs. 3 StAG einen Erwerbstatbestand *iure soli* vor.

b) Art. 12 GFK

63 Ein abgeleitetes **Flüchtlingsstatut** nach Art. 12 Genfer Flüchtlingskonvention ohne eigene Flüchtlingseigenschaft des Kindes, das bei Flüchtlingsstatus beider Eltern angenommen wird,[18] kommt hier nicht mehr in Betracht; der Vater John hatte seinen Flüchtlingsstatus verloren.

c) Kein abgeleitetes Personalstatut bei Staatenlosigkeit

64 Ein **abgeleiteter Erwerb** eines deutschen Personalstatuts von einem sich in Deutschland aufhaltenden staatenlosen Elternteil kommt hingegen generell nicht in Betracht. Entweder ist das Kind selbst staatenlos, unterfällt also selbstständig Art. 5 Abs. 2

16 Beim Vornamen nicht nur linguistische Anpassung (zB des arabischen/persischen „Marjam“ in das deutsche Äquivalent „Maria“), sondern auch eine freie Neubestimmung.

17 ZB Wechsel eines Polen zur deutschen Staatsangehörigkeit: Anpassung „Szmidt“ zu „Schmidt“ zulässig, nicht aber Übersetzung „Kowal“ zu „Schmied“.

18 BayObLGZ 1999, 27.

EGBGB oder es erwirbt eine Staatsangehörigkeit *iure soli* im Geburtsland oder *iure sanguinis* vom anderen Elternteil.

d) Vietnamesische Staatsangehörigkeit

Frank hat auch bei Geburt außerhalb Vietnams die **vietnamesische Staatsangehörigkeit** seines Vaters nach dem im Zeitpunkt seiner Geburt geltenden Art. 6 Abs. 2 des vietnamesischen Staatsbürgerschaftsgesetzes erworben, weil seine Mutter in diesem Zeitpunkt staatenlos war (MAT l). Art. 10 Abs. 1 EGBGB verweist in vietnamesisches Recht, das die Verweisung annimmt (MAT m). **65**

Dieses Namensstatut ist seit Geburt von Frank unverändert.

2. Einfluss des Ehenamensstatuts

Die **Wahl des Ehenamensstatuts** durch die Ehegatten erstreckt sich nicht auf das gemeinsame Kind. Dies folgt aus der jeweils getrennten Regelung in Art. 10 Abs. 2 und Abs. 3 EGBGB. **66**

3. Wahl des Kindesnamensstatuts

a) Art. 10 Abs. 3 EGBGB intertemporal anwendbar

Eine **Wahl deutschen Rechts** als Kindesnamensstatut nach Art. 10 Abs. 3 Nr 1 EGBGB (deutsches Heimatrecht der Mutter) oder Nr 2 (deutscher gewöhnlicher Aufenthalt beider Elternteile) setzt voraus, dass Art. 10 Abs. 3 EGBGB intertemporal anwendbar ist. Art. 10 Abs. 3 EGBGB ist am 1.7.1998 in Kraft getreten. Fraglich ist, ob die Bestimmung intertemporal auch für vorher geborene Kinder gilt. Hierfür könnte Art. 224 § 3 Abs. 1 S. 1 EGBGB, die intertemporale Kollisionsnorm zum Inkrafttreten der namensrechtlichen Bestimmungen des KindRG, sprechen. Danach behält das vor dem 1.7.1998 geborene Kind seinen Geburtsnamen. Diese Übergangsregelung bezieht sich jedoch nur auf die neuen Regelungen im materiellen deutschen Kindesnamensrecht und soll klarstellen, dass ein früher geborenes Kind nur in den von Art. 224 § 3 Abs. 2 bis 6 EGBGB geregelten Fällen einen neuen Geburtsnamen nach deutschem Recht erhalten kann. **67**

b) § 1617c Abs. 1 BGB analog

Hingegen eröffnet Art. 10 Abs. 3 EGBGB eine Namensstatutwahl, die so umfassend bis zum 30.6.1998 für „eheliche“ Kinder nicht bestand (Art. 10 Abs. 5 aF EGBGB, vgl MAT b). Da zudem Art. 10 Abs. 3 EGBGB auf die Befristung in Art. 10 Abs. 5 aF EGBGB („vor der Beurkundung der Geburt“) verzichtet, wird deutlich, dass eine Namensstatutwahl nun nicht mehr daran scheitert, dass das Kind bereits einen Geburtsnamen hat. Die Wahl deutschen Rechts als Namensstatut ist also auch für den vor dem 1.7.1998 geborenen Frank möglich. **68**

Problematisch ist dabei allerdings, dass Art. 10 Abs. 3 EGBGB nicht auf § 1617c BGB verweist. Durch die unbefristet zulässige Namensstatutwahl kann es zu einer Änderung des Geburtsnamens auch bei über 5-jährigen Kindern kommen. Wegen der erheblichen Betroffenheit des Persönlichkeitsrechts des Kindes bedarf es nach dem **Rechtsgedanken aus § 1617c Abs. 1 BGB** dessen Zustimmung auch bei Art. 10 Abs. 3 EGBGB, wenn das Kind im Zeitpunkt der Rechtswahl das 5. Lebensjahr vollendet hat.

Die Wahl kann der Inhaber der elterlichen Sorge treffen; wer dies ist, bestimmt sich als Vorfrage nach dem von Art. 21 EGBGB berufenen Recht (nach Fragestellung vorliegend nicht zu prüfen).

69 **Ergebnis:** Der Sorgeberechtigte kann für Frank deutsches Recht als Namensstatut wählen.

Literaturhinweise

Behandlung der fallrelevanten Themen in:
***Rauscher* Internationales Privatrecht (5. Aufl., 2017)**

Intertemporales Recht:	Rn 16, 413 ff
Personalstatut Staatenloser:	Rn 236 ff
Personalstatut Flüchtlinge:	Rn 250 ff
Namensstatut:	Rn 669 ff
Ehenamensstatut, Wahl:	Rn 681 ff
Kindesnamensstatut, Wahl:	Rn 689 ff
Vorfragen im Namensstatut:	Rn 518
Namensbestimmung Art. 47:	Rn 678 ff

Weitere Literatur

1. Intertemporales Recht

Staudinger/Looschelders (2019) Einl IPR, Rn 273 ff.

Coester-Waltjen Ausgewählte zivilrechtliche Fragen im Einigungsvertrag – Interlokale und intertemporale Probleme, Ehegüterrecht und nachehelicher Unterhalt, Jura 1991, 516.

2. Personalstatut Staatenloser und Flüchtlinge

Staudinger/Bausback (2013) Art. 5 EGBGB, Rn 32 ff (Staatenlose) und Rn 40 ff und Rn 59 ff (Flüchtlinge).

Staudinger/Bausback (2013), Anh IV zu Art. 5 EGBGB.

Mankowski, Die Reaktion des Internationalen Privatrechts auf neue Erscheinungsformen der Migration, IPRax 2017, 40.

3. Ehenamensstatut/Wahl

Staudinger/Hepting/Hausmann (2013) Art. 10 EGBGB, Rn 189 ff (Ehenamensstatut) und Rn 244 ff (Wahl des Ehenamensstatuts).

Kampe Können Ehegatten aufgrund einer Rechtswahl gemäß Art. 10 Abs. 2 EGBGB zugunsten amerikanischen Rechts einen Ehedoppelnamen führen?, StAZ 2007, 149.

Krömer Ermöglicht Art. 10 Abs. 3 EGBGB die Wahl eines Namensstatuts welches keinen Vor- und Familiennamen kennt?, StAZ 2006, 152.

4. Kindesnamensstatut/Wahl

Staudinger/Hepting/Hausmann (2013) Art. 10 EGBGB, Rn 314 ff (Kindesnamensstatut) und Rn 364 ff (Wahl des Kindesnamensstatuts).

Fachausschuss-Nr 3743: Mehrmalige Rechtswahl nach Art. 10 Abs. 3 EGBGB für den Namen eines Kindes mit deutscher Mutter und spanischem Vater, StAZ 2006, 81.

Gaaz Der Doppelname als Menschenrecht? – Zum Recht des Kindesnamens in Europa, FS Frank (2008) 38.

5. Vorfragen im Namensstatut

Staudinger/Hepting/Hausmann (2013) Art. 10 EBGBG, Rn 105 ff.

6. Namensbestimmung nach Art. 47

Staudinger/Hepting/Hausmann (2013) Art. 10 EGBGB, Rn 332 ff.

Henrich Die Angleichung im internationalen Namensrecht – Namensführung nach Statutenwechsel, StAZ 2007, 197.

Hepting Die Angleichung in Art. 47 EGBGB, StAZ 2008, 161.

Wall Probleme von Angleichungserklärung und Angleichungslage in Art. 47 EGBGB in der Rechtsprechung des BGH, StAZ 2015, 363.

Fall 2

Gesellschaftsform *(un)limited*

70 Der deutsche Staatsangehörige Walter Weise plant einen Internet-Versandhandel mit Gebrauchselektronik. Zu diesem Zweck will er als einziger Gesellschafter eine GmbH mit Sitz in München, seinem Wohnort, gründen. Den Gesellschaftsvertrag lässt er durch einen Notar in Zürich, wo er für einige Wochen geschäftlich zu tun hat, beurkunden und meldet die Gesellschaft beim Amtsgericht München zur Eintragung in das Handelsregister an. Das Amtsgericht München hat Zweifel, ob die Gesellschaft eingetragen werden kann, nimmt aber schließlich am 1.2.2006 die Eintragung unter der Firma *Komm kaufen wir's! GmbH* vor.

Weise, der die Geschäfte alleine von seinem häuslichen Büro aus führt, beginnt den Geschäftsbetrieb der GmbH. Sie bietet über eine Website Produkte an; die Begrüßungsseite ermöglicht dem Kunden eine Wahl zwischen englischer, deutscher und französischer Textversion. In verschiedenen Staaten Europas, darunter in Deutschland, kann der Kunde online bestellen. Die Ware ordert Weise aufgrund von Rahmenverträgen mit Großhändlern jeweils bei Eingang von Online-Bestellungen. Im August 2006 verlegt Weise seinen Wohnsitz nach London (England, UK). Seine Geschäfte führt er von seinem dortigen häuslichen Büro. Der Internet-Auftritt der *Komm kaufen wir's! GmbH* bleibt unverändert und lässt seinen persönlichen Umzug nicht erkennen.

Im Dezember 2017 wickelt die *Komm kaufen wir's! GmbH* online ua folgende Geschäfte ab:

Fritz Feistl bestellt als Geburtstagsgeschenk für seine Tochter ein Mobiltelefon, das ihm an seinen Wohnsitz nach Passau geliefert wird. Der Kaufpreis wird Feistls Kreditkarte belastet.

Die Firma *FlyHigh Ltd.* bestellt 10 Handfunkgeräte, die an ihre Firmenanschrift am Flughafen Augsburg geliefert werden.

Das an Feistl gelieferte Telefon ist defekt. Nachdem er mehrfach erfolglos per E-mail um Austausch gebeten hat, erklärt er den Rücktritt und verlangt Rückzahlung des Kaufpreises (299 €). Als auch dies erfolglos bleibt, erhebt er am 9.3.2018 beim Amtsgericht Passau Zahlungsklage. Weise trägt vor, deutsche Gerichte seien unzuständig, denn seine GmbH sei nach London gezogen.

Der Versuch, den Kaufpreis der 10 Handfunkgeräte (4.500 €) der Kreditkartenbank der *FlyHigh Ltd.* zu belasten, scheitert, weil die bei Bestellung angegebene Kreditkarte nur bis Juni 2010 gültig war. Die *Komm kaufen wir's! GmbH*, vertreten durch ihren Geschäftsführer Walter Weise, London, erhebt darauf am 13.3.2018 Zahlungsklage vor dem Amtsgericht Augsburg gegen Franz Flug persönlich und gegen die *FlyHigh Ltd.* In der Klageerwiderung bezeichnet sich die Beklagte zutreffend als „*FlyHigh Ltd.* London, England UK" und bestreitet die Zuständigkeit des Gerichts. Im Verfahren stellt sich heraus, dass die Gesellschaft durch den deutschen Fluglehrer Franz Flug als Alleingesellschafter nach englischem Recht wirksam in der Rechtsform einer *private limited company* gegründet wurde. Die Gründung erfolgte durch Vermittlung eines Londoner Rechtsanwalts. Das Geschäft führt Flug von Anfang an ausschließlich in Augsburg.

1. Hat das Amtsgericht München bei Eintragung der *Komm kaufen wir's! GmbH* einen Fehler gemacht? Firmenrechtliche Fragen sind nicht zu erörtern.
2. Ist die Klage in Passau zulässig? Hätte Feistl (auch) vor einem anderen deutschen Gericht klagen können?
3. Wie wäre – bei sonst unverändertem Sachverhalt – zu entscheiden, wenn Weise die Gesellschaft als *Limited Liability Company* des Rechts von Delaware (USA) errichtet hätte *(Come let's buy it Inc.)*, die Geschäfte der Firma von seinem Wohnsitz in Nassau, Bahamas, führt, die Versendung der Ware für Europa jedoch durch eine Versandagentur in Amsterdam durchführen lässt, die nach außen nicht erkennbar wird und lediglich die von Kunden in der EU über die Website der *Come let's buy it Inc.* bestellte Ware versendet.
4. Ist die Klage in Augsburg zulässig? Hinsichtlich der Verhältnisse der *Komm kaufen wir's! GmbH* ist nur der Ausgangssachverhalt zugrunde zu legen.
5. Flug macht sich Sorgen um die Anerkennung der Existenz seiner *FlyHigh Ltd.* in der EU, weil das UK am 29.3.2017 der EU den Austritt gemäß Art. 50 Abs. 2 EUV mitgeteilt hat. Er fragt um Rat, ob er seine Gesellschaft ohne Verlust der Rechtspersönlichkeit entsprechend dem Modell der §§ 1 Abs. 1 Nr 4, 190 ff UmwG in eine deutsche GmbH umwandeln kann und ob er sich hierbei beeilen muss.
6. Flug hat im November 2018 die Umwandlung der *FlyHigh Ltd.* in eine deutsche GmbH vorgenommen. Nachdem sein Steuerberater meint, unternehmenssteuerlich sei Luxemburg interessant, fragt er, ob eine identitätswahrende Umwandlung in eine luxemburgische Sarl nur mit Verlegung des Satzungssitzes nach Luxemburg unter Beibehaltung der Geschäftsführung in Augsburg möglich ist, sofern das luxemburgische Recht das gestattet.

Materialien

I. Schweizerisches Recht[1]

a) Obligationenrecht v. 30.3.1911 (OR)

3. Abteilung. Die Handelsgesellschaften und die Genossenschaften **71**
28. Titel. Die Gesellschaft mit beschränkter Haftung

Art. 777

(1) Die Gesellschaft wird errichtet, indem die Gründer in öffentlicher Urkunde erklären, eine Gesellschaft mit beschränkter Haftung zu gründen, darin die Statuten festlegen und die Organe bestellen.

1 Offizielle Sammlung des Schweizer Bundesrechts: https://www.admin.ch/gov/de/start/bundesrecht/systematische-sammlung.html.

Art. 779

(1) Die Gesellschaft erlangt das Recht der Persönlichkeit durch die Eintragung ins Handelsregister.

(2) Sie erlangt das Recht der Persönlichkeit auch dann, wenn die Voraussetzungen für die Eintragung tatsächlich nicht erfüllt sind.

(3) Waren bei der Gründung gesetzliche oder statutarische Voraussetzungen nicht erfüllt und sind dadurch die Interessen von Gläubigern oder Gesellschaftern in erheblichem Maße gefährdet oder verletzt worden, so kann das Gericht auf Begehren einer dieser Personen die Auflösung der Gesellschaft verfügen.

(4) Das Klagerecht erlischt drei Monate nach der Veröffentlichung der Gründung der Gesellschaft im Schweizerischen Handelsamtsblatt.

b) Für die übrigen im schweizerischen Recht auftretenden Fragen ist davon auszugehen, dass die Rechtslage der deutschen entspricht.

II. Recht des UK/Englisches Recht

c) Das internationale Gesellschaftsrecht des UK ist auch nach Inkrafttreten des *Companies Act 2006* nicht gesetzlich geregelt. In England gilt die Regel, dass alle Fragen betreffend die Gründung und die Rechtsfähigkeit einer Gesellschaft dem Recht des Ortes der Inkorporierung unterstehen. Bedenken gegen die Wirksamkeit einer Gründung einer *Limited Liability Company* mit Satzungssitz im UK und Verwaltung im Ausland bestehen nicht; ob eine identitätswahrende Umwandlung in eine ausländische Gesellschaftsform zulässig ist, ist Ihnen nicht bekannt.

III. Recht von Delaware

d) Zur Gründung einer rechts- und parteifähigen *Limited Liability Company* bedarf es der Errichtung eines *Certificate of Formation* durch einen oder mehrere Gesellschafter und dessen Hinterlegung beim *Secretary of State*. Erforderlich ist, dass die Gesellschaft ein *registered office* in Delaware hat; dieses muss nicht mit dem Sitz ihrer Verwaltung übereinstimmen.

IV. Recht von Luxemburg

e) Luxemburgisches Recht gestattet die Gründung einer Sociétè à responsabilité limitée (Sarl) ohne inländischen Verwaltungssitz. Die Sarl ist auch als Sociétè à responsabilité limitée unipersonelle, also als Sarl mit nur einem Gesellschafter zulässig.

Strukturierung des Falles

Wesentliche Themen: Partei- und Prozessfähigkeit, Verbraucherzuständigkeiten in der Brüssel Ia-VO, Wohnsitz in der Brüssel Ia-VO, Substitution, Gesellschaftsstatut und Art. 49, 54 AEUV. **72**

Frage 1: Eintragung der *Komm kaufen wir's! GmbH*

1. **Ablehnung der Eintragung**
   - nach § 9c Abs. 1 S. 1 GmbHG wegen Formmangel?
2. **Formstatut**
   - Ortsform nach Art. 11 Abs. 4 EGBGB ausgeschlossen (-)
   - Analogie zu Art. 11 Abs. 4 EGBGB (-) (str.)
   - Entsprechende Form für GmbH-Gründung in schweiz Recht vorrätig (+)
3. **Ortsform**
   - Art. 777 OR notarielle Urkunde, Form gewahrt
4. **Geschäftsformstatut**
   a) **Sitztheorie-Gründungstheorie**
      - Gesellschaftsstatut: Gründungs- oder Sitztheorie

   b) **Einfluss der Art. 49, 54 AEUV**
      - Niederlassungsfreiheit (Art. 49, 54 AEUV)
      - hier nicht relevant, da Sitz und Gründung in Deutschland
5. **Substitution**
   a) **Substituierbarkeit**
      - Form § 2 Abs. 1 S. 1 GmbHG substituierbar, § 17 BeurkG, aber verzichtbar (+)

   b) **Substitution bei Gleichwertigkeit**
      - Gleichwertigkeit Beurkundungsperson und -vorgang (+)
6. **Ein-Gesellschafter-GmbH**
   - Zulässigkeit nach Gesellschaftsstatut (+)

Ergebnis: Das Amtsgericht München hat bei der Eintragung keinen Fehler gemacht.

Frage 2: Zulässigkeit der Klage zum Amtsgericht Passau (Variante London)

1. **Parteifähigkeit der Komm-kaufen-wir's-GmbH**
   a) **Anknüpfung**
      - Statut strittig:
      - lex fori, damit § 50 Abs. 1 ZPO, Rechtsfähigkeit
      - oder prozessuale Kollisionsnorm: Heimatrecht
      - oder alternative Anknüpfung an Partei- oder Rechtsfähigkeit im Heimatrecht

   b) **Gesellschaftsstatut**
      - Identitätswahrender Sitzwechsel, wenn nach beiden Rechtsordnungen zulässig

   c) **§ 4a GmbHG**
      - rechtsformwahrender Wegzug nach § 4a GmbHG (-)

   d) **Niederlassungsfreiheit**
      - rechtsformwahrender Wegzug durch Niederlassungsfreiheit, Art. 49, 54 AEUV (-)

   e) **Rückverweisung durch neues Sitzrecht**
      - nicht entscheidungserheblich, wenn durch Rückverweisung kein Statutenwechsel eintritt: UK-Recht, Unteranknüpfung Art. 4 Abs. 3 EGBGB englisches Recht, also Rückverweisung wegen Gründungstheorie

   f) **Parteifähigkeit nach deutschem Recht**
      - Parteifähigkeit damit § 50 Abs. 1 ZPO iVm § 13 Abs. 1 GmbHG
2. **Internationale Zuständigkeit deutscher Gerichte**
   a) **Anwendbarkeit der Brüssel Ia-VO**
      - Intertemporal: Alle Klagen seit dem 10.1.2015, Art. 66 Abs. 1, 81 Brüssel Ia-VO (+)
      - Materiell: Art. 1 Abs. 1 Brüssel Ia-VO Zivil- oder Handelssache (+), Ausnahmen Art. 1 Abs. 2 Brüssel Ia-VO (-)
      - Räumlich: Art. 5 Abs. 1 Brüssel Ia-VO: Beklagtenwohnsitz in Mitgliedstaat
      - Begriff Mitgliedstaat: Erwägungsgründe Nr 40, 41 Brüssel Ia-VO
      - Begriff Wohnsitz bei Gesellschaft: Art. 63 Brüssel Ia-VO; Verwaltungssitz England (+)
      - Satzungssitz Deutschland (+)

   b) **Verbrauchersache Art. 17 Brüssel Ia-VO**
      - vertragliche Ansprüche, Kläger Verbraucher (+)

- Art. 17 Abs. 1 Brüssel Ia-VO Vertrags- und Abschlusssituationen
- Art. 17 Abs. 1 lit. c Brüssel Ia-VO „in irgendeiner Weise“ ausgerichtet; bei Internet aktive Ausrichtung (+)

c) **Internationale Zuständigkeit**
- Internationale Zuständigkeit Klage des Verbrauchers Art. 18 Abs. 1 Brüssel Ia-VO,
- Deutschland Wohnsitzstaat des Verbrauchers (Art. 18 Abs. 1 Alt. 2 Brüssel Ia-VO), dabei Wohnsitz gemäß Art. 62 Abs. 1 Brüssel Ia-VO nach deutschem Recht (§ 7 BGB)
- Deutschland auch Wohnsitzstaat des Vertragspartners (Art. 18 Abs. 1 Alt. 1 Brüssel Ia-VO) nach Art. 63 Abs. 1 Brüssel Ia-VO

d) **Örtliche Zuständigkeit**
- Mitgeregelt in Art. 18 Abs. 1 Alt. 2 Brüssel Ia-VO also AG Passau (+)
- Bei Art. 18 Abs. 1 Alt 1. Brüssel Ia-VO: § 29c ZPO, wenn § 312b Abs. 1 BGB (-)
- § 17 Abs. 1 S. 2 ZPO: nicht Verwaltungssitz, sondern Satzungssitz (+)

Ergebnis: Die Klage zum AG Passau ist zulässig; die Klage hätte auch vor dem AG München erhoben werden können.

Frage 3: Zulässigkeit der Klage zum Amtsgericht Passau (Variante Delaware)

1. **Parteifähigkeit der *Come let‘s buy it Inc.***
   - Gesellschaftsstatut Art. XXV Abs. 5 S. 2 des Freundschafts-, Handels- und Schiffahrtsvertrags v. 29.10.1954, also Gründungstheorie
   - Unteranknüpfung direkte Verweisung auf Gründungsrecht, also Delaware

2. **Zuständigkeit**

a) **Räumlicher Anwendungsbereich Brüssel Ia-VO**
- Internationale Zuständigkeit Brüssel Ia-VO: Beklagtenwohnsitz in Mitgliedstaat (Art. 5 Abs. 1, 63 Brüssel Ia-VO)

b) **Erweiterung bei Niederlassung Art. 17 Abs. 2 Brüssel Ia-VO**
- In Verbrauchersachen aus Art. 17 Abs. 2 Brüssel Ia-VO
- Zweigniederlassung in Amsterdam, fraglich
- aber Anschein einer Zweigniederlassung (-)

c) **Erweiterung nach Art. 18 Abs. 1 Hs. 2 Brüssel IA-VO**
- Unabhängig vom Wohnsitz des Unternehmers für Klagen des Verbrauchers an dessen Wohnsitz (+), also internationale und örtliche Zuständigkeit gemäß Art. 18 Abs. 1 Brüssel Ia-VO in Passau.

Ergebnis: Die Klage zum AG Passau ist zulässig.

Frage 4: Zulässigkeit der Klage zum Amtsgericht Augsburg

1. **Parteifähigkeit der *FlyHigh Ltd.***

a) **Sitztheorie**
- Sitztheorie führte zu deutschem Verwaltungssitz, damit nicht rechts-, nicht parteifähig

b) **Niederlassungsfreiheit Art. 49, 54 AEUV**
- Verstoß gegen Niederlassungsfreiheit Art. 49, 54 AEUV
  Centros-Entscheidung: Nur Zweigniederlassungsgründung (-)
  Überseering-Entscheidung: Nur Sitzverlegung in das Inland (-)
  Inspire Art-Entscheidung: Auch bei Nichtanerkennung von Schein-Auslandsgesellschaften (-)

c) **Rechtsmissbräuchliche Zielsetzung**
- Rechtsmissbrauch nicht schon bei kostengünstiger Gründung

2. **Zuständigkeit**

a) **Gegen Franz Flug**
- Internationale Zuständigkeit gegen Franz Flug bei deutschem Wohnsitz (Art. 5 Abs. 1 Brüssel Ia-VO) nach Brüssel Ia-VO; Art. 4 Brüssel Ia-VO (+)
- Örtliche Zuständigkeit des AG Augsburg aus §§ 12, 13 ZPO (+)

b) **Gegen FlyHigh Ltd**
- Internationale Zuständigkeit gegen die *FlyHigh Ltd.* bei UK-Satzungssitz bzw deutschem Verwaltungssitz, (Art. 63 Brüssel Ia-VO) nach Brüssel Ia-VO; Art. 4 Brüssel Ia-VO nach Wahl des Klägers (+)

c) **Örtliche Zuständigkeit**
- Örtliche Zuständigkeit §§ 17, 12 ZPO
- Angemeldeter Satzungssitz (-)
- Notzuständigkeit AG Schöneberg analog § 122 Nr 6 FamFG (-)
- „Verlängerung" Art. 63 Brüssel Ia-VO oder § 17 Abs. 1 S. 2 Hs. 2 ZPO analog (+)

Ergebnis: Die zum AG Augsburg erhobene Klage ist also zulässig.

Frage 5: Umwandlung der *FlyHigh Ltd.* in eine GmbH

1. **Anwendbares Recht**
   - Bisher UK-Gesellschaft
   - Nach Umwandlung deutsche Gesellschaft
   - somit Kumulation altes/neues Gesellschaftsstatut
2. **Europarechtliche Garantie der Umwandlung aus Sicht des Wegzugsstaates**
   - UK-Recht nach MAT c nicht bekannt
   - Verstoß eventueller Beschränkung gegen Art. 49, 54 AEUV?
   - *Cartesio*-Entscheidung: Kein Umwandlungsverbot, wenn Wegzug erlaubt (+)
3. **Umwandlung im neuen deutschen Gesellschaftsstatut**

   a) **Deutsches Umwandlungsrecht**
   - Normen zur Umwandlung ausländischer in deutsche Form § 1 UmwG (-)

   b) **Europarechtliche Garantie der Zuzugsumwandlung**
   - Verstoß fehlender Gleichbehandlung gegen Art. 49, 54 AEUV?
     Vale-Entscheidung: Soweit deutsche Gesellschaft Umwandlung vornehmen kann (+)

   c) **Frist**
   - Wegfall der auf Art. 49, 54 AEUV beruhenden Freizügigkeit der UK-Gesellschaft mit dem Wirksamwerden des Brexit, sofern kein Übergangszeitraum oder Völkervertrag
   - Art. 122m UmwG nicht anwendbar

Ergebnis: Der Rechtsformwechsel in eine GmbH ist in EU-Rechtskonformer Analogie zu § 1 Abs. 1 Nr 4 UmwG zulässig, wenn sämtliche sonstigen Voraussetzungen der §§ 190 ff UmwG erfüllt sind; der Rechtsformwechsel muss bis zum Ausscheiden des UK aus der EU vollzogen sein, sofern das UK nicht im EWR verbleibt. Eine Verschmelzung auf eine deutsche GmbH oder GmbH&Co KG wäre hingegen intertemporal durch § 122m UmwG begünstigt.

Frage 6: Umwandlung in luxemburgische Sárl ohne Verwaltungssitzverlegung

1. **Anwendbares Recht**
   - Bisher GmbH nach deutschem Recht
   - Umwandlung ohne Sitzverlegung ändert daran nichts
2. **Europarechtliche Garantie der Umwandlung aus Sicht des Wegzugstaates**
   - Deutsches Recht sieht Sarl mit Sitz in Deutschland nicht vor
   - *Polbud*-Entscheidung: Kein Umwandlungsverbot, wenn aufnehmendes Recht Umwandlung erlaubt

Ergebnis: Der Rechtsformwechsel ist zulässig, da das Recht von Luxemburg nicht verlangt, dass der Verwaltungssitz nach Luxemburg verlegt wird und das deutsche Recht sich wegen der Niederlassungsfreiheit nach Art. 49, 54 AEUV dem nicht durch Auflösung der GmbH entgegenstellen darf.

Lösung

Frage 1: Eintragung der *Komm kaufen wir's! GmbH*

1. Ablehnung der Eintragung

73 Womöglich hätte das AG München die Eintragung nach **§ 9c Abs. 1 S. 1 GmbHG** ablehnen müssen. Das würde voraussetzen, dass die Gesellschaft nicht ordnungsgemäß errichtet oder angemeldet wurde. Da die Zulässigkeit der Firma nach Bearbeitervermerk nicht zu prüfen ist, kommt allein ein **Formmangel** des Gesellschaftsvertrages in Betracht. Nicht abwegig wäre es auch, nach der Zulässigkeit der **Ein-Gesellschafter-GmbH** zu fragen.

2. Formstatut

74 Zu ermitteln ist das **Formstatut** des Gesellschaftsvertrages. Dieses könnte gemäß Art. 11 Abs. 1 EGBGB alternativ an das Recht des Vornahmeortes oder das Geschäftsrecht anzuknüpfen sein, so dass die Wahrung der schweizerischen Ortsform genügen würde.

75 Fraglich ist jedoch, ob eine ausländische **Ortsform bei Gründung** einer (deutschen) GmbH ausgeschlossen ist. Ausdrücklich wird die Ortsform in bestimmten Fällen durch Art. 11 Abs. 4 EGBGB ausgeschlossen. Dieser ist jedoch nach seinem Wortlaut nicht betroffen.

76 Zu erwägen ist jedoch eine **analoge Anwendung von Art. 11 Abs. 4** EGBGB; in gleicher Richtung wird teilweise auch ohne Hinweis auf Art. 11 Abs. 4 EGBGB argumentiert:[1] Da das Internationale Gesellschaftsrecht bisher im EGBGB nicht geregelt ist, lässt sich trotz der singulären Regelung in Art. 11 Abs. 4 EGBGB kein Argument gegen eine Analogie herleiten. Eine Beschränkung auf die Geschäftsform für gesellschaftsrechtliche Beurkundungen könnte gerade dem bisher unkodifizierten Internationalen Gesellschaftsrecht immanent sein. Art. 11 Abs. 4 EGBGB unterstellt dingliche Verfügungen nach tradiertem Verständnis deshalb ausschließlich der Geschäftsform, weil Formvorschriften in diesem Bereich häufig dem Interesse des Rechtsverkehrs an Klarheit der Zuordnung sowie öffentlichen Registerinteressen dienen. Für eine Analogie spricht, dass die gesellschaftsrechtlichen Formvorschriften des deutschen Rechts ebenfalls den genannten Zielen dienen.

Dagegen wird allerdings eingewendet, dass Art. 11 Abs. 1 EGBGB eine Argumentation mit den Zwecken der Form des Geschäftsrechts prinzipiell nicht zulässt, da mit der Alternativität die Formwirksamkeit erleichtert werden soll und das Risiko, hierfür auf Zwecke der Form des Geschäftsrechts zu verzichten, bewusst eingegangen werde. Art. 11 Abs. 4 EGBGB ist eine eher systemwidrige, traditionell bedingte Ausnahmevorschrift.

---

1 Vgl *Grossfeld/Berndt* RIW 1996, 630.

Auch wenn man dieser auch im Schrifttum vordringenden Ansicht folgt, kann freilich die Wahrung der Ortsform nur genügen, wenn das Ortsrecht für das Rechtsgeschäft (Gründung einer GmbH) eine Form bereithält.[2] Unzweifelhaft ist das nur, wo der jeweiligen deutschen Gesellschaftsform, hier der GmbH, sehr ähnlich strukturierte Gesellschaftsformen vorgesehen sind.

3. Ortsform

Das schweizerische Recht als danach grundsätzlich zulässiges **Ortsformstatut** kennt die Rechtsform der GmbH. Sie ist nach Art. 777 OR in öffentlicher Urkunde zu gründen (MAT a). Diese Form ist gewahrt. **77**

4. Geschäftsform

a) Sitztheorie-Gründungstheorie

Folgt man der ersten Ansicht (sonst jedenfalls Hilfsgutachten, weil die Frage erheblich strittig ist), so wäre ausschließlich (sonst alternativ) auf die **Geschäftsform** abzustellen. **78**

Unstrittig hat jede juristische Person wie eine natürliche Person ein Personalstatut, das **Gesellschaftsstatut**. Diesem Statut unterstehen ua die hier maßgebliche Gründung und der Erwerb der Rechtsfähigkeit. Dieses Statut ist im EGBGB bisher nicht bestimmt. Entweder könnte das Gesellschaftsstatut dem Recht des Staates unterstellt werden, nach dessen Recht sie gegründet wurde (Gründungstheorie), oder dem Recht des Staates, in dem sie ihren effektiven Verwaltungssitz hat (Sitztheorie). Für die Gründungstheorie spricht die Vorhersehbarkeit der Rechtslage durch die Gründungsgesellschafter und Mobilitätsinteressen (Fortbestand bei Verlegung der Verwaltung), für die Sitztheorie der Schutz mit der Gesellschaft kontrahierender Dritter und der Minderheitsgesellschafter gegen eine Manipulation des Gesellschaftsstatuts. Die Gründungstheorie führt leicht zu einem Wettlauf um ein den Gründern möglichst vorteilhaftes und Dritten möglichst nachteiliges Gesellschaftsrecht, wie das Beispiel der USA, wo sie gilt, zeigt *(race to the bottom)*.[3] **79**

b) Einfluss der Art. 49, 54 AEUV

Die in Deutschland hM vertritt aus diesen Gründen die Sitztheorie. Insbesondere verstößt die Sitztheorie an sich nicht gegen die **Niederlassungsfreiheit** gemäß Art. 49, 54 AEUV (vorher Art. 43, 48 EGV). Der EuGH hat zwar in einer Reihe von Entscheidungen (dazu Fragen 2–5) Konsequenzen der Sitztheorie bei Gesellschaften, die einem Mitgliedstaat angehören, als gegen die Niederlassungsfreiheit verstoßend erkannt. Der EuGH hat jedoch dabei immer betont,[4] dass jeder Mitgliedstaat nach seinem IPR entscheidet, welche Gesellschaften ihm angehören und damit erst Niederlassungsfreiheit in **80**

---

2 OLG München IPRspr 1997 Nr. 25.

3 BGH EuZW 2000, 412.

4 Zuletzt EuGH Rs. C-378/10 ECLI:EU:C:2012:440 *(Vale)*; EuGH Rs. C-106/16 ECLI:EU:C:2017:804 *(Polbud)*.

anderen Mitgliedstaaten genießen. Der BGH[5] hält deshalb zutreffend an der Sitztheorie fest, soweit nicht Art. 49, 54 AEUV etwas anderes verlangen. Hier ergibt sich daraus noch kein Problem: Weise kann jedenfalls eine GmbH deutschen Rechts mit Verwaltungssitz in München gründen; Geschäftsstatut ist deutsches Recht als Gründungs- oder Verwaltungssitzrecht.

5. Substitution

81 Nach § 2 Abs. 1 S. 1 GmbHG bedarf der Gesellschaftsvertrag der notariellen Form, womit notarielle Beurkundung gemeint ist. Fraglich ist, ob diese Form auch durch die Urkunde eines ausländischen Notars erfüllt werden kann. Dies ist eine Frage der **Substitution** der fremden Urkundsperson anstelle eines deutschen Notars. Die Substitution setzt zweierlei voraus:

a) Substituierbarkeit

82 Die Formvorschrift des (deutschen) Geschäftsstatuts muss **einer Substitution zugänglich** sein. Im Gegensatz zur Auflassung (§ 925 Abs. 1 S. 1 BGB, Sicherung der Grundbuchrichtigkeit) scheitert eine Substitution nicht schon an überragenden öffentlichen Interessen (Grundbuchsicherheit). Gleichwohl könnte die Beurkundung nicht substituierbar sein, weil sie nicht nur Beweissicherung und/oder Übereilungsschutz gewährleisten soll, sondern auch der rechtlichen Prüfung der Urkunde und der Belehrung der Beteiligten dient (§ 17 BeurkG). Eine Belehrung über *deutsches* Gesellschaftsrecht kann aber selbst ein juristisch gebildeter ausländischer Notar nicht bieten. Da jedoch die Belehrung nach deutschem Beurkundungsrecht eine zwar regelmäßig zu befolgende, bei Verletzung aber nicht zur Unwirksamkeit der Beurkundung führende Sollvorschrift ist, können die Beteiligten auf sie verzichten. Das tun sie stillschweigend, wenn sie einen ausländischen Notar aufsuchen, von dem sie Belehrung nicht erwarten können.[6] Damit ist Substituierbarkeit nicht rundweg ausgeschlossen.

b) Substitution bei Gleichwertigkeit

83 Die **ausländische Beurkundung** müsste zudem der deutschen **gleichwertig** sein. Hierzu bedarf es der Gleichwertigkeit der Beurkundungsperson und des Beurkundungsvorgangs. Der Beurkundende muss juristisch vorgebildet sein und nach seiner Stellung im Rechtsleben, insbesondere seiner Vertrauenswürdigkeit, dem deutschen Notar entsprechen. Das Beurkundungsverfahren muss dem deutschen in wesentlichen Elementen (Prüfung, Belehrung, Identitätsfeststellung, Niederschrift, Verlesen, Genehmigung, Unterzeichnung) entsprechen. Dies ist hier gegeben (MAT b). Die Beurkundung des schweizer Notars erfüllt also die deutsche Geschäftsform.

Der Gesellschaftsvertrag war damit formwirksam geschlossen; insoweit bestand kein Eintragungshindernis.

---

5 BGHZ 154, 185; BGH NJW 2011, 3372, 3373.
6 BGHZ 80, 76.

6. Ein-Gesellschafter-GmbH

Die **Zulässigkeit einer Ein-Gesellschafter-GmbH** unterliegt als materielle Voraussetzung der Gründung der Gesellschaft dem Gesellschaftsstatut, also deutschem Recht. Danach ist eine Ein-Gesellschafter-GmbH zulässig (§ 1 GmbHG). 84

Ergebnis: Das Amtsgericht München hat bei der Eintragung keinen Fehler gemacht. 85

Frage 2: Zulässigkeit der Klage zum Amtsgericht Passau (Variante London)

1. Parteifähigkeit der *Komm kaufen wir's! GmbH*

a) Anknüpfung

Die Klage könnte mangels **Parteifähigkeit** der Beklagten unzulässig sein. Das für die Parteifähigkeit maßgebliche **Statut** ist umstritten. Manche stellen auf die lex fori ab, da es sich um eine prozessuale Frage handele, gelangen aber vor deutschen Gerichten wegen der Anbindung an die Rechtsfähigkeit in § 50 Abs. 1 ZPO zu einer Verweisung in das Personalstatut. Andere wenden ohne Umweg über § 50 Abs. 1 ZPO den Art. 7 Abs. 1 EGBGB analog an. Überwiegend wird eine prozessuale Kollisionsnorm angenommen, die in das prozessuale Heimatrecht des Betroffenen, also auf die dortigen Bestimmungen über die Parteifähigkeit, verweist.[7] Schließlich wird auch die alternative Anknüpfung an die Parteifähigkeit oder die Rechtsfähigkeit nach dem Heimatrecht vertreten. Soweit es um die Parteifähigkeit einer Gesellschaft geht, ist Personalstatut das Gesellschaftsstatut; damit ist die Gesellschaft parteifähig, wenn sie nach ihrem Gesellschaftsstatut volle Rechtsfähigkeit, jedenfalls aber Parteifähigkeit genießt.[8] Nach allen Ansichten ist zunächst das Heimatrecht, also das Gesellschaftsstatut der Beklagten, zu bestimmen. 86

b) Gesellschaftsstatut, Wandelbarkeit

Das Gesellschaftsstatut ist wie das Personalstatut einer natürlichen Person (Art. 7 Abs. 1 EGBGB) **wandelbar**. Im Gegensatz zu natürlichen Personen gilt für juristische Personen jedoch nicht Art. 7 Abs. 2 EGBGB. Eine Gesellschaft behält bei einem Statutenwechsel ihre Rechtsfähigkeit und Parteifähigkeit, die sie nach dem abgebenden Statut hatte, nur dann, wenn sowohl das abgebende als auch das aufnehmende Statut diesen „identitätswahrenden" Statutenwechsel vorsehen. Das deutsche Recht ging vor der erwähnten (Rn 80) Rechtsprechung des EuGH davon aus, dass die Verlegung des Verwaltungssitzes einer deutschen Gesellschaft in das Ausland (Wegzug) zum Verlust eines deutschen Gesellschaftsstatuts und damit zwingend zur Auflösung und Abwicklung führt.[9] 87

---

7 OLG Düsseldorf IPRax 1996, 423.
8 BGH NJW 1999, 1871.
9 OLG Hamm IPRax 1998, 363.

c) § 4a GmbHG

88 Ein die Rechtsform als GmbH wahrender Wegzug könnte sich jedoch aus § 4a GmbHG ergeben. § 4a GmbHG gestattet zwar einer deutschen GmbH die Verlegung des Verwaltungssitzes in das Ausland, sofern sie einen **deutschen Satzungssitz** behält.[10] Die Bestimmung ist jedoch auf den Wegzug im August 2006 nicht rückwirkend anwendbar.

d) Niederlassungsfreiheit

89 Die Notwendigkeit, einer deutschen GmbH den Wegzug als solchen zu gestatten, könnte durch die **europarechtliche Niederlassungsfreiheit** geboten sein. In der jüngeren Rechtsprechung ist der EuGH bisher nie von der Entscheidung *Daily Mail*[11] abgerückt, wonach eine (steuerrechtliche) Wegzugsbeschränkung nicht gegen Art. 52, 58 EWGV aF verstieß. Die nachfolgenden Entscheidungen (dazu noch Rn 110) befassen sich mit Situationen, in denen einer in einem Mitgliedstaat wirksam gegründeten Gesellschaft von einem anderen Mitgliedstaat Beschränkungen hinsichtlich Zuzug, Niederlassungsgründung oder Rechtsfähigkeit nach Sitzverlegung auferlegt wurden. Die als Wegzugsverbot wirkende Versagung eines identitätswahrenden Statutenwechsels bedeutet nur eine Beschränkung der Freizügigkeit gegenüber deutschen Gesellschaften und damit allenfalls eine Inländerdiskriminierung. Der EuGH hat dies in der Entscheidung *Cartesio*[12] entgegen der verbreiteten Gegenansicht bestätigt: Es steht jedem Mitgliedstaat frei, das Recht zu bestimmen, dem Gesellschaften unterliegen, die als Gesellschaften dieses Mitgliedstaates zu behandeln sind; dies gilt auch bei Sitzverlegung. Daran hat sich auch durch die Entscheidung *Polbud*[13] nichts geändert, weil auch diese Entscheidung den Wegzugsstaat nur zur Anerkennung der Weiterexistenz als Gesellschaft eines *anderen* Mitgliedstaats zwingt. Deutsches Recht darf also eine mit Verwaltungs- oder Satzungssitz wegziehende deutsche Gesellschaft als nicht mehr deutsche Gesellschaft behandeln; es darf auch, wie dies nun § 4a GmbHG tut, nur die Verlegung des Verwaltungssitzes erlauben. Gegen Art. 49, 54 AEUV kann es nur verstoßen, wenn der Wegzug aus Sicht des bisherigen Heimatstaats zwingend die Gesellschaft auflöst und ihr damit verboten wird, sich unter Änderung des Gesellschaftsstatuts in eine Gesellschaftsform des neuen Sitzstaats umzuwandeln.[14]

e) Rückverweisung durch neues Sitzrecht

90 Die Verlegung des Verwaltungssitzes könnte jedoch ohne Bedeutung sein, wenn es auch nach der Sitztheorie durch Rückverweisung nicht zu einem **Statutenwechsel** käme. Die Anknüpfung an den *jeweiligen* effektiven Verwaltungssitz (vgl Rn 79) führt nach dem Umzug des Geschäftsführers Weise nach London in das Recht des UK. Die Verweisung

10 Strittig ist, ob dies die Rechtsform wahrt, so *Knof/Mock* GmbHR 2007, 852, 856; aA *Kindler* NJW 2008, 3249, 3251.

11 EuGH Rs. 81/87 ECLI:EU:C:1988:456 *(Daily Mail)*.

12 EuGH Rs. C-210/06 ECLI:EU:C:2008:723 *(Cartesio)*.

13 EuGH Rs. C-106/16 ECLI:EU:C:2017:804 (*Polbud*); dazu unten Frage 6 Rn 122.

14 Zu der Thematik, ob der neue Sitzstaat dies ermöglichen muss, siehe Frage 5, Rn 117 ff.

ist Gesamtverweisung (Art. 4 Abs. 1 EGBGB). Das UK ist ein Mehrrechtsstaat (England und Wales, Schottland, Nordirland). Das IPR ist nur teilweise vereinheitlicht; das Internationale Gesellschaftsrecht ist unkodifiziert. Es ist daher eine Unteranknüpfung nach Art. 4 Abs. 3 EGBGB zu ermitteln. Mangels eines einheitlichen interlokalen Rechts des UK ist an die engste Verbindung, hier (London) englisches Recht, anzuknüpfen. Das englische IPR folgt der Gründungstheorie (MAT c); es verweist deshalb zurück auf deutsches Recht. Damit kommt es auch bei Anwendung der Sitztheorie auf die wegziehende Gesellschaft nicht zum Statutenwechsel; die GmbH besteht mit einem deutschen Gesellschaftsstatut fort.

f) Parteifähigkeit nach deutschem Recht

Die Parteifähigkeit ergibt sich damit nach allen vertretenen Ansichten aus § 50 Abs. 1 ZPO iVm § 13 Abs. 1 GmbHG. **91**

2. Internationale Zuständigkeit deutscher Gerichte

a) Anwendbarkeit der Brüssel Ia-VO

Anwendbar könnte die Zuständigkeitsordnung der **Brüssel Ia-VO** sein. **92**

aa) Intertemporal gilt die VO für alle Klagen, die seit dem 10.1.2015 erhoben werden (Art. 66 Abs. 1 Brüssel Ia-VO). **93**

bb) Der **materielle** Anwendungsbereich (Zivil- oder Handelssache, Art. 1 Abs. 1 Brüssel Ia-VO) ist eröffnet, Ausnahmen nach Art. 1 Abs. 2 Brüssel Ia-VO liegen offensichtlich nicht vor. **94**

cc) Räumlich müsste die beklagte *Komm kaufen wir,s! GmbH* Sitz in einem Mitgliedstaat haben (Art. 5 Abs. 1 Brüssel Ia-VO). Für die Bestimmung des „Wohnsitzes" einer Gesellschaft enthält die Brüssel Ia-VO – anders als vormals das EuGVÜ – keine Verweisung auf nationales Recht, sondern in Art. 63 Brüssel Ia-VO eine autonome Definition, die *alternativ* den satzungsmäßigen Sitz, die Hauptverwaltung oder die Hauptniederlassung genügen lässt. Art. 63 Abs. 2 Brüssel Ia-VO definiert „im Falle des UK" den satzungsmäßigen Sitz mit englischen Rechtsbegriffen. Nach dem Zweck des Art. 63 Abs. 1 Brüssel Ia-VO, den Streit um das Gesellschaftsstatut aus der Anwendung der VO herauszuhalten, bedeutet das jedoch nicht eine Beschränkung auf die Art. 63 Abs. 2 Brüssel Ia-VO zugrundeliegende Gründungstheorie, wenn das Recht des UK berührt ist, sondern nur eine Ausfüllung des Begriffs „Satzungssitz" innerhalb der alternativen Definition des Art. 63 Abs. 1 Brüssel Ia-VO. **95**

Da die *Komm kaufen wir,s! GmbH* ihre Hauptverwaltung in London hat und das UK Mitgliedstaat iSd Brüssel Ia-VO ist (Erwägungsgrund Nr 40 Brüssel Ia-VO: Für das UK gilt die Brüssel Ia-VO aufgrund der Beteiligungserklärung nach Art. 3 Protokoll 21 zum EUV/AEUV), hat die GmbH ihren Sitz in einem Mitgliedstaat. Zudem hat sie ihren Satzungssitz in München; auch Deutschland ist Mitgliedstaat.

b) Verbrauchersache Art. 17 Brüssel Ia-VO

96 Anzuwenden sein könnten Art. 17 ff Brüssel Ia-VO, die für **Verbrauchersachen** gegenüber Art. 4 ff Brüssel Ia-VO mit den in Art. 17 Abs. 1 Brüssel Ia-VO genannten Ausnahmen vorrangig sind.

97 **aa)** Es handelt sich um **vertragliche** Ansprüche; Feistl ist **Verbraucher**, denn er hat das Telefon nicht für seine berufliche oder gewerbliche Tätigkeit, sondern als Geschenk für seine Tochter gekauft.

98 **bb)** Fraglich ist, ob eine der in Art. 17 Abs. 1 Brüssel Ia-VO enumerierten **Vertrags- und Abschlusssituationen** vorliegt. Zu erwägen ist nur Art. 17 Abs. 1 lit. c Brüssel Ia-VO, da kein Teilzahlungs- oder Kreditkauf vorliegt. Die *Komm kaufen wir,s! GmbH* hat den Vertrag in Ausübung einer gewerblichen Tätigkeit geschlossen. Die Tätigkeit müsste im Wohnsitzstaat des Verbrauchers ausgeübt werden; das ist fraglich, da die GmbH vom Server ihrer Geschäftsführung in London aus tätig wird. Es genügt aber nach dem insbesondere für den E-Commerce konzipierten Art. 17 Abs. 1 lit. c Brüssel Ia-VO, dass die Tätigkeit „in irgendeiner Weise" auf diesen Mitgliedstaat ausgerichtet ist. Hierfür genügt zwar nicht die rein werbende Internetpräsenz, die angesichts der weltweiten Zugangsmöglichkeit zum Internet grundsätzlich die ganze Welt erreicht. Andererseits sind weder ein Abschluss des Geschäfts über die Website noch unmittelbare Ursächlichkeit der Internetpräsenz für den Abschluss erforderlich Maßgeblich ist, dass der Unternehmer auf seiner Website den Willen zum Ausdruck bringt, Geschäftsbeziehungen zu Verbrauchern eines oder mehrerer Mitgliedstaaten, darunter des Wohnsitzstaates des Verbrauchers, herzustellen.[15] Erforderlich ist hierfür eine umfassende Würdigung der erkennbaren Umstände. Art. 17 Abs. 1 lit. c Brüssel Ia-VO ist im vorliegenden Fall für Deutschland gegeben. Die Website ist wahlweise in deutscher Sprache zugänglich; die vorliegende Bestellung wurde (sogar) über die Website entgegengenommen. Diese online-Bestellmöglichkeit wird ausdrücklich für Kunden aus Deutschland angeboten; damit ist ein Ausrichten der Tätigkeit auf Deutschland anzunehmen.

c) Internationale Zuständigkeit

99 Für die Klage des Verbrauchers Feistl bestimmt sich die internationale Zuständigkeit damit nach **Art. 18 Abs. 1 Brüssel Ia-VO**.

Zuständig sind die deutschen Gerichte als Gerichte des **Wohnsitzstaates des Verbrauchers** (Art. 18 Abs. 1 Hs. 2 Brüssel Ia-VO, wo auch die örtliche Zuständigkeit mitgere-

15 EuGH Rs. C-585/08 und C-144/09 ECLI:EU:C:2010:740 *(Pammer/Reederei Karl Schlüter GmbH & Co KG; Hotel Alpenhof GesmbH/Heller)*.

gelt ist), wobei die Frage, ob Feistl in Deutschland Wohnsitz hat, gemäß Art. 62 Abs. 1 Brüssel Ia-VO nach deutschem Recht (§ 7 BGB) beurteilt wird.

Aber auch als Gerichte des **Wohnsitzstaates des Vertragspartners** sind (wahlweise) deutsche Gerichte zuständig, denn auch im Rahmen des Art. 18 Abs. 1 Hs. 1 Brüssel Ia-VO, der lediglich die allgemeine Zuständigkeit des Art. 4 Brüssel Ia-VO auf Verbrauchersachen erstreckt, gilt Art. 63 Abs. 1 Brüssel Ia-VO, so dass der Münchener Satzungssitz genügt.

d) Örtliche Zuständigkeit

Fraglich ist weiter die örtliche Zuständigkeit **100**

aa) Art. 18 Abs. 1 Hs. 2 Brüssel Ia-VO regelt nach dem eindeutigen Wortlaut zugleich die örtliche Zuständigkeit. Das AG Passau ist also auch örtlich zuständig. **101**

bb) Die örtliche Zuständigkeit eines **anderen deutschen Gerichts** könnte sich nur ergeben, soweit sich die internationale Zuständigkeit deutscher Gerichte auf den **Satzungssitz** der Beklagten stützt. Die örtliche Zuständigkeit wird nicht von Art. 18 Abs. 1 Hs. 1 Brüssel Ia-VO mitgeregelt und bestimmt sich daher nach nationalem deutschem Recht. **102**

Zu erwägen ist eine ausschließliche Zuständigkeit nach § 29c ZPO (Haustürgeschäft). Dazu müsste der Vertragsschluss im Internet eine § 312b Abs. 1 BGB unterfallende Abschlusssituation darstellen. In Betracht käme nur § 312b Abs. 1 Nr 1 BGB (mündliche Verhandlung in Privatwohnung); der „Dialog“ über das Internet kann jedoch der Verhandlungssituation nicht gleichgestellt werden, weil weder die zugrunde gelegte Überrumpelungslage noch der Druck zum Vertragsschluss besteht.

§ 17 Abs. 1 S. 2 ZPO folgt entgegen dem Anschein, der sich aus dem Wortlaut ergibt („wo die Verwaltung geführt wird“), nicht der im IPR geltenden Lehre vom effektiven Verwaltungssitz, sondern stellt nach hM auf den Satzungssitz ab. Örtlich zuständig ist damit auch das AG München, wo die GmbH ihren satzungsmäßigen Sitz hat.

Ergebnis: Die Klage zum AG Passau ist zulässig; die Klage hätte auch vor dem AG München erhoben werden können. **103**

Frage 3: Zulässigkeit der Klage zum Amtsgericht Passau (Variante Delaware)

1. Parteifähigkeit der *Come let's buy it Inc.*

Im Verhältnis zwischen Deutschland und den USA gilt für das Gesellschaftsstatut Art. XXV Abs. 5 S. 2 des Freundschafts-, Handels- und Schiffahrtsvertrags v. 29.10.1954.[16] Danach gelten Gesellschaften, die gemäß den Gesetzen des einen Vertragsteils in dessen **104**

16 *Jayme/Hausmann*[19] Nr 134.

Gebiet errichtet sind, als Gesellschaften dieses Vertragsteils, was die Gründungstheorie impliziert. Von wo aus die Gesellschaft verwaltet wird, ist hier also unerheblich. Nicht relevant ist damit im Verhältnis zu den USA die strittige Frage, ob in Konsequenz der Rechtsprechung des EuGH zur Niederlassungsfreiheit, die nur für Gesellschaften aus EU-Mitgliedstaaten und mittelbar für solche aus EWR-Mitgliedstaaten gilt, gegenüber Gesellschaften aus Drittstaaten weiterhin die Sitztheorie gilt.[17]

Heimatrecht der *Come let's buy it Inc.* ist also das US-Recht. Die Kollisionsnorm enthält zugleich selbst die im Mehrrechtsstaat USA zu suchende Unteranknüpfung, denn sie verweist auf die Gesetze, nach denen die Gesellschaft gegründet wurde, hier also das Recht von Delaware. Parteifähigkeit besteht danach (MAT d).

2. Zuständigkeit

a) Räumlicher Anwendungsbereich Brüssel Ia-VO

105 Die internationale Zuständigkeit könnte sich nach der Brüssel Ia-VO bestimmen, wenn die Beklagte in einem Mitgliedstaat ihren **Wohnsitz** hat (Art. 5 Abs. 1, 63 Brüssel Ia-VO). Das ist hier offenbar nicht der Fall; der Satzungssitz liegt in Delaware, der Verwaltungssitz auf den Bahamas und das *registered office* (das dem Satzungssitz gleichstünde, läge es im UK oder Irland) ebenfalls in Delaware.

b) Erweiterung bei Niederlassung Art. 17 Abs. 2 Brüssel Ia-VO

106 Die Anwendbarkeit der Brüssel Ia-VO kann sich in **Verbrauchersachen** auch ohne Wohnsitz des Unternehmers in einem Mitgliedstaat aus Art. 17 Abs. 2 Brüssel Ia-VO ergeben. Erforderlich ist dazu eine Zweigniederlassung, Agentur oder sonstige **Niederlassung** in einem Mitgliedstaat. Fraglich ist, ob es sich bei der Versandagentur in Amsterdam (Niederlande sind Mitgliedstaat) um eine Zweigniederlassung etc handelt. Legt man den Begriff des Art. 7 Nr 5 Brüssel Ia-VO zugrunde, so käme es darauf an, in welchem Maß die Versandagentur der *Leitung und Aufsicht* durch das Stammhaus unterliegt und zur *Führung eigener Geschäfte* ausgestattet[18] ist. Eine bloße Versandagentur, die selbst nicht kontrahiert, fällt an sich nicht unter Art. 17 Abs. 2 Brüssel Ia-VO; um eine solche handelt es sich bei der Versandagentur in Amsterdam. Da diese auch nicht vor Vertragsschluss nach außen erkennbar wird, wird auch nicht der Anschein erweckt wird, es handle sich um eine Niederlassung.

Damit liegen die Voraussetzungen des Art. 17 Abs. 2 Brüssel Ia-VO nicht vor. Es wird also nicht fingiert, dass die Beklagte einen Wohnsitz in einem Mitgliedstaat hat, so dass grundsätzlich auch Art. 17 ff Brüssel Ia-VO nicht anwendbar sind.

---

17 Der BGH (Fn 32) folgt für Gesellschaften aus nicht der EU oder dem EWR angehörenden Staaten (zB auch Schweiz) weiter der Sitztheorie; ein Übergang zur Gründungstheorie wäre nicht unproblematisch, da einheitliche Mindeststandards zur Gesellschaftsgründung, welche die Freizügigkeit innerhalb von EU und EWR rechtfertigen können, im Verhältnis zu Drittstaaten (insbesondere den beliebten karibischen Gründungsparadiesen für Off-shore-Gesellschaften) nicht bestehen.

18 Vgl EuGH Rs. 33/78 ECLI:EU:C:1978:205 *(Somafer/Saar-Ferngas)*.

c) Erweiterung nach Art. 18 Abs. 1 Hs. 2 Brüssel Ia-VO

Jedoch ergibt sich aus dem gegenüber Art. 16 Abs. 1 Brüssel I-VO neu gefassten Art. 18 Abs. 1 Hs. 2 Brüssel Ia-VO, dass die Zuständigkeit am **Wohnsitz des Verbrauchers** „ohne Rücksicht auf den Wohnsitz des anderen Vertragspartners" besteht. Daraus folgt, dass in Verbrauchersachen (nur) die Wohnsitzzuständigkeit für den Verbraucher als Kläger auch gegen einen Beklagten gilt, der innerhalb der Mitgliedstaaten weder einen eigenen, noch einen nach Art. 18 Abs. 2 Brüssel Ia-VO fingierten Wohnsitz hat. **107**

Ergebnis: Die Klage zum AG Passau ist zulässig. **108**

Frage 4: Zulässigkeit der Klage zum Amtsgericht Augsburg

1. Parteifähigkeit der *FlyHigh Ltd.*

a) Sitztheorie

Die Parteifähigkeit der *Komm kaufen wir,s GmbH* ergibt sich wie zu Frage 1. Es stellt sich aber auch für die Beklagte *FlyHigh Ltd.* die Frage der Parteifähigkeit. **109**

Zu ermitteln ist wieder das **Gesellschaftsstatut**. Die Sitztheorie hätte angesichts des schon bei Gründung effektiven deutschen Verwaltungssitzes am Wohnsitz des Flug in Augsburg zu einem deutschen Gesellschaftsstatut geführt. Da im deutschen Recht eine Rechtsform „private limited company" nicht vorgesehen ist und die für die Gründung einer GmbH geltenden Bestimmungen (insbesondere § 7 Abs. 1 GmbHG, Anmeldung beim AG Augsburg) nicht eingehalten wurden, wäre die Gesellschaft nicht rechtsfähig gegründet, somit (§ 50 Abs. 1 ZPO) nicht parteifähig.

b) Niederlassungsfreiheit Art. 49, 54 AEUV

Dieses Ergebnis könnte jedoch wegen der Niederlassungsfreiheit aus **Art. 49, 54 AEUV** gegen Europarecht verstoßen. Aus der ***Centros***-Entscheidung des EuGH[19] ergab sich insoweit nur, dass einer aus Sicht des IPR des Zuzugsstaates wirksam in einem anderen Mitgliedstaat gegründeten Gesellschaft die Gründung einer Zweigniederlassung ungehindert gestattet werden muss. Die nachfolgende ***Überseering***-Entscheidung[20] ergab, dass einer Gesellschaft, die nach dem Recht eines Mitgliedstaats wirksam gegründet worden war, die Parteifähigkeit nicht versagt werden kann, wenn sie ihren Sitz in das Inland verlegt. Streitig blieb die Frage, ob auch eine mit Sitz im Inland nach dem Recht eines anderen Mitgliedstaats gegründete Gesellschaft, die nie in jenem Gründungsstaat tätig geworden war, anzuerkennen ist. Obgleich gute Gründe des Verkehrsschutzes, insbesondere der Schutz des Vertrauens von Verbrauchern, als auch der Schutz von Gläubigern, dafür sprechen, solchen bloß zum Schein ausländischen Gesellschaften im Inland die Rechtsfähigkeit zu versagen, ist nach der ***Inspire Art***-Entschei- **110**

19 EuGH Rs. C-212/97 ECLI:EU:C:1999:126 *(Centros)*.
20 EuGH Rs. C-208/00 ECLI:EU:C:2002:632 *(Überseering BV)*.

dung[21] davon auszugehen, dass die Nichtanerkennung solcher Gesellschaften, wenn sie denn wirksam in einem anderen Mitgliedstaat gegründet wurden, gegen Art. 49, 54 AEUV verstieße, da der EuGH selbst die Kennzeichnung solcher Schein-Auslandsgesellschaften im inländischen Rechtsverkehr missbilligt hat. Aus dieser Rechtsprechung des EuGH ergibt sich zwar kein direkter Einfluss auf das IPR. Faktisch aber ist das Gesellschaftsstatut nach der Gründungstheorie zu bestimmen, wenn eine Gesellschaft nach dem Recht eines EU- oder EWR-Mitgliedstaats gegründet wurde.

c) Rechtsmissbräuchliche Zielsetzung

111 Etwas anderes könnte sich nur ausnahmsweise ergeben, wenn die Beklagte mit konkret rechtsmissbräuchlicher Zielsetzung gegründet worden wäre. Dies ist jedoch nicht ersichtlich; insbesondere ist das **Gebrauchmachen von einer Gesellschaftsform** eines anderen Mitgliedstaates mit dem Ziel, im Vergleich zur GmbH kostengünstig eine Haftungsbeschränkung herbeizuführen, nicht per se rechtsmissbräuchlich. Die *Fly High Ltd.* ist nach dem hiernach anwendbaren englischen Recht gemäß Sachverhalt wirksam gegründet worden. Damit ist die Beklagte parteifähig.

2. Zuständigkeit

a) Gegen Franz Flug

112 Die internationale Zuständigkeit deutscher Gerichte für die Klage gegen Franz Flug unterliegt wegen dessen deutschem **Wohnsitz** (Art. 5 Abs. 1 Brüssel Ia-VO) der Brüssel Ia-VO; sie folgt aus Art. 4 Brüssel Ia-VO, die örtliche Zuständigkeit des AG Augsburg folgt aus §§ 12, 13 ZPO.

b) Gegen FlyHigh Ltd

113 Auch die internationale Zuständigkeit für die Klage gegen die *FlyHigh Ltd.* bestimmt sich nach der Brüssel Ia-VO (UK-Satzungssitz, deutscher Verwaltungssitz, Art. 63 Brüssel I-VO). Bei **mehreren Wohnsitzen** des Beklagten (Art. 63 Brüssel I-VO) hat der Kläger die Wahl des Wohnsitzgerichtsstandes (Art. 4 Brüssel Ia-VO). Deutsche Gerichte sind also auch international zuständig (effektive Hauptverwaltung in Augsburg).

c) Örtliche Zuständigkeit

114 Die örtliche Zuständigkeit könnte sich aus **§§ 17, 12 ZPO** ergeben; jedoch stellt § 17 Abs. 1 S. 2 ZPO nach hM auf den zum Handelsregister angemeldeten Satzungssitz ab, der nicht in Deutschland liegt; nur wenn sich nach materiellem Gesellschaftsrecht kein Sitz ergibt, stellt § 17 Abs. 1 S. 2 ZPO auf den Verwaltungssitz ab. Dieses, durch die alternative Wohnsitzdefinition des Art. 63 Brüssel Ia-VO geschaffene Problem kann auf mehreren Wegen gelöst werden: Da die von der Brüssel Ia-VO bestimmte internationale Zuständigkeit jedenfalls nicht am Fehlen einer örtlichen scheitern darf, bietet sich

21 EuGH Rs. C-167/01 ECLI:EU:C:2003:512 *(Inspire Art)*, NJW 2003, 3331.

einerseits die tradierte „Notlösung“ der Zuständigkeit der Gerichte der Hauptstadt, hier des AG Schöneberg (analog § 122 Nr 6 FamFG). Dem Zweck des Art. 63 Brüssel Ia-VO dürfte es freilich eher entsprechen, die alternative Sitzbestimmung in die örtliche Zuständigkeit hinein zu verlängern. Dasselbe Ergebnis ist zu erzielen, wenn man § 17 Abs. 1 S. 2 Hs. 2 ZPO analog anwendet auf Fälle, in denen sich nach materiellem Recht kein Satzungssitz im Inland ergibt. Danach ergibt sich eine örtliche Zuständigkeit des AG Augsburg.

Ergebnis: Die zum AG Augsburg erhobene Klage ist also zulässig. **115**

Frage 5: Umwandlung der *FlighHigh Ltd.* in eine GmbH

1. Anwendbares Recht

Grundsätzlich bestimmt sich die Umwandlung nach dem Gesellschaftsstatut; da die **116** *FlyHigh Ltd.* trotz ihres deutschen Verwaltungssitzes ein UK-Gesellschaftsstatut besitzt, der geplante Rechtsformwechsel jedoch zu einer Gesellschaft mit deutschem Sitz und deutscher Rechtsform, somit zweifellos deutschem Gesellschaftsstatut führen soll, muss der Rechtsformwechsel sowohl nach dem vorherigen, als auch nach dem künftigen Gesellschaftsstatut zulässig sein.

2. Europarechtliche Garantie der Umwandlung aus Sicht des Wegzugsstaates

Ob UK-Recht die Umwandlung der *FlyHigh Ltd.* in eine GmbH zulässt, ist dem Bearbeiter nicht bekannt (MAT c). Die Prüfung des UK-Gesellschaftsrechts könnte entbehrlich sein,[22] wenn eine – unterstellte – Bestimmung, welche der *FlyHigh Ltd.* den identitätswahrenden Wechsel der Rechtsform in eine GmbH verbietet, gegen Art. 49, 54 AEUV verstieße. Hiergegen könnte sprechen, dass der EuGH in der Entscheidung *Daily Mail* (Rn 89) Bestimmungen des Heimatstaates einer Gesellschaft, die dieser die Sitzverlegung verbieten, europarechtlich gebilligt hat. Dies hält der EuGH zwar auch in der *Cartesio*-Entscheidung (Rn 89) aufrecht, präzisiert aber den Grund hierfür: Jeder Mitgliedstaat darf nach seinem IPR bestimmen, unter welchen Voraussetzungen eine Gesellschaft nach seinem materiellen Recht gegründet werden kann und damit eine Gesellschaft dieses Staates ist; er darf auch bestimmen, ob er sie „wegziehen“ lässt; erst dies verleiht der Gesellschaft die Voraussetzungen, die erforderlich sind, um nach Art. 49, 54 AEUV Niederlassungsfreiheit zu genießen. Ist die Gesellschaft jedoch zulässiger Weise „weggezogen“, so darf ihr der Heimatstaat nicht mehr untersagen, ihre Rechtsform am Ort des neuen Sitzes zu ändern; er darf in dieser Situation auch nicht die Auflösung der Gesellschaft vorsehen.[23] Da im Fall die *FlyHigh Ltd.* seit Gründung vom englischen Recht als englische Gesellschaft mit Verwaltungssitz in Deutschland

---

22 Auch in der Praxis wird man keine aufwendigen Ermittlungen zur Rechtslage anstellen, falls es auf die unbekannte Regelung nicht ankommt.
23 So ausdrücklich EuGH Rs. C-210/06 ECLI:EU:C:2008:723 *(Cartesio)*.

behandelt wird, darf sich somit das englische Recht der geplanten Umwandlung nicht widersetzen.

3. Umwandlung im neuen (deutschen) Gesellschaftsstatut

a) Deutsches Umwandlungsrecht

118 Grundlage für die begehrte Umwandlung könnte nur § 1 Abs. 1 UmwG sein. Eine Verschmelzung (§ 1 Abs. 1 Nr 1 UmwG) oder eine Vermögensübertragung (§ 1 Abs. 1 Nr 3 UmwG) würden die vorherige Gründung einer deutschen GmbH erfordern. Auch die aus Anlass des Brexit vorgenommene Erweiterung der §§ 122a, 122b UmwG erstreckt lediglich die Möglichkeit der Verschmelzung einer EU-Kapitalgesellschaft auf eine deutsche Personenhandelsgesellschaft (zB GmbH&Co KG). Hingegen wird der Rechtsformwechsel von einer EU/EWR-Kapitalgesellschaft in eine deutsche Kapitalgesellschaft, den Flug wünscht, weiterhin nicht ausdrücklich geregelt: Dem von Flug verfolgten Ziel entspräche ein Formwechsel (§ 1 Abs. 1 Nr 4 UmwG). Diesen sieht jedoch § 191 UmwG nur als Formwechsel aus einer deutschen Gesellschaftsform in eine andere deutsche Gesellschaftsform vor; Bestimmungen für den Formwechsel von einer *Limited* zu einer GmbH fehlen.[24]

b) Europarechtliche Garantie der Zuzugsumwandlung

119 Dieses Ergebnis könnte jedoch wiederum gegen Art. 49, 54 AEUV verstoßen. Die vormals in Deutschland herrschende Ansicht lehnte einen solchen Verstoß ab: Art. 49, 54 AEUV zwinge zwar dazu, einer die Niederlassungsfreiheit genießenden Gesellschaft eines anderen Mitgliedstaates die Verlegung des Verwaltungssitzes und damit die Niederlassung in Deutschland trotz der Sitztheorie im deutschen IPR zu gestatten. Wenn die Gesellschaft jedoch zudem ihren Satzungssitz ändern und sich in eine deutsche Gesellschaft umwandeln wolle, berühre dies nicht mehr die Niederlassungsfreiheit; die *Cartesio*-Entscheidung des EuGH wende sich lediglich an den Wegzugsstaat.[25]

Dem ist entgegenzuhalten, dass ein Mitgliedstaat, der eigenen Gesellschaften einen Rechtsformwechsel gestattet, hingegen Gesellschaften aus einem anderen Mitgliedstaat, die ihren Sitz in das Inland verlegen, hiervon generell – nicht nur in Missbrauchsfällen – ausnimmt, die ausländische Gesellschaft ohne Rechtfertigung anders behandelt, als seine eigenen Gesellschaften (vgl Art. 54, 49 Abs. 2 aE AEUV). Zwar ist kein Mitgliedstaat durch Art. 49, 54 AEUV gehalten, einen identitätswahrenden Rechtsformwechsel zu ermöglichen; tut er es aber für inländische Gesellschaften, so muss er auch Freizügigkeit genießende Gesellschaften anderer Mitgliedstaaten einbeziehen.[26] Dass im Fall, anders als in dem vom EuGH *(Vale)* entschiedenen Fall, Zuzug und Rechtsformwechsel nicht zur selben Zeit erfolgen, ändert hieran nichts; die bereits in Deutschland verwaltete *FlyHigh Ltd.* ist erst recht gleich einer deutschen Gesellschaft zu behan-

24 OLG Nürnberg WM 2012, 993.
25 OLG Nürnberg WM 2012, 993 mit Nachweisen zur deutschen Rechtsprechung.
26 EuGH Rs. C-378/10 ECLI:EU:C:2012:440 *(Vale)* NJW 2012, 2715.

deln. Erleichterungen gegenüber §§ 190 ff UmwG erfordert die Niederlassungsfreiheit hingegen nicht.[27]

c) Frist

Da die Zulässigkeit des Formwechsels ausschließlich auf der von Art. 54, 49 AEUV **120**
gewährleisteten Freizügigkeit beruht, entfällt in dem Zeitpunkt, in dem das UK den Status eines Mitgliedstaats der EU oder zumindest des EWR verliert, die Zulässigkeit des (identitätswahrenden) Formwechsels. Ein Völkervertrag, der die Anerkennung der Gründungstheorie sichert, würde zwar nicht den Formwechsel absichern, aber die weitere Existenz der *Limited* aus deutscher Sicht. Daher muss die Umwandlung analog §§ 190 ff UmwG vor dem Ausscheiden des UK vollzogen sein. § 122m UmwG, der nur die Beurkundung des Verschmelzungsplans bis zu dem Zeitpunkt fordert, von dem ab das UK nicht mehr als Mitgliedstaat gilt, ist nicht analog auf den Formwechsel anzuwenden.

Ergebnis: Der Rechtsformwechsel in eine GmbH ist in EU-Rechtskonformer Analo- **121**
gie zu § 1 Abs. 1 Nr 4 UmwG zulässig, wenn sämtliche sonstigen Voraussetzungen der §§ 190 ff UmwG erfüllt sind; der Rechtsformwechsel muss bis zum Ausscheiden des UK aus der EU vollzogen sein, sofern das UK nicht im EWR verbleibt. Eine Verschmelzung auf eine deutsche GmbH oder GmbH&Co KG wäre hingegen intertemporal durch § 122m UmwG begünstigt.

Frage 6: Umwandlung in luxemburgische Sárl ohne Verwaltungssitzverlegung

1. Anwendbares Recht

Wie zu Frage 5 bestimmt sich die Umwandlung nach dem Gesellschaftsstatut; da die **122**
FlyHigh GmbH mit Verwaltungssitz in Deutschland ein deutsches Gesellschaftsstatut besitzt und der geplante Rechtsformwechsel zu einer luxemburgischen Sarl ohne Änderung des Verwaltungssitzes erfolgen soll, ändert sich bei Anwendung der Sitztheorie auch das Gesellschaftsstatut nicht. Damit müsste nach deutschem Recht eine luxemburgische Sarl mit deutschem Verwaltungssitz zulässig sein.

2. Europarechtliche Garantie der Umwandlung aus Sicht des Wegzugsstaates

§ 4a GmbHG sieht ausdrücklich vor, dass eine GmbH ihren satzungsmäßigen Sitz im **123**
Inland hat. Eine Verlegung des Satzungssitzes nach Luxemburg als GmbH käme also nicht in Betracht. Die gewollte Umwandlung in eine luxemburgische Sarl unter Verlegung des Satzungssitzes scheitert hingegen nicht an § 4a GmbHG, aber daran, dass in Anwendung der Sitztheorie nur deutsche Gesellschaftsformen für die Umwandlung von

27 *Drygala* EWiR 2012, 263, 264 (Anm. zu OLG Nürnberg oben Fn 23).

Gesellschaften mit Verwaltungssitz in Deutschland zur Verfügung stünden und die Sarl keine deutsche Gesellschaftsform ist.

124 Dem könnten jedoch wieder Art. 49, 54 AEUV entgegenstehen. Hierzu hat der EuGH in der Sache *Polbud*[28] entschieden, dass die Niederlassungsfreiheit das Recht einer nach dem Recht eines Mitgliedstaates gegründeten Gesellschaft auf Umwandlung in eine Gesellschaft nach dem Recht eines anderen Mitgliedstaates erfasst, sofern der Staat, in dessen Rechtsform umgewandelt werden soll, das zulässt. Dies gilt auch dann, wenn die Gesellschaft nach der Umwandlung im „Zuzugsstaat" keine wirtschaftliche Tätigkeit ausüben will. Da jeder Mitgliedstaat frei ist, die kollisionsrechtliche Anknüpfung der seinem Recht unterliegenden Gesellschaften zu bestimmen, darf sich Deutschland der Umwandlung nicht, insbesondere nicht durch Auflösung der GmbH, in den Weg stellen, wenn das Recht von Luxemburg bereit ist, die Umwandlung in eine seinem Recht unterstehende Gesellschaft zu akzeptieren, insbesondere eine Verlegung des Verwaltungssitzes nicht verlangt (sog. „isolierter Formwechsel"). Dies ist vorliegend der Fall, da das Recht von Luxemburg eine Sarl auch ohne inländischen Verwaltungssitz vorsieht (MAT e). Im Übrigen erlaubt das luxemburgische Recht auch eine Sárl unipersonnelle.

Ergebnis: Der Rechtsformwechsel ist zulässig, da das Recht von Luxemburg nicht verlangt, dass der Verwaltungssitz nach Luxemburg verlegt wird und das deutsche Recht sich wegen der Niederlassungsfreiheit nach Art. 49, 54 AEUV dem nicht durch Auflösung der GmbH entgegenstellen darf.

Literaturhinweise

Behandlung der fallrelevanten Themen in:
Rauscher Internationales Privatrecht (5. Aufl., 2017)

Substitution:	Rn 537 ff, insbesondere Rn 544
Verbraucherzuständigkeiten Brüssel Ia-VO:	Rn 2038 ff
Wohnsitz in Brüssel Ia-VO:	Rn 1778 ff, insbesondere Rn 1783
Gesellschaftsstatut und Art. 49, 54 AEUV:	Rn 632 ff
Partei- und Prozessfähigkeit:	Rn 626

Weitere Literatur

1. Substitution

Staudinger/Looschelders (2019) Einl IPR, Rn 1218.

Cramer Die Beurkundung der GmbH-Gründung durch einen in der Schweiz zugelassenen Notar mit Amtssitz im Kanton Bern, StR 2018, 746.

Götze/Mörtel Zur Beurkundung von GmbH-Anteilsübertragungen in der Schweiz, NZG 2011, 727.

28 EuGH Rs. C-106/16 ECLI:EU:C:2017:804 *(Polbud)*.

2. Verbraucherzuständigkeiten Brüssel Ia-VO

Rauscher/Staudinger (2016), Art. 17 Brüssel Ia-VO, Rn 1.

Rösler/Siepmann Der Beitrag des EuGH zur Präzisierung von Art. 15 I EuGVO, EuZW 2006, 76.

3. Wohnsitz in Brüssel Ia-VO

Rauscher/Mankowski (2016), Art. 4 Brüssel Ia-VO, Rn 2.

4. Gesellschaftsstatut und Art. 49, 54 AEUV

Kieninger Internationales Gesellschaftsrecht zwischen Polbud, Panama und Paradise, ZEuP 2018, 309.

Kindler Der reale Niederlassungsbegriff nach dem VALE-Urteil des EuGH, EuZW 2012, 888.

Loose Unternehmensmobilität in Europa, JR 2019, im Erscheinen.

5. Partei- und Prozessfähigkeit

Binz/Mayer, Die Rechtsstellung von Kapitalgesellschaften aus Nicht-EU/EWR/USA-Staaten mit Verwaltungssitz in Deutschland, BB 2005, 2361.

II. Familienrecht

Fall 3

Eine dänische Bigamie

125 Der italienische Staatsangehörige Marcello Mestre und die deutsche Staatsangehörige Frieda Frankfurt haben am 1.6.1970 in Tondern (Dänemark) in der Form des dänischen Rechts die Ehe geschlossen. Sie lebten zu dieser Zeit in Hamburg. Grund für die Eheschließung in Dänemark war, dass Marcello von Januar 1967 bis August 1968 mit der deutschen Staatsangehörigen Dörte Degen verheiratet gewesen war. Diese Ehe war durch das Amtsgericht Hamburg mit seit dem 17.8.1968 rechtskräftigem Urteil geschieden worden. Der Standesbeamte beim Standesamt Hamburg Mitte hatte deshalb Marcello und Frieda auf absehbare Schwierigkeiten bei der beabsichtigten Eheschließung hingewiesen und den Verlobten den „Tondern-Tipp“ gegeben.

Seit 1995 leben die Ehegatten in Venedig (Italien), wo Marcello ein Hotel betreibt. 2008 hat Frieda auf Antrag die italienische Staatsangehörigkeit durch Einbürgerung erworben, nachdem bis dahin wegen der aus italienischer Sicht zweifelhaften Eheschließung an einem automatischen Erwerb der italienischen Staatsangehörigkeit kraft Eheschließung stets Zweifel bestanden hatten.

Nach Jahren der Untreue ihres Gatten beschließt Frieda, sich scheiden zu lassen. Sie verlässt am 28.6.2013 die eheliche Wohnung. Da ihr der italienische Rechtsanwalt, den sie im Dezember 2013 aufsucht, die Langwierigkeit eines Scheidungsverfahrens in Italien darstellt, zieht Frieda am 1.2.2015 auf Dauer nach Berlin.

Der Rechtsanwalt, den sie in Berlin konsultiert, meint, ihre Ehe sei eigentlich nicht wirksam und deshalb kein Fall für eine Scheidung. Er stellt am 29.3.2016 bei dem für den Wohnort der Frieda örtlich zuständigen Amtsgericht Berlin Köpenick (Familiengericht) folgende, dem Marcello am 21.6.2016 zugestellte, Anträge:

- Die am 1.6.1970 geschlossene Ehe von Frieda Frankfurt und Marcello Mestre wegen Verstoßes gegen das Ehehindernis der anderweitig bestehenden Ehe aufzuheben.
- Hilfsweise die vorbezeichnete Ehe zu scheiden.

1. Wie wird das Gericht entscheiden, wenn Marcello mit beiden Anträgen einverstanden ist?
2. **Abwandlung 1:** Bei im Übrigen unverändertem Sachverhalt haben die Ehegatten während ihrer gesamten Ehe in Locarno (Kanton Tessin, Schweiz) gelebt und leben dort (getrennt) auch weiterhin. Außerdem hat Frieda nicht die italienische Staatsangehörigkeit erworben. Ist ein deutsches Gericht für einen Scheidungsantrag der Frieda zuständig? Wie kann das Familiengericht Zweifel an der Auslegung der maßgeblichen Zuständigkeitsbestimmungen klären, wenn der Antragsgegner vorträgt, kein Gericht in der EU sei für diesen Scheidungsantrag zuständig?

3. **Abwandlung 2:** Die Ehe ist für beide Ehegatten die erste Ehe, beide sind ausschließlich italienische Staatsangehörige und haben seit der Eheschließung immer in Deutschland gelebt. Sie haben in einem am 3.1.2012 vor einem Notar in Berlin geschlossenen Ehevertrag unter anderem bestimmt: „Soweit dies derzeit oder künftig gesetzlich zulässig ist, vereinbaren wir für eine Scheidung unserer Ehe die Anwendung italienischen materiellen Rechts." Frieda möchte geschieden werden, Marcello will einer Scheidung nicht zustimmen. Welchen Antrag kann Frieda mit Aussicht auf Erfolg im Januar 2018 vor deutschen Gerichten stellen?

Materialien

I. Intertemporale Hinweise zum deutschen IPR

a) Intertemporale Fragen sind zu erörtern. **126**

Soweit sich daraus die Anwendung einer früheren Rechtslage ergibt, ist davon auszugehen, dass dem geltenden deutschen IPR und IZPR inhaltlich identische Normen zu den fallrelevanten Fragen und in den fallrelevanten Zeitpunkten in Kraft waren.

II. Italienisches IPR

b) Mit Wirkung vom 1.9.1995 wurde das italienische IPR reformiert; bis 31.8.1995 war das IPR geregelt in den Einführungsbestimmungen des *codice civile*:

disposizioni sulla legge in generale[1] (*disp.s.l.in gen.*, „Bestimmungen über das Gesetz im Allgemeinen")

c) Art. 17 disp.s.l.in gen.

Der Personenstand, die Rechts- und Geschäftsfähigkeit der Personen und die Rechtsverhältnisse der Familie werden vom Recht des Staates geregelt, dem diese angehören.

[Hinweis: Art. 17 Abs. 1 wurde auf die Voraussetzungen und die Wirkungen der Ehe bei gleicher Staatsangehörigkeit angewendet.]

d) Italienisches IPRG, seit 1.9.1995 in Kraft[2]

Art. 31 IPRG

(1) Die persönliche Trennung und die Auflösung der Ehe unterliegen dem gemeinsamen Heimatrecht der Ehegatten im Zeitpunkt des Trennungsantrags oder des Antrags auf Auflösung der Ehe. Fehlt ein solches, ist das Recht des Staates anwendbar, in dem das Eheleben überwiegend stattfindet.

(2) Die persönliche Trennung und die Auflösung der Ehe werden durch italienisches Recht geregelt, wenn sie von dem anwendbaren ausländischen Recht nicht vorgesehen sind.

1 RabelsZ 15 (1949) 116 ff.
2 Bergmann/Ferid/Henrich/Dutta/Ebert/*Henrich* Italien (Stand 2017) III.B.1.

III. Italienisches materielles Recht

Codice Civile[3]

e) Art. 86 cc

1970 geltende Fassung: Eine Ehe kann nicht eingehen, wer bereits durch eine frühere Ehe gebunden ist.

Seit 5.6.2016 geltende Fassung: Eine Ehe kann nicht eingehen, wer bereits durch eine frühere Ehe oder eine unione civile zwischen Personen gleichen Geschlechts gebunden ist.

f) Art. 115 Abs. 1 cc

Der italienische Staatsbürger ist den im ersten Abschnitt dieses Kapitels enthaltenen Vorschriften auch dann unterworfen, wenn er die Ehe im Ausland nach den dort geltenden Formvorschriften schließt.

[Hinweis: Zum genannten 1. Abschnitt gehört auch Art. 86 cc]

g) Art. 117 Abs. 1 cc

(1) Die unter Verstoß gegen die Bestimmungen der Artikel 86, 87 und 88 geschlossene Ehe kann von den Ehegatten, ihren nächsten Aszendenten, der Staatsanwaltschaft und von all denen angefochten werden, die an der Anfechtung ein berechtigtes und gegenwärtiges Interesse haben.

(2) Eine in Verletzung des Artikels 84 geschlossene Ehe kann von den Ehegatten, von jedem Elternteil und von der Staatsanwaltschaft angefochten werden (…)

h) Die in Art. 117 Abs. 1 cc erwähnte Anfechtung erfolgt durch Klage; das stattgebende Urteil hebt die Ehe *ex tunc* auf. Die Scheidung der früheren Ehe beseitigt nicht die Aufhebbarkeit im Fall der Art. 117 Abs. 1, 86.

legge n. 898 v. 1.12.1970 (italienisches Scheidungsgesetz) idF. legge n. 55 v. 6.5.2015[4]

i) Art. 3 L 1970/898

Die Auflösung der Ehe oder die Beendigung ihrer zivilrechtlichen Wirkungen kann von einem der Ehegatten beantragt werden:

(…)

2. in den Fällen, in denen:

(…)

(b) eine gerichtliche Trennung zwischen den Ehegatten durch rechtskräftiges Urteil ausgesprochen oder eine einverständliche Trennung gerichtlich bestätigt worden ist oder wenn eine tatsächliche Trennung besteht, sofern diese tatsächliche Trennung wenigstens zwei Jahre vor dem 18.12.1970 begonnen hat.

In allen vorgenannten Fällen muss für die Einreichung des Antrags auf Auflösung der Ehe oder Beendigung ihrer zivilrechtlichen Wirkungen die Trennung zwischen den Ehegatten ununterbrochen mindestens zwölf Monate gedauert haben, gerechnet von dem Zeitpunkt an, zu dem die Ehegatten im Ehetrennungsverfahren vor dem Gerichtspräsidenten erschienen sind, oder sechs Monate im Fall der einverständlichen Trennung, auch wenn das streitige Urteil in ein einvernehmliches umgewandelt worden ist, oder von dem Zeitpunkt an, der in einer anwaltsunterstützten Trennungs-

3 Bergmann/Ferid/Henrich/Dutta/Ebert/*Henrich* Italien (Stand 2017 und ältere Rechtsstände) III.B.2.

4 Bergmann/Ferid/Henrich/Dutta/Ebert/*Henrich* Italien (Stand 2017) III.B.2; die Änderungen durch legge 2015/55 betreffen die Trennungsfristen und sind am 26.5.2015 in Kraft getreten.

vereinbarung angegeben ist oder der sich aus der Urkunde über die vor dem Standesbeamten geschlossene Trennungsvereinbarung ergibt. Eine eventuelle Unterbrechung der Trennung muss von der beklagten Partei eingewendet werden.

k) Es ist davon auszugehen, dass andere Gründe des italienischen Rechts für die gerichtliche Scheidung der Ehe der Ehegatten nicht vorliegen. Eine anwaltlich unterstützte Ehescheidung ohne gerichtliches Verfahren *(„divorzio breve")* nach legge n. 162 v. 10.11.2014 iVm. Decreto legge n. 132 v. 12.9.2014 erfordert immer ein Einvernehmen der Ehegatten über die Scheidung.

Vor Inkrafttreten der *legge* 1970/898 sah das italienische Recht eine Scheidung nicht vor. Ausländische Scheidungsurteile mit Beteiligung italienischer Staatsangehöriger waren wegen Verstoßes gegen den italienischen *ordre public* bis zum Inkrafttreten des Scheidungsgesetzes (oben i) nicht anerkennungsfähig. Später erfolgte eine Anerkennung bis zum 31.12.1996 nach Art. 797 *codice di procedura civile*, der ein formelles gerichtliches Anerkennungsverfahren vorschrieb. Erst seit 1.1.1997 gilt mit Art. 67 des italienischen IPRG das Prinzip der Inzidentanerkennung.

l) Art. 150 cc

(1) Die persönliche Trennung[5] der Ehegatten ist zulässig.

(2) Die Trennung kann gerichtlich oder einverständlich erfolgen.

(3) Das Recht, die gerichtliche Trennung oder die Bestätigung der einverständlichen Trennung zu verlangen, steht ausschließlich den Ehegatten zu.

m) Art. 151 cc

(1) Die Trennung kann beantragt werden, wenn sich, auch unabhängig vom Willen eines oder beider Ehegatten, eingetretene Tatsachen ergeben, welche die Fortsetzung des Zusammenlebens unerträglich gestalten oder schwere Nachteile für die Erziehung der Nachkommenschaft mit sich bringen.

(2) Bei Ausspruch der Trennung erklärt der Richter, wenn es sich aus den Umständen ergibt und ein entsprechender Antrag gestellt ist, welchem der Ehegatten wegen seines mit ehelichen Pflichten nicht zu vereinbarenden Verhaltens die Trennung anzulasten ist.

---

5 Die bei Bergmann/Ferid/Henrich/Dutta/Ebert/*Henrich* aaO verwendete Bezeichnung „Trennung von Tisch und Bett" erinnert an das bis zum Jahr 1900 in Deutschland geltende Rechtsinstitut; das italienische Recht spricht von *„separazione personale"*.

Strukturierung des Falles

127 **Wesentliche Themen:** *Anwendungsbereich der Brüssel IIa-VO; Eheaufhebung, Ehehindernisse (Spanierbeschluss); Regelwidriges Scheidungsstatut; Scheidungsstatut und Ehetrennung; Vorabentscheidungsverfahren (EuGH); Scheidungsstatutswahl nach der Rom III-VO.*

Frage 1: Eheaufhebungsantrag, hilfsweise Scheidungsantrag der Frieda

I. Zuständigkeit deutscher Gerichte

1. Anwendbarkeit Brüssel IIa-VO

– Regelungsgegenstand ua die gerichtliche Zuständigkeit

a) Intertemporale Anwendung

– Intertemporal: Gerichtliche Verfahren seit dem 1.3.2005 eingeleitet (Art. 64 Abs. 1, 72 Brüssel IIa-VO) (+)

b) Sachlicher Anwendungsbereich

– Sachlich: Ehescheidung, Ehetrennung ohne Auflösung des Ehebandes und Ungültigerklärung der Ehe (Art. 1 Abs. 1 lit. a Brüssel IIa-VO); Ungültigerklärung: Eheaufhebung (+) italienische *gerichtliche* (!) Anfechtung nach Art. 117 cc (+)

c) Räumlicher Anwendungsbereich

– Räumlicher Anwendungsbereich: Ausschließlich, wenn Art. 6 Brüssel IIa-VO (+), Antragsgegner ist italienischer Staatsangehöriger (Mitgliedstaat Art. 2 Nr 3 Brüssel IIa-VO); Antrag in Deutschland.

2. Internationale Zuständigkeit

– Art. 3 Brüssel IIa-VO, Anknüpfungskriterien alternativ

a) Antragstellergerichtsstand im Heimatstaat

– Wegen gewöhnlichem Aufenthalt Antragsgegner: Art. 3 Abs. 1 lit. a Str. 1-4 Brüssel IIa-VO (-)

– Art. 3 Abs. 1 lit. a Str. 6 Brüssel IIa-VO: Frieda Deutsche, 6 Monate gewöhnlicher Aufenthalt (+)

b) Verstoß gegen Art. 18 AEUV?

– Verstoß gegen Art. 18 AEUV (-): Heimatrecht als Eingliederungsfaktor, für jeden EU-Bürger in seinem Heimatstaat

– Internationale Zuständigkeit (+)

3. Örtliche Zuständigkeit

– nicht Art. 3 Abs. 1 Brüssel IIa-VO

– § 122 Nr 3 FamFG: Früherer gemeinsamer gewöhnlicher Aufenthalt in Hamburg: Nicht bei zwischenzeitlich gemeinsamem Aufenthalt im Ausland

– § 122 Nr 5 FamFG (gewöhnlicher Aufenthalt der Antragstellerin) (+)

– AG Köpenick[1] örtlich zuständig (+).

Ergebnis: Deutsche Gerichte sind international zuständig. Örtlich zuständig ist das AG Köpenick – FamG.

II. Eheaufhebungsantrag

1. Formwirksamkeit der Ehe

a) Mögliche Formnichtigkeit

– Vorfrage: Nicht nichtige Ehe, wenigstens formell wirksam geschlossen (Art. 13 Abs. 3 aF [nun Abs. 4] EGBGB iVm § 1310 Abs. 1 S. 1 BGB).

b) Intertemporal anwendbares IPR

– Intertemporal zum 1.9.1986: Art. 220 Abs. 1 EGBGB, Form bei Eheschließung abgeschlossen

c) § 15a EheG aF

– Formanknüpfung: § 15a EheG aF bei Eheschließung im Inland; hier Art. 11 Abs. 1 aF EGBGB

d) Ortsform

– Dänische Ortsform nach Sachverhalt (+)

2. Anwendbares Recht – materielle Ehemängel

a) Qualifikation

– Qualifikation: Eheaufhebung wegen Eingehungsmangel: Eheschließungsstatut

b) Intertemporal anwendbares IPR

– Intertemporal: Art. 220 Abs. 1 EGBGB, abgeschlossen, Theorienstreit nicht relevant

1 Nur vier der elf Amtsgerichte im Bezirk des Kammergerichts haben eine Abteilung für Familiensachen (Pankow/Weißensee, Köpenick, Tempelhof/Kreuzberg, Schöneberg); diese Problematik wird im Fall dadurch ausgeblendet, dass das AG – FamG – Köpenick als einziges nur für den eigenen Amtsgerichtsbezirk zuständig ist.

c) **Haager Eheschließungsabkommen**
   - Anknüpfung: Haager Eheschließungsabkommen: Anwendbar ggü Italien (+), nur bei Eheschließung in Vertragsstaat (Art. 8 Abs. 1), Dänemark (-)

d) **Art. 13 Abs. 1 aF EGBGB**
   - Art. 13 Abs. 1 S. 1 aF EGBGB; für jeden Verlobten dessen Heimatrecht
   - Frieda deutsches Recht, kein Ehehindernis, da wirksame Ehescheidung

e) **Gesamtverweisung**
   - Marcello italienisches Recht, Gesamtverweisung (Art. 27 aF EGBGB)

f) **Italienisches IPR**
   - Italienisches IPR: Intertemporal (Art. 72 IPRG 1995): Altes IPR
   - Art. 17 *disp.s.l.in gen.* nimmt Verweisung an; Art. 115 cc Klarstellung, dass 1. Abschnitt des III. Kapitels im 6. Titel cc, also auch Art. 86 cc materiellrechtlich

3. **Italienisches Eheaufhebungsrecht**

a) **Art. 117 Abs. 1 cc**
   - Aufhebbarkeit Art. 117 Abs. 1 cc durch Klage
   - Verstoß gegen Art. 86 cc, *wenn* Marcello bei Zeitpunkt der Eheschließung anderweitig verheiratet

b) **Auf die Wirksamkeit der Scheidung anwendbares Recht**
   - BGH (vor Spanierbeschluss) maßgeblich italienisches Heimatrecht, dann Ehescheidung vom 17.8.1968 in Italien *ordre-public*-widrig und nicht anerkannt.
   - Folge: Verstoß gegen den deutschen *ordre public* (Art. 30 aF EGBGB), vgl Spanierbeschluss
   - Richtig hingegen: Noch bestehende Ehe ist Vorfrage im Tatbestand Art. 86 cc, Vorfrage selbstständig anzuknüpfen, also bei deutschem Scheidungsurteil Scheidung wirksam

Ergebnis: Nach beiden Ansichten ist die Ehe von Frieda und Marcello (aus Sicht deutscher Gerichte) nicht vom Mangel der Doppelehe behaftet, der Eheaufhebungsantrag also unbegründet.

III. Ehescheidungsantrag

1. **Anwendbares Recht – Rom III-VO**

a) **Zeitlicher Anwendungsbereich**
   - IPR in Rom III-VO anwendbar, wenn Scheidungsverfahren ab dem 21.6.2012 eingeleitet (Art. 18 Abs. 1 Rom III-VO). (+)

b) **Sachlicher, räumlicher Anwendungsbereich**
   - Art. 1 Abs. 1 Rom III-VO Scheidung gehört zum sachlichen Anwendungsbereich
   - Art. 4 Rom III-VO universelle Anwendung, also auch dann, wenn nicht das Recht eines an der verstärkten Zusammenarbeit teilnehmen Mitgliedstaates berufen ist

c) **Rechtswahl**
   - Art. 5 Rom III-VO Rechtswahl (-)

d) **Gewöhnlicher Aufenthalt im selben Staat**
   - Art. 8 lit. a Rom III-VO Gewöhnlicher Aufenthalt beider Ehegatten (-)
   - Art. 8 lit. b Rom III-VO Letzter gewöhnlicher Aufenthalt beider Ehegatten, wenn nicht mehr als ein Jahr vor Anrufung des Gerichts beendet (-) (1.2.2015 Umzug, 29.3.2016 Anrufung)

e) **Gemeinsame Staatsangehörigkeit**
   - Art. 8 lit. c Rom III-VO Gemeinsame Staatsangehörigkeit: Nicht abzustellen auf Art 5 Abs. 1 S. 2 EGBGB, nicht abzustellen auf effektive Staatsangehörigkeit, sondern Relevanz jeder von mehreren Staatsangehörigkeiten eines Mitgliedstaats (+)

f) **Sachnormverweisung**
   - Art. 11 Abs. 1 Rom III-VO Sachnormverweisung

2. **Italienisches Ehescheidungsrecht**

a) **Scheidung bei Aufhebbarkeit nach Scheidungsstatut**
   - Fraglich, ob Scheidung nach italienischem Recht, da aus italienischer Sicht noch immer bigamisch, also aufhebbar
   - Da Ehe aus italienischer Sicht nicht nichtig, jedoch kein Widerspruch: Scheidung möglich, solange Ehe besteht

b) **Zerrüttungsscheidung nur bei gerichtlicher Trennung**

- Ehescheidungsgrund Art. 3 Abs. 2 lit. b italienisches Scheidungsgesetz, Voraussetzung gerichtliche Ehetrennung und nachfolgend 12-monatiges Getrenntleben oder gerichtlich bestätigte Ehetrennung und nachfolgend 6-monatiges Getrenntleben (-); rein faktische Trennung reicht nur, wenn vor 18.12.1970 begonnen

3. Deutsche lex fori als „regelwidriges" Scheidungsstatut
- Art. 10 Rom III-VO
- Scheidung in dem von Art. 8 berufenen Recht nicht vorgesehen (-)
- Scheidung in dem von Art. 8 berufenen Recht geschlechtsspezifisch diskriminierend (-)
- Art. 12 Rom III-VO deutscher ordre public (-), zwar ausreichender Inlandsbezug, aber selbst unter Art. 17 Abs. 1 S. 2 aF EGBGB wäre die bloße Formalisierung der Trennung angesichts der erfolgten Reduzierung der Trennungsfrist auf 12 bzw 6 Monate nicht mehr dem Ausschluss der Scheidbarkeit der Ehe vergleichbar.

Ergebnis: Die Ehe kann derzeit nach dem maßgeblichen italienischen Scheidungsstatut im gerichtlichen Verfahren nicht geschieden werden.

Frage 2: (Abwandlung 1): Gewöhnlicher Aufenthalt beider Ehegatten in Locarno

1. Brüssel IIa-VO: Vorrang gegenüber lex fori

a) Fehlende Zuständigkeit nach Art. 3 Brüssel IIa-VO
- Wie Ausgangsfall: Internationale Zuständigkeit *ausschließlich* Brüssel IIa-VO, Antragsgegner ist Italiener (Art. 6 lit. b Brüssel IIa-VO)
- Art. 3 Abs. 1 lit. a Brüssel IIa-VO (-) keine Partei hat gewöhnlichen Aufenthalt in Deutschland
- Art. 3 Abs. 1 lit. b Brüssel IIa-VO (-) keine gemeinsame Staatsangehörigkeit

b) Lex fori bei Zuständigkeit in keinem Mitgliedstaat
- Teleologische Einschränkung von Art. 6 Brüssel IIa-VO: Sinnvoll nur, wenn Zuständigkeit in irgendeinem Mitgliedstaat *oder* Anwendung von Art. 7 Brüssel IIa-VO auch gegen Art. 6 Brüssel IIa-VO

c) Vorliegen der Ausnahme
- Voraussetzung: Kein Mitgliedstaat nach Art. 3 Brüssel IIa-VGO zuständig (+)

d) Internationale Zuständigkeit nach § 98 FamFG
- Folge: § 98 Abs. 1 Nr 1 FamFG anwendbar, deutsche Gerichte zuständig (+)

2. Örtliche Zuständigkeit
- § 122 Nr 6 FamFG: (+) AG Schöneberg in Berlin

3. Vorabentscheidungsersuchen zum EuGH

a) Kein Vorlagezwang
- Eigene Entscheidung: Jedenfalls wenn Auslegung Art. 6 und 7 Brüssel IIa-VO zweifelsfrei

b) Vorabentscheidungsersuchen bei Zweifel
- Bei Zweifeln fakultatives Vorabentscheidungsverfahren zum EuGH (Art. 267 Abs. 1 lit. b, Abs. 2 AEUV)

c) Vorlagebefugnis
- Vorlagebefugnis Art. 267 Abs. 2 AEUV, aber keine Vorlagepflicht (Art. 267 Abs. 3 AEUV), da jedenfalls noch Beschwerde § 58 FamFG statthaft (+)

Ergebnis: Das AG Schöneberg – FamG – hat die Wahl, die Auslegung selbst vorzunehmen und die abschließende Klärung dem Instanzenzug zu überlassen oder die Frage dem EuGH zur Vorabentscheidung vorzulegen.

Frage 3: (Abwandlung 2): Beide Italiener mit gewöhnlichem Aufenthalt in Deutschland

1. Keine Ehaufhebung

In dieser Variante keine Frage der Eheaufhebung, da beide Ehegatten erstmals verheiratet.

2. Ehescheidungsstatut

a) Zulässigkeit der Rechtswahl

Aussichtsreicher Antrag nach dem anwendbaren Recht:
- Rom III-VO auf Antrag im Januar 2018 intertemporal anwendbar (+)
- Rechtswahl zu italienischem Recht statthaft (Art. 5 Abs. 1 lit. c Rom III-VO) (+)
- Auch Rechtswahl vor Geltung der Rom III-VO wirksam, wenn Art. 6, 7 Rom III-VO gewahrt (+)

   - Keine Wirksamkeitsbedenken (Art. 6 Rom III-VO iVm italienischem Recht) (+)

b) Form der Rechtswahl
   - Schriftlichkeit nach Art. 7 Abs. 1 Rom III-VO bei deutschem Ehevertrag gewahrt (+)
   - Zusätzlich Form des Art. 46d Abs. 1 EGBGB erforderlich und durch Ehevertrag in Deutschland gewahrt (+)

3. Materiell aussichtsreicher Antrag
   - Scheidungsantrag nach italienischem Recht (-) mangels gerichtlicher/gerichtlich bestätigter Trennung
   - Einvernehmliche anwaltlich vermittelte Scheidung (-), da Marcello nicht zustimmen will

4. Internationale Zuständigkeit für Ehetrennung
   - Art. 3 ff Brüssel IIa-VO
   - sachlich auch Ehetrennung Art. 1 Abs. 1 lit. a Brüssel IIa-VO
   - ausschließlich, da Antragsgegner Italiener und gewöhnlicher Aufenthalt in Deutschland (Art. 6 lit. a und b Brüssel IIa-VO)
   - Internationale Zuständigkeit deutscher Gerichte (+) Art. 3 Abs. 1 lit. a Str. 1 Brüssel IIa-VO

5. Ehetrennung vor deutschen Gerichten
   - Im deutschen Verfahren nicht vorgesehen
   - Anpassung des deutschen Verfahrensrechts, soweit ohne tiefgreifende Verwerfungen zwischen Verfahrensrecht und materiellem Recht möglich
   - Ähnlichkeit Ehetrennung und Ehescheidung, §§ 121 ff FamFG geeignet
   - Argument Brüssel IIa-VO: Rechtsverweigerung durch nach Art. 3 Brüssel IIa-VO zuständigen Mitgliedstaat vermeiden

6. Ehetrennungsstatut
   - Art. 1 Abs. 1 Rom III-VO: Rom III-VO auch auf Ehetrennung anzuwenden
   - Auslegung der Rechtswahl: Italienisches Recht auch für Trennungsstatut

7. Ehetrennung im italienischen Recht
Materielles italienisches Recht: Art. 151 cc (+) jahrelange Untreue von Marcello macht die Fortsetzung des Zusammenlebens unzumutbar

Ergebnis: Ein Ehescheidungsantrag kommt nach dem als Scheidungsstatut wirksam gewählten italienischen Recht nicht in Betracht. Deutsche Gerichte sind jedoch für einen Ehetrennungsantrag nach italienischem Recht international zuständig; der Ehetrennungsantrag ist auch begründet.

Lösung

Frage 1: Eheaufhebungsantrag, hilfsweise Scheidungsantrag der Frieda

I. Zuständigkeit deutscher Gerichte

1. Anwendbarkeit Brüssel IIa-VO

128 Anwendbar könnte die Brüssel IIa-VO (Verordnung (EG) Nr 2201/2003) sein, deren **Regelungsgegenstand** ua die gerichtliche Zuständigkeit (Art. 3 ff Brüssel IIa-VO) umfasst.

a) Intertemporale Anwendung

129 Intertemporal gilt die Brüssel IIa-VO, welche die Brüssel II-VO (Verordnung (EG) Nr 1347/2000) ersetzt, für gerichtliche Verfahren, die **seit dem 1.3.2005 eingeleitet** wurden (Art. 64 Abs. 1, 72 Brüssel IIa-VO); auf die Frage, ob auch für Zwecke der intertemporalen Anwendung die „Einleitung" des Verfahrens nach Art. 16 Brüssel IIa-VO oder nach der *lex fori* zu beurteilen ist, kommt es nicht an, da der Antrag erst nach dem Stichtag eingereicht wurde. Damit ist die Brüssel IIa-VO jedenfalls zeitlich anwendbar.

b) Sachlicher Anwendungsbereich

130 **Sachlich** ist sie anzuwenden auf zivilgerichtliche Verfahren zur **Ehescheidung, Ehetrennung** ohne Auflösung des Ehebandes und **Ungültigerklärung** der Ehe (Art. 1 Abs. 1 lit. a Brüssel IIa-VO). Der weite Begriff „Ungültigerklärung" soll die verschiedenen in den Mitgliedstaaten existierenden Verfahren umfassen, die sich mit der Beseitigung der Ehe aufgrund von Eheschließungsmängeln befassen. Dazu gehört sowohl die deutsche Eheaufhebung (§§ 1313 ff BGB) als auch die italienische *gerichtliche* (!) Anfechtung nach Art. 117 cc (MAT g, h). Sachlich gilt die VO also für Haupt- und Hilfsantrag.

c) Räumlicher Anwendungsbereich

131 Der räumliche Anwendungsbereich der Brüssel IIa-VO ist im Gegensatz zu Art. 3, 4 Brüssel I-VO **nicht klar komplementär zur *lex fori*** geregelt. Hat der Antragsgegner/Beklagte seinen gewöhnlichen Aufenthalt im Hoheitsgebiet eines Mitgliedstaats oder ist Staatsangehöriger eines Mitgliedstaats, so sind die Zuständigkeiten der VO in anderen Mitgliedstaaten *ausschließlich* (Art. 6 letzter Hs. Brüssel IIa-VO). Ergibt sich aus Art. 3 bis 5 Brüssel IIa-VO keine Zuständigkeit in einem Mitgliedstaat, kann subsidiär auf das innerstaatliche IZVR zurückgegriffen werden (Art. 7 Abs. 1 Brüssel IIa-VO). Anders als unter der Brüssel I-VO kann sich aus der Brüssel IIa-VO also durchaus auch in Fällen, in denen der Beklagte keine Unionsbürgerschaft und keinen innergemeinschaftlichen gewöhnlichen Aufenthalt hat, eine Zuständigkeit ergeben. Fraglich ist dann

nur, ob in anderen Mitgliedstaaten auch auf die *lex fori* eine internationale Scheidungszuständigkeit gestützt werden darf, was umstritten ist und vom EuGH nunmehr verneint wird.[1]

Liegen die Voraussetzungen des Art. 6 Brüssel IIa-VO vor, ist die VO nach allen Ansichten anzuwenden und deren Zuständigkeitsregeln verdrängen das nationale IZPR. Das ist hier der Fall: Der Antragsgegner ist italienischer Staatsangehöriger (Mitgliedstaat iSd Art. 2 Nr 3 Brüssel IIa-VO – EU ohne Dänemark); der Antrag ist in Deutschland, also einem anderen Mitgliedstaat, anhängig.

2. Internationale Zuständigkeit

Die **internationale Zuständigkeit** deutscher Gerichte müsste sich aus Art. 3 Brüssel IIa-VO ergeben; die dort genannten Anknüpfungskriterien sind alternativ. **132**

a) Antragstellergerichtsstand im Heimatstaat

Da der Antragsgegner seinen gewöhnlichen Aufenthalt in Italien hat und auf den vorvorherigen gemeinsamen gewöhnlichen Aufenthalt in Deutschland nicht abgestellt werden kann, weil beide Ehegatten zwischenzeitlich dort nicht mehr gelebt haben, kommt nur eine deutsche Zuständigkeit als *forum actoris* in Betracht. Da Frieda die deutsche Staatsangehörigkeit besitzt, genügt ein 6-monatiger gewöhnlicher Aufenthalt unmittelbar vor Antragstellung im Gerichtsstaat Deutschland (Art. 3 Abs. 1 lit. a Str. 6 Brüssel IIa-VO). Das liegt vor, denn Frieda lebt seit 1.2.2015 „auf Dauer" in Berlin und kann als Erwachsene ihren gewöhnlichen Aufenthalt ohne zeitliche Verzögerung verlegen. **133**

b) Verstoß gegen Art. 18 AEUV?

Zwar wird vertreten, diese Bestimmung verstoße gegen Art. 18 AEUV (ehemals Art. 12 EGV); Staatsangehörige des Forumstaates als Kläger würden bevorzugt, da sie dort nur 6 Monate, andere Kläger hingegen 12 Monate (Art. 3 Abs. 1 lit. a Str. 5 Brüssel IIa-VO) gewöhnlichen Aufenthalt haben müssten, um eine internationale Zuständigkeit zu begründen. Dem ist entgegenzuhalten, dass dies kein vom nationalen Recht gewährter Vorteil für eigene Staatsangehörige ist, sondern die Bestimmung jedem Unionsbürger in seinem Heimatstaat zugute kommt und ihr die zutreffende Einschätzung zugrunde liegt, dass bei Rückkehr in den Heimatstaat eine Zuständigkeitserschleichung ferner liegt als bei Zuzug in einen beliebig selbst gewählten anderen Mitgliedstaat.[2] Im vorliegenden Fall bleibt der Streit unerheblich, da Frieda bei Antragstellung bereits mehr als 12 Monate gewöhnlichen Aufenthalt in Deutschland hatte. **134**

Deutsche Gerichte sind also international zuständig.

---

1 EuGH Rs. C-68/07 ECLI:EU:C:2007:740 *(Sundelind Lopez/Lopez Lizazo)*; zum Streitstand: *Rauscher/Rauscher* (2015) Art. 6 Brüssel IIa-VO Rn 6 f; *Hau* FamRZ 2000, 1333, 1340 ff.

2 Zum Streitstand: *Staudinger/Spellenberg* Internationales Verfahrensrecht in Ehesachen (2015) Art. 3 Brüssel IIa-VO Rn 42 f; *Rauscher/Rauscher* (2015) Art. 3 Brüssel IIa-VO Rn 45 f.

3. Örtliche Zuständigkeit

135 Die örtliche Zuständigkeit ergibt sich nach dem klaren Wortlaut („sind *die Gerichte* des Mitgliedstaats zuständig“ Art. 3 Abs. 1 Brüssel IIa-VO) nicht aus der VO.

Das angerufene Gericht könnte nach § 122 Nr 5 FamFG (gewöhnlicher Aufenthalt der Antragstellerin) zuständig sein. Das ist wegen des früheren gemeinsamen gewöhnlichen Aufenthaltes in Hamburg fraglich (§ 122 Nr 3 FamFG); die Regelung geht aber nur von der innerstaatlichen Situation aus, erfasst also nicht den Fall, dass zwischenzeitlich ein gemeinsamer Aufenthalt im Ausland bestanden hat. Damit greift mangels eines inländischen gewöhnlichen Aufenthalts des Antragsgegners § 122 Nr 5 FamFG ein.

Das AG Berlin Köpenick ist also als Wohnsitzgericht der Antragstellerin örtlich zuständig; da das AG Köpenick auch über ein FamG verfügt, bleibt es hierbei auch mit Rücksicht auf die Konzentration der Familiensachen bei bestimmten AG im Bezirk des KG.

Ergebnis: Deutsche Gerichte sind international zuständig. Örtlich zuständig ist das AG Köpenick – FamG.

II. Eheaufhebungsantrag

1. Formwirksamkeit der Ehe

a) Mögliche Formnichtigkeit

136 Bevor die Aufhebung einer **Ehe** geprüft werden kann, müsste eine wenigstens formell wirksam geschlossene Ehe vorliegen. Essentielle Formverstöße könnten zu einer nichtigen Ehe/Nichtehe führen (vgl Art. 13 Abs. 4 EGBGB [bis 21.7.2017 Art. 13 Abs. 3 EGBGB] iVm § 1310 Abs. 1 S. 1 BGB).

b) Intertemporal anwendbares IPR

137 Für die am 1.6.1970 geschlossene Ehe könnte **intertemporal** auf das vor dem 1.9.1986 geltende IPR abzustellen sein. Dazu müsste ein abgeschlossener Vorgang vorliegen (Art. 220 Abs. 1 EGBGB). Die Wahrung der Form eines Rechtsgeschäfts ist mit Abschluss des Rechtsgeschäfts abgeschlossen. Es ist altes IPR anzuwenden, das jedoch dem derzeit geltenden insoweit entspricht (MAT a).

c) § 15a EheG aF

138 § 15a EheG aF (entspricht Art. 13 Abs. 4 EGBGB, MAT a) enthält eine Sonderregelung für die Eheschließungsform, jedoch nur bei Eheschließung im Inland. Damit hängt die Auswahl der Kollisionsnorm vom **Eheschließungsort** (im Inland oder im Ausland) ab. Eheschließungsort ist Tondern (Dänemark). Somit ist die Formwirksamkeit nicht nach § 15a EheG aF, sondern nach Art. 11 Abs. 1 EGBGB (aF wie neue Fassung, MAT a) zu beurteilen. Es genügt alternativ die Wahrung der Ortsform (Geschäftsform wäre die Kumulation der beiden Heimatrechte, Art. 13 Abs. 1 EGBGB, Rn 143 ff). Die Ortsform-

verweisung ist nach dem Zweck der Verweisung, der Begünstigung der Formwirksamkeit, eine Sachnormverweisung (insoweit altes IPR wie Art. 4 Abs. 1 S. 1 letzter Hs. EGBGB, MAT a).

d) Ortsform

Die **dänische Ortsform** ist nach Sachverhalt („in der Form des dänischen Rechts") gewahrt. **139**

2. Anwendbares Recht – materielle Ehemängel

a) Qualifikation

Die beantragte Aufhebung einer Ehe ist zunächst zu qualifizieren. Sie unterfällt nicht etwa dem Scheidungsstatut, denn es handelt sich nicht um eine Frage der Auflösung aufgrund von **Durchführungsmängeln** (Scheitern, Eheverfehlungen etc), sondern um eine Reaktion auf **Eingehungsmängel**. Die Aufhebung ist daher eheschließungsrechtlich zu qualifizieren. Da mit der Bigamie ein materieller Ehemangel behauptet wird, ist das materielle Eheschließungsstatut zu bestimmen. **140**

b) Intertemporal anwendbares IPR

Intertemporal liegt nach beiden zu Art. 220 Abs. 1 EGBGB vertretenen Theorien (abschließende Anknüpfung bzw materielle Rechtsfolgen) wiederum ein **abgeschlossener Vorgang** vor, da die Begründung des familienrechtlichen Status der Ehe im Zeitpunkt der Eheschließung abschließend angeknüpft ist[3] und materiellrechtlich Rechtsfolgen erzeugt. **141**

c) Haager Eheschließungsabkommen

Das **anwendbare Recht** bestimmt sich nicht nach dem sachlich für Ehehindernisse einschlägigen (im Verhältnis zu Italien noch immer geltenden[4]) Haager Eheschließungsabkommen; nach seinem Art. 8 Abs. 1 ist der räumliche Anwendungsbereich auf Eheschließungen im Gebiet von Vertragsstaaten beschränkt. Dänemark war nie Vertragsstaat. **142**

d) Art. 13 Abs. 1 aF EGBGB

Anzuwenden ist also das bei Eheschließung geltende **deutsche IPR**. Art. 13 Abs. 1 S. 1 aF EGBGB entspricht dem geltenden Art. 13 Abs. 1 EGBGB (MAT a), verweist also für jeden Verlobten in dessen **Heimatrecht**. Für Frieda ist deutsches Recht anzuwenden; insoweit bedarf es keiner weiteren Prüfung, da aus Sicht des deutschen Rechts Frieda selbst ledig und Marcello durch ein *deutsches* Gericht geschieden war, also das beidseitige Ehehindernis der bestehenden Ehe (§ 20 Abs. 1 EheG aF, inhaltlich wie § 1306 BGB) nicht vorliegt. **143**

---

3 BGH IPRspr 1996 Nr 65.

4 *Jayme/Hausmann*[19] Nr 30 Fn 1; zum Anwendungsbereich OLG Hamm FamRZ 2007, 656.

e) Gesamtverweisung

144 Für Marcello geht die Verweisung in italienisches Recht und ist **Gesamtverweisung (Art. 27 aF EGBGB** entspricht insoweit geltendem Art. 4 Abs. 1 EGBGB).

f) Italienisches IPR

145 Das italienische IPR entscheidet **intertemporal** (vgl Art. 72 IPRG 1995) insoweit wie das deutsche (MAT d); vor dem 1.9.1995 abgeschlossene Sachverhalte unterstehen dem alten IPR. **Art. 17 *disp.s.l.in gen.*** (MAT b) nimmt die Verweisung an; Art. 115 cc (MAT f) hat dabei die kollisionsrechtliche Funktion, klarzustellen, dass die Vorschriften des 1. Abschnitts des III. Kapitels im 6. Titel des 1. Buches cc, also auch Art. 86 cc, materieller (nicht formeller) Natur sind und deshalb auch bei Eheschließung eines Italieners im Ausland gelten.

3. Italienisches Eheaufhebungsrecht

a) Art. 117 Abs. 1 cc

146 Die Ehe könnte nach Art. 117 Abs. 1 cc (MAT g) durch Klage (MAT h) aufhebbar sein.

Dazu müsste ein **Verstoß** gegen eine der dort genannten Normen vorliegen; in Betracht kommt nur Art. 86 cc (MAT e). Marcello müsste im Zeitpunkt der Eheschließung anderweitig verheiratet gewesen sein. Das ist fraglich, weil die 1967 geschlossene Ehe des Marcello mit Dörte am 17.8.1968 rechtskräftig von einem deutschen Gericht geschieden wurde.

b) Auf die Wirksamkeit der Scheidung anwendbares Recht

147 Nach welchem Recht die Wirksamkeit der Scheidung zu beurteilen ist, ist seit der zum Spanier-Beschluss des BVerfG[5] (vgl Art. 13 Abs. 2 EGBGB) führenden Rechtsprechung unklar:

148 **aa)** Mit dem BGH[6] wäre zu argumentieren, nach seinem für die Eheschließungsvoraussetzungen maßgeblichen **italienischen Heimatrecht** sei Marcello am 1.6.1970 noch mit Dörte verheiratet gewesen; denn das an diesem Tag noch geltende (Datum in MAT i) alte italienische Recht habe damals die in Deutschland ausgesprochene Ehescheidung vom 17.8.1968 als *ordre-public*-widrig (MAT k) angesehen und nicht anerkannt.

Diese Folgerung des italienischen Rechts könnte sodann gegen den deutschen *ordre public* (Art. 30 aF EGBGB entspricht Art. 6 EGBGB) verstoßen: Die Anwendung einer Rechtsordnung, welche die Unauflöslichkeit der Ehe postuliert und im konkreten Fall deshalb einem deutschen Scheidungsurteil die Anerkennung versagt, verstößt gegen

5 BVerfGE 31, 58.
6 BGH NJW 1997, 2114.

Grundprinzipien des deutschen Rechts; der Inlandsbezug besteht, weil Frieda, der die Eheschließung mit Marcello versagt worden wäre, Deutsche ist.

bb) Diese Lösung übersieht jedoch, dass es sich bei der Frage der noch bestehenden Ehe um eine **Vorfrage** im Tatbestand eines Ehehindernisses (Art. 86 cc) handelt, die nicht ohne Weiteres dem Hauptstatut (Eheschließungsvoraussetzungen der neuen Ehe) untersteht. Vorfragen sind nach deutschem Recht grundsätzlich **selbstständig anzuknüpfen.** Nur wenn man – zur Vermeidung hinkend mangelhafter Ehen – diese Vorfrage unselbstständig vom italienischen Eheschließungsstatut aus anknüpft, kommt man wieder zu der oben (Rn 148) geschilderten Lösung. Bei selbstständiger Vorfragenbeurteilung ist, da ein Scheidungs*urteil*[7] vorliegt, nicht beim deutschen IPR anzusetzen (Art. 17 Abs. 1 aF EGBGB); auch wenn die Scheidung Hauptfrage ist, beurteilt sich die Wirkung des Scheidungsurteils nicht nach dem Scheidungsstatut, sondern prozessual. Ein deutsches Scheidungsurteil (seit 1.9.2009 Scheidungsbeschluss) wirkt, ein ausländisches ist ggf anerkennungsfähig.[8] Das vorliegende deutsche Scheidungsurteil ist also schlicht wirksam. Die Ehe von Marcello und Dörte war damit aus deutscher Vorfragensicht am 17.8.1968 aufgelöst. **149**

[Hinweise: Da *ordre-public*-Verstöße nicht nach einer späteren Rechtslage bewertet werden können, spielt die spätere Anerkennungsfähigkeit des Scheidungsurteils in Italien (MAT k) keine Rolle. Der BGH erwägt noch – und lehnt dies zu Recht ab –, ob es angesichts der sich in Italien abzeichnenden Rechtsänderung den Verlobten zumutbar gewesen wäre, abzuwarten, statt den „Tondern-Trick"[9] anzuwenden.]

Ergebnis: Nach beiden Ansichten ist die Ehe von Frieda und Marcello (aus Sicht deutscher Gerichte) nicht vom Mangel der Doppelehe behaftet, der Eheaufhebungsantrag also unbegründet. **150**

III. Ehescheidungsantrag

1. Anwendbares Recht – Rom III-VO

a) Zeitlicher Anwendungsbereich

Am 30.12.2010 ist die das Ehescheidungsstatut regelnde Rom III-VO (Nr 1259/2010) in Kraft getreten; sie gilt jedoch erst ab dem 21.6.2012 (Art. 21 Rom III-VO) und ist **151**

7 Erst seit Inkrafttreten des FamFG ergeht die Scheidung durch Scheidungs*beschluss*.

8 Vgl BVerfGE 31, 58, 81.

9 Praktiziert wurde der „Tondern-Trick" deshalb, weil geschiedenen Ausländern aus Staaten, die keine Scheidung kannten (zB Italien, Spanien, Andorra) vom Heimatstaat kein Ehefähigkeitszeugnis – hier: Art. 4 Abs. 1 Haager Eheschließungsabkommen, sonst § 1309 BGB – für eine weitere Eheschließung ausgestellt wurde; vor dem Spanierbeschluss wurde diesen Ausländern aber in Deutschland die Befreiung vom Erfordernis des Ehefähigkeitszeugnisses verweigert, weil sie nicht nur aus formellen Gründen kein Zeugnis beibringen konnten, sondern nach dem relevanten Heimatrecht materiell nicht unverheiratet waren. Das dänische IPR knüpft die materiellen Eheschließungsvoraussetzungen – ohne Weiterverweisung – an das Domizil der Eheschließenden an, in der Praxis wird bei Eheschließungen häufig dänisches Recht als *lex fori* angewendet.

gemäß Art. 18 Abs. 1 Rom III-VO auf gerichtliche Verfahren anwendbar, die ab dem 21.6.2012 eingeleitet wurden. Ob für die Verfahrenseinleitung Art. 16 Brüssel IIa-VO entsprechend gilt, kann hier dahinstehen, da der hilfsweise gestellte Scheidungsantrag nach dem Stichtag gestellt und zugestellt wurde.

b) Sachlicher, räumlicher Anwendungsbereich

152 Der sachliche Anwendungsbereich gemäß Art. 1 Abs. 1 Rom III-VO ist für die **Ehescheidung** eröffnet. Eine Begrenzung des räumlichen Anwendungsbereichs besteht nicht: Die Anknüpfungen der Rom III-VO sind *lois uniformes*; sie gelten auch, wenn sie ein Recht berufen, welches nicht das Recht eines an der Verstärkten Zusammenarbeit, in welcher die Rom III-VO erlassen wurde, teilnehmenden Mitgliedstaats ist.

c) Rechtswahl

153 Eine vorrangige Rechtswahl in den Grenzen des **Art. 5 Rom III-VO** haben die Ehegatten nicht getroffen. Anzuknüpfen ist somit objektiv nach der Anknüpfungsleiter des Art. 8 Rom III-VO. Soweit diese Bestimmungen auf den Zeitpunkt der **Anrufung des Gerichts** abstellen, ist diese entsprechend Art. 16 Brüssel Ia-VO zu beurteilen, so dass grundsätzlich auch bei Anhängigkeit in Deutschland die Einreichung bei Gericht maßgeblich ist, wenn keine Versäumnisse des Antragstellers hinsichtlich der nachfolgenden Zustellung vorliegen.

d) Gewöhnlicher Aufenthalt im selben Staat

154 In Anwendung von **Art. 8 Rom III-VO** liegen die Voraussetzungen der lit. a nicht vor, weil im Zeitpunkt der Anrufung des Gerichts die Ehegatten ihren gewöhnlichen Aufenthalt nicht im selben Staat haben. Lit. b liegt ebenfalls nicht vor; zwar hatten die Ehegatten zuvor beide gewöhnlichen Aufenthalt in Italien und Marcello hat diesen beibehalten. Doch hat Frieda den gewöhnlichen Aufenthalt bereits am 1.2.2015 und damit mehr als ein Jahr vor Anrufung des Gerichts am 29.3.2016, aufgegeben.

e) Gemeinsame Staatsangehörigkeit

155 Fraglich ist, ob eine gemeinsame Staatsangehörigkeit iSd. **Art. 8 lit. c Rom III-VO** vorliegt. Zwar sind beide Ehegatten italienische Staatsangehörige, nachdem Frieda 2008 die italienische Staatsangehörigkeit auf Antrag erworben hat. Jedoch hat Frieda hierdurch die deutsche Staatsangehörigkeit nicht gemäß § 25 Abs. 1 S. 1 StAG verloren, weil dieser Verlusttatbestand nicht eintritt, wenn ein Deutscher die Staatsangehörigkeit eines anderen EU-Mitgliedstaats erwirbt (§ 25 Abs. 1 S. 2 StAG in der seit 28.8.2007, also bereits beim Antragserwerb, geltenden Fassung). Fraglich könnte sein, ob die deutsche Staatsangehörigkeit der Frieda nach Art. 5 Abs. 1 S. 2 EGBGB vorgeht; dies ist im Anwendungsbereich von EG/EU-Verordnungen zu verneinen; jedenfalls bei Doppelstaatern mit zwei mitgliedstaatlichen Staatsangehörigkeiten sind diese auch für Zwecke der kollisionsrechtlichen Anknüpfung als gleichwertig zu betrach-

ten.[10] Damit besitzen die Ehegatten iSd. Art. 8 lit. c Rom III-VO gemeinsam die italienische Staatsangehörigkeit.

f) Sachnormverweisung

Die Verweisung in italienisches Recht ist Sachnormverweisung auf das materielle Scheidungsrecht **(Art. 11 Abs. 1 Rom III-VO)**. **156**

2. Italienisches Ehescheidungsrecht

a) Scheidung bei Aufhebbarkeit nach Scheidungsstatut

Fraglich ist schon, ob nach italienischem Recht die Ehe geschieden werden kann, weil **157**
sie (Rn 149) aus italienischer Sicht noch immer als bigamisch und daher **aufhebbar** anzusehen ist. Aus Art. 117 Abs. 1 cc (MAT g) ergibt sich aber, dass die Ehe deshalb nicht nichtig, sondern vorbehaltlich eines Aufhebungsurteils wirksam ist. Eine Aufhebung ist aber nicht erfolgt und dem beim AG Köpenick anhängigen Aufhebungsantrag kann (soeben Rn 150) nicht stattgegeben werden.

Anders als im Fall der (oft auf Formmängel beruhenden) hinkenden Nichtehe lässt sich **158**
auch nicht sagen, dass es **widersprüchlich** wäre, die Scheidung einem Recht zu unterstellen, welches die Ehe für mangelhaft hält. Das italienische Recht betrachtet die Ehe ja gleichwohl als wirksam; eine aufhebbare Ehe kann aber, solange sie nicht aufgehoben ist, durchaus geschieden werden. Würde einer der Ehegatten (in Italien) einen Antrag nach Art. 117 Abs. 1 cc (MAT h) stellen, müsste sich das Gericht sogar mit dem in jeder zivilisierten Rechtsordnung beachtlichen Einwand des *Rechtsmissbrauchs* (Berufung auf einen bei Eheschließung beiden Ehegatten bekannten Mangel nach über 30 Jahren) auseinandersetzen.

b) Zerrüttungsscheidung nur bei gerichtlicher Trennung

Einzig in Betracht kommender **Ehescheidungsgrund** ist Art. 3 Abs. 2 lit. b des italieni- **159**
schen Scheidungsgesetzes (MAT i). Dieser Scheidungsgrund setzt nach dem klaren Wortlaut eine gerichtliche oder gerichtlich bestätigte Ehetrennung und nachfolgend 1-jähriges bzw 6-monatiges Getrenntleben voraus. Das ist nicht gegeben, da ein Ausspruch oder eine gerichtliche Bestätigung einer Trennung nicht stattgefunden hat. Faktische Trennung genügte nur übergangsweise bei Inkrafttreten des Scheidungsgesetzes. Danach wäre der Scheidungsantrag als unbegründet abzuweisen.

3. Deutsche lex fori als „regelwidriges" Scheidungsstatut

Die Ehe könnte jedoch nach deutschem Recht gemäß **Art. 10 Rom III-VO** zu scheiden **160**
sein. Dies setzt voraus, dass das nach Art. 5 oder Art. 8 anzuwendende Scheidungsstatut eine Ehescheidung nicht vorsieht. Ähnlich wie zu Art. 17 Abs. 1 S. 1 aF EGBGB[11] mag

---

10 EuGH Rs C-168/08 ECLI:EU:C:2009:974 *(Hadadi/Mesko-Hadadi)*.

11 Dazu BGH NJW 2007, 220.

man darüber streiten, ob unter Art. 10 Rom III-VO auch eine nachhaltige Verzögerung der Ehescheidung nach dem eigentlichen Scheidungsstatut hierunter fällt. Jedoch besteht nach der Verkürzung der Trennungsfrist für streitige Scheidungen im italienischen Recht auf 12 Monate der Unterschied zum deutschen Recht nur noch in dem Erfordernis der formellen Feststellung des Getrenntlebens, was die unter § 1566 Abs. 1 BGB beliebte Umgehung des Trennungsjahres vermeidet und im Grunde der eheerhaltenden Tendenz einer „Besinnungsfrist“ besser entspricht als das nur faktische Getrenntleben des § 1567 BGB. Es ist also, selbst wenn man Art. 10 Rom III-VO erweiternd auslegen wollte, nicht von einer unzumutbaren Erschwernis der Scheidung auszugehen. Der zweite Fall des Art. 10 Rom III-VO, eine geschlechtsspezifische Diskriminierung in den Scheidungstatbeständen, ist offensichtlich nicht gegeben.

161 Somit ist der Scheidungsantrag **ausschließlich nach italienischem Recht** zu beurteilen und damit unbegründet. In Betracht kommt eine Antragsänderung (§ 263 ZPO) zu einem Antrag auf gerichtliche Ehetrennung nach italienischem Recht, über den dann ebenso zu entscheiden wäre wie nachfolgend Rn 180 ff. Eine *divorzio breve*, also eine Ehescheidung im Verfahren der anwaltlich unterstützen außergerichtlichen Ehescheidung, kommt schon deshalb nicht in Betracht, weil diese Form der Ehescheidung nur einvernehmlich möglich ist (MAT k) und Marcello nicht geschieden werden will.

162 **Ergebnis:** Die Ehe kann derzeit nach dem maßgeblichen italienischen Scheidungsstatut im gerichtlichen Verfahren nicht geschieden werden.

Frage 2: (Abwandlung 1): Gewöhnlicher Aufenthalt beider Ehegatten in Locarno

1. Brüssel IIa-VO: Vorrang gegenüber lex fori

163 Die Abwandlung in Frage 2 betrifft nur die **internationale Zuständigkeit**.

a) Fehlende Zuständigkeit nach Art. 3 Brüssel IIa-VO

164 Wie im Ausgangsfall beurteilt sich die internationale Zuständigkeit deutscher Gerichte *ausschließlich* nach der **Brüssel IIa-VO**, denn der Antragsgegner ist Italiener (Art. 6 lit. b Brüssel IIa-VO). Eine internationale Zuständigkeit deutscher Gerichte kann sich damit nur aus Art. 3 Brüssel IIa-VO ergeben.

Art. 3 Brüssel IIa-VO kennt jedoch keine Zuständigkeit, die alleine an die Staatsangehörigkeit des Antragstellers anknüpft. Weder haben die Ehegatten beide eine deutsche Staatsangehörigkeit (Art. 3 Abs. 1 lit. b Brüssel IIa-VO) noch ist die deutsche Staatsangehörigkeit der Frieda durch einen 6-monatigen gewöhnlichen Aufenthalt in Deutschland verstärkt (Art. 3 Abs. 1 lit. a Str. 6 Brüssel IIa-VO).

b) Lex fori bei Zuständigkeit in keinem Mitgliedstaat

Fraglich ist jedoch vorliegend, ob die **Ausschließlichkeit** nach Art. 6 Brüssel IIa-VO einer Einschränkung bedarf. Die Bestimmung steht vor dem Hintergrund, dass in einem einheitlichen europäischen Zuständigkeitssystem grundsätzlich alle Gerichte in Mitgliedstaaten als gleichwertig anzusehen sind und deshalb jedem Unionsbürger und in der EU sich aufhaltenden Nicht-Unionsbürger die Inanspruchnahme der Gerichte anderer Mitgliedstaaten zumutbar ist, soweit Art. 3 Brüssel IIa-VO keine Zuständigkeit der Gerichte seines Heimatstaates vorsieht. Diese Rechtfertigung könnte freilich entfallen, wenn Art. 3 Brüssel IIa-VO keinem Mitgliedstaat die internationale Zuständigkeit zumisst. In diesem Fall ist in der Tat nach verbreiteter Ansicht Art. 6 Brüssel IIa-VO teleologisch zu beschränken oder der Rechtsgedanke des Art. 7 Brüssel IIa-VO greift auch gegen die Ausschließlichkeit nach Art. 6 Brüssel IIa-VO durch.[12] **165**

c) Vorliegen der Ausnahme

Die Voraussetzungen für diese Ausnahme von Art. 6 Brüssel IIa-VO liegen vor: Hätten die Ehegatten wie im Ausgangsfall eine gemeinsame italienische Staatsangehörigkeit, so ergäbe sich aus Art. 3 Abs. 1 lit. b Brüssel IIa-VO die internationale Zuständigkeit italienischer Gerichte. Mangels gemeinsamer Staatsangehörigkeit in der Abwandlung 1 führen hingegen alle Zuständigkeitsanknüpfungen des Art. 3 Abs. 1 lit. a Brüssel IIa-VO in einen Staat, in dem beide oder ein Ehegatte gewöhnlichen Aufenthalt haben oder während der Ehe hatten. Alle Varianten weisen damit in die Schweiz, die kein Mitgliedstaat ist und daher auch nicht nach der Brüssel IIa-VO zuständig sein kann. **166**

d) Internationale Zuständigkeit nach § 98 FamFG

Folgt man der hM im Schrifttum, so ist damit vorliegend Art. 6 Brüssel IIa-VO verdrängt und der Rückgriff auf § 98 Abs. 1 Nr 1 FamFG möglich. Deutsche Gerichte sind zuständig, weil Frieda Deutsche ist. **167**

2. Örtliche Zuständigkeit

Friedas Anwalt wird also Scheidungsantrag bei einem **örtlich zuständigen** deutschen Familiengericht stellen. Die örtliche Zuständigkeit ergibt sich aus § 122 Nr 6 FamFG, da kein Ehegatte im Inland gewöhnlichen Aufenthalt hat. Zuständig ist das AG – FamG – Schöneberg in Berlin. **168**

3. Vorabentscheidungsersuchen zum EuGH

Fraglich ist, ob das AG Schöneberg die Auslegungsfrage zu Art. 6, 7 Brüssel IIa-VO nachhaltig klären kann. **169**

---

12 Hierzu *Rauscher/Rauscher* (2015) Art. 6 Brüssel IIa-VO Rn 9 ff; auch die Ansicht, die Art. 7 Brüssel IIa-VO nicht als Ausnahme zu Art. 6 Brüssel IIa-VO, sondern als einen umfassenden ungeschriebenen ausschließlichen Anwendungsbereich der Art. 3 ff Brüssel IIa-VO versteht, kommt zu diesem Ergebnis.

a) Kein Vorlagezwang

170 Das Gericht kann sich auf den Standpunkt stellen, die Auslegung des Art. 7 Brüssel IIa-VO sei zweifelsfrei, die Bestimmung verdränge auch Art. 6 Brüssel IIa-VO und kann dann im Sinn der hM entscheiden.

b) Vorabentscheidungsersuchen bei Zweifel

171 Da der herrschend vertretenen Auslegung freilich partiell widersprechende Wortlaute von Art. 6 und Art. 7 Brüssel IIa-VO zugrunde liegen, ist ein fakultatives **Vorabentscheidungsverfahren zum EuGH** (Art. 267 Abs. 1 lit. b, Abs. 2 AEUV) zu erwägen. Erst recht wäre ein solches Verfahren zu erwägen, wenn das Gericht sich gegen die hM stellen will, weil das Argument, die Auslegungsfrage sei klar, dann kaum verfängt.

c) Vorlagebefugnis

172 Hierzu müsste das Gericht **vorlagebefugt** sein. Für die EG-/EU-Verordnungen zum Internationalen Verfahrensrecht gelten, anders als für das frühere EuGVÜ, die Rechtsbehelfe des Europarechts unmittelbar. Art. 267 AEUV ist also anwendbar.

Eine Einschränkung der Vorlagebefugnis, wie sie Art. 68 EGV für die auf Art. 65 ff EGV gestützten Rechtsakte vorsah, enthält der AEUV (seit der Fassung von Lissabon) nicht mehr. Das FamG, gegen dessen Entscheidung immer die Beschwerde (§ 58 Abs. 1 FamFG) stattfindet, ist allerdings nicht verpflichtet, die Frage dem EuGH vorzulegen; eine Verpflichtung besteht nur für Gerichte, deren Entscheidungen nicht mehr mit innerstaatlichen Rechtsmitteln anfechtbar sind (Art. 267 Abs. 3 AEUV).

173 **Ergebnis:** Das AG Schöneberg – FamG – hat die Wahl, die Auslegung selbst vorzunehmen und die abschließende Klärung dem Instanzenzug zu überlassen oder die Auslegungsfrage dem EuGH zur Vorabentscheidung vorzulegen.

Frage 3: (Abwandlung 2): Beide Italiener mit gewöhnlichem Aufenthalt in Deutschland

1. Keine Eheaufhebung

174 Da beide Ehegatten in dieser Variante in erster Ehe verheiratet sind, geht es nicht um Fragen der Eheaufhebung.

2. Ehescheidungsstatut

a) Zulässigkeit der Rechtswahl

175 Bevor Überlegungen zur internationalen Zuständigkeit angestellt werden können, ist (Anwaltsfrage) zunächst zu erwägen, welcher Antrag nach dem **anwendbaren Recht** aussichtsreich wäre.

Auf den im Januar 2018 zu stellenden Antrag sind wie im Ausgangsfall die Kollisionsnormen der Rom III-VO anzuwenden (Rn 151).Vorrangig ist nach Art. 5 Rom III-VO eine **Rechtswahl** zu prüfen. Das italienische Recht gehört gemäß Art. 5 Abs. 1 lit. c Rom III-VO zu den für die Ehegatten wählbaren Rechten; es genügt, dass ein Ehegatte zum Zeitpunkt der Rechtswahl Italiener ist. **176**

Fraglich ist, ob die vor Geltung der Rom III-VO (ab dem 21.6.2012) getroffene Rechtswahl **zulässig** ist; dies ist gemäß Art. 18 Abs. 1 UAbs. 2 Rom III-VO zu bejahen, sofern die Voraussetzungen der Art. 6, 7 Rom III-VO vorliegen. Zustandekommen und **Wirksamkeit** der Vereinbarung bestimmen sich gemäß Art. 6 Abs. 1 Rom III-VO nach italienischem Recht als dem gewählten Recht; wie der Vergleich von Art. 6 Rom III-VO mit dem nahezu wortgleichen Art. 10 Rom I-VO zeigt, bedeutet dies keine Verweisung hinsichtlich der Zulässigkeit; diese folgt aus Art. 18 iVm Art. 5 Rom III-VO. Vielmehr geht es hier nur um Fragen der materiellen Einigung (Schweigen, AGB, Stellvertretung); solche stellen sich bei der ausdrücklichen ehevertraglichen Regelung nicht.

b) Form der Rechtswahl

Die **Formgültigkeit** der Rechtswahl unterliegt Art. 7 Rom III-VO; das Mindesterfordernis der Schriftform, der Unterschrift beider Ehegatten und der Datierung ist durch einen vor einem deutschen Notar geschlossenen Ehevertrag gewahrt. Jedoch sind bei gewöhnlichem Aufenthalt im selben teilnehmenden Mitgliedstaat zusätzlich Formvorschriften im Recht dieses Mitgliedstaates zu wahren (Art. 7 Abs. 2 Rom III-VO). Da Deutschland, gewöhnlicher Aufenthalt beider Ehegatten, teilnehmender Mitgliedstaat ist, bedarf die Rechtswahl gemäß Art. 46d Abs. 2 EGBGB der notariellen Beurkundung. Fraglich könnte sein, ob diese Bestimmung, die als Ausführungsregelung zur Rom III-VO verspätet in Kraft getreten ist, auf eine vor ihrem Inkrafttreten geschlossene Rechtswahl anzuwenden ist, oder ob, was höchst misslich wäre, für eine Zwischenphase die Form des Art. 7 Rom III-VO genügt. Dies kann hier dahinstehen. Zwar unterscheidet das BGB zwischen der notariellen Beurkundung (§ 128 BGB) und der Form des Ehevertrages (§ 1410 BGB). Nach dem Zweck des Art. 46d Abs. 2 EGBGB genügt jedoch, wie schon für die mittelbare Wahl des Scheidungsstatuts nach Art. 14 Abs. 4 S. 1, 17 Abs. 1 aF EGBGB, der zur Niederschrift eines Notars geschlossene Ehevertrag, so dass die Form des Art. 46d Abs. 2 EGBGB gewahrt ist. **177**

Damit ist die Rechtswahl wirksam und italienisches Recht Scheidungsstatut.

3. Materiell aussichtsreicher Antrag

Damit ist aber ein **Scheidungsantrag** nicht aussichtsreich, weil (Rn 157) ohne gerichtliche Ehetrennung kein Scheidungsgrund nach materiellem italienischem Recht vorliegt. Eine einvernehmlich anwaltlich vermittelte Scheidung kommt nicht in Betracht, da Marcello der Ehescheidung nicht zustimmen will. Der Rechtsanwalt kann also nur ein Ehetrennungsverfahren *(separazione personale)* erwägen, um nach Fristablauf in einem neuen Verfahren eine Scheidung nach italienischem Recht (MAT i) zu beantragen. **178**

4. Internationale Zuständigkeit für Ehetrennung

179 Die internationale Zuständigkeit deutscher Gerichte für ein Ehetrennungsverfahren ist wiederum nach **Art. 3 ff Brüssel IIa-VO** zu beurteilen. Sachlich erfasst die VO (Art. 1 Abs. 1 lit. a Brüssel IIa-VO) auch Ehetrennungsverfahren ohne Auflösung des Ehebandes. Die Zuständigkeiten sind wiederum ausschließlich, denn der Antragsgegner Marcello ist Italiener und hat gewöhnlichen Aufenthalt in Deutschland (Art. 6 lit. a und b Brüssel IIa-VO). Die internationale Zuständigkeit deutscher Gerichte ergibt sich aus Art. 3 Abs. 1 lit. a Str. 1 Brüssel IIa-VO im gemeinsamen gewöhnlichen Aufenthaltsstaat. Nach der **örtlichen** Zuständigkeit ist nicht gefragt.

5. Ehetrennung vor deutschen Gerichten

180 Fraglich ist, ob einem Verfahren vor deutschen (Familien-)Gerichten der Umstand entgegensteht, dass das deutsche Recht eine **Ehetrennung** ohne Auflösung des Ehebandes nicht (mehr) kennt. Eine solche ablehnende Haltung konnte die deutsche Rechtsprechung zu einer Zeit einnehmen, in der selten Ausländer in Deutschland lebten und die Heimatzuständigkeit in Statussachen ohnehin das überragende Zuständigkeitsprinzip war. Angesichts großer Zahlen von in Deutschland lebenden Ausländern muss das deutsche Verfahrensrecht, soweit dies ohne tiefgreifende Verwerfungen zwischen Verfahrensrecht und materiellem Recht möglich ist, Statusverfahren fremden Rechts durchführen. Eine Ehetrennung ist, abgesehen von der schwächeren Rechtsfolge, einer Ehescheidung nicht unähnlich. Sie lässt sich im Verfahren der §§ 121 ff FamFG ohne Weiteres bewältigen.[13] Erst recht muss das nach Inkrafttreten der Brüssel II-VO, der die Brüssel IIa-VO nachfolgt, gelten; es erschwert in einem vereinheitlichten Zuständigkeitssystem den Rechtsverkehr erheblich und könnte sogar zu Rechtsverweigerung führen, wenn im Aufenthaltsstaat eine nach Heimatrecht erforderliche Ehetrennung nicht durchgeführt würde. Die Ehegatten auf die Rechtssuche im Heimatstaat zu verweisen, wäre einigermaßen hinderlich für die Wahrnehmung der Niederlassungsfreiheit.

6. Ehetrennungsstatut

181 Festzustellen ist damit das **anwendbare Recht**. Gemäß Art. 1 Abs. 1 Rom III-VO gilt diese nicht nur für die Anknüpfung der Ehescheidung, sondern ausdrücklich auch für die Trennung ohne Auflösung des Ehebandes, was insbesondere die gerichtliche Trennung und die gerichtlich bestätigte Trennung umfasst.

Fraglich könnte allerdings sein, ob die ehevertragliche **Rechtswahl** des „für die Scheidung unserer Ehe" vereinbarten italienischen Rechts auch für das **Ehetrennungsstatut** gilt. Dies ist eine Frage der Auslegung der Rechtswahl; würde man sie dem Wortlaut entsprechend eng auslegen, so hätten die Ehegatten italienisches Recht als Scheidungsstatut gewählt; die damit heraufbeschworene Notwendigkeit einer gerichtlichen Ehetrennung wäre jedoch abhängig von einer anderen Rechtsordnung (hier deutschem

---

13 Zum Wandel der Rechtsprechung in dieser Frage BGHZ 47, 324; zum Verbund: OLG Saarbrücken IPRspr 1997 Nr 93.

Recht nach Art. 8 lit. a Rom III-VO), das eine gerichtliche Ehetrennung nicht ermöglicht. Einen solchen Widerspruch wird man schwerlich den Ehegatten unterstellen können, so dass mit der Wahl des Scheidungsstatuts auch das Ehetrennungsstatut gewählt wurde. Die Formbedürftigkeit der Vereinbarung steht einer Auslegung nach allgemeinen Grundsätzen nicht entgegen.

7. Ehetrennung im italienischen Recht

Auch nach **materiellem italienischem Recht** ist der Antrag auf gerichtliche Trennung **182**
aussichtsreich; für die Antragstellerin Frieda ist die jahrelange Untreue von Marcello ein Umstand, der iSd Art. 151 cc (MAT m) die Fortsetzung des Zusammenlebens unzumutbar macht.

Ergebnis: Ein Ehescheidungsantrag kommt nach dem als Scheidungsstatut wirksam **183**
gewählten italienischen Recht nicht in Betracht. Deutsche Gerichte sind jedoch für einen Ehetrennungsantrag nach italienischem Recht international zuständig; der Ehetrennungsantrag ist auch begründet.

Literaturhinweise

Behandlung der fallrelevanten Themen in: *Rauscher* Internationales Privatrecht (5. Aufl., 2017)

Anwendungsbereich der Brüssel IIa-VO:	Rn 2113 ff
Eheaufhebung, Spanierbeschluss:	Rn 711
Regelwidriges Scheidungsstatut Art. 17 Abs. 1 aF EGBGB:	Rn 849 ff
Regelwidriges Scheidungsstatut Art. 11 Rom I-VO:	Rn 834 f
Scheidungs- und Trennungsstatut in der Rom III-VO:	Rn 825 ff
Vorabentscheidungsverfahren:	Rn 1664 ff

Weitere Literatur

1. Anwendungsbereich der Brüssel IIa-VO

Staudinger/Spellenberg (2015) Art. 1 EheGVO Rn 1 ff.

Rauscher/Rauscher (2015) Art. 1 Brüssel IIa-VO Rn 1.

Kemper Internationales Familienrecht – (K)ein Buch mit sieben Siegeln – Grundlagen und Familienverfahrensrecht, FuR 2018, 352.

2. Eheaufhebung/Spanierbeschluss

Staudinger/Mankowski (2010) Art. 17 EGBGB Rn 242, Art. 13 EGBGB Rn 435 ff.

BVerfGE 31, 58 = NJW 1971, 1509.

3. Regelwidriges Scheidungsstatut

Staudinger/Mankowski (2010) Art. 17 EGBGB, Rn 87 ff.

Kroll Scheidung auf europäisch? – Die (derzeit) nicht scheidbare Ehe im IPR, StAZ 2007, 330.

4. Scheidungsstatut und Ehetrennung

Staudinger/Mankowski (2010) Art. 17 EGBGB, Rn 214 ff.

Rauscher Anpassung des IPR an die Rom III-VO, FPR 2013, 257.

5. Vorabentscheidungsverfahren

Rauscher/Staudinger (2016) Einl Brüssel Ia-VO, Rn 43 ff.

Dettmers Das Vorabentscheidungsverfahren nach Art. 267 AEUV, SchlHA 2018, 109.

Mächtle Das Vorabentscheidungsverfahren, JuS 2015, 314.

6. Rom III-VO

Althammer Das europäische Scheidungskollisionsrecht der Rom III-VO unter Berücksichtigung aktueller deutscher Judikatur, NZFam 2015, 9.

Helms Reform des internationalen Scheidungsrechts durch die Rom III-VO, FamRZ 2011, 1765.

Winkler von Mohrenfels Die Rom III-VO, ZEuP 2013, 699.

Fall 4

Morgen- und andere Gaben

Die iranischen Staatsangehörigen shi'itischen Bekenntnisses Ali Akbar Arami und Laila Lubarian haben 1985 nach Verbüßung einiger Haftstrafen wegen offener Meinungsäußerungen über den Wächterrat und Verbot der von ihnen herausgegebenen Zeitung gemeinsam ihr Heimatland verlassen. Im Februar 1986 wurden beide in Deutschland als Asylberechtigte anerkannt. Am 1.3.1986 haben sie vor dem Standesamt München III die Ehe geschlossen. In einem privatschriftlichen Vertrag vom selben Tag verpflichtete sich der aus vermögendem Elternhaus stammende Ali Akbar der Laila eine Morgengabe (Farsi: *mehriye*; Arab.: *mahr*) von 100.000 USD zu bezahlen. Aus dem Vertrag ergibt sich, dass die Ehegatten hofften, die Verhältnisse im Iran würden ihnen bald eine Rückkehr ermöglichen und deshalb ihre ehelichen Verhältnisse den islamischen Rechtsvorstellungen entsprechend regeln wollten. **184**

Ali Akbar führte zunächst sein im Iran abgebrochenes Studium der Informatik an der TU München fort und war vom 1.1.1991 an bei einem Softwareunternehmen in Mannheim als Angestellter rentenversicherungspflichtig beschäftigt.

Laila erwarb 1993 nach Verzicht auf die iranische Staatsangehörigkeit auf ihren Antrag die deutsche Staatsangehörigkeit.

Ali Akbar plante schon seit längerem, sich in den USA niederzulassen, wo er sich bessere Berufschancen erwartete. Im Herbst 1994 gewann er in der jährlichen Verlosung der US-Einwanderungsbehörde eine „Green-Card“, die den Inhaber und seinen Ehegatten zum dauernden Aufenthalt und zur Arbeitsaufnahme in den USA berechtigt. Schon im Februar 1995 brachen die Ehegatten in Deutschland ihre Zelte ab und zogen nach Tallahassee (Florida, USA). Ali Akbar erwarb dort auf Kredit ein Einfamilienhaus, der Kredit wurde aus seinem reichlichen Einkommen bedient. Zudem zahlte er Beiträge in einen der Altersvorsorge dienenden *pension plan* ein. Im Dezember 1995 gab er im deutschen Generalkonsulat in Miami seinen deutschen Reiseausweis unter Verzicht auf seine Rechtsstellung als Asylberechtigter zurück.

Laila war zunehmend mit dem gemeinsamen Leben unzufrieden. Im Dezember 2010 verließ sie ihren Ehemann und kehrte nach Deutschland zurück, wo sie wieder in München Wohnsitz nahm und eine ihren Lebensunterhalt sichernde Stelle als Redakteurin bei einer Zeitung für in Deutschland lebende Iraner fand.

Ali Akbar beantragte am 5.1.2015 bei dem *Family Court* für den County of Tallahassee die Scheidung der Ehe. Der Scheidungsantrag wurde Laila auf Ersuchen des Bayerischen Staatsministeriums der Justiz persönlich am 16.6.2015 durch die Post zugestellt. Laila, die selbst die Scheidung wollte, sah keinen Grund, sich an dem Verfahren zu beteiligen und teilte dies dem Gericht auch brieflich mit. Am 17.7.2017 wurde die Ehe durch das Gericht in Florida nach dem Recht von Florida geschieden; weitere Entscheidungen enthält das Urteil nicht.

Nachdem ihr das Urteil zugestellt ist, beginnt Laila über finanzielle Ansprüche nachzudenken, die ihr gegen Ali Akbar aus dem Morgengabeversprechen zustehen könnten. Eine durch ein deutsches Gericht geschiedene Freundin erzählt ihr außerdem von den deutschen Rechtsinstituten des Versorgungsausgleichs, des Zugewinnausgleichs und des Aufstockungsunterhalts, die ihr viel Geld gebracht hätten.

Laila beauftragt einen Rechtsanwalt, der am 30.1.2019 beim AG München – Familiengericht – folgende Anträge gegen Ali Akbar Arami erhebt:

- Zahlung von Zugewinnausgleich nach § 1378 BGB; bei der Berechnung geht er zutreffend davon aus, dass das Haus in Tallahassee das einzige relevante Vermögen eines der Ehegatten darstellt
- Verurteilung zu einem – nach § 1573 Abs. 2 BGB berechneten – nachehelichen (Aufstockungs-) Unterhalt von 750 €
- Durchführung des Versorgungsausgleichs unter Hinweis auf den *pension plan*
- Zahlung, hilfsweise Herausgabe von 100.000 US-$ aus dem *mehriye*-Versprechen

1. Welches Recht ist auf die von Laila erwogenen Ansprüche anzuwenden? Ali Akbar Arami wendet insbesondere ein, dass es nicht sein könne, nach einer so lange in Florida gelebten Ehe nun deutsches Recht auf den nachehelichen Unterhalt anzuwenden.
2. Ist das angerufene Gericht zuständig?
3. Wie verfährt das Gericht, soweit es zuständig ist und für einen der geltend gemachten Ansprüche die erfolgte Ehescheidung materielle Anspruchsvoraussetzung ist? Sind die Ehegatten im Ergebnis wirksam geschieden?

Materialien

I. Iranisches Recht[1]

Iranisches ZGB, für shi'itische Muslime uneingeschränkt anwendbar:

a) Art. 1062 iran ZGB

185 Eine Ehe entsteht als Folge eines Angebots und einer Annahme mit Wörtern, die eindeutig auf die Absicht, eine Ehe eingehen zu wollen, schließen lassen.

b) Art. 1078 iran ZGB

Jede Sache, die einen Wert hat und sich auch in Besitz nehmen lässt, kann man als Mahr einsetzen.

Art. 1080 iran ZGB

Die Festlegung der Menge des Mahr hängt von dem beiderseitigen Einvernehmen der Parteien ab.

Art. 1082 iran ZGB

Sofort nach der Eheschließung wird die Frau Eigentümerin des Mahr und kann darüber jede Art der Verfügung, die sie möchte, tätigen.

1 Bergmann/Ferid/Henrich/Dutta/Ebert/*Enayat* Iran (Stand 2002).

[Anmerkung: In der Praxis wird dennoch die Übergabe eines großen Teiles des Mahr aufschiebend auf Anforderung vereinbart, so dass die Leistung meist erst bei Scheidung gefordert wird.]

Art. 1087 iran ZGB

Falls in einer dauernden Ehe kein Mahr erwähnt oder das Fehlen eines Mahr festgelegt sein sollte, ist die Ehe gültig, wobei die Ehegatten das Mahr nach der Eheschließung einverständlich festlegen können; falls vor der Einigung über ein bestimmtes Mahr zwischen ihnen Geschlechtsverkehr stattfinden sollte, wird die Ehefrau das Recht auf ein übliches Mahr haben.

c) Art. 1109 iran ZGB

Der Unterhalt einer widerruflich geschiedenen Frau obliegt während des Ede [Farsi *Ede* = Arab. *Idat* = Wartezeit = 3 Perioden] dem Ehemann, es sei denn die Scheidung hat wegen Ungehorsams stattgefunden, obgleich in dem Fall, dass das Ede auf Grund einer Eheauflösung oder einer unwiderruflichen Scheidung besteht, die Frau keinen Unterhaltsanspruch hat, außer bei Schwangerschaft durch ihren Ehemann, so dass sie in diesem Fall bis zur Niederkunft einen Anspruch auf Unterhalt haben wird.

[Hinweis: Weitere Bestimmungen über nachehelichen Unterhalt enthält das iranisch shi'itische Recht nicht.]

d) Ehegüterrechtliche Bestimmungen enthält das iranisch-shi'itische Recht nicht; es gilt Gütertrennung.

II. Recht von Florida

e) Ehegüterrechtliche Beteiligungen eines Ehegatten an Immobilien beurteilen sich nach dem Recht des Belegenheitsstaates (*lex situs*-Regel). Wird während der Ehe Grundbesitz mit Mitteln erworben, die einem anderen Recht unterstehen, so setzen sich die an den Mitteln bestehenden Rechte am Grundbesitz fort *(tracing-rule)*[2].

f) Es ist zu unterstellen, dass der geltend gemachte Aufstockungs-Unterhaltsanspruch nach dem Recht von Florida im konkreten Fall nicht bestünde.

2 Bergmann/Ferid/Henrich/Dutta/Ebert/*Lorenz* USA – Florida (Stand 2004) 67.

Strukturierung des Falles

186 **Wesentliche Themen:** Anknüpfung Ehegüterstatut; Gesamtstatut und Einzelstatut; Anknüpfung nachehelicher Unterhalt nach HUntStProt 2007; Anknüpfung Versorgungsausgleich; Qualifikation (Natur der *mehriye*); Internationale Zuständigkeit Scheidungsfolgesachen; Nachholung des Versorgungsausgleichs bei Auslandsscheidung; Anerkennung ausländischer (Nicht-EU-) Ehescheidung.

Frage 1: Anwendbares Recht

I. Zugewinnausgleich

1. Ehegüterstatut

a) Deutsch-iranisches Niederlassungsabkommen

- Qualifikation § 1378 BGB güterrechtlich
- Völkervertragliche Kollisionsnormen (Art. 3 Nr 2 EGBGB):
- Art. 8 des Deutsch-iranisches Niederlassungsabkommens
- Sachlich auf Ehegüterrecht anwendbar (+)
- Räumlich-persönlich: nur Angehörige eines Vertragsstaates in dem anderen Vertragsstaat (-)
- Laila derzeit Deutsche
- bei Eheschließung beide Ehegatten deutsches Personalstatut (§ 2 Abs. 1 AsylVerfG aF, Art. 12 Genfer Flüchtlingskonvention)

b) EU-EhegüterVO

- Intertemporal: auch nach Inkrafttreten EU-EhegüterVO kollisionsrechtlich nur anwendbar auf ab dem 29.1.2019 geschlossene Ehe oder Rechtswahl (Art. 69 Abs. 3 EU-EhegüterVO, Redaktionsfehler „nach").

c) Deutsches IPR

- Intertemporal: am 1.3.1986 geschlossene Ehe, also Art. 15 EGBGB geltender Fassung (Art. 220 Abs. 3 S. 2 EGBGB)
- Rechtswahl Art. 15 Abs. 2 EGBGB (Auslegung aus der Vereinbarung); Form Art. 15 Abs. 3, 14 Abs. 4 S. 1 EGBGB, im Inland notarielle Beurkundung (-)
- Art. 15 Abs. 1, 14 Abs. 1 Nr 1 EGBGB: bei Eheschließung deutsches Personalstatut, also deutsches Recht Ehegüterstatut

2. Vorrang des Einzelstatuts

a) Anwendbarkeit auf kollisionsrechtliche Sonderbehandlung

- Art. 3a Abs. 2 EGBGB für Grundstück in Florida
- Art. 3a Abs. 2 EGBGB auf kollisionsrechtliche Spaltung des Ehegüterstatuts (+)
- Problem bei Surrogationserwerben *(tracing-rule)* hier (-)
- also Recht von Florida Güterstatut für dortiges Grundstück

b) Unter anderem Güterstatut erworbene Mittel (*tracing rule*)

- *tracing rule* (-) Erwerb aus in der Zeit in Florida erzieltem Arbeitseinkommen

II. Unterhalt

1. HUntStProt 2007: Anwendbarkeit

a) Anwendungsbeginn

- Geltung, vgl Hinweis in Art. 3 Nr 1 lit. c EGBGB, Art. 15 EG-UntVO

b) Sachlicher, räumlicher Anwendungsbereich

- Anwendungsbereich: Sachlich auch Unterhaltspflichten aus Ehe (Art. 1 Abs. 1 HUntStProt 2007); Räumlich *loi uniforme* (Art. 2 HUntStProt 2007)

c) Zeitlicher Anwendungsbereich: Verfahrensbeginn oder Unterhaltszeitraum

- Intertemporale Anwendung strittig: Unterhaltsansprüche, in nach dem 18.6.2011 eingeleiteten Verfahren, jedoch nur für Zeiträume ab dem 18.6.2011 (Art. 75 Abs. 1, 76 Abs. 3 EG-UntVO, Art. 22 HUntStProt 2007 (+); oder in neuen Verfahren auch für Zeiträume vor dem 18.6.2011? (-))

d) Vorbehalte bei bestimmten Konstellationen

- anders als unter HUntStProt 2007 (-)

2. HUntStProt 2007: Anknüpfung Nachehelicher Unterhalt

a) Grundsatzanknüpfung

- Nachehelicher Unterhalt grundsätzlich nach Art. 3 HUntStProt 2007, Anknüpfung an das auf die Scheidung angewendete Recht nur noch bei entsprechender Rechtswahl (Art. 8 Abs. 1 lit. d HUntStProt 2007)

b) Einrede bei engerer gemeinsamer Verbindung
- Einrede der engeren Verbindung nach Art. 5 HUntStProt 2007 für Unterhalt zwischen (früheren) Ehegatten; müsste von A erhoben werden; engere Verbindung zu Florida wohl nicht (-)

III. Versorgungsausgleich

1. Nachgeholter VA

a) Nachholung bei Auslandsscheidung
- amtswegige Folgesache: § 137 Abs. 2 S. 2 FamFG), nach Scheidung möglich?
- Nachholung bei Auslandsscheidung geboten, weil Nichtdurchführung die Regel

b) Keine Erfassung durch Rechtskraft ausländischer Scheidung
- Rechtskraft (-) da im Verfahren in Florida nicht Gegenstand

2. Versorgungsausgleichsstatut

a) Art. 8 deutsch-iranisches Niederlassungsabkommen
- Art. 8 deutsch-iranisches Niederlassungsabkommen:
- sachlich (+), persönlich (-) da Leila Deutsche

b) Art. 17 Abs. 3 EGBGB: Intertemporal anwendbare Fassung
- Intertemporal Art. 17 Abs. 3 EGBGB, Scheidungsverfahren wurde nach Inkrafttreten der Neufassung eingeleitet (Art. 229 § 28 EGBGB)

c) Anknüpfung des VA
- Art. 17 Abs. 3 S. 1 EGBGB: VA nach dem gemäß Rom III-VO maßgeblichen Scheidungsstatut
- Mangels Rechtswahl (Art. 5 Rom III-VO) gemäß Art. 8 Rom III-VO
- Bei Antragstellung kein gewöhnlicher Aufenthalt im selben Staat (Art. 8 lit. a Rom III-VO) und letzter gemeinsamer gewöhnlicher Aufenthalt mehr als ein Jahr aufgegeben (Art. 8 lit. b Rom III-VO)
- Art. 8 lit. c Rom III-VO: Fraglich, ob gemeinsame Staatsangehörigkeit; auch unter EU-Kollisionsrecht § 2 AsylG und Art. 12 GFK beachtlich
- Leila: § 2 AsylG, deutsches Personalstatut
- Ali Akbar: § 72 Abs. 1 Nr 4 AsylVerfG aF [ebenso AsylG]: Verlust durch Verzicht auf Asylberechtigtenstatus, also kein gemeinsames Personalstatut; letztes gemeinsames Personalstatut unter Art. 8 Rom III-VO nicht maßgeblich
- Art. 8 lit. d Rom III-VO: Recht des Staates des angerufenen Gerichts; abzustellen auf das ausländische Scheidungsgericht (-) oder Fiktion der Scheidung in D samt DurchführungVA (+).

3. „Kennen" des VA des VA: Leila Deutsche (+)
- Leila Deutsche (+)

4. Antrag
- nicht Art. 17 Abs. 3 S. 2 EGBGB, da VA an sich durchzuführen, aber VA von Amts wegen nur bei Verbund; keine isolierte Durchführung ohne Antrag

5. Ausländische Rentenanwartschaften
- Einbeziehung *pension plan* kann nach Fragestellung offen bleiben, da keine IPR-Frage, sondern Problem der *materiellrechtlichen* Reichweite und Methode des VA

IV. Morgengabe (mehriye)

1. Qualifikation

a) Methode: Funktionelle Qualifikation
- funktionelle Qualifikation an Funktionsähnlichkeit zu deutschen Rechtsinstituten

b) Qualifikation bei mehrfachen Funktionen
- Qualifikation im Schrifttum grundsätzlich für einen bei Scheidung der Ehe zu zahlenden Anteil strittig:
- deutsche Ausgleichssysteme Zugewinnausgleich, Unterhalt, Versorgungsausgleich, Hausratverteilung
- islamisches Recht: Zweck der *mehriye* Selbstständigkeit und Schutz vor Willkür bei *talaq*
- Qualifikation: scheidungsrechtlich (nur wenn *talaq*-Risiko besteht) oder Mischqualifikation unterhaltsrechtlich und ehegüterrechtlich; BGH jedenfalls für das iranisch-shi'itischen Modell (Fälligkeit bei Eheschließung): Ehewirkungsstatut

c) **Ehewirkungsrechtliche Qualifikation**
- Im vorliegenden Fall: Ehewirkungsstatut bei Eheschließung, aber auch Güter-, Unterhalts- und Ehescheidungsstatut nicht islamisch, *mehriye*-Vereinbarung geht ins Leere

2. **Auslegung als sonstiger (Scheidungsfolgen-)Vertrag**

a) **Auslegung bei Handeln unter „falschem" Statut**
- Auslegung möglich (+): Vertrag, kein zwingendes gesetzliches Institut

b) **Schuldrechtliche Auslegung**
- Abstraktes Schuldversprechen: (-) da Bezug zu islamischem Familienrecht gewollt; jedenfalls bedürfte es dann der Form des § 518 BGB

c) **Auslegung als Scheidungsfolgenvereinbarung**
- Ehevereinbarung zur Abänderung/Pauschalierung vermögensrechtlicher Folgen
- nur Erfüllung vermeintlich gesetzlicher Verpflichtung, kein Regelungswille (-)
- Ehewirkungsrechtlich: Vereinbarung grundsätzlich formfrei, aber kein auf Zahlung gerichtetes vergleichbares Institut

d) **Formunwirksamkeit**
- Form § 1410 BGB, falls ehegüterrechtlich, § 1408 Abs. 2 BGB falls versorgungsausgleichsrechtlich, also formunwirksam (-)
- Unterhaltsrechtlich: zwar formfrei (§ 1585c BGB erst ab 1.1.2008), aber nicht abtrennbar (-)

Ergebnis: Güterrechtsstatut ist deutsches Recht, für das Grundstück in Florida jedoch floridianisches Recht, so dass ein Zugewinnausgleich nicht stattfindet.
- Unterhaltsstatut ist deutsches Recht. Der Einwand des Ali Akbar nach Art. 5 HUntStProt 2007 greift absehbar nicht durch.
- Versorgungsausgleichsstatut ist deutsches Recht; der VA kann nachgeholt werden.
- Die Vereinbarung geht daher ins Leere und kann auch nicht als Verzicht bzw Abfindung anderer Scheidungsfolgenansprüche ausgelegt werden.

Frage 2: Zuständigkeit

I. Zugewinnausgleich

1. **Internationale Zuständigkeit**

a) **Bereichsausnahme aus Brüssel Ia-VO**
- Brüssel Ia-VO: sachlicher Anwendungsbereich (-) Art. 1 Abs. 2 lit. a Brüssel Ia-VO; räumlicher Anwendungsbereich (-) Art. 6 Abs. 1, 62 Abs. 1 Brüssel Ia-VO

b) **EU-EheGüterVO**
- EU-EheGüterVO: zeitlicher Anwendungsbereich Verfahrensrecht (+) Art. 69 Abs. 1 EU-EheGüterVO: Verfahrenseinleitung ab 29.1.2019
- Sachlicher Anwendungsbereich (+) Art. 1 Abs. 1 EU-EheGüterVO, Auslegung „eheliche Güterstände" wie in Art. 1 Abs. 2 lit. a Brüssel Ia-VO
- Räumlicher Anwendungsbereich (+): Keine Art. 5, 6 Brüssel Ia-VO entsprechende Beschränkung, keine subsidiäre Anwendung nationalen Rechts, sondern abschließend Art. 11 EU-EheGüterVO für „Notzuständigkeiten"

c) **Internationale Zuständigkeit nach EU-EheGüterVO**
- Art. 4 EU-EheGüterVO (-) keine Nachlasssache parallel; Art. 5 EU-EheGüterVO keine Ehesache parallel; Art. 7 EU-EheGüterVO (-) keine Vereinbarung; Art. 6 EU-EheGüterVO (-) keines der Kriterien greift; Art. 10 EU-EheGüterVO (-): kein unbewegliches Vermögen in D
- Art. 11 EU-EheGüterVO (+): kein Gericht eines Mitgliedstaats nach Art. 4, 5, 6, 7, 8, 10 zuständig
- Unzumutbarkeit für Laila, den Zugewinnausgleich in USA einzuklagen (wohl +)
- Ausreichender Bezug zu D durch deutsche Staatsangehörigkeit der Laila (+)

d) **Örtliche, sachliche Zuständigkeit**
- Nicht in EU-EheGüterVO mitgeregelt; § 262 FamFG (-), weil Vorrang von § 3 IntGüRG, wenn deutsche internationale Zuständigkeit aus EU-EheGüterVO; § 3 Nr 9 IntGüRG: AG Berlin-Schöneberg

Ergebnis: Ob deutsche Gerichte international für den Antrag auf Zugewinnausgleich zuständig sind, hängt davon ab, ob die Unzumutbarkeit der Inanspruchnahme drittstaatlicher (hier floridianischer) Gerichte anzunehmen ist. Sofern dies bejaht wird, ist örtlich und sachlich das AG Berlin-Schöneberg – Familiengericht – zuständig.

II. Unterhalt

1. Internationale Zuständigkeit

a) Anwendungsbereich der EG-UntVO

- EG-UntVO verdrängt für seit dem 18.6.2011 eingeleitete Unterhaltsverfahren die Brüssel I-VO (Art. 68 Abs. 1 EG-UntVO; seit 10.1.2015 ausdrücklich Art. 1 Abs. 2 lit. e Brüssel Ia-VO; sachlich: Art. 1 EG-UntVO (+); räumlich: keine Beschränkung, anders als Art. 6 Brüssel Ia-VO (+)

b) Zuständigkeit Art. 3 EG-UntVO

- Art. 3 EG-UntVO begründet alternative Zuständigkeiten, hier Art. 3 lit. b EG-UntVO: gewöhnlicher Aufenthalt der Antragstellerin

2. Örtliche, sachliche Zuständigkeit

- Örtlich: von Art. 3 EG-UntVO mitgeregelt
- Sachlich: ausschließlich das Familiengericht (§ 111 Nr 8 FamFG)

III. Versorgungsausgleich

1. Internationale Zuständigkeit

a) Brüssel Ia-VO, EG-UntVO

- Brüssel Ia-VO räumlich (-), sachlich (-): „Güterstand" Art. 1 Abs. 2 lit. a Brüssel Ia-VO; EG-UntVO sachlich (-).

b) Anwendbarkeit der EU-EheGüterVO

- Bei Einordnung als „ehelicher Güterstand" in Art. 1 Abs. 2 lit. a Brüssel Ia-VO nun zwangsläufig Anwendung von Art. 1 Abs. 1 EU-EheGüterVO.

c) Zuständigkeit aus Art. 11 EU-EheGüterVO

- Damit dasselbe Zuständigkeitsproblem zu Art. 11 EU-EheGüterVO wie für den Zugewinnausgleich. Unzumutbarkeit (+) sozialpolitischer Aspekt und daran orientierte bisherige Zuständigkeit nach § 102 FamFG.

2. Örtliche, sachliche Zuständigkeit

- Örtlich: fraglich, ob § 3 IntGüRG, da Versorgungsausgleich im deutschen Recht nicht Güterrecht; Gegenansicht, dass der Güterrechtsbegriff des IntGüRG dem der EU-EheGüterVO folgt, ist gut vertretbar; nach hier vertretener Ansicht weiter
- Örtlich: § 218 Nr. 4 FamFG
- Sachlich: Familiengericht

IV. Morgengabe

1. Internationale Zuständigkeit

a) Anwendungsbereich der Brüssel Ia-VO

- Brüssel Ia-VO: räumlich (-) Art. 6 Abs. 1 Brüssel Ia-VO; sachlich fraglich wegen strittiger Qualifikation

b) Anwendungsbereich der EG-UntVO

- EG-UntVO: räumlich nicht beschränkt, also Qualifikation maßgeblich (-)
- EU-EheGüterVO: räumlich nicht beschränkt, also Qualifikation maßgeblich (-)

c) §§ 98 ff FamFG

- §§ 98 ff FamFG: Familiensache (+), jedenfalls § 111 Nr 10 iVm § 266 Abs. 1 Nr 2 FamFG

d) Verfahrensrechtliche Qualifikation

- Bei scheidungsrechtlicher Qualifikation entweder analog § 98 Abs. 2 FamFG; eher aber: sonstige Familiensache (§§ 111 Nr 10, 266 Abs. 1 Nr 2 FamFG)

e) Internationale Zuständigkeit für Sonstige Familiensache

- §§ 105, 267 Abs. 1 FamFG (-): keine Ehesache anhängig
- §§ 105, 267 Abs. 2 FamFG: ZPO-Bestimmungen, §§ 12, 13 ZPO (-), allenfalls § 23 ZPO

2. Örtliche, sachliche Zuständigkeit

- nicht zu bestimmen mangels internationaler, wäre ebenfalls §§ 111 Nr 10, 267 Abs. 2 FamFG

Ergebnis: Eine internationale Zuständigkeit deutscher Gerichte für ehegüterrechtliche Ansprüche fehlt.

Ebenso fehlt eine internationale Zuständigkeit für Ansprüche auf *mehriye*, die verfahrensrechtlich als sonstige Familiensachen zu qualifizieren sind.

Für Unterhaltsansprüche folgt die internationale und örtliche Zuständigkeit des AG München – Familiengericht – aus Art. 3 lit. b EG-UntVO.

Für den nachzuholenden Versorgungsausgleich besteht eine internationale Zuständigkeit aus § 102 Nr 1 FamFG, sowie die örtliche Zuständigkeit des AG München – Familiengericht – aus § 218 Nr 4 FamFG; das Verfahren ist Familiensache nach § 111 Nr 7 FamFG.

Frage 3: Wirksame Ehescheidung

1. **Verfahrensrechtliche Vorfrage**
   - Vorfrage der wirksamen Ehescheidung bei Versorgungsausgleich und nachehelichem Unterhalt
   - nicht kollisionsrechtliche Beurteilung, sondern verfahrensrechtliche Anerkennung
2. **Keine Anwendung der Brüssel IIa-VO**
   - Anerkennung nach §§ 107 ff FamFG, nicht Art. 21 ff Brüssel IIa-VO
3. **Anerkennungsmonopol der LJV (§ 107 FamFG)**
   - im Allgemeinen bei § 108 FamFG ebenso wie bei § 328 ZPO Inzidentanerkennung
   - Scheidungsurteile aus Nicht-EG-Staaten aber § 107 Abs. 1 FamFG; keine Entbehrlichkeit, da nicht beide US-Bürger § 107 Abs. 1 S. 2 FamFG
   - Anerkennungsverfahren noch nicht durchgeführt, also Aussetzung auf Antrag nach § 113 Abs. 1 FamFG, § 148 ZPO
4. **Anerkennungsvoraussetzungen (§ 109 FamFG)**
   - Anerkennungsvoraussetzungen auch im Verfahren nach § 107 FamFG gemäß § 109 FamFG:

   a) **Spiegelbildliche Zuständigkeit**
      - Abs. 1 Nr 1 spiegelbildliche Zuständigkeit: Fraglich, ob Maßstab nur § 98 FamFG oder Art. 3 Brüssel IIa-VO
      - Anerkennung im Verhältnis zu USA nicht Art. 21 ff Brüssel IIa-VO
      - Aber: Anwendbarkeit von Art. 3 Brüssel IIa-VO auch bei Ehegatten aus Drittstaaten, ggf sogar ausschließlich
      - Irrelevant, dass Art. 3 Brüssel IIa-VO auf Mitgliedstaaten bezogen, da nur „spiegelbildliche“ Zuständigkeit zu prüfen
      - Also: USA-Gerichte nach Art. 3 Abs. 1 lit. a Str. 2 Brüssel IIa-VO spiegelbildlich zuständig

   b) **Zustellung verfahrenseinleitendes Schriftstück**
      - Abs. 1 Nr 2 (Zustellung/Einlassung):
      - Einlassung fraglich, da bloßer Brief
      - Ordnungsgemäße und rechtzeitige Zustellung: HZÜ, nicht EG-ZustellVO
      - Art. 3 Abs. 1, 5 Abs. 1 HZÜ iVm §§ 166, 176 ZPO, § 113 Abs. 1 FamFG (+)
      - Rechtzeitigkeit, kein gegenteiliger Hinweis, Brief spricht dafür

   c) **Sonstige Anerkennungshindernisse**
      - Abs. 1 Nr 3, 4 (konkurrierende Entscheidungen): (-)
      - Abs. 4 Gegenseitigkeit bei Ehesachen nicht zu prüfen.

Ergebnis: Das AG München – FamG – setzt das Verfahren auf Antrag aus, bis das Anerkennungsverfahren nach § 107 FamFG vor der Landesjustizverwaltung durchgeführt ist. Diese wird die Anerkennung aussprechen, da keine Anerkennungshindernisse vorliegen.

Lösung

Frage 1: Anwendbares Recht[1]

I. Zugewinnausgleich

1. Ehegüterstatut

Der Anspruch auf Zugewinnausgleich ist güterrechtlich zu qualifizieren; ein Anspruch aus § 1378 BGB setzt voraus, dass deutsches Recht **Ehegüterstatut** ist. **187**

a) Art. 8 Deutsch-iranisches Niederlassungsabkomen

Unmittelbar geltende **völkervertragliche Kollisionsnormen** sind vorrangig (Art. 3 Nr 2 EGBGB). **188**

aa) Zu prüfen ist Art. 8 des Deutsch-iranischen **Niederlassungsabkommens**, dessen Fortgeltung nach dem 2. Weltkrieg gegenüber der BRep. Deutschland auch durch die Islamische Republik Iran bestätigt wurde.[2] Sachlich ist Art. 8 des Abk. auf das Ehegüterrecht anwendbar.

bb) Der **räumlich-persönliche Anwendungsbereich** betrifft jedoch nur die Behandlung Angehöriger eines Vertragsstaates in dem anderen Vertragsstaat, also die Behandlung von Iranern in Deutschland und umgekehrt. Dies ist vorliegend fraglich, denn Laila ist *derzeit* Deutsche, nur Ali Akbar besitzt noch die iranische Staatsangehörigkeit. Es könnte jedoch auf den Zeitpunkt der Eheschließung abzustellen sein, weil in diesem Zeitpunkt das Ehegüterstatut unwandelbar angeknüpft wird (vgl Art. 15 Abs. 1 EGBGB). In diesem Zeitpunkt waren die Ehegatten jedoch als Asylberechtigte anerkannt und besaßen deshalb nach § 2 Abs. 1 AsylVerfG aF (jetzt AsylG) die Rechtsstellung nach Art. 12 Abs. 1 Genfer Flüchtlingskonvention und damit bei deutschem Wohnsitz ein deutsches Personalstatut. Diese Rechtsstellung ist trotz fortbestehender iranischer Staatsangehörigkeit auch gegenüber dem Niederlassungsabkommen maßgeblich. Dessen Anwendungsvoraussetzungen liegen also nicht vor.

b) EU-EheGüterVO

Die EU-EheGüterVO ist am 29.1.2019 in Kraft getreten. Die IPR-Bestimmungen der VO sind jedoch nur anzuwenden auf Ehen, die **nach dem Inkrafttreten geschlossen** werden, sowie auf eine Rechtswahl nach diesem Zeitpunkt (Art. 69 Abs. 3 EU-EheGüterVO, wobei „nach" ein Redaktionsfehler ist, da offenbar gewollt ist, dass Eheschließungen nach dem Inkrafttreten, damit auch am 29.1.2019 geschlossene Ehen, erfasst sind. **189**

---

1 Aufbau: Die Zuständigkeit kann hier kaum vorab geprüft werden, weil sie von vorher zu klärenden Fragen kollisionsrechtlicher Natur abhängt (Morgengabe, Nachholung des Versorgungsausgleichs).

2 *Jayme/Hausmann*[19] Nr 22 Fn 1.

c) Deutsches IPR

190 Anzuwenden ist damit das deutsche IPR.

aa) Auf die am 1.3.1986 geschlossene Ehe ist **intertemporal** Art. 15 EGBGB geltender Fassung anzuwenden (Art. 220 Abs. 3 S. 2 EGBGB). Eine bei Eheschließung vor dem 9.4.1983 durchaus erwägenswerte stillschweigende Unterstellung unter iranisches Güterrecht durch Vereinbarung einer Morgengabe (Art. 220 Abs. 3 S. 1 Nr 2 EGBGB) war nicht möglich.

bb) Eine **Rechtswahl** zu iranisch-islamischem Recht nach Art. 15 Abs. 2 EGBGB, die im Wege der Auslegung aus der Vereinbarung gefolgert werden könnte, scheitert jedenfalls an dem Formerfordernis in Art. 15 Abs. 3, 14 Abs. 4 S. 1 EGBGB; bei Wahl im Inland wäre notarielle Beurkundung erforderlich gewesen.

cc) Damit bestimmt sich das Ehegüterstatut nach **Art. 15 Abs. 1 EGBGB**, der auf das allgemeine Ehewirkungsstatut bei Eheschließung (Art. 14 EGBGB) verweist. Bei Eheschließung hatten beide Ehegatten ein deutsches Personalstatut (Rn 188); maßgebliches Güterstatut ist damit deutsches Recht (Art. 15 Abs. 1, 14 Abs. 1 Nr 1 EGBGB).

2. Vorrang des Einzelstatuts

191 Fraglich ist jedoch, ob das in Florida belegene Grundstück in den Zugewinnausgleich einzubeziehen ist. Insoweit könnte ein nach Art. 3a Abs. 2 EGBGB (hinsichtlich Ehegüterrecht = Dritter Abschnitt nicht geändert) gegenüber deutschem Recht als Gesamtstatut vorrangiges **Einzelstatut** bestehen.

a) Anwendbarkeit auf kollisionsrechtliche Sonderbehandlung

192 Dazu müsste die im **Kollisionsrecht** von Florida (MAT e) geltende Spaltung des Ehegüterstatuts mit Anwendung der *lex rei sitae* auf die güterrechtlichen Verhältnisse an Grundstücken eine „besondere Vorschrift“ iSd Art. 3a Nr 2 aF EGBGB sein. Ursprünglich war an materielle Sonderregelungen (zB HöfeO) gedacht. Auch die durch kollisionsrechtliche Spaltung bewirkte Behandlung nach der *lex rei sitae* könnte nach Art. 3a Abs. 2 aF EGBGB beachtlich sein, weil sie einen besonderen Geltungsanspruch des Belegenheitsrechts dokumentiert.[3] Dagegen spricht auch nicht, dass die universell geltende Belegenheitsanknüpfung des Common Law nicht (wie einst § 25 S. 2 DDR-RAG) nur einseitig, sondern allseitig gilt. Das ändert nichts daran, dass Grundstücke in Florida in allen Beziehungen dortigem Recht unterstehen, also eine Sonderbehandlung erfahren.

3 BGH NJW 1993, 1920, 1921.

b) Unter anderem Güterstatut erworbene Mittel *(tracing rule)*

Bedenken könnten sich allerdings ergeben, wenn mit Mitteln, die unter Geltung eines deutschen Güterstatuts erworben wurden, während der Ehe in Florida Grundbesitz erworben wird. Dann beansprucht das Recht von Florida gerade keine Geltung, weil die ***tracing-rule*** (MAT e) zur Beachtlichkeit der vorher bestehenden Rechte führen könnte. Diese wegen des nicht dinglichen Charakters der Zugewinngemeinschaft schwierige Problematik ist hier nicht entscheidungserheblich, da das Grundstück in Florida aus gegenwärtigem Arbeitsverdienst erworben wurde. **193**

Damit untersteht das Grundstück güterrechtlich dem Recht von Florida, ist also in den Zugewinnausgleich nicht einzubeziehen; da es sich um den einzigen relevanten Vermögenswert handelt, scheidet ein Anspruch aus § 1378 BGB aus.[4]

II. Unterhalt

1. HUntStProt 2007: Anwendbarkeit

a) Anwendungsbeginn

Gemäß dem in Art. 3 Nr 1 lit. c EGBGB genannten Beschluss des Rates ist unbeschadet des späteren völkervertraglichen Inkrafttretens das **Haager Protokoll über das auf Unterhaltspflichten anzuwendende Recht vom 23.11.2007** (HUntStProt 2007)[5] im Rahmen des Art. 15 EG-UntVO ab dem 18.6.2011 als Kollisionsrecht der Mitgliedstaaten anwendbar. **194**

b) Sachlicher, räumlicher Anwendungsbereich

Der Anwendungsbereich müsste eröffnet sein. **Sachlich** bezieht sich das HUntStProt 2007 auch auf Unterhaltspflichten aus Ehe (Art. 1 Abs. 1 HUntStProt 2007). **Räumlich** ist es *loi uniforme*, seine Anwendung ist unabhängig von Gegenseitigkeit (Art. 2 HUntStProt 2007); es gilt also vor deutschen Gerichten immer, weil Deutschland Mitgliedstaat der EG-UntVO ist (Art. 1 Abs. 2 EG-UntVO). **195**

c) Zeitlicher Anwendungsbereich: Verfahrensbeginn oder Unterhaltszeitraum

Das HUntStProt 2007 löst das Haager Übereinkommen über das auf Unterhaltspflichten anzuwendende Recht vom 2.10.1973 (HUÜbk 1973) ab. Der **zeitliche Anwendungsbereich** ist **umstritten**; überwiegend wird mit Rücksicht auf Art. 5 des in Art. 3 **196**

---

4 Rechtsvergleichende Erörterungen zum US-amerikanischen Güterrechtssystem sind für die Falllösung nicht veranlasst. Einige US-Bundesstaaten im Osten und Südosten folgen – in spanisch-rechtlicher Tradition – dem System der Errungenschaftsgemeinschaft *(community property)*, das drei Vermögensmassen (*separate property* jedes Ehegatten und ein gesamthänderisches *community property*) vorsieht. Florida folgt güterrechtlich wie die meisten Bundesstaaten dem *Common Law*-Prinzip der Gütertrennung *(separate property)*. Bei Scheidung wird gleichwohl eine Vermögensverteilung im zweiten Zweig des angelsächsischen Rechtssystems, der *equity*, vorgenommen *(equitable distribution)*, die regelmäßig ebenfalls zu einer hälftigen Teilung des ehelichen Vermögens *(matrimonial property)* führt.

5 *Jayme/Hausmann*[19] Nr 42.

Nr 1 lit. c EGBGB genannten Ratsbeschluss auf den Stichtag nach Art. 75 Abs. 1, 76 Abs. 3 EG-UntVO abgestellt, so dass in **Verfahren**, die ab dem 18.6.2011 eingeleitet wurden, das Unterhaltsstatut sich auch für vorher liegende **Zeiträume** nach den Kollisionsnormen des HUntStProt 2007 richten soll.[6] Nach zutreffender Ansicht würde dies jedoch eine unzulässige echte Rückwirkung auf abgeschlossene Unterhaltstatbestände bedeuten, die dadurch verursacht ist, dass der genannte Ratsbeschluss fehlerhaft Grundsätze der verfahrensrechtlichen Überleitung auf die kollisionsrechtliche Überleitung anwendet. Zutreffend ist die intertemporale Frage so zu lösen, dass Art. 22 HUntStProt 2007 die kollisionsrechtliche Überleitung regelt und Art. 75 Abs. 1, 76 Abs. 3 EG-UntVO nur die verfahrensrechtliche. Danach gilt neues IPR auch in seit dem 18.6.2011 eingeleiteten Verfahren nur für Unterhaltszeiträume nach seinem Inkrafttreten, also seit dem 18.6.2011.[7] Vorliegend kann sich nachehelicher Unterhalt frühestens ab der am 17.7.2017 ausgesprochenen Ehescheidung ergeben, so dass er dem HUntStProt 2007 untersteht.

d) Vorbehalte bei bestimmten Konstellationen

197 Grundsätzliche Vorbehalte für Unterhaltsansprüche in bestimmten persönlichen Konstellationen (vgl noch für Unterhalt zwischen zwei Deutschen nach Art. 15 HUÜbk 1973) sieht das HUntStProt 2007 nicht mehr vor.

2. HUntStProt 2007: Anknüpfung Nachehelicher Unterhalt

a) Grundsatzanknüpfung

198 Anders als Art. 8 HUÜbk 1973 knüpft das HUntStProt 2007 nacheheliche Unterhaltsansprüche nicht mehr akzessorisch an das Scheidungsstatut an, sofern die Ehegatten nicht eine entsprechende Wahl nach Art. 8 Abs. 1 lit. d HUntStProt 2007 getroffen haben, was vorliegend nicht der Fall ist. Damit ist nach Art. 3 Abs. 1 HUntStProt 2007 deutsches Recht am gewöhnlichen Aufenthalt der Unterhalt begehrenden Laila anzuwenden.

b) Einrede bei engerer gemeinsamer Verbindung

199 Art. 5 HUntStProt 2007 erlaubt jedoch beim Unterhalt zwischen Ehegatten und früheren Ehegatten jeder Partei die **kollisionsrechtliche Einrede**, das von Art. 3 HUntStProt 2007 berufene Recht könne keine Anwendung finden, weil das Recht eines anderen Staates, insbesondere des Staates des letzten gemeinsamen gewöhnlichen Aufenthalts, eine engere Verbindung zu der betreffenden Ehe habe. Ali Akbar hat nach der Fallfrage diesen Einwand erhoben. Allerdings besteht eine solche engere Verbindung nicht zwingend zu Florida als dem Staat des letzten gemeinsamen gewöhnlichen Aufenthalts. Vorliegend hat deutsches Recht durchaus zu der Ehe eine über den aktuellen Aufenthalt der Laila hinausgehende Verbindung; die Ehegatten hatten hier einen Teil der Ehe gelebt,

---

6 So BGHZ 203, 372 Rn 22.

7 OLG München FamRZ 2012, 1512; offen gelassen in BGH NJW 2013, 2662, 2665.

Laila ist deutsche Staatsangehörige und Ali Akbar hatte zeitweise ein deutsches Personalstatut. Die Rückkehr von Laila nach Deutschland ist also nicht zufällig; vielmehr war durchaus damit zu rechnen, dass sie bei Trennung in ihren Heimatstaat zurückkehren würde.[8] Die erhobene kollisionsrechtliche Einrede greift somit absehbar nicht durch.

III. Versorgungsausgleich

1. Nachgeholter VA

a) Nachholung bei Auslandsscheidung

Fraglich ist, ob ein Versorgungsausgleich (VA), der im deutschen Scheidungsverfahren **von Amts wegen Verbundsache** ist, also regelmäßig im Scheidungsverfahren erfolgt (§ 137 Abs. 2 S. 2 FamFG), nach Scheidung im Ausland – sofern diese in Deutschland anerkannt wird – überhaupt stattfinden kann. Wenngleich ein solcher selbstständiger VA unter Geltung der §§ 606 ff aF ZPO nicht vorgesehen war, erschien schon damals die Ermöglichung der **Nachholung** geboten. Zahlreiche Rechtsordnungen kennen den VA nicht; insbesondere deutsche Ehegatten würden durch verfahrensrechtlichen Zufall des VA verlustig gehen, wenn eine im Ausland ohne Durchführung des VA erfolgte Ehescheidung relativ großzügig anzuerkennen wäre und der VA damit ausgeschlossen wäre. §§ 102, 218 FamFG stellen ohnehin für selbstständige VA-Verfahren Zuständigkeiten bereit, die nicht nur für einen schuldrechtlichen VA, sondern auch für einen umfassenden nachgeholten VA genutzt werden können. 200

b) Keine Erfassung durch Rechtskraft ausländischer Scheidung

Auch eine anzuerkennende Rechtskraft der ausländischen Scheidung steht nicht entgegen, da in dem Verfahren in Florida **über einen VA nicht zu befinden war** und auch nicht befunden wurde, also der VA nicht Streitgegenstand war,[9] so dass, anders als dies im deutschen Scheidungsverfahren für den schuldrechtlichen VA der Fall ist, auch kein Durchführungsvorbehalt tenoriert werden konnte. 201

2. Versorgungsausgleichsstatut

Zu bestimmen ist das auf den **nachgeholten VA anwendbare Recht.** 202

a) Art. 8 deutsch-iranisches Niederlassungsabkommen

Art. 8 des deutsch-iranischen Niederlassungsabkommens wäre zwar sachlich anwendbar; der **persönliche Anwendungsbereich** ist jedoch nicht eröffnet, da Leila Deutsche ist, also jedenfalls nicht beide Ehegatten bei Antragstellung Iraner waren. 203

---

8 Vgl zu solchen Konstellationen *Rauscher/Andrae* (2016) Art. 5 HUntStProt Rn 18.

9 BGH NJW 1993, 2047; OLG Bremen FamFR 2012, 326: Selbst ein ohne Sachprüfung ergehender Ausspruch im ausländischen Scheidungsurteil, dass ein VA nicht stattfinde, erwächst nicht in Rechtskraft.

b) Art. 17 Abs. 3 EGBGB: Intertemporal anwendbare Fassung

204 Intertemporal ist nach dem Inkrafttreten des auf die Rom III-VO abgestimmten Art. 17 EGBGB neuer Fassung zu klären, ob Art. 17 Abs. 3 EGBGB in alter oder neuer Fassung Anwendung findet. Dies bestimmt sich nach Art. 229 § 28 EGBGB; da das Scheidungsverfahren nach Inkrafttreten der Neufassung des Art. 17 Abs. 3 EGBGB am 28.1.2013 eingeleitet wird, gilt für den Versorgungsausgleich Art. 17 Abs. 3 EGBGB in der Neufassung.

c) Anknüpfung des VA

205 Nach Art. 17 Abs. 3 S. 1 EGBGB unterliegt der **VA als kollisionsrechtliche Scheidungsfolge** dem nach der Rom III-VO anzuwendenden Scheidungsstatut, ist jedoch in der Neufassung nur noch bei deutschem Scheidungsstatut anzuwenden; das durch das ausländische Gericht angewendete Scheidungsstatut ist ohne Bedeutung; maßgeblich ist das Recht, welches ein deutsches Gericht fiktiv in einem Scheidungsverfahren angewendet hätte, das zur selben Zeit wie das ausländische Scheidungsverfahren eingeleitet worden wäre.

206 **aa)** Der **intertemporale Anwendungsbereich** nach Art. 18 Rom III-VO ist hier nicht mehr zu prüfen, da die Anwendbarkeit des Art. 17 Abs. 3 S. 1 EGBGB in der seit 28.1.2013 geltenden Fassung eine Verfahrenseinleitung nach dem 21.6.2012 impliziert. Da eine **Rechtswahl** nach Art. 5 Rom III-VO nicht erfolgt ist, ist Art. 8 Rom III-VO anzuwenden. Ein **gewöhnlicher Aufenthalt** im selben Staat bei Verfahrenseinleitung (Art. 8 lit. a Rom III-VO) fehlte am 5.1.2015; der frühere gemeinsame gewöhnliche Aufenthalt in Florida war von Leila schon über 1 Jahr aufgegeben (Art. 8 lit. b Rom III-VO).

207 **bb)** Fraglich ist, ob die Ehegatten im Zeitpunkt der Rechtshängigkeit eine **gemeinsame Staatsangehörigkeit** hatten (Art. 8 lit. c Rom III-VO); auch im Anwendungsbereich des EU-Kollisionsrechts sind § 2 AsylG und Art. 12 GFK zu beachten. In Betracht kommt nur das nach § 2 AsylVerfG aF erworbene deutsche Personalstatut. Leila hat dieses nie verloren; der unmittelbare Übergang von einem deutschen Personalstatut als Flüchtling zur deutschen Staatsangehörigkeit ändert das Personalstatut nicht.

Zu prüfen ist, ob Ali Akbar noch ein deutsches Personalstatut hat. Dieses könnte durch Verzicht auf den Status des Asylberechtigten erloschen sein. Der 1995 geltende § 72 Abs. 1 Nr 4 AsylVerfG aF (ebenso § 72 AsylG) sieht den Verzicht als Erlöschensgrund für die Anerkennung als Asylberechtigter vor. Damit erlischt auch der auf dieser Anerkennung beruhende Status. Die Rückgabe des Reiseausweises ist nur Folge des Erlöschens (§ 72 Abs. 2 AsylVerfG aF). Ali Akbar hatte also bei Stellung des Scheidungsantrags wieder ein iranisches Personalstatut. Damit liegen auch die Voraussetzungen des Art. 8 lit. c Rom III-VO nicht vor.

cc) Abzustellen ist damit gemäß Art. 8 lit. d Rom III-VO auf das Recht des angerufenen Gerichts. Fraglich ist, ob damit bei Anwendung von Art. 8 Rom III-VO kraft Verweisung aus Art. 17 Abs. 3 S. 1 EGBGB die *lex fori* des ausländischen Gerichts berufen wird, welches die Ehe tatsächlich geschieden hat, oder ob auch insoweit auf die kollisionsrechtliche Fiktion abzustellen ist, dass das anwendbare Recht aus Sicht eines scheidungszuständigen deutschen Gerichts beurteilt wird. Letzteres ist zu bejahen, da der Zweck des nachgeholten VA darin besteht, ihn so durchzuführen, wie er durchzuführen gewesen wäre, wäre die Ehe in Deutschland geschieden worden. Damit ist deutsches Recht VA-Statut nach Art. 17 Abs. 3 S. 1 EGBGB und es findet ein regulärer, nicht ein außerordentlicher VA (Art. 17 Abs. 3 S. 2 EGBGB) statt. **208**

3. „Kennen" des VA

Die Durchführung des **VA nach deutschem Recht** setzt auch bei Nachholung voraus, dass ihn eines der Personalstatute der Ehegatten bei Eintritt der Rechtshängigkeit des Scheidungsantrags kennt (Art. 17 Abs. 3 S. 1 Hs. 2 EGBGB). Da Leila Deutsche ist und deutsches Recht den VA nicht nur kennt, sondern sogar vorsieht, kommt es nicht darauf an, ob das Recht von Florida den VA kennt. **209**

4. Antrag

Es könnte ein **Antrag** erforderlich sein. Dies ergibt sich zwar nicht aus Art. 17 Abs. 3 S. 2 EGBGB, denn Art. 17 Abs. 3 S. 2 EGBGB gilt nur, wenn nach Art. 17 Abs. 3 S. 1 EGBGB kein VA durchzuführen ist, sei es, dass das Scheidungsstatut nicht deutsches Recht ist, sei es, dass ihn kein Heimatrecht kennt. Auch die Gegenausnahme des Art. 17 Abs. 3 S. 2, letzter Hs. EGBGB (kollisionsrechtliche Härteklausel) ist nicht einschlägig. **210**

Jedoch kann auch ein VA nach Art. 17 Abs. 3 S. 1 EGBGB von Amts wegen nur im Verbundverfahren durchgeführt werden; ist die Ehe im Ausland geschieden worden, kann nicht ein deutsches Familiengericht von sich aus tätig werden und ein eigenständiges VA-Verfahren eröffnen, weshalb ein Antrag erforderlich ist, der hier vorliegt.

5. Ausländische Rentenanwartschaften

Fraglich ist schließlich, ob nur die Rentenanwartschaften aus der deutschen Rentenversicherung einzubeziehen sind oder ob auch die in den USA erworbenen ***pension plan*-Rechte** zum Ausgleich kommen. Dies ist keine Frage der *kollisionsrechtlichen* Einbeziehung, da der VA nach Art. 17 Abs. 3 S. 1 EGBGB umfassend nach deutschem Recht erfolgt, sondern ein Problem der *materiellrechtlichen* Reichweite und Methode des VA im deutschen Familienrecht.[10] **211**

---

10 Ausländische Anwartschaften, die sachlich dem VA unterliegen (§ 2 Abs. 1 VersAusglG), sind nicht in den Wertausgleich bei der Scheidung nach §§ 9 ff VersAusglG einbezogen, weil ein deutsches Gericht nicht gestaltend in Anwartschaften bei ausländischen Versorgungsträgern eingreifen kann. Dies war schon vor der Reform des Versorgungsausgleichsrechts zum 1.9.2009 anerkannt und ist nun ausdrücklich in § 19 Abs. 2 Nr 4 VersAusglG bestimmt. Solchen Anrechten fehlt bei Scheidung die Ausgleichsreife; in Betracht kommt nur ein Ausgleichsanspruch nach §§ 20–26 VersAusglG (§ 19 Abs. 4 VersAusglG).

IV. Morgengabe (mehriye)

1. Qualifikation

a) Methode: Funktionelle Qualifikation

212 Die Morgengabe ist ein dem deutschen Recht unbekanntes Rechtsinstitut. Zur Ermittlung der maßgeblichen Kollisionsnorm bedarf es daher der Qualifikation, die sich nach hM als funktionelle Qualifikation an der **Funktionsähnlichkeit** zu deutschen Rechtsinstituten orientiert. Ein fremdes Rechtsinstitut findet nur Anwendung, wenn das auf dieses Institut im konkreten Fall anwendbare Recht das Rechtsinstitut vorsieht.

b) Qualifikation bei mehrfachen Funktionen

213 Grundsätzlich ist die Vereinbarung der Morgengabe im islamischen Recht im Verhältnis zu dem dort geltenden Recht des Ehemannes zur einseitigen Erklärung der Ehescheidung *(talaq)*, dem Güterstand der Gütertrennung und dem auf drei Monate begrenzten nachehelichen Unterhalt zu sehen (vgl MAT c). Die Morgengabe soll eine Vermögensbildung der Ehefrau und damit eine **Absicherung** gewährleisten. Im Übrigen sind die Ausgestaltungen unterschiedlich. Im iranischen Recht, das shi'itischen Rechtsgrundsätzen folgt, wird die *mehriye* sogleich nach Eheschließung Eigentum der Frau (Art. 1082 iran ZGB, MAT b) – wie immer dies sachenrechtlich konstruiert ist. Hingegen ist im sunnitischen Recht eine Teilung in zwei Raten üblich, von denen die größere erst (und nur) bei Scheidung fällig wird.

Eine **einheitliche Qualifikation** des Rechtsinstituts erscheint aus Sicht des deutschen Rechts schwierig. Das deutsche Recht regelt die Interessenbalance im Fall der Scheidung durch zahlreiche Institute (Zugewinnausgleich, Unterhalt, Versorgungsausgleich, Hausratverteilung), während im islamischen Recht die Morgengabe finanzielle Risiken absichern soll, aber auch die Aufgabe hat, dem Recht des Mannes zum jederzeitigen *talaq* ein die Frau gegen Willkür schützendes Gegengewicht gegenüberzustellen, eine Funktion, die das deutsche Scheidungsrecht nicht vorsehen muss.

Gut vertretbar erscheint vor allem bei der sunnitischen Gestaltung eine scheidungsrechtliche Qualifikation als „Schadenspauschale" wegen des einseitigen Rechts zur Ehescheidung. Eine ehewirkungsrechtliche Qualifikation stellt stärker auf die mit der Eheschließung immer notwendig verbundene Vereinbarung einer Morgengabe (Art. 1087 iran ZGB, MAT b) ab, auch wenn diese kein Wirksamkeitserfordernis, sondern Konsequenz der Eheschließung ist. Im Schrifttum wird wegen der monetären Absicherung vorwiegend eine unterhaltsrechtliche und ehegüterrechtliche Qualifikation vertreten.[11]

11 Zum Streitstand *Staudinger/Mankowski* (2010) Art. 14 EGBGB Rn 273 ff.

c) Ehewirkungsrechtliche Qualifikation

Mit dem BGH[12] dürfte es zutreffen, angesichts dieser Mischung der Motivationen die Morgengabe **ehewirkungsrechtlich** zu qualifizieren, sofern sie, wie im iranischen Recht, als Wirkung der Eheschließung ausgestaltet ist und zu einem unmittelbaren, von einer späteren Ehescheidung unabhängigen Vermögenserwerb führt. Bedenken bleiben, da in der iranischen Praxis der Gegenstand der *mehriye* bei bestehender Ehe häufig nicht der Ehefrau übergeben und deshalb bei Ehescheidung hierüber gestritten wird. **214**

Im vorliegenden Fall ist weder das Ehewirkungsstatut (auch nicht jenes bei Eheschließung) noch das Ehegüter-, Scheidungs- oder Unterhaltsstatut ein islamisches Recht; daher geht die Vereinbarung einer *mehriye* ins Leere.

2. Auslegung als sonstiger (Scheidungsfolgen-)Vertrag

a) Auslegung bei Handeln unter „falschem" Statut

Im Gegensatz zu rein gesetzlich ausgefüllten Rechtsinstituten, die unter einem „falschen Statut" ohne jede rechtliche Wirkung sind (zB die Übergabe eines jüdisch-rechtlichen Scheidebriefs bei deutschem Scheidungsstatut), hat aber die Morgengabe auch ein konsensuales Element, das im Rahmen der vom „richtigen Statut" eröffneten Vertragsfreiheit einer **Auslegung** zugänglich ist.[13] **215**

b) Schuldrechtliche Auslegung

Eine rein schuldrechtliche Auslegung als **abstraktes Schuldversprechen** kommt nicht in Betracht, weil diese den gewollten familienrechtlichen Bezug ignoriert.[14] Die Ehegatten haben durch die Bezeichnung als Morgengabe und den Vertrag im Übrigen die Orientierung an dem islamisch-familienrechtlichen Institut klargestellt, wollten also keine abstrakte Verbindlichkeit begründen. Als abstraktes Schuldversprechen wäre die Vereinbarung zudem gemäß § 518 Abs. 1 S. 2 BGB formunwirksam. **216**

c) Auslegung als Scheidungsfolgenvereinbarung

In Betracht zu ziehen ist eine Auslegung als **Ehevereinbarung** zur Abänderung oder Pauschalierung **vermögensrechtlicher Folgen der Scheidung** nach den tatsächlich anzuwendenden Statuten. Da die Ehegatten von den Grundsätzen des islamischen Rechts ausgingen, könnte das Morgengabeversprechen als Vereinbarung der Rechtsfolgen islamischen Rechts verstanden werden. Der Vertrag wäre dann als Verzicht auf güterrechtliche und unterhaltsrechtliche Ansprüche sowie den Versorgungsausgleich gegen Zahlung einer als Morgengabe bezeichneten pauschalen Abfindung zu verstehen (MAT c, d). **217**

---

12 BGH NJW 2010, 1528; die dort angedeutete häufige Übereinstimmung mit dem Ehescheidungsstatut ist seit dem Inkrafttreten der Rom III-VO entfallen, so dass sich für die in arabischen Ländern verbreitete sunnitische Praxis des *mahr* die Frage der scheidungsrechtlichen Qualifikation weiter offen stellt.

13 BGH FamRZ 1987, 463; BGH FamRZ 1999, 217; *Wurmnest* FamRZ 2005, 1879.

14 Gegen primär schuldrechtliche Qualifikation auch BGH NJW 2010, 1528, 1530.

Eine solche Auslegung würde jedoch einen **Regelungswillen** voraussetzen. Die Ehegatten sind aber nur von gesetzlich eintretenden Rechtsfolgen des islamischen Rechts *ausgegangen*. Es wäre eine bloße Unterstellung, wollte man ihnen einen Regelungswillen hinsichtlich eines deutschen Statuts unterstellen. Ehewirkungsrechtlich wäre, abgesehen vom Unterhaltsrecht, allenfalls an den Ausgleich von Ehewohnung und Haushaltsgegenständen zu denken, zu dem die Vereinbarung noch weniger Bezug hat.

d) Formunwirksamkeit

218 Eine solche Auslegung könnte zudem mangels Einhaltung der **Form** scheitern. Soweit güterrechtliche oder versorgungsausgleichsrechtliche Ansprüche abgegolten werden sollten, fehlt es an der Form der notariellen Niederschrift (§§ 1410, 1408 Abs. 2 BGB, § 7 Abs. 3 VersAusglG). Als Unterhaltsvereinbarung wäre die vor dem 1.1.2008 (seither § 1585c S. 2 BGB idF des Unterhaltsrechtsreformgesetzes 2007) geschlossene Vereinbarung nach deutscher Orts- und Geschäftsform zwar formfrei wirksam. Aus Sicht des deutschen Rechts stellt sich aber zusätzlich ein Problem des § 139 BGB. Da jedenfalls eine güter- und versorgungsausgleichsrechtliche Abgeltung nicht erreicht wird, dürfte eine Auslegung nach dem Grundsatz von Treu und Glauben kaum eine andere Lösung als die Gesamtnichtigkeit zulassen. Eine Pauschalierung aller Scheidungsfolgen scheitert; ein isolierbarer unterhaltsrechtlicher Teil (dem Betrag nach) ist nicht bestimmbar.

Ergebnis: Güterrechtsstatut ist deutsches Recht; für das Grundstück in Florida jedoch floridanisches Recht, so dass ein Zugewinnausgleich nicht stattfindet.

- Unterhaltsstatut ist deutsches Recht; der Einwand des Ali Akbar nach Art. 5 HUntStProt 2007 greift absehbar nicht durch.
- Versorgungsausgleichsstatut ist deutsches Recht; der VA kann nachgeholt werden.
- Nach der jedenfalls für das iranische Recht zutreffenden ehewirkungsrechtlichen Qualifikation ist das auf die *mehriye* anwendbare Recht keine islamische Rechtsordnung; die Vereinbarung geht daher ins Leere und kann auch nicht als Verzicht bzw Abfindung anderer Scheidungsfolgenansprüche ausgelegt werden.

Frage 2: Zuständigkeit

I. Zugewinnausgleich

1. Internationale Zuständigkeit

a) Bereichsausnahme aus Brüssel Ia-VO

219 Die **Brüssel Ia-VO** ist sachlich nicht anzuwenden, da der Zugewinnausgleich unter den Ausschlusstatbestand des Art. 1 Abs. 2 lit. a fällt.[15] Auch der räumliche Anwendungsbereich wäre nicht eröffnet, da der Beklagte keinen Wohnsitz in einem Mitgliedstaat hat (Art. 6 Abs. 1, Art. 62 Abs. 1 Brüssel Ia-VO).

15 Vgl EuGH Rs. 143/78 ECLI:EU:C:1979:83 *(de Cavel/de Cavel)*.

b) EU-EheGüterVO

Am 29.1.2019 ist jedoch für Deutschland als an der Verstärkten Zusammenarbeit teilnehmendem Mitgliedstaat die **EU-EheGüterVO** in Geltung getreten; gemäß Art. 69 Abs. 1 EU-EheGüterVO sind deren verfahrensrechtlichen Bestimmungen **anwendbar** auf Verfahren, die ab dem 29.1.2019 eingeleitet werden; da der Antrag am 30.1.2019 gestellt wird, kommt es nicht darauf an, ob intertemporal Einreichung oder Zustellung maßgeblich ist. Der sachliche Anwendungsbereich gemäß Art. 1 Abs. 1 EU-EheGüterVO ist eröffnet; eheliche Güterstände sind hier wie in der Bereichsausnahme des Art. 1 Abs. 2 lit. a Brüssel Ia-VO zu definieren. Eine räumlich-persönliche Begrenzung des Anwendungsbereichs sieht die EU-EheGüterVO nicht vor, so dass sie auch auf das Verfahren gegen den in den USA wohnenden bzw sich gewöhnlich aufhaltenden Antragsgegner anwendbar ist. Andererseits gibt es auch bei Unzuständigkeit nach der EU-EheGüterVO keine Fälle, in denen, wie unter Art. 6 Brüssel Ia-VO oder Art. 7 Brüssel IIa-VO, auf nationale Zuständigkeiten zugegriffen werden kann; die EU-EheGüterVO bestimmt vielmehr autonom und abschließend in Art. 11 EU-EheGüterVO auch die Notzuständigkeiten. 220

c) Internationale Zuständigkeit nach EU-EheGüterVO

Die internationale Zuständigkeit folgt weder aus Art. 4 EU-EheGüterVO, weil keine Nachlasssache parallel anhängig ist, noch aus Art. 5 EU-EheGüterVO, weil keine Ehesache anhängig ist. Eine gegenüber Art. 6 EheGüterVO vorrangige Vereinbarung gemäß Art. 7 EU-EheGüterVO liegt nicht vor. Von den subsidiär gestuften Anknüpfungen in Art. 6 EU-EheGüterVO ist keine gegeben: es fehlt bei Antragstellung an einem gewöhnlichen Aufenthalt beider Ehegatten in Deutschland; der letzte gemeinsame gewöhnliche Aufenthalt lag nicht in Deutschland; es fehlt an einem gemeinsamen (deutschen) Personalstatut, da der Antragsgegner Ali Akbar seinen Asylstatus aufgegeben hat und seinen gewöhnlichen Aufenthalt nicht in Deutschland hat. Eine Zuständigkeitsanknüpfung an den Antragstelleraufenthalt sieht Art. 6 EU-EheGüterVO nicht vor. Auch Art. 10 EU-EheGüterVO greift nicht ein, da keine Ehegütersache vorliegt, die deutsche Immobilien zum Gegenstand hat. In Betracht kommt jedoch **Art. 11 EU-EheGüterVO**. Keines der Kriterien in Art. 4, 5, 6, 7, 8 und 10 EU-EheGüterVO weist in einen anderen an der Verstärkten Zusammenarbeit teilnehmenden Mitgliedstaat. Laila könnte also nur in Florida ehegüterrechtliche Ansprüche geltend machen; ob dies angesichts des früheren ehelichen Aufenthalts in Florida unzumutbar ist, erscheint fraglich. Man könnte dies damit begründen, dass die Ehe in Deutschland geschlossen wurde, ein Vertrauen in die Anwendung deutschen Rechts als Ehegüterstatut begründet wurde und floridianische Gerichte allenfalls für die in Deutschland verbrachte Ehezeit von Zugewinngemeinschaft ausgehen würden, sofern sie die Zugewinngemeinschaft wie *community property* einordnen. Es könnte jedoch auch argumentiert werden, dass nach bisherigem deutschen IZPR in dieser Konstellation ebenfalls keine deutsche internationale Zuständigkeit bestanden hat (vgl Vorauflage Rn 216), was durchaus die Wertung eines deutschen Familiengerichts beeinflussen kann. 221

Der in Art. 11 Abs. 2 EU-EheGüterVO geforderte **ausreichende Bezug** zu Deutschland wäre jedenfalls durch die deutsche Staatsangehörigkeit von Laila gegeben.

d) Örtliche, sachliche Zuständigkeit

222 Bejaht man die internationale Zuständigkeit, so ist die **örtliche Zuständigkeit** gemäß **Art. 2 EU-EheGüterVO** nicht in der VO mitgeregelt. Anwendbar könnte § 262 FamFG sein; jedoch folgt aus § 3 IntGüRG, das zur Ausführung der EU-EheGüterVO erlassen wurde, eine vorrangige Regelung der örtlichen Zuständigkeit. Da sich die internationale Zuständigkeit (allenfalls) aus Art. 11 EU-EheGüterVO ergibt, ist dann gemäß § 3 Nr 9 IntGüRG das AG Berlin-Schöneberg örtlich zuständig. **Sachlich** zuständig ist ausschließlich das Familiengericht (§ 23a Abs. 1 S. 1 Nr 1 GVG, § 111 Nr 9 FamFG).

Ergebnis: Ob deutsche Gerichte international für den Antrag auf Zugewinnausgleich zuständig sind, hängt davon ab, ob die Unzumutbarkeit der Inanspruchnahme drittstaatlicher (hier floridianischer) Gerichte anzunehmen ist. Sofern dies bejaht wird, ist örtlich und sachlich das AG Berlin-Schöneberg – Familiengericht – zuständig.

II. Unterhalt

1. Internationale Zuständigkeit

a) Anwendungsbereich der EG-UntVO

223 Für seit dem 18.6.2011 eingeleitete Unterhaltsverfahren wurden die Bestimmungen der Brüssel I-VO ersetzt durch die der **EG-UntVO** (Art. 68 Abs. 1 EG-UntVO). Für nach Inkrafttreten der Brüssel Ia-VO eingeleitete Unterhaltsverfahren ergibt sich dies nun ausdrücklich aus der Bereichsausnahme in Art. 1 Abs. 2 lit. e Brüssel Ia-VO.

Deren **sachlicher Anwendungsbereich** ist für den nachehelichen Unterhalt gegeben (Art. 1 EG-UntVO). Anders als Art. 6 Brüssel Ia-VO enthält die EG-UntVO keine Einschränkung des räumlich-persönlichen Anwendungsbereichs, so dass sie auch für einen Unterhaltsantrag gegen den in den USA wohnenden Antragsgegner gilt.

b) Zuständigkeit Art. 3 EG-UntVO

224 Unter den alternativ in Art. 3 EG-UntVO bestimmten Zuständigkeiten begründet jedenfalls Art. 3 lit. b EG-UntVO die Zuständigkeit deutscher Gerichte am **gewöhnlichen Aufenthalt** der Antragstellerin.

2. Örtliche, sachliche Zuständigkeit

225 Die **örtliche** Zuständigkeit folgt ebenfalls aus Art. 3 lit. b EG-UntVO; **sachlich** zuständig ist ausschließlich das Familiengericht (§ 23a Abs. 1 S. 1 Nr 1 GVG, § 111 Nr 8 FamFG). Zuständig ist damit das AG München – Familiengericht.

III. Versorgungsausgleich

1. Internationale Zuständigkeit

a) Brüssel Ia-VO, EG-UntVO

Die **Brüssel Ia-VO** ist wiederum räumlich nicht anwendbar; auch sachlich ist die VO nicht anwendbar, denn der Versorgungsausgleich fällt als auf der Ehe beruhender vermögensrechtlicher Ausgleichsanspruch zwischen Ehegatten unter den Güterstandsbegriff des Art. 1 Abs. 2 lit. a Brüssel Ia-VO.[16] Die **EG-UntVO** ist nicht anwendbar, weil der Versorgungsausgleich nicht auf die Deckung gegenwärtiger Unterhaltsbedürfnisse gerichtet und damit nicht als Unterhalt iSd. Art. 1 EG-UntVO zu qualifizieren ist.[17] **226**

b) Anwendbarkeit der EU-EheGüterVO

Aus der EU-rechtlichen Einordnung des Versorgungsausgleichs als Ehegüterrecht iSd. Bereichsausnahme der Brüssel Ia-VO folgt nun umgekehrt die Anwendbarkeit der **EU-EheGüterVO**. **227**

c) Zuständigkeit aus Art. 11 EU-EheGüterVO

Damit ergibt sich wie zum Zugewinnausgleich die Frage der Anwendbarkeit des **Art. 11 EU-EheGüterVO**. Für den Versorgungsausgleich dürfte die Unzumutbarkeit der Geltendmachung in Florida jedoch eindeutig zu bejahen sein. Die Entwicklung der deutschen Rechtsprechung zum nachgeholten Versorgungsausgleich nach Auslandsscheidung beruht auf dem Gedanken des Schutzes des ausgleichsberechtigten deutschen Ehegatten, die auch mit der sozialpolitischen Erwägung verknüpft ist, diesen Ehegatten nach Scheidung nicht ohne ausreichende eigene Rentenansprüche zu lassen. Dies kam zunächst in der Figur der hypothetischen Verbundzuständigkeit und sodann in § 102 FamFG zum Ausdruck, der eine internationale Zuständigkeit deutscher Gerichte bestimmt, wenn der Antragsteller in Deutschland gewöhnlichen Aufenthalt hat (§ 102 Nr 1 FamFG); übernimmt man diese Wertung im Rahmen des Art. 11 EU-EheGüterVO, so kann im materiell gebotenen Umfang (oben Rn 211) auch über ausländische Anwartschaften entschieden werden, während § 102 Nr 2 FamFG nur eine Entscheidung über inländische Anwartschaften erlauben würde. **228**

2. Örtliche, sachliche Zuständigkeit

Ob sich die **örtliche Zuständigkeit** aus § 3 Nr 9 IntGüRG ergibt, erscheint fraglich, da der EU-rechtliche Begriff der Güterstände nicht notwendig die Auslegung der Reichweite des § 3 IntGüRG betrifft. Bejaht man eine Erstreckung des EU-rechtlichen Begriffs auf das IntGüRG, so ist wieder das AG Berlin-Schöneberg zuständig. Andernfalls ergibt sich gemäß § 218 Nr 4 FamFG die örtliche Zuständigkeit am gewöhnlichen Aufenthalt der Antragstellerin. **Sachlich** zuständig ist das Familiengericht (§ 23a Abs. 1 S. 1 Nr 1 GVG, § 111 Nr 7 FamFG). **229**

---

16 *Kropholler/v. Hein* Europäisches Zivilprozessrecht[8] Art. 1 Rn 27.

17 Vgl *Rauscher/Andrae* (2015) Art. 1 EG-UntVO Rn 27b.

IV. Morgengabe

1. Internationale Zuständigkeit

a) Anwendungsbereich der Brüssel Ia-VO

230 Die **Brüssel Ia-VO** ist räumlich nicht anwendbar (Art. 4, 6 Abs. 1 Brüssel Ia-VO); deshalb kann hier offenbleiben, wie die Morgengabe prozessual zu qualifizieren ist.

b) Anwendungsbereich der EG-UntVO

231 Fraglich ist, ob die **EG-UntVO** anwendbar ist; da deren Zuständigkeitsbestimmungen nicht mehr, wie in früherer Anwendung der Brüssel I-VO, räumlich-persönlich beschränkt sind, kommt es entscheidungserheblich darauf an, ob die Morgengabe in den sachlichen Anwendungsbereich des Art. 1 EG-UntVO fällt. Um die Morgengabe als Unterhalt einzuordnen, müsste sie vorrangig dem Zweck dienen, den Lebensunterhalt der Ehefrau sicherzustellen, wie dies etwa scheidungsfolgenrechtliche Pauschalabfindungen in manchen Rechtsordnungen vorsehen.[18] Das ist vor allem für die iranische *(shi'itische)* Gestaltung der Morgengabe mit Gewissheit abzulehnen, weil sie bereits mit der Eheschließung Eigentum der Frau wird und daher nicht vorrangig den nachehelichen Lebensbedarf sichert.

Fraglich ist auch, ob die **EU-EheGüterVO** anwendbar ist, deren Zuständigkeitsbestimmungen ebenfalls nicht räumlich-persönlich begrenzt sind. Fasst man den Anwendungsbereich zutreffend komplementär zu der Bereichsausnahme in Art. 1 Abs. 2 Brüssel Ia-VO, so müsste es sich um eine vermögensrechtliche Regelung zwischen den Ehegatten handeln. Die Morgengabe begründet jedoch einen von der Vermögenslage unabhängigen Leistungsanspruch eigener Art, der anders als etwa eine Abfindung des Zugewinnausgleichs auch nicht an die Stelle eines ehevermögensrechtlichen Anspruchs tritt. Damit ist auch die EU-EheGüterVO nicht sachlich anwendbar.

c) §§ 98 ff FamFG

232 Die Zuständigkeit könnte sich wieder nach dem System der §§ 98 ff FamFG beurteilen. Fraglich ist, ob der Anspruch auf Zahlung der Morgengabe **Familiensache** ist. § 111 FamFG nennt die Morgengabe nicht. Schon vor Inkrafttreten des FamFG fiel sie jedenfalls funktionell nach allen vertretenen Ansichten unter eine oder mehrere der in § 621 aF ZPO genannten Kategorien; durch die Erweiterung des Katalogs der Familiensachen auf die sonstigen Familiensachen (§ 111 Nr 10 FamFG) steht die Einordnung als Familiensache nun außer Frage; der Anspruch auf *mehriye* ist jedenfalls ein aus der Ehe herrührender Anspruch iSd. § 266 Abs. 1 Nr 2 FamFG. Damit sind §§ 98 ff FamFG anzuwenden.

18 Vgl EuGH ECLI:EU:C:1980:70 *(de Cavel/de Cavel II).*

d) Verfahrensrechtliche Qualifikation

Für die Bestimmung der internationalen Zuständigkeit genügt nicht die Einordnung als Familiensache, sondern es bedarf einer **Qualifikation** angesichts der unterschiedlichen Regelungen in §§ 98 FamFG ff. Ausgehend von der strittigen materiellrechtlichen Qualifikation kommen § 111 Nr 5, 7, 8, 9 und 10 FamFG in Betracht. Da die *mehriye* jedenfalls nicht einer der spezifischen Folgesachen hauptsächlich zugeordnet werden kann (vgl auch oben Rn 231), dürfte bei ehewirkungsrechtlicher Qualifikation eine Einordnung unter § 111 Nr 10 FamFG als sonstiger aus der Ehe folgender Anspruch (§ 266 Abs. 1 Nr 2 FamFG) vorzugswürdig sein. Nur bei scheidungsrechtlicher Qualifikation käme eine analoge Anwendung des § 98 Abs. 2 FamFG in Betracht. **233**

e) Internationale Zuständigkeit für Sonstige Familiensache

Für Sonstige Familiensachen sind deutsche Gerichte international zuständig gemäß **§§ 105, 267 FamFG**. Da keine Ehesache anhängig ist (§ 267 Abs. 1 FamFG), ist, wie schon für die Güterrechtssache, abzustellen auf die ZPO-Zuständigkeiten (§ 267 Abs. 2 FamFG), wobei in §§ 12, 13 ZPO der gewöhnliche Aufenthalt den Wohnsitz ersetzt. Da der Antragsgegner keinen gewöhnlichen Aufenthalt in Deutschland hat, käme wiederum nur eine Zuständigkeit deutscher Gerichte aus § 23 ZPO in Betracht, für die sich aus dem Sachverhalt nichts ergibt. **234**

2. Örtliche, sachliche Zuständigkeit

Damit ist die örtliche Zuständigkeit, die sich ebenfalls nach § 267 FamFG bestimmt, nicht zu prüfen, auch nicht die sachliche, die sich nach § 111 Nr 10 FamFG beurteilt. **235**

Ergebnis: Eine internationale Zuständigkeit deutscher Gerichte für ehegüterrechtliche Ansprüche fehlt. Ebenso fehlt eine internationale Zuständigkeit für Ansprüche auf *mehriye*, die verfahrensrechtlich als sonstige Familiensachen zu qualifizieren sind. **236**

Für Unterhaltsansprüche folgt die internationale und örtliche Zuständigkeit des AG München – Familiengericht – aus Art. 3 lit. b EG-UntVO.

Für den nachzuholenden Versorgungsausgleich besteht eine internationale Zuständigkeit aus § 102 Nr 1 FamFG, sowie die örtliche Zuständigkeit des AG München – Familiengericht – aus § 218 Nr 4 FamFG; das Verfahren ist Familiensache nach § 111 Nr 7 FamFG.

Frage 3: Wirksame Ehescheidung

1. Verfahrensrechtliche Vorfrage

Soweit der Tatbestand einer anzuwendenden materiellen Norm die Ehescheidung voraussetzt, handelt es sich um eine **Vorfrage**. Dies ist vorliegend für §§ 1569 ff, 1573 BGB sowie für §§ 1 ff VersAusglG (der VA findet nach §§ 9 ff, 20 ff VersAusglG nur bei **237** oder nach Scheidung statt) der Fall. Da eine ausländische gerichtliche Ehescheidung vorliegt, findet jedoch keine kollisionsrechtliche Vorfragenanknüpfung statt, sondern es ist die **Anerkennung** der ausländischen Ehescheidung zu prüfen.

2. Keine Anwendung der Brüssel IIa-VO

238 Die Scheidung aus Florida müsste also in Deutschland **anzuerkennen** sein.

Art. 21 ff Brüssel IIa-VO sind für die Anerkennung einer Ehescheidung aus den USA nicht anzuwenden; die Anerkennung nach der VO erfasst nur die „in einem Mitgliedstaat ergangenen Entscheidungen" (Art. 21 Abs. 1 Brüssel IIa-VO). Da die Ehescheidung aus deutscher verfahrensrechtlicher Sicht eine Familiensache ist (§§ 111 Nr 1, 121 Nr 1 FamFG), bestimmt sich die Anerkennung nicht nach § 328 ZPO, sondern nach §§ 107 ff FamFG.

3. Anerkennungsmonopol der LJV (§ 107 FamFG)

239 Die Anerkennung einer ausländischen Entscheidung in Ehesachen erfolgt gemäß § 107 FamFG in einem bei der **Landesjustizverwaltung** durchzuführenden gesonderten **Anerkennungsverfahren** in Ausnahme vom sonst (§ 328 ZPO, § 108 FamFG, Art. 21 Abs. 1 Hs. 2 Brüssel IIa-VO) geltenden Grundsatz der **Inzidentanerkennung**. Ausgenommen sind nur Entscheidungen aus dem Staat, dem beide Ehegatten zur Zeit der Entscheidung angehörten (§ 107 Abs. 1 S. 2 FamFG), was vorliegend nicht der Fall ist. Das mit der Folgesache befasste AG München – Familiengericht – kann also nicht selbst die vorfragliche Anerkennungsfähigkeit prüfen.

Das vor der Landesjustizverwaltung des Bundeslandes, in dem ein Ehegatte seinen gewöhnlichen Aufenthalt hat (§ 107 Abs. 2 S. 1 FamFG), also Bayern, durchzuführende Verfahren wurde bisher nicht durchgeführt. Da das Gericht mangels eines eigenen rechtlichen Interesses nicht selbst antragsberechtigt ist (§ 107 Abs. 4 S. 2 FamFG), wird es daher das Unterhaltsverfahren und das VA-Verfahren[19] nach § 113 Abs. 1 FamFG iVm § 148 ZPO wegen Vorgreiflichkeit der Entscheidung der bayerischen Landesjustizverwaltung auf Antrag eines Beteiligten (hier absehbar der Leila) **aussetzen**.

4. Anerkennungsvoraussetzungen (§ 109 FamFG)

240 Ob die Ehegatten im Ergebnis wirksam geschieden sind, hängt von der Beurteilung der **Anerkennungsvoraussetzungen** im Verfahren nach § 107 FamFG ab. Diese bestimmen sich auch im Verfahren nach § 107 FamFG für gerichtliche ausländische Ehescheidungen gemäß § 109 FamFG, der die Anerkennungsvoraussetzungen sowohl für die Anerkennung nach § 107 FamFG als auch für die nach § 108 FamFG regelt.

19 Obgleich die ausländischen Anwartschaften nicht teilungsreif sind, wäre dies, sofern die Ehe wirksam geschieden ist, nach § 224 Abs. 3 FamFG in der Beschlussformel festzustellen; es kann also auch insoweit nicht dahinstehen, ob eine Teilung an der fehlenden Ehescheidung oder an der fehlenden Teilungsreife scheitert.

a) Spiegelbildliche Zuständigkeit

Die Gerichte des Urteilsstaates müssten **spiegelbildlich zuständig** gewesen sein (**§ 109 Abs. 1 Nr 1 FamFG**). Dabei genügt es für Entscheidungen aus einem Staat mit verschiedenen Jurisdiktionen, wenn der Gesamtstaat (hier USA) bei gespiegelter Anwendung deutschen Zuständigkeitsrechts zuständig wäre. Die innerstaatliche Zuständigkeitsverteilung fremder Staaten ist deren Sache und entzieht sich der Bewertung im Anerkennungsstadium. 241

Fraglich ist, ob im Rahmen des § 109 Abs. 1 Nr 1 FamFG nur auf Zuständigkeiten nach § 98 FamFG abzustellen ist oder, wie für die eigene Zuständigkeitsbestimmung, vorrangig auf **Art. 3 Brüssel IIa-VO**. Für Ersteres spräche prima facie, dass gegenüber Drittländern die *Anerkennung* nicht nach Art. 21 ff Brüssel IIa-VO erfolgt. Gleichwohl erfordert es die ratio des § 109 Abs. 1 Nr 1 FamFG fremde Urteile anzuerkennen, solange sie sich im Rahmen der vor deutschen Gerichten geltenden Zuständigkeitsmaßstäbe halten; ein Anerkennungshindernis kann nur bestehen, wenn in einem gespiegelten Fall deutsche Gerichte sich nicht für zuständig hielten, das ausländische Verfahrensrecht also nach deutschem Maßstab sich eine zu weite Zuständigkeit anmaßt. Zum Arsenal der aus deutscher Sicht anwendbaren Zuständigkeiten gehört aber auch Art. 3 Brüssel IIa-VO, der bei gewöhnlichem Aufenthalt beider Ehegatten in einem Mitgliedstaat unbeschadet der Beteiligung von Nicht-EU-Bürgern sogar Ausschließlichkeit gegenüber der Anwendung nationalen Zuständigkeitsrechts in anderen Mitgliedstaaten beansprucht. Gegen eine Spiegelung des Art. 3 Brüssel IIa-VO spricht auch nicht, dass dort von „Gerichte des *Mitgliedstaats*" die Rede ist. § 98 FamFG spricht sogar von „deutschen Gerichten"; der Austausch solcher Begriffe bedeutet gerade das Prinzip der Spiegelung. Lediglich die Ausschließlichkeit der Brüssel IIa-VO ließe sich nicht spiegeln, sodass jedenfalls subsidiär immer auch § 98 FamFG eine spiegelbildliche Zuständigkeit vermitteln kann.[20] Im Fall folgt die spiegelbildliche Zuständigkeit von US-Gerichten jedoch bereits aus Art. 3 Abs. 1 lit. a Str. 2 Brüssel IIa-VO (letzter gemeinsamer, von einem Ehegatten beibehaltener gewöhnlicher Aufenthalt).

b) Zustellung verfahrenseinleitendes Schriftstück

§ 109 Abs. 1 Nr 2 FamFG müsste gewahrt sein. Fraglich ist, ob sich Laila im dortigen Verfahren **eingelassen** hat; davon kann bei einem schlichten Brief ohne anwaltliche Vertretung nicht ohne nähere Kenntnis des fremden Prozessrechts ausgegangen werden. 242

Die Einlassung kann aber dahinstehen, wenn eine **ordnungsgemäße und rechtzeitige Zustellung**[21] des Scheidungsantrags erfolgt ist. Die Zustellung müsste nach dem Zustellungsrecht des Gerichtsstaates einschließlich der völkervertraglichen Übereinkommen wirksam sein.

20 Zum Ganzen MüKoFamFG/*Rauscher*[3] § 109 Rn 12.

21 § 109 Abs. 1 Nr 2 FamFG lässt, anders als Art. 22 lit. b Brüssel IIa-VO keine rechtzeitigen, aber mangelbehafteten Zustellungen genügen.

Maßgeblich für die *Ordnungsgemäßheit* ist das **Haager Übereinkommen über die Zustellung gerichtlicher und außergerichtlicher Schriftstücke** vom 15.11.1965 (HZÜ), da die USA und Deutschland Vertragsstaaten sind.[22] Die EG-ZustellVO gilt dagegen nur für Zustellungen zwischen Mitgliedstaaten. Es müsste eine Zustellung nach Art. 3 Abs. 1, 5 Abs. 1 HZÜ erfolgt sein. Dies ist dem Sachverhalt zu entnehmen. Das Bayerische Staatsministerium der Justiz ist die für den Freistaat Bayern zuständige Zentrale Behörde.[23] Die Zustellung durch die Post an den Adressaten persönlich entspricht §§ 166, 176 ZPO, also dem Recht des ersuchten Staates (Art. 5 Abs. 1 lit. a HZÜ).

Von der *Rechtzeitigkeit* kann ausgegangen werden, da Leila Zeit hatte, ihre Verteidigung zu erwägen und ihre Nichtbeteiligung brieflich anzuzeigen.

c) Sonstige Anerkennungshinderisse

243 Anerkennungshindernisse nach **§ 109 Abs. 1 Nr 3, 4 FamFG** sind nicht ersichtlich.

244 Die Verbürgung der Gegenseitigkeit (**§ 109 Abs. 4 FamFG**) ist nur bei den in § 109 Abs. 4 FamFG genannten Entscheidungen erforderlich; Ehesachen sind dort nicht erfasst; Ehesachen sind insbesondere keine Familienstreitsachen iSd. § 109 Abs. 4 Nr 1 FamFG (Legaldefinition § 112 FamFG) auch wenn „Ehe- und Familienstreitsachen" manche Gemeinsamkeiten aufweisen (vgl insbesondere § 113 FamFG).

Ergebnis: Das AG München – FamG – setzt das Verfahren auf Antrag aus, bis das vorgreifliche Anerkennungsverfahren nach § 107 FamFG vor der Landesjustizverwaltung durchgeführt ist. Diese wird die Anerkennung aussprechen, da keine Anerkennungshindernisse vorliegen.

Literaturhinweise

Behandlung der fallrelevanten Themen in:
***Rauscher* Internationales Privatrecht (5. Aufl., 2017)**

Anknüpfung Ehegüterstatut:	Rn 775 ff
Gesamtstatut und Einzelstatut:	Rn 552 ff
Anknüpfung nachehelicher Unterhalt:	Rn 860, 943 ff
Anknüpfung Versorgungsausgleich:	Rn 862 ff
Qualifikation und Natur des Mahr/der Morgengabe:	Rn 490
Internationale Zuständigkeit Scheidungsfolgesachen:	Rn 2286 ff
Nachträglicher Versorgungsausgleich bei Auslandsscheidung:	Rn 875 ff
Anerkennung ausländischer (Nicht-EU-) Ehescheidung:	Rn 2628 ff

22 *Jayme/Hausmann*[19] Nr 211 Fn 1.
23 Vgl Art. 18 Abs. 3 HZÜ und Bekanntmachung BGBl. 1979 II 779.

Weitere Literatur

1. Deutsch-iranisches Niederlassungsabkommen

Rauscher Iranrechtliche Scheidung auf Antrag der Ehefrau vor deutschen Gerichten, IPRax 2005, 313.

Arif Vergleich der formellen und materiellen Voraussetzungen der Ehescheidung im iranischen und deutschen Recht ZfRV 2012, 228.

Lentz Islamisches Recht vor deutschen Familiengerichten – ein Überblick 2009-2017 Teil 1 (Eheschließung), FuR 2017, 597.

2. Anknüpfung Ehegüterstatut

Staudinger/Mankowski (2010), Art. 15 EGBGB, Rn 1 und Rn 80.

Martiny Die Anknüpfung güterrechtlicher Angelegenheiten nah den Europäischen Güterrechtsverordnungen, ZfPW 2017, 1.

von Eichel Internationales Ehegüterrecht, ZFE 2008, 328.

Hausmann Ausgleichsansprüche zwischen Ehegatten aus Anlass der Scheidung im internationalen Privatrecht – Zur Abgrenzung zwischen Vertragsstatut, Ehewirkungsstatut und Ehegüterstatut, FS Jayme (2004) 305.

3. Gesamtstatut und Einzelstatut

Staudinger/Hausmann (2013) Art. 3a EGBGB, Rn 5.

4. Anknüpfung nachehelicher Unterhalt

Schäuble Die Sicherung von Unterhaltsvereinbarungen zwischen Ehegatten durch Rechtswahl zu Gunsten deutschen Rechts, NZFam 2014, 1071.

Schwarz/Scherpe Nachehelicher Unterhalt im internationalen Privatrecht, FamRZ 2004, 665.

Rauscher/Andrae (2015) Art. 3 HUntStProt Rn 4 ff, Art. 5 HUntStProt Rn 10 ff.

5. Anerkennung ausländischer (Nicht-EU-) Ehescheidung

Staudinger/Mankowski (2010) Art. 17 EGBGB, Rn 6.

Wagner Anerkennung und Wirksamkeit ausländischer familienrechtlicher Rechtsakte nach autonomem deutschem Recht, FamRZ 2006, 744.

Heiderhoff Die Anerkennung ausländischer Entscheidungen in Ehesachen, StAZ 2009, 328.

Pietsch Die Anerkennung von ausländischen Ehescheidungen in Deutschland, FF 2011, 237.

6. Anknüpfung Versorgungsausgleich

Bergner Aktuelle Fragen zum Versorgungsausgleich mit Auslandsberührung FamRZ 2011, 3.

Staudinger/Mankowski (2010) Art. 17 EGBGB Rn 278 ff.

7. Qualifikation und Natur des Mahr

Yassari Überblick über das iranische Scheidungsrecht, FamRZ 2002, 1088.

Lentz Islamisches Recht vor deutschen Familiengerichten – ein Überblick 2009-2017 Teil 2 Die Brautgabe, FuR 2017, 658.

Krüger Zum Problem der Brautgabe im türkischen Recht, IPRax 2014, 204.

8. Internationale Zuständigkeit in Scheidungsfolgesachen

Rauscher/Mankowski (2016), Art. 1 Brüssel Ia-VO, Rn 10.

Rauscher/Rauscher (2015) Einl. Brüssel IIa-VO Rn 14 f.

9. Nachholung des Versorgungsausgleichs

MüKoBGB/*Winkler von Mohrenfels*[7] Art. 17 EGBGB Rn 40 ff.

Fall 5

Griechisch-deutsches Patchwork

245 Die griechischen Staatsangehörigen Kostas Karamanlis und Elena Elefteriou sind im Dezember 1997 aus Thessaloniki, wo sie bis dahin beide gelebt und sich kennengelernt hatten, berufsbedingt nach Stuttgart umgezogen und haben am 15.2.1998 in der griechisch-orthodoxen Kirche in Stuttgart die Ehe geschlossen. Die Trauung nahm der vorübergehend dort zu Besuch befindliche Papas Athanasios Evangelistrias aus Athen vor, der seinen Gastgeber, den hauptamtlich in dieser Kirche tätigen Papas, entlasten wollte. Die Eheschließung wurde dem zuständigen Standesbeamten mitgeteilt, der für die Ehegatten am 26.2.1998 ein Familienbuch anlegte. Am 15.3.2005 wurde in Stuttgart der gemeinsame Sohn Georgios geboren. Eine ausdrückliche Bestimmung seines Namens wurde nie getroffen; für Georgios wurde jedoch auf Antrag seiner Eltern durch das Generalkonsulat der Griechischen Republik in Stuttgart ein Reisepass auf den Namen „Georgios Karamanlis" ausgestellt.

Bis zum Herbst 2012 lebte die Familie gemeinsam in Stuttgart. Zu diesem Zeitpunkt kam es zwischen den Ehegatten zu Disharmonie. Elena zog mit Georgios aus der ehelichen Wohnung aus und lebt getrennt in Stuttgart. Eine Rückfrage ihres Rechtsanwalts beim Auswärtigen Amt ergab, dass Athanasios Evangelistrias dort nie durch die Botschaft der Republik Griechenland notifiziert worden war; die daraus gezogene Schlussfolgerung, Georgios sei im Rechtssinne nicht das Kind von Kostas, findet Elena zwar sonderbar, gleichwohl nicht unwillkommen. Kostas ist hingegen von dem Gedanken, nicht der Vater seines Sohnes zu sein, schwer betroffen und erklärt zu Urkunde des Jugendamts Stuttgart vom 1.12.2012 die Anerkennung der Vaterschaft zu Georgios. Elena verweigert die Zustimmung.

Inzwischen hat Elena sich mit dem deutschen Staatsangehörigen Dieter Dritter angefreundet, lebt mit ihm zusammen und wird schwanger. Auf den Antrag von Kostas wird die am 15.2.1998 geschlossene Ehe vom Amtsgericht Stuttgart – Familiengericht – durch seit dem 1.3.2018 rechtskräftigen Beschluss geschieden. Am 7.3.2018 bringt Elena in Stuttgart das Kind Iannis-Dieter zur Welt. Dieter Dritter erkennt die Vaterschaft am 5.3.2018 an. Alle Beteiligten sind sich einig, dass nur Dieter der Vater sein kann.

Kostas, dem die Rechtslage verworren scheint, sucht am 3.7.2018 anwaltlichen Rat. Er möchte, dass auch im Rechtssinn Georgios sein Sohn und Iannis-Dieter nicht sein Sohn ist. Auch die Familiennamen der beiden Knaben sollten dies nach seiner Ansicht ausdrücken. Außerdem möchte er nun, dass ihm ein deutsches Gericht die alleinige elterliche Sorge für Georgios überträgt, nachdem Elena und Dieter nach Mykonos umgezogen sind und auch Georgios mitgenommen haben, was Kostas, dem Elena jeden Kontakt mit Georgios unterbunden hat, am 1.7.2018 von seiner Schwiegermutter erfahren hat. Kostas hat sogleich erfolglos brieflich gegen diese „Entführung" protestiert und die Rückkehr von Georgios nach Deutschland gefordert. Er will ihn nun unbedingt mit gerichtlicher Hilfe nach Deutschland zurückholen, hat aber Zweifel, ob eine deutsche Entscheidung in Griechenland durchsetzbar ist, zumal Elena bereits angekündigt hat, ein griechischer Richter werde schon einsehen, dass ein griechisches Kind bei seiner Mutter in Griechenland gut aufgehoben sei.

Wie sind die von Kostas aufgeworfenen Fragen zu beantworten und was ist Kostas (bezogen auf den 3.7.2018) von seinem Rechtsanwalt zu raten? Auf Details der Vollstreckung einer deutschen Entscheidung in Griechenland ist nicht einzugehen.

Materialien

I. Intertemporaler Hinweis zum deutschen Recht

a) EGBGB idF des IPR-NeuregelungsG 1986:

Art. 19 EGBGB

(1) Die eheliche Abstammung eines Kindes unterliegt dem Recht, das nach Artikel 14 Abs. 1 für die allgemeinen Wirkungen der Ehe der Mutter bei der Geburt des Kindes maßgebend ist. (...) **246**

Art. 20 EGBGB

(1) Die Abstammung eines nichtehelichen Kindes unterliegt dem Recht des Staates, dem die Mutter bei der Geburt des Kindes angehört. Dies gilt auch für Verpflichtungen des Vaters gegenüber der Mutter auf Grund der Schwangerschaft. Die Vaterschaft kann auch nach dem Recht des Staates, dem der Vater im Zeitpunkt der Geburt des Kindes angehört, oder nach dem Recht des Staates festgestellt werden, in dem das Kind seinen gewöhnlichen Aufenthalt hat.

b) BGB in der bis 30.6.1998 geltenden Fassung:

§ 1591 BGB

(1) Ein Kind, das nach der Eheschließung geboren wird, ist ehelich, wenn die Frau es vor oder während der Ehe empfangen und der Mann innerhalb der Empfängniszeit der Frau beigewohnt hat; (...)

§ 1592 BGB

(1) Als Empfängniszeit gilt die Zeit von dem einhunderteinundachtzigsten bis zu dem dreihundertundzweiten Tage vor dem Tage der Geburt des Kindes, mit Einschluß sowohl des einhunderteinundachtzigsten als des dreihundertundzweiten Tages...

§ 1600a BGB

(1) Bei nichtehelichen Kindern wird die Vaterschaft durch Anerkennung oder gerichtliche Feststellung mit Wirkung für und gegen alle festgestellt. Die Rechtswirkungen der Vaterschaft können, soweit sich nicht aus dem Gesetz ein anderes ergibt, erst vom Zeitpunkt dieser Feststellung an geltend gemacht werden.

§ 1600c BGB

(1) Zur Anerkennung ist die Zustimmung des Kindes erforderlich.

c) Im Übrigen ist davon auszugehen, dass maßgebliche Normen früher geltenden Rechts dem gegenwärtig geltenden Recht inhaltlich entsprachen.

II. Griechisches IPR: Astikos Kodix (Griechisches ZGB, AK) v. 15.3.1940[1]

d) Hinweis: Das griechische IPR ist im AK geregelt. Der AK wurde, soweit hier maßgeblich, letztmals 1983 geändert. Die seit 18.2.1983 geltenden Vorschriften lauten:

Art. 13 AK

(1) Die materiellen Voraussetzungen der Ehe richten sich für beide Eheschließenden nach dem Heimatrecht einer dieser Personen. Die Form der Eheschließung richtet sich entweder nach dem Heimatrecht eines der beiden Eheschließenden oder nach dem Recht des Ortes, an dem die Ehe geschlossen wird.

Art. 14 AK

Die persönlichen Beziehungen der Ehegatten richten sich der Reihenfolge nach:

1. nach dem Recht ihrer letzten während der Ehe gemeinsamen Staatsangehörigkeit, soweit einer der Ehegatten diese noch beibehält;
2. nach dem Recht ihres letzten während der Ehe gemeinsamen gewöhnlichen Aufenthalts;
3. nach dem Recht, mit dem die Ehegatten am engsten verbunden sind.

Art. 17 AK

Die Eigenschaft eines Kindes als in der Ehe geboren richtet sich nach dem Recht, das die persönlichen Beziehungen der Mutter und ihres Ehemannes zur Zeit der Geburt des Kindes oder, wenn ihre Ehe vor Geburt aufgelöst wurde, zur Zeit der Auflösung der Ehe regelt.

Art. 20 AK

Die Beziehungen zwischen Vater und Kind, das ohne Ehe seiner Eltern geboren wurde, richten sich der Reihenfolge nach:

1. nach dem Recht ihrer letzten gemeinsamen Staatsangehörigkeit;
2. nach dem Recht ihres letzten gemeinsamen gewöhnlichen Aufenthalts;
3. nach dem Recht der Staatsangehörigkeit des Vaters.

III. Griechisches Staatsangehörigkeitsrecht

e) Gesetzesdekret über die Staatsangehörigkeit idF v. 8.5.1984 (seit 10.11.2004 gilt der Kodex der griechischen Staatsangehörigkeit gemäß Gesetz 3284/2004)

Art. 1

(1) Das Kind eines Griechen oder einer Griechin erlangt mit der Geburt die griechische Staatsangehörigkeit.

IV. Griechisches materielles Recht[2] *(Astikos Kodikas vom 15.3.1940)*

Die folgenden materiellen Bestimmungen des AK gelten seit 1983 unverändert. Zum 23.12.2002 erfolgte Änderungen im Abstammungsrecht betreffen nur die künstliche Befruchtung.

1 Bestimmungen des IPR im AK bei Bergmann/Ferid/Henrich/Dutta/Ebert/*Kastrissios* Griechenland (Stand 2016).

2 Familienrechtliche Bestimmungen bei Bergmann/Ferid/Henrich/Dutta/Ebert/*Kastrissios* Griechenland (Stand 2016).

f) Eheschließung

Art. 1367 AK (Eheschließung)

(1) Die Ehe wird geschlossen entweder durch die gleichzeitige Erklärung der Trauleute, dass sie sich darüber einig sind (Zivilehe), oder durch kirchliche Trauung entweder durch einen Priester der östlich-orthodoxen Kirche oder einen Geistlichen einer anderen in Griechenland bekannten Konfession oder Religion.

(2) Die Erklärung wird öffentlich und feierlich vor zwei Zeugen gegenüber dem Bürgermeister oder Gemeindevorsteher des Ortes, an dem die Ehe geschlossen wird, oder gegenüber deren gesetzlichem Stellvertreter abgegeben, die verpflichtet sind, die entsprechende Beurkundung sofort vorzunehmen.

(...)

g) Kindschaft

Art. 127 AK (Volljährige)

Wer das 18. Lebensjahr vollendet hat (Volljähriger), ist zu jedem Rechtsgeschäft fähig.

Art. 1465 AK (Vermutung der ehelichen Abstammung)

(1) Es wird vermutet, dass das Kind, das während der Ehe seiner Mutter oder binnen dreihundert Tagen nach deren Auflösung oder Nichtigerklärung geboren ist, als Vater den Ehemann der Mutter hat (in der Ehe geborenes Kind).

Art. 1475 AK (Freiwillige Anerkennung)

(1) Der Vater kann das ohne Ehe geborene Kind als sein eigenes anerkennen, wenn auch die Mutter darin einwilligt. Ist die Mutter gestorben oder geschäftsunfähig, so erfolgt die Anerkennung lediglich durch die Erklärung des Vaters.

Art. 1479 AK (Gerichtliche Anerkennung)

(1) Die Mutter ist berechtigt, die Vaterschaftsanerkennung ihres Kindes, das geboren wurde, ohne dass sie mit seinem Vater verheiratet war, durch Klage zu verlangen. Dasselbe Recht steht auch dem Kind zu. Verweigert die Mutter ihre in Art. 1475 Abs. 1 vorgesehene Einwilligung, so haben auch der Vater und im Fall von Art. 1475 Abs. 2 der Großvater oder die Großmutter der väterlichen Seite ein Recht auf gerichtliche Anerkennung.

h) Elterliche Sorge bei Scheidung

Art. 1513 AK (Scheidung oder Nichtigerklärung der Ehe)

(1) Im Fall einer Scheidung oder Aufhebung der Ehe und zu Lebzeiten beider Eltern, regelt das Gericht die Ausübung der elterlichen Sorge. Die Ausübung der elterlichen Sorge kann auf einen der Elternteile übertragen werden, oder, wenn die Eltern übereinstimmen und dabei gleichzeitig den Aufenthaltsort des Kindes bestimmen, auf beide gemeinsam. (...)

(...)

i) Kindesname

Art. 1505 AK Familienname des Kindes

(1) Die Eltern sind verpflichtet, den Familiennamen ihrer Kinder durch ihre gemeinsame unwiderrufliche Erklärung zu bestimmen. Die Erklärung wird vor der Eheschließung entweder vor einem Notar oder vor dem Amtsträger, vor dem die Ehe geschlossen wird, abgegeben. Der Amtsträger hat die entsprechende Erklärung zu verlangen.

(2) Der gemeinsam für alle Kinder festgelegte Familienname kann entweder der Familienname eines Elternteils oder eine Kombination der Familiennamen der Eltern sein, darf aber auf keinen Fall mehr als zwei Familiennamen enthalten.

(3) Wenn die Eltern keine Erklärung über den Familiennamen ihrer Kinder nach den Bestimmungen der vorherigen Absätze abgeben, tragen die Kinder als Familiennamen den Familiennamen ihres Vaters.

Strukturierung des Falles

Wesentliche Themen: Internationale Zuständigkeit in Sorgerechtssachen; Sorgerechtsstatut; Verhältnis von MSA, KSÜ und Brüssel IIa-VO; Gewöhnlicher Aufenthalt; Erwerb der deutschen Staatsangehörigkeit; Vorfragenanknüpfung bei Name und Staatsangehörigkeit; Namensstatut; Abstammungsstatut; Haager Kindesentführungsübereinkommen; Anerkennung und Vollstreckung nach Brüssel IIa-VO. 247

I. Vaterschaft zu Georgios

1. Begründung der Vaterschaft vor dem 1.7.1998

a) Maßgebliche Kollisionsnorm

Anwendbares Recht, intertemporal Art. 224 § 1 EGBGB für Vaterschaftsbegründung seit 1.7.1998 Art. 19 EGBGB idF. des KindRG *lex causae*

b) Alternative Anknüpfung

Art. 19 EGBGB alternativ, jedenfalls wenn nur ein Mann als Vater in Betracht kommt

- Gewöhnlicher Aufenthalt des Georgios bis 2018: Deutsches Recht, oder
- Heimatrecht des Kostas: Griechisches Recht, oder
- Ehewirkungsstatut der Mutter, wenn wirksame Ehe, kann hier dahinstehen, weil auch dies griechisches Recht wäre (Art. 14 Abs. 1 aF EGBGB, Art. 14 Nr 1 AK); Neufassung des Art. 14 EGBGB zum 29.1.2019 wirkt nicht zurück, Anknüpfung Art. 19 Abs. 1 Alt. 3 EGBGB unwandelbar („bei der Geburt")

c) Vorfrage der Ehe in § 1592 Nr 1 BGB

Deutsches Recht § 1592 Nr 1 BGB, wenn Mutter bei Geburt verheiratet

- Vorfrage der wirksamen Ehe der Mutter selbstständig anzuknüpfen
- Materielles Eheschließungsstatut, Ehe nach 1.9.1986: Art. 13 Abs. 1 EGBGB, Gesamtverweisung in griechisches Heimatrecht (Art. 4 Abs. 1 S. 1 EGBGB), griechisches IPR nimmt an (Art. 13 Abs. 1 AK), Ehehindernisse oder Mängel (-)
- Formelles Eheschließungsstatut: Inland Art. 13 Abs. 3 aF EGBGB, wortgleich nun Art. 13 Abs. 4 EGBGB: zwingend deutsche Ortsform
- Intertemporal Eheschließung vor dem 1.7.1998: EheG aF, nicht Art. 226 Abs. 3 EGBGB
- § 13 Abs. 1 EheG aF wie § 1310 Abs. 1 BGB: zwingend Standesbeamter, sonst Nichtehe
- Ausnahme Art. 13 Abs. 3 aF EGBGB: beide Griechen (+); Ermächtigung (-) Art. 1367 Abs. 1 Hs. 2 AK genügt nicht
- § 1310 Abs. 3 BGB (-) im Zeitpunkt der Geburt noch keine 10 Jahre seit Setzen eines Vertrauenstatbestands
- Im Zeitpunkt der Geburt also zunächst keine Vaterschaft des Kostas

d) Alternativ: Sachnormverweisung in griechisches Recht

- Verweisung in griechisches Recht jedenfalls auch Sachnormverweisung

e) Abstammung im materiellen griechischen Recht

- Art. 1475 Abs. 1 AK (-), Art. 1479 AK (-), Art. 1465 Abs. 1 AK: Vorfrage der Ehe, bei selbstständiger Anknüpfung wieder (-); bei unselbstständiger Anknüpfung an griechische *lex causae* (+) Art. 1367 Abs. 1 AK

2. Begründung der Vaterschaft nach der Geburt

a) Durch Anerkennung (§ 1592 Nr 2 BGB)

- § 1592 Nr 2 BGB: (-) Anerkennung nicht wirksam mangels Zustimmung der Mutter (§ 1595 Abs. 1 BGB)

b) Durch Heilung des Formmangels der Ehe

- § 1592 Nr 1 BGB: Vorfrage Ehe, bei Eheschließung Nichtehe
- Heilung: § 1310 Abs. 3 Nr 1 BGB: (+) Eheerklärung vor Papas, Eintragung durch Standesbeamten, seit der Eintragung 10 Jahre als Ehegatten gelebt, Heilungstatbestand am 15.2.2008 vollendet, wirkt auf Eheschließung zurück und damit auf den Zeitpunkt der Geburt
- Kostas also nunmehr rückwirkend Vater des Georgios

[– *Hilfsgutachten:* griechisches Recht:

- Anerkennung (-) mangels Zustimmung der Mutter (Art. 1475 Abs. 1 AK)
- Art. 1465 AK wie § 1592 Nr 1 BGB, weil Vorfrage der Ehe nach deutschem Recht, also geheilt (+)]

Ergebnis: Kostas ist aufgrund § 1592 Nr 1 BGB und Heilung seiner Ehe mit Elena rückwirkend auf den Geburtszeitpunkt Vater des Georgios.

II. Name des Georgios

1. Namensstatut

a) Deutsches Staatsangehörigkeitsrecht
- Heimatrecht (Art. 10 Abs. 1 EGBGB)
- Deutsche Staatsangehörigkeit *iure soli* (§ 4 Abs. 3 StAG) (-) Geburt zwar nach dem 1.1.2000, also Neufassung anwendbar; aber § 4 Abs. 3 S. 1 Nr 1 StAG (8 Jahre rechtmäßiger Aufenthalt eines Elternteils) fehlt; § 4 Abs. 3 S. 1 Nr 2 StAG (unbefristetes Aufenthaltsrecht) ergäbe sich aus Art. 39 EGV aF

b) Griechisches Staatsangehörigkeitsrecht
- Griechische Staatsangehörigkeit: Art. 1 Abs. 1 griech. StAG (+) jedenfalls Mutter Griechin, Erwerb vom Vater ebenfalls (bereits bei Geburt), da Vorfrage der Abstammung bei StA unselbstständig anzuknüpfen

2. Name im griechischen Recht

Art. 1505 AK, wenn Georgios ein Kind verheirateter Eltern
- Vorfrage der wirksamen Ehe beim Namen unselbstständig anzuknüpfen, also griechisches Recht, also Ehe wirksam
- Art. 1505 Abs. 1 AK: Wahl des Nachnamens für alle gemeinsamen Kinder (-)
- Art. 1505 Abs. 3 AK: Name des Vaters, also „Karamanlis“

3. Deutscher ordre public

Deutscher *ordre public* (Art. 6 EGBGB) wegen Art. 3 Abs. 2 GG:
- Zweifelhaft, ob Grundsatz, da nicht Verhältnis der Ehegatten selbst betroffen
- Inlandsbezug: trotz gewöhnlichem Aufenthalt (-), Name eng mit Personalstatut verbunden

Ergebnis: Georgios heißt also „Karamanlis“.

III. Elterliche Sorge für Georgios

1. Sorgerechtslage

a) Anknüpfung Art. 16 KSÜ
- Art. 16 Abs. 1 KSÜ: Gewöhnlicher Aufenthalt des Kindes

b) Bestimmung des gewöhnlichen Aufenthalts
- Gewöhnlicher Aufenthalt: Lebensmittelpunkt, rein faktisch, nicht unmittelbar vom Sorgerechtsverhältnis abgeleitet
- Bei Kindesentführung: Integration, bisherige Rechtsprechung 6 Monate ohne Rückgabebemühungen
- Argument aus Art. 10 lit. b sublit. i) Brüssel IIa-VO, Art. 7 Abs. 1 lit. b KSÜ: wohl auch für IPR eher 12 Monate, kann aber offenbleiben, da letztlich durch Art. 10 lit. b Brüssel IIa-VO überlagert

c) Sorgerecht des Kostas vor Verbringung nach Griechenland

Deutsches Recht jedenfalls Sorgerechtsstatut bis 2010, § 1626 Abs. 1 BGB: Gemeinsame elterliche Sorge

Ergebnis: Elena und Kostas sind gemeinsam Inhaber der elterlichen Sorge für Georgios.

2. Zuständigkeit für eine Sorgerechtsregelung

a) Anwendungsbereich der Brüssel IIa-VO
- Art. 8 ff Brüssel IIa-VO:
- Sachlich (+): Art. 1 Abs. 1 lit. b Brüssel IIa-VO, elterliche Verantwortung umfasst elterliche Sorge und Umgangsrecht (Art. 1 Abs. 2 lit. a Brüssel IIa-VO); Ehesache nicht mehr erforderlich, anders Brüssel II-VO
- Intertemporal (+): Art. 64 Abs. 1 iVm Art. 72 Brüssel IIa-VO: Verfahren nach dem 1.3.2005 einzuleiten
- Räumlich-persönlich (+):
  - Gewöhnlicher Aufenthalt in Mitgliedstaat (Art. 2 Nr 3 Brüssel IIa-VO), einerlei ob Deutschland oder Griechenland
  - Kind: Brüssel IIa-VO keine Definition; Analogie zu Art. 2 KSÜ: unter 18 Jahren

Verhältnis zum KSÜ Art. 61 lit. a Brüssel IIa-VO

b) Art. 8 Brüssel IIa-VO
- Art. 8 Abs. 1 Brüssel IIa-VO, wenn Georgios gewöhnlichen Aufenthalt in Deutschland hat, was zweifelhaft ist, da womöglich sogar über 12 Monate schon in Griechenland

c) Art. 9 Brüssel IIa-VO
- Art. 9 Abs. 1 Brüssel IIa-VO (-): nur Abänderungszuständigkeit, nur bei rechtmäßigem Umzug des Kindes

d) Fortbestand der Zuständigkeit nach Art. 10 Brüssel IIa-VO
- Art. 10 Brüssel IIa-VO
- Bisher gewöhnlicher Aufenthalt in Deutschland (+)

- Widerrechtlich (+) = ohne Zustimmung des mitsorgeberechtigten Kostas nach Griechenland verbracht bzw dort zurückbehalten
- Erwerb gewöhnlichen Aufenthalts in Griechenland kann dahinstehen, bei Fehlen erst recht deutsche Gerichte zuständig
- Art. 10 lit. a Brüssel IIa-VO: keine Zustimmung jedes Sorgeberechtigten (+)
- Art. 10 lit. b Hs. 1 Brüssel IIa-VO: Ein Jahr Aufenthalt in Griechenland, mit Kenntnis des verletzten Sorgeberechtigten (-): Kenntnis erst 1.7.2018
- Art. 10 lit. b sublit. i, ii, iii, iv Brüssel IIa-VO: am 3.7.2018 noch irrelevant, anders, wenn 30.6.2019 untätig verstreicht
- Also: vor 1.7.2019 Rückgabeantrag in Griechenland (verhindert Art. 10 lit. b sublit. i Brüssel IIa-VO) und Sorgerechtsantrag in Deutschland

e) Örtliche Zuständigkeit
- Brüssel IIa-VO (-): Art. 8 Abs. 1 Brüssel IIa-VO: „die Gerichte eines Mitgliedstaats“
- FamFG: Familiensache (§ 111 Nr 2 iVm § 151 Nr 1 FamFG), keine Ehesache anhängig (§ 152 Abs. 1 FamFG)
- § 152 Abs. 2 FamFG: gewöhnlicher Aufenthalt des Kindes, problematisch, ob noch in Deutschland; sonst § 152 Abs. 3 FamFG Bedürfnis der Fürsorge, hier durch Art. 10 Brüssel IIa-VO vermittelt, also AG Stuttgart – Familiengericht

Ergebnis: Deutsche Gerichte sind international zuständig zur Regelung der elterlichen Sorge; örtlich zuständig ist das AG Stuttgart – Familiengericht.

Kostas ist zu raten, noch vor dem 1.7.2019 einen Sorgerechtsantrag in Deutschland und einen Rückführungsantrag in Griechenland anhängig zu machen.

3. Auf die Sorgerechtsregelung anwendbares Recht

a) Keine Regelung in der Brüssel IIa-VO
- Brüssel IIa-VO: Keine Kollisionsnorm

b) Anwendung Art. 15 KSÜ bei Zuständigkeit nach der Brüssel IIa-VO
- Art. 15 Abs. 1 KSÜ
- Problem: *lex fori* unter Brüssel IIa-Zuständigkeit
- Lex fori-Prinzip bei allen Brüssel IIa-Zuständigkeiten
- oder nur, wenn fiktive Zuständigkeit auch aus KSÜ
- Unter KSÜ unproblematisch, da Art. 7 KSÜ wie Art. 10 Brüssel IIa-VO

c) Keine Beachtung des Heimatrechts
- Keine Art. 3 MSA entsprechende Regelung im KSÜ: Heimatrecht unerheblich

Ergebnis: Die Sorgerechtsregelung erfolgt nach deutschem Recht.

4. Anerkennung und Vollstreckung der Sorgeentscheidung in Griechenland

a) Anwendung der Brüssel IIa-VO
- Art. 21 ff Brüssel IIa-VO: sachlich anwendbar (+), persönlich anwendbar (+), intertemporal (+): Verfahren nach dem 1.3.2005 eingeleitet (Art. 64 Abs. 1, 72 Brüssel IIa-VO)

b) Mögliche Anerkennungshindernisse
- Entscheidung in Griechenland anzuerkennen (Art. 21 Abs. 1 Brüssel IIa-VO)
- Versagung der Anerkennung nur gemäß Art. 23 Brüssel IIa-VO
- Denkbar *ordre public* (Art. 23 lit. a Brüssel IIa-VO) wegen Kindeswohl
- Denkbar spätere gegenteilige Regelung in Griechenland (Art. 23 lit. e Brüssel IIa-VO)

c) Vollstreckbarerklärung, oder …
- Soweit Vollstreckung erforderlich: Vollstreckbarerklärung (Art. 28 ff Brüssel IIa-VO)
- Zuständiges Gericht Art. 29 Abs. 1 Brüssel IIa-VO
- Anerkennungshindernisse verhindern Vollstreckbarerklärung

d) … unmittelbare Vollstreckung
- Art. 40 ff Brüssel IIa-VO: Unmittelbare Vollstreckbarkeit, wenn Entscheidung nach Art. 11 Abs. 8 Brüssel IIa-VO

Ergebnis: Eine Sorgerechtsentscheidung deutscher Gerichte ist grundsätzlich in Griechenland anzuerkennen und für vollstreckbar zu erklären; es besteht allerdings die Möglichkeit, dass die Anerkennung versagt wird, insbesondere wenn das zuständige griechische Gericht wegen Verletzung des Kindeswohls eine Verletzung des griechischen *ordre public* annimmt.

5. Rückgabeantrag

a) Keine Sonderregel in der Brüssel IIa-VO

- Art. 10 lit. b sublit. i Brüssel IIa-VO Rückgabeantrag in Griechenland erforderlich
- Brüssel IIa-VO: Keine Regelung zum Rückgabeantrag

b) EuKEntfÜbk
- Art. 4, 5 Abs. 1 lit. d EuKEntfÜbk: Untunlich, setzt vollstreckbare deutsche Sorgerechtsentscheidung voraus, nicht sinnvoller als Art. 21 ff, 28 ff Brüssel IIa-VO

c) Art. 8 HKiEntÜ
- Rückgabeantrag Art. 8 HKiEntÜ:
- Deutschland und Griechenland Vertragsstaaten (+)
- Persönlich anzuwenden, da Georgios unter 16. Lebensjahr (Art. 4 HKiEntÜ) (+)
- Widerrechtliches Verbringen, Verletzen des Sorgerechts (Art. 3 Abs. 1 lit. a HKiEntÜ) (+)
- Vorheriger gewöhnlicher Aufenthalt in Deutschland (Art. 4 HKiEntÜ) (+)
- Zuständig deutsche oder griechische Zentrale Behörde (Art. 8 Abs. 1 HKiEntÜ)
- Wegen Art. 10 lit. b sublit. i Brüssel IIa-VO: Antrag an griechische Behörde
- Art. 12 Abs. 1 HKiEntÜ: Sofortige Rückgabe
- Aber Art. 13 HKiEntÜ: Eingeschränkte Prüfung des Kindeswohls

d) „Letztes Wort“ nach Art. 11 Abs. 6 Brüssel IIa-VO
- Falls Abweisung nach Art. 13 HKiEntÜ
- Keine Durchsetzung deutscher Entscheidung nach HKiEntÜ in Griechenland
- Aber Art. 11 Abs. 6 Brüssel IIa-VO: Information der deutschen zentralen Behörde, wenn Entscheidung nach Art. 13 HKiEntÜ
- Art. 11 Abs. 7 Brüssel IIa-VO: „Einladung“ nicht erforderlich, wenn Sorgerechtsantrag bei AG Stuttgart – Familiengericht – anhängig
- Art. 11 Abs. 8 Brüssel IIa-VO: Sorgerechtsregelung und Rückgabeanordnung durch AG Stuttgart überwindet Entscheidung nach Art. 13 HKiEntÜ
- Vollstreckung dieser Entscheidung Art. 40 Abs. 1 lit. b Brüssel IIa-VO, wenn Art. 42 Abs. 2 Brüssel IIa-VO erfüllt
- Unmittelbare Vollstreckbarkeit durch Bescheinigung auf Formblatt (Anhang IV zur Brüssel IIa-VO); keine Anerkennungshindernisse gegen Vollstreckung

Ergebnis: Ein Rückgabeantrag nach Art. 8 HKiEntÜ muss wegen Art. 10 Brüssel IIa-VO in Griechenland gestellt werden. Selbst wenn dieser Antrag gemäß Art. 13 HKiEntÜ abgelehnt wird, hat das AG Stuttgart – Familiengericht – gemäß Art. 11 Abs. 8 Brüssel IIa-VO das „letzte Wort“. Überträgt es Kostas die elterliche Sorge und ordnet die Rückgabe des Georgios an, so ist eine Vollstreckung nach Art. 40 ff Brüssel IIa-VO möglich.

IV. Vaterschaft zu Iannis-Dieter

1. Abstammungsstatut

a) Konkurrierende Vaterzuordnung nach alternativ berufenen Rechtsordnungen
- Art. 19 EGBGB gewöhnlicher Aufenthalt, Heimatrecht des Vaters oder Ehewirkungsstatut

b) Günstigkeitsprinzip iSv Vaterschaftswahrscheinlichkeit
- Natur der Begünstigung durch Alternativität strittig:
- Begünstigung wahrscheinlicher Vaterschaft (-) Abstammungsbeweis

c) Günstigkeitsprinzip iSv. Prioritätsprinzip
- Günstigkeitsprinzip = Prioritätsprinzip (+)

2. Vaterschaft des Kostas

a) Keine Vaterschaft des Kostas nach § 1592 Nr 1 BGB
- Deutsches Recht (gewöhnlicher Aufenthalt)
- § 1592 Nr 1 BGB (-): Argument § 1593 BGB, § 1592 Nr 1 BGB nicht bei Geburt nach Rechtskraft der Scheidung

b) Vaterschaft des Kostas nach Art. 1465 Abs. 1 AK
- Griechisches Recht (Heimatrecht des Kostas): Art. 1465 Abs. 1 AK: 300 Tage nach Scheidung geboren (+) also Kostas Vater von Iannis-Dieter

3. Vaterschaft des Dieter

a) Sperrwirkung der Vaterschaft des Kostas nach § 1594 Abs. 2 BGB

Deutsches Recht (Heimatrecht Dieter) §§ 1592 Nr 2, 1594 ff BGB: Anerkennung erst wirksam, wenn Vaterschaft des Kostas wirksam angefochten ist (§ 1594 Abs. 2 BGB)

b) Sperrwirkung der Vaterschaft des Kostas nach Art. 1475 Abs. 1 AK
Griechisches Recht (Gewöhnlicher Aufenthalt Kind) Art. 1475 Abs. 1 (-) solange Ehemann der Mutter der Vater ist

4. Beseitigung der Vaterschaft des Kostas durch Ehescheidung

a) Qualifikation § 1599 Abs. 2 BGB
- Qualifikation § 1599 Abs. 2 BGB: Systematik und Zweck: Anfechtungsstatut

b) Anfechtungsstatut; § 1599 Abs. 2 als „Anfechtung durch das Kind"
- Anfechtungsstatut Art. 20 S. 1 EGBGB: Recht, nach dem die Vaterschaft besteht, also griechisches Recht; also § 1599 Abs. 2 BGB nicht anwendbar

[c) **Hilfsgutachten: Analoge Anwendung von § 1599 Abs. 2 bei Geburt nach Ehescheidung**
- Tatbestand § 1599 Abs. 2 BGB Geburt *vor* Scheidung, während Scheidungsverfahrens; aber analoge Anwendung, wenn Vaterschaft des Ehemanns nach fremder Rechtsordnung entgegen §§ 1592, 1593 BGB auch nach Scheidung]

Ergebnis: Vater von Iannis-Dieter im Rechtssinn ist Kostas. Die Vaterschaft müsste angefochten werden; erst nach wirksamer Anfechtung kann die Vaterschaft des Dieter aufgrund Anerkennung wirksam werden. Nach Ansicht des BGH ist hierzu auch § 1599 Abs. 2 BGB berufen, auch wenn die Vaterschaft nicht nach deutschem Recht besteht, aber das Kind gewöhnlichen Aufenthalt in Deutschland hat.

V. Name von Iannis-Dieter

1. Namensstatut
Art. 10 Abs. 1 EGBGB: Namensstatut Heimatrecht des Kindes
- Iannis-Dieter griechischer Staatsangehöriger, weil Elena Griechin
- Deutsche Staatsangehörigkeit
  § 4 Abs. 1 S. 2 StAG aufgrund Abstammung (-) solange Dieter nicht Vater
  § 4 Abs. 3 Nr 1 StAG (+) Geburt in Deutschland, rechtliche Eltern Elena und Kostas seit mehr als acht Jahren legal in Deutschland
- Deutsche Staatsangehörigkeit geht vor Art. 5 Abs. 1 S. 2 EGBGB

2. Name im deutschen Recht
- § 1617 BGB: Solange Kostas Vater ist, Einigung zwischen Elena und Kostas
- § 1617a BGB: Nach wirksamer Anfechtung wenn Elena allein sorgeberechtigt (§ 1626a Abs. 2 BGB)
- § 1617 BGB: Nach wirksamer Anfechtung bei gemeinsamer Sorge von Elena und Dieter (§ 1626a Abs. 1 BGB)

Ergebnis: Der Familienname von Iannis-Dieter bestimmt sich nach deutschem Recht und hängt davon ab, ob die Vaterschaft des Kostas wirksam angefochten ist.

Lösung

I. Vaterschaft zu Georgios

1. Begründung der Vaterschaft vor dem 1.7.1998

a) Maßgebliche Kollisionsnorm

248 Zu ermitteln ist das auf die Begründung der Vaterschaft **anwendbare Recht**. Am 1.7.1998 ist insoweit neues IPR (Art. 19 EGBGB) in Kraft getreten; für die Vaterschaftsbegründung seit dem 1.7.1998 gilt gemäß Art. 224 § 1 EGBGB der Art. 19 EGBGB idF. des KindRG. Da die Geburt nach diesem Stichtag erfolgte, ist somit Art. 19 EGBGB geltender Fassung anzuwenden. Da Art. 19 nF EGBGB die Abstammung einheitlich und unabhängig von einer bestehenden Ehe der Mutter anknüpft, spielt die Wirksamkeit der Ehe für die Auswahl der Kollisionsnorm keine Rolle mehr (anders Art. 19, 20 aF EGBGB: Erstfrage).

b) Alternative Anknüpfung

249 Der Streit um die Natur der **alternativen Anknüpfungen** in Art. 19 nF EGBGB kann hier noch offen bleiben, da für Georgios nur ein Mann als Vater in Betracht kommt und in solchen Fällen unstreitig Art. 19 EGBGB alternativ zu verstehen ist. Recht des gewöhnlichen Aufenthalts ist bis zu Georgios Umzug nach Griechenland in 2017 deutsches Recht. Alternativ ist das Heimatrecht des Kostas berufen, um dessen Vaterschaft es geht, also griechisches Recht. Das Ehewirkungsstatut der Kindesmutter, das nur berufen ist, wenn die Mutter bei Geburt verheiratet war, was hier fraglich ist, kann dahingestellt bleiben; es wäre gemäß Art. 14 Abs. 1 EGBGB (in der bei Geburt geltenden Fassung, Art. 4 Abs. 1 EGBGB, Art. 14 Nr. 1 AK) ebenfalls griechisches Recht. Die Neufassung des Art. 14 EGBGB zum 29.1.2019 wirkt nicht zurück, da Art. 19 Abs. 1 Alt. 3 EGBGB unwandelbar das Ehewirkungsstatut „bei der Geburt" beruft.

c) Vorfrage der Ehe in § 1592 Nr 1 BGB

250 Nach **deutschem Recht** besteht die Vaterschaft des Kostas gemäß § 1592 Nr 1 BGB, wenn er im Zeitpunkt der Geburt des Georgios mit Elena verheiratet war.

Dies wirft die **Vorfrage der wirksamen Ehe der Mutter** auf.

251 **aa)** Diese Vorfrage kann hier nur, unabhängig von der Frage, ob eine **selbstständige** oder **unselbstständige Anknüpfung** erfolgt, nach deutschem Recht angeknüpft werden; soweit deutsches Recht Abstammungsstatut ist, sind *lex fori* (selbstständige Anknüpfung) und *lex causae* (unselbstständige Anknüpfung) identisch.

252 **bb)** Das **materielle Eheschließungsstatut** für die nach dem 1.9.1986 geschlossene Ehe bestimmt Art. 13 Abs. 1 EGBGB. Die Verweisung für beide Verlobte in deren griechisches Heimatrecht ist Gesamtverweisung (Art. 4 Abs. 1 S. 1 EGBGB), die das grie-

chische IPR in Art. 13 Abs. 1 AK annimmt (MAT d). Darauf, dass Art. 13 Abs. 1 EGBGB kumulativ anknüpft, Art. 13 Abs. 1 AK jedoch alternativ, kommt es bei gleicher Staatsangehörigkeit beider Verlobter nicht an. Materielle Mängel sind nicht ersichtlich.

cc) Das **formelle Eheschließungsstatut** unterscheidet in der Anknüpfung nach dem Eheschließungsort. Die Eheschließung im Inland untersteht Art. 13 Abs. 3 aF EGBGB (nun wortgleich Art. 13 Abs. 4 EGBGB); es muss daher die deutsche Ortsform gewahrt sein, die Geschäftsform (Kumulation der Formen nach den von Art. 13 Abs. 1 EGBGB berufenen Rechtsordnungen) genügt nicht. **253**

Für die Eheschließung vor dem 1.7.1998 gilt die Form des am 1.7.1998 außer Kraft getretenen EheG; Art. 226 Abs. 3 EGBGB unterstellt nur die vor dem 1.7.1998 *geschlossene* Ehe neuem Recht, knüpft aber nicht rückwirkend auch den Vorgang der Eheschließung neu an – was intertemporaler Logik und dem verfassungsrechtlichen Verbot echter Rückwirkung widerspräche.

§ 13 Abs. 1 EheG aF sah, wie der geltende § 1310 Abs. 1 BGB, zwingend die Eheschließung vor dem Standesbeamten vor. Nach deutscher Ortsform wäre die Ehe daher Nichtehe (nicht existent).

dd) Die **Ausnahme des Art. 13 Abs. 3 EheG** zugunsten der Geschäftsform könnte vorliegend eingreifen, weil keiner der Verlobten Deutscher ist. Sie scheitert gleichwohl, weil der Papas Athanasios Evangelistrias nicht *ordnungsgemäß ermächtigt* ist. Die allgemeine gesetzliche Ermächtigung aus Art. 1367 Abs. 1 Hs. 2 AK (MAT f) genügt nicht, weil sie auf der kirchenrechtlichen Befugnis beruht. Es bedarf bei Eheschließungspersonen, die nicht aufgrund konsularischer oder diplomatischer Regelungen befugt sind, einer, hier fehlenden, Ermächtigung des Einzelnen zur Eheschließung Befugten durch Verbalnote der Regierung des Heimatstaates gegenüber der Bundesregierung.[1] Die Ehe ist somit Nichtehe. **254**

Eine Heilung nach § 17 Abs. 2 EheG aF ist nicht möglich, weil danach nur Mängel des § 13 EheG aF, nicht aber solche des § 11 EheG aF (Mitwirkung des Standesbeamten) geheilt wurden.

Im Zeitpunkt der Geburt des Georgios kommt auch noch keine Heilung der formunwirksamen Eheschließung nach § 1310 Abs. 3 BGB in Betracht; der erforderliche Vertrauenstatbestand der Eintragung der Ehe in ein Familienbuch bestand bei Geburt von Georgios noch keine 10 Jahre.

d) Alternativ: Sachnormverweisung in griechisches Recht

Die Vaterschaft des Kostas ist damit alternativ nach dem von Art. 19 Abs. 1 Alt. 2 EGBGB berufenen griechischen Recht zu prüfen. Die Verweisung in griechisches **255**

1 BGHZ 43, 213.

Recht ist aufgrund des Zweckes der alternativen Verweisung jedenfalls auch **Sachnormverweisung** (im früheren IPR hM, nun Art. 4 Abs. 1 Hs. 2 EGBGB, MAT c). Im Übrigen würde das griechische IPR die Verweisung annehmen (Art. 17, 14 AK, MAT d).

e) Abstammung im materiellen griechischen Recht

256 **aa)** Nach **griechischem Recht** könnte Kostas Vater des Georgios nur nach Art. 1465 Abs. 1 AK (MAT g) sein, da ohne Ehe der Mutter auch das griechische Recht eine „rechtsgeschäftliche Anerkennung" (Art. 1475 Abs. 1 AK, MAT g) oder eine „gerichtliche Anerkennung" (Art. 1479 AK, MAT g) erfordert, die vor dem 1.7.1998 nicht erfolgte. Für Art. 1465 Abs. 1 AK müsste Georgios „während der Ehe seiner Mutter" oder binnen 300 Tagen danach geboren sein.

257 **bb)** Erneut stellt sich also die **Vorfrage der Ehe**. Bei griechischer *lex causae* ist nun aber einerseits eine selbstständige Anknüpfung (deutsches IPR), andererseits eine unselbstständige Anknüpfung (griechisches IPR) denkbar. Nach hM wird diese Vorfrage im Interesse des internen Entscheidungseinklangs selbstständig angeknüpft, was, wie bereits geklärt, dazu führt, dass die Ehe nicht wirksam ist.

258 [Bei **unselbstständiger Anknüpfung** würde dagegen nach Art. 13 Abs. 1 S. 1 AK die Form nach dem Heimatrecht eines Nupturienten, also die des griechischen Rechts genügt haben. Art. 1367 Abs. 1 AK (MAT f) lässt die kirchliche Trauung durch einen griechisch-orthodoxen Priester zu. Aus griechischer Sicht sind also Kostas und Elena seit 15.2.1988 verheiratet und Georgios ist seit Geburt der Sohn des Kostas.]

2. Begründung der Vaterschaft nach der Geburt

a) Durch Anerkennung (§ 1592 Nr 2 BGB)

259 Die Vaterschaft könnte nach deutschem Recht durch Anerkennung seitens des Kostas am 1.12.2012 begründet worden sein. Auch zu diesem Zeitpunkt hatte Georgios seinen gewöhnlichen Aufenthalt noch in Deutschland, so dass die wandelbare Anknüpfung nach Art. 19 Abs. 1 Alt. 1 EGBGB weiterhin deutsches Recht beruft.

260 Die Anerkennung nach §§ 1592 Nr 2, 1594 BGB bedarf jedoch der Zustimmung der Mutter (§ 1595 Abs. 1 BGB), die hier ausdrücklich verweigert wurde.

b) Durch Heilung des Formmangels der Ehe

261 **aa)** Es könnte sich die Vaterschaft jedoch aus **§ 1592 Nr 1 BGB** ergeben, wenn der sich aus § 13 Abs. 1 EheG, der Vorgängerbestimmung zu § 1310 Abs. 1 S. 1 BGB, ergebende Mangel gemäß § 1310 Abs. 3 BGB, der am 1.7.1998 in Kraft getreten ist, **geheilt** ist. Die Voraussetzungen des § 1310 Abs. 3 Nr 1 BGB sind seit dem 15.2.2008 erfüllt: Die Ehegatten haben (vor dem Popen) erklärt, eine Ehe eingehen zu wollen; der Standesbeamte hat diese Ehe (irrtümlich) in das Familienbuch eingetragen, also den erfor-

derlichen personenstandsrechtlichen Vertrauenstatbestand geschaffen. Die vermeintlichen Ehegatten haben am 15.2.2008 mehr als zehn Jahre wie Ehegatten zusammengelebt. Da die damit eingetretene Heilung der Eheschließung auf den 15.2.1998 zurückwirkt, ist aus der Sicht des seit 1.7.1998 geltenden Rechts Georgios während der Ehe seiner Mutter geboren, so dass, rückwirkend seit 15.2.2008 betrachtet, Kostas im Rechtssinne seit Geburt sein Vater ist.[2] Die Rückwirkung reicht auch bei einer vor dem 1.7.1998 geschlossenen Ehe auf den Eheschließungszeitpunkt zurück und nicht nur auf den 1.7.1998, auch wenn es vor diesem Stichtag eine § 1310 Abs. 3 BGB entsprechende Heilungsnorm nicht gab.

[bb) *Hilfsgutachten:* Nach **griechischem Recht** würde ebenso die Anerkennung am 1.12.2012 nicht wirksam sein, weil Art. 1475 Abs. 1 AK die Zustimmung der Mutter verlangt. Die erneute Prüfung des Art. 1465 AK kommt zum selben Ergebnis wie die Prüfung des § 1592 Nr 1 BGB, weil die selbstständig angeknüpfte Vorfrage der wirksamen Eheschließung ebenso wie bei § 1592 Nr 1 BGB zu behandeln ist, also die Heilung nach § 1310 Abs. 3 BGB auch hier relevant ist.] **262**

Ergebnis: Kostas ist aufgrund § 1592 Nr 1 BGB und Heilung seiner Ehe mit Elena rückwirkend auf den Geburtszeitpunkt Vater des Georgios. **263**

II. Name des Georgios

1. Namensstatut

a) Deutsches Staatsangehörigkeitsrecht

Namensstatut des Georgios ist sein Heimatrecht (Art. 10 Abs. 1 EGBGB). Ein Erwerb der deutschen Staatsangehörigkeit kommt *iure soli* bei Geburt seit dem 1.1.2000 gemäß § 4 Abs. 3 StAG in Betracht. Jedoch erfordert § 4 Abs. 3 S. 1 Nr 1 StAG 8 Jahre rechtmäßigen Aufenthalts eines Elternteils im Zeitpunkt der Geburt. Dieser Zeitraum war zwischen dem Umzug 1997 aus Thessaloniki und dem Geburtsdatum am 15.3.2005 noch nicht verstrichen. Das zweite Erfordernis, nämlich ein unbefristetes Aufenthaltsrecht (§ 4 Abs. 3 S. 1 Nr 2 StAG) wäre gemäß Art. 39 EGV aF gegeben gewesen. **264**

b) Griechisches Staatsangehörigkeitsrecht

Damit kommt nur ein Erwerb der griechischen Staatsangehörigkeit in Betracht. Georgios hat die griechische Staatsangehörigkeit nach Art. 1 Abs. 1 griech. StAG (MAT e) erworben, weil seine Mutter Griechin ist. Auch von Kostas hat Georgios die griechische Staatsangehörigkeit erworben, denn in diesem Zusammenhang ist die **Vorfrage der** **265**

---

2 BayObLG FamRZ 2000, 699. In der in der Praxis ebenfalls anzutreffenden spiegelbildlichen Konstellation einer vor 1982 – nach altem griechischem Recht formunwirksam – vor einem deutschen Standesbeamten geschlossenen Ehen unter Beteiligung eines Griechen hat bereits Art. 7 Abs. 1 griechisches Gesetz 1250/1982 über die Einführung der Zivilehe eine rückwirkende Heilung aus griechischer Sicht begründet, sofern dadurch keine bigamische Ehe entsteht.

Vaterschaft jedenfalls unselbstständig anzuknüpfen. Ob eine Person einem Staat angehört, entscheidet ausschließlich der Staat, dessen Staatsangehörigkeit betroffen ist; dies kann nicht aus deutscher Sicht anders beurteilt werden als aus Sicht des betroffenen Staates. Nach griechischem Recht war aber, wie gesehen (Rn 262), die Ehe wirksam und Kostas auch bei Beurteilung im Zeitpunkt der Geburt Vater des Georgios.

2. Name im griechischen Recht

266 Nach **materiellem griechischem Recht** könnte der Name nach Art. 1505 AK (MAT i) zu bestimmen sein. Dann müsste Georgios ein Kind verheirateter Eltern sein.

Die hier erneut aufgeworfene **Vorfrage** der wirksamen Ehe der Eltern ist hinsichtlich des Namens wieder **unselbstständig** anzuknüpfen. Der Name hat eine auch in Ausweisen dokumentierte Identifikationsfunktion; seine Ausfüllung muss dem Heimatstaat überlassen bleiben, um hinkende Namensführung zu vermeiden. *Lex causae* ist das griechische Heimatrecht. Die nach Art. 1505 Abs. 1 AK vor Eheschließung erforderliche Wahl des Nachnamens für alle gemeinsamen Kinder wurde nach Sachverhalt offenbar versehentlich unterlassen. Damit bestimmt sich der Name nach Art. 1505 Abs. 3 AK. Georgios hieße danach „Karamanlis“.

3. Deutscher ordre public

267 Diese Regelung könnte gegen den deutschen ***ordre public*** (Art. 6 EGBGB) verstoßen. Als wesentlicher Grundsatz ist an Art. 3 Abs. 2 GG zu denken. Fraglich ist allerdings schon, ob eine solche Zweifelsregelung tatsächlich gegen Art. 3 Abs. 2 GG verstieße. Anders als § 1355 Abs. 1 S. 2 aF BGB, für den das BVerfG einen solchen Verstoß angenommen hat, betrifft der Name des Kindes nicht unmittelbar das Verhältnis von Vater und Mutter. Nachdem die zunächst auch vom BVerfG[3] vertretene Ansicht, § 1626a Abs. 2 BGB idF des KindRG verstoße wegen der besonderen Lebenssituation des ohne Ehe der Eltern geborenen Kindes nicht gegen Art. 3 Abs. 2 GG, nicht mehr aufrecht erhalten wird,[4] wird man auch namensrechtlich schon den abstrakten Vorrang des Vaternamens in Bezug auf den Kindesnamen als gegen Art. 3 Abs. 2 GG verstoßend ansehen müssen.

Fraglich ist zudem der Inlandsbezug, da alle Beteiligten Griechen sind. Zwar haben sie in Deutschland gewöhnlichen Aufenthalt. Anders als die elterliche Sorge, für die schon der gewöhnliche Aufenthalt einer Familie einen hinreichenden Inlandsbezug bietet, wird der Name nicht als Element der täglichen Sorgebeziehung gelebt, sondern ist stark mit dem Heimatstaat verbunden. Daher muss die Anwendung des deutschen ordre public auf die Namensbildung im Personalstatut eine eng begrenzte Ausnahme (zB bei

---

3 BGH NJW 2001, 2472; das BVerfG NJW 2003, 955 stellte argumentativ vorsichtiger auf die besondere Lebenssituation ohne Ehe der Eltern geborener Kinder ab.

4 EGMR FamRZ 2010, 103; BVerfG NJW 2010, 3008.

Verstößen einer Namensbestimmung gegen das Persönlichkeitsrecht) bleiben. Niemandem wäre mit einer durch den deutschen *ordre public* induzierten hinkenden Namensführung gedient.

Ergebnis: Georgios heißt also „Karamanlis". **268**

III. Elterliche Sorge für Georgios

1. Sorgerechtslage

a) Anknüpfung Art. 16 KSÜ

Seit dem Inkrafttreten des **Haager KSÜ** am 1.1.2011 für Deutschland ist in seinem **269** Anwendungsbereich auch für vorher begründete Kindschaftsverhältnisse das Sorgerechtsstatut nach Art. 15 ff KSÜ zu bestimmen; das Sorgerechtsstatut ist wandelbar, der Wechsel der Kollisionsnorm führt ggf zu einem Sorgerechtswechsel ex nunc. Das KSÜ ist anzuwenden auf Kinder iSd. Art. 2 KSÜ, also Personen von ihrer Geburt bis zur Vollendung des 18. Lebensjahres. Dies ist für Georgios der Fall. Räumlich sind die Kollisionsnormen des KSÜ als *loi uniforme* anzuwenden, auch dann, wenn sie in das Recht eines Nichtvertragsstaates weisen (Art. 20 KSÜ); im Gegensatz zu Schutzmaßnahmen ergeben sich insoweit keine räumlichen Anwendungskonflikte zum Haager MSA und zur Brüssel IIa-VO, die keine Kollisionsnormen enthalten.

Art. 16 ff KSÜ bestimmen das auf die elterliche Verantwortung anwendbare Recht außerhalb von zu treffenden Schutzmaßnahmen. Elterliche Verantwortung iSd KSÜ (und der Brüssel IIa-VO) umfasst insbesondere die elterliche Sorge. Für die Zuweisung der elterlichen Sorge kraft Gesetzes maßgebliches **Sorgerechtsstatut** ist damit gemäß Art. 16 Abs. 1 KSÜ das Recht des Staates des gewöhnlichen Aufenthalts von Georgios.

b) Bestimmung des gewöhnlichen Aufenthalts

Der **gewöhnliche Aufenthalt** wird als der Lebensmittelpunkt einer Person[5] verstanden **270** und hängt als rein faktisches Kriterium nicht von einer rechtsgeschäftlichen Willensbildung und damit nicht unmittelbar von den Sorgerechtsverhältnissen ab. Gleichwohl erfordert die Begründung eines neuen gewöhnlichen Aufenthaltes Freiwilligkeit, die Voraussetzung für die Bildung eines neuen Lebensmittelpunktes ist. Diese liegt bei einem Minderjährigen nicht sogleich vor, wenn sein Aufenthalt gegen den Willen des – oder eines – Sorgeberechtigten verlegt wird. Erst wenn der Sorgeberechtigte, wenn auch widerstrebend, den neuen Aufenthalt ohne Rückführungsbemühungen duldet, kann eine faktische Integration des Minderjährigen zu einem relevanten neuen gewöhnlichen Aufenthalt führen.[6] Diese Ausfüllung des Begriffes stammt wesentlich aus der Rechtsprechung zu Art. 1 MSA und kann im Grundsatz auf das KSÜ übertragen werden. In der Rechtsprechung zum MSA wurde für eine solche Integration ein mindestens

5 BGH NJW 1981, 520.
6 BGH NJW 1981, 520.

6-monatiger gewöhnlicher Aufenthalt ohne Rückführungsbemühungen durch einen Sorgeberechtigten angenommen. Inzwischen treffen jedoch Art. 10 lit. b sublit. i Brüssel IIa-VO und Art. 7 Abs. 1 lit. b KSÜ Vorkehrungen, die frühestens nach einjährigem Aufenthalt die auf dem gewöhnlichen Aufenthalt beruhende Zuständigkeit übergehen lassen (dazu noch Rn 285); zwar hindern diese Bestimmungen formal nicht den Erwerb eines neuen gewöhnlichen Aufenthalts, suspendieren diesen aber prozessual und über Art. 15 Abs. 1 KSÜ auch kollisionsrechtlich. Die für Zwecke des IPR naheliegende Folgerung, dass bei Verbringen gegen den Willen eines Sorgeberechtigten die für den Wechsel des gewöhnlichen Aufenthaltes erforderliche Integration erst nach einem Jahr störungsfreien Aufenthalts eintritt, wird bislang in der überwiegenden Rechtsprechung nicht gezogen.

An dieser Stelle kann die abschließende Beurteilung eines Wechsels des gewöhnlichen Aufenthaltes noch offen bleiben; grundsätzlich kann wegen Art. 10 Brüssel IIa-VO der Widerstand des Kostas gegen die Aufenthaltsverlegung des Georgios noch aussichtsreich sein, wenn Kostas vor dem Umzug des Georgios nach Griechenland sorgeberechtigt war.

c) Sorgerecht des Kostas vor Verbringung nach Griechenland

271 Während Georgios in Deutschland lebte, war zuletzt jedenfalls **deutsches Recht** Sorgerechtsstatut. § 1626 Abs. 1 BGB geht davon aus, dass miteinander verheiratete Eltern gemeinsam sorgeberechtigt sind. Die darin enthaltene Vorfrage der Ehe der Eltern ist auch insoweit durch die rückwirkende Heilung positiv beantwortet. Kostas und Elena hatten also jedenfalls im Zeitpunkt der Verbringung des Kindes nach Griechenland gemeinsam die elterliche Sorge für Georgios. Nicht klärungsbedürftig ist hier, wie sich der rückwirkende Eintritt der gemeinsamen elterlichen Sorge auf Rechtsgeschäfte auswirkt, welche die vor Heilung allein sorgeberechtigte Mutter für das Kind getätigt hat und denen durch die Rückwirkung nicht die Grundlage entzogen werden kann.

272 **Ergebnis:** Elena und Kostas sind gemeinsam Inhaber der elterlichen Sorge für Georgios.

2. Zuständigkeit für eine Sorgerechtsregelung

a) Anwendungsbereich der Brüssel IIa-VO

273 Die internationale Zuständigkeit deutscher Gerichte könnte sich nach **Art. 8 ff Brüssel IIa-VO** bestimmen.

274 **aa) Sachlich** ist die Verordnung gemäß Art. 1 Abs. 1 lit. b Brüssel IIa-VO auf die Übertragung der elterlichen Verantwortung, welche insbesondere die elterliche Sorge und das Umgangsrecht umfasst (Art. 1 Abs. 2 lit. a Brüssel IIa-VO), anwendbar. Eines Zusammentreffens mit einer Ehesache bedarf es, anders als unter der Brüssel II-VO, nicht mehr; die Brüssel IIa-VO gilt auch für isolierte Sorgerechtsverfahren.

bb) Intertemporal gilt die Brüssel IIa-VO gemäß ihrem Art. 64 Abs. 1 iVm Art. 72 für das vorliegend nach dem 1.3.2005 einzuleitende Verfahren. **275**

cc) Räumlich-persönlich findet die Brüssel IIa-VO jedenfalls Anwendung auf Kinder mit gewöhnlichem Aufenthalt in einem **Mitgliedstaat**. Da sowohl Deutschland als auch Griechenland Mitgliedstaaten sind (Art. 2 Nr 3 Brüssel IIa-VO), kommt es hier nicht darauf an, wo Georgios bei Verfahrenseinleitung gewöhnlichen Aufenthalt hat. **276**

Fraglich ist, wie das Tatbestandsmerkmal **„Kind"** auszufüllen ist, da die Brüsssel IIa-VO hierzu keine Definition enthält. Im Interesse einer einheitlichen Begriffsbildung empfiehlt sich eine Anlehnung an Art. 2 KSÜ; da Georgios das 18. Lebensjahr noch nicht vollendet hat, ist er Kind.

dd) Im Verhältnis zwischen den Mitgliedstaaten verdrängt die Brüssel IIa-VO zuständigkeitsrechtlich das **KSÜ**, wenn das Kind seinen gewöhnlichen Aufenthalt in einem Mitgliedstaat hat (Art. 61 lit. a Brüssel IIa-VO). **277**

Damit ist die Brüssel IIa-VO auf die Bestimmung der internationalen Zuständigkeit anzuwenden.

b) Art. 8 Brüssel IIa-VO

Die internationale Zuständigkeit deutscher Gerichte könnte sich aus **Art. 8 Abs. 1 Brüssel IIa-VO** ergeben, wenn Georgios im Zeitpunkt der Antragstellung seinen gewöhnlichen Aufenthalt in Deutschland hat. Dies ist, da Georgios zu einem nicht näher bekannten Zeitpunkt zwischen dem 7.3.2018 und dem 1.7.2018 von seiner Mutter nach Griechenland verbracht wurde, im Beratungszeitpunkt noch gesichert. Ob sodann Eile zur Antragstellung geboten ist, hinge möglicherweise davon ab, ob man bei Verbringung unter Verletzung der elterlichen Sorge des Kostas auf eine 6- oder 12-Monatsfrist abstellt. **278**

c) Art. 9 Brüssel IIa-VO

Eine Aufrechterhaltung der Zuständigkeit nach **Art. 9 Abs. 1 Brüssel IIa-VO** kommt nicht in Betracht, weil diese Bestimmung nur eine Abänderungszuständigkeit bei rechtmäßigem Umzug des Kindes in einen anderen Mitgliedstaat vorsieht und überdies nur die Änderung einer Umgangsregelung betrifft. Weder war der Umzug rechtmäßig, da er gegen die Mitsorge des Kostas verstieß, noch geht es um eine Abänderung einer Umgangsentscheidung deutscher Gerichte. **279**

d) Fortbestand der Zuständigkeit nach Art. 10 Brüssel IIa-VO

Deutsche Gerichte, die ursprünglich nach Art. 8 Brüssel IIa-VO zuständig waren, könnten jedoch unbeschadet der Aufenthaltsfrage (Rn 270) gemäß **Art. 10 Brüssel IIa-VO** zuständig bleiben. **280**

281 **aa)** Die **grundsätzlichen Anwendungsvoraussetzungen** des Art. 10 Abs. 1 Brüssel IIa-VO sind erfüllt: Georgios hatte in Deutschland, einem Mitgliedstaat, gewöhnlichen Aufenthalt. Er wurde widerrechtlich, nämlich ohne die Zustimmung des mitsorgeberechtigten Kostas, nach Griechenland, einem anderen Mitgliedstaat, verbracht und außerdem dort gegen den sogar ausdrücklich entgegenstehenden Willen des Kostas zurückbehalten.

282 **bb)** Auf den in Art. 10 Abs. 1 Brüssel IIa-VO ebenfalls genannten Erwerb eines **gewöhnlichen Aufenthalts** kommt es tatbestandlich nicht an; durch dessen Erwähnung ist nur die Selbstverständlichkeit klargestellt, dass die Zuständigkeit nicht gemäß Art. 8 Brüssel IIa-VO auf die Gerichte des neuen Aufenthaltsstaates übergehen kann, solange dort noch nicht einmal ein gewöhnlicher Aufenthalt besteht; ob Georgios also bereits gewöhnlichen Aufenthalt in Griechenland hat, kann weiter offen bleiben.

283 **cc)** Nach **Art. 10 lit. a** Brüssel IIa-VO dürfte nicht die **Zustimmung** jedes Sorgeberechtigten zu dem Verbringen bzw Zurückhalten vorliegen. Dies ist der Fall, denn Kostas hat nicht zugestimmt.

284 **dd)** Nach **Art. 10 lit. b Hs. 1** Brüssel IIa-VO dürfte, vorbehaltlich der weiteren Bedingungen in Art. 10 lit. b sublit. i und sublit. ii Brüssel IIa-VO, das Kind sich noch nicht **ein Jahr** in Griechenland aufgehalten und sich in seiner neuen Umgebung eingelebt haben, wobei die Jahresfrist mit **Kenntnis** der in ihrem Sorgerecht verletzten Person beginnt. Da Kostas erst am 1.7.2018 von der Verbringung des Kindes nach Griechenland erfahren hat und daher jedenfalls nicht vorher dessen dortigen Aufenthaltsort gekannt haben kann, läuft die zuständigkeitserhaltende Frist des Art. 19 Brüssel IIa-VO unabhängig vom gewöhnlichen Aufenthalts des Kindes, unbeschadet der nicht abschließend geklärten Frage, wie eine Ereignisfrist unter EU-Verordnungen zu berechnen ist, jedenfalls bis zum Ablauf des 30.6.2019.

285 **ee)** Damit sind für bis zum 30.6.2011 gestellte Anträge deutsche Gerichte jedenfalls weiter zuständig, ohne dass die Voraussetzungen in Art. 10 lit. b sublit. i, ii, iii, iv Brüssel IIa-VO zu prüfen wären. Jedoch ist für die Beratung des Kostas zu beachten, dass mit Ablauf des Jahres seit Kenntnis nicht nur die Voraussetzung einjährigen Aufenthaltes nach Art. 10 lit. b Hs. 1 Brüssel IIa-VO (Rn 284) eintritt, sondern zugleich auch die für einen Verlust der deutschen Zuständigkeit notwendige Zusatzbedingung in Art. 10 lit. b sublit. i Brüssel IIa-VO, sofern nicht vor dem 1.7.2019 ein Rückgabeantrag bei den zuständigen griechischen Behörden (Verbringungs-Mitgliedstaat) gestellt wird. Wird ein solcher Antrag rechtzeitig gestellt, so dauert die deutsche Zuständigkeit an, bis das Verfahren in einer der in Art. 10 lit. b sublit. ii, iii, iv Brüssel IIa-VO genannten Weisen endet.

Kostas muss also, um unabhängig von der nach einem Aufenthaltsjahr drohenden Verlagerung des gewöhnlichen Aufenthaltes des Georgios nach Griechenland zu bleiben, noch vor dem 1.7.2011 einen Rückgabeantrag bei den griechischen Behörden und einen

Sorgerechtsantrag bei den weiter zuständigen deutschen Gerichten stellen. Der Rückgabeantrag blockiert sodann nach Art. 10 lit. b sublit. i Brüssel IIa-VO den Übergang der Sorgerechtszuständigkeit auf griechische Gerichte; für einen vor dem 1.7.2019 gestellten Sorgerechtsantrag blieben bei Antragstellung noch zuständige deutsche Gerichte bis zur Entscheidung weiter zuständig.

e) Örtliche Zuständigkeit

Die örtliche Zuständigkeit regelt die **Brüssel IIa-VO nicht** (Art. 8 Abs. 1 Brüssel IIa-VO: „die Gerichte eines Mitgliedstaats"). Die Sorgerechtsregelung ist Familiensache (§ 111 Nr 2 iVm § 151 Nr 1 FamFG: Kindschaftssache) und es ist keine Ehesache anhängig (§ 152 Abs. 1 FamFG). **286**

Nach § 152 Abs. 2 FamFG ist das Gericht örtlich zuständig, in dessen Bezirk das Kind seinen gewöhnlichen Aufenthalt hat. Ob Georgios (noch) in Deutschland gewöhnlichen Aufenthalt hat, ist wie gesagt fraglich. Ist dies nicht der Fall, so ist nach § 152 Abs. 3 FamFG das Gericht zuständig, in dessen Bezirk das Bedürfnis der Fürsorge bekannt wird; dies führt hier zu der Zuständigkeit des Gerichts des letzten gewöhnlichen Aufenthalts von Georgios in Deutschland, denn dort ist das von Art. 10 Brüssel IIa-VO getragene Fürsorgebedürfnis zu lokalisieren. Zuständig ist damit das AG Stuttgart – Familiengericht. **287**

Ergebnis: Deutsche Gerichte sind international zuständig zur Regelung der elterlichen Sorge; örtlich zuständig ist das AG Stuttgart – Familiengericht. **288**

Kostas ist zu raten, noch vor dem 1.7.2019 einen Sorgerechtsantrag in Deutschland und einen Rückführungsantrag in Griechenland anhängig zu machen.

3. Auf die Sorgerechtsregelung anwendbares Recht

a) Keine Regelung in der Brüssel IIa-VO

Die **Brüssel IIa-VO** regelt nur die internationale Zuständigkeit, nicht aber das anwendbare Recht; insoweit kann sie daher auch nicht das KSÜ verdrängen. **289**

b) Anwendung Art. 15 KSÜ bei Zuständigkeit nach Brüssel IIa-VO

Gemäß **Art. 15 Abs. 1 KSÜ** wendet das zuständige Gericht die *lex fori* an. Es ergibt sich allerdings das Problem, dass diese Kollisionsregeln an sich auf der Zuständigkeit aus dem KSÜ aufbauen. Überwiegend wird dennoch angenommen, auch ein nach der Brüssel IIa-VO zuständiges Gericht wende nach Art. 15 Abs. 1 KSÜ auf eine Schutzmaßnahme immer sein Recht an. Hiergegen spricht, dass die Anwendung der *lex fori* im KSÜ nicht blind verordnet wird, sondern an die Zuständigkeitsregeln anknüpft; die lex fori kann dann nur Anwendung finden, wenn die sich aus der Brüssel IIa-VO ergebende Zuständigkeit auch im KSÜ eine Grundlage hätte. Folgt man vorliegend der ersten Ansicht, so wendet das AG Stuttgart deutsches Recht als *lex fori* an. Folgt man der **290** zweiten Ansicht, so ist die Anwendung deutschen Rechts bei fiktiver Prüfung des KSÜ vorliegend problemlos, da Art. 7 KSÜ eine Art. 10 Brüssel IIa-VO entsprechende Zuständigkeit vorsieht.[7]

c) Keine Beachtung des Heimatrechts

291 Eine Rücksichtnahme auf das Heimatrecht des Kindes, wie sie noch **Art. 3 MSA** vorsah, ist in Art. 15 KSÜ nicht mehr vorgesehen. Über die elterliche Sorge ist somit nach § 1671 BGB zu entscheiden; dass das griechische Recht (Art. 1513 AK, MAT h) nur eine Regelung der Ausübung der elterlichen Sorge erlaubt, nicht aber eine Vollübertragung, ist nicht mehr beachtlich.

292 **Ergebnis:** Die Sorgerechtsregelung erfolgt nach deutschem Recht.

4. Anerkennung und Vollstreckung der Sorgeentscheidung in Griechenland

a) Anwendung der Brüssel IIa-VO

293 Die Anerkennung einer von deutschen Gerichten zu erlassenden Sorgerechtsregelung in Griechenland beurteilt sich nach **Art. 21 ff Brüssel IIa-VO**; der sachliche und persönliche Anwendungsbereich wurde bereits geprüft (Rn 274, 276); intertemporal gilt die Brüssel IIa-VO für die Anerkennung von Entscheidungen jedenfalls dann, wenn das Verfahren nach dem 1.3.2005 eingeleitet wurde (Art. 64 Abs. 1, 72 Brüssel IIa-VO).

b) Mögliche Anerkennungshindernisse

294 Damit ist die zu erlassende **Entscheidung in Griechenland anzuerkennen**, ohne dass es eines besonderen Verfahrens bedarf (Art. 21 Abs. 1 Brüssel IIa-VO). Die Anerkennung kann nur versagt werden, wenn ein Grund für die Nichtanerkennung nach Art. 23 Brüssel IIa-VO vorliegt. In Betracht kommt insbesondere, dass griechische Gerichte in einer Sorgerechtsregelung bzw in einer Herausgabeanordnung zugunsten des Kostas eine Verletzung des Kindeswohls und damit des griechischen *ordre public* (Art. 23 lit. a Brüssel IIa-VO) sehen. Auch besteht das Risiko, dass nach einer deutschen Sorgerechtsregelung Elena in Griechenland (zB gestützt auf Art. 12 Brüssel IIa-VO) eine gegenteilige Regelung erreicht, die dann ebenfalls der Anerkennung entgegenstünde (Art. 23 lit. e Brüssel IIa-VO).

c) Vollstreckbarerklärung, oder ...

295 Soweit die zu erlassende deutsche Entscheidung der **Vollstreckung** bedarf, insbesondere wenn die Herausgabe des Kindes an Kostas angeordnet wird, kommt zum einen ein Antrag auf Vollstreckbarerklärung (Art. 28 ff Brüssel IIa-VO) in Betracht, der an das in Art. 29 Abs. 1 Brüssel IIa-VO genannte griechische Gericht zu richten ist. In dem

---

7 Unter dem MSA war dies hingegen fraglich, weil das MSA die fortdauernde Zuständigkeit bei unrechtmäßigem Aufenthaltswechsel jedenfalls nicht ausdrücklich vorsah und nach der ursprünglichen Rechtsprechung der gewöhnliche Aufenthalt schon nach 6 Monaten wechselte.

Vollstreckbarerklärungsverfahren würde die Anerkennungsfähigkeit geprüft, so dass ggf wieder der Einwand des griechischen *ordre public* und die Gefahr einer anderslautenden griechischen Entscheidung entgegenstünde.

d) … unmittelbare Vollstreckung

Dies lässt sich nur vermeiden, wenn Kostas eine Entscheidung herbeiführt, die nach Art. 40 ff Brüssel IIa-VO der unmittelbaren Vollstreckbarkeit in Griechenland unterliegt; hierzu müsste eine Entscheidung nach Art. 11 Abs. 8 Brüssel IIa-VO erreicht werden (Art. 40 Abs. 1 lit. b Brüssel IIa-VO; dazu Rn 308 ff). **296**

Ergebnis: Eine Sorgerechtsentscheidung deutscher Gerichte ist grundsätzlich in Griechenland anzuerkennen und für vollstreckbar zu erklären; es besteht allerdings die Möglichkeit, dass die Anerkennung versagt wird, insbesondere wenn das zuständige griechische Gericht wegen Verletzung des Kindeswohls eine Verletzung des griechischen *ordre public* annimmt. **297**

5. Rückgabeantrag

a) Keine Sonderregel in der Brüssel IIa-VO

Im Hinblick auf Art. 10 lit. b sublit. i Brüssel IIa-VO ist es, wie bereits festgestellt (Rn 285), erforderlich, einen **Rückgabeantrag** bei zuständigen griechischen Gerichten zu stellen. **298**

Den Rückgabeantrag bei Kindesentführung regelt die **Brüssel IIa-VO** selbst nicht. **299**

b) EuKEntfÜbk

Ein Vorgehen nach **Art. 4, 5 Abs. 1 lit. d EuKEntfÜbk**, das eine vollstreckbare deutsche Sorgerechtsentscheidung voraussetzt, ist nicht sinnvoll: Zum einen ist eine solche deutsche Entscheidung ohnehin nach Art. 21 ff, 28 ff Brüssel IIa-VO in Griechenland anzuerkennen und zu vollstrecken, so dass über das EuKEntfÜbk kein zusätzlicher Vorteil erzielt würde. Zum anderen müsste abgewartet werden, bis deutsche Gerichte eine Sorgerechtsregelung getroffen haben, was angesichts der gebotenen Eile (Stichtag 1.7.2019) nicht tunlich ist. **300**

c) Art. 8 HKiEntÜ

Ein Rückgabeantrag ohne Sorgeentscheidung kann hingegen nach Art. 8 des **Haager Kindesentführungsübereinkommens** (HKiEntÜ) gestellt werden, dem sowohl Deutschland als auch Griechenland angehören. **301**

aa) Das HKiEntÜ ist auf Georgios **anzuwenden**, weil er das 16. Lebensjahr noch nicht vollendet hat (Art. 4 HKiEntÜ). Es liegt auch ein widerrechtliches Verbringen durch Verletzen des Sorgerechts des Kostas vor (Art. 3 Abs. 1 lit. a HKiEntÜ); Georgios **302**

hatte vor diesem Verbringen gewöhnlichen Aufenthalt in Deutschland, einem Vertragsstaat (Art. 4 HKiEntÜ).

303 **bb)** Zuständig sind wahlweise die deutsche Zentrale Behörde oder die griechische (Art. 8 Abs. 1 HKiEntÜ). Für Zwecke des Art. 10 lit. b sublit. i Brüssel IIa-VO eignet sich jedoch ausdrücklich nur ein Antrag, der bei den „Behörden des Mitgliedstaats gestellt [wird], in den das Kind verbracht wurde", also ein Antrag bei der griechischen Zentralen Behörde.

304 **cc)** Ziel ist die sofortige Rückgabe (Art. 12 Abs. 1 HKiEntÜ). Diesem Verlangen können nur eingeschränkt nach **Art. 13 HKiEntÜ** Kriterien der Ausfüllung des Sorgerechts, insbesondere das Kindeswohl, entgegengesetzt werden. Dieser Charakter der Rückgaberegelung gibt der Rückgabe Vorrang vor der endgültigen Sorgeregelung, die nach Herstellung des *status quo ante* im Staat des ursprünglichen Aufenthalts erfolgen soll. Freilich ist nicht ausgeschlossen, dass ein griechisches Gericht im Sinne von Elena entscheidet, die in geeigneter Weise darstellen wird, dass das Kindeswohl des Georgios bei Trennung von Mutter und Heimatstaat gefährdet ist.

d) „Letztes Wort" nach Art. 11 Abs. 6 Brüssel IIa-VO

305 Kommt es zu einer das **Rückgabeverlangen abweisenden griechischen Entscheidung**, so könnte Kostas hiergegen nach den Bestimmungen des HKiEntÜ eine deutsche Sorgerechtsentscheidung nicht durchsetzen.

306 **aa)** Vorliegend kann sich jedoch etwas anderes aus **Art. 11 Abs. 6 Brüssel IIa-VO** ergeben. Danach muss ein gemäß Art. 13 HKiEntÜ entscheidendes griechisches Gericht die Zentrale Behörde in Deutschland, wo das Kind vor Verbringung seinen gewöhnlichen Aufenthalt hatte, gemäß § 3 Abs. 1 Nr. 3 IntFamRVG somit das Bundesamt für Justiz, informieren und die Unterlagen gemäß Art. 11 Abs. 6 Brüssel IIa-VO übermitteln.

307 **bb)** Einer „Einladung" an die Parteien gemäß **Art. 11 Abs. 7 Brüssel IIa-VO** bedarf es sodann nicht, weil hier vorausgesetzt werden darf, dass Kostas dem Rat entsprechend bereits beim AG Stuttgart – Familiengericht – einen Sorgerechtsantrag gestellt hat.

308 **cc)** Das AG Stuttgart – Familiengericht – kann nun nach **Art. 11 Abs. 8 Brüssel IIa-VO** ungeachtet der auf Art. 13 HKiEntÜ gestützten griechischen Entscheidung seine Sorgerechtsregelung treffen und die Rückgabe des Georgios aus Griechenland anordnen.

309 **dd)** Für die Vollstreckung dieser Entscheidung gilt sodann **Art. 40 Abs. 1 lit. b Brüssel IIa-VO**, wobei das AG Stuttgart – Familiengericht – darauf achten muss, bereits im Sorgerechtsverfahren die Bedingungen gemäß Art. 42 Abs. 2 Brüssel IIa-VO zu erfüllen.

ee) Ist die Entscheidung ergangen, so wird sie vom AG Stuttgart – Familiengericht – auf Formblatt (Anhang IV zur Brüssel IIa-VO) bescheinigt. Die **Bescheinigung** macht die deutsche Rückgabeentscheidung zu einem **unmittelbar vollstreckbaren Titel**, der in Griechenland nicht mehr der Vollstreckbarerklärung bedarf und dem weder der *ordre public*-Einwand noch die griechische Entscheidung gemäß Art. 13 HKiEntÜ entgegengesetzt werden kann. **310**

Ergebnis: Ein Rückgabeantrag nach Art. 8 HKiEntÜ muss wegen Art. 10 Brüssel IIa-VO in Griechenland gestellt werden. Selbst wenn dieser Antrag gemäß Art. 13 HKiEntÜ abgelehnt wird, hat das AG Stuttgart – Familiengericht – gemäß Art. 11 Abs. 8 Brüssel IIa-VO das „letzte Wort". Überträgt es Kostas die elterliche Sorge und ordnet die Rückgabe des Georgios an, so ist eine Vollstreckung nach Art. 40 ff Brüssel IIa-VO möglich. **311**

IV. Vaterschaft zu Iannis-Dieter

1. Abstammungsstatut

a) Konkurrierende Vaterzuordnung nach alternativ berufenen Rechtsordnungen

Art. 19 EGBGB knüpft an das Recht des gewöhnlichen Aufenthalts an, eröffnet aber auch eine Vaterschaftsfeststellung nach dem Heimatrecht des Vaters oder dem Ehewirkungsstatut der Ehe der Mutter bei Geburt, wenn diese verheiratet ist. Diese Anknüpfungen sind nicht abgestuft, greifen also **alternativ** ein. Im Gegensatz zu der bis 30.6.1998 nur für „nichteheliche" Kinder geltenden alternativen Anknüpfung in Art. 20 Abs. 1 aF EGBGB ist strittig, welches Ziel die Alternativität des Art. 19 EGBGB begünstigen soll.[8] Das spielt eine Rolle, wenn für das Kind nach mehreren berufenen Rechtsordnungen verschiedene Männer als Väter in Betracht kommen und deshalb ein Vorrang der anwendbaren Rechtsordnungen bestimmt werden muss. **312**

b) Günstigkeitsprinzip iSv Vaterschaftswahrscheinlichkeit

Teils wird angenommen, begünstigt werden solle die **wahre Abstammung**, sodass, anknüpfend an die Wendung „kann", der Standesbeamte, Richter oder gesetzliche Vertreter des Kindes eine *Wahl* habe, das Statut auszusuchen, das dem Kind den *wahrscheinlicheren* Vater zuordne. Das ist abzulehnen; die Ermittlung des biologisch richtigen Vaters ist ein materielles Problem, das im Zusammenwirken von Anerkennung und Anfechtung bzw gerichtlicher Feststellung erreicht wird und als Grundlage den strengen Abstammungsbeweis, jedoch nicht ein freieres Ermessen des Gerichts oder gar gesetzlichen Vertreters hat. **313**

---

8 Hierzu *Henrich* FamRZ 1998, 1401; *Hepting* StAZ 2000, 33.

c) Günstigkeitsprinzip iSv Prioriätstprinzip

314 Art. 19 EGBGB begünstigt durch alternative Anknüpfung vielmehr weiterhin lediglich die Begründung einer Vaterschaft überhaupt, was zwar auch als **„Günstigkeitsprinzip"** bezeichnet wird, bei Konkurrenz mehrerer Vaterschaften allerdings eher ein **Prioritätsprinzip** bedeutet:[9] Hat das Kind nach einer der genannten Rechtsordnungen einen Mann zum Vater, so kann nicht nach einer anderen Rechtsordnung ein anderer Mann Vater werden, ehe die erste Vaterschaft wirksam angefochten ist.

2. Vaterschaft des Kostas

315 Im Fall könnte im Zeitpunkt der Geburt **Kostas als Vater** verlautbart sein.

a) Keine Vaterschaft des Kostas nach § 1592 Nr 1 BGB

316 Nach **deutschem Recht** (gewöhnlicher Aufenthalt) könnte sich dies aus § 1592 Nr 1 BGB ergeben; wie jedoch § 1593 BGB zeigt, gilt § 1592 Nr 1 BGB nicht mehr bei Geburt nach Rechtskraft der Scheidung.

b) Vaterschaft des Kostas nach Art. 1465 Abs. 1 AK

317 Kostas könnte jedoch nach seinem **griechischen** Heimatrecht der Vater sein. Art. 1465 Abs. 1 AK (MAT g) ordnet auch das innerhalb von 300 Tagen nach Scheidung geborene Kind dem Ehemann der Mutter zu. Damit ist Kostas Vater von Iannis-Dieter.

3. Vaterschaft des Dieter

318 Eine **Vaterschaft des Dieter** könnte sich aus dessen deutschem Heimatrecht ergeben. Die Vaterschaft könnte aber auch nach griechischem Recht als Recht des gewöhnlichen Aufenthalts von Iannis-Dieter festgestellt werden; denn obgleich Kostas Vater im Rechtssinn und damit sorgeberechtigt ist, hat er offenkundig gegen die Aufenthaltsverlegung von Iannis-Dieter keine Einwände erhoben.

a) Sperrwirkung der Vaterschaft des Kostas nach § 1594 Abs. 2 BGB

319 Nach **deutschem** Recht könnte eine Anerkennung der Vaterschaft durch Dieter jedoch (§§ 1592 Nr 2, 1594 ff BGB) erst wirksam werden, wenn die bereits vorher bestehende Vaterschaft des Kostas wirksam angefochten ist (§ 1594 Abs. 2 BGB)

b) Sperrwirkung der Vaterschaft des Kostas nach Art 1475 Abs. 1 AK

320 Nach **griechischem** Recht ist ebenfalls nur die Anerkennung eines Kindes zulässig, das außerhalb einer Ehe geboren wurde (Art. 1475 Abs. 1, MAT g).

---

9 BGH NJW 2017, 2829.

4. Beseitigung der Vaterschaft des Kostas durch Ehescheidung

Die Vaterschaft des **Kostas** könnte jedoch wirksam durch die Ehescheidung gemäß § 1599 Abs. 2 BGB beseitigt sein, so dass eine Anfechtung nicht mehr erforderlich wäre. **321**

a) Qualifikation § 1599 Abs. 2 BGB

Dazu ist zunächst § 1599 Abs. 2 BGB zu **qualifizieren**. Nur wenn nach dieser Qualifikation maßgebliches Statut deutsches Recht ist, ist § 1599 Abs. 2 BGB anwendbar. Zwar handelt es sich bei § 1599 Abs. 2 BGB nicht um eine Anfechtung der Vaterschaft im engeren Sinn. Systematisch (im Kontext des § 1599 Abs. 1 BGB) und funktionell entspricht § 1599 Abs. 2 BGB jedoch der Anfechtung; die Bestimmung verfolgt den Zweck, eine vereinfachte Beseitigung der Vaterschaft zu erlauben. Maßgeblich ist also das **Anfechtungsstatut**. **322**

b) Anfechtungsstatut; § 1599 Abs. 2 BGB als „Anfechtung durch das Kind"

Anfechtungsstatut ist nach Art. 20 S. 1 EGBGB wahlweise jedes Recht, nach dem die Vaterschaft besteht, hier also nur griechisches Recht. Deutsches Recht käme nur nach Art. 20 S. 2 EGBGB alternativ zur Anwendung, der eine Anfechtung durch das Kind nach dem Recht seines gewöhnlichen Aufenthalts zulässt. Zwar ließe sich erwägen, für Zwecke des § 1599 Abs. 2 BGB den gewöhnlichen Aufenthalt des Kindes unmittelbar im Zeitpunkt der Geburt am gewöhnlichen Aufenthalt der Mutter zu lokalisieren. Fraglich ist jedoch, ob es sich bei § 1599 Abs. 2 BGB um eine Anfechtung *durch das Kind* handelt. Der BGH[10] hat dies zwar angenommen, konstruiert hierfür jedoch die Zustimmung der Mutter zur Anerkennung durch den Dritten gemäß § 1595 Abs. 1 BGB als sorgerechtliche Erklärung für das Kind, was nicht der Regelung entspricht, die ausdrücklich eine Zustimmung der Mutter in eigenem Namen vorsieht und der Mutter keine Interessenwahrung für das Kind auferlegt. Folgt man der hier vertretenen Ansicht, so handelt es sich um eine gemeinsame Anfechtung durch die Mutter und deren Ehemann. Damit ist § 1599 Abs. 2 BGB als Bestimmung des deutschen Rechts nicht anwendbar. **323**

[c) Hilfsgutachten: Analoge Anwendung von § 1599 Abs. 2 BGB bei Geburt nach Ehescheidung]

Folgt man dem BGH, so ist § 1599 Abs. 2 BGB anwendbar. Sodann stellt sich das weitere Problem, dass diese Bestimmung nach ihrem Wortlaut nur die Geburt *während eines Scheidungsverfahrens*, jedoch nicht eine Geburt *nach* Rechtskraft der Scheidung erfasst. Das beruht aber auf der Wertung der §§ 1592, 1593 BGB, die eine Zuordnung zum Ehemann bei Geburt nach Scheidung ohnehin verhindern. Bestimmt eine anwendbare Rechtsordnung eine solche Vermutung sogar noch nach Rechtskraft der Scheidung, so besteht, insoweit mit dem BGH, erst recht ein Bedürfnis nach – entsprechen- **324**

10 BGH BeckRS 2018, 15629.

der – Anwendung von § 1599 Abs. 2 BGB. Die übrigen tatbestandlichen Voraussetzungen, Anerkennung durch Dritten binnen Jahresfrist nach Scheidung mit Zustimmung der Mutter und zusätzlich des Ehemannes der Mutter, wären erfüllbar.]

325 **Ergebnis:** Vater von Iannis-Dieter im Rechtssinn ist Kostas. Die Vaterschaft müsste angefochten werden; erst nach wirksamer Anfechtung kann die Vaterschaft des Dieter aufgrund Anerkennung wirksam werden. Nach Ansicht des BGH ist hierzu auch § 1599 Abs. 2 BGB berufen, auch wenn die Vaterschaft nicht nach deutschem Recht besteht, aber das Kind gewöhnlichen Aufenthalt in Deutschland hat.

V. Name von Iannis-Dieter

1. Namensstatut

326 Namensstatut ist das **Heimatrecht** des Kindes (Art. 10 Abs. 1 EGBGB). Iannis-Dieter ist griechischer Staatsangehöriger, weil Elena Griechin ist. Die deutsche Staatsangehörigkeit besitzt Iannis-Dieter nicht als Sohn des Dieter Dritter, solange die Anerkennung durch Dieter nicht wirksam ist (§ 4 Abs. 1 S. 2 StAG). Jedoch ist Iannis-Dieter *iure soli* nach § 4 Abs. 3 Nr 1 StAG Deutscher geworden, da seine (rechtlichen) Eltern Elena und Kostas bei der Geburt des Kindes seit mehr als acht Jahren legalen Aufenthalt in Deutschland hatten und auch die Voraussetzung des unbefristeten Aufenthaltsrechts vorliegt. Iannis-Dieter hat also ein deutsches Namensstatut, denn seine deutsche Staatsangehörigkeit hat kollisionsrechtlich Vorrang (Art. 5 Abs. 1 S. 2 EGBGB).

2. Name im deutschen Recht

327 **Materiellrechtlich** gilt § 1617 BGB. Ehe die Vaterschaft des Kostas wirksam angefochten ist, müssen sich Elena und Kostas über die Namensführung einigen. Nach wirksamer Anfechtung erstarkt die Anerkennung durch Dieter Dritter. Es gilt § 1617a BGB, wenn Elena allein sorgeberechtigt ist (§ 1626a Abs. 2 BGB) bzw § 1617 BGB bei gemeinsamer Sorge von Elena und Dieter (§ 1626a Abs. 1 BGB).

328 **Ergebnis:** Der Familienname von Iannis-Dieter bestimmt sich nach deutschem Recht und hängt davon ab, ob die Vaterschaft des Kostas wirksam angefochten ist.

Literaturhinweise

Behandlung der fallrelevanten Themen in:
***Rauscher* Internationales Privatrecht (5. Aufl., 2017)**

Internationale Zuständigkeit in Sorgerechtssachen:	Rn 2161 ff
Sorgerechtsstatut:	Rn 964 ff, 977 ff
Verhältnis von MSA, KSÜ und Brüssel IIa-VO:	Rn 956 ff
Kollisionsnormen im KSÜ:	Rn 964 ff

Gewöhnlicher Aufenthalt:	Rn 273 ff
Vorfragenanknüpfung bei Name und Staatsangehörigkeit:	Rn 518 f
Namensstatut:	Rn 669 ff
Abstammungsstatut:	Rn 989 ff
Haager Kindesentführungsübereinkommen:	Rn 983 ff; 2182 ff
Anerkennung und Vollstreckung nach Brüssel IIa-VO:	Rn 2475 ff
Erwerb der deutschen Staatsangehörigkeit:	Rn 257 ff

Weitere Literatur

1. Internationale Zuständigkeit in Sorgerechtssachen

Rauscher/Rauscher (2015), Art. 8 Brüssel IIa-VO, Rn 6 ff.

Schulz Internationale Regelungen zum Sorge- und Umgangsrecht, FPR 2004, 299.

2. Sorgerechtsstatut

Staudinger/Henrich (2019), Art. 21 EGBGB, Rn 15.

3. Verhältnis MSA, KSÜ, Brüssel IIa-VO

Staudinger/Pirrung (2018), Vorb zu Art. 1 Brüssel IIa-VO, Rn 20.

Rauscher/Rauscher (2015), Art. 8 Brüssel IIa-VO Rn 11.

4. Gewöhnlicher Aufenthalt

Staudinger/Pirrung (2018), Art. 8 Brüssel IIa-VO, Rn C 54.

Rauscher/Rauscher (2015), Art. 8 Brüssel IIa-VO Rn 6.

Baetge Zwischen Rom und Los Angeles – Zur Ermittlung des gewöhnlichen Aufenthaltes bei Kleinkindern bei Kindesentführungen, IPRax 2006, 313.

Dutta/Schulz Erste Meilensteine im europäischen Kindschaftsverfahrensrecht: Die Rechtsprechung des Europäischen Gerichtshofs zur Brüssel IIa-VO von C bis Mercredì, ZEuP 2012, 526.

5. Vorfragenanknüpfung

Staudinger/Looschelders (2019), Einl IPR, Rn 1123.

6. Namensstatut

Hepting Angleichung in Art. 47 EGBGB, StAZ 2008, 161.

Weber Namenserwerb und Namensänderung bei Kindern, NZFam 2015, 4.

7. Abstammungsstatut

Lagarde Die Leihmutterschaft: Problem des Sach- und des Kollisionsrechts, ZEuP 2015, 233.

Rauscher Anmerkung zu BGH XII ZB 72/16 NJW 2017, 2911 und zu BGH XII ZB 369/17 NJW 2018, 2641.

Staudinger/Henrich (2019), Art. 19 EGBGB, Rn 11.

8. Haager Kindesentführungsübereinkommen

Finger Haager Kindesentführungsübereinkommen anhand neuerer Rechtsprechung, FamRBint 2007, 65.

Pietzsch Internationale Kindesentführung, FuR 2017, 189.

Vogel Haager Übereinkommen über die zivilrechtlichen Aspekte internationaler Kindesentführung, FPR 2012, 403.

9. Anerkennung und Vollstreckung Brüssel IIa-VO

Andrae Anerkennung einer ausländischen Entscheidung zur elterlichen Sorge, NZFam 2016, 1011.

Rauscher/Rauscher (2015), Art. 21 Brüssel IIa-VO, Rn 1 und Art. 28 Brüssel IIa-VO, Rn 1.

10. Erwerb der deutschen Staatsangehörigkeit

Grzeszick Integration und doppelte Staatsangehörigkeit, ZRP 2017, 155.

Leopold Einführung in das Staatsangehörigkeitsrecht, JuS 2006, 126.

Manhart Die deutsche Staatsangehörigkeit, NZFam 2015, 442.

Fall 6

Opas Grundstück in Sachsen und das Kind aus Salvador

Der 1955 in New York (USA) geborene US-amerikanische Staatsangehörige Mike Michelob und die deutsche Staatsangehörige Franziska Froh sind seit 1.12.1986 miteinander verheiratet. Am 15.5.1988 haben die Ehegatten in San Salvador, der Hauptstadt des mittelamerikanischen Staates El Salvador, das einen Monat alte Findelkind José adoptiert. Die Adoption erfolgte nach dem Recht von El Salvador durch eine Vereinbarung zwischen den Adoptiveltern und der Jugendbehörde in San Salvador als gesetzlichem Vertreter des Kindes. Diese Vereinbarung wurde durch das Vormundschaftsgericht in San Salvador genehmigt. **329**

Nach erfolgter Adoption nahmen sie José mit sich nach Basel (Schweiz), wo sie seit der Eheschließung ihren Wohnsitz hatten. Schon nach kurzer Zeit äußerten Schweizer Behörden Zweifel an der Reichweite der Wirkungen dieser Adoption. Um Schwierigkeiten zu vermeiden, entschlossen sie sich, die Adoption des José in der Schweiz zu wiederholen. Mit Beschluss vom 10.9.1989 wurde die Adoption durch die Kantonsbehörde Basel in Anwendung schweizerischen Rechts ausgesprochen. Mike und Franziska wurden in dem Verfahren aufgrund einer partiellen Anerkennung der Adoption in El Salvador als gesetzliche Vertreter des Kindes José behandelt. Auf eine Zustimmung der leiblichen Eltern wurde verzichtet, weil diese unbekannt sind.

Anfang 1990 verlegten die Ehegatten berufsbedingt ihren Wohnsitz auf Dauer nach Hannover; ihre Wohnung in Basel lösten sie auf. Am 10.10.1999 verstarb Mike bei einem Verkehrsunfall. Er hinterließ außer José keine weiteren Abkömmlinge. Als Franziska für José einen deutschen Reisepass beantragen will, äußert der Beamte im Ordnungsamt der Stadt Hannover Zweifel, ob José deutscher Staatsangehöriger ist. Da José bereits einen US-Reisepass besitzt, gerät die Angelegenheit zunächst in Vergessenheit.

Beim Blättern in alten Papieren und Urkunden ihres verstorbenen Ehemannes am Weihnachtsabend 2018 findet Franziska einen Grundbuchauszug aus dem Jahr 1929, in dem Mikes Vater Johannes Michelberger als Eigentümer eines mit einem Mietshaus bebauten Grundstücks in der Innenstadt von Leipzig eingetragen war. Johannes Michelberger, der als deutscher Staatsangehöriger 1901 in Leipzig geboren war, musste 1934 emigrieren und ließ sich in Lima (Peru) nieder, wo er nach Verzicht auf seine deutsche Staatsangehörigkeit 1948 eingebürgert wurde. Von 1950 bis zu seinem Ruhestand lebte er zur Führung seiner Geschäfte überwiegend in New York und nannte sich der einfacheren Aussprache wegen fortan „John Michelob“. John Michelob ist am 1.10.1986 in Iquitos (Peru) verstorben, wo er seit 1972 als Pensionist in seiner Villa am Amazonas gelebt hatte. Seine Ehefrau, Mikes Mutter, die US-Staatsangehörige Cecil Michelob war bereits 1970 verstorben. Mike war Johns einziger Abkömmling.

Bei weiteren Nachforschungen Franziskas stellt sich heraus, dass das Grundstück in Leipzig zwar von wechselnden Günstlingen der jeweiligen Regime verwaltet und genutzt worden war, jedoch weder vor noch nach dem Tod des John Michelob eine Enteignung oder ein sonstiger heute noch relevanter Eingriff in das Eigentum stattgefunden hatte.

Franziska begibt sich mit ihren gesammelten Nachweisen zum Amtsgericht Leipzig,- Grundbuchamt – und fordert den Rechtspfleger auf, die richtige Rechtslage in das Grundbuch einzutragen. Dieser rät ihr, sich einen Rechtsanwalt zu nehmen, der von Franziska erfährt, dass Mike außer seiner möglichen Berechtigung an dem Leipziger Grundstück noch eine Eigentumswohnung in Manhattan und beweglichen Nachlass besessen hat.

1. Wer ist Eigentümer des Grundstücks?
2. Wie kann die Berichtigung des Grundbuchs erreicht werden?
3. Besitzt José die deutsche Staatsangehörigkeit?

Materialien

330 Gehen Sie, soweit Sie zur Bedeutung von Rechtsbegriffen einer fremden Rechtsordnung über keine einschlägigen rechtsvergleichenden Kenntnisse verfügen, davon aus, dass solche Rechtsbegriffe wie im deutschen Recht auszufüllen sind.

I. Recht von New York[1]

a) Estates Powers and Trusts Law (EPTL)

§ 3.–5.1. EPTL

...

(b) Unbeschadet der anderen Vorschriften dieses Paragraphen:

(1) Sowohl testamentarische (im Einzelnen: Form, Substanz, Wirkung, Auslegung, Widerruf oder Änderung eines Testaments) wie gesetzliche Erbfolge in *real property* beurteilen sich nach der lex rei sitae.

(2) Sowohl testamentarische (im Einzelnen: Substanz, Wirkung, Widerruf oder Änderung eines Testaments) wie gesetzliche Erbfolge in *personal property* beurteilen sich nach dem Recht des Domizils des Erblassers zur Zeit seines Todes.

II. Peruanisches Recht[2]

Código Civil vom 24.7.1984 (peru cc)

b) Art. 2100 peru cc

Die Erbfolge richtet sich, unabhängig vom Lageort des Vermögens, nach dem Recht des letzten Wohnsitzes des Erblassers.

---

1 *Ferid/Firsching/Dörner/Hausmann* USA, New York, Texte (Stand 1984); aktueller englischer Text https://codes.findlaw.com/ny/estates-powers-and-trusts-law/.

2 *Bergmann/Ferid/Henrich* Peru (Stand 2012); spanischer Text: www.abogadoperu.com.

III. IPR der ehemaligen DDR

d) DDR-RAG (Rechtsanwendungsgesetz), in Kraft vom 1.1.1976 bis 2.10.1990

§ 25 DDR-RAG (Recht der Erbfolge)

...

(2) Die erbrechtlichen Verhältnisse in bezug auf das Eigentum und andere Rechte an Grundstücken und Gebäuden, die sich in der Deutschen Demokratischen Republik befinden, bestimmen sich nach dem Recht der Deutschen Demokratischen Republik.

IV. Materielles Recht der ehemaligen DDR

e) DDR-ZGB, in Kraft vom 1.1.1976 bis 2.10.1990

§ 363 DDR-ZGB

(1) Der Erbfall tritt mit dem Tode ein. Der Nachlass geht kraft gesetzlicher oder testamentarischer Erbfolge auf einen oder mehrere Erben über.

...

§ 364 DDR-ZGB

...

(2) Verwandte der nachfolgenden Ordnung sind nicht zur Erbfolge berufen, solange ein Erbe einer vorhergehenden Ordnung vorhanden ist, soweit dieses Gesetz nichts anderes bestimmt.

§ 365 DDR-ZGB

Gesetzliche Erben der 1. Ordnung sind der Ehegatte und die Kinder des Erblassers. Sie erben zu gleichen Teilen, der Ehegatte jedoch mindestens ein Viertel des Nachlasses ...

V. Materielles Recht von El Salvador

f) Código de familia vom 11.10.1993[3]

Art. 167

Durch die Adoption wird das Adoptivkind in jeglicher Hinsicht Teil der Familie der Adoptierenden, als deren Kind, und verliert vollständig die Bindungen an seine biologische Familie, in Bezug auf die es keinerlei Rechte oder Pflichten mehr hat. Die in diesem Gesetzbuch niedergelegten Ehehindernisse aufgrund Verwandtschaft bleiben bestehen.

Art. 178

Die Adoption wird begründet mit Rechtskraft des Urteils, das sie ausspricht und das unwiderruflich ist.

Art. 402 [Übergangsbestimmungen]

[Hinweis: *Die Norm enthält keine Übergangsbestimmung zur Anwendung neuen Adoptionsrechts*]

3 *Bergmann/Ferid/Henrich* El Salvador (Stand 2010); spanischer Text: www.asamblea.gob.sv.

g) Gesetz über die Adoption vom 28.10.1955[4] (aufgehoben durch Art. 403 Código de familia vom 11.10.1993)

Art. 1

Das durch die Adoption entstehende gesetzliche Familienband umfasst nur den Adoptierenden, den Adoptierten und die blutsverwandten Abkömmlinge des letzteren in gerader Linie.

Art. 2

Der Adoptierte ist als ein Kind des Adoptierenden anzusehen.

Art. 6

Die Adoption wird vom Richter der ersten Instanz ausgesprochen …

Art. 7

Ist die gerichtliche Erlaubnis zur Adoption erteilt, so muss diese in öffentlicher Urkunde innerhalb von 60 darauffolgenden Tagen stattfinden, wobei aus dieser Urkunde die Zustimmung des Adoptierenden und des gesetzlichen Vertreters des adoptierten Minderjährigen hervorzugehen haben…

Art. 16

Das Adoptivkind bleibt weiter ein Teil seiner blutsmäßigen Familie und behält in ihr alle seine Rechte und Pflichten.

[… folgen einzelne familienrechtliche Verhältnisse, die zwischen dem Adoptierten und dem Adoptierenden entstehen …]

Art. 24

Bei der gesetzlichen Erbfolge nach dem Adoptierenden wird das Adoptivkind als eheliches Kind angesehen; hat derselbe aber keine eheliche Nachkommenschaft, so stehen ihm die natürlichen Kinder gleich.

Der Adoptierende beerbt den Adoptierten nur auf Grund eines Testaments.

h) Codigo Civil[5] (elsalv cc)

Art. 9 elsalv cc

(1) Das Gesetz kann nur mit Wirkung für die Zukunft regeln und hat nie zurückwirkende Wirkungen.

(2) Gleichwohl gelten Gesetze, welche sich darauf beschränken, den Sinn anderer Gesetze zu erklären, deren Bedeutung unklar und von zweifelhafter oder strittiger Auslegung ist, als in jene inkorporiert, jedoch berühren sie in keiner Weise die Wirkungen vollstreckbarer gerichtlicher Entscheidungen in der Zwischenzeit.

(3) In jedem anderen Fall, selbst wenn das Gesetz den Eindruck erweckt, erklärend zu sein, ist es als eine neue Bestimmung ohne rückwirkenden Effekt anzusehen.

---

4 *Bergmann/Ferid/Henrich* El Salvador (Ablage Stand 1991).

5 Eigene Übersetzung, spanischer Text unter www.oas.org.

VI. Staatsangehörigkeitsrecht von El Salvador

i) Verfassung der Republik El Salvador[6]

Art. 90

Salvadorianer durch Geburt sind:

1. die auf dem Gebiet von El Salvador Geborenen; ...

[Hinweis: Bei auf dem Gebiet von El Salvador gefundenen Neugeborenen wird vermutet, dass die Geburt in El Salvador erfolgte.]

VII. Schweizerisches IPR[7]

j) Bundesgesetz über das Internationale Privatrecht (IPRG)

Art. 52 IPRG

(1) Die güterrechtlichen Verhältnisse unterstehen dem von den Ehegatten gewählten Recht.

(2) Die Ehegatten können wählen zwischen dem Recht des Staates, in dem beide ihren Wohnsitz haben oder nach der Eheschliessung haben werden, und dem Recht eines ihrer Heimatstaaten ...

Art. 54 IPRG

(1) Haben die Ehegatten keine Rechtswahl getroffen, so unterstehen die güterrechtlichen Verhältnisse:

a) dem Recht des Staates, in dem beide gleichzeitig ihren Wohnsitz haben, oder, wenn dies nicht der Fall ist,

b) dem Recht des Staates, in dem beide Ehegatten zuletzt gleichzeitig ihren Wohnsitz hatten.

(2) Hatten die Ehegatten nie gleichzeitig Wohnsitz im gleichen Staat, so ist ihr gemeinsames Heimatrecht anwendbar.

(3) Hatten die Ehegatten nie gleichzeitig Wohnsitz im gleichen Staat und haben sie auch keine gemeinsame Staatsangehörigkeit, so gilt die Gütertrennung des schweizerischen Rechts.

VIII. Schweizerisches materielles Recht[8]

k) Zivilgesetzbuch (ZGB)

Art. 264 ZGB

Ein Kind darf adoptiert werden, wenn ihm die künftigen Adoptiveltern während wenigstens eines Jahres[9] Pflege und Erziehung erwiesen haben und nach den gesamten Umständen zu erwarten ist, die Begründung eines Kindesverhältnisses diene seinem Wohl, ohne andere Kinder der Adoptiveltern in unbilliger Weise zurückzusetzen.

---

6 *Bergmann/Ferid*/Henrich El Salvador (Stand 2010); spanischer Text www.constitution.org/cons/elsalvad.htm.

7 www.admin.ch, Bundesrecht, Systematische Rechtssammlung, SR 291.

8 www.admin.ch, Bundesrecht, Systematische Rechtssammlung, SR 210.

9 Im Zeitpunkt der im Fall erfolgten Adoption „zweier Jahre"; Änderung mit Wirkung zum 1.1.2003.

Art. 267 ZGB

(1) Das Adoptivkind erhält die Rechtsstellung eines Kindes der Adoptiveltern.

(2) Das bisherige Kindesverhältnis erlischt; vorbehalten bleibt es zum Elternteil, der mit dem Adoptierenden verheiratet ist ...

Art. 268 ZGB

(1) Die Adoption wird von der zuständigen kantonalen Behörde am Wohnsitz der Adoptiveltern ausgesprochen.

Art. 268a ZGB

(1) Die Adoption darf erst nach umfassender Untersuchung aller wesentlichen Umstände, nötigenfalls unter Beizug von Sachverständigen, ausgesprochen werden ...

IX. Nicht mehr geltendes deutsches Recht

I) Gesetz über die Angelegenheiten der freiwilligen Gerichtsbarkeit (aufgehoben durch das FGG-RG mit Wirkung zum 1.9.2009)

§ 43b

(1) Für Angelegenheiten, welche die Annahme eines Kindes betreffen, sind die deutschen Gerichte zuständig, wenn der Annehmende, einer der annehmenden Ehegatten oder das Kind

1. Deutscher ist oder
2. seinen gewöhnlichen Aufenthalt im Inland hat.

Diese Zuständigkeit ist nicht ausschließlich.

(...)

Strukturierung des Falles

Wesentliche Themen: Erbstatut; Einzelstatut bricht Gesamtstatut; Nachlassspaltung; Substitution ausländischer Adoption; Anerkennung ausländischer Adoptionen; HAdoptÜbk 1993 und AdWirkG; Staatsangehörigkeit und Adoption; Ehegüterstatut; Qualifikation von § 1371 Abs. 1 BGB. **331**

Frage 1: Eigentümer des Grundstücks

I. Beerbung des John Michelob

1. Erbstatut

- EU-ErbVO intertemporal (-); Art. 83 Abs. 1 EU-ErbVO.
- Art. 25 Abs. 1 aF, 4 Abs. 1 EGBGB Gesamtverweisung in peruanisches Heimatrecht des Erblassers
- Annahme (Art. 2100 peru. cc), da Wohnsitz in Peru

2. Einzelstatut bricht Gesamtstatut

a) Materieller Anwendungsbereich Art. 3 Abs. 3 aF EGBGB

- Art. 3 Abs. 3 aF EGBGB (ab 11.1.2009 Art. 3a Abs. 2 EGBGB inhaltsgleich) auch auf Sonderanknüpfungen anzuwenden

b) Intertemporale Anwendung des DDR-RAG

- § 25 Abs. 2 DDR-RAG intertemporal anwendbar (+), Erbfall vor 3.10.1990, nach 1.1.1976
- Erbstatut betreffend Grundstück: DDR-Recht

3. DDR-Erbrecht

- §§ 365 Abs. 1, 364 Abs. 2 DDR-ZGB: Mike Michelob Alleinerbe
- § 363 Abs. 1 DDR-ZGB Universalsukzession und unmittelbarer Erbanfall

II. Beerbung des Mike Michelob

1. Verweisung, Unteranknüpfung

- Art. 25 Abs. 1 aF, Art. 4 Abs. 1 EGBGB Gesamtverweisung in Recht der USA
- Unteranknüpfung: Bezeichnung Art. 4 Abs. 3 S. 1 Hs. 1 EGBGB (-), einheitliches interlokales Recht Art. 4 Abs. 3 S. 1 Hs. 2 EGBGB (-), engste Verbindung Art. 4 Abs. 3 S. 2 EGBGB (+): New York

2. IPR von New York

a) Nachlassspaltung, real property, Qualifikationsverweisung

- Gespaltene Anknüpfung
- Belegenheit (§ 3-5.1. EPTL), also Rückverweisung für unbewegliches Vermögen in Deutschland
- Qualifikation „unbeweglich": deutsches Recht für Grundstück (+)
- Keine Frage der Qualifikation von Restitutionsansprüchen
- Wohnung in Manhattan: Annahme der Verweisung durch Recht von New York

b) Personal property, domicile

- Letztes *domicile* (§ 3-5.1. EPTL)
- *Physical presence* und *mental attitude*
- *Domicile of choice* in Deutschland (+)

3. Vorfragen im deutschen Erbstatut

a) Vorfrage Abkömmling

- Beerbung, soweit die Frage reicht, deutsches Recht
- José: § 1924 Abs. 1 BGB, Abkömmling des Mike? Vorfrage Annahmeverhältnis

b) Vorfrage Ehegatte und Güterstand

- Ehefrau: § 1931 Abs. 1, § 1371 Abs. 1 oder § 1931 Abs. 4 BGB: Vorfrage Güterstand

4. Erbberechtigung bei Adoption

a) Vorfrage und Substituierbarkeit

- Erbstatut: (-) Natur der Adoption vom anwendbaren Adoptionsstatut geprägt
- Adoptionsstatut: (-) Erbstatut bestimmt Beerbung
- Also Vorfrage (Wirksamkeit) und Substitutionsfrage (Vergleichbarkeit)

b) Anerkennung der Adoption aus El Salvador

- Art. 23 HAdoptÜbk 1993:
- El Salvador und Deutschland Vertragsstaaten (+)
- Abkommen intertemporal anwendbar (-)
- [– Gleichstellung mit deutscher Volladoption (Art. 26 Abs. 2 HAdoptÜbk 1993 iVm § 2 Abs. 2 S. 1 Nr 1 AdWirkG (-), nach altem Recht (Adoptionsgesetz) kein Abschneiden der Rechtsbeziehungen zur Ursprungsfamilie; keine Erstreckung des nach der erfolgten Adoption in Kraft getretenen Art. 167 Codigo de familia auf Altadoptionen]
- Verfahrensrechtliche Anerkennung (§§ 108, 109 FamFG)
- Anerkennungsmaßstab nicht verdrängt durch §§ 2 ff AdWirkG

- Anerkennung von Entscheidung
- Familiensachen §§ 108, 111 FamFG (+)
- Entscheidung: (+): Art. 6 salvadorianisches Adoptionsgesetz, richterliche Prüfung
- Anerkennungsvoraussetzungen
- Spiegelbildliche Zuständigkeit § 109 Abs. 1 Nr 1 FamFG: (+), da Adoption im Heimatstaat des Kindes
- Kein Verstoß gegen rechtliches Gehör § 109 Abs. 1 Nr 2 FamFG (+)
- Keine entgegenstehende Entscheidung § 109 Nr 3 FamFG (+)
- Deutscher *ordre public* § 109 Abs. 1 Nr 4 FamFG
- Keine Verletzung rechtsstaatlicher Grundsätze
- Nicht verletzt bei Anerkennung von schwacher Adoption, Argument § 2 Abs. 2 Nr 2 AdWirkG
- Folge: Anerkennung mit salvadorianischer Wirkung, keine Transformation; Argument: Umwandlung § 3 AdWirkG würde materielle Prüfung erfordern
- Substitutionsprüfung
- Bisher umfassender Vergleich der Wirkungen
- Argument aus § 2 Abs. 2 S. 1 Nr 1 AdWirkG: maßgebliches Kriterium Abschneiden der Beziehungen zur Ursprungsfamilie, hier (-)
- Volladoption im salvadorianischen Recht? Art. 16 Adoptionsgesetz (-); Transformation durch Rückwirkung des Art. 167 Codigo de familia innerhalb des Rechts von Salvador (-)
- José nicht „Abkömmling" iSd § 1924 Abs. 1 BGB

c) Anerkennung der Adoption aus der Schweiz
- HAdoptÜbk 1993
- Vertragsstaaten CH und D (+)
- Intertemporale Anwendbarkeit (-)
- §§ 108, 109 FamFG
- Dekretadoption: (+) Art. 268 Abs. 1, 268a Abs. 1 ZGB
- Spiegelbildliche Zuständigkeit (+) § 101 Nr 2 FamFG gewöhnlicher Aufenthalt
- Keine Verletzung rechtlichen Gehörs: (+), insbesondere José durch die Adoptiveltern nach Erstadoption vertreten
- Keine entgegenstehende Entscheidung: (+), insbesondere nicht die Erstadoption, da keine Volladoption
- Keine Verletzung des *ordre public*: (+)
- Substituierbarkeit (+) Art. 267 ZGB

5. Ehelicher Güterstand und erbrechtliche Ehegatten-Erbquote

a) Intertemporal anwendbares Recht
- EU-EheGüVO intertemporal (-); Art. 69 Abs. 3 EU-EheGüVO: IPR = Kapitel III nur bei Eheschließung ab 29.1.2019 (Redaktionsversehen, nicht „nach").

b) Anknüpfung Art. 15 Abs. 1, 14 Abs. 1 aF EGBGB
- Ehegüterstatut Art. 15 Abs. 1, Art. 14 Abs. 1 Nr 2 aF EGBGB gemeinsamer gewöhnlicher Aufenthalt bei Eheschließung berufen, Art. 14 EGBGB idF vom 29.1.2019 nicht rückwirkend, aber in Zukunft auch auf Altehen anwendbar (Art. 229 § 47 Abs. 1)
- Gesamtverweisung Art. 4 Abs. 1 EGBGB auf schweizerisches Recht

c) Schweizer IPR
- Rechtswahl Art. 52 IPRG (-)
- Wandelbar jeweiliger gemeinsamer Wohnsitz Art. 54 Abs. 1 lit. a IPRG
- Also Rückverweisung für Zeitpunkt des Erbfalls

d) Güterstand
- Also mangels Ehevertrag gesetzlicher Güterstand der Zugewinngemeinschaft (§ 1363 Abs. 1 BGB), also erbrechtlich § 1931 Abs. 1 BGB

6. Güterrechtliche Erhöhung der Ehegatten-Erbquote
- Qualifikation § 1371 Abs. 1 BGB strittig; BGH: rein güterrechtlich; hier unproblematisch, soweit Erbstatut und Güterstatut deutsches Recht
- Erbquote Franziska: § 1931 Abs. 1 BGB plus § 1371 Abs. 1 BGB: ein Halb
- Franziska und José also Miteigentümer des Grundstücks in Erbengemeinschaft zu je ein Halb

Ergebnis: Damit sind Franziska und José, soweit deutsches Recht Erbstatut ist, Erben nach Mike zu je ein Halb und gemäß §§ 1922, 2032 Abs. 1 BGB Miteigentümer des Grundstücks in Erbengemeinschaft.

Frage 2: Berichtigung des Grundbuchs

1. **Erbschein für Grundbuchberichtigung**
   - Eigentumsübergang außerhalb Grundbuch
   - Antrag § 13 GBO
   - Nachweis nur durch Erbschein § 35 Abs. 1 S. 1 GBO
   - Hier für beide Erbfälle jeweils Erbschein erforderlich
2. **Erbschein nach John Michelob**
   a) **Intertemporal maßgebliches Verfahrensrecht**
      - EUErbVO (-): Auch für Verfahrensrecht gilt (ungewöhnlich) Stichtag des Erbfalls
      - Deutsches Verfahrensrecht: Art. 111 Abs. 1 FGG-RG: maßgeblich Verfahrenseinleitung durch Erbscheinsantrag seit dem 1.9.2009 (Franziska findet den GB-Auszug erst 2018), also FamFG

   b) **Erbscheinserteilung nach FamFG**
      - Internationale Erbscheinszuständigkeit folgt örtlicher, § 105 FamFG, bewusste Abkehr vom Gleichlaufprinzip
      - Also Nachlass- und Teilungssachen (Erbscheinsverfahren: § 342 Abs. 1 Nr 6 FamFG)
      - § 343 Abs. 3 FamFG: AG Leipzig – Nachlassgericht –
      - Gegenständliche Beschränkung
      - Soweit DDR-Recht angewendet wird jedenfalls auf Nachlass im Beitrittsgebiet, insoweit Art. 3 Abs. 3 aF, § 25 Abs. 2 DDR-RAG
      - Im Übrigen: Nicht mehr wegen Gleichlaufgrundsatz, § 2369 aF BGB
      - Aber teleologische Auslegung von § 343 Abs. 3 FamFG: örtliche und damit internationale Zuständigkeit nur für inländische Nachlassgegenstände
3. **Erbschein nach Mike Michelob**
   a) **Internationale und örtliche Zuständigkeit**
      - Aus §§ 105, 343 Abs. 1 Hs. 1 FamFG: deutscher Wohnsitz des Erblassers im Zeitpunkt des Erbfalls (+); AG Hannover – Nachlassgericht

   b) **Beschränkung durch gespaltene Rückverweisung**
      - Nicht mehr wie nach § 2369 aF wegen Gleichlaufprinzip
      - Aber: Anwendung deutschen Rechts zu beschränken, soweit gespaltene Rückverweisung

   c) **Beschränkung auf Antrag**
      - Erbschein auch für Immobilie in New York, nach dortigem Recht?
      - Von Amts wegen (+) bei unbeschränktem Antrag
      - § 352c Abs. 1 FamFG (-) bei Erbfall bis 16.8.2015: § 2369 BGB idF 1.9.2009, Art. 229 § 36 EGBGB: Antragsbeschränkung auf inländische Nachlassgegenstände möglich, wenn auch Nachlass im Ausland

Ergebnis: Die Berichtigung des Grundbuchs kann nur auf Antrag unter Vorlage zweier Erbscheine nach beiden Erblassern erreicht werden. Den Erbschein nach John Michelob erteilt das AG Leipzig – Nachlassgericht – gegenständlich beschränkt auf den im Beitrittsgebiet belegenen Immobiliarnachlass in Anwendung von DDR-ZGB. Den Erbschein nach Mike Michelob erteilt das AG Hannover – Nachlassgericht. Eine Beschränkung auf den inländischen Nachlass kommt nach § 2389 BGB nur auf Antrag in Betracht, wenn ausländischer Nachlass vorhanden ist.

Frage 3: Deutsche Staatsangehörigkeit von José?

Erwerb deutscher Staatsangehörigkeit nach § 6 RuStAG (seit 1.1.2000 § 6 StAG)

1. **Annahme durch einen Deutschen**
   - § 6 RuStAG (+) Franziska deutsche Staatsangehörige
2. **Annahme nach den deutschen Gesetzen wirksam**
   - Nicht nur bei Adoption nach BGB
   - Auch Art. 22 EGBGB, §§ 108, 109 FamFG, Art. 23 HAdoptÜbk 1993 „deutsches Recht" iSd § 6 RuStAG
3. **Substitution**
   - Maßstab wie bei Beerbung, also Kriterium § 2 Abs. 2 Nr 1 AdWirkG, unmaßgeblich ob angewendetes Adoptionsrecht die fremde Staatsangehörigkeit vermitteln würde
   - Salvadorianische Adoption nicht substituierbar
   - Schweizerische Adoption substituierbar

Ergebnis: Damit ist die Adoption in El Salvador als schwache Adoption nicht geeignet, den Erwerb der deutschen Staatsangehörigkeit zu vermitteln, während die Volladoption nach schweizerischem Recht auch für den Staatsangehörigkeitserwerb nach § 6 StAG genügt.

Lösung

Frage 1: Eigentümer des Grundstücks

I. Beerbung des John Michelob

1. Erbstatut

332 Die EU-ErbVO[1] enthält zwar universell anwendbare Bestimmungen zum Erbkollisionsrecht (Art. 20 ff EU-ErbVO). Sie ist zwar seit dem 17.8.2015 geltendes Recht (Art. 84 UAbs. 2 EU-ErbVO), ist aber nur anwendbar auf die Rechtsnachfolge von Personen, die am 17.8.2015 oder danach verstorben sind (Art. 83 Abs. 1 EU-ErbVO).

Das **Erbstatut** bestimmt sich somit nach Art. 25 Abs. 1 aF EGBGB. Der Erblasser besaß bei seinem Tod die peruanische Staatsangehörigkeit. Die Gesamtverweisung (Art. 4 Abs. 1 EGBGB) auf peruanisches IPR nimmt dieses an, denn John Michelob hatte bei seinem Tod Wohnsitz in Peru (Art. 2100 peru. cc, MAT b). [Wegen der eindeutigen Wohnsitzlage kommt es auf Unterschiede zwischen dem deutschen Wohnsitzbegriff und dem spanischrechtlichen *domicilio* – grundsätzlich der tatsächliche Lebensmittelpunkt, kein mehrfacher Wohnsitz, fiktives *domicilio legal* bestimmter Personengruppen – nicht an.]

2. Einzelstatut bricht Gesamtstatut

333 Da es vorliegend jedoch um die Rechtsnachfolge in das Grundstück in Leipzig geht, könnte das peruanische Recht als allgemeines Erbstatut (Gesamtstatut) verdrängt sein durch das Recht der DDR als **Einzelstatut**. Im Zeitpunkt des Erbfalls galt hierzu Art. 3 Abs. 3 aF EGBGB, inhaltlich unverändert ab 11.1.2009 Art. 3a Abs. 2 EGBGB, weshalb die intertemporale Geltung von Art. 3a Abs. 2 EGBGB idF vom 11.1.2009 dahinstehen kann. Hieran ändert sich nichts dadurch, dass Art. 3a Abs. 2 EGBGB sich nicht mehr auf das Erbstatut bezieht; diese Änderung ist erst mit Anwendung der EU-ErbVO, also für Erbfälle ab 17.8.2015, maßgeblich und war erforderlich, weil Art. 3a Abs. 2 EGBGB vorheriger Fassung den Anwendungsbereich der EU-ErbVO verletzen würde. Damit kommt die Anwendung von § 25 Abs. 2 DDR-RAG (MAT d) in Betracht:

a) Materieller Anwendungsbereich Art. 3 Abs. 3 aF EGBGB

334 **Art. 3 Abs. 3 aF EGBGB** ist zwar ursprünglich für materielle Sonderregelungen (zB Erbhöfe, Fideikommisse) konzipiert, wird aber nach (nie ganz unbestrittener) hM auch auf Sonderanknüpfungen für Einzelgegenstände in Kollisionsnormen des Belegenheitsstaates angewendet.[2]

1 Verordnung (EU) Nr 650/2012 vom 4.7.2012, ABl. EU L 201/107.
2 Zur Reichweite bei § 25 DDR-RAG: BGHZ 124, 270.

b) Intertemporale Anwendung des DDR-RAG

§ 25 Abs. 2 DDR-RAG müsste als Kollisionsnorm intertemporal anwendbar sein. John Michelob ist vor dem 3.10.1990 (Inkrafttreten des Einigungsvertrages) verstorben. Gemäß Art. 236 § 1 EGBGB bleibt auf abgeschlossene Vorgänge das frühere IPR anwendbar. Ein vor dem 3.10.1990 eingetretener Erbfall ist in diesem Sinn abgeschlossen, weil mit dem Tod des Erblassers sowohl kollisionsrechtliche als auch materiellrechtliche Rechtsfolgen eintreten. Anders als im Fall der primären Anknüpfung von innerdeutschen Altfällen muss eine interlokale Zuordnung nicht geprüft werden; da das betreffende Grundstück in der damals noch bestehenden DDR lag, war es von § 25 Abs. 2 DDR-RAG erfasst (eine weitere intertemporale Frage würde sich nur stellen, wenn der Erbfall *vor* Inkrafttreten des DDR-RAG am 1.1.1976 eingetreten wäre). Damit bestimmt sich die Erbfolge betreffend das Grundstück nach dem Recht der früheren DDR. **335**

3. DDR-Erbrecht

Materiellrechtlich ist auf den nach dem 1.1.1976 eingetretenen Erbfall das DDR-ZGB anzuwenden. Gemäß §§ 365 Abs. 1, 364 Abs. 2 DDR-ZGB (MAT e) ist Mike Michelob Alleinerbe seines Vaters hinsichtlich des in der damaligen DDR belegenen Grundstücks- und Gebäudenachlasses, der ihm im Weg der Universalsukzession (§ 363 Abs. 1 DDR-ZGB, MAT e) unmittelbar angefallen ist. Bis zu seinem Tod war er somit Eigentümer des Grundstücks. **336**

II. Beerbung des Mike Michelob

1. Verweisung, Unteranknüpfung

Art. 25 Abs. 1 aF EGBGB verweist als Gesamtverweisung (Art. 4 Abs. 1 EGBGB) in das Recht der USA. Das dortige materielle Erbrecht und Erbkollisionsrecht ist nicht im *Bundesrecht* einheitlich geregelt, sondern fällt in die Gesetzgebungskompetenz der *Einzelstaaten.* Das maßgebliche IPR ist daher nach Art. 4 Abs. 3 EGBGB zu ermitteln. Da die Staatsangehörigkeitsanknüpfung keine maßgebende **Teilrechtsordnung** bezeichnet (Art. 4 Abs. 3 S. 1 Hs. 1 EGBGB) und es in den USA auch kein einheitliches interlokales Recht gibt (Art. 4 Abs. 3 S. 1 Hs. 2 EGBGB), ist die Teilrechtsordnung anzuwenden, mit der der Sachverhalt am engsten verbunden ist (Art. 4 Abs. 3 S. 2 EGBGB). Dabei ist im Stadium der Rückverweisungsprüfung (Suche des fremden IPR in einer Teilrechtsordnung) auf die Anknüpfungssystematik des deutschen IPR abzustellen.[3] Zunächst ist bei interlokaler Spaltung nach einer Zugehörigkeit zum Einzelstaat zu suchen, die die deutsche Staatsangehörigkeitsanknüpfung fortsetzen könnte. Hilfsweise ist abzustellen auf die Systematik der Hilfsanknüpfungen zur Staatsangehörigkeit, wie sie Art. 5 EGBGB, aber auch Art. 14 EGBGB verwenden (gewöhnlicher Aufenthalt, letzter gewöhnlicher Aufenthalt, schlichter Aufenthalt). Im Fall besteht allerdings ohnehin nur ein Bezug zu New York, so dass eine nähere Prüfung entbehrlich ist. **337**

---

3 Vgl zu Bedenken hiergegen *Hay* IPRax 1988, 266.

2. IPR von New York

a) Nachlassspaltung, real property, Qualifikationsverweisung

338 Das **Kollisionsrecht von New York** knüpft das Erbstatut gespalten an.

Für **unbeweglichen Nachlass** verweist § 3–5.1. EPTL (MAT a) auf das Recht der Belegenheit, für ein in Deutschland belegenes Grundstück also auf deutsches Recht (Erbfall nach dem 3.10.1990). Was als unbeweglicher Nachlass einzuordnen ist, bestimmt dabei das Belegenheitsrecht (Qualifikationsverweisung), hier also deutsches Recht. Für ein Grundstück ist die Einordnung als unbeweglich unproblematisch. [Auf die strittige Frage, wie ein Restitutionsanspruch wegen Entziehung eines Grundstücks nach § 3 VermG einzuordnen wäre, kommt es nicht an, da nach Sachverhalt alle Restitutionsfragen ausgeblendet sind.][4]

Hinsichtlich der Eigentumswohnung in Manhattan nimmt hingegen das Recht von New York die Verweisung an.

b) Personal property, domicile

339 Für den **beweglichen Nachlass** verweist § 3–5.1. EPTL auf das letzte *domicile* des Erblassers. Das *domicile*[5] weicht vom deutschen Wohnsitz vor allem durch die größere Beständigkeit ab. Jeder Mensch kann nur ein *domicile* haben, das sich aus zwei Elementen zusammensetzt, der Anwesenheit an einem Ort *(physical presence)* und dem Willen, dort auf nicht absehbare Zeit seinen Lebensmittelpunkt zu haben *(mental attitude)*; letzteres unterscheidet das *domicile* vom gewöhnlichen Aufenthalt, der rein faktischer Natur ist. In der Schweiz hatte *Mike* nach dem Sachverhalt offenbar ein *domicile*, er lebte dort ohne Wegzugswillen jahrelang (*domicile of choice* – Wahldomizil). Durch den als endgültig gewollten Umzug nach Deutschland (Wohnungsaufgabe) hat er jedoch kurz vor seinem Tod ein deutsches *domicile* begründet. Das Recht von New York verweist also auch insoweit zurück auf deutsches Recht als Erbstatut.

3. Vorfragen im deutschen Erbstatut

a) Vorfrage Abkömmling

340 Die Beerbung hinsichtlich des Grundstücks in Leipzig bestimmt sich also nach §§ 1922 ff BGB. Die Beerbung hinsichtlich des beweglichen Nachlasses und der Wohnung in Manhattan ist nicht Gegenstand der Frage.

341 Hinsichtlich der Berufung von José zum Erben kommt § 1924 Abs. 1 BGB in Betracht. Dazu müsste José **Abkömmling** des Mike sein. Hierbei handelt es sich um eine Frage, die nicht allein nach § 1754 Abs. 1 BGB beantwortet werden kann, der bei einem rein deutschen Fall einem Adoptivkind (bei deutschem Adoptionsstatut) die für § 1924 Abs. 1 BGB erforderliche Rechtsstellung vermitteln würde (dazu Rn 343 ff).

4 Dazu BGHZ 131, 22; BGH JR 2001, 234.
5 Vgl *Hay* US-Amerikanisches Recht[6] Rn 132.

b) Vorfragen Ehegatte und Güterstand

Hinsichtlich der Berufung der **Ehefrau** Franziska kommen § 1931 Abs. 1, § 1371 Abs. 1 oder § 1931 Abs. 4 BGB in Betracht. Daraus ergibt sich zum einen die – nach Sachverhalt nicht zu erörternde, weil unproblematische – Vorfrage der wirksamen Ehe. Zum anderen ergibt sich die **Vorfrage** des **ehelichen Güterstandes**, denn das deutsche Erbrecht ist güterstandsabhängig (dazu Rn 357 ff). Außerdem ergibt sich die Frage der **Qualifikation** von § 1371 Abs. 1 BGB (dazu Rn 361). **342**

4. Erbberechtigung bei Adoption

a) Vorfrage und Substituierbarkeit

Wie hinsichtlich der Frage der **Erbberechtigung eines Adoptivkindes** Erbstatut und Adoptionsstatut abzugrenzen sind, ist strittig. **343**

Man könnte diese Frage ganz dem Erbstatut überlassen, so dass sich bei deutschem Erbstatut nur die *Wirksamkeit* der Adoption als **Vorfrage** stellen würde. Dabei bliebe aber unberücksichtigt, dass § 1924 BGB nur in Verbindung mit § 1754 Abs. 1 BGB dem Adoptivkind ein Erbrecht als Abkömmling gibt. Behandelt man die Adoption nur als Vorfrage, so liest man stillschweigend §§ 1924 und 1754 Abs. 1 BGB zusammen und übergeht die besondere Natur der deutschen Adoption. Daher ist zwar vom Erbstatut auszugehen, jedoch zu berücksichtigen, dass § 1924 Abs. 1 BGB eine Adoption von der Qualität einer deutschen Volladoption voraussetzt.[6] Daher ergibt sich nicht nur die **Vorfrage der Wirksamkeit**, sondern zusätzlich ein **Substitutionsproblem**: Die wirksame ausländische Adoption muss eine so starke Rechtsbeziehung hervorgebracht haben, wie sie das (deutsche) Erbstatut voraussetzt.

b) Anerkennung der Adoption aus El Salvador

Da Mike und Franziska das Kind José zweimal adoptiert haben, sind diese beiden Fragen für beide ausländischen Adoptionen getrennt zu prüfen, zunächst also für die in **El Salvador** erfolgte. **344**

aa) Eine Anerkennung nach Art. 23 des ***Haager Übereinkommens*** *über den Schutz von Kindern und die Zusammenarbeit auf dem Gebiet der internationalen Adoption* (HAdoptÜbk 1993)[7] vom 29.5.1993 kommt grundsätzlich in Frage, wenn die Adoption in einem Vertragsstaat erfolgt ist; El Salvador ist seit dem 1.3.1999, Deutschland seit dem 1.3.2002 Vertragsstaat.[8] Nach Art. 23 HAdoptÜbk 1993 wird eine in einem Vertragsstaat durchgeführte Adoption in anderen Vertragsstaaten kraft Gesetzes anerkannt. Dies setzt jedoch voraus, dass eine zuständige Behörde des Ursprungsstaates eine Bescheinigung über die Abkommenskonformität der Adoption (Art. 23 Abs. 1 S. 1 **345**

6 BGH IPRax 1990, 54.
7 *Jayme/Hausmann*[16] Nr 223.
8 BGBl. 2002 II 2872; einfacher als im BGBl. II lässt sich der Stand für alle Haager Übereinkommen auf www.hcch.net ermitteln, hier: *Convention* 33, Status table.

Hs. 2, S. 2 HAdoptÜbk 1993) erteilt. Obgleich eine entsprechende Übergangsvorschrift fehlt, ist daraus zu schließen, dass eine Anerkennung nach Art. 23 HAdoptÜbk 1993 nur für Adoptionen in Betracht kommt, die nach dem Inkrafttreten des Übereinkommens im Ursprungsstaat erfolgt sind.

[Im Übrigen würde eine Adoption nach dem Recht von El Salvador auch bei intertemporaler Anwendbarkeit und damit Anerkennung nach dem HAdoptÜbk 1993 nur dann gemäß dessen Art. 26 Abs. 2 iVm § 2 Abs. 2 S. 1 Nr 1 AdWirkG unmittelbar durch Anerkennung die **Wirkungen** einer Volladoption entfalten, wenn ihre Wirkungen nach Art. 167 Codigo de familia (MAT f) zu beurteilen sind, also eine interne Transformation der unter dem früheren salvadorianischen Adoptionsgesetz erfolgten schwachen Adoption nach Art. 16 des salvadorianischen Adoptionsgesetzes (MAT g) stattgefunden hätte. Nur eine Adoption, welche die Rechtsbeziehungen zur Ursprungsfamilie abschneidet, kann unmittelbar nach § 2 Abs. 2 Nr 1 AdWirkG transformiert werden; das kann hier noch offen bleiben (vgl Rn 353).]

346 **bb)** In Betracht kommt damit nur eine **verfahrensrechtliche Anerkennung** nach §§ 108, 109 FamFG. §§ 2 ff AdWirkG sehen zwar ein besonderes Verfahren für die Feststellung der Anerkennungsfähigkeit einer Minderjährigenadoption mit Wirkung *inter omnes* vor, ersetzen jedoch nicht die Prüfung der Anerkennungsfähigkeit nach dem HAdoptÜbk 1993 oder nach deutschem Verfahrensrecht.

347 §§ 108, 109 FamFG betreffen Entscheidungen in Familiensachen (außer Ehesachen); maßgeblich ist die Einordnung in die Kategorien des deutschen Verfahrensrechts; die Adoption ist aus Sicht des deutschen Verfahrensrechts eine Familiensache (§ 111 Nr 4 FamFG). Fraglich ist aber, ob eine *Entscheidung* vorliegt (Dekretadoption). Eine rechtsgeschäftliche Adoption (Vertragsadoption) könnte nicht verfahrensrechtlich anerkannt werden, sondern müsste vollständig materiellrechtlich nach dem Adoptionsstatut (Art. 22 EGBGB) auf ihre Wirksamkeit überprüft werden. Die Qualität einer Adoption als Dekretadoption bestimmt sich danach, ob ein Gericht oder eine Behörde an einer konstitutiven, an materiellen Kriterien (insbesondere am Kindeswohl) orientierten Entscheidung mitgewirkt hat. Nicht genügend wären bloß personenstandsrechtliche Registrierungsakte. Art. 6 des im Zeitpunkt der Adoption geltenden salvadorianischen Adoptionsgesetzes (MAT g) verlangt eine solche richterliche Entscheidung, auch wenn diese noch nicht die Adoption bewirkt, sondern eine vorherige Genehmigung zum Abschluss des Adoptionsvertrages (Art. 7 salvadorianisches Adoptionsgesetz, MAT g) bedeutet. §§ 108, 109 FamFG sind also anzuwenden.

348 **cc)** Die **verfahrensrechtliche Anerkennung setzt voraus**:

- Die Gerichte in El Salvador müssen spiegelbildlich zuständig gewesen sein (§ 109 Abs. 1 Nr 1 FamFG); maßgeblich sind insoweit die im Zeitpunkt der ausländischen Entscheidung (ggf der Einleitung des dortigen Verfahrens wegen der *perpetuatio fori*) geltenden deutschen Zuständigkeitsbestimmungen, denn die Anerkennungsfähigkeit kann nicht dadurch entfallen oder entstehen, dass sich die zu spiegelnden

Zuständigkeitsbestimmungen im deutschen Recht ändern. Maßgeblich ist hier also der bis zum 31.8.2009 geltende § 43b Abs. 1 FGG aF (MAT l). Danach besteht die spiegelbildliche internationale Zuständigkeit, da das Kind salvadorianischer Staatsangehöriger war (Art. 90 Nr 1 Verfassung El Salvador, MAT i) und die Spiegelung von § 43b Abs. 1 Nr 1 FGG aF eine Anerkennungszuständigkeit bei Adoption im Heimatstaat des Adoptivkindes begründet. Die deutsche Staatsangehörigkeit der Franziska Froh hätte zwar auch eine deutsche internationale Zuständigkeit begründet, die aber nach § 43b Abs. 1 S. 2 FGG aF nicht ausschließlich war, also der Anerkennung nicht entgegensteht.

- Ein Verstoß gegen das rechtliche Gehör gegenüber einem materiell Beteiligten bei **349** Verfahrenseinleitung (§ 109 Abs. 1 Nr 2 FamFG) ist ausgeschlossen; das Kind war bei Einleitung des Verfahrens ordnungsgemäß durch die Jugendbehörde als gesetzlichen Vertreter vertreten; eine Anhörung des einmonatigen Kindes selbst kam nicht in Frage. Den Adoptierenden war nach Sachverhalt die Verfahrenseinleitung ebenfalls bekannt. Die ebenfalls materiell beteiligten leiblichen Eltern (Argument aus § 1747 BGB) konnten bei einem Findelkind nicht gehört werden.
- Eine entgegenstehende Entscheidung nach § 109 Nr 3 FamFG liegt nicht vor. **350**
- Der deutsche *ordre public* (§ 109 Abs. 1 Nr 4 FamFG) kann durch Adoptionen ver- **351** letzt sein, die rechtsstaatlichen Grundsätzen widersprechen[9], was hier nicht anzunehmen ist. Fraglich könnte sein, ob die Anerkennung einer ausländischen Adoption, die – bei überschlägiger Betrachtung und noch vorbehaltlich einer intern im Recht von El Salvador ggf erfolgten Transformation – nicht Volladoption ist, seit dem Übergang deutschen Rechts zur Volladoption mit wesentlichen Grundsätzen des deutschen Rechts unvereinbar ist. Dies ist abzulehnen,[10] zumal inzwischen §§ 2 ff AdWirkG ausdrücklich die Anerkennung und Umwandlung von schwachen Adoptionen regeln.

Die Adoption wird jedoch nur mit den ihr eigenen Wirkungen anerkannt, also nicht **352** kraft Anerkennung in eine deutsche Adoption transponiert.[11] Dies bestätigt die Neuregelung im AdWirkG: Eine schwache Adoption iSd § 2 Abs. 2 S. 1 Nr 2 AdWirkG könnte nur durch Umwandlung gemäß § 3 AdWirkG,[12] die nur nach einer erneuten materiellen Prüfung (§ 3 Abs. 1 AdWirkG) erfolgen kann, zu einer Adoption mit den Wirkungen deutschen Rechts erstarken. Damit ist die in El Salvador vorgenommene Adoption zwar anzuerkennen, entfaltet aber aus familienrechtlicher Sicht nur die Wirkungen nach dem salvadorianischen Adoptionsgesetz.

dd) Die für die erbrechtliche Wirkung notwendige **Substitutionsprüfung** stellte bis- **353** her einen umfassenden Vergleich der Wirkungen der ausländischen Adoption mit denen

9 Vgl BayObLGZ 2000, 184 zur fehlenden Einwilligung.
10 OLG Zweibrücken StAZ 1985, 132.
11 OLG Zweibrücken StAZ 1985, 132.
12 Die Umwandlung einer schwachen Adoption ersetzt die nach bisherigem Recht zur Vervollständigung oder Klärung der Wirkungen des Annahmeverhältnisses erforderliche „Nachadoption" vor deutschen Gerichten.

des deutschen Adoptionsrechts an. Insbesondere war nicht isoliert auf die erbrechtlichen Wirkungen zu sehen. Seit § 2 Abs. 2 S. 1 Nr 1 AdWirkG, der nicht nur für Adoptionen gilt, die dem HAdoptÜbk 1993 unterfallen, für Adoptionen, welche das Eltern-Kind-Verhältnis zu den leiblichen Eltern erlöschen lassen, die Feststellung vorsieht, dass das Annahmeverhältnis einem nach den deutschen Sachvorschriften begründeten gleichsteht, ist zu folgern, dass damit auch das maßgebliche materielle Kriterium der Gleichstellung definiert ist.

Vorliegend ist die Adoption jedenfalls gemessen an dem im Zeitpunkt der Adoption geltenden Adoptionsgesetz keine substituierbare Volladoption; dabei kommt es nicht darauf an, dass nach Art. 24 salvadorianisches Adoptionsgesetz (MAT g) das Adoptivkind die Adoptiveltern als gesetzlicher Erbe beerben würde. Da die Beziehungen des Kindes zur Ursprungsfamilie nicht abgeschnitten, sondern lediglich durch die Beziehung zu den Adoptiveltern – vorübergehend – überlagert werden (Art. 16 und Art. 2 salvadorianisches Adoptionsgesetz, MAT g), besteht keine Gleichwertigkeit zu einem Annahmeverhältnis nach deutschen Sachvorschriften.

Die Adoption könnte jedoch innerstaatlich im Recht von El Salvador durch das später in Kraft getretene Familiengesetz (MAT f) aufgewertet, also in eine Adoption mit den Wirkungen des Art. 167 Codigo de familia transformiert worden sein. Auch dies wäre aus deutscher Sicht beachtlich, weil es dem Herkunftsstaat freisteht, die Wirkungen alter Adoptionen gesetzlich aufzuwerten. Hierzu bedürfte es jedoch mit Rücksicht auf den Grundsatz der Nichtrückwirkung (Art. 9 Abs. 1, 3 cc, MAT h) einer Regelung im Recht von El Salvador, die insbesondere in den Übergangsbestimmungen des Art. 402 (MAT f) nicht getroffen wurde.

José ist also durch die Adoption in El Salvador nicht „Abkömmling" iSd § 1924 Abs. 1 BGB geworden.

c) Anerkennung der Adoption aus der Schweiz

354 Zu prüfen ist damit die **in der Schweiz** erfolgte Adoption.

aa) Im Verhältnis zur Schweiz ist ebenfalls das **HAdoptÜbk 1993** in Kraft, wiederum aber ist es intertemporal nicht auf die Anerkennung der vor dem Inkrafttreten des Übereinkommens für die Schweiz am 1.1.2003 erfolgten Adoption anwendbar.

355 **bb)** Damit beurteilt sich die Anerkennung wiederum nach **§§ 108, 109 FamFG**, da eindeutig eine konstitutiv die Adoption herstellende Entscheidung vorliegt (Art. 268 Abs. 1, 268a Abs. 1 ZGB, MAT k); dass eine Behörde entschieden hat, ist ohne Bedeutung, auch wenn für eine entsprechende deutsche Entscheidung ein Gericht zuständig gewesen wäre.

- Die spiegelbildliche Zuständigkeit schweizerischer Gerichte oder Behörden folgt aus dem intertemporal wiederum maßgeblichen § 43b Abs. 1 Nr 2 FGG aF (gewöhnlicher Aufenthalt).

- § 109 Abs. 1 Nr 2 FamFG (Kenntnis der Verfahrenseinleitung) ist nicht verletzt. Die Behandlung der Adoptiveltern nach der Adoption in El Salvador als gesetzliche Vertreter entspricht der Wirkung, die auch aus deutscher Sicht jener Adoption zukäme, das Kind war also ordnungsgemäß vertreten. Der Verzicht auf die Gewährung rechtlichen Gehörs an unbekannte leibliche Eltern eines Findelkindes ist unvermeidbar.
- § 109 Abs. 1 Nr 3 FamFG könnte entgegenstehen, weil die frühere salvadorianische Adoption hier bereits anerkennungsfähig ist; jedoch ist eine neue Adoption, die zu einer Erweiterung der Wirkungen führt, mit der anerkannten schwächeren Adoption nicht „unvereinbar"; selbst bei Zweifeln an einer möglichen internen Transformation im Recht von El Salvador darf wegen der notwendigen Klarstellung die Anerkennung der schweizerischen Adoption nicht an Unvereinbarkeit scheitern.
- § 109 Abs. 1 Nr 4 FamFG *(ordre public)* ist offenkundig nicht berührt.

cc) Damit ist die Adoption mit den Wirkungen des schweizerischen Rechts anzuerkennen. Diese Adoption ist einer deutschen **substituierbar**, die familien- und erbrechtlichen Wirkungen entsprechen denen des deutschen Rechts (Art. 267 ZGB, MAT k), insbesondere beendet die Adoption die Rechtsbeziehungen zu den leiblichen Eltern (§ 2 Abs. 2 S. 1 Nr 1 AdWirkG). **356**

Damit ist *José* auch für Zwecke des § 1924 BGB Abkömmling des *Mike* und damit einziger gesetzlicher Erbe erster Ordnung.

5. Ehelicher Güterstand und erbrechtliche Ehegatten-Erbquote

a) Intertemporal anwendbares Recht

Unabhängig von der Qualifikation des § 1371 Abs. 1 BGB ist das **Ehegüterstatut** zu bestimmen; denn § 1931 Abs. 1 und Abs. 4 BGB regeln schon die *erbrechtliche* Ehegattenerbquote güterstandsabhängig. **357**

Seit dem 29.1.2019 ist die EU-EheGüVO[13] anwendbar. Sie findet jedoch in ihren kollisionsrechtlichen Bestimmungen nur Anwendung auf Ehen, die ab dem 29.1.2019 geschlossen wurden sowie – auch in bestehenden Ehen – auf eine nach diesem Datum erfolgte Wahl des Güterstatuts. Vorliegend bleibt es also bei der Anwendung von Art. 15 Abs. 1 aF EGBGB.

b) Anknüpfung Art. 15 Abs. 1, 14 Abs. 1 aF EGBGB

Art. 15 Abs. 1 EGBGB verweist auf die Anknüpfungsleiter des **Art. 14 Abs. 1 EGBGB** im Zeitpunkt der Eheschließung. Auch Art. 14 Abs. 1 EGBGB wurde mit Wirkung zum 29.1.2019 geändert und folgt nun einer beim gewöhnlichen Aufenthalt beginnenden Anknüpfungsleiter. Auch diese neue Bestimmung ist ab dem 29.1.2019 zwar auch für das Ehewirkungsstatut in bestehenden Ehen maßgeblich, wirkt aber nicht zurück (Art. 229 § 47 Abs. 1 EGBGB). Art. 15 Abs. 1 aF EGBGB verweist für das Ehegütersta- **358**

13 Verordnung (EU) 2016/1103, ABl. EU 2016 L 183/1.

tut in vor dem 29.1.2019 geschlossenen Ehen weiterhin auf das nach Art. 14 Abs. 1 aF EGBGB bestimmte Ehewirkungsstatut im Zeitpunkt der Eheschließung.

Da die Ehegatten nie ein gemeinsames Heimatrecht hatten (Art. 14 Abs. 1 Nr 1 aF EGBGB), ist das Recht des gemeinsamen gewöhnlichen Aufenthaltes bei Eheschließung berufen (Art. 14 Abs. 1 Nr 2 aF EGBGB). Verwiesen ist damit, als Gesamtverweisung (Art. 4 Abs. 1 EGBGB), auf schweizerisches Recht einschließlich des IPR.

c) Schweizerisches IPR

359 Da die Ehegatten kein Recht gewählt haben (Art. 52 IPRG, MAT j), unterstehen nach **schweizerischem IPR** die güterrechtlichen Verhältnisse dem Recht des Staates, in dem die Ehegatten gemeinsam ihren Wohnsitz haben (Art. 54 Abs. 1 lit. a IPRG, MAT j). Art. 54 IPRG knüpft jedoch nach seinem klaren Wortlaut das Güterstatut *wandelbar* an. Damit nimmt das schweizerische IPR die Verweisung nur bis zum Umzug nach Hannover an und verweist danach, insbesondere für den Zeitpunkt des Todes von Mike, zurück auf deutsches Recht, welches die Verweisung annimmt (Art. 4 Abs. 1 S. 2 EGBGB).

d) Güterstand

360 Da die Ehegatten keinen Ehevertrag geschlossen hatten, lebten sie unter deutschem Güterstatut im gesetzlichen Güterstand der **Zugewinngemeinschaft** (§ 1363 Abs. 1 BGB). Es ist daher erbrechtlich auf § 1931 Abs. 1 BGB abzustellen, denn § 1931 Abs. 4 BGB setzt voraus, dass „beim Erbfall" Gütertrennung bestand.

6. Güterrechtliche Erhöhung der Ehegatten-Erbquote

361 Die Erbquote der Franziska aus § 1931 Abs. 1 BGB (ein Viertel) könnte sich nach **§ 1371 Abs. 1 BGB** um ein Viertel erhöhen. Da § 1371 Abs. 1 BGB einerseits den Zugewinnausgleich im Todesfall verwirklicht, andererseits dazu erbrechtliche Methoden (Erbquote) einsetzt, ist die **Qualifikation** strittig. Ob § 1371 Abs. 1 BGB immer bei deutschem Güterstatut Anwendung findet (güterrechtliche Qualifikation) oder ob zusätzlich deutsches Recht auch Erbstatut sein muss (Doppelqualifikation), war lange Zeit strittig; eine rein erbrechtliche Qualifikation wurde hingegen nicht maßgeblich vertreten. In jüngerer Zeit hatten einige OLGe zwar eine güterrechtliche Qualifikation gewählt, § 1371 Abs. 1 BGB aber nur dann für anwendbar gehalten, wenn die güterrechtliche Erhöhung der Ehegattenerbquote neben der erbrechtlichen Ehegattenerbquote ohne eine Anpassung verwirklicht werden kann.[14] Der BGH hat sich schließlich der rein güterrechtlichen Qualifikation angeschlossen; danach genügt es für die Anwendung des § 1371 Abs. 1 BGB, dass deutsches Recht Ehegüterstatut im Zeitpunkt der Güterstandsbeendigung durch Tod ist.[15] Im Fall ist, soweit die Fragestellung reicht,

---

14 Nicht völlig übereinstimmend: OLG Stuttgart NJW-RR 2005, 740; OLG Frankfurt FamRZ 2010, 767; OLG Köln FGPrax 2011, 302; ausdrücklich offen gelassen von OLG München NJW-RR 2012, 1096.

15 BGH NJW 2015, 2185.

deutsches Recht Güterstatut und Erbstatut, also § 1371 Abs. 1 BGB nach allen Ansichten anzuwenden.

Ergebnis: Damit sind Franziska und José, soweit deutsches Recht Erbstatut ist, Erben nach Mike zu je ein Halb und gemäß §§ 1922, 2032 Abs. 1 BGB Miteigentümer des Grundstücks in Erbengemeinschaft. **362**

Frage 2: Berichtigung des Grundbuchs

1. Erbschein für Grundbuchberichtigung

Es könnte ein Antrag auf Berichtigung des Grundbuchs durch Eintragung des außerhalb des Grundbuchs erfolgten Eigentumsübergangs auf die Erbengemeinschaft gestellt werden (§ 13 GBO). Der hierzu erforderliche Nachweis der Erbfolge kann nur durch Erbschein (§ 35 Abs. 1 S. 1 GBO) erfolgen. Da im Grundbuch noch Johannes Michelberger (alias John Michelob) als Eigentümer eingetragen ist, bedarf es also des Nachweises beider eingetretener Erbfolgen durch Erbscheine. **363**

2. Erbschein nach John Michelob

a) Intertemporal maßgebliches Verfahrensrecht

aa) Nach dem Eintritt des Erbfalls, jedoch vor Stellung eines Erbscheinsantrags (Franziska findet nach SV den Grundbuchauszug erst Weihnachten 2018) sind das FamFG (am 1.9.2009) sowie die EU-ErbVO (am 17.8.2015) in Kraft getreten. Die verfahrensrechtlichen Überleitungsregeln sind insoweit unterschiedlich: Im Gegensatz zu materiellem Recht und Kollisionsrecht (vgl Art. 220 Abs. 1 EGBGB) tritt grundsätzlich neues Verfahrensrecht auch für materiellrechtliche Altfälle in Kraft, sofern diese Gegenstand eines nach der Verfahrensreform eingeleiteten Verfahrens sind. Entsprechend bestimmt Art. 111 Abs. 1 FGG-RG die Geltung von altem Verfahrensrecht in bis zum Inkrafttreten des FGG-RG (und damit des FamFG) eingeleiteten Verfahren, die Geltung des FamFG hingegen in seit dem 1.9.2009 eingeleiteten Verfahren. Da kein am 1.9.2009 nicht abgeschlossenes Verfahren (Art. 111 Abs. 2 FGG-RG) anhängig ist, ist ein nun zu stellender Erbscheinsantrag nach dem FamFG zu beurteilen. **364**

bb) Hingegen folgt, im Gegensatz zu anderen EU-Instrumenten des internationalen Verfahrensrechts (zB. Art. 66 Brüssel Ia-VO), die intertemporale Geltung der EU-ErbVO auch in deren verfahrensrechtlichen Bestimmungen dem Zeitpunkt des Eintritts des Erbfalls, nicht der Einleitung des Erbverfahrens (Art. 83 Abs. 1 EU-ErbVO); damit bleibt es auch international-zuständigkeitsrechtlich für bis zum 16.8.2015 eingetretene Erbfälle bei der Anwendung des FamFG. **365**

b) Erbscheinserteilung nach FamFG

366 **aa)** Die internationale Erbscheinszuständigkeit bestimmt sich mangels ausdrücklicher Regelung in §§ 98 ff FamFG gemäß § 105 FamFG nach den Bestimmungen über die örtliche Zuständigkeit in Nachlass- und Teilungssachen, zu denen Erbscheinsverfahren gehören (§ 342 Abs. 1 Nr 6 FamFG). Damit wurde das vor Inkrafttreten des FamFG herrschende Gleichlaufprinzip[16] bewusst[17] aufgegeben. Die internationale und örtliche Zuständigkeit deutscher Gerichte ergibt sich, da John Michelob Ausländer war und nie einen deutschen Wohnsitz oder Aufenthalt hatte, beim AG Leipzig – Nachlassgericht (§ 343 Abs. 3 FamFG).

367 **bb)** Mit der Aufgabe des Gleichlaufgrundsatzes ist jedoch nicht jede Notwendigkeit der gegenständlichen Beschränkung von Erbscheinen entfallen. Soweit sich ein Erbstatut aus kollisionsrechtlichen Gründen nur auf bestimmte Nachlassteile beschränkt, ist dies im Erbschein auszuweisen. Die Beschränkung der Erbfolge nach dem Recht der DDR auf den im Beitrittsgebiet belegenen Immobiliarnachlass führt insoweit also zu einer gegenständlichen Beschränkung des Erbscheins. Diese Beschränkung ergab sich schon nach altem Recht nicht aus dem Gleichlaufprinzip, sondern aus Art. 3 Abs. 3 aF EGBGB (Einzelstatut; ab 11.1.2009: Art. 3a Nr 2 EGBGB) iVm § 25 Abs. 2 DDR-RAG.

368 **cc)** Fraglich ist jedoch, ob der Erbschein im Übrigen auf den im Inland belegenen Nachlass zu **beschränken** ist oder ob ein umfassender Erbschein (insoweit nach peruanischem Recht) zu erteilen ist. Gegen eine Beschränkung könnte sprechen, dass mit der Aufgabe des Gleichlaufgrundsatzes durch das FamFG bewusst die Möglichkeit in Kauf genommen wurde, dass deutsche Gerichte gegenständlich unbeschränkte Fremdrechtserbscheine ausstellen, die im Ausland sodann in aller Regel wirkungslos sind. Vorliegend stützt sich jedoch die internationale Zuständigkeit deutscher Gerichte nur auf § 343 Abs. 3 FamFG, der bei sinngerechter Auslegung nur eine Zuständigkeit zur Erteilung von Erbscheinen für im Inland belegene Nachlassgegenstände begründet; dass der Gesetzgeber § 2369 BGB, der Grundlage der Auslegung des § 73 Abs. 3 FGG aF war, geändert hat, zugleich aber § 73 Abs. 3 FGG aF in § 343 Abs. 3 FamFG überführt hat, begründet keine Erweiterung des Anwendungsbereichs: § 343 Abs. 3 FamFG schafft lediglich eine Zuständigkeit für inländischen Nachlass. Der Erbschein ist also auch nach neuem Recht gegenständlich zu beschränken.

3. Erbschein nach Mike Michelob

a) Internationale und örtliche Zuständigkeit

369 Auch insoweit ist das FamFG maßgeblich (Rn 364). Die **internationale und örtliche Zuständigkeit** ergibt sich aus §§ 105, 343 Abs. 1 Hs. 1 FamFG wegen des deutschen Wohnsitzes des Erblassers im Zeitpunkt des Erbfalls. Zuständig ist also das AG Hannover – Nachlassgericht.

---

16 BayObLGZ 1986, 469; BayObLGZ 1999, 303: unbeschränkte Zuständigkeit nur, soweit deutsches Recht Erbstatut war, bei ausländischem Erbstatut nur für im Inland belegenen Nachlass gemäß § 2369 aF BGB.

17 Regierungsentwurf BT-Drucks 16/6308 zu § 105 FamFG.

b) Beschränkung durch gespaltene Rückverweisung

Der Erbschein ist wiederum nach Aufgabe des Gleichlaufgrundsatzes nicht mehr auf- 370
grund einer eingeschränkten Zuständigkeit zu **beschränken**. Gleichwohl ist die Anwendung deutschen Rechts auf die Beerbung aufgrund der gespaltenen Rückverweisung aus dem Recht von New York weiterhin beschränkt, so dass ein Eigenrechtserbschein (Erbschein nach deutschem Recht als Erbstatut) weiterhin nur für den Mobiliar- und den inländischen Immobiliarnachlass zu erteilen ist; Ursache hierfür ist Art. 4 Abs. 1 EGBGB).

c) Beschränkung auf Antrag

Fraglich ist damit, wie hinsichtlich der **Wohnung in Manhattan im Erbscheinsver-** 371
fahren zu verfahren ist. Die nun unbeschränkte Zuständigkeit deutscher Gerichte zur Erbscheinserteilung bei deutschem Erblasserwohnsitz erstreckt sich auch auf den nicht deutschem Recht unterliegenden im Ausland belegenen Nachlass des Erblassers. Das AG Hannover müsste also ggf das Erbrecht von New York ermitteln, um einen seiner Zuständigkeit entsprechenden umfassenden Erbschein zu erteilen, der sodann für die Nachlassabwicklung in New York absehbar bedeutungslos sein dürfte. Um dies zu verhindern, konnte der Erbscheinsantrag seit Inkrafttreten des FamFG am 1.9.2009 nach der Neufassung des § 2369 Abs. 1 BGB auf die im Inland befindlichen Gegenstände beschränkt werden. Zum 17.8.2015 wurde diese Bestimmung ersetzt durch § 352c FamFG, der jedoch gemäß Art. 229 § 36 EGBGB erst auf Erbfälle ab dem 17.8.2015 Anwendung findet. Ob ein solcher Antrag voraussetzt, dass positiv Nachlass im Ausland bekannt ist,[18] oder die Möglichkeit solchen Nachlasses genügt, kann dahinstehen, da hier die Wohnung in Manhattan jedenfalls Grundlage für einen Beschränkungsantrag gibt. Dies ist vorliegend Franziska zu raten, um weiteren Zeit- und Kostenaufwand zu ersparen.

Ergebnis: Die Berichtigung des Grundbuchs kann nur auf Antrag unter Vorlage 372
zweier Erbscheine nach beiden Erblassern erreicht werden. Den Erbschein nach John Michelob erteilt nach neuem Verfahrensrecht das AG Leipzig – Nachlassgericht – gegenständlich beschränkt auf den im Beitrittsgebiet belegenen Immobiliarnachlass in Anwendung des DDR-ZGB. Den Erbschein nach Mike Michelob erteilt das AG Hannover – Nachlassgericht. Er ist nach FamFG nur auf Antrag zu beschränken.

18 OLG Brandenburg NJW-RR 2012, 10, was zwar dem Wortlaut des § 2369 Abs. 1 BGB idF 1.9.2009 und nun des § 352c Abs. 1 FamFG entspricht, aber nicht zwingend sinnvoll ist, da gerade bei unbekannter Nachlassbelegenheit ein universeller Erbschein wenig Nutzen bringt und – bei unbekannten Immobilien im Nachlass – sogar falsch sein kann.

Frage 3: Deutsche Staatsangehörigkeit von José?

1. Annahme durch einen Deutschen

373 José könnte die deutsche Staatsangehörigkeit durch die Adoption in El Salvador nach § 6 RuStAG bzw durch die Adoption in der Schweiz nach den seit 1.1.2000 geltenden § 6 StAG erworben haben. Eine Annahme durch einen Deutschen liegt in beiden Fällen vor, da die adoptierende Franziska im Zeitpunkt beider ausländischer Adoptionen deutsche Staatsangehörige war.

2. Annahme nach den deutschen Gesetzen wirksam

374 Fraglich ist jedoch das Tatbestandsmerkmal „nach den deutschen Gesetzen wirksame Annahme". Man könnte aus dieser Wendung schließen, dass eine nach **ausländischem Recht** erfolgte Adoption durch einen Deutschen nie zum Erwerb der deutschen Staatsangehörigkeit führt. Jedoch sind sowohl Art. 22 EGBGB als auch §§ 108, 109 FamFG sowie Art. 23 HAdoptÜbk 1993 deutsches Recht, wenn auch nicht materielles, so doch in Deutschland geltendes Kollisions- oder Verfahrensrecht. Eine verfahrensrechtlich oder völkerrechtlich anzuerkennende Adoption ist also ebenfalls eine „nach den deutschen Gesetzen" wirksame Annahme (§ 6 StAG).[19]

3. Substitution

375 Dennoch kann für den Erwerb der deutschen Staatsangehörigkeit eine ausländische Adoption nicht genügen, wenn sie nicht einer deutschen Adoption auch materiell gleichwertig ist.[20] Es handelt sich also auch hier um eine Frage der **Substitution**. Dabei ist für die Erlangung der Staatsangehörigkeit ein wenigstens ebenso strenger Maßstab anzulegen wie in der Frage der Substituierbarkeit für § 1924 BGB. Die ausländische Adoption muss nach dem angewendeten Recht Volladoption sein,[21] wobei nunmehr wiederum auf das Kriterium der Gleichstellung in § 2 Abs. 2 Nr 1 AdWirkG abzustellen ist. Es genügt also nicht, wenn die Adoption nach dem ihr im Ausland zugrunde gelegten Recht den Erwerb der *dortigen* Staatsangehörigkeit bewirken würde. Auf die Haltung des fremden Staatsangehörigkeitsrechts (MAT i) kommt es also nicht entscheidend an.

376 **Ergebnis:** Damit ist die Adoption in El Salvador als schwache Adoption nicht geeignet, den Erwerb der deutschen Staatsangehörigkeit zu vermitteln, während die Volladoption nach schweizerischem Recht auch für den Staatsangehörigkeitserwerb nach § 6 StAG genügt.

---

19 BVerwG NJW 2018, 881.
20 BVerwG NJW 2018, 881.
21 BayVGH StAZ 1989, 287.

Literaturhinweise

Behandlung der fallrelevanten Themen in:
***Rauscher* Internationales Privatrecht (5. Aufl., 2017)**

Erbstatut:	Rn 1063 ff
Einzelstatut bricht Gesamtstatut:	Rn 552 ff
Nachlassspaltung:	Rn 1121 ff
Substitution ausländischer Adoption:	Rn 1039 ff
Anerkennung ausländischer Adoptionen:	Rn 1046 ff
HAdoptÜbk 1993 und AdWirkG:	Rn 1029, 1050 f
Ehegüterstatut:	Rn 775 ff, 779 ff
Qualifikation von § 1371 Abs. 1:	Rn 485
Staatsangehörigkeit und Adoption:	Rn 263, 548

Weitere Literatur

1. Erbstatut

Staudinger/Dörner (2007), Art. 25 EGBGB, Rn 18 und 76.

Staudinger, Leben und sterben lassen in der EU – Europäisches Internationales Privatrecht in Erbsachen nach der Verordnung (EU) Nr. 650/2012, JA 2014, 641.

2. Einzelstatut bricht Gesamtstatut

Staudinger/Mankowski (2010), Art. 15 EGBGB, Rn 18.

3. Nachlassspaltung

Staudinger/Dörner (2007), Art. 25 EGBGB, Rn 760.

Dörner Zur Frage der kollisionsrechtlichen Nachlassspaltung, FamRZ 2003, 1880.

Nietner Erbrechtliche Nachlassspaltung durch Rechtswahl – Schicksal nach der EuErbVO, IPRax 2015, 79.

4. Adoptionsstatut und Erbstatut

Staudinger/Dörner (2007), Art. 25 EGBGB, Rn 174.

5. Anerkennung ausländischer Adoptionen

Staudinger/Henrich (2009), Art. 22 EGBGB, Rn 84.

Majer Die Anerkennung ausländischer Adoptionsentscheidungen, NZFam 2015, 1138.

Weitzel Zur Anerkennung ausländischer Adoptionsentscheidungen, IPRax 2007, 308.

6. HAdoptÜbk von 1993 und AdoptWirkG

Staudinger/Henrich (2009), Vorbem. Art. 22 EGBGB, Rn 11.

Bush Adoptionswirkungsgesetz und Haager Übereinkommen – von der Nachadoption zur Anerkennung und Wirkungsfeststellung, IPRax 2003, 13.

7. Ehegüterstatut

Martiny Die Anknüpfung güterrechtlicher Angelegenheiten nach den Europäischen Güterrechtsverordnungen, ZfPW 2017, 1.

Staudinger/Mankowski (2010), Art. 15 EGBGB, Rn 22 und 231.

8. Qualifikation von § 1371 I

Horn Der deutsche Zugewinnausgleichsanspruch im internationalen Erbrecht, ZEV 2008, 417.

Rauscher § 1371 Abs. 1 BGB zwischen EU-ErbVO und EU-EheGüterVO, in: FS Geimer (2017) 529.

Weber Ein Klassiker neu aufgelegt: Die Qualifikation des § 1371 BGB unter dem Regime der Europäischen Erbrechtsverordnung, NJW 2018, 1356.

9. Staatsangehörigkeit und Adoption

Henrich Wirksamkeit einer Auslandsadoption und Rechtsfolgen für die Staatsangehörigkeit, IPRax 2008, 237.

Zimmermann Das Adoptionverfahren mit Auslandsberührung, Internationale Adoptionen, Verfahren und materielle Anforderungen, Teil 1 NZFam 2016, 150; Teil 2 NZFam 2016, 249.

III. Erbrecht

Fall 7

Alfonsos Vermächtnisse

Der 65-jährige spanische Staatsangehörige Alfonso Sanchez Velasquez und die 55-jährige österreichische Staatsangehörige Adelheid Auersperg haben 2007 in Madrid die Ehe geschlossen, wo sie zunächst auch ihren Wohnsitz hatten. Da beide erhebliches Vermögen und Abkömmlinge aus früheren Ehen haben, beabsichtigten sie, eine gemeinsame Regelung ihrer Nachlässe zu treffen. Nach Konsultation eines spanischen Notars, der diesen Plan wegen des spanischen Erbrechts für ausgeschlossen hielt, stellten sie eigene Nachforschungen zur Rechtslage an mit dem Ergebnis, dass das österreichische Recht wohl ein gemeinschaftliches Testament nicht völlig ablehnt, aber formell etwas unpraktisch sei. Daher schien ihnen § 2267 BGB ein vorzügliches Rezept zur Eigenanfertigung gemeinsamer Ehegattentestamente zu sein. Außerdem wollen sie versuchen, das ihrem Plan offenbar nicht wohlgesinnte spanische Erbrecht abzuwählen. Dies führte zu der Idee, anlässlich einer Silvesterreise nach München, wo Adelheid Auersperg ein Grundstück und ein beträchtliches Wertpapierdepot bei einer bayerischen Bank besaß, ein gemeinschaftliches Testament zu errichten. Alfonso und Adelheid verfügten – bei bester Gesundheit und *vor* dem Öffnen einer Flasche Champagner – am 31.12.2008 in ihrer Suite des Hotels Bayerischer Hof in München unter Wahrung der Form des § 2267 BGB: „Wir setzen uns gegenseitig zu Alleinerben ein. Erben des Längerlebenden werden unsere jeweils einseitigen Kinder Estrella Sanchez Vincente und Manfred Auersperg zu gleichen Teilen. Soweit möglich, wählen wir für unsere Beerbung österreichisches Recht, das Heimatrecht von Adelheid“ Den Text schrieb Adelheid, Alfonso unterzeichnete lediglich eigenhändig. 377

Am 15.8.2015 verunglückten Alfonso und Adelheid mit ihrem PKW. Alfonso verstarb noch an der Unfallstelle. Adelheid verstarb, ohne das Bewusstsein wieder erlangt zu haben, am 20.8.2015. Der Nachlass des Alfonso besteht aus Landgütern in Spanien, sowie einem Aktiendepot im Wert von etwa 5 Mio. € bei einer deutschen Bank in Frankfurt/Main. Adelheid hinterlässt außer dem Grundbesitz das etwa 3 Mio. € schwere Depot in München.

Beim Begräbnis treffen Estrella Sanchez Vincente und Manfred Auersperg auf die Flamencotänzerin Carmen Almeida Castro, mit der Alfonso seit 2010 bis zu seinem Tod eine ihn offenbar beglückende und der Adelheid verborgen gebliebene Liebesbeziehung unterhalten hatte. Sie präsentiert tags darauf ein am 10.1.2012 vor einem Notar in Madrid nach spanischem Recht formwirksam errichtetes Testament des Alfonso, in dem es heißt: „Ich widerrufe alle meine bisherigen Testamente und Verfügungen und setze als meine Alleinerbin meine Tochter Estrella Sanchez Vincente ein. Meiner guten Freundin Carmen Almeida Castro vermache ich die Hälfte meines Aktiendepots in

Frankfurt. Meiner Ehefrau Adelheid Auersperg vermache ich, was ihr kraft Gesetzes gebührt."

Wie ist die Erbfolge nach beiden Erblassern?

Welche Nachweise der Erbfolge können bei welchem deutschen Gericht zu Grundbuchberichtigung und Nachweis gegenüber den Banken mit Aussicht auf Erfolg beantragt werden?

Alle Beteiligten sind bereit, von den Erbschaften anzunehmen, was immer sie erhalten können. Auf ehegüterrechtliche Fragen ist nicht einzugehen. Es ist davon auszugehen, dass in Österreich kein Nachlass belegen ist und deshalb dort auch kein Nachlassverfahren („Verlassenschaftsverfahren") durchgeführt werden kann.

Materialien

I. Österreichisches IPR

a) Bundesgesetz über das Internationale Privatrecht v. 15.6.1978 (IPRG)[1]

§ 9 IPRG

378 (1) Das Personalstatut einer natürlichen Person ist das Recht des Staates, dem die Person angehört …

§ 28 IPRG (aufgehoben durch Art. 8 ErbRÄG 2015)

(1) Die Rechtsnachfolge von Todes wegen ist nach dem Personalstatut des Erblassers im Zeitpunkt seines Todes zu beurteilen …

§ 30 IPRG (aufgehoben durch Art. 8 ErbRÄG 2015)

(1) Die Testierfähigkeit und die sonstigen Erfordernisse für die Gültigkeit einer letztwilligen Verfügung, eines Erbvertrages oder eines Erbverzichtsvertrages sind nach dem Personalstatut des Erblassers im Zeitpunkt der Rechtshandlung zu beurteilen. Wäre danach die Gültigkeit nicht gegeben, wohl aber nach dem Personalstatut des Erblassers im Zeitpunkt seines Todes, so gilt dieses.

(2) Für den Widerruf bzw die Aufhebung dieser Rechtshandlungen gilt der Abs. 1 sinngemäß.

§ 31 IPRG

(1) Der Erwerb und der Verlust dinglicher Rechte an körperlichen Sachen einschließlich des Besitzes sind nach dem Recht des Staates zu beurteilen, in dem sich die Sachen bei Vollendung des dem Erwerb oder Verlust zugrunde liegenden Sachverhalts befinden.

§ 32 IPRG

Für dingliche Rechte an einer unbeweglichen Sache ist der § 31 auch dann maßgebend, wenn diese Rechte in den Anwendungsbereich einer anderen inländischen Verweisungsnorm fallen.

[Hinweis: § 32 iVm § 31 wird von der Rechtsprechung eng nach dem Wortlaut ausgelegt.]

1 RIS Rechtsinformationssystem: *www.ris.bka.gv.at* unter Bundesrecht konsolidiert jeweils alle Fassungen.

§ 50 IPRG idF durch Art. 8 ErbRÄG 2015

...

(7) Die Aufhebung der §§ 28 bis 30 tritt mit 17. August 2015 in Kraft. Sie sind jedoch weiterhin anzuwenden, sofern der Verstorbene vor dem 17. August 2015 gestorben ist und soweit die EuErbVO nicht das maßgebende Recht bestimmt.

II. Österreichisches materielles Recht[2]

b) Allgemeines Bürgerliches Gesetzbuch (ABGB, in Klammern: Titelüberschriften)

aa) in der Fassung des ErbRÄG 2015

§ 1503 ABGB

...

(7) Für das Inkrafttreten des Erbrechts-Änderungsgesetzes 2015, BGBl. I Nr. 87/2015 (ErbRÄG 2015 gilt Folgendes:

1. Die §§ 199, 233, 269, 308, 531 bis 543, 546 bis 560, 563 bis 572, 575 bis 591, 601 bis 617, 647 bis 654, 656 bis 667, 672 bis 678, 681 bis 699, 701 bis 703, 705 bis 719, 721 bis 749, 750 Abs. 1, die §§ 751 bis 792, 797 bis 809, die Überschriften vor § 810, die §§ 811 bis 817, 819 bis 821, 823, 824, 1205, 1249, 1251 bis 1254, 1278 bis 1283, 1462, 1487 und 1487a samt Überschriften in der Fassung des ErbRÄG 2015 und der Entfall der §§ 544, 545, 561, 562, 573, 594 bis 597, 646, 655, 668, 679, 680, 700, 704, 720, 793 bis 796, 818, 822, 951, 952, 956, 1248, 1250 und 1266 letzter Satz samt Überschriften treten mit 1. Jänner 2017 in Kraft.
2. Soweit im Folgenden nichts anderes bestimmt ist, sind die nach Z 1 mit 1. Jänner 2017 in Kraft tretenden Bestimmungen anzuwenden, wenn der Verstorbene nach dem 31. Dezember 2016 verstorben ist.

bb) In der vor Inkrafttreten des ErbRÄG 2015 geltenden Fassung:

§ 533 ABGB (Titel zu dem Erbrechte)

Das Erbrecht gründet sich auf den nach gesetzlicher Vorschrift erklärten Willen des Erblassers; auf einen nach dem Gesetze zulässigen Erbvertrag (§ 602), oder auf das Gesetz.

§ 547 ABGB (Wirkung der Annahme der Erbschaft)

Der Erbe stellt, sobald er die Erbschaft angenommen hat, in Rücksicht auf dieselbe den Erblasser vor. Beyde werden in Beziehung auf einen Dritten für eine Person gehalten. Vor der Annahme des Erben wird die Verlassenschaft so betrachtet, als wenn sie noch von dem Verstorbenen besessen würde.

§ 727 ABGB (Fälle der gesetzlichen Erbfolge)

Wenn der Verstorbene keine gültige Erklärung des letzten Willens hinterlassen; wenn er in derselben nicht über sein ganzes Vermögen verfügt; wenn er die Personen, denen er kraft Gesetzes einen Erbteil zu hinterlassen schuldig war, nicht gehörig bedacht hat; oder, wenn die eingesetzten Erben die Erbschaft nicht annehmen können oder wollen; so findet die gesetzliche Erbfolge ganz oder zum Theile Statt.

2 RIS Rechtsinformationssystem: *www.ris.bka.gv.at* unter Bundesrecht konsolidiert jeweils alle Fassungen.

§ 732 **ABGB** (Gesetzliche Erben)

Wenn der Erblasser Kinder des ersten Grades hat, so fällt ihnen die ganze Erbschaft zu; sie mögen männlichen oder weiblichen Geschlechtes; sie mögen bey Lebzeiten des Erblassers oder nach seinem Tode geboren seyn.

§ 797 **ABGB** (Bedingungen zur rechtlichen Besitznehmung einer Erbschaft)

Niemand darf eine Erbschaft eigenmächtig in Besitz nehmen. Das Erbrecht muss vor Gericht verhandelt und von demselben die Einantwortung des Nachlasses, das ist die Uebergabe in den rechtlichen Besitz, bewirket werden.

§ **1248 ABGB** (Wechselseitige Testamente)

Den Ehegatten ist gestattet, in einem und dem nähmlichen Testamente sich gegenseitig, oder auch andere Personen als Erben einzusetzen. Auch ein solches Testament ist widerruflich; es kann aber aus der Widerrufung des einen Theiles auf die Widerrufung des andern Theiles nicht geschlossen werden (§ 583).

[Hinweis: Die Rechtsprechung legt den letzten Halbsatz dahingehend aus, dass eine Vermutung für Wechselbezüglichkeit (die begrifflich wie in § 2270 BGB verstanden wird) bei gemeinsamen Verfügungen nicht besteht, Wechselbezüglichkeit jedoch durch Auslegung festgestellt werden kann und dann mit dem Widerruf der einen auch die andere Verfügung als widerrufen anzusehen ist. Ob ein für einen Ehegatten unwirksames gemeinsames Testament für den anderen Ehegatten wirksam sein kann, ist ebenfalls eine Frage der Auslegung.]

III. Österreichisches Verfahrensrecht

c) Im Anschluss an die in § 797 ABGB bestimmte Regelung einer *hereditas iacens* (ruhende Erbschaft) findet nach dem Gesetz über das Verfahren außer Streitsachen (AußStrG, zum 1.1.2005 reformierte Fassung, insoweit keine maßgebliche Änderung durch das ErbRÄG 2015) eine Verlassenschaftsabhandlung statt (§§ 156 ff AußStrG). Dieses Verfahren wird mit einer Erbantrittserklärung des zum Erben Berufenen eingeleitet (§ 157 AußStrG), die auf Annahme, Inventarsannahme oder Ausschlagung der Erbschaft gerichtet ist. Das Eigentum an den Nachlassgegenständen wird erst durch den Einantwortungsbeschluss des Gerichts erworben (§ 177 AußStrG, § 797 ABGB).

cl)

§ 143 AußStrG (Fassung gilt seit dem 17.8.2015 und nur für Nachlässe von seit dem 17.8.2015 Verstorbenen)

(1) Das Verlassenschaftsverfahren ist von Amts wegen einzuleiten, sobald ein Todesfall durch eine öffentliche Urkunde oder sonst auf unzweifelhafte Weise bekannt wird.

(2) Befindet sich die Verlassenschaft ausschließlich im Ausland oder besteht für bewegliches Vermögen im Inland die Abhandlungszuständigkeit nach Art. 10 Abs. 2 oder Art. 11 der Verordnung (EU) Nr. 650/2012 über die Zuständigkeit, das anzuwendende Recht, die Anerkennung und Vollstreckung öffentlicher Urkunden in Erbsachen sowie zur Einführung eines Europäischen Nachlasszeugnisses (im Folgenden: EUErbVO), ABl. Nr. L vom 27.7.2012 S. 107, so ist die Abhandlung nur auf Antrag einer Partei einzuleiten, die ihre Erbenstellung bescheinigt. Ergibt sich, dass dem Antragsteller keine Erbberechtigung zukommt und ist das Verfahren nicht auf Grund anderer Anträge fortzusetzen, so ist es mit Beschluss einzustellen.

IV. Spanisches IPR[3]

d) Código Civil (cc) (keine Änderung der abgedruckten Absätze seit 15.10.1990)

Art. 9 cc

1. Das Personalstatut natürlicher Personen bestimmt sich nach ihrer Staatsangehörigkeit. ...

2.1. Die Ehewirkungen richten sich nach dem gemeinsamen Personalstatut der Ehegatten zum Zeitpunkt der Eheschließung; und, bei dessen Fehlen, nach dem Personalstatut oder dem Recht des Ortes des gewöhnlichen Aufenthalts eines von ihnen, das beide mittels öffentlicher, vor der Eheschließung errichteter Urkunde gewählt haben; bei Fehlen einer solchen Wahl nach dem Recht des Ortes des gemeinsamen gewöhnlichen Aufenthalts unmittelbar nach der Eheschließung und, bei Fehlen eines solchen Aufenthalts, nach dem Recht des Ortes der Eheschließung.

8. Die Nachfolge von Todes wegen richtet sich nach dem Heimatrecht des Erblassers im Augenblick seines Todes, was auch immer die Natur des Vermögens und das Land, in welchem es belegen ist, sein mag. Indessen behalten die gemäß dem Heimatrecht des Testators oder des Verfügenden im Zeitpunkt ihrer Errichtung in einem Testament vorgenommenen Verfügungen und Erbverträge ihre Gültigkeit, auch wenn das den Erbfall regelnde Recht ein anderes ist; die Noterbrechte passen sich allerdings gegebenenfalls dem letzteren an. Die Rechte, die kraft Gesetzes dem überlebenden Ehegatten zustehen, richten sich nach dem gleichen Recht, das die Ehewirkungen regelt, jedoch in jedem Fall unbeschadet des Noterbenrechts der Abkömmlinge.

V. Spanisches materielles Recht

Es ist davon auszugehen, dass keine foralrechtlichen Bestimmungen anzuwenden sind, sondern das spanische Gemeinrecht:

e) Código Civil

Die folgenden Bestimmungen galten, soweit nicht anders angemerkt, schon geraume Zeit vor den beiden Erbfällen.

Art. 440 cc

Der Besitz an Nachlassgütern gilt als ohne Unterbrechung und vom Augenblick des Todes des Erblassers an als auf den Erben übergegangen, vorausgesetzt es kommt zum Antritt der Erbschaft. Wer wirksam eine Erbschaft ausschlägt, wird so angesehen, als habe er sie nie besessen.

Art. 658 cc[4]

Die Erbschaft geht gemäß dem in einem Testament zum Ausdruck gekommenen Willen des Menschen über und bei Fehlen eines solchen gemäß den gesetzlichen Bestimmungen.

Die erste heißt testamentarische, die andere gesetzliche (sc. Erbschaft).

Sie kann auch zu einem Teil gemäß dem Willen des Menschen übergehen und zum anderen gemäß den gesetzlichen Bestimmungen.

---

3 *Ferid/Firsching/Dörner/Hausmann* Spanien Texte A I (Stand 2012). Konsolidierte spanische Fassung mit sämtlichen früheren Fassungen unter: www.boe.es unter Legislación consolidada Documento BOE-A-1889-4763.

4 Eigene Übersetzung, da aaO sinnentstellend.

Art. 660 cc

Erbe heißt derjenige, welcher im Wege der Gesamtrechtsnachfolge, und Vermächtnisnehmer derjenige, welcher im Wege der Einzelrechtsnachfolge von Todes wegen erwirbt.

Art. 669 cc

Es dürfen nicht zwei oder mehr Personen gemeinschaftlich oder in derselben Urkunde ein Testament errichten, gleich ob dies zum gegenseitigen Vorteil oder zugunsten eines Dritten geschieht.

[Hinweis: Die Bestimmung dient nach allgemeiner Ansicht der Sicherung der Testierfreiheit und der Verhinderung einer unerwünschten Beeinflussung des Testierenden.]

Art. 737 cc

Alle testamentarischen Bestimmungen sind ihrem Wesen nach widerruflich, auch wenn der Testator im Testament seinen Willen oder Entschluss zum Ausdruck bringt, sie nicht zu widerrufen.

Als nicht geschrieben gelten Klauseln, welche zukünftige Verfügungen aufheben, sowie solche, in denen der Testator anordnet, dass der Widerruf des Testaments nur dann wirksam sein soll, wenn er sich dabei gewisser Worte oder Zeichen bedient.

Art. 739 cc

Das frühere Testament wird von Rechts wegen durch das spätere rechtswirksam widerrufen, es sei denn, der Testator bringe in diesem seinen Willen zum Ausdruck, dass das frühere Testament ganz oder teilweise weiter bestehen soll.

Jedoch gewinnt das frühere Testament seine rechtliche Wirkung zurück, wenn der Testator nachträglich das spätere widerruft und ausdrücklich erklärt, dass es sein Wille ist, dass erstere wirksam sein soll.

Art. 806 cc

Noterbteil ist derjenige Teil des Vermögens, über welchen der Testator deswegen nicht verfügen kann, weil ihn das Gesetz bestimmten Erben vorbehalten hat, die deswegen zwingende Erben heißen.

Art. 834 cc (redaktionelle Neufassung durch Ley 15/2015 vom 2.7.2015 kann vernachlässigt werden)

Der Ehegatte, welcher beim Tod seines Ehepartners nicht von diesem gerichtlich oder tatsächlich getrennt war, hat, wenn er bei der Erbschaft mit Kindern oder Abkömmlingen zusammentrifft, Anspruch auf den Nießbrauch an dem zur Aufbesserung bestimmten Drittel.

Art. 881 cc

Der Vermächtnisnehmer erwirbt Anspruch auf die reinen und einfachen Vermächtnisse mit dem Tod des Testators und überträgt ihn auf seine Erben.

Strukturierung des Falles

Wesentliche Themen: Erbstatut; Testamentsstatut; Testamentsformstatut; Anknüpfung gemeinschaftlichen Testaments vor und nach Inkrafttreten der EU-ErbVO; Erbscheinszuständigkeit vor und nach Inkrafttreten der EU-ErbVO; Noterbrecht und Vermächtnis im Erbschein. 379

A. Alfonso

I. Erbfolge

1. Erbstatut

a) Art. 25 Abs. 1 aF EGBGB
- EU-ErbVO (-) Art. 83 Abs. 1, 84 UAbs. 2 nur für ab dem 17.8.2015 eingetretene Erbfälle, also Art. 25 f aF EGBGB
- Rechtswahl (-) Art. 25 Abs. 2 aF EGBGB (-)
- Art. 25 Abs. 1 aF EGBGB, Art. 4 Abs. 1 EGBGB Gesamtverweisung in spanisches Heimatrecht

b) Rückverweisungsprüfung
- Rechtswahl (-)
- Art. 9.8 S. 1 cc nimmt Verweisung an
- Aber akzessorische Anknüpfung Ehegattenerbrecht an Ehegüterstatut Art. 9.8 S. 3 cc
- Dieses in unselbstständiger Anknüpfung nach Art. 9 Nr 2 cc: gemeinsame Rechtswahl (-), *residencia habitual* sogleich nach Eheschließung (+) spanisches Recht

2. Materielles Testaments-Errichtungsstatut

a) Art. 26 Abs. 5 aF EGBGB
- Art. 26 Abs. 5 S. 1 aF EGBGB: materielle Wirksamkeit und Bindung: Erbstatut im Zeitpunkt der Testamentserrichtung, für beide Testamente spanisches Recht

b) Gesamtverweisung
- Gesamtverweisung bzgl Art. 25 Abs. 1 aF EGBGB, nicht aber bzgl Art. 26 Abs. 5 aF EGBGB, also Art. 9 Nr 8 S. 2 cc ohne Bedeutung

3. Testamentsformstatut

a) Haager TestFormÜbk

TestFormÜbk *loi uniforme* Art. 6 TestFormÜbk, Art. 4 TestFormÜbk: auch für Form gemeinschaftlicher Testamente

b) Testament 2008

Testament vom 31.12.2008: Art. 1 Abs. 1 lit. a TestFormÜbk, deutsche Ortsform, § 2267 BGB (+)

c) Testament 2012

Testament vom 10.1.2012 spanische Ortsform, nach Sachverhalt (+)

4. Erbfolge nach spanischem Recht

a) Zulässige testamentarische Erbfolge
- Nach dem 2. Testament vom 10.1.2012
- Materielle Zulässigkeit Art. 658 Abs. 1 cc (+)
- Persönliche Mängel (Testierfähigkeit etc) nicht ersichtlich

b) Entgegenstehendes 1. Testament
- Widerruf 1. Testament Art. 739 cc
- Wirksamkeit der Errichtung: für Alfonso jedenfalls auch nach spanischem Recht zu beurteilen
- Verbot gemeinsamen Testierens Art. 669 cc
- Fraglich, ob materiell zu qualifizieren
- Maßstab Auslegung der Norm nach spanischem Recht
- Nach Sachverhalt: materielles Verbot
- Testament also unwirksam
- Umdeutung (-), Art. 669 cc verhindert gerade die Wirksamkeit für Alfonso
- Angleichung (-), Problem der Wirksamkeit für Adelheid kann nur das österreichische Recht lösen

c) Verfügungen im 2.Testament
- Erbfolge nach 2. Testament
- Erbe iSd §§ 2353 ff BGB:
- Art. 440 Abs. 1, 660 cc: Universalsukzession, Auslegung: Estrella Erbin, Carmen Legatarin
- Einsetzung der Adelheid: Auslegung als Zuwendung der *legítima* der Ehefrau, Art. 834 cc Nießbrauch an einem Drittel des Nachlasses
- Auslegung: Zuwendung der *legítima* als Vermächtnis

II. Erbenzeugnisse

1. Erbschein

a) Internationale Zuständigkeit
- EU-ErbVO (-) auch verfahrensrechtlich Art 83 Abs. 1, 84 UAbs. 2 EU-ErbVO
- § 105 FamFG, § 342 Abs. 1 Nr 6 FamFG, § 343 FamFG: internationale Zuständigkeit folgt örtlicher

- Intertemporal § 343 aF FamFG: Art 239 § 36 EGBGB
- Zuständigkeit § 343 Abs. 1, 2 aF FamFG (-)
- Aber: Zuständigkeit aus § 343 Abs. 3 aF FamFG beschränkt auf in Deutschland belegene Nachlassgegenstände; keine Antragsbeschränkung nach § 2369 BGB idF 1.9.2009, in Geltung bis 16.8.2015 (Art 229 § 36 EGBGB) erforderlich

b) Örtliche Zuständigkeit

- § 343 Abs. 3 aF FamFG: AG Frankfurt/Main – Nachlassgericht

c) Erbe iSd § 2353 BGB (Erwerb)

- Erbe spanischen Rechts ist Universalrechtsnachfolger
- also „Erbe" iSd §§ 2353 ff BGB, Estrella somit Alleinerbin

d) Legatar im Erbschein?

- Art. 881 cc Vindikationslegat
- Aber Angleichung an deutsches Sachenrechtsstatut: kein *ex lege* Erwerb
- Also keine Aufnahme in Erbschein

e) Gesetzlicher Nießbrauch im Erbschein?

- Zuwendung der *legítima*: Auslegung als Legat, also nicht in Erbschein

2. Europäisches Nachlasszeugnis (ENZ)

ENZ (-) ebenfalls nur bei Erbfall seit 17.8.2018

Ergebnis: Ein bei dem AG Frankfurt/Main zu stellender Antrag der Estrella Sanchez Vincente auf Erteilung eines auf den in Deutschland belegenen Nachlass beschränkten Erbscheins, der die Antragstellerin als testamentarische Alleinerbin in Anwendung spanischen Rechts ausweist, ist somit zulässig und begründet.

B. Adelheid

I. Erbfolge

1. Erbstatut

a) Anwendbarkeit der EU-ErbVO

- EU-ErbVO (+), sachlich Art. 1 Abs. 1 EU-ErbVO (+), zeitlich Erbfall seit 17.8.2015 (Art. 83 Abs. 1, 84 UAbs. 2), räumlich universell (Art. 20 EU-ErbVO)

b) Anknüpfung

- Rechtswahl (+): zulässig: Vor Inkrafttreten: Art. 83 Abs. 2 Alt. 1 EU-ErbVO (+)
- Art. 22 Abs. 1 EU-ErbVO; Auslegung: nur zusammen mit Alfonso? (-)
- Form: Art. 22 Abs. 2 EU-ErbVO (+): ausdrücklich, Testamentsform (siehe 3)

c) Keine Rückverweisung zum Erbschaftserwerb

- Gesamtverweisung (-): Art. 34 Abs. 1 EU-ErbVO; Österreich Mitgliedstaat (keine verstärkte Zusammenarbeit)

2. Materielles Testaments-Errichtungsstatut

a) Alternative Anknüpfung für Alttestamente

- Anwendbarkeit EU-ErbVO auf vor 17.8.2018 errichtete letztwillige Verfügung
- Art. 83 Abs. 3 EU-ErbVO (+)
- Alternativ auch zulässig und wirksam, wenn vor 17.8.2018 zulässig und wirksam gemäß dem vom IPR des gewöhnlichen Aufenthalts oder eines Heimatrechts berufene Rechts; Bindung?

b) Anwendbares Recht nach Art. 20 ff EU-ErbVO

- Art. 24 oder Art. 25 EU-ErbVO: Art. 3 Abs. 1 lit. b // lit. c, d (-)
  Zweck kumulative Anknüpfung Zulässigkeit; Einheitlichkeit Bindung: (+)
- Zulässigkeit, Wirksamkeit, Bindung falls Art. 24 EU-ErbVO:
- Anknüpfung Zulässigkeit, Wirksamkeit Art. 24 Abs. 1 EU-ErbVO, Erbstatut, österreichisches Recht
- Anknüpfung Bindung Art 24 Abs. 3 EU-ErbVO, Erbstatut, österreichisches Recht
- Zulässigkeit, Wirksamkeit, Bindung falls Art. 25 EU-ErbVO (analog):
- Zulässigkeit Art. 25 Abs. 2 UAbs. 2 EU-ErbVO: kumulativ österreichisches und spanisches Recht (Problem der fiktiven Anwendung der VO auf bereits vorher verstorbenen anderen Erblasser kann offen bleiben, da Erbstatut Alfonso nach Art. 21 Abs. 1 EU-ErbVO spanisches Recht; Wahl österreichischen Rechts nicht Art. 22 Abs. 1, nicht Art. 21 Abs. 2 EU-ErbVO)
- Wirksamkeit und Bindung falls zulässig: Art. 25 Abs. 2 UAbs. 2 EU-ErbVO: engste Verbindung
- Rechtswahl Art. 25 Abs. 3 EU-ErbVO (-): österreichisches Recht wählbar (+)
- Aber für Alfonso nicht nach Art. 83 Abs 2 EU-ErbVO wirksam geworden (-)

- Damit wegen völlig offener Streitfrage: iE Art. 24 EU-ErbVO: Zulässigkeit, Wirksamkeit, Bindung: Österreich *oder* Art. 25 EU-ErbVO: Zulässigkeit: Österreich und Spanien damit (-)

c) **Anwendbares Recht nach IPR (gewöhnlicher Aufenthalt, Heimatrecht, lex fori)**
- Alternativen nach IPR im Errichtungszeitpunkt:
- Heimatstaats-IPR: §§ 28, 30 IPRG: Österreich
- Lex fori: Art. 26 Abs. 5 aF, Art. 25 Abs. 1 EGBGB: Österreich
- Aufenthalts-IPR (Spanien) kann dahingestellt bleiben, falls wirksam nach österreichischem Recht

3. **Testamentsformstatut**
- Alternativ Art. 83 Abs. 3 EU-ErbVO
- Aber TestFormÜbk sowohl bei Errichtung als auch bei Erbfall (Art. 75 Abs. 1 UAbs. 2 EU-ErbVO, nicht Art. 27 EU-ErbVO),
- Testament vom 31.12.2008: deutsches Ortsformrecht

4. **Testamentarische Erbfolge, österreichisches Recht**

a) **Form, Zulässigkeit Testamentarischer Erbfolge**
- Rechtslage vor 16.8.2015
- Formelle Wirksamkeit des Testaments wie bei Alfonso
- § 533 ABGB Zulässigkeit testamentarischer Erbfolge
- materielle persönliche Mängel (Testierfähigkeit) nicht ersichtlich

b) **Materielle Zulässigkeit gemeinsamer Testamente**
- § 1248 S. 1 ABGB: gemeinsame letztwillige Verfügung, wechselseitig oder zugunsten Dritter zulässig

c) **Keine Unwirksamkeit durch kumulative Anknüpfung**
- Unwirksamkeit wegen spanischem Recht: hM (-), Folgen der einseitigen Unwirksamkeit muss österreichisches Recht lösen

d) **Beurteilung der Wirksamkeit durch Auslegung**
- § 1248 S. 2 Hs. 2 ABGB: nicht per se unwirksam, bei Wechselbezüglichkeit Unwirksamkeit vertretbar

e) **Widerruf**
- § 1248 S. 2 Hs. 2 ABGB: Unwirksamkeit wechselbezüglicher Verfügung wegen Widerruf durch Alfonso (+)

f) **Vollständige oder teilweise Unwirksamkeit**
- Manfred also Alleinerbe entweder aufgrund des Testaments, wenn wirksam, oder aufgrund gesetzlicher Erbfolge § 732 ABGB

II. **Erbenzeugnisse**

1. **Erbschein**

a) **Internationale Erbscheinszuständigkeit und EU-ErbVO**
- HM in D und IntErbRVG: Zuständigkeit nicht Art. 4 ff EU-ErbVO, sondern §§ 105, 343 Abs. 2, 3 FamFG, dann AG Schöneberg, § 343 Abs. 3 S. 1. FamFG, gegenständlich beschränkt (+)
- EuGH (Oberle): Keine Zuständigkeit aus § 105 FamFG, wenn anderer Mitgliedstaat zuständig aus Art. 4 ff EU-ErbVO; hier Spanien; Art. 10, 11 EU-ErbVO dann in Deutschland nicht gegeben

b) **Hinweis: Offene Fragen**
- Art. 5 EZ-ErbVO (-) fraglich wegen Art. 64 EU-ErbVO, ob auf Erbschein anwendbar; allenfalls österreichische Gerichte, da Rechtswahl Art. 22 EU-ErbVO (+);
  Kann auch ein Gericht in einem anderen Mitgliedstaat einen Erbschein nach §§ 2353 ff BGB ausstellen?

2. **Europäisches Nachlasszeugnis**
- Internationale Zuständigkeit: Art. 64, 4, 7, 10, 11 EU-ErbVO (-):
- Art. 64, 4 EU-ErbVO (+) Zuständigkeit spanischer Gerichte aus Art. 4 EU-ErbVO
- Art. 64, 5 EU-ErbVO (-): Art. 5 nicht verwiesen und käme zudem nur für Österreich in Betracht
- Art. 64, 10 EU-ErbVO (-), da gewöhnlicher Aufenthalt in Mitgliedstaat Spanien

Ergebnis: Der Alleinerbe Manfred kann, folgt man der Ansicht des EuGH, welcher die Erbscheinszuständigkeit der EU-ErbVO unterstellt, bei keinem deutschen Gericht mit Aussicht auf Erfolg einen Antrag auf Erteilung eines Erbscheins oder ENZ stellen.

3. **[Hilfsgutachten: Erlangung der Erbenstellung: Einantwortung**
   Erbschaftserwerb (deutsche Erbscheinszuständigkeit unterstellt)

a) **Erberwerbsstatut**
   - Spaltung Erberwerbsstatut entfallen: § 32 IPRG zwar nicht aufgehoben, aber Bezug auf § 28 Abs. 1 IPRG durch dessen Aufhebung gemäß § 50 Abs. 7 IPRG entfallen, außerdem von Art. 23 Abs. 2 lit. e EU-ErbVO verdrängt, damit: österreichisches Recht auch Erberwerbsstatut;

b) **Einantwortung als Erwerbsvoraussetzung**
   - Erbenstellung iSd §§ 2353 ff BGB („dem Erben")
   - Österreichisches Recht: *hereditas iacens*, § 547 S. 2 ABGB: gerichtlicher Einantwortungsbeschluss erforderlich (§ 797 ABGB)

c) **Verstoß gegen numerus clausus deutschen Sachenrechts**
   - Art. 1 Abs. 2 lit. k EU-ErbVO: Vorrang des Sachenrechts der Belegenheit
   - Unvereinbarkeit einer *hereditas iacens* mit *numerus clausus* deutschen Sachenrechts (strittig)
   - Wenn ja: Übergang nach § 1992 BGB
   - Wenn nein: Einantwortung erforderlich

d) **Zuständigkeit zur Einantwortung**
   - Einantwortung durch deutsches Nachlassgericht nur bei Zuständigkeit nach Art. 4 ff, EU-ErbVO, also nicht aufgrund § 105 FamFG
   - Bei deutscher Erbscheinszuständigkeit mit/ohne Zuständigkeit nach Art. 4 EU-ErbVO fraglich, ob wie bisher zu verfahren ist:
   - Einantwortung selbst nicht möglich, daher regelmäßig Verweisung auf Einantwortung durch österreichisches Gericht

e) **Erbscheinserteilung ohne Einantwortung**
   - Ersetzung durch bloße Annahme, falls Österreich nicht zuständig
   - § 143 Abs. 2 AußStrG
     erfordert eine internationale Zuständigkeit österreichischer Gerichte]

Ergebnis: Alleinerbe der Adelheid ist Manfred Auersperg. Ob die Stellung als Alleinerbe sich aus gesetzlicher oder testamentarischer Erbfolge ergibt, hängt von der Beurteilung der einseitigen Wirksamkeit des Testaments ab.
Ein bei dem nur bei Anwendbarkeit von §§ 105, 343 Abs. 3 FamFG zuständigen AG Berlin- Schöneberg – Nachlassgericht – zu stellender Antrag des Manfred Auersperg auf Erteilung eines auf den inländischen Nachlass beschränkten Erbscheins als Alleinerbe nach österreichischem Recht ist nur dann zulässig, wenn man sich nicht dem EuGH anschließt, der auch nationale Erbscheine der Zuständigkeit nach der EU-ErbVO unterstellt. Ein ENZ kann jedenfalls nicht in Deutschland beantragt werden. Folgt man dem EuGH, so muss für die Grundbuchberichtigung und den Nachweis der Erbenstellung gegenüber Banken ein ENZ in Spanien beantragt werden.

Lösung

A. Alfonso

I. Erbfolge

1. Erbstatut

a) Art. 25 Abs. 1 aF EGBGB

Die **EU-ErbVO**[1] enthält zwar universell anwendbare Bestimmungen zum Erb-Kollisionsrecht (Art. 20 ff EU-ErbVO). Sie gilt seit dem 17.8.2015 (Art. 84 UAbs. 2 EU-ErbVO), jedoch nur für die Rechtsnachfolge von Personen, die am 17.8.2015 oder danach verstorben sind (Art. 83 Abs. 1 EU-ErbVO). **380**

Damit bestimmt sich das Erbstatut nach Alfonso nach **Art. 25 aF EGBGB**. Da Art. 25 Abs. 2 aF EGBGB eine Rechtswahl nur zu deutschem Recht für deutschen Immobiliarnachlass gestattet, ist die im Testament vom 31.12.2008 getroffene Rechtswahl zu österreichischem Recht unbeachtlich.

Art. 25 Abs. 1 aF EGBGB verweist im Wege der Gesamtverweisung (Art. 4 Abs. 1 EGBGB) in das spanische Heimatrecht des Erblassers bei seinem Tod.

b) Rückverweisungsprüfung

Auch das **spanische IPR** (MAT d) sieht keine Rechtswahl des Erbstatuts vor, was zu einer Weiterverweisung führen könnte. Die damit maßgebliche objektive Anknüpfung nimmt die Verweisung grundsätzlich an (Art. 9.8 S. 1 cc), knüpft aber die *erbrechtliche* Beteiligung des **Ehegatten** akzessorisch an das Ehewirkungsstatut an (Art. 9.8 S. 3 cc), was Widersprüche zwischen Erb- und Ehegüterstatut – das ebenfalls dem Ehewirkungsstatut folgt – vermeiden soll. Das Ehewirkungsstatut ist für diesen Zweck, da die akzessorische Anknüpfung vom spanischen Erbkollisionsrecht angeordnet wird, nicht selbstständig anzuknüpfen, sondern als Teil der erbrechtlichen Anknüpfung unmittelbar nach Art. 9.2 cc. Maßgeblich ist mangels eines gemeinsamen Heimatrechts bei Eheschließung und einer Rechtswahl das Recht des gemeinsamen gewöhnlichen Aufenthaltes *(residencia habitual)* sogleich nach Eheschließung, also das spanische Recht.[2] **381**

---

1 Verordnung (EU) Nr 650/2012 vom 4.7.2012, ABl. EU L 201/107.

2 Die bei Bezug zur spanischen Rechtsordnung ua im Erbrecht zu bedenkende Möglichkeit der Anwendbarkeit eines „Foralrechts“ *(ley foral)* ist hier nach dem Bearbeitungshinweis ausgeblendet, was bei erkennbar ausschließlichem Bezug zu Madrid, wo – anders als in vielen beliebten spanischen Ruhestandsdomizilen – gemeinspanisches Recht gilt, auch sachlich berechtigt ist.

2. Materielles Testaments-Errichtungsstatut

a) Art. 26 Abs. 5 aF EGBGB

382 Die materielle Wirksamkeit sowie die Bindung an eine letztwillige Verfügung unterliegen jedoch nach Art. 26 Abs. 5 S. 1 aF EGBGB dem Erbstatut im **Zeitpunkt der Testamentserrichtung**. Sowohl 2008, als auch 2012 war Alfonso Spanier, so dass auch insoweit Art. 26 Abs. 5 aF iVm Art. 25 Abs. 1 aF EGBGB auf spanisches Recht verweist.

b) Gesamtverweisung

383 Diese Verweisung ist zwar hinsichtlich der Bestimmung des Erbstatuts (Art. 25 Abs. 1 aF EGBGB) **Gesamtverweisung**, nicht aber hinsichtlich der in Art. 26 Abs. 5 aF EGBGB zum Ausdruck kommenden intertemporalen Wertung; es kommt also nicht darauf an, ob das verwiesene Recht eine Art. 26 Abs. 5 aF EGBGB entsprechende Regelung enthält oder nicht. Vorliegend ist also Art. 9.8 S. 2 cc (MAT d) ohne Bedeutung.

3. Testamentsformstatut

a) Haager TestFormÜbk

384 Die Formwirksamkeit des Testaments vom 31.12.2008 bestimmt sich nach dem Haager Testamentsformübereinkommen vom 5.10.1961 (TestFormÜbk).[3] Da das Abkommen ***loi uniforme*** ist (Art. 6 TestFormÜbk), kommt es auf Bezüge zu anderen Vertragsstaaten nicht an. Nach Art. 4 TestFormÜbk gilt das Übereinkommen auch für die Form gemeinschaftlicher Testamente.

b) Testament 2008

385 Die Formwirksamkeit des Testaments vom 31.12.2008 ergibt sich damit nach Art. 1 Abs. 1 lit. a TestFormÜbk, da nach Sachverhalt der deutschen Ortsform (§ 2267 BGB) genügt ist.

c) Testament 2012

386 Die Formwirksamkeit des Testaments vom 10.1.2012 ergibt sich ebenfalls aus den Vorschriften der Ortsform, da „nach spanischem Recht formwirksam" (Sachverhalt) testiert wurde.

4. Erbfolge nach spanischem Recht

a) Zulässige testamentarische Erbfolge

387 Die Erbfolge könnte sich nach dem Testament vom 10.1.2012 („2. Testament") bestimmen. Die **materielle Zulässigkeit** einer letztwilligen Erbeinsetzung folgt aus Art. 658 Abs. 1 cc (MAT e). Persönliche Mängel (Testierfähigkeit etc) sind nicht ersichtlich.

---

3 *Jayme/Hausmann*[19] Nr 60.

b) Entgegenstehendes 1. Testament

aa) Der Beurteilung der Erbfolge nach dem 2. Testament könnte das Testament vom 31.12.2008 („1. Testament“) entgegenstehen. Das 1. Testament könnte wirksam widerrufen sein (Art. 739 cc [MAT e]), was nach Sachverhalt Alfonso auch beabsichtigte. Das setzt aber voraus, dass es überhaupt wirksam war. War es aber wirksam, so könnte Alfonso durch eine **Bindung** an das 1. Testament am Widerruf gehindert gewesen sein. 388

bb) Es ist also zunächst zu prüfen, ob das 1. Testament **wirksam errichtet** wurde. 389 Das beurteilt sich für Alfonso in *materieller* Hinsicht jedenfalls nach spanischem Recht als seinem Testaments-Errichtungsstatut; ob gemeinsame Testamente kumulativ an beide Errichtungsstatute anzuknüpfen sind, muss hier noch nicht geklärt werden, da sich die Wirksamkeitsprobleme ohnehin im spanischen Recht ergeben.

In *formeller* Hinsicht genügt andererseits alternativ (Art. 1 TestFormÜbk) auch deutsches Recht.

cc) Der Wirksamkeit könnte das **Verbot gemeinsamen Testierens** Art. 669 cc (MAT e) 390 entgegenstehen. Fraglich ist, ob das Verbot der gemeinsamen letztwilligen Verfügung materiellrechtlich zu qualifizieren ist; nur dann ist es als Norm des spanischen Rechts hier überhaupt anzuwenden. Wäre es nur formeller Natur, so würde es, da die deutsche Ortsform genügt, nicht eingreifen.

Diese **Qualifikationsfrage** geht insoweit vom deutschen Recht aus, als das deutsche IPR die Kriterien angibt, nach denen das Testamentsformstatut und das materielle Testaments-Errichtungsstatut abzugrenzen sind. Außer Zweifel steht, dass ein solches Verbot nicht eindeutig materielle oder formelle Natur hat, sondern, je nach Ausgestaltung, der einen oder der anderen Kollisionsnorm zu unterstellen ist. Das aber ist eine Frage der Ausfüllung der dafür vom deutschen IPR aufgestellten Kriterien, die nicht das deutsche Recht beantworten kann, sondern die durch *Auslegung* nach dem Recht zu klären ist, dem die Norm angehört.[4]

dd) Kriterien der Abgrenzung sind die Ziele und Motive, die das fremde Recht mit 391 seiner Anordnung verfolgt. Geht es vorrangig darum, typische Formziele (Authentizität, Beweisbarkeit, Übereilungsschutz) zu sichern, so ist das Verbot (nur) formeller Natur. Sollen primär die Willensbildungs- und -änderungsfreiheit geschützt werden, so ist die Norm materiell zu qualifizieren.[5]

Art. 669 cc wird (vgl den Hinweis zu Art. 669 cc [MAT e]) im spanischen Recht eindeutig im letztgenannten Sinn verstanden, ist also materiellrechtlich zu qualifizieren. Damit ist Art. 669 cc als Norm des materiellen Errichtungsstatuts anzuwenden, das 1. Testament als Testament des Alfonso unwirksam. Damit kann sich die Frage einer Bindung nicht stellen.

---

4 OLG Frankfurt IPRax 1986, 111.
5 OLG Frankfurt IPRax 1986, 111.

392 **ee)** Eine **Umdeutung in ein Einzeltestament**, an die man aus Sicht des deutschen Rechtsverständnisses denken könnte, kommt nicht in Betracht, weil das Verbot des Art. 669 cc ja gerade die materielle Wirksamkeit für den spanischem Recht unterstehenden Testierenden verhindern will, wenn eine andere Person mitgewirkt hat. Die durch ein als gemeinsam gewolltes Testieren bewirkte Beeinflussung ist aber faktischer Natur und wird nicht durch eine rechtliche Umdeutung beseitigt. Im Übrigen würde es auch an der Formwirksamkeit fehlen, denn Alfonso hat lediglich eine Unterschrift geleistet, was nur beim gemeinschaftlichen Testament nach § 2267 BGB genügt (zum spanischen Testamentsformrecht – vgl Art. 1 lit. b TestFormÜbk – fehlen insoweit im Sachverhalt weitere Angaben).

393 **ff)** Eine andere Behandlung kann auch nicht im Wege der **Angleichung** an das materielle Recht des Errichtungsortes aus Gründen des Vertrauensschutzes geboten sein. Zwar wird eine solche Angleichung vertreten, wenn ein gemeinsames Testament *wirksam errichtet* wurde, sich aber aus Sicht des Heimatrechts des später überlebenden Ehegatten als *widerruflich* erweist, während es nach dem Heimatrecht des Erstverstorbenen bindend war.[6] Dieser Fall liegt hier aber nicht vor, denn das Testament ist aus spanischer Sicht nicht bloß widerruflich, sondern es ist von Anfang an unwirksam. Auf diesen aus dem Erbstatut des einen Ehegatten bestehenden Mangel kann nur das Erbstatut des anderen Ehegatten reagieren. Im Übrigen ist Adelheid nach Alfonso verstorben, so dass auch hinsichtlich der zeitlichen Abfolge diese Angleichungssituation nicht vorliegt.

c) Verfügungen im 2. Testament

394 **aa)** Damit bestimmt sich die Erbfolge nach dem 2. Testament.

Zu ermitteln ist aus Sicht des deutschen Erbscheinsverfahrens, wer als **Erbe** iSd §§ 2353 ff BGB anzusehen ist. Da sich die *Art der Beteiligung* am Nachlass und der *Erwerb* dieser Beteiligung nach dem Erbstatut bestimmt, aber nicht jede Rechtsordnung dem Konzept des Erben im Sinn einer Universalsukzession (§ 1922 BGB) folgt, bedarf es wiederum der Auslegung nach dem Erbstatut, welche Personen als Erben zu qualifizieren sind.

395 **bb)** Das spanische Recht folgt dem Konzept der **Universalsukzession** (Art. 440 Abs. 1, 660 cc [MAT e]) und unterscheidet auch zwischen **Erben** als Gesamtrechtsnachfolgern und **Legataren** (Art. 660 cc), die jedenfalls nicht Gesamtrechtsnachfolger sind. Nach dem eindeutigen Wortlaut, der sich in der Art der Zuwendung widerspiegelt und mit den Kategorien der Art. 440, 660 cc übereinstimmt, ist Estrella als Erbin eingesetzt und Carmen lediglich als Legatarin (der Hälfte des Aktiendepots).

396 **cc)** Fraglich ist, wie die **Einsetzung der Adelheid** zu verstehen ist. Gewollt ist nach dem Testamentswortlaut offensichtlich, dass Adelheid dem *Umfang* nach dasjenige

6 Vgl OLG Zweibrücken NJW-RR 1992, 587.

erhält, was ihr kraft Gesetzes gebührt. Damit ist auf den Umfang der zwingenden Nachlassbeteiligung der Ehefrau nach spanischem Recht verwiesen; gemeint ist also die *legítima* der Ehefrau. Gegenstand der Zuwendung ist damit der bei nicht getrenntlebenden Ehegatten von Art. 834 cc (MAT e) bestimmte Nießbrauch an einem Drittel des Nachlasses.

Fraglich ist weiter, welche **Stellung** als Nachlassbeteiligte die Ehefrau durch Zuwendung der *legítima* erhält, was durch Auslegung der Natur der Zuwendung im spanischen Erbstatut zu ermitteln ist. Gemäß Art. 806 cc (MAT e) behält das Gesetz bestimmten Erben einen Teil der Nachlassgüter vor. Dies entspricht dem Konzept des romanischen Noterbrechts. Die *legítima* kann jedoch sowohl als Erbteil als auch als Legat hinterlassen werden; was gewollt ist, ist durch Testamentsauslegung zu ermitteln (Hinweis [MAT e] zu Art. 806 cc); wenn die *legítima* wie geschuldet zugewendet wurde, kommt es jedenfalls nicht auf die – theoretisch komplexe – Frage an, welche Natur der Anteil der von Art. 806 cc bestimmten „Noterben" *(herederos forzosos)* hat. Vorliegend ist wiederum nach dem klaren Wortlaut („vermache") ein Legat gewollt, zumal vorher eine *Allein*erbeneinsetzung der Tochter erfolgte.

II. Erbenzeugnisse

1. Erbschein

a) Internationale Zuständigkeit

Die **internationale Zuständigkeit** deutscher Gerichte beurteilt sich für den vorliegend nach dem 1.9.2009 zu stellenden Erbscheinsantrag nach den Bestimmungen des FamFG (Art. 111 Abs. 1 FGG-RG, vgl auch Fall 6 Rn 364). **397**

Nach **§ 105 FamFG** folgt die internationale Zuständigkeit zur Erbscheinserteilung der örtlichen, es gilt also, da Erbscheinssachen zu den Nachlass- und Teilungssachen gehören (§ 342 Abs. 1 Nr 6 FamFG), § 343 FamFG entsprechend. § 343 Abs. 2, 3 FamFG wurden mit Wirkung vom 17.8.2015 geändert. Obgleich regelmäßig neues Zuständigkeitsrecht auch Anwendung findet, wenn der Erblasser vor Inkrafttreten neuen Verfahrensrecht verstorben ist, jedoch der Erbscheinsantrag unter neuem Recht gestellt wird, gilt hier wegen des Zusammenhangs der Reform mit dem Inkrafttreten der EU-ErbVO gemäß Art. 229 § 36 EGBGB eine der Überleitung der EU-ErbVO entsprechende Regel: § 343 FamFG ist in neuer Fassung nur auf Erbfälle anzuwenden, die seit dem 17.8.2015 eingetreten sind. Damit gilt für den Erbscheinsantrag nach Alfonso weiterhin Art. 343 Abs. 2, 3 aF FamFG. **398**

Da der Erblasser im Zeitpunkt des Erbfalls weder Wohnsitz noch schlichten Aufenthalt in Deutschland hatte (§ 343 Abs. 1 FamFG) und auch nicht Deutscher war (§ 343 Abs. 2 aF FamFG), ergibt sich eine örtliche Zuständigkeit bei jedem Nachlassgericht, in dessen Bezirk sich Nachlassgegenstände befinden, für alle Nachlassgegenstände. Übertragen auf die internationale Zuständigkeit bedeutet dies, dass eine internationale Zuständigkeit deutscher Gerichte nur besteht, wenn sich Nachlassgegenstände in Deutschland befinden. Diese Zuständigkeit ist sodann bei sinnentsprechender Auslegung nicht umfassend, sondern weiterhin auf alle *in Deutschland belegenen* Nachlassgegenstände beschränkt. Auch ohne eine Beschränkung des Erbscheinsantrags, die sich wiederum gemäß Art. 239 § 36 EGBGB nach § 2369 BGB idF. vom 1.9.2009 – und nicht nach dem ebenfalls nur für Erbfälle seit dem 17.8.2015 geltenden § 352c FamFG – beurteilen würde, ist nur ein gegenständlich beschränkter Erbschein zu erteilen.

b) Örtliche Zuständigkeit

399 Örtlich zuständig ist nach § 343 Abs. 3 aF FamFG jedes Gericht, in dessen Bezirk sich Nachlassgegenstände im Inland befinden, also insbesondere das AG Frankfurt/Main – Nachlassgericht.

c) Erbe iSd § 2353 BGB (Erwerb)

400 Der Erbe spanischen Rechts ist als Universalrechtsnachfolger ohne weiteres „Erbe" iSd §§ 2353 ff BGB und daher in einen Erbschein aufzunehmen; Estrella Sanchez Vincente ist also auf entsprechenden Antrag ein Erbschein als **Alleinerbin** zu erteilen.

d) Legatar im Erbschein?

401 Fraglich ist, ob ggf auch der **Legatar in den Erbschein** aufzunehmen ist. Dies kann nicht schon aufgrund einer rein sprachlich ausgerichteten Gleichsetzung von Legatar und Vermächtnisnehmer verneint werden, denn die Bezeichnung sagt nichts über die Qualität der Rechtsstellung. Für eine Aufnahme könnte sprechen, dass nach Art. 881 cc (MAT e) der Legatar Singularrechtsnachfolger wird, also gegen den Erben nicht nur einen obligatorischen Anspruch hat (deutsches Damnationslegat), sondern das Legat mit dem Erbfall erwirbt und es damit vindizieren kann (Vindikationslegat). Dagegen spricht aber, dass die unmittelbar dingliche Wirkung eines ausländischen Vindikationslegats an in Deutschland belegenen Sachen und Forderungen dem enumerativen Katalog der Erwerbstatbestände nach deutschem *Sachenrecht* als *lex rei sitae* widerspricht. Dieser Konflikt ist im Wege der **Angleichung** zu lösen: Ein Vindikationslegat nach ausländischem Erbstatut an einem in Deutschland belegenen Vermögenswert ist hinsichtlich des Erwerbsvorgangs als *Damnationslegat* zu behandeln, insbesondere also nicht in den Erbschein aufzunehmen.[7]

e) Gesetzlicher Nießbrauch im Erbschein?

402 Die Zuwendung des **gesetzlichen Nießbrauchs** an die Ehefrau ist damit ebenfalls nicht in den Erbschein aufzunehmen,[8] weil sie als Vermächtnis auszulegen war. Ohne Bedeutung ist auch, welcher Nachlassteil mit dem Nießbrauch belastet ist.

---

7 BGH NJW 1995, 58.

8 Vgl auch BayObLGZ 1995, 366 zum gesetzlichen Nießbrauch.

2. Europäisches Nachlasszeugnis (ENZ)

Die Erteilung eines ENZ kommt nicht in Betracht. Auch insoweit gilt die intertemporale Anwendung der EU-ErbVO gemäß Art. 83 Abs. 1 EU-ErbVO; ein ENZ kann nur beantragt werden, wenn der Erbfall seit dem 17.8.2015 eingetreten ist. **403**

Ergebnis: Ein bei dem AG Frankfurt/Main zu stellender Antrag der Estrella Sanchez Vincente auf Erteilung eines auf den in Deutschland belegenen Nachlass beschränkten Erbscheins, der die Antragstellerin als testamentarische Alleinerbin in Anwendung spanischen Rechts ausweist, ist somit zulässig und begründet. **404**

B. Adelheid

I. Erbfolge

1. Erbstatut

a) Anwendbarkeit der EU-ErbVO

Die EU-ErbVO ist auf den nach dem 16.8.2015 eingetretenen Erbfall zeitlich anwendbar (Art. 83 Abs. 1 EU-ErbVO); sachlich gilt sie für die Rechtsnachfolge von Todes wegen (Art. 1 Abs. 1 EU-ErbVO) mit den in Art. 1 Abs. 2 EU-ErbVO bestimmten Ausnahmen bzw Abgrenzungen. Eine räumlich-persönliche Einschränkung der Kollisionsregeln besteht nicht; sie gelten, auch wenn sie das Recht eines Nicht-Mitgliedstaats berufen (Art. 20 ff EU-ErbVO). **405**

b) Anknüpfung

Zu prüfen ist zunächst die Rechtswahl im Testament vom 31.12.2008. Da die Rechtswahl vor dem 17.8.2015 verfügt wurde, untersteht die Wirksamkeit gemäß Art. 83 Abs. 2 EU-ErbVO alternativ Art. 20 ff EU-ErbVO oder dem im Zeitpunkt der Rechtswahl vom IPR des Heimatstaates, alternativ des Staates des gewöhnlichen Aufenthalts, berufenen Erbstatuts. Damit ist alternativ Art. 22 Abs. 1 EU-ErbVO anwendbar, die Rechtswahl zum Heimatrecht also zulässig. Sie ist ausdrücklich getroffen, die Form der Verfügung von Todes wegen (Art. 22 Abs. 2 EU-ErbVO) ist unten (Rn 414) zu prüfen. Hinweise darauf, dass die Rechtswahl nur für den Fall gewollt war, dass sie auch für Alfonso wirksam ist, ergeben sich nicht; eher gingen beide Ehegatten – damals zutreffend – davon aus, dass österreichisches Recht ohnehin Erbstatut der Adelheid sein werde. **406**

c) Keine Rückverweisung zum Erbschaftserwerb

Zwar behandelt Art. 34 EU-ErbVO die Verweisungen teilweise als **Gesamtverweisung**; dies gilt jedoch nicht bei Rechtswahl (Art. 34 Abs. 2 EU-ErbVO) und auch bei objektiver Anknüpfung nur, wenn das Recht eines Drittstaates berufen ist; Österreich ist Mitgliedstaat der EU-ErbVO, die auf Art. 81 Abs. 2 AEUV beruht. **407**

Damit unterliegt auch der **Übergang von Nachlassvermögen** auf Erben und Vermächtnisnehmer dem österreichischen Recht als Erbstatut (Art. 23 Abs. 1 lit. e EU-ErbVO). Die früher durch §§ 32, 31 Abs. 1 IPRG (MAT a) bewirkte Rückverweisung für den Erbenerwerb an in Deutschland belegenen Nachlassimmobilien lässt nicht auf die Durchsetzung des Sachenrechts der *lex rei sitae* nach Art. 31 EU-ErbVO stützen: Diese Bestimmung gestattet dem Mitgliedstaat der Belegenheit von Nachlassvermögen nicht, einen seinem Sachenrecht nicht vertrauten Erwerbsmodus des Erbstatus an eigenes Recht anzugleichen.[9] Die Bereichsausnahme in Art. 1 Abs. 2 lit. k EU-ErbVO hinsichtlich der Arten der dinglichen Rechte der *lex rei sitae* führt ebenfalls nicht zu einer generellen Anknüpfung des Erbschaftserwerbs an die *lex rei sitae*, weil grundsätzlich der Erwerb nicht die Art dinglicher Rechte betrifft. Die Frage, ob die im österreichischen Erwerbsmodus vorausgesetzte *hereditas iacens*, also ein ohne Zuordnung zu einer lebenden Person schwebendes Eigentum eine nach Art. 1 Abs. 2 lit. k EU-ErbVO zu behandelnde „Art" des dinglichen Rechts ist und gegen den zwingenden Katalog der deutschen Immobiliarsachenrechte verstößt (dazu unten Rn 426), berührt, ähnlich dem *ordre public*, die Anwendbarkeit einer einzelnen Norm, auch wenn, folgt man dieser Ansicht, im Ergebnis die Einantwortung mangels einer *hereditas iacens* entfiele.

2. Materielles Testaments-Errichtungsstatut

a) Alternative Anknüpfung für Alttestamente

408 Für die Zulässigkeit und die materielle Wirksamkeit des vor dem 17.8.2015 errichteten gemeinschaftlichen Testaments vom 31.12.2008 bestimmt Art. 83 Abs. 3 EU-ErbVO eine alternative Anknüpfung: Es genügt Zulässigkeit und Wirksamkeit entweder nach Art. 20 ff EU-ErbVO oder nach dem im Zeitpunkt der Errichtung vom IPR des Heimatrechts, dem IPR des gewöhnlichen Aufenthalts oder dem IPR der lex fori berufenen Testamentserrichtungsstatut.

b) Anwendbares Recht nach Art. 20 ff EU-ErbVO

409 **aa)** Für die Beurteilung der materiellen Wirksamkeit unter Art. 20 ff EU-ErbVO kommen Art. 24 oder Art. 25 EU-ErbVO in Betracht. Für die Behandlung des gemeinschaftlichen Testaments nach Art. 24 Eu-ErbVO spricht, dass Art. 3 lit. c EU-ErbVO das gemeinschaftliche Testament als Testament und systematisch als aliud zum Erbvertrag (Art. 3 lit. b EU-ErbVO) definiert. Für die Anwendung von Art. 25 EU-ErbVO spricht, dass Art. 24 EU-ErbVO das Problem der Bindungswirkung gemeinschaftlicher Testamente nicht adressiert und insoweit die Interessenlage, insbesondere die Einheitlichkeit der Beurteilung der Bindung, derjenigen beim mehrseitig verfügenden Erbvertrag (Art. 25 Abs. 2 EU-ErbVO) entspricht. Dieses für Art. 25 EU-ErbVO sprechende teleologische Argument erscheint vorzugswürdig. Für die Praxis wird man freilich die Konsequenzen nach beiden streitigen Ansichten beachten müssen, ehe die Frage abschließend vom EuGH entschieden ist.

9 EuGH C-218/16 ECLI:EU:C:2017:755 *(Kubicka)*: Vindikationsvermächtnis an deutschem Grundstück bei polnischem Erbstatut.

bb) Bestimmte sich das materielle Testamentsstatut nach **Art. 24 EU-ErbVO**, so gelangte man (nur in Person der Adelheid als Erblasserin) für die Zulässigkeit, Wirksamkeit und Bindung des Testaments vom 31.12.2008 in das österreichische Recht als Erbstatut der Adelheid. **410**

cc) Wendet man hingegen, wie hier vertreten, Art. 25 EU-ErbVO an, so unterstellt **Art. 25 Abs. 2 UAbs. 1 EU-ErbVO** die Zulässigkeit des gemeinschaftlichen Testaments kumulativ beiden Erbstatuten; materielle Wirksamkeit und Bindungen sind zwar einheitlich nach dem Erbstatut der engsten Verbindung zu beurteilen **(Art. 25 Abs. 2 UAbs. 2 EU-ErbVO)**, doch nur dann, wenn die Zulässigkeit nach Art. 25 Abs. 2 UAbs. 1 EU-ErbVO zu bejahen war. Fraglich ist allerdings, ob in Anwendung von Art. 25 Abs. 2 UAbs. 1 EU-ErbVO das Erbstatut für den vor dem 17.8.2015 verstorbenen Alfonso fiktiv nach Art. 20 ff EU-ErbVO oder real nach bisherigem IPR (welchem?) zu bestimmen ist. Die Frage kann hier unentschieden bleiben, weil zufällig Art. 21 EU-ErbVO das spanische Aufenthaltsrecht berufen würde und sowohl spanisches IPR (Heimat- und Aufenthaltsrecht) als auch deutsches IPR (lex fori) bei Eintritt des Erbfalls ebenfalls spanisches Recht beriefen. **411**

dd) Fraglich ist außerdem, ob **Art. 25 Abs. 3 EU-ErbVO**, wonach die Wahl österreichischen Rechts als Heimatrecht eines der Verfügenden zulässig wäre, vorliegend anzuwenden ist; dies ist zu verneinen: Zwar kann auch eine gemeinsame Rechtswahl nach Art. 25 Abs. 3 EU-ErbVO in vor dem 17.8.2015 errichteten Verfügungen von Todes wegen nach Art. 83 Abs. 2 EU-ErbVO wirksam werden. Dies setzt aber voraus, dass für beide Verfügende die Überleitungssituation des Art. 83 Abs. 2 EU-ErbVO eintritt, also beide Erbfälle nach dem 16.8.2015 eintreten. Es bleibt daher bei der Anknüpfung an Art. 25 Abs. 2 EU-ErbVO. Damit ist abhängig von der Streitfrage um Art. 24 oder Art. 25 EU-ErbVO entweder insgesamt österreichisches Recht anzuwenden oder die Zulässigkeit des gemeinschaftlichen Testaments scheitert bereits an der kumulativen Anwendung des spanischen Rechts neben dem österreichischen. **412**

c) Anwendbares Recht nach IPR (gewöhnlicher Aufenthalt, Heimatrecht, lex fori)

Diese Unklarheit kann dahinstehen, wenn das gemeinschaftliche Testament nach einer der drei weiteren Alternativen des Art. 83 Abs. 3 EU-ErbVO im Zeitpunkt der Errichtung für Adelheid zulässig, wirksam und bindend war. Nach dem IPR der deutschen *lex fori* im Errichtungszeitpunkt war Testamentserrichtungsstatut (Art. 26 Abs. 2 aF EGBGB) das fiktive Erbstatut bei Errichtung (Art. 25 Abs. 1 aF EGBGB), somit im Wege der Gesamtverweisung (Art. 4 Abs. 1 EGBGB) das österreichische Recht. Dieses nahm gemäß §§ 28, 30 IPRG die Verweisung an, so dass sowohl aus Sicht des IPR der lex fori als auch des Heimatstaats österreichisches Recht Testamentserrichtungsstatut war. Auch das spanische IPR berief im Errichtungszeitpunkt das österreichische Heimatrecht (Art. 9.8, 9.1. cc), wobei dahinstehen kann, ob dies eine Gesamtverweisung war, denn jedenfalls nahm das österreichische IPR sie an. **413**

Damit ist das gemeinschaftliche Testament für Adelheid zulässig, wirksam und bindend, wenn dies nach österreichischem Recht der Fall ist.

3. Testamentsformstatut

414 Zwar ist Art. 83 Abs. 3 EU-ErbVO auch auf die formelle Wirksamkeit von vor dem 17.8.2015 errichtete letztwillige Verfügungen anwendbar. Dies spielt jedoch aus Sicht deutscher Gerichte keine Rolle, weil Deutschland Vertragsstaat des TestFormÜbk ist und es damit wegen Art. 75 Abs. 1 UAbs. 2 EU-ErbVO zum 17.8.2015 nicht zu einem Statutenwechsel im Testamentsformstatut kommt, der in anderen Mitgliedstaaten durch Art. 27 EU-ErbVO eintreten kann. Testamentsformstatut ist für das Testament vom 31.12.2008 (wie Rn 384 f) alternativ auch deutsches Recht.

4. Testamentarische Erbfolge, österreichisches Recht

a) Form, Zulässigkeit Testamentarischer Erbfolge

415 Die formelle Wirksamkeit des Testaments ergibt sich damit wie zu Rn 389.

Die Zulässigkeit testamentarischer Erbfolge folgt aus § 533 ABGB (MAT b). Materielle persönliche Mängel (Testierfähigkeit) liegen nicht vor.

b) Materielle Zulässigkeit gemeinsamer Testamente

416 Fraglich ist, ob das **gemeinsame Testament** als solches auch materiell wirksam ist. Das österreichische Erbstatut der Adelheid steht hier nicht entgegen, denn § 1248 S. 1 ABGB erlaubt ausdrücklich eine gemeinsame letztwillige Verfügung von Ehegatten, wechselseitig oder zugunsten Dritter. Dass das österreichische Recht, anders als § 2267 BGB, keine vereinfachte holografische Errichtung vorsieht, ist ohne Bedeutung, weil dies ausschließlich eine Formfrage ist (Rn 415).

c) Keine Unwirksamkeit durch kumulative Anknüpfung

417 Das Testament könnte jedoch **unwirksam** sein, weil dieses Testament aus Sicht des Heimatrechts von Alfonso nicht als gemeinsames Testament wirksam war. Ob ein als gemeinsam gewolltes Testament, das nach dem Heimatrecht eines Ehegatten materiell unzulässig ist, damit als Ganzes unwirksam ist, erscheint fraglich. Dies wäre nur dann der Fall, wenn man die Errichtung eines gemeinsamen Testaments mit einer starken Ansicht im Schrifttum *kumulativ* an die Testaments-Errichtungsstatute beider Ehegatten anknüpft, hier also auch aus Sicht der Adelheid das spanische Recht anzuwenden ist. Diese Lösung durch kumulative Anknüpfung auf kollisionsrechtlicher Ebene entspräche der nun in Art. 25 Abs. 2 UAbs. 2 EU-ErbVO normierten. Knüpft man hingegen mit der hM unter Art. 26 Abs. 5, Art. 25 Abs. 1 aF EGBGB[10] die Errichtung des gemeinsamen Testaments für jeden Ehegatten *gesondert* an, so schlägt die Unwirksamkeit nach

10 OLG Zweibrücken NJW-RR 1992, 588; *Palandt/Thorn*[78] Art. 25 EGBGB Rn 13 mit Nachw. auch zur Gegenansicht.

dem Heimatrecht des anderen Ehegatten nicht unmittelbar durch. Ob das Testament für den Ehegatten, dessen Erbstatut es nicht verbietet, wirksam bleibt, entscheidet dann sein Erbstatut. Dadurch widerfährt diesem Ehegatten auch kein kollisionsrechtlich indizierter Nachteil. Ein gemeinsames Testament kann auch ohne das Zusammentreffen zweier Erbstatute an einem einseitigen Mangel leiden (zB unerkannt fehlende Testierfähigkeit eines Ehegatten, einseitige Formunwirksamkeit mangels einer § 2267 BGB entsprechenden Form). Wenn ein solches Defizit durch ein fremdes Erbstatut des anderen Ehegatten verursacht wird, wirft das kein strukturell anderes Problem auf.

d) Beurteilung der Wirksamkeit durch Auslegung

Folgt man dieser Ansicht, so entscheidet das österreichische Recht als Erbstatut der Adelheid, ob das Testament gleichwohl **für Adelheid wirksam** bleibt. **418**

Dies ist eine Frage der Auslegung (Hinweis MAT b zu § 1248 ABGB). Zwar regelt § 1248 S. 2 Hs. 2 ABGB dieses Problem nicht unmittelbar. Es lässt sich aus dieser Norm jedoch folgern, dass die Unwirksamkeit eines gemeinsamen Testaments für den einen Teil nicht ohne Weiteres die Unwirksamkeit für den anderen Teil zur Folge hat. Gemeinsamkeit kann sich in der lediglich formell gemeinsamen Errichtung erschöpfen. Angesichts der offenbaren *Wechselbezüglichkeit* der Einsetzung des jeweiligen Gatten und dessen Abkömmlings ist aber eine Auslegung vertretbar, dass die Unwirksamkeit des Testaments seitens des Alfonso schon *ex ante* zur Unwirksamkeit seitens der Adelheid führt, soweit das Testament wechselbezüglich war (so zB § 2270 Abs. 1 BGB).

e) Widerruf

Das Testament dürfte aber, sofern es von Adelheid wirksam *errichtet* war, jedenfalls als Folge des von Alfonso gewollten Widerrufs auch als von Adelheid **widerrufen** anzusehen sein. § 1248 S. 2 Hs. 2 ABGB wird so verstanden, dass im Fall des zulässigen (§ 1248 S. 2 Hs. 1 ABGB) Widerrufs einer (ursprünglich wirksamen) *wechselbezüglichen* Verfügung durch einen Ehegatten auch die Verfügung des anderen Ehegatten hinfällig wird (was der in § 2270 Abs. 1 BGB positiv formulierten Vermutung entspricht, die auch nur bei Wechselbezüglichkeit und nicht schon bei bloß gemeinsamer Errichtung gilt). Nun ging zwar Alfonsos Widerruf ins Leere, weil das Testament für ihn nie wirksam war. Für den zu unterstellenden Widerruf durch Adelheid macht dies aber keinen Unterschied: Maßgebliche Grundlage des Hinfälligwerdens der Verfügung ist, dass der andere Ehegatte eine wechselbezügliche Verfügung für sich nicht mehr gelten lassen will. **419**

Damit ist das gemeinsame Testament als Testament der Adelheid jedenfalls insoweit hinfällig, als es wechselbezüglich war, also hinsichtlich der Erbeinsetzung von Alfonsos Tochter Estrella.

f) Vollständige oder teilweise Unwirksamkeit

420 Ob im Übrigen Adelheids Sohn Manfred aufgrund des Testaments Alleinerbe wird oder aufgrund gesetzlicher Erbfolge (§ 732 ABGB, MAT b), hängt davon ab, ob man das Testament der Adelheid als insgesamt von Anfang an unwirksam (Rn 417) oder als in seinem wechselbezüglichern Teil unwirksam bzw widerrufen ansieht (Rn 419 f).

II. Erbenzeugnisse

1. Erbschein

a) Internationale Erbscheinszuständigkeit und EU-ErbVO

421 Auch international-zuständigkeitsrechtlich ist für den nach dem 16.8.2015 eingetretenen Erbfall intertemporal die EU-ErbVO anwendbar (Art. 83 Abs. 1 EU-ErbVO). Der Gesetzgeber des IntErbRVG sowie die in Deutschland hM gingen jedoch zunächst davon aus, dass Art. 4 ff EU-ErbVO sachlich nicht auf die Erteilung nationaler Erbenzeugnisse anwendbar seien; hierfür spricht, dass es selbst für das von der EU-ErbVO geregelte ENZ einer eigenen Verweisung auf die Zuständigkeiten der Verordnung bedarf (Art. 64 EU-ErbVO) und nationale Erbenzeugnisse von der EU-ErbVO nicht berührt werden (ErwGr 69). Nach dieser Ansicht beurteilt sich die internationale Erbscheinszuständigkeit deutscher Gerichte nach §§ 105, 342 ff FamFG, so dass sich weiterhin die Zuständigkeit (nur) für den im Inland belegenen Nachlass gemäß §§ 105, 343 Abs. 3 FamFG (wie Rn 398) ergäbe. Dennoch hat der EuGH[11] gerade zu dieser Frage einer gegenständlich beschränkten Belegenheitszuständigkeit entschieden, dass auch für den Erbschein ausschließlich Art. 4 ff EU-ErbVO die internationale Zuständigkeit bestimmen und daneben nicht auf § 105 FamFG zurückgegriffen werden kann. Damit wären vorliegend die Gerichte am gewöhnlichen Aufenthalt der Adelheid im Zeitpunkt ihres Todes, also spanische Gerichte, international zuständig (Art. 4 EU-ErbVO). Deutsche Gerichte wären auch nicht zuständig nach Art. 10 EU-ErbVO, der voraussetzt, dass der Erblasser seinen gewöhnlichen Aufenthalt nicht in einem Mitgliedstaat hatte; auch auf Art. 11 EU-ErbVO kann nicht zurückgegriffen werden, weil spanische Gerichte, also Gerichte eines Mitgliedsstaats nach Art. 4 EU-ErbVO, zuständig sind.

b) Hinweis: Offene Fragen

422 Fraglich ist, gemessen an Art. 64 EU-ErbVO, ob auch eine internationale Erbscheinszuständigkeit auf Art. 5 EU-ErbVO gestützt werden kann, wenn, wie hier, eine Heimatrechtswahl vorliegt. Auch diese Frage zeigt, dass der EuGH in seiner Entscheidung irrt; denn es kann schwerlich sein, dass die auf die EU-ErbVO gestützte internationale Erbscheinszuständigkeit breiter ist als die ENZ-Zuständigkeit. Jedenfalls würde Art. 5 EU-ErbVO keine deutsche, sondern eine österreichische Zuständigkeit begründen. Nicht geklärt werden muss hier die höchst strittige Frage, ob die Entscheidung des EuGH zur

11 EuGH Rs. C-20/17 ECLI:EU:C:2018:485 *(Oberle)*.

Folge hat, dass der Erbe nun bei einem nach Art. 4 EU-ErbVO zuständigen spanischen Gericht einen *deutschen Erbschein* (§§ 2353 ff BGB) beantragen kann. Das spanische Gericht dürfte dennoch die Möglichkeit haben, einen solchen Antrag abzulehnen, wenn diese Verrichtung dem spanischen Verfahren wesensfremd ist (vgl zur Situation aus deutscher Sicht unten Rn 425 ff).

2. Europäisches Nachlasszeugnis

Wegen der Verweisung in Art. 64 EU-ErbVO auf Art. 4, 7, 10, 11 EU-ErbVO fehlt es **423**
für ein Europäisches Nachlasszeugnis jedenfalls an einer internationalen Zuständigkeit deutscher Gerichte. Da nicht auf Art. 5 EU-ErbVO verwiesen ist, sind nur spanische Gerichte nach Art. 4 EU-ErbVO international zur Erteilung eines ENZ zuständig.

Ergebnis: Der Alleinerbe Manfred kann, folgt man der Ansicht des EuGH, welcher die Erbscheinszuständigkeit der EU-ErbVO unterstellt, bei keinem deutschen Gericht mit Aussicht auf Erfolg einen Antrag auf Erteilung eines Erbscheins oder ENZ stellen.

[3. Hilfsgutachten: Erlangung der Erbenstellung: Einantwortung

Das Hilfsgutachten ist nicht Teil der Klausurbearbeitung; es soll – auch im Anschluss an die in der Vorauflage behandelte bisherige Rechtslage – Hinweise zur Lösung des bei Erscheinen nicht abschließend geklärten Problems der Einantwortung nach österreichischem Erbstatut vor deutschen Nachlassgerichten unter der EU-ErbVO geben.

a) Erberwerbsstatut

Nach dem bis zum Inkrafttreten der EU-ErbVO geltenden österreichischen IPR kam es **424**
gemäß § 32 iVm § 28 Abs. 1 aF öst IPRG für den Erwerb von Grundstücken in Deutschland zur Rückverweisung auf deutsches Recht als Erb-Erwerbsstatut; somit erfolgte der Erwerb auch unter österreichischem Erbstatut nach § 1922 BGB. Gemäß § 50 Abs. 7 öst IPRG ist zum 15.8.2015 § 28 Abs. 1 öst IPRG entfallen, so dass sich § 32 öst IPRG nicht mehr auf die Beerbung bezieht. Damit wird im Übrigen lediglich der Vorrang der EU-ERbVO umgesetzt, die in Art. 23 Abs. 2 lit. 2 EU-ErbVO auch den Erwerb dem Erbstatut unterstellt. Somit ist auch der Erwerb von Nachlassgrundstücken außerhalb Österreichs dem österreichischen Recht als Erbstatut zu unterstellen.

b) Einantwortung als Erwerbsvoraussetzung

Fraglich ist, ob ein Erbschein bei österreichischem Erbstatut ohne Einantwortung erteilt **425**
werden kann, denn der Erbschein ist nur dem **Erben iSd §§ 2353 ff BGB** zu erteilen, was implizit den Nachlasserwerb voraussetzt. Gegen eine Erbscheinserteilung ohne Einantwortung spricht, dass nach österreichischem Recht mit dem Tod des Erblassers nicht der Erbe als Universalrechtsnachfolger eintritt, sondern die Erbschaft als *hereditas iacens* vor der Annahme formal dem verstorbenen Erblasser zugeordnet bleibt (§ 547 S. 2 ABGB, [MAT b]). Der Erbe erwirbt sie noch nicht einmal mit der Annahme,

wie man aus § 547 S. 2 ABGB schließen könnte; vielmehr ist sie ihm nach Annahme durch das (österreichische) Verlassenschaftsgericht nach dem AußStrG „einzuantworten" und geht erst mit dem gerichtlichen Einantwortungsbeschluss auf ihn über (§ 177 AußStrG [MAT c]).

c) Verstoß gegen numerus clausus deutschen Sachenrechts

426 Es kommt jedoch in Betracht, dass die Figur der *hereditas iacens*, also die bis zur Einantwortung fehlende Zuordnung des Eigentums an einem deutschen Grundstück gegen den *numerus clausus* des deutschen Sachenrechts verstößt. Dies wäre wegen Art. 1 Abs. 2 lit. k EU-ErbVO als zwingende Bestimmung des Belegenheitsrechts zu beachten.[12] Folgt man dieser Ansicht, so träte an die Stelle des österreichischen Erwerbsmodus der § 1922 BGB, so dass es einer Einantwortung nicht bedarf. Folgt man dem nicht, wofür spricht, dass das deutsche Sachenrecht eine verzögerte Erlangung der Erbenstellung auch im Fall des erbenden *nasciturus* (§ 1923 Abs. 2 BGB) hinzunehmen bereit ist, so bedarf es einer Einantwortung oder deren Ersetzung.

d) Zuständigkeit zur Einantwortung

427 Vorliegend kommt eine Einantwortung des Erben durch das Nachlassgericht nicht in Betracht. Auch wenn man nicht dem EuGH folgt, also eine gegenständlich beschränkte Erbscheinszuständigkeit nach §§ 105, 343 Abs. 3 FamFG annimmt, ergibt sich die Einantwortungszuständigkeit ausschließlich aus Art. 4 ff EU-ErbVO; deutsche Gerichte sind nach Art. 4 ff EU-ErbVO nicht zuständig. Ob ein deutsches Nachlassgericht bei Zuständigkeit aus Art. 4 ff EU-ErbVO unter Anpassung des Verfahrensrechts ein österreichisches Verlassenschaftsverfahren mit Einantwortung durchführen kann – was früher eine Mindermeinung annahm, wenn in Deutschland beweglicher Nachlass belegen war, für den § 28 ff IPRG nicht auf § 1922 BGB zurückverwiesen – kann also hier offenbleiben.

e) Erbscheinserteilung ohne Einantwortung

428 **aa)** Vorliegend stellt sich, sofern eine Erbscheinszuständigkeit aus §§ 105, 343 Abs. 3 FamFG besteht, die sehr ähnlich gelagerte Frage, ob entsprechend der früher herrschenden Meinung ein deutsches Gericht einen Erbschein unter österreichischem Erbstatut ohne Einantwortung erteilen kann. Die Problematik war unter Art. 25 Abs. 1 EGBGB bekannt bei österreichischem Erbstatut und beweglichem Nachlass in Deutschland, für den es auch unter §§ 28 ff IPRG nicht zur Rückverweisung auf deutsches Recht als Erb-Erwerbsstatut kam. Die Frage stellt sich aber auch, wenn man mit dem EuGH die Erbscheinszuständigkeit Art. 4 ff EU-ErbVO unterstellt, sofern ein deutsches Nachlassgericht danach zuständig ist (zB wenn der Erblasser letzten gewöhnlichen Aufenthalt in Deutschland hatte und sein österreichisches Heimatrecht gewählt hat).

---

12 Näher *Thorn/Lasthaus* IPRax 2019, 24, 29.

bb) Wesentliches Argument für eine Erbscheinserteilung ohne Einantwortung war, dass ein deutsches Gericht einerseits die Einantwortung verfahrensrechtlich nicht durchführen könne, andererseits den Erben nicht einen Erbschein verweigern dürfe, falls die **Einantwortung in Österreich** mangels dortiger Zuständigkeit nicht durchführbar sei. In diesem Fall blieb nach hM nur eine *Angleichung* zwischen deutschem Verfahrens- und österreichischem Erb(erwerbs)recht: Aus diesem werden nur die im deutschen Verfahren verwirklichbaren Elemente übernommen, also die vom Erben abzugebende unbedingte Annahmeerklärung (§ 547 S. 1 ABGB), nicht aber die daran anknüpfende (MAT c) gerichtliche Einantwortung. Die Einantwortung wurde also im deutschen Erbscheinsverfahren dadurch ersetzt, dass der Erbe die Erbschaft durch schlichte Annahmeerklärung annimmt und das Nachlassgericht daraufhin den Erbschein erteilt.[13] 429

cc) Folgt man dieser Argumentation weiterhin (was im wesentlichen Problemfall einer Zuständigkeit deutscher Gerichte aus Art. 4 ff EU-ErbVO [oben Rn 427] bedeuten würde, dass deutsche Nachlassgerichte die ihnen von der EU-ErbVO zugewiesene Zuständigkeit verweigern würden), so ist zudem fraglich, unter welchen Voraussetzungen nunmehr eine Verweisung der Erben auf eine Einantwortung in Österreich scheitert. Nachdem § 143 Abs. 2 AußStrG (MAT c1) seit Inkrafttreten der EU-ErbVO auch eine Abhandlungszuständigkeit – wenn auch auf Antrag und nicht von Amts wegen – vorsieht, wenn die Verlassenschaft ausschließlich im Ausland belegen ist, könnte anzunehmen sein, dass der Erbe auf die Abhandlung in Österreich verwiesen werden kann. § 143 Abs. 2 AußStrG setzt jedoch voraus, dass österreichische Gerichte nach Art. 4 ff EU-ErbVO (in der zweiten Alternative nach Art. 10 Abs. 2 oder Art. 11 EU-ErbVO) international zuständig sind. Vorliegend sind trotz österreichischem Erbstatut österreichische Gerichte jedoch nur dann international zuständig, wenn alle Beteiligten eine Gerichtsstandsvereinbarung nach Art. 5 EU-ErbVO schließen. Ein Antrag des letztwillig eingesetzten Erben genügt dafür nicht. 430

dd) Ob die nach Art. 4 EU-ErbVO zuständigen spanischen Gerichte eine Einantwortung nach österreichischem Recht durchführen werden, ist ebenso offen wie für deutsche Nachlassgerichte.] 431

Ergebnis: Alleinerbe der Adelheid ist Manfred Auersperg. Ob die Stellung als Alleinerbe sich aus gesetzlicher oder testamentarischer Erbfolge ergibt, hängt von der Beurteilung der einseitigen Wirksamkeit des Testaments ab. 432

Ein bei dem nur bei Anwendbarkeit von §§ 105, 343 Abs. 3 FamFG zuständigen AG Berlin- Schöneberg – Nachlassgericht – zu stellender Antrag des Manfred Auersperg auf Erteilung eines auf den inländischen Nachlass beschränkten Erbscheins als Alleinerbe nach österreichischem Recht ist nur dann zulässig, wenn man sich nicht dem

13 BayObLGZ 1995, 47.

EuGH anschließt, der auch nationale Erbscheine der ausschließlichen Zuständigkeit nach der EU-ErbVO unterstellt. Ein ENZ kann jedenfalls nicht in Deutschland beantragt werden. Folgt man dem EuGH, so muss für die Grundbuchberichtigung und den Nachweis der Erbenstellung gegenüber Banken ein ENZ in Spanien beantragt werden.

Literaturhinweise

Behandlung der fallrelevanten Themen in:
***Rauscher* Internationales Privatrecht (5. Aufl., 2017)**

Erbstatut:	Rn 1063 ff
Testamentsstatut:	Rn 1106 ff
Testamentsformstatut:	Rn 1112 ff
Anknüpfung gemeinschaftlichen Testaments:	Rn 1106, 1107 ff
Erbscheinszuständigkeit:	Rn 2307 ff
Noterbrecht und Vermächtnis im Erbschein:	Rn 1066
Verrichtungen ausländischen Rechts:	Rn 2315 ff, 2319

Weitere Literatur

1. Erbstatut

Staudinger/Dörner (2007) Art. 25 EGBGB, Rn 18 und 76.

Staudinger Leben und sterben lassen in der EU – Europäisches Internationales Privatrecht in Erbsachen nach der Verordnung (EU) Nr. 650/2012, JA 2014, 641.

Wagner Erste Rechtsprechung (des EuGH) zur EuErbVO, NJW 2017, 3755.

2. Testamentsstatut

Staudinger/Dörner (2007) Art. 25 EGBGB, Rn 56 und Art. 26 EGBGB, Rn 60.

Fetsch Auslandsvermögen im Internationalen Erbrecht – Testament und Erbverträge, Erbschein und Ausschlagung bei Auslandsvermögen, RNotZ 2006, 1.

Heinig Rechtswahlen in Verfügungen von Todes wegen nach der EU-Erbrechts-Verordnung, RNotZ 2014, 197.

3. Testamentsformstatut

Staudinger/Dörner (2007) Vorbem. zu Art. 25 EGBGB, Rn 31 (Testamentsformübereinkommen).

Staudinger/Dörner (2007) Art. 26 EGBGB, Rn 34 und 40.

Osterloh-Konrad Zur Formwirksamkeit letztwilliger Verfügungen, ErbR 2008, 78.

4. Gemeinschaftliche Testamente-Anknüpfung

Staudinger/Dörner (2007) Art. 25 EGBGB, Rn 317.

Lehmann Die Zukunft des deutschen gemeinschaftlichen Testaments in Europa, ZEV 2007, 193.

Leipold Das Europäische Erbrecht (EuErbVO) und das deutsche gemeinschaftliche Testament, ZEV 2014, 139.

5. Erbscheinszuständigkeit

Dörner Die internationale Zuständigkeit zur Ausstellung eines deutschen Erbscheins, DNotZ 2017, 407.

Schäuble Die Erbscheinserteilung in internationalen Erbfällen nach neuer Rechtslage, ZErb 2009, 200.

Wittkowski Die Beantragung und Erteilung von Erbscheinen in Erbfällen mit Auslandsberührung nach dem FamFG, RNotZ 2010, 102.

6. Noterbrecht und Vermächtnis im Erbschein

Staudinger/Dörner (2007) Art. 25 EGBGB, Rn 885 (Noterbrecht) und Rn 887 (Vermächtnis).

7. Verrichtungen ausländischen Rechts

Staudinger/Dörner (2007) Art. 25 EGBGB, Rn 838.

Fall 8

Kroatisch-slowenisches Gelato

433 Die in Pula (heute Kroatien) geborene Franka Faric und der in Llubljana (heute Slowenien) geborene Marko Masenik haben am 15.12.1983 in München die Ehe geschlossen. Die Ehegatten besaßen damals die Staatsangehörigkeit der Sozialistischen Föderativen Republik Jugoslawien (SFRJ). Franka war Republikzugehörige der damaligen FR Kroatien, Marko der FR Slowenien.

Sie lebten beide zur Zeit ihrer Eheschließung schon länger in München. 1985 verlegten die Ehegatten ihren Wohnsitz nach Gorizia (Italien), woher Markos Vorfahren mütterlicherseits stammten. 1988 erwarb Marko auf Antrag und mit Rücksicht auf seine italienische Abstammung die italienische Staatsangehörigkeit. Ein Verzicht auf seine bisherige Staatsangehörigkeit erfolgte nicht, da die Behörden der SFRJ ihm die Entlassung aus der Staatsangehörigkeit versagten. Nach der Dismembration Kroatiens und Sloweniens von der SFRJ wurden Franka und Marko unter Verlust der jugoslawischen Staatsangehörigkeit Staatsangehörige der Staaten, deren Republikangehörige sie vorher gewesen waren.

1995 kehrten die Ehegatten nach Deutschland zurück und ließen sich in Dresden nieder, wo Marko zusammen mit seinem Halbbruder, dem italienischen Staatsangehörigen Giovanni Gelatieri, eine Eisdiele eröffnete. Pächter der Eisdiele war Marko, der auch die Einrichtungsgegenstände von dem früheren Pächter erworben hatte. Um Giovanni den Betrieb der Eisdiele zu sichern, beauftragte Marko im September den Rechtsanwalt Ronald Recht, im Fall seines Todes dem Giovanni die Erklärung zu überbringen, er, Marko, übereigne dem Giovanni schenkweise das Inventar der Eisdiele.

Am 10.1.2015 verstarb Marko Masenik in Dresden. Der Verpächter kündigte, da die Erbenermittlung noch nicht abgeschlossen war, durch Erklärung vom 30.1.2015 gegenüber einem hierzu durch das Amtsgericht Dresden – Nachlassgericht – bestellten Nachlasspfleger den Pachtvertrag über die Eisdiele. Ronald Recht überbrachte Giovanni am 5.2.2015 die ihm aufgetragene Erklärung. Giovanni schloss daraufhin mit dem Verpächter einen Pachtvertrag über die Eisdiele.

Nach längeren Ermittlungen stellt das Amtsgericht Dresden – Nachlassgericht – fest, dass Giovanni der einzige lebende Verwandte von Marko war.

Franka möchte einen Erbschein beantragen, in dem, soweit möglich, auch ihre güterrechtlichen Ansprüche vermerkt sind. Sie ist außerdem der Ansicht, dass das Inventar der Eisdiele zum Nachlass des Marko gehört.

1. Welche Erbfolge ist eingetreten?
2. Werden die Erbquoten durch die güterrechtlichen Verhältnisse beeinflusst?

3. Können die Erben des Marko von Giovanni Herausgabe der Eisdieleneinrichtung verlangen? Fragen der Art der gemeinsamen Berechtigung von Erben (zB Erbengemeinschaft) sind nicht zu erörtern.
4. Welche Änderungen ergeben sich in Frage 1 zum anwendbaren Recht sowie zu Frage 2, wenn der Erbfall am 10.1.2019 eingetreten ist und Marko in einem handschriftlich geschriebenen und unterschriebenen Brief vom 1.12.2018 an Franka erklärt hat „wenn ich versterbe, möchte ich, dass der Nachlass nach meinem italienischen Heimatrecht geregelt wird"?
Diese Zusatzfrage ist nicht in die 5-stündige Bearbeitungszeit einbezogen.

Materialien

I. Recht der ehemaligen SFRJ

a) Gesetz über die Lösung von Gesetzes- und Zuständigkeitskonflikten in den Status-, Familien-, und Erbschaftsangelegenheiten (SFRJ-ILRG) v. 27.2.1979 (in Kraft seit 2.6.1979)[1]

Art. 1 SFRJ-ILRG

Dieses Gesetz regelt Lösungen von Kollisionen eines Republikgesetzes bzw des Gesetzes einer autonomen Provinz mit Gesetzen anderer Republiken bzw autonomer Provinzen auf den Gebieten des Statusrechts natürlicher und juristischer Personen, der Ehebeziehungen,... **434**

Art. 16 SFRJ-ILRG

...

(3) Für die persönlichen Rechtsbeziehungen der Ehegatten zueinander und ihre Vermögensverhältnisse ist, wenn keiner oder nur einer von ihnen Wohnsitz in der SFRJ hat, das Recht der Republik maßgebend, der sie angehören. Besitzen sie auch keine gemeinsame Republikangehörigkeit, so ist das Recht der Republik bzw der autonomen Provinz maßgebend, für das sich die Eheleute einvernehmlich entscheiden; erzielen sie darüber keine Einigung, das Recht der Republik bzw der autonomen Provinz, in der oder nach deren Vorschriften die Ehe geschlossen wurde.

b) IPR-Gesetz (SFRJ-IPRG), in Kraft seit 1.1.1983[2]

Art. 1 SFRJ-IPRG

(1) Dieses Gesetz enthält Bestimmungen über das auf Status-, Familien- und Vermögenssachen mit internationalem Bezug (mit ausländischen Elementen) anzuwendende Recht.

Art. 30 SFRJ-IPRG

(1) Für die Erbschaft ist das Recht des Staates maßgebend, dessen Staatsangehörigkeit der Erblasser zur Zeit seines Todes besaß.

Art. 36 SFRJ-IPRG

(1) Für die persönlichen und vermögensrechtlichen Beziehungen ist das Recht des Staates maßgebend, dessen Staatsangehörigkeit die Ehegatten besitzen.

---

1 *Pouch* StAZ 1979, 161; zur aktuellen Geltung *Henrich* IPRax 2001, 113.
2 *Pak/Erlac* IPRax 1983, 6.

(2) Sind die Ehegatten verschiedener Staatsangehörigkeit, so ist das Recht ihres Wohnsitzes maßgebend.

(3) Haben die Ehegatten keine gemeinsame Staatsangehörigkeit und keinen Wohnsitz im gleichen Staat, so ist das Recht des Ortes maßgebend, an dem ihr letzter gemeinsamer Wohnsitz war.

...

II. Slowenisches Recht[3]

c) Das SFRJ-IPRG wurde bei Staatsgründung zunächst als slowenisches Recht übernommen. Am 28.7.1999 ist das slowenische IPRG Nr 56/99 vom 30.6.1999 in Kraft getreten:

Art. 32 slow IPRG

(1) Auf die Erbschaft ist das Recht des Staates anzuwenden, dessen Staatsangehöriger der Erblasser bei Todeseintritt war.

(2) Die Testierfähigkeit beurteilt sich nach dem Recht des Staates, dessen Staatsangehörigkeit der letztwillig Verfügende bei Abfassung der letztwilligen Verfügung hatte.

Art. 38 slow IPRG

(1) Auf die persönlichen Beziehungen und die gesetzlichen Vermögensbeziehungen der Ehegatten wird das Recht des Staates angewendet, dessen Staatsangehörige die Ehegatten sind.

(2) Sind die Ehegatten Staatsangehörige verschiedener Staaten, so ist das Recht des Staates anzuwenden, in dem sie ihren ständigen Wohnsitz haben.

(3) Haben die Ehegatten weder die gleiche Staatsangehörigkeit noch ihren ständigen Wohnsitz in dem gleichen Staat, so wird das Recht des Staates angewendet, in dem sie ihren letzten gemeinsamen Wohnsitz hatten.

(4) Kann das anzuwendende Recht nicht nach Abs 1, 2 oder 3 dieses Artikels bestimmt werden, wird das Recht angewendet, das mit der Beziehung in engster Verbindung steht.

Das slowenische Erbrecht kennt drei inländische ordentliche Testamentsformen, das holografische Testament, das Zweizeugentestament und gerichtlich protokollierte Testamente.

cl) Slowenien nimmt an der Verordnung (EU) 2016/1103 des Rates vom 24. Juni 2016 zur Durchführung einer verstärkten Zusammenarbeit im Bereich der gerichtlichen Zuständigkeit, des anzuwendenden Rechts und der Anerkennung und Vollstreckung von Entscheidungen in Fragen des ehelichen Güterstands teil.

III. Kroatisches Recht

d) Das SFRJ-**IPRG** (oben I b) wurde durch Gesetz Nr. 53/91 mit hier nicht relevanten Änderungen als kroatisches Recht (kroat IPRG 1991) übernommen.

dl) Am 29.1.2019 ist das Gesetz Nr 101/17 (kroat IPRG 2017) in Kraft getreten.

Art. 29 kroat IPRG 2017 Das auf das Erbrecht anwendbare Recht bestimmt sich nach der Verordnung (EU) Nr. 650/2012 des Europäischen Parlaments und des Rates vom 4. Juli 2012 über die Zuständigkeit, das anzuwendende Recht, die Anerkennung und Vollstreckung von Entscheidungen

3 Familienrechtliche Kollisionsnormen Bergmann/Ferid/Henrich/*Zupančič/Novak* Slowenien (Stand 2008) B.2.; erbrechtliche Kollisionsnormen *Ferid/Firsching/Dörner/Hausmann* Slowenien (Lieferung LXXII).

und die Annahme und Vollstreckung öffentlicher Urkunden in Erbsachen sowie zur Einführung eines Europäischen Nachlasszeugnisses (ABl L 201, 27.7.2012).

Art. 30 kroat IPRG 2017 Für die Form letztwilliger Verfügungen bestimmt sich das anwendbare Recht nach dem Haager Übereinkommen über das auf die Form letztwilliger Verfügungen anzuwendende Recht vom 5. Oktober 1961 (Amtsblatt, Internationale Abkommen, Nr. 4/94)

Art. 36 kroat IPRG 2017 Das auf die gesetzlichen Vermögensbeziehungen der Ehegatten anwendbare Rechts bestimmt sich nach der Verordnung (EU) 2016/1103 des Rates vom 24. Juni 2016 zur Durchführung einer verstärkten Zusammenarbeit im Bereich der gerichtlichen Zuständigkeit, des anzuwendenden Rechts und der Anerkennung und Vollstreckung von Entscheidungen in Fragen des ehelichen Güterstands (ABl L 183, 8.7.2016).

IV. Italienisches IPR

e) Italienisches IPR-Gesetz v. 1.9.1995 (ital. IPRG):

Art. 19 ital. IPRG

...

(2) Hat die Person mehrere Staatsangehörigkeiten, ist das Recht des Staates anzuwenden, zu dem die engste Beziehung besteht. Ist eine der Staatsangehörigkeiten die italienische, geht diese den anderen vor.

Art. 46 ital. IPRG

(1) Die Nachfolge von Todes wegen wird durch das im Zeitpunkt des Todes anwendbare Heimatrecht desjenigen bestimmt, um dessen Erbe es sich handelt.

(2) Derjenige, um dessen Erbe es sich handelt, kann die gesamte Erbfolge durch ausdrückliche testamentarische Erklärung dem Recht des Staates unterstellen, in dem er seinen Wohnsitz hat. Die Wahl entfaltet keine Wirkung, wenn der Erklärende im Zeitpunkt seines Todes seinen Wohnsitz nicht mehr in jenem Staat hatte. Handelt es sich um die Erbfolge nach einem italienischen Staatsbürger, berührt die Wahl nicht die Rechte, die das italienische Gesetz den Pflichtteilsberechtigten mit Wohnsitz in Italien im Zeitpunkt des Todes der Person zuerkennt, um deren Erbfolge es sich handelt.

f) Nach hM im italienischen IPR ist eine Schenkung auf den Todesfall erbrechtlich zu qualifizieren.

V. Italienisches materielles Recht[4]

g) Codice Civile (cc)

Erbrechtliche Bestimmungen in der Fassung durch Decreto Legislativo 28.12.2013 n. 154 in Kraft seit 7.2.2014.

Art. 570 cc (Erbfolge von Brüdern und Schwestern)

(1) Wer stirbt und weder Nachkommen, noch Eltern, noch andere Vorfahren hinterlässt, wird von den Brüdern und den Schwestern zu gleichen Teilen beerbt.

---

4 *Bauer/Eccher/König/Kreuzer/*Zanon Italienisches Zivilgesetzbuch, übersetzt im Auftrag der Südtiroler Landesregierung (Stand 31. Mai.2015). Eine deutsche Übersetzung des Codice Civile nach dem aktuellen Stand wird demnächst auch in *Patti*, Italienisches Zivilgesetzbuch (3. Aufl., 2019) verfügbar sein.

(2) Die halbbürtigen Brüder und Schwestern erhalten jedoch die Hälfte des Anteils, den die vollbürtigen erhalten.

Art. 582 cc (Zusammentreffen des Ehegatten mit Vorfahren, Brüdern und Schwestern)

Dem Ehegatten fallen zwei Drittel der Erbschaft an, wenn er mit Vorfahren oder mit Brüdern und Schwestern, auch wenn sie halbbürtig sind, oder mit den einen und mit den anderen zusammentrifft. Im letzten dieser Fälle fällt der verbleibende Teil den Vorfahren, den Brüdern und den Schwestern gemäß den Bestimmungen des Artikels 571 an, in jedem Fall unbeschadet des Rechts der Vorfahren auf ein Viertel der Erbschaft.

Art. 601 cc (Formen)

(1) Ordentliche Testamentsformen sind das eigenhändig geschriebene Testament und das notarielle Testament.

(2) Das notarielle Testament kann ein öffentliches oder ein geheimes sein.

Art. 2037 cc (Rückgabe einer bestimmten Sache)

(1) Wer unberechtigterweise eine bestimmte Sache erhalten hat, ist verpflichtet, sie zurückzugeben.

(2) Wenn die Sache, auch durch Zufall, zugrunde gegangen ist, ist derjenige, der sie in schlechtem Glauben erhalten hat, verpflichtet, deren Wert zu bezahlen; wenn sich die Sache nur in einem schlechteren Zustand befindet, kann derjenige, der sie übergeben hat, den Ersatz des ursprünglichen Wertes oder die Rückgabe und eine Entschädigung für die Wertminderung verlangen.

(3) Wer die Sache in gutem Glauben erhalten hat, haftet für deren Untergang oder Verschlechterung, selbst wenn sie auf sein Verhalten zurückzuführen sind, nur in den Grenzen seiner Bereicherung.

[Hinweis: Nach hM ist eine *donatio mortis causa* – eine bis dahin widerrufliche Schenkung unter der Bedingung des Vorversterbens des Schenkers – kein Rechtsgeschäft, das als Schenkung unter Lebenden wirksam sein kann.

Eine *donatio si praemoriar* – eine unwiderrufliche Schenkung unter Lebenden unter der auflösenden Bedingung des Vorversterbens – ist dagegen nach den Bestimmungen über die Schenkung unter Lebenden zu behandeln.]

VI. Materielles Ehegüterrecht

h) [Hinweis: Das italienische, das slowenische und das kroatische Recht sehen als gesetzlichen Güterstand eine Errungenschaftsgemeinschaft vor. Keine dieser Rechtsordnungen kennt einen die Erbquoten beeinflussenden Ausgleich des Güterstandes bei Beendigung der Ehe durch Tod. Das beiden Ehegatten gemeinsam gehörende Gesamtgut der Errungenschaft wird vielmehr rechnerisch wie unter Lebenden zwischen dem überlebenden Ehegatten und den Erben hälftig geteilt.]

Strukturierung des Falles

Wesentliche Themen: Anknüpfung bei Doppelstaatern; Unteranknüpfung; Ehegüterstatut, Unwandelbarkeit, Anknüpfung; Qualifikation von § 1371 Abs. 1 BGB; Anpassung; Anwendungsbereich der Rom II-VO; Sachenrechtsstatut; Bereicherungsstatut, Leistungskondiktion; Vollmachtsstatut; Qualifikation der Schenkung auf den Todesfall. 435

Frage 1: Erbfolge

1. Deutsches IPR
- EU-ErbVO (-) Art. 83 Abs. 1, 84 UAbs. 2 erst nur für ab 17.8.2015 eingetretene Erbfälle
- Art. 25 Abs. 1 aF, Art. 4 Abs. 1 EGBGB Gesamtverweisung letztes Heimatrecht des Erblassers
- Italienisch/slowenischer Doppelstaater: Art. 5 Abs. 1 S. 1 EGBGB: effektive Staatsangehörigkeit:
- Gewöhnlicher Aufenthalt in einem der Heimatstaaten (-)
- Slowenien als Geburtsstaat (-)
- Italien wegen enger persönlicher Bindungen, Verwandte (+)

2. Italienisches IPR
- Art. 46 Nr 1 ital. IPRG: letzte Staatsangehörigkeit
- Art. 19 Nr 2 ital. IPRG: italienische Staatsangehörigkeit geht vor
- Also Annahme der Verweisung

3. Erbquoten im italienischen Recht
- Art. 582 cc: Ehefrau Franka: zwei Drittel
- Art. 570 Abs. 1 cc mangels Deszendenten und Aszendenten: Brüder und Schwestern
- Reduzierung für Halbgeschwister Art. 570 Abs. 2 cc irrelevant, da nur ein Halbbruder vorhanden
- Erbquote Halbbruder Giovanni: ein Drittel

Ergebnis: In Anwendung italienischen Rechts ergeben sich in gesetzlicher Erbfolge nach Marko Erbquoten für seine Ehefrau Franka zu zwei Drittel und seinen Halbbruder Giovanni zu einem Drittel.

Frage 2: Einfluss güterrechtlicher Verhältnisse

1. Qualifikation des güterrechtlichen Ausgleichs

a) Qualifikation güterrechtlicher Auseinandersetzung
- Auseinandersetzung Güterstand grundsätzlich ehegüterrechtlich zu qualifizieren, auch bei Tod

b) Qualifikation von § 1371 Abs. 1 BGB
- Strittig bei güterrechtlichem Ausgleich durch erbrechtliche Methoden (§ 1371 Abs. 1 BGB), Lösung entsprechend BGH:
- Rein erbrechtliche Qualifikation (-), da Zusammenhang zu Güterstand vernachlässigt wird
- Also jedenfalls *auch* ehegüterrechtlich
- Erb- und ehegüterrechtliche Doppelqualifikation (-):
- Dafür zwar: Abstimmung der güterrechtlichen Quote auf die erbrechtliche
- Dagegen aber: Nutzung der Pauschalierung immer bei deutschem Güterstatut
- Ggf Angleichung/Anpassung; aA: wenn § 1371 Abs. 1 BGB nicht umsetzbar, Ausgleich nach § 1372 BGB
- Also: § 1371 Abs. 1 BGB anwendbar, wenn deutsches Recht (nur) Ehegüterstatut

2. Ehegüterstatut – deutsches IPR

a) EU-EheGüterVO
- EU-EheGüterVO (-) für IPR nur anwendbar auf seit dem 29.1.2019 geschlossene Ehen bzw Rechtswahl nach diesem Stichtag (Art. 69 Abs. 3 EU-EheGüterVO)

b) Intertemporal zum 28.1.2019 und 1.9.1986
- Zum 28.1.2019: Art 229 § 47 Abs. 2 Nr 2 EGBGB
- Zum 1.9.1986: Art. 220 Abs. 3 S. 2 EGBGB, Ehe nach dem 8.4.1983 geschlossen: Art. 15 EGBGB

c) Anknüpfung Art. 15 Abs. 1, Art. 14 aF EGBGB
- Art. 15 Abs. 1, Art. 14 Abs. 1 Nr 1 Alt. 1 aF EGBGB: gemeinsame Staatsangehörigkeit
- Bei Eheschließung beide Ehegatten SFRJ-Angehörige

- Gesamtverweisung aber in heutiges IPR (keine Versteinerung), Problem: SFRJ dismembriert
- Scheitern der Heimatrechtsverweisung (-): im maßgeblichen Anknüpfungszeitpunkt bestand gemeinsame Staatsangehörigkeit

3. Ehegüterstatut: Maßgebliches „jugoslawisches" IPR

a) Kein einheitlicher Rechtsnachfolgestaat
- BRep. Jugoslawien bzw Serbien und Montenegro als Rechtsnachfolger bei Erbfall (-)
- Beide Ehegatten nicht Angehörige von zugehörigen Republiken

b) Keine Verschiebung des Unwandelbarkeitszeitpunktes
- Verschiebung des Unwandelbarkeitszeitpunktes auf Dismembration (-)
- Eingriff in unwandelbare Anknüpfungskriterien des deutschen IPR
- Mögliche Verweisung in einen dritten Staat
- Eignung für zufällige Dismembration, nicht für Dismembration an vorherigen Teilstaatengrenzen
- Dismembration der SFRJ zeitlich nicht eindeutig

c) Keine Anwendung des SFRJ-IPRG
- Anwendung IPR des untergegangenen Staates (-)
- Übereinstimmendes IPR der Nachfolgestaaten ist nicht gleiches IPR
- Übereinstimmung bei SFRJ-Nachfolgestaaten nur zufällig
- Faktisch Versteinerungslösung

d) Kein fortbestehendes einheitliches IPR
- Anwendung ILR des untergegangenen Staates (-)
- Auch übereinstimmende ILRGe sind nicht gleiches ILR
- Verhältnis der Nachfolgestaaten international, nicht interlokal
- Also wiederum faktisch Versteinerungslösung
- Es müsste dann auch SFRJ-IPRG angewendet werden

e) Analoge Anwendung von Art. 4 Abs. 3 iVm SFRJ-ILRG
- Art. 4 Abs. 3 EGBGB analog (+)
- Situation vergleichbar, derzeit kein einheitliches IPR mehr im dismembrierten Jugoslawien, Verweisung daher in Menge aller Nachfolgestaaten
- engste Verbindung: SFRJ-ILRG als Kriterium

4. Ehegüterstatut: Unteranknüpfung und Rückverweisungsprüfung

a) Unteranknüpfung Slowenien oder Kroatien
- Analog Art. 4 Abs. 3 S. 2 EGBGB
- Mangels Wohnsitz in damaliger SFRJ: Art. 16 SFRJ-ILRG: Slowenien oder Kroatien, nach Sachverhalt nicht entscheidbar, kann insoweit offen bleiben, da IPRGe übereinstimmend

b) Keine Anwendung der EU-EheGüterVO
- EU-EheGüVO (-); Slowenien: Art. 69 EU-EheGüterVO (MAT c1); Kroatien: jedenfalls keine Anwendungserweiterung durch Art. 36 kroat IPRG 2017 (MAT d1) bei Erbfall vor 29.1.2018

c) Rückverweisung durch wandelbare Anknüpfung
- Art. 36 Abs. 1 kroat. IPRG 1991 (MAT b, d) bzw Art. 38 slow. IPRG (MAT c):
- Wandelbar
- Gemeinsame Staatsangehörigkeit (-)
- Gemeinsamer Wohnsitz (+) Deutschland
- Also Rückverweisung, deutsches Recht Ehegüterstatut

5. Erbquoten, Angleichung/Anpassung?

a) Formale Erbquotenerhöhung durch § 1371 Abs. 1 BGB
- Anwendung von § 1371 Abs. 1 BGB: Erbteil von Franka erhöht von 2/3 auf 11/12

b) Rahmen für Anpassungsbedarf
- Wenn Kombination italienisches Erbstatut/deutsches Ehegüterstatut den Ehegatten überbegünstigt
- Deutsches Recht alleine: Ehegattenerbteil §§ 1931 Abs. 1 S. 1, 1371 Abs. 1 BGB: drei Viertel
- Italienisches Recht alleine: Ehegattenerbquote zwei Drittel und ergebnisoffener güterrechtlicher Ausgleich

- also bedeutet 11/12 eine Überbegünstigung

c) **Anpassungsmethode**
- Kollisionsrechtliche Anpassung (-)
- Keine rückwirkende Änderung Ehegüterstatut
- Keine Beerbung insgesamt nach Ehegüterstatut
- Materiellrechtliche Anpassung (+)
- Rahmen: zwei Drittel (italienisches Recht) bis drei Viertel (deutsches Recht)
- Zwei Drittel würde güterrechtlichen Anspruch ignorieren, nach deutschem Recht kein Zugewinnausgleich ohne Ausschlagung erreichbar (-)
- Drei Viertel berücksichtigt im gegebenen Rahmen maximal den Pauschalierungsgedanken (+)
- Gegenansicht lässt an dieser Stelle Anwendung von § 1371 Abs 1 BGB scheitern

Ergebnis: Marko wird in Anwendung italienischen Erbrechts und deutschen Ehegüterrechts beerbt von seiner Ehefrau Franka zu drei Vierteln und von seinem Halbbruder Giovanni zu einem Viertel. Nach der Gegenansicht wird er nach italienischem Erbrecht beerbt von seiner Ehefrau Franka zu zwei Dritteln und von Giovanni zu einem Drittel; jedoch kann Franka ggf Zugewinnausgleich nach §§ 1372 ff BGB verlangen.

Frage 3: Herausgabe der Eisdieleneinrichtung

1. **Vindikation**

a) **Sachenrechtliche Qualifikation**
- Herausgabeansprüche aus Eigentum
- Art. 43 Abs. 1 EGBGB, Belegenheit der Sache, deutsches Recht

b) **Anspruch aus § 985 BGB**
- Eigentum der Erben durch Erbfolge erlangt (+)
- Eigentum auf Giovanni übergegangen, § 929 S. 1, S. 2 BGB
- Einigung: Vorfrage: Recht als postmortaler Bote oder Bevollmächtigter, konkludente Annahme

c) **Vollmachtsstatut**
- Anknüpfung Stellvertretung nach Vollmachtsstatut
- Art. 1 ff Rom I-VO (-): Art. 1 Abs. 2 lit. g Rom I-VO
- Art. 8 EGBGB: intertemporal Art 229 § 41 EGBGB (-)
- Zuvor unkodifiziert, Wirkungsland, deutsches Recht.

d) **Anknüpfung bei Botenschaft**
- Nach Statut des zu schließenden Geschäfts
- Hier § 929 S. 1, S. 2 BGB, also deutsches Recht

e) **§ 130 Abs. 2 BGB**
- postmortale Willenserklärung vor Widerruf durch Erben wirksam

2. **Bereicherungsansprüche: Anknüpfung**

a) **Anwenbarkeit der Rom II-VO**
- Sachlicher Anwendungsbereich Art. 1 Abs. 1 Rom II-VO (+)
- Verbindung zu verschiedenen Staaten Art. 1 Abs. 1 Rom II-VO (+)
- Keine Anwendungsausnahme Art. 1 Abs. 2 Rom II-VO (+)
- Intertemporale Anwendung (+)
- Art. 31, 32 Rom II-VO, auch für Bereicherungsansprüche (nicht „Schadensersatz“)
- Entstehung nach dem 11.1.2009, Bereicherung erst durch schenkweise Übereignung nach dem Tod des Marko eingetreten

b) **Art. 10 Rom II-VO**
- Anknüpfung nach der Rom II-VO
- Art. 10 Abs. 1 Rom II-VO (+) Rechtsverhältnis, das enge Beziehung zu der Bereicherung aufweist

c) **Akzessorische Anknüpfung an Schenkung auf den Todesfall**
- Bezogenes Rechtsverhältnis: Schenkung auf den Todesfall?
- Qualifikation:
- Entsprechend § 2301 Abs. 1 S. 1 BGB (-): § 2301 Abs. 1 S. 1 BGB rechtsvergleichend zufälliges Kriterium
- Abgrenzung aus Sicht Erbstatut (+)
- Im Ergebnis unerheblich:
- Schenkung nach § 2301 Abs. 1 BGB bedingt (1. Ansicht)
- Schenkung ist *donatio mortis causa* iSd italienischen Rechts (2. Ansicht)

d) **Akzessorische Anknüpfung an Vermächtnisstatut**
- Bezogenes Rechtsverhältnis: Vermächtnis
- Dann Anknüpfung an Erbstatut

- Bereicherungsstatut also jedenfalls italienisches Recht

3. Bereicherungsansprüche im italienischen Recht
- Art. 2037 Abs. 1 cc
- Vorfrage: Fehlen einer Verbindlichkeit

4. Bereicherungsansprüche: Rechtsgrund

a) Donatio mortis causa
- Schenkung auf den Todesfall
- Unwirksam als *donatio mortis causa*

b) Vermächtnis
- Nur wirksam in Form letztwilliger Verfügung
- Formwirksamkeit nach Testamentsformstatut
- Art. 1 Abs. 1 TestFormÜbk
- Alternativ deutsches Recht (Errichtungsort), italienisches Recht (eine Staatsangehörigkeit), slowenisches Recht (eine Staatsangehörigkeit)
- Mündliches Testament in keiner dieser Rechtsordnungen, also unwirksam

Ergebnis: Die Erben haben keine sachenrechtlichen Herausgabeansprüche aus § 985 BGB; jedoch besteht ein auf Herausgabe gerichteter Bereicherungsanspruch aus Art. 2037 Abs. 1 cc (Leistungskondiktion).

Frage 4: Änderungen zur Frage 1 und 2 bei Erbfall am 10.1.2019

a) Änderung in Frage 1: Erbstatut
- EU-ErbVO (+) Art. 83 Abs. 1, 84 Abs. 2 für seit 17.8.2015 eingetretenen Erbfall
- Rechtswahl Art. 83 Abs. 2 EU-ErbVO (vor 17.8.2015), Art. 22 EU-ErbVO (+) bei mehreren Staatsangehörigkeiten jede wählbar (Art. 22 Abs. 2 EU-ErbVO)
- Ausdrücklichkeit Art. 22 Abs. 2 EU-ErbVO (+)
- Form Art. 22 Abs. 2 ErbVO, Art. 1 Abs. 1 lit. c TestFormÜbk: deutsches Wohnsitzrecht(+)
- Art. 34 EU-ErbVO Gesamtverweisung (-), bei Rechtswahl (Art. 22) nie Gesamtverweisung, Art. 34 Abs. 2 EU-ErbVO

b) Änderung in Frage 2: Güterrechtliche Beeinflussung der Erbquoten
- Lösung Qualifikationsfrage unter EU-ErbVO, EuGH *(Mahnkopf)*: § 1371 Abs. 1 erbrechtlich
- Somit italienisches Erbstatut, § 1371 Abs. 1 BGB (-)

[c) Hinweise:
- rechnerischer Zugewinnausgleich § 1372 ff BGB? strittig: ohne Ausschlagung nicht nach § 1371 Abs. 2 BGB, aber Analogie? oder nur de lege ferenda?]

Ergebnis: In der Abwandlung ist italienisches Recht kraft Rechtswahl gemäß Art. 22 EU-ErbVO berufen. Folgt man der Qualifikation durch den EuGH, so ist jedoch trotz deutschen Ehegüterstatuts § 1371 Abs. 1 BGB nicht anzuwenden, da dieser nach Ansicht des EuGH nur bei deutschem Erbstatut Anwendung findet. Auf die Frage, wie der Zugewinn dann auszugleichen ist, findet sich *de lege lata* keine eindeutige Antwort.

Lösung

Frage 1: Erbfolge

1. Deutsches IPR

Die **EU-ErbVO**[1] enthält universell anwendbare Bestimmungen zum Erb-Kollisionsrecht (Art. 20 ff EU-ErbVO). Sie gilt seit dem 17.8.2015 (Art. 84 UAbs. 2 EU-ErbVO), ist jedoch nur anwendbar auf die Rechtsnachfolge von Personen, die am 17.8.2015 oder danach verstorben sind (Art. 83 Abs. 1 EU-ErbVO). Damit ist auf den Erbfall vom 10.1.2015 Art. 25 Abs. 1 aF EGBGB anzuwenden. **436**

Art. 25 Abs. 1 aF EGBGB beruft das letzte Heimatrecht des Erblassers. Bei seinem Tod besaß Marko die italienische und die slowenische Staatsangehörigkeit. Für Doppelstaater mit mehreren ausländischen Staatsangehörigkeiten ist unter diesen die **effektive Staatsangehörigkeit** maßgeblich (Art. 5 Abs. 1 S. 1 EGBGB). Da im Anknüpfungszeitpunkt Marko seinen gewöhnlichen Aufenthalt nicht in einem der Heimatstaaten hatte, was regelmäßig die Effektivität bestimmen würde, muss auf die Gesamtheit der privaten, beruflichen und staatsbürgerlichen Verbindungen abgestellt werden. Slowenien ist zwar der Geburtsstaat von Marko; für Italien als effektiven Heimatstaat spricht aber, dass dort der letzte langfristige gewöhnliche Aufenthalt in einem Heimatstaat war, enge Verbindungen zu dem einzigen – italienischen – Verwandten bestehen und Marko ein durch den Heimatstaat Italien geprägtes Gewerbe betrieben hat. Art. 25 Abs. 1 aF EGBGB verweist also als Gesamtverweisung (Art. 4 Abs. 1 EGBGB) in italienisches IPR.

2. Italienisches IPR

Auch aus Sicht des italienischen IPR gilt für den vor dem 17.8.2015 eröffneten Erbfall das nationale IPRG. Art. 46 Abs. 1 ital. IPRG (MAT e) stellt ebenfalls auf die Staatsangehörigkeit im Zeitpunkt des Todes ab. Art. 19 Abs. 2 ital. IPRG (MAT e) gibt für den italienisch-slowenischen Doppelstaater seinem italienischen Heimatrecht den Vorrang. Das italienische Recht nimmt die Verweisung also an. **437**

3. Erbquoten im italienischen Recht

Die überlebende Ehefrau Franka erbt zwei Drittel (Art. 582 cc [MAT g]). Das restliche Drittel wird als Verwandtenerbquote vererbt, wobei es insoweit auch bei Zusammentreffen nur mit Halbgeschwistern nicht zu einer Reduzierung kommt („oder auch mit den einen oder den anderen…"). Nach Art. 570 Abs. 1 cc (MAT g) erben mangels Deszendenten und Aszendenten die Brüder und Schwestern; dass Halbgeschwister nur ein halbes Geschwisterteil erhalten (Art. 570 Abs. 2 cc), wirkt sich nicht aus, da Giovanni der einzige Bruder von Marko ist. Giovanni erbt also ein Drittel. **438**

---

1 Verordnung (EU) Nr 650/2012 vom 4.7.2012, ABl. EU L 201/107.

[Erörterungen zu der Schenkung an Giovanni wären an dieser Stelle verfehlt, da diese allenfalls den Bestand des Nachlasses, ggf Ausgleichsansprüche zurückgesetzter Noterben oder Pflichtteilsberechtigter, nicht aber die Höhe der Erbquoten berührt.]

439 **Ergebnis:** In Anwendung italienischen Rechts ergeben sich in gesetzlicher Erbfolge nach Marko Erbquoten für seine Ehefrau Franka zu zwei Drittel und seinen Halbbruder Giovanni zu einem Drittel.

Frage 2: Einfluss güterrechtlicher Verhältnisse

1. Qualifikation des güterrechtlichen Ausgleichs

a) Qualifikation güterrechtlicher Auseinandersetzung

440 Die Auseinandersetzung des Güterstandes ist, auch wenn die Ehe durch den Tod eines Ehegatten endet, grundsätzlich **ehegüterrechtlich** zu qualifizieren.

b) Qualifikation von § 1371 Abs. 1 BGB

441 Etwas anderes könnte sich ergeben, wenn der güterrechtliche Ausgleich durch **erbrechtliche Methoden** erfolgt, wie dies § 1371 Abs. 1 BGB für den Zugewinnausgleich von Todes wegen vorsieht. Wie solche Ausgleichsmechanismen zu qualifizieren sind, war zu Art. 25 Abs. 1 aF EGBGB lange strittig. Kaum noch vertreten wird eine rein erbrechtliche Qualifikation[2] (Folge: § 1371 Abs. 1 BGB immer bei deutschem Erbstatut), da diese den Sachzusammenhang zu dem auszugleichenden Güterstand vernachlässigen würde. Damit sind solche Mechanismen jedenfalls *auch* ehegüterrechtlich zu qualifizieren (Folge: § 1371 Abs. 1 BGB nur dann, wenn deutsches Recht Ehegüterstatut). Fraglich blieb, ob eine erb- und ehegüterrechtliche Doppelqualifikation erfolgt[3] (Folge: § 1371 Abs. 1 BGB nur, wenn deutsches Recht Güter- *und* Erbstatut). Für eine Doppelqualifikation wurde angeführt, dass ehegüterrechtliche Erbquotenerhöhungen von bestimmten erbrechtlichen Quoten des eigenen Rechts ausgehen, man also bei fremdem Erbstatut womöglich zusammenfügt, was nicht zusammenpasst.[4] Hingegen hat sich zuletzt der BGH[5] der überwiegenden rein ehegüterrechtlichen Qualifikation angeschlossen (Folge: § 1371 Abs. 1 BGB, einerlei welches Recht Erbstatut), für die spricht, dass der Vorteil einer Pauschalierung des güterrechtlichen Ausgleichs unter Vermeidung von güterrechtlichen Vergleichsberechnungen, die der überlebende Ehegatte sonst anstellen muss, möglichst in allen Fällen genutzt werden sollte, in denen ihn das (deutsche) Ehegüterstatut vorsieht. Spannungen zu einem fremden Erbstatut, vor allem Überbegünstigungen des Ehegatten durch eine güterrechtliche Erhöhung ohnehin schon hoher – erbrechtlicher – Erbquoten, lassen sich durch *Anpassung* bereinigen. Insbeson-

---

2 Unklar OLG Stuttgart NJW-RR 2005, 740.
3 OLG Düsseldorf IPRspr 1987 Nr 105.
4 *Ferid* IPR[3] Rn 8–130.
5 BGH NJW 2015, 2185.

dere widersprach der BGH der zuvor durch mehrere OLGe[6] vertretenen Modifikation der güterrechtlichen Qualifikation, die § 1371 Abs 1 BGB bei deutschem Ehegüterstatut zwar im Grundsatz anwenden wollte, jedoch einen rechnerischen Zugewinnausgleich nach §§ 1372 ff BGB vertrat, wenn die Erhöhung der Ehegattenerbquote um ein Viertel wegen einer dort größeren (erbrechtlichen) Ehegattenerbquote nicht mit dem Erbstatut harmoniere – eine Situation, welche die hM durch Anpassung löst (dazu Rn 456 ff).

Folgt man der güterrechtlichen Qualifikation, so kann sich vorliegend auch bei italienischem Erbstatut ein ehegüterrechtlicher Einfluss auf die Erbquoten ergeben, sofern das Ehegüterstatut einen solchen güterrechtlichen Ausgleich mit erbrechtlicher Methode kennt. Das wäre nur der Fall, wenn deutsches Recht Ehegüterstatut ist (vgl MAT h).

2. Ehegüterstatut – deutsches IPR

a) EU-EheGüterVO

Die **EU-EheGüterVO**[7] ist am 29.1.2019 in Geltung getreten, ist jedoch in ihrem kollisionsrechtlichen Teil (Kapitel III) nur anwendbar auf Ehen, die seit dem 29.1.2019 geschlossen werden sowie auf eine Rechtswahl, die ab diesem Stichtag – auch in Altehen – erfolgt (Art. 69 Abs. 3 EU-EheGüterVO). Für die 1983 geschlossene Ehe bleibt es bei der Anwendung des deutschen IPR. **442**

b) Intertemporal zum 28.1.2019 und 1.9.1986

Hierauf **intertemporal** abgestimmt ist die Geltung der zum 29.1.2019 geänderten Bestimmungen im deutschen internationalen Ehegüterrecht:[8] Es bleibt für Ehegatten, welche die Ehe vor dem 29.1.2019 geschlossen haben und danach keine Rechtswahl treffen, bei der Anwendung von Art. 15, 16 EGBGB in der bis 28.1.2019 geltenden Fassung (Art. 229 § 47 Abs. 2 Nr. 2 EGBGB). Hinsichtlich des Inkrafttretens des IPR-Reformgesetzes 1986 bestimmt sich das Ehegüterstatut in der nach dem 8.4.1983 geschlossenen Ehe (Art. 220 Abs. 3 S. 2 EGBGB) nach Art. 15 EGBGB in der am 1.9.1986 in Kraft getretenen – und bis 28.1.2019 geltenden – Fassung. **443**

c) Anknüpfung Art. 15 Abs. 1, 14 aF EGBGB

Art. 15 Abs. 1 EGBGB dieser Fassung (im Folgenden „aF“[9]) verweist auf das allgemeine **Ehewirkungsstatut im Zeitpunkt der Eheschließung**. Intertemporal ist auch insoweit bei Eheschließung vor dem 29.1.2019 die bis 28.1.2018 geltende Fassung **444**

6 Nicht völlig übereinstimmend: OLG Frankfurt FamRZ 2010, 767; OLG Köln FGPrax 2011, 302; ausdrücklich offen gelassen von OLG München NJW-RR 2012, 1096; unklar OLG Stuttgart NJW-RR 2005, 740.
7 VO (EU) 2016/1103 ABl. EU 2016 L 183/1.
8 BGBl. 2018 I 2573.
9 Bislang war unter Art. 15 „aF“ zweifelsfrei die bis 31.8.1986 geltende, teilweise jedoch nichtige, Fassung zu verstehen, was Vorsicht bei der Zitierweise gebietet.

(Art. 229 § 47 Abs. 1 EGBGB). Art. 14 Abs. 1 Nr 1 Alt. 1 aF[10] EGBGB bestimmt hierzu das Recht des Staates, dem beide Ehegatten angehören.

445 **aa)** Fraglich ist, ob von einem **gemeinsamen Heimatrecht** der Ehegatten ausgegangen werden kann. Im Zeitpunkt der Eheschließung waren beide Ehegatten Angehörige der SFRJ. Auch die unwandelbare Anknüpfung des Art. 15 aF EGBGB führt aber nicht etwa in das fremde IPR (Gesamtverweisung, Art. 4 Abs. 1 EGBGB) wie es im damaligen Zeitpunkt gegolten hat. Eine solche *Versteinerung* des Güterstatuts ist nicht mit der *Unwandelbarkeit* verbunden. Die Verweisung ist vielmehr auf das heutige Recht des fremden Staates gerichtet, das dann über die intertemporale Rechtsanwendung entscheidet. Dies führt zu einem Problem, da es diesen Staat, die SFRJ, nach Dismembration in verschiedene Nachfolgestaaten, nicht mehr gibt. Art. 15 Abs. 1 iVm 14 Abs. 1 Nr 1 aF EGBGB verweist also paradox auf die gegenwärtige Rechtslage in einer heute nicht mehr existierenden Rechtsordnung.

446 **bb)** Man könnte daran denken, die Verweisung in das gemeinsame Heimatrecht deshalb für **gescheitert** zu halten. Dies hätte zur Folge, die nächste Ebene der Anknüpfungsleiter in Art. 14 aF EGBGB zu betreten, also auf den gemeinsamen gewöhnlichen Aufenthalt bei Eheschließung abzustellen. Dies ist abzulehnen, denn im maßgeblichen Anknüpfungszeitpunkt bestand eine gemeinsame Staatsangehörigkeit, so dass die Verweisung als solche nicht versagt.

Das Problem besteht darin, ein heute maßgebliches *„jugoslawisches" IPR* zu konkretisieren.

3. Ehegüterstatut: Maßgebliches „jugoslawisches" IPR

a) Kein einheitlicher Rechtsnachfolgestaat

447 Zur Lösung des Problems eines heute maßgeblichen „jugoslawischen IPR" werden unterschiedliche Ansätze vertreten.[11]

Abzulehnen ist der zwischenzeitlich durch weitere Dismembration ohnehin nicht mehr durchführbare, im Zeitpunkt des Erbfalls aber noch denkbare Ansatz, einen verbliebenen Reststaat, etwa die vormalige BRep. Jugoslawien bzw den von 2003 bis 2006 bestehenden Staat „Serbien und Montenegro", die sich selbst als **Rechtsnachfolger** der SFRJ verstanden, als kollisionsrechtliche Rechtsnachfolger zu betrachten. Dies würde zwar nicht schon an der entgegenstehenden völkerrechtlich maßgeblichen Sicht der UN scheitern; völkerrechtliche Wertungen binden nicht zwingend das eher faktisch orientierte Kollisionsrecht (vgl die kollisionsrechtliche „Anerkennung" der ehemaligen DDR). Jedoch wäre es auch bei Fortbestand eines die Rechtsnachfolge behauptenden Kernstaates gerade kollisionsrechtlich verfehlt, auf Angehörige zweier ehemaliger föderativer Republiken, die nie, bzw im maßgeblichen Zeitpunkt nicht zu dem nachfolgenden Reststaat gehörten, dessen IPR anzuwenden.

10 Vgl den Hinweis vorige Fn.
11 Umfassend dazu *Grosserichter/Bauer* RabelsZ 65 (2001) 202.

b) Keine Verschiebung des Unwandelbarkeitszeitpunktes

Diskutiert wird die Möglichkeit, den für die **Unwandelbarkeit maßgebenden Zeitpunkt** zurück zu verschieben auf den Zeitpunkt der Dismembration des vorher einheitlichen Staates. Dieses Modell ist aus mehreren Gründen abzulehnen: Es bedeutet eine Veränderung der vom deutschen IPR als unwandelbar gewollten Anknüpfungskriterien; das führt zu Widersprüchen, wenn im neuen Anknüpfungszeitpunkt die Anknüpfungskriterien in keine der Nachfolgerechtsordnungen, sondern in einen dritten Staat verweisen. Zudem ist eine Nichtbeachtung der Anknüpfungskriterien im eigentlich maßgeblichen Zeitpunkt auf Fälle zugeschnitten, in denen der frühere Staat kollisionsrechtlich zufällig an Demarkationslinien zerfallen ist (wie zB Nordkorea/Südkorea). Erfolgte die Teilung entlang von Grenzen, die schon im Gesamtstaat Teilrepubliken mit verschiedenen Rechtsordnungen markiert haben, so hatten bestimmte Anknüpfungskriterien (Wohnsitz, Republikzugehörigkeit) durchaus schon vor der Dismembration eine Bedeutung, die man durch die Verschiebung einfach ignorieren würde. Schließlich gibt es für den sukzessiven Zerfall der SFRJ, der sich im letzten Schritt im Zerfall Serbiens[12] (Abspaltung des Kosovo) fortsetzte, noch nicht einmal einen bestimmten Zeitpunkt der Dismembration, auf den die Anknüpfung zu verlagern wäre. **448**

c) Keine Anwendung des SFRJ-IPRG

Man könnte vom **IPR des untergegangenen Staates** ausgehen, zumal das SFRJ-IPRG zunächst mit geringen Änderungen in den Nachfolgestaaten fortgalt (MAT c, d, ebenso für die anderen ehemaligen Republiken). Dies kann allerdings nicht als Anwendung heute geltenden „jugoslawischen" IPR verstanden werden: Ein in mehreren Staaten *identisches* IPR kann keinesfalls als ein *gemeinsames* IPR behandelt werden, wie die Behandlung übereinstimmenden einzelstaatlichen IPR in den USA zeigt. Zudem haben die Nachfolgestaaten inzwischen das ursprünglich übernommene IPRG als ihr eigenes Recht weiterentwickelt. Diese Lösung umgeht also eigentlich die Aufgabe, unter den heute geltenden Regelungen eine maßgebliche auszuwählen; sie war zwar in der Nachfolge der SFRJ zufällig erfolgreich, so lange in den Nachfolgestaaten das SFRJ-IPRG fortgalt. Ihre dogmatische Unrichtigkeit tritt aber nun zutage, da einige Nachfolgestaaten ihr IPR modifiziert haben. Keinesfalls dürfen aber bei dieser Lösung die alten Staatsangehörigkeitsverhältnisse versteinert werden; die Staatsangehörigkeit der SFRJ ist kein aktualisierbares Anknüpfungskriterium (dazu noch Rn 454). **449**

d) Kein fortbestehendes einheitliches ILR

Vor allem in der Rechtsprechung wird – eher intuitiv – entweder direkt oder nach Annahme durch das SFRJ-IPRG auf das **SFRJ-ILRG** (MAT a) abgestellt.[13] Auch dieses Gesetz gilt zwar in einigen Nachfolgestaaten weiter, ist aber kein *gemeinsames* ILR, sondern allenfalls *identisches* (siehe Rn 449). Das ILRG hat in den Nachfolgestaaten, **450**

12 Die SFR Serbien der SFRJ umfasste neben dem inneren Serbien die schon damals gesetzgebungstechnisch partiell autonomen Provinzen Kosovo und Wojwodina.

13 BayObLGZ 1992, 85; OLG München IPRspr 1993 Nr 59; OLG Düsseldorf FamRZ 1995, 1203.

soweit diese Staaten keine Mehrrechtsstaaten sind, keine Funktion. Soweit es sich aber um Mehrrechtsstaaten handelt (zB Bosnien und Herzegowina), dient es gerade nicht der kollisionsrechtlichen Abgrenzung gegenüber anderen (ehemaligen jugoslawischen Schwester-) Staaten, weil dieses Verhältnis nun ein *internationales* und kein *interlokales* ist.[14]

Wendet man also unbesehen das SFRJ-ILRG an, so bedeutet das nur eine Fiktion eines fortbestehenden „jugoslawischen" ILR. Man muss dann aber in Konsequenz auch das SFRJ-IPRG anwenden, welches im gleichen Maß „totes Recht" ist (oben Rn 449). Dann aber ist zunächst das SFRJ-IPRG und nach Annahme der Verweisung das SFRJ-ILRG zu prüfen.

Eine solche Lösung teilt nicht nur die Probleme der Anwendung des SFRJ-IPRG (oben Rn 449), sondern führt (natürlich nur bei Annahme der Verweisung) zu weiteren Verwicklungen: Die Fiktion eines fortbestehenden einheitlichen „jugoslawischen" ILR ignoriert, dass das Verhältnis zwischen den Nachfolgestaaten heute kein interlokales, sondern ein internationales ist und im Fall wandelbarer Anknüpfungen die Zuweisung zwischen den Nachfolgestaaten in der *renvoi*-Prüfung nicht nach ILR-Grundsätzen erfolgen dürfte (vgl Art. 1 (1) SFRJ-IPRG [MAT b, c, d]).

e) Analoge Anwendung von Art. 4 Abs. 3 EGBGB iVm SFRJ-ILRG

451 Gleichwohl hat der Versuch, auf das SFRJ-ILRG zu rekurrieren, einen richtigen Kern. Nur darf das ILRG nicht einfach als fortgeltendes „jugoslawisches" Recht interpretiert werden.

Die Suche nach dem für den *renvoi* maßgeblichen IPR innerhalb der Nachfolgestaaten Jugoslawiens ist vielmehr so zu entscheiden, wie man Verweisungen in Mehrrechtsstaaten entscheidet, die *derzeit* kein einheitliches IPR haben, also durch eine **Unteranknüpfung** entsprechend Art. 4 Abs. 3 EGBGB. Von Verweisungen in die USA ist diese Methode bestens bekannt. Die 1983 auf die SFRJ gerichtete Verweisung aus Art. 15 Abs. 1, 14 Abs. 1 Nr 1 aF EGBGB, die damals noch in einen IPR-einheitlichen Staat geführt hätte, ist selbst dismembriert und führt nun in die *Menge aller Nachfolgestaaten der SFRJ.* Daher kann Art. 4 Abs. 3 EGBGB, der einen aktuell einheitlich organisierten Staat voraussetzt, nur analog angewendet werden, trifft aber im Übrigen die Interessenlage der Verweisung in ein Gebilde ohne gemeinsames IPR. Hier stellt sich weiter die Frage, ob eine Analogie zu Art. 4 Abs. 3 S. 1 EGBGB möglich ist, also *jugoslawisches* ILR entscheidet, oder ob die engste Verbindung nach Art. 4 Abs. 3 S. 2 EGBGB nach *deutschen* Anknüpfungskriterien bestimmt wird. Da diese Lösung vom Fehlen eines gemeinsamen „jugoslawischen" IPR ausgeht, muss sie konsequent auch das Fehlen eines aktuellen „jugoslawischen" ILR akzeptieren, also auf Art. 4 Abs. 3 S. 2 EGBGB abstellen.

---

14 ZB ist das ILRG in Bosnien und Herzegowina maßgeblich, um die Rechtsordnungen der Föderation Bosnien-Herzegowina, der Republika Srpska und des Bezirkes Brzko abzugrenzen, die im Friedensvertrag von Dayton vom 14.12.1995 als selbstständige Teilrechtsgebiete festgelegt wurden.

Das SFRJ-ILRG tritt daher nur als ein Maßstab für die Feststellung der engsten Verbindung aus *deutscher* Sicht auf, denn der Unwandelbarkeitsgrundsatz des Art. 15 aF EGBGB legt es aus deutscher Sicht nahe, das bei Eheschließung geltende fremde einheitliche ILR zu beachten.

Dadurch kommt es zu einem deutlichen Unterschied in der Prüfungsreihenfolge zu der in Rn 450 genannten Ansicht: In Anwendung von Art. 4 Abs. 3 S. 2 EGBGB finden zuerst die Prinzipien des SFRJ-ILRG Anwendung (und zwar nicht als SFRJ-ILRG, sondern als Kriterien des Art. 4 Abs. 3 S. 2 EGBGB). Sodann entscheidet das *aktuelle* IPR des so berufenen Nachfolgestaates. Selbst soweit die IPRGe identisch sind, bedeutet dies, dass im entscheidenden *international*privatrechtlichen Schritt des *renvoi* so entschieden wird, wie aktuell ein Gericht des jeweiligen Nachfolgestaates entscheiden würde.

4. Ehegüterstatut: Unteranknüpfung und Rückverweisungsprüfung

a) Unteranknüpfung Slowenien oder Kroatien

Analog Art. 4 Abs. 3 S. 2 EGBGB ist durch Unteranknüpfung das maßgebliche IPR zu **452**
bestimmen. Die Suche nach der engsten gemeinsamen Verbindung orientiert sich an den Kriterien des SFRJ-ILRG im Zeitpunkt der Eheschließung (Rn 450).

Da die Ehegatten bei Eheschließung keinen Wohnsitz in der SFRJ und keine gemeinsame Republikzugehörigkeit hatten, ist Art. 16 SFRJ-ILRG (MAT a) maßgeblich und es wären weitere Sachverhaltsermittlungen zu einer ggf erfolgten einvernehmlichen Regelung erforderlich. Diese können jedoch dahinstehen, da das derzeitige Ehekollisionsrecht von Slowenien und Kroatien identisch ist und andere Republiken nicht berührt sind.

b) Keine Anwendung der EU-EheGüterVO

Für die vor dem Inkrafttreten der EU-EheGüterVO geschlossene Ehe sind deren Kolli- **453**
sionsnormen auch aus Sicht von Slowenien und Kroatien nicht anzuwenden (Art. 69 EU-EheGüterVO). Ob eine rückwirkende Ausdehnung des Anwendungsbereichs im nationalen IPR teilnehmender EU-Mitgliedstaaten zulässig wäre – was anzunehmen ist, weil eine solche Erweiterung nicht in von der EU-EheGüterVO erfasste Sachverhalte eingriffe – kann offen bleiben: Art. 36 kroat IPRG 2017 (MAT d1) enthält zwar eine Hinweisnorm auf die VO, dehnt aber deren zeitlichen Anwendungsbereich nicht aus. Slowenien nimmt schlicht an der VO teil (MAT c1) ändert aber dere zeitlichen Anwendungsbereich nicht.

c) Rückverweisung durch wandelbare Anknüpfung

Art. 36 Abs. 1 kroat. IPRG 1991 (MAT b, d) bzw Art. 38 Abs. 1 slow IPRG berufen das **454**
Recht des Staates, dessen **Staatsangehörigkeit** die Ehegatten besitzen. Diese Anknüpfung ist mangels Festlegung auf einen Anknüpfungszeitpunkt *wandelbar.* Maßgeblich

sind also für die güterrechtliche Auseinandersetzung die Verhältnisse im Zeitpunkt des Todes von Marko. In diesem Zeitpunkt besaßen die Ehegatten, unbeschadet der Effektivitätsfrage, jedenfalls keine gemeinsame Staatsangehörigkeit. Damit ist abzustellen auf den gemeinsamen **Wohnsitz**, den die Ehegatten in Deutschland hatten.

Das slowenische oder kroatische IPR verweist also zurück auf deutsches Recht, das die Verweisung annimmt (Art. 4 Abs. 1 S. 2 EGBGB).

5. Erbquoten, Angleichung/Anpassung?

a) Formale Erbquotenerhöhung durch § 1371 Abs. 1 BGB

455 Die Anwendung von § 1371 Abs. 1 BGB – als Bestimmung des deutschen Ehegüterstatuts (Rn 440 f) – führt rechnerisch zu einer **Erhöhung der Erbquote** der Franka um ein Viertel auf 11/12, so dass für Giovanni nur noch 1/12 verbleibt.

b) Rahmen für Anpassungsbedarf

456 Hieraus könnte sich Anpassungsbedarf ergeben, sofern durch die Kombination aus italienischem Erbstatut und deutschem Ehegüterstatut eine Beteiligung des überlebenden Ehegatten am Vermögen des Verstorbenen erreicht wird, die keine der beiden Rechtsordnungen, für sich genommen, vorsähe.

Wäre deutsches Recht Erb- und Ehegüterstatut, so erhielte Franka neben dem zur zweiten Ordnung gehörenden Giovanni eine Erbquote von drei Vierteln (§§ 1931 Abs. 1 S. 1, 1371 Abs. 1 BGB). Bei umfassender Anwendung italienischen Rechts wäre neben der Erbquote von zwei Dritteln die Errungenschaftsgemeinschaft *(comunione die beni)* rechnerisch auszugleichen, was zu Ansprüchen zwischen dem Überlebenden und dem Nachlass in beiden Richtungen führen kann.

c) Anpassungsmethode

457 **aa)** Mit der Kumulation von § 1371 Abs. 1 BGB und italienischer Erbquote erhält Franka also mehr als nach deutschem oder italienischem Recht. Eine Lösung durch **kollisionsrechtliche Anpassung** kommt nicht in Betracht; weder kann das Ehegüterrecht in der beendeten Ehe rückwirkend italienischem Recht unterstellt werden, noch kommt eine Beerbung insgesamt nach deutschem Recht in Betracht, weil damit weit über die Ehegattenerbquote hinausgehende Fragen (Annahme, Ausschlagung, Erbengemeinschaft) einer eigentlich „falschen" Rechtsordnung unterstellt würden.

458 **bb)** Schonender ist daher eine **materiellrechtliche Anpassung** in der den Anpassungsbedarf auslösenden Einzelfrage.[15] Sie muss von den Ideen ausgehen, die der italienischen Erbquote und dem Viertel des § 1371 Abs. 1 BGB zugrunde liegen. Die erbrechtliche Quote des italienischen Rechts beruht theoretisch darauf, dass der überlebende Ehegatte güterrechtlich gleichermaßen gewinnen oder verlieren kann. Sie ist also

15 Hierzu *Schurig* IPRax 1990, 391.

güterrechtsneutral und kann daher in der Angleichung nicht unterschritten werden. Das Viertel des § 1371 Abs. 1 BGB soll den Ehegatten zwar begünstigen, geht dabei aber von der Prämisse aus, der Nachlass bestehe zur Hälfte aus Zugewinn. Dieser Fiktion wird gleichsam die Geschäftsgrundlage entzogen, wenn ein fremdes Erbstatut dem Ehegatten schon erbrechtlich mehr zuweist als die Hälfte. Obere Grenze der Angleichung ist damit eine Quote von drei Vierteln. Für die Festlegung innerhalb dieser beiden Grenzen wird entscheidend, dass Franka mit der italienischen Erbquote nur erhielte, was ihr schon aus erbrechtlicher Motivation zusteht. Der güterrechtliche Pauschalierungsansatz des deutschen Rechts würde ignoriert, zugleich aber wäre ein rechnerischer Ausgleich ausgeschlossen, solange Franka die Erbschaft nicht ausschlägt. Dagegen wird in einer **Quote von drei Vierteln** die dem deutschen Ehegüterstatut zu entnehmende Pauschalierung realisiert, ohne dass es zu einer die Interessen der Verwandten völlig verdrängenden Überbegünstigung kommt.

Die Gegenansicht in der vom BGH verworfenen Rechtsprechung einiger OLGe (oben Rn 441) würde an dieser Stelle die Anwendung des § 1371 Abs. 1 BGB als gescheitert ansehen, Franka (nur) die italienische Erbquote zumessen; daneben bliebe ein im Erbscheinsverfahren nicht relevanter, nur den Nachlass, aber nicht die Erbquoten betreffender Zugewinnausgleich nach §§ 1372 ff BGB, der nach dieser Ansicht jedoch (wohl entsprechend § 1371 Abs. 2 BGB) nur zugunsten des überlebenden Ehegatten stattfindet.

Ergebnis: Marko wird in Anwendung italienischen Erbrechts und deutschen Ehegüterrechts beerbt von seiner Ehefrau Franka zu drei Vierteln und von seinem Halbbruder Giovanni zu einem Viertel. Nach der Gegenansicht wird er nach italienischem Erbrecht beerbt von seiner Ehefrau Franka zu zwei Dritteln und von Giovanni zu einem Drittel; jedoch kann Franka ggf Zugewinnausgleich nach §§ 1372 ff BGB verlangen. **459**

Frage 3: Herausgabe der Eisdieleneinrichtung

1. Vindikation

a) Sachenrechtliche Qualifikation

Herausgabeansprüche aus **Eigentum** bestimmen sich nach dem Recht der Belegenheit der Sache (Art. 43 Abs. 1 EGBGB), hier also nach deutschem Recht. **460**

[Ein Herausgabeanspruch gegen den *Erbschaftsbesitzer* (vgl § 2018 BGB) wäre dagegen erbrechtlich zu qualifizieren; solche Ansprüche sind hier nicht zu erörtern, weil Giovanni nichts als *vermeintlicher Erbe* erlangt hat.]

b) Anspruch § 985 BGB

Für einen Anspruch aus § 985 BGB müssten die Erben Eigentümer sein. Das Eigentum könnten sie aufgrund der Erbfolge erlangt haben, wobei es vorliegend unerheblich ist, wie der Nachlass nach dem italienischen Erbstatut auf die Erben übergeht [nach **461**

Art. 459 cc [MAT g] durch auf den Anfall rückwirkende Annahme], sofern eine wirksame Übereignung an Giovanni erfolgte.

Das Eigentum kann auf Giovanni nach § 929 S. 1, S. 2 BGB übergegangen sein. Dazu müsste Ronald Recht das von Giovanni konkludent angenommene *Einigungsangebot* als postmortaler Bevollmächtigter oder Bote des Marko erklärt haben. Da Marko dem Ronald Recht die Erklärung detailliert vorgegeben hatte, dürfte Botenschaft vorliegen. Für Vertretung könnte jedoch sprechen, dass Ronald Recht als Rechtsanwalt konkludent die Freiheit belassen werden sollte, die Erklärung so zu gestalten, dass das Gewollte erreicht werde. Die Frage kann offen bleiben, wenn die Erklärung in beiden Varianten wirksam ist.

c) Vollmachtsstatut

462 **aa)** Handelt es sich um einen Fall der Stellvertretung, so bestimmt das **Vollmachtsstatut** über die Wirksamkeit der postmortalen Vollmacht. Art. 1 ff Rom I-VO regeln die Vollmacht nicht (Art. 1 Abs. 2 lit. g Rom I-VO).

463 **bb)** Im deutschen IPR kommt Art. 8 Abs. 4 EGBGB in Betracht; die neue Bestimmung gilt jedoch **intertemporal** nur, wenn Vollmachterteilung und Vertreterklärung seit dem 17.6.2017 erfolgt sind (Art. 249 § 41 EGBGB), hier also nicht.

Zuvor war das Vollmachtsstatut nicht kodifiziert; die hM[16] unterstellte die Vollmacht dem Recht des Landes, in dem sie wirken soll, hier also deutschem Recht.

Nach deutschem Recht ist die postmortale Vollmacht zulässig und wirkt nach dem Tod des Erblassers bis zum Widerruf für und gegen die Erben.

d) Anknüpfung bei Botenschaft

464 Handelt es sich um Botenschaft, so geht es um Wirksamwerden und Zugang einer **Erklärung des Marko**, über die das Vertragsstatut bestimmt. Maßgeblicher Vertrag ist insoweit das dingliche Geschäft nach § 929 S. 1, S. 2 BGB, das deutschem Recht als Sachenrechtsstatut unterliegt.

e) § 130 Abs. 2 BGB

465 Nach § 130 Abs. 2 BGB hat der Tod des Marko auf die Wirksamkeit der Willenserklärung, die zuging, ehe sie von den Erben widerrufen werden konnte, keinen Einfluss. Da Giovanni an der Eisdieleneinrichtung als Mitbetreiber der Eisdiele Mitbesitz hatte, genügt zum Eigentumserwerb die Einigung (§ 929 S. 2 BGB). Giovanni ist Eigentümer geworden, ein Anspruch aus § 985 BGB besteht nicht.

---

16 BGHZ 128, 47.

2. Bereicherungsansprüche: Anknüpfung

a) Anwendbarkeit Rom II-VO

Die Anknüpfung von Bereicherungsansprüchen fällt als außervertragliches Schuldverhältnis (Art. 1 Abs. 1 Rom II-VO) in den **sachlichen Anwendungsbereich** der Verordnung (EG) Nr 864/2007 (Rom II-VO). Eine Verbindung zu verschiedenen Staaten, nicht notwendig Mitgliedstaaten (Art. 1 Abs. 1 Rom II-VO), liegt vor. Eine der in Art. 1 Abs. 2 Rom II-VO enumerierten Anwendungsausnahmen ist nicht gegeben. **466**

Die Rom II-VO müsste auch **intertemporal** anzuwenden sein. Gemäß ihrem Art. 31 ist die Rom II-VO auf „schadensbegründende Ereignisse" anwendbar, die nach ihrem Inkrafttreten eintreten; dies bezieht sich auf den Anwendungsbeginn am 11.1.2009 (Art. 32 Rom II-VO).[17] Da Art. 31 Rom II-VO trotz seines unpräzisen Wortlauts die intertemporale Anwendung für alle außervertraglichen Ansprüche im sachlichen Geltungsbereich regeln will, gilt diese Regelung auch für Bereicherungsansprüche, die keine Schadensersatzansprüche sind.

Maßgeblich ist der Zeitpunkt des Entstehens des bereicherungsrechtlichen Schuldverhältnisses; ein eventueller Bereicherungsanspruch ist (fehlenden Rechtsgrund der Übereignung hier unterstellt) am 5.2.2015 entstanden; damit ist die Rom II-VO anwendbar.

b) Art. 10 Rom II-VO

Anzuknüpfen ist gemäß Art. 10 Rom II-VO. Diese Bestimmung unterscheidet nicht mehr, wie der an der materiellen deutschen Systematik (§ 812 Abs. 1 BGB) orientierte Art. 38 EGBGB, nach Leistungs- und Nichtleistungskondiktion. Jedoch werden gemäß Art. 10 Abs. 1 Rom II-VO alle auf ein Rechtsverhältnis bezogenen Kondiktionen (was die Leistungskondiktion umfasst) akzessorisch an das Statut des Rechtsverhältnisses angeknüpft, auf das die Leistung bezogen ist. **467**

c) Akzessorische Anknüpfung an Schenkung auf den Todesfall

Dieses **Rechtsverhältnis** könnte eine Schenkung auf den Todesfall sein. **468**

aa) Angesichts der Vielfalt der rechtsvergleichend zu beobachtenden Erscheinungsformen von Schenkungen, die am Schnittpunkt zwischen lebzeitiger Schenkung und Vermächtnis stehen, ist die **Qualifikation** solcher Rechtsinstitute fraglich. Ausgehend vom Prinzip der Qualifikation *lege fori* überträgt die hM das materiellrechtliche Abgrenzungskriterium des § 2301 BGB auf die Abgrenzung zwischen Schenkungsstatut und Erbstatut: Erfüllt eine Schenkung die Bedingung des § 2301 Abs. 1 S. 1 BGB, so unterfällt sie dem *Erbstatut.* Ist sie jedoch noch zu Lebzeiten des Schenkers vollzogen, beurteilt sie sich nach dem *Schenkungsstatut.*[18] **469**

---

17 EuGH Rs. C-412/10 ECLI:EU:C:2011:747 *(Deo Antoine Homawoo/GNF Assurances SA).*
18 OLG Düsseldorf IPRspr 1996 Nr 118.

Diese Abgrenzung ist fragwürdig, denn sie berücksichtigt mit dem Kriterium des § 2301 BGB nicht die Phänomene postmortaler Schenkungen, die nicht iSd § 2301 Abs. 1 BGB bedingt sind. Vorzugswürdig ist daher die Gegenansicht, die zwischen Erbstatut und Schenkungsstatut (Vertragsstatut) aus Sicht des Erbstatuts abgrenzt.

470 **bb)** Im Fall kommen beide Ansichten zum selben Ergebnis. Aus deutscher Sicht liegt eine iSd § 2301 Abs. 1 BGB bedingte Schenkung vor; diese wurde erst nach dem Tod durch Übereignung vollzogen, unterliegt also dem Erbstatut. Diese akzessorische Verweisung auf das Erbstatut ist nicht Gesamtverweisung, sondern folgt der Bestimmung des Erbstatuts nach Art. 25 Abs. 1 EGBGB (Rn 468 ff).

Aus italienischer Sicht handelt es sich um eine erbrechtlich zu qualifizierende *donatio mortis causa* (MAT f, g).

[Wäre die Schenkung als *donatio si praemoriar* auszulegen (MAT g), wogegen spricht, dass Marko den Giovanni von der Schenkung nicht in Kenntnis gesetzt hatte und sich durch Beauftragung seines eigenen Rechtsanwalts die jederzeitige Widerrufsmöglichkeit jedenfalls stillschweigend vorbehalten hatte, so wäre sie jedenfalls aus italienischer Sicht schuldrechtlich zu qualifizieren.]

d) Akzessorische Anknüpfung an Vermächtnisstatut

471 Denkbares Rechtsverhältnis könnte aber auch ein **Vermächtnis** sein, insbesondere sofern sich zeigt, dass im maßgeblichen Recht die Zuwendung als Schenkung auf den Todesfall unwirksam ist. Da Vermächtnisse ohne weiteres dem Erbstatut unterliegen, ist auch insoweit Statut der Leistungskondiktion das Erbstatut.

Bereicherungsstatut ist also auch bei Behandlung als Vermächtnis das italienische Recht.

3. Bereicherungsansprüche im italienischen Recht

472 Ein bereicherungsrechtlicher Anspruch auf Herausgabe könnte sich aus Art. 2037 Abs. 1 cc (MAT g) ergeben. Fraglich ist nur, ob es an einer Verbindlichkeit fehlte. Hierbei handelt es sich um eine **Vorfrage**, die selbstständig anzuknüpfen ist.

4. Bereicherungsansprüche: Rechtsgrund

a) Donatio mortis causa

473 Rechtsgrund könnte die **Schenkung auf den Todesfall** sein, die, wie schon erörtert (Rn 468 ff), erbrechtlich zu qualifizieren ist, also ebenfalls italienischem Recht untersteht.

Nach materiellem italienischem Recht könnte sie als *donatio mortis causa* unwirksam sein. Das ist anzunehmen (Hinweis in MAT g).

b) Vermächtnis

Als **Vermächtnis** könnte die Zuwendung nur wirksam sein, wenn sie in der **Form** einer letztwilligen Verfügung angeordnet wurde. 474

Die **Formwirksamkeit** bestimmt sich nicht nach dem Erbstatut, sondern nach dem Testamentsformstatut. Es genügt, wenn die mündlich gegenüber Ronald Recht erklärte Verfügung nach einer der in Art. 1 Abs. 1 **Haager TestFormÜbk**[19] berufenen Rechtsordnungen wirksam ist. In Betracht kommt das deutsche Recht (zB Errichtungsort, lit. a), das italienische Recht (eine Staatsangehörigkeit, lit. b) und das slowenische Recht (eine Staatsangehörigkeit), denn Art. 5 Abs. 1 EGBGB ist auf die völkervertraglichen Anknüpfungen des Art. 1 Abs. 1 TestFormÜbk nicht anwendbar. Nach keiner dieser Rechtsordnungen ist jedoch ein mündliches Testament als ordentliches Testament wirksam (Art. 601 cc [MAT g]).

Ergebnis: Die Erben haben keine sachenrechtlichen Herausgabeansprüche aus § 985 BGB; jedoch besteht ein auf Herausgabe gerichteter Bereicherungsanspruch aus Art. 2037 Abs. 1 cc [MAT g] (Leistungskondiktion). 475

Frage 4: Änderungen zur Fragen 1 und 2 bei Erbfall am 10.1.2019

a) Änderungen in Frage 1: Erbstatut

Gemäß Art. 83 Abs. 1, 84 UAbs. 2 EU-ErbVO ist bei Erbfall am 10.1.2019 die EU-ErbVO anzuwenden. 476

Es könnte in dem Brief eine Rechtswahl getroffen worden sein; die Wirksamkeit einer vor dem 17.8.2015 getroffenen Rechtswahl ist alternativ gemäß Art. 83 Abs. 2 EU-ErbVO nach Art. 22 EU-ErbVO zu beurteilen. Danach wäre die **Zulässigkeit** einer Rechtswahl zu italienischem Recht gegeben, denn ein Mehrstaater kann jedes seiner Heimatrechte wählen (Art. 22 Abs. 2 EU-ErbVO).

Ausdrücklichkeit (Art. 22 Abs. 2 EU-ErbVO) ist zu bejahen; nicht erforderlich ist die Verwendung des Begriffs „Wahl"; die vorliegende Formulierung drückt den Wunsch des Marko nach Anwendung italienischen Rechts auf seine Beerbung klar aus.

Für die **Form** der Rechtswahl fordert Art. 22 Abs. 2 EU-ErbVO Testamentsform; diese ist an Art. 1 TestFormÜbk anzuknüpfen, so dass die Wahrung einer deutschen Testamentsform (§ 2247 BGB), das u.a. als Wohnsitzrecht des Marko im Rechtswahlzeitpunkt berufen ist (Art. 1 Abs. 1 lit. c TestFormÜbk, genügt.

Eine **Gesamtverweisung** kommt bei Rechtswahl gemäß Art. 22 EU-ErbVO nicht in Betracht (Art. 34 Abs. 2 EU-ErbVO).

19 *Jayme/Hausmann*[19] Nr 60.

b) Änderungen in Frage 2: Güterrechtliche Beeinflussung der Erbquoten

477 **aa)** Die **Anknüpfung des Ehegüterstatuts** ändert sich nicht; denn die Anwendung des Kollisionsrechts der EU-EheGüterVO wird vom Zeitpunkt der Eheschließung bestimmt und nicht vom Zeitpunkt der Güterstandsbeendigung, die vorliegend überdies vor dem 29.1.2019 liegt, so dass auch eine Rechtswahl der Ehegatten nach der EU-EheGüterVO nicht in Betracht käme. Es ist also deutsches Recht Ehegüterstatut.

478 **bb)** Fraglich ist dennoch die **Anwendung des § 1371 Abs. 1 BGB**. Der EuGH[20] hat vorwiegend aus Gründen der Systematik des Europäischen Nachlasszeugnisses entschieden, § 1371 Abs. 1 BGB sei unter der EU-ErbVO nur bei deutschem Erbstatut anzuwenden. Diese Entscheidung ist zwar unzutreffend, denn sie verkennt, dass auch im EU-Kollisionsrecht eine funktionale Qualifikation stattfindet und nach dieser ist § 1371 Abs. 1 BGB eine Bestimmung, die nur wegen des zwischen den Ehegatten bestehenden Güterstandes eine vermögensrechtliche Sonderzuordnung vornimmt.[21] Faktisch setzen sich jedoch Entscheidungen des EuGH trotz der nur im Einzelfall bindenden Wirkung regelmäßig durch, es sei denn ein deutsches Gericht würde dem EuGH in einem erneuten Vorabentscheidungsersuchen zu einer Korrektur seiner Ansicht bewegen.

Folgt man dem EuGH, so ist unter der EU-ErbVO bei italienischem Erbstatut der § 1371 Abs. 1 BGB nicht anzuwenden.

[c) Hinweise:

479 Ergänzend sei auf folgende, in der Fallfrage nicht angesprochene Themen hingewiesen:

aa) Bei deutschem Erbstatut findet nach der vom EuGH gewählten Qualifikation § 1371 Abs. 1 BGB zwar Anwendung; materiell setzt die Bestimmung jedoch das Bestehen von Zugewinngemeinschaft voraus und damit ein deutsches Ehegüterstatut. Ein ausländischer Güterstand, auch wenn er der Zugewinngemeinschaft systematisch vergleichbar ist, kann nicht in § 1371 Abs. 1 BGB für die Zugewinngemeinschaft substituiert werden, weil dies die vom Ehegüterstatut – und nicht vom deutschen Erbstatut – zu beantwortende Frage präjudizieren würde, wie (berechnet oder pauschal) und in welcher Richtung (nur für oder auch gegen den überlebenden Ehegatten) und Höhe der Güterstand bei Beendigung durch Tod auszugleichen ist.

480 **bb)** *De lege lata* fehlt in Konsequenz der erbrechtlichen Qualifikation durch den EuGH eine Regelung, wie bei ausländischem Erbstatut und deutschem Ehegüterstatut (also in zahlreichen in Deutschland geschlossenen gemischtnationalen Ehen und – höchst vertrauenswidrig – in Ehen Deutscher, bei denen im Todeszeitpunkt ein gewöhnlicher Aufenthalt im Ausland besteht [zB. Ruhestandswohnsitz in Südeuropa]) der Zugewinn bei Beendigung der Zugewinngemeinschaft durch Tod auszugleichen ist. Am

20 EuGH Rs. C-558/16 ECLI:EU:C:2018:138 *(Mahnkopf/Mahnkopf)*.

21 So die zutreffende Definition in EuGH Rs. 143/78 ECLI:EU:C:1979:83 *(De Cavel/De Cavel I)*.

nächsten liegen dürfte eine analoge Anwendung von § 1372 ff BGB nur zugunsten des überlebenden Ehegatten und ohne das Erfordernis einer Ausschlagung; denn die Systematik der § 1371 Abs. 2, Abs. 3 BGB rechtfertigt sich nur, wenn der überlebenden Ehegatten von der ihm gebotenen Pauschale (§ 1371 Abs. 1 BGB) abweichen will.]

Ergebnis: In der Abwandlung ist italienisches Recht kraft Rechtswahl gemäß Art. 22 EU-ErbVO berufen. Folgt man der Qualifikation durch den EuGH, so ist jedoch trotz deutschen Ehegüterstatuts § 1371 Abs. 1 BGB nicht anzuwenden, da dieser nach Ansicht des EuGH nur bei deutschem Erbstatut Anwendung findet. Auf die Frage, wie der Zugewinn dann auszugleichen ist, findet sich *de lege lata* keine eindeutige Antwort. **481**

Literaturhinweise

Behandlung der fallrelevanten Themen in:
Rauscher Internationales Privatrecht (5. Aufl., 2017)

Anknüpfung bei Doppelstaatern:	Rn 218 ff
Unteranknüpfung:	Rn 391 ff
EU-EhegüterVO, Intertemporale Anwendung des IPR:	Rn 775
Ehegüterstatut, Unwandelbarkeit, Anknüpfung:	Rn 783 ff
Qualifikation von § 1371 Abs. 1 BGB unter Art. 25 aF EGBGB:	Rn 4845
Anpassung:	Rn 562 ff
Anwendungsbereich der Rom II-VO:	Rn 1180 ff
Sachenrechtsstatut:	Rn 1529 ff
Bereicherungsstatut, Leistungskondiktion:	Rn 1461 ff
Vollmachtsstatut:	Rn 1139 ff
Qualifikation der Schenkung auf den Todesfall:	Rn 1070

Weitere Literatur

1. Anknüpfung bei Doppelstaatern

Staudinger/Bausback (2013) Art. 5 EGBGB Rn 7.

Dethloff Doppelstaatsangehörigkeit im Internationalen Privatrecht, JZ 1995, 64.

Kaya Der Nachlass eines deutsch-türkischen Doppelstaaters, ZEV 2015, 208.

2. Unteranknüpfung

Corneloup Zum Bedeutungsverlust des Renvoi, IPRax 2017, 147.

Staudinger/Looschelders (2019) Einl IPR Rn 1209.

Otto Die Bedeutung des Art. 4 Abs. 3 EGBGB bei der Verweisung auf das Recht eines Mehrrechtstaates, IPRax 1994, 1.

Henrich Internationales, interlokales und intertemporales Ehegüterrecht slowenisch-kroatischer Eheleute, IPRax 2001, 113.

3. Ehegüterstatut, Unwandelbarkeit, Anknüpfung

Döbereiner Das internationale Güterrecht nach den Güterrechtsverordnungen, MittBayNot 2018, 405.

Staudiner/Mankowski (2010) Art. 15 EGBGB Rn 1, Rn 231 und Rn 324 (Statut); Art. 15 EGBGB Rn 22 (Anknüpfung); Art. 15 EGBGB Rn 47 (Unwandelbarkeit).

Wandel Kuckuckseier nicht nur zur Osterzeit – zum Güterrecht der Spätaussiedler, BWNotZ 1994, 85.

Rauscher Art. 220 Abs. 3 EGBGB verfassungswidrig?, NJW 1987, 531.

4. Qualifikation von § 1371 Abs. 1 BGB

Horn Das deutsche Zugewinnausgleichsviertel im internationalen Erbrecht, ZEV 2008, 417.

Rauscher § 1371 Abs. 1 BGB zwischen EU-ErbVO und EU-EheGüterVO, in: FS Geimer (2017) 529.

Süß Die Entscheidung des EuGH in der Rechtssache Mahnkopf: Folgen für das gesetzliche Erbrecht des überlebenden Ehegatten in internationalen Ehen und neue Gestaltungsmöglichkeiten, DNotZ 2018, 1356.

5. Anpassung

Staudinger/Mankowski (2010) Art. 15 EGBGB Rn 376.

6. Anwendungsbereich der Rom II-VO

Wagner Die neue Rom II-VO, IPRax 2008, 1.

Junker Die Rom II-VO: Neues Internationales Deliktsrecht auf europäischer Grundlage, NJW 2007, 3675.

Huber/Bach Die neue Rom II-VO, IPRax 2005, 73.

7. Sachenrechtsstatut

Staudinger/Stoll (1996) IntSachenR, Rn 122.

Stoll Zur gesetzlichen Regelung des internationalen Sachenrechts in Art. 43 – 46 EGBGB, IPRax 2000, 259.

8. Bereicherungsstatut, Leistungskondiktion

Staudinger/V. Hoffmann/Fuchs (2001) Art. 38 EGBGB Rn 4 und Rn 6.

Ofner Die Rom II-Verordnung – Neues Internationales Privatrecht für außervertragliche Schuldverhältnisse in der Europäischen Union, ZfRV 2008, 13.

Busse Internationales Bereicherungsrecht zwischen EGBGB-Reform und Rom II-VO, RIW 2003, 406.

9. Vollmachtsstatut

Bücken Rechtswahlklauseln in Vollmachten, RNotZ 2018, 213.

Kindler/Brüggemann, Die kollisionsrechtliche Anknüpfung kaufmännischer Vollmachten nach Art. 8 EGBGB, RIW 2018, 473.

Schwarz Das deutsche internationale Stellvertretungsrecht im Spiegel nationaler und supranationaler Kodifikationen, RabelsZ 2007, 729.

Fischer Anscheinsvollmacht, Vollmachtsstatut und Rechtswahl, IPRax 2005, 269.

10. Qualifikation der Schenkung auf den Todesfall

Staudinger/Dörner (2007) Art. 25 EGBGB Rn 370.

Lorenz Schenkung von Todes wegen, Sachstatut und internationales Bereicherungsrecht – der Bonifatiusfall im internationalen Privatrecht, ZEV 1996, 406.

IV. Vertragliches Schuldrecht

Fall 9

Sammelbestellung in Benz

Der in Reims (Frankreich) wohnende Avocat Gerard Granier fährt gerne deutsche PKW. **482**
Er nutzt seinen PKW sowohl für Familienfahrten als auch regelmäßig für Fahrten zu Gericht und zu Mandanten. Er hat zwei befreundete Nachbarn davon überzeugt, dass deutsche Nobelmarken die Champagnerklasse unter den Fahrzeugen sind. Um den Kauf von drei Mercedes der M-Klasse günstig zu gestalten, nimmt Granier telefonisch Kontakt zu der Mercedes-Vertretung Müller OHG in Saarbrücken auf; Müller OHG unterhält einen Web-Auftritt, in dem Anschrift und Telefonkontakt mit deutscher Ortsvorwahl genannt sind und Informationen über Modelle, Ausstattungen und Preise abrufbar sind; Bestellungen über die Website sind nicht möglich, Kunden aus Frankreich werden von Müller OHG nach einem Hinweis der Daimler-Benz AG auf europarechtliche Bestimmungen jedoch auch nicht abgewiesen. Granier gibt bei dem Anruf nicht zu erkennen, dass es sich um eine Sammelbestellung von Privatkunden handelt, sondern tritt selbst als Besteller der drei Fahrzeuge auf. Nachdem Granier die gewünschte Ausstattung per Telefax an die Müller OHG übermittelt hat, teilt deren Geschäftsführer dem Granier am 18.12.2017 telefonisch einen günstigen Preis von 68.000 € je Fahrzeug mit, zahlbar bei Lieferung durch einen von Müller OGH zu beauftragenden Spediteur nach Reims; als festen Liefertermin bietet er Ende Februar 2018 an. Granier nimmt sofort per Telefax mit der Absenderkennung seiner Rechtsanwaltskanzlei an.

Am 18.12.2017 bestätigt die Müller OHG schriftlich unter Beifügung ihrer AGB den Neuwagenverkauf. Die AGB enthalten ua folgende Klausel: „7. Gerichtsstand und Erfüllungsort ist Saarbrücken; 8. Der Vertrag untersteht dem deutschen Bürgerlichen Gesetzbuch."

Am 15.2.2018 teilt die Müller OHG dem Granier mit, die bestellten Fahrzeuge könnten leider erst am 20.3.2018 angeliefert werden. Granier reagiert zunächst nicht, nimmt sich aber für die Zeit vom 2.3.2018 bis 19.3.2018 ein Mietfahrzeug für eine länger geplante Reise zu 1500 €.

Als ihm am 15.3.2018 seine Hausbank wegen schlechter Zahlungsmoral seine Kreditlinie kündigt, wird ihm klar, dass er sich jedenfalls mit seiner PKW-Bestellung übernommen hat. Da auch seine beiden Kollegen inzwischen eher nachdenklich über den Sinn ihres Kaufes geworden sind, erklärt Granier der Müller OHG unter Berufung auf die verspätete Lieferung am 16.3.2018 den Rücktritt; er werde die Fahrzeuge bei Lieferung nicht annehmen. Deren Geschäftsführer antwortet postwendend, davon könne keine Rede sein. Die Fahrzeuge könnten, wie angekündigt, am 20.3.2018 angeliefert werden. Obwohl Granier nicht mehr antwortet, lässt die Müller OHG die Fahrzeuge durch einen

Spediteur am 20.3.2018 in Reims zu Granier bringen; dieser lehnt die Annahme ab, der Spediteur bringt die Fahrzeuge zurück zur Müller OHG. Diese möchte nun Klage auf Zahlung von 180.000 € zuzüglich Zinsen seit 21.3.2018 in Höhe von 9 Prozentpunkten über dem Basiszins der EZB Zug um Zug gegen Übergabe der drei bereitgestellten PKW Mercedes erheben.

1. Besteht ein deutscher Gerichtsstand oder muss die Müller OHG in Frankreich klagen?
2. Ist die Klage begründet?
3. Kann Granier mit einem Anspruch auf Ersatz der Mietwagenkosten im Prozess aufrechnen?

Materialien

483 Sofern Bestimmungen einer ausländischen Rechtsordnung anzuwenden sind, ist zu unterstellen, dass diese dem deutschen Recht inhaltsgleich sind.

Strukturierung des Falles

Wesentliche Themen: Anwendungsbereich der Brüssel Ia-VO; Verbrauchersache nach Brüssel Ia-VO; Zuständigkeitsvereinbarung; Erfüllungsortgerichtsstand und -vereinbarung; Aufrechnungszuständigkeit; Anwendungsbereich der Rom I-VO; Verbrauchervertragsstatut, Abschlusssituationen. **484**

Frage 1: Gerichtsstand

1. **Internationale Zuständigkeit deutscher Gerichte**
   a) **Brüssel Ia-VO**
   Anwendungsbereich
   - Sachlich: Zivil- oder Handelssache, Art. 1 Abs. 1 Brüssel Ia-VO (+)
   - Nicht durch Art. 1 Abs. 2 Brüssel Ia-VO ausgeschlossen (+)
   - Räumlich: Art. 5 Abs. 1 Brüssel I-VO (+), Beklagtenwohnsitz nach französischem Recht (Art. 62 Abs. 2 Brüssel Ia-VO) in Frankreich
   - Zeitlich: Anwendungsbeginn: (+) Klage nach dem 10.1.2015 erhoben (Art. 66 Abs. 1 Brüssel Ia-VO)

   b) **Zuständigkeitsvereinbarung**
   - Art. 25 Brüssel Ia-VO

   aa) Besonderer räumlicher Anwendungsbereich (+) Bestimmung der Gerichte in einem Mitgliedstaat

   bb) Einschränkung wegen Verbrauchersache, Art. 19 Brüssel Ia-VO?:
   - Granier Verbraucher: gewerblicher Zweck der Sammelbestellung objektiv (-), aber: Erkennbarkeit aus Sicht des Vertragspartners fraglich, Zweifel gingen zu Lasten des Vertragspartners
   - Verbrauchergeschäft bei gemischter Nutzung (-)
   - [**Hilfsgutachten:** Vertragsschlusssituationen Art. 17 Brüssel Ia-VO (-) offensichtlich keine Teilzahlung, lit. a, kein Kredit, lit. b; fraglich ob lit. c: berufliche oder gewerbliche Tätigkeit der Müller OHG in Frankreich (-); „Ausrichten" (-): entscheidend ist nicht Abrufbarkeit der Website, andererseits aber nicht notwendig aktive Bestell-Website nötig; sondern Gesamtbetrachtung, ob internationale Geschäfte intendiert werden; hier: reine Produktdarstellung in deutscher Sprache
   - Persönliche Beschränkungen (-) § 38 ZPO durch Art. 25 Brüssel Ia-VO verdrängt]

   cc) Einbeziehung Gerichtsstandsabrede in AGB
   - Art. 25 Brüssel Ia-VO, nicht nationales AGB-Recht, nicht Klauselrichtlinie

   dd) Formalternativen Art. 25 Abs. 1 S. 3 lit. a bis c Brüssel Ia-VO
   - Schriftliche Vereinbarung lit. a, Alt. 1 (-): keine Schriftlichkeit von Granier
   - Halbschriftlichkeit lit. a, Alt. 2 (-), zwar einseitig schriftlich, aber keine Vereinbarung erkennbar
   - Gepflogenheiten lit. b (-) keine vorherigen Geschäftskontakte
   - Handelsbrauch lit. c (-) kein Geschäft des internationalen Handels

   c) **Allgemeiner Gerichtsstand**
   - Art. 4, 62 Abs. 1 Brüssel Ia-VO (-) Granier wohnt nicht in Deutschland

   d) **Gerichtsstand des vertraglichen Erfüllungsortes**
   - Erfüllungsortgerichtsstand Art. 7 Nr 1 Brüssel Ia-VO:

   aa) Räumliche Anwendungsvoraussetzungen Art. 7 Hs. 1 Brüssel Ia-VO (+) Beklagter hat Wohnsitz in einem Mitgliedstaat (Frankreich), Klage in anderem (Deutschland)

   bb) Erfüllungsortbestimmung:
   - Art. 7 Nr 1 lit. b (+): Kauf beweglicher Sachen
   - Erfüllungsortvereinbarung grundsätzlich beachtlich (+): Art. 7 Nr 1 lit. b Brüssel Ia-VO ausdrücklich

   cc) Erfüllungsortvereinbarung in Ziff. 7 der AGB
   - Art. 25 Brüssel Ia-VO grundsätzlich (-)
   - Ausnahme abstrakte Erfüllungsortvereinbarung (-) Erfüllungsort auch materiell gewollt

   dd) AGB wirksam einbezogen

- Nicht Brüssel Ia-VO, sondern Vertragsstatut
- Falls deutsches Recht: § 305 Abs. 2 BGB, § 310 Abs. 1 BGB, nicht § 14 BGB, also (-)
- Falls CISG: Art. 8 CISG: Auslegung als Zustimmung (-), keine Gepflogenheiten, kein Hinweis, keine Kenntnisnahmemöglichkeit vor Vertragsschluss

ee) Erfüllungsort telefonisch am 18.12.2017 vereinbart (-): Da Versendungskauf vereinbart, ist gerade nicht ohne normative Bezugnahme ein Erfüllungsort im Rechtssinn bestimmt

ff) Erfüllungsort objektiv nach Art. 7 Nr 1 lit. b Brüssel Ia-VO (-): Autonome Bestimmung ohne Rückgriff auf anwendbares Recht, einheitlich für alle Ansprüche aus dem Vertrag (also auch für Zahlung), Ort der nach dem Vertrag bestimmten körperlichen Übergabe an den Käufer, also Frankreich

2. Internationale Zuständigkeit französischer Gerichte

- Zuständigkeit französischer Gerichte (+): Art. 4, 62 Brüssel Ia-VO französischer Wohnsitz zu unterstellen
- Art. 7 Nr 1 lit. b Brüssel Ia-VO(-): Zwar Erfüllungsort in Frankreich, aber Grundvoraussetzung, dass Klage in anderem als Wohnsitzstaat

Ergebnis: Deutsche Gerichte sind international nicht zuständig. Französische Gerichte sind international zuständig nach Art. 4 Brüssel Ia-VO.

Frage 2: Begründetheit der Klage

1. Anwendbares Recht

Nach Fragestellung Blickwinkel eines französischen Gerichts

a) Verdrängung des CISG bei Rechtswahl

- Völkervertragliches Einheitsrecht: CISG (+), Frankreich ist Vertragsstaat seit 1.1.1988

aa) Abbedungen durch Rechtswahl:

- Abbedingung möglich, Art. 6 CISG
- Grundsätzlich CISG von Rechtswahl zu deutschem Recht (Vertragsstaat) umfasst
- Hier aber ausdrücklich Wahl des BGB

bb) Wirksamkeit Rechtswahl

- Anwendbarkeit der Rom I-VO
- Frankreich ist Mitgliedstaat, französische Gerichte prüfen also auch vorrangig Rom I-VO
- Sachlich (+): vertragliches Schuldverhältnis, Zivil- und Handelssache, Verbindung zum Recht verschiedener Staaten (Art. 1 Abs. 1 Rom I-VO), keine Ausschlüsse (Art. 1 Abs. 1 S. 2, Art. 1 Abs. 2 Rom I-VO)
- Intertemporal (+): Stichtag Vertragsschluss seit 17.12.2009 (Art. 28 Rom I-VO)

cc) Ausdrückliche Rechtswahl Art. 3 Abs. 1 Rom I-VO:

- Zustandekommen von Rechtswahl nach gewähltem Recht (Art. 3 Abs. 5, 10 Abs. 1 Rom I-VO), also deutsches Recht

dd) Einbeziehung § 305 Abs. 2 BGB, also (-)

- Eindeutige nicht ausdrückliche Rechtswahl Art. 3 Abs. 1 S. 2 Alt. 2 (-)

b) Anwendbarkeit des CISG im Übrigen

- CISG nicht verdrängt, **Anwendungsvoraussetzungen:**

aa) Sachlicher Anwendungsbereich Art. 1 CISG Warenkauf (+)

- **Räumlicher** Anwendungsbereich Art. 1 Abs. 1 lit. a CISG: Niederlassung bzw gewöhnlicher Aufenthalt (Art. 10 lit. b CISG) in verschiedenen Vertragsstaaten (+) maßgeblich Zeitpunkt des Angebotes und Vertragsschlusses (Art. 100 CISG)

bb) Ausschluss wegen Kauf für den persönlichen Gebrauch Art. 2 lit. a CISG

- Ausgangspunkt ist Verwendungswille, Einschränkung Erkennbarkeit:
  Sammelbestellung: bei privatem Verwendungswille (+)
- Aber: Verwendungswille bei gemischter Nutzung nicht rein privat

cc) Kennen oder Kennenmüssen (Art. 2 lit. a 2. Hs. CISG) nicht relevant, wenn bereits objektiv kein rein privater Verwendungswille

c) Ergänzendes Vertragsstatut

aa) Reichweite des CISG: *nur* Abschluss, Rechte und Pflichten aus Kaufvertrag, nicht Gültigkeit (Art. 4 CISG), sowie Lücken im Anwendungsbereich Art. 7 Abs. 2 CISG

bb) Verbrauchervertragsstatut Art. 6 Abs. 1 Rom I-VO:
- Granier ist wegen gemischter Verwendung seines Pkw nicht Verbraucher, Legaldefinition in Art. 6 Abs. 1 Rom I-VO, wie Art. 15 Abs. 1 Brüssel I-VO (-)
- Müller OHG kontrahiert im Rahmen ihrer gewerblichen Tätigkeit (+)
- Hilfsweise: Abschlusssituation (-) Kriterien des Art. 6 lit. a, b Rom I-VO entsprechen Art. 15 Abs. 1 lit. c Brüssel I-VO, dort insbesondere „Ausrichten“ verneint

cc) Vertragsstatut: Art. 4 Rom I-VO:
- Art. 4 Abs. 1 lit. a Kaufvertrag über bewegliche Sachen, also gewöhnlicher Aufenthalt Verkäufer, deutsches Recht
- Engere Verbindung Art. 4 Abs. 3 Rom I-VO (-)

2. Kaufpreisanspruch

a) Art. 53 CISG
- entstanden (+)

b) Vertragsaufhebung

aa) Erklärung eines Rücktritts als Erklärung der Vertragsaufhebung Art. 49 CISG auszulegen

bb) Aufhebungsgrund: Art. 49 Abs. 1 lit. a CISG
- Vertragsverletzung (+) Lieferfristüberschreitung Art. 49 Abs. 1 lit. a CISG neben lit. b
- Wesentliche Vertragsverletzung Art. 25 CISG: wenn im Wesentlichen entgeht, was Partei nach dem Vertrag hätte erwarten dürfen (-) da nicht Fixgeschäft

cc) Aufhebungsgrund Art. 49 Abs. 1 lit. b CISG
- Nachfristsetzung Art. 47 Abs. 1 CISG (-)
- Selbstgesetzte Nachfrist 20.3.2018 eingehalten

dd) Also Vertragsaufhebung unwirksam, Art. 53 CISG; fällig Art. 58 Abs. 1 S. 1 CISG, nach erster Andienung weiter Zug-um-Zug-Einwand aus Art. 58 Abs. 1 CISG? kann dahinstehen, da Müller OHG nur Leistung Zug um Zug will

3. Zinsanspruch

a) Anspruch dem Grunde nach
- Art. 78 CISG:
- Besteht unbeschadet Schadensersatzanspruch bei Nichtzahlung Art. 74 CISG (+)
- Fälligkeit des Kaufpreises bei zur Verfügung Stellung Art. 58 Abs. 1 CISG, hier bei Bereitstellung

b) Zinshöhe
- Ausdrückliche Regelungen im CISG (-)
- Art. 7 Abs. 2 CISG iVm *general principles*
- Art. 4, 78 CISG: Anwendungsbereich (+)
- *General principles* ermittelbar (-)
- Deutsches Recht als Vertragsstatut neben CISG
- Zinssatz § 288 Abs. 1 S. 2 BGB (Verbrauchergeschäfte)
- Verbraucherbegriff des § 13 BGB (-) außerdem wäre Erkennbarkeit erforderlich
- Also § 288 Abs. 2 BGB (intertemporal Art. 229 § 34 EGBGB: vormals 8 Prozentpunkte) 9 Prozentpunkte über dem Basiszins der EZB

Ergebnis: Die Klage hat hinsichtlich des Kaufpreisanspruchs – Zug um Zug gegen Lieferung – Aussicht auf Erfolg, denn es fehlt an einem Aufhebungsgrund. Der Zinsanspruch besteht ebenfalls in eingeklagter Höhe.

Frage 3: Gegenanspruch des Granier

1. Aufrechnung oder Widerklage

2. Auf Schadensersatzanspruch anwendbares Recht
- Schadensersatzanspruch aus dem Vertrag: CISG, subsidär deutsches Vertragsstatut

3. Schadensersatzanspruch nach CISG
- Art. 74 CISG Schadensersatz wegen Mietwagenkosten:

a) Vertragsverletzung
- Vertragsverletzung der Müller OHG (+) Spätlieferung
- Für Mietwagenkosten adäquat kausal (+)
- Fristsetzung: nicht Art. 49 CISG, sondern Art. 47 Abs. 2 S. 2 CISG

b) Entlastungsbeweis, Vorhersehbarkeit
- Verschulden des Verkäufers nicht erforderlich
- Art. 79 CISG Entlastungsbeweis (-)
- Vorhersehbarkeit Art. 74 S. 2 CISG (+)

4. Auf die Aufrechnung anwendbares Recht
- Möglich nur bei gegenseitigen Ansprüchen aus CISG (+) Anspruch Art. 74 CISG gegen Art. 53, 78 CISG
- Art. 7 Abs. 2 Alt. 2 CISG *general principles* feststellbar:
- 1. Ansicht: nein, dann Vertragsstatut Art. 17 Rom I-VO (-)
- 2. Ansicht: *general principles* im Zug-um-Zug-Prinzip (Art. 58 Abs. 1 CISG, Art. 81 Abs. 2 CISG) und in Art. 84 Abs. 2 CISG (+)

5. Aufrechnungszuständigkeit
- Hauptsachezuständigkeit nicht erforderlich: Aufrechnung Verteidigungsmittel
- Hilfsweise: Art. 8 Nr 3 Brüssel Ia-VO wegen Konnexität gegeben

Ergebnis: Granier steht wegen den Mietwagenkosten ein Schadensersatzanspruch aus Art. 74 CISG gegen die Müller OHG zu. Mit diesem kann er in dem Verfahren zwischen ihm und der Müller OHG gegen deren Ansprüche aufrechnen.

Lösung

Frage 1: Gerichtsstand

1. Internationale Zuständigkeit deutscher Gerichte

Die internationale Zuständigkeit deutscher Gerichte könnte sich nach der **Brüssel Ia-VO** (Nr 1215/2012) beurteilen. 485

a) Brüssel Ia-VO Anwendungsbereich

Der **sachliche** Anwendungsbereich ist eröffnet, es handelt sich um eine Zivil- oder Handelssache, die nicht durch Art. 1 Abs. 2 Brüssel Ia-VO ausgeschlossen ist. **Räumlich** ist die VO vor deutschen Gerichten ausschließlich anzuwenden, da der Beklagte seinen, gemäß Art. 62 Abs. 2 Brüssel Ia-VO nach französischem Recht (gemäß Hinweis ist zu unterstellen, dass Inhaltsgleichheit besteht) zu beurteilenden „Wohnsitz" (in Zweifelsfällen müsste hier die entsprechende Rechtsfigur in der französischen Version der VO, somit das *domicile* beurteilt werden) in Frankreich, einem anderen Mitgliedstaat, hat (Art. 5 Abs. 1 Brüssel Ia-VO). **Zeitlich** gilt die Brüssel Ia-VO, da die Klage nach dem 10.1.2015 erhoben wird (Art. 66 Abs. 1 Brüssel Ia-VO); die VO hebt gemäß Art. 80 die Brüssel I-VO auf, wobei die Aufhebung nach Maßgabe der Überleitungsbestimmung in Art. 66 Brüssel Ia-VO wirkt. 486

b) Zuständigkeitsvereinbarung

aa) Vorrangig zu prüfen ist eine **Zuständigkeitsvereinbarung** (Art. 25 Brüssel Ia-VO), weil diese im Zweifel *ausschließlich* wäre (Art. 25 Abs. 1 S. 2 Brüssel I-VO). Der besondere Anwendungsbereich, der ungeachtet des Wohnsitzes, also der Art. 5, 6 Brüssel Ia-VO bestimmt ist, ist gegeben: Gewählt werden sollten die Gerichte in einem **Mitgliedstaat** einschließlich einer örtlichen Vereinbarung nach Saarbrücken (Art. 25 Abs. 1 S. 1 Brüssel Ia-VO). 487

bb) Die Zulässigkeit einer solchen Vereinbarung könnte durch Art. 19 Brüssel Ia-VO eingeschränkt sein; dazu müsste es sich um eine **Verbrauchersache** nach Art. 17 Brüssel Ia-VO handeln. Fraglich ist schon, ob Granier *Verbraucher* ist. Dies ist sowohl unter dem Gesichtspunkt der Sammelbestellung als auch wegen der beabsichtigten beruflich-privat gemischten Nutzung fraglich. Die Sammelbestellung für (sich selbst und) private Dritte begründet als solche keinen gewerblichen KFZ-Handel. Maßgeblich ist allerdings die für den Vertragspartner *objektiv erkennbare* Situation; diese könnte sich als ein gewerblicher Vorgang darstellen, ist aber nicht zwingend so einzuordnen, da auch private Sammelbestellungen nicht unüblich sind. Allerdings spricht für einen Eindruck von beruflichem Handeln[1] nicht nur die Mehrzahl der bestellten PKW, sondern auch die Verwendung des beruflichen Telefax. Da Zweifel an der Erkennbarkeit einer objektiv 488

1 EuGH Rs. C-464/01 ECLI:EU:C:2005:32 *(Gruber/BayWa)*.

vorhandenen Verbraucherstellung zu Lasten des Vertragspartners gehen, stünde die Sammelbestellung der Verbrauchereigenschaft nicht entgegen, wohl aber die Verwendung der Geschäftsadresse bei einem auch beruflich nutzbaren Kaufgegenstand.

Eindeutig gegen die Anwendung der Art. 17 ff Brüssel Ia-VO spricht jedoch die beabsichtigte private und berufliche Nutzung; insoweit ist bereits objektiv keine die Anwendung von Art. 17 ff Brüssel Ia-VO begründende Verbrauchereigenschaft gegeben; Art. 17 ff Brüssel Ia-VO sind als Ausnahmebestimmungen eng auszulegen, so dass eine berufliche Mitnutzung allenfalls unschädlich ist, wenn sie ganz untergeordneten Umfang hat.[2]

489 **[Hilfsgutachten:**

Wäre ein Verbrauchergeschäft gegeben, so müsste zudem eine der von Art. 17 Abs. 1 Brüssel Ia-VO alternativ vorausgesetzten **Vertragsschlusssituationen** gegeben sein. Lit. a (Teilzahlung) und lit. b (Kredit) sind offensichtlich nicht gegeben. Auch eine gewerbliche Tätigkeit in Frankreich (lit. c Alt. 1) entfaltet die Müller OHG nicht.

Einschlägig könnte aber wegen der über den Web-Auftritt der Müller OHG gewonnenen Kontaktdaten die lit. c Alt. 2 (Ausrichtung) sein. Hierzu kommt es nicht primär auf die Art der Website an, es ist also nicht, wie anfangs angenommen, zwischen passiven und aktiven Websites abzugrenzen. Die Gestaltung einer in die Vertragsanbahnung involvierten Website ist nur Element einer Gesamtwürdigung, ob aus der gesamten Tätigkeit des Gewerbetreibenden hervorgeht, dass er mit Verbrauchern, die im Mitgliedstaat des Vertragspartners wohnhaft sind, bereit war, Geschäfte zu tätigen.[3] Vorliegend hat Müller OHG weder durch die Verwendung einer anderen Sprache, Angabe der internationalen Vorwahl oder grenzüberschreitende Anfahrtsbeschreibungen eine Ausrichtung auf Kunden aus Frankreich etabliert. Der Umstand, dass französische Kunden nicht abgewiesen werden, kann nicht als Indiz für eine Ausrichtung dienen, denn jedenfalls von den Herstellern veranlasste Beschränkungen des Vertriebs von PKW (etwa zum Schutz bestehender Preisgefälle zwischen den Mitgliedstaaten) auf das jeweilige Vertriebsgebiet könnten gegen die Warenverkehrsfreiheit (Art. 34 AEUV) verstoßen, wobei fraglich ist, ob insoweit eine Drittwirkung gegen Marktteilnehmer besteht; Abweisen eines Kunden aus Frankreich verstieße aber auch gegen das allgemeine Diskriminierungsverbot (Art. 18 AEUV), dem der EuGH Drittwirkung zumisst.[4] Zwar wäre es bei einem Ausrichten iSd. Art. 17 Abs. 1 lit. c unschädlich, wenn der PKW-Kauf sodann im Laden des Verkäufers erfolgt und der Käufer selbst den das Ausrichten begründenden Internetauftritt nicht selbst gesehen hat.[5] Vorliegend fehlt es bereits am Ausrichten, woran auch der Kauf durch Fernkommunikationsmittel nichts ändert.

2 EuGH Rs. C-464/01 ECLI:EU:C:2005:32 *(Gruber/BayWa)*.

3 EuGH Rs. C-585/08 und C-144/09 ECLI:EU:C:2016:740 *(Pammer/Reederei Karl Schlüter GmbH&Co KG; Hotel Alpenhof GesmbH/Heller)*.

4 EuGH Rs. C-415/93 ECLI:EU:C:1995:463 *(Bosman)*.

5 EuGH Rs. C-190/11 ECLI:EU:C:2012:542 *(Mühlleitner/Yusufi)*: Auswahl auf Web-Seite, Kauf im Laden; EuGH Rs. C-218/12 ECLI:EUC:2013:666 *(Emrek/Sabranovic)* Kauf im Direktabsatz nach Hinweis auf den im Internet werbenden Verkäufer durch Bekannte.

Damit ist Art. 25 Brüssel Ia-VO nicht durch Art. 19 Brüssel Ia-VO beschränkt.

Andere **persönliche Beschränkungen** der Prorogationsfreiheit sind nicht einschlägig; insbesondere § 38 ZPO (der Gerichtsstandsvereinbarungen nur Kaufleuten, nicht aber Freiberuflern eröffnet) ist vollständig durch Art. 25 Brüssel Ia-VO verdrängt.]

cc) Da Art. 25 Abs. 1 S. 1 letzter Hs. Brüssel Ia-VO die materielle Nichtigkeit nach dem Recht des Mitgliedstaats des gewählten Gerichts vorbehält, könnte fraglich sein, ob für eine Gerichtsstandsabrede in **AGB** nun nationales AGB-Recht anzuwenden sei. Insoweit ist jedoch weiter, wie schon unter Art. 17 EuGVÜ und Art. 23 Brüssel I-VO, davon auszugehen, dass Art. 25 Brüssel Ia-VO abschließend gegenüber einer nationalen Einbeziehungs- und Inhaltskontrolle ist.[6] Daran ändert sich auch nichts durch die Entscheidung des EuGH in der Sache *Océano.*[7] Zwar hat der EuGH dort eine nach nationalem Recht zu beurteilende Gerichtsstandsvereinbarung mit einem Verbraucher der zusätzlichen Kontrolle nach den Bestimmungen der Richtlinie über missbräuchliche Klauseln in Verbraucherverträgen (93/13/EWG) unterworfen. Im Anwendungsbereich der Brüssel Ia-VO schränkt jedoch ausdrücklich Art. 19 Brüssel Ia-VO Gerichtsstandsvereinbarungen mit Verbrauchern ein; in diesem Rahmen sind sodann auch Gerichtsstandsklauseln nicht mehr an der Richtlinie zu messen. Für Gerichtsstandsvereinbarungen mit Nichtverbrauchern (Art. 25 Brüssel Ia-VO) gilt die Richtlinie ohnehin nicht. **490**

dd) Es müsste also eine der vier **Formalternativen** (lit. a bis c) einer Vereinbarung nach Art. 25 Abs. 1 S. 3 Brüssel Ia-VO vorliegen; dabei geht die Frage der wirksamen **Einbeziehung** einer in AGB enthaltenen Gerichtsstandsklausel in der Prüfung der Form des Art. 25 Abs. 1 Brüssel Ia-VO auf; es kann keine positive Einbeziehung der AGB-Gerichtsstandsklausel geben, wenn diese nicht eine der Formen des Art. 25 Abs. 1 Brüssel Ia-VO wahrt.[8] **491**

- An einer *schriftlichen* Vereinbarung (lit. a Alt. 1) fehlt es offensichtlich, denn Granier hat sich im Hinblick auf die Gerichtsstandsvereinbarung nicht schriftlich geäußert. Die Vertragsannahme mit Telefax würde zwar der Schriftlichkeit unter Art. 25 Abs. 1 S. 3 lit. a Brüssel Ia-VO genügen, jedoch erfolgte sie zu einem Zeitpunkt, in dem sich die Annahme nicht auf die AGB-Klausel beziehen konnte, so dass es an einer *Vereinbarung* fehlt.
- *Halbschriftlichkeit* (lit. a Alt. 2) könnte sich aus der Zusendung der schriftlichen, nicht notwendig unterschriftlichen AGB ergeben. Dass diese nur von der Müller OHG ausgeht, die sich nun auf die Gerichtsstandsvereinbarung berufen will, schadet nicht; die Alternative Halbschriftlichkeit wäre obsolet, wenn die Bestätigung immer vom späteren Beklagten herrühren müsste. Jedoch verlangt auch Art. 25 Abs. 1 S. 3 lit. a Alt. 2 Brüssel Ia-VO nicht nur eine formal einseitige Bestätigung; die Bestätigung muss, auch wenn sie in AGB erfolgt, Ausdruck einer vorherigen *mündlichen*

6 Dazu: EuGH Rs. 24/76 ECLI:EU:C:1976:177 *(Colzani/Rüwa)*; EuGH Rs. 25/76 ECLI:EU:C:1976:178 *(Segoura/Bonakdarian)*.

7 EuGH Rs. C-240/98 bis C-244/98 ECLI:EU:C:2000:346 *(Océano Grupo/Quintero ua)*.

8 Zumindest systematisch unzutreffend daher OLG Stuttgart OLGR 2008, 350 (II.1.a aa).

Vereinbarung sein. Hier wurde bis zur Übersendung der Bestätigung in AGB über eine Gerichtsstandsvereinbarung nicht gesprochen, so dass es an einer Vereinbarung fehlt.[9]

- Für die Variante lit. b fehlt es an bisherigen *Geschäftskontakten*, aus denen sich Gepflogenheiten entwickeln hätten können.
- Für die Variante lit. c fehlt es an einem Geschäft des *internationalen Handels*. Granier gehört im Übrigen objektiv nicht dem Personenkreis der Kaufleute an, die nach deutschem Recht Adressaten eines kaufmännischen Bestätigungsschreibens, die einzige hier denkbare Form der Vereinbarung, sein können.

Damit ist die Gerichtsstandsklausel unwirksam.

c) Allgemeiner Gerichtsstand

492 Seinen **allgemeinen Gerichtsstand** (Art. 4, 62 Abs. 1 Brüssel Ia-VO) hat der Beklagte Granier nicht in Deutschland, sondern in Frankreich, da zu unterstellen ist, dass das dortige Recht zur Bestimmung des „Wohnsitzes" (Art. 62 Abs. 1 Brüssel Ia-VO) insoweit im konkreten Ergebnis dem deutschen entspricht.

d) Gerichtsstand des vertraglichen Erfüllungsortes

493 Deutsche Gerichte könnten nach Art. 7 Nr 1 Brüssel Ia-VO als **Erfüllungsortgerichtsstand** zuständig sein. Anzuwenden ist vorliegend Art. 7 Nr 1 lit b Str. 1 Brüssel Ia-VO, da ein Warenkauf vorliegt.

494 **aa)** Die zusätzlichen **räumlichen** Anwendungsvoraussetzungen (Art. 7 Hs. 1 Brüssel Ia-VO) liegen vor; der Beklagte hat Wohnsitz in einem Mitgliedstaat (Frankreich) und soll in einem anderen (Deutschland) verklagt werden.

495 **bb)** Fraglich ist, wie die maßgebliche Verpflichtung und ihr Erfüllungsort zu bestimmen sind. Hier könnte eine **Erfüllungsortvereinbarung** beachtlich sein.

Art. 7 Nr 1 lit. b Brüssel Ia-VO lässt ausdrücklich eine abweichende Vereinbarung zu, die im Übrigen auch unter Art. 7 Nr 1 lit. a Brüssel Ia-VO zulässig ist.

496 **cc)** Zu prüfen ist daher die Wirksamkeit der **Erfüllungsortvereinbarung in Ziff. 7 der AGB** (Saarbrücken). In diesem Rahmen muss auch bei Warenkaufverträgen weiter auf jede einzelne eingeklagte *Verbindlichkeit* abgestellt werden, sofern unterschiedliche Erfüllungsorte bestimmt sind, was hier keine Rolle spielt, da nach dem Sachverhalt nur eine einheitliche Erfüllungsortvereinbarung getroffen wurde.

497 Grundsätzlich untersteht die gerichtsstandsbegründende Wirkung einer solchen Vereinbarung nicht den Formen des **Art. 25 Brüssel Ia-VO**. Eine Ausnahme erscheint jedoch geboten, wenn es sich um eine sog **abstrakte Erfüllungsortvereinbarung** handelt, die

9 OLG Stuttgart OLGR 2008, 350.

mit der Vertragswirklichkeit nichts zu tun hat, also nicht die Bestimmung des materiellen Erfüllungsortes bezweckt, sondern nur einen Gerichtsstand schaffen soll.[10] Vorliegend ist die Erfüllungsortklausel in den AGB der Müller OHG zwar abstrakt, dürfte aber durchaus mit materieller Wirkung gewollt sein, da trotz Vereinbarung eines Versendungskaufes eine materiell gewollte Erfüllungsortbestimmung am Verkäufersitz dessen Interessen entspricht. Die AGB-Erfüllungsortvereinbarung unterliegt also nicht der Form des Art. 25 Brüssel Ia-VO.

dd) Die AGB müssten jedoch **wirksam einbezogen** sein. Insoweit ist die Einbeziehung nicht nach der Brüssel Ia-VO, sondern nach dem Vertragsstatut zu beurteilen. Ob deutsches Recht mit oder ohne Einschluss des CISG Vertragsstatut ist (Rn 503 ff), muss hier noch nicht entschieden werden. **498**

Unterliegt die Einbeziehung deutschem Recht, so könnte § 305 Abs. 2 BGB anzuwenden sein. Dazu dürfte Granier kein Unternehmer (§ 14 BGB) sein, da § 305 Abs. 2 BGB gemäß § 310 Abs. 1 BGB auf gegenüber Unternehmern verwendete AGB keine Anwendung findet. § 14 BGB bestimmt die Unternehmereigenschaft rein objektiv, auf einen Anschein käme es anders als für Art. 2 lit. a CISG nicht an. Da aber Granier auch objektiv als Unternehmer gehandelt hat, kommt § 305 BGB nicht unmittelbar zur Anwendung. Dennoch können AGB auch mit Unternehmern nur rechtsgeschäftlich einbezogen werden.[11] Weder genügt, dass Granier wissen musste, dass Autohändler in der Regel AGB verwenden, noch ist Granier Kaufmann, dem gegenüber eine Einbeziehung durch Bestätigungsschreiben möglich wäre. Die Erfüllungsortklausel ist also nicht einbezogen.

Untersteht der Vertrag dem CISG, so bestimmt sich die Einbeziehung von Erklärungen, auch solchen in AGB, nach Art. 8 CISG. Die Auslegung der Erklärungen und/oder des Verhaltens des Granier müsste dann ergeben, dass die ihm übersandten AGB seine Zustimmung gefunden haben. Dies setzt, sofern nicht Gepflogenheiten aus längeren Geschäftsbeziehungen zwischen den Parteien bestehen,[12] einen Hinweis auf die AGB seitens des Verwenders vor Abschluss des Vertrages sowie eine zumutbare Möglichkeit der Kenntnisnahme[13] voraus. Da Granier bei Abgabe seiner auf Vertragsschluss gerichteten Willenserklärung von den AGB keine Kenntnis haben konnte, fehlt es auch nach CISG an einer Einbeziehung.

ee) Der Erfüllungsort könnte jedoch durch **telefonische Vereinbarung** vom 18.12.2017 bestimmt worden sein. Auf eine den wirklichen materiell-rechtlichen Leistungsort regelnde Erfüllungsortvereinbarung ist Art. 25 Brüssel I-VO nicht anzuwenden. Die materielle Wirksamkeit einer möglichen mündlichen Erfüllungsortabrede **499**

---

10 EuGH Rs. C 106/95 ECLI:EU:C:1997:70 *(Mainschiffahrts-Genossenschaft EG (MSG)/Les Gravières Rhénanes SARL).*
11 BGHZ 117, 194.
12 OGH IHR 2004, 148, 153.
13 BGHZ 149, 113.

beurteilt sich nach dem auf den Vertrag anwendbaren Recht. Da nach allen in Betracht zu ziehenden Rechtsordnungen (§§ 269 Abs. 1, 270 Abs. 1 BGB, Art. 31, 57 Abs. 1 CISG) der Lieferungs- und Zahlungsort formfrei vereinbart werden kann, darf die Bestimmung des anwendbaren Rechts auch hier offenbleiben. Jedoch fehlt es inhaltlich an einer Erfüllungsortvereinbarung, weil nur der Lieferort vereinbart wurde: Mit der Vereinbarung einer Versendung an den Wohnsitz des Käufers ist gerade keine eindeutige Regelung der Frage verbunden, ob damit auch der Erfüllungsort (für die Lieferung und/oder die Zahlung) dorthin verlagert werden soll.

500 **ff)** Der **Erfüllungsort** ist damit **objektiv** nach Art. 7 Nr 1 lit. b Brüssel I-VO zu bestimmen. Die Bestimmung hat nach der *Car Trim*-Entscheidung des EuGH[14] ohne Rückgriff auf das anwendbare Vertragsstatut und einheitlich für alle Ansprüche aus dem Vertrag, also auch für den hier eingeklagten Zahlungsanspruch, zu erfolgen. Erfüllungsort ist danach beim Versendungskauf der Ort, an dem die körperliche Übergabe der Kaufsache an den Käufer erfolgt ist oder nach den Vertragsbestimmungen erfolgen sollte. Dies ist im Fall Reims, Frankreich. Deutsche Gerichte sind nicht international zuständig aus Art. 7 Nr 1 Brüssel I-VO.

2. Internationale Zuständigkeit französischer Gerichte

501 Die Zuständigkeit französischer Gerichte folgt aus Art. 4 Brüssel Ia-VO, da der Beklagte seinen Wohnsitz, wie zu unterstellen ist (MAT), nach französischem Recht (Art. 62 Abs. 1 Brüssel Ia-VO) in Frankreich hat. Hingegen sind französische Gerichte nicht nach Art. 7 Nr 1 lit. b Brüssel Ia-VO zuständig. Zwar liegt der Erfüllungsort in Frankreich; es fehlt aber an der Grundvoraussetzung des Art. 7 Hs. 1 Brüssel Ia-VO, dass der Beklagte in einem anderen Mitgliedstaat als seinem Wohnsitzstaat verklagt wird.

Bedeutung hat dies deshalb, weil sich damit die örtliche Zuständigkeit eines französischen Gerichts im Rahmen des Art. 4 Brüssel Ia-VO nach französischem Prozessrecht bestimmt und nicht, wie in Art. 7 Nr 1 Brüssel Ia-VO, unmittelbar dort mitgeregelt ist.

502 **Ergebnis:** Deutsche Gerichte sind nicht international zuständig; französische Gerichte sind international zuständig gemäß Art. 4 Brüssel Ia-VO.

Frage 2: Begründetheit der Klage

1. Anwendbares Recht

a) Verdrängung des CISG bei Rechtswahl

503 Nach der Fragestellung (Begründetheit der Klage) ist der Blickwinkel eines französischen Gerichts einzunehmen.

14 EuGH Rs. C-381/08 ECLI:EU:C:2010:90 *(Car Trim GmbH/KeySafety Systems Srl)*.

Völkervertragliches Einheitsrecht hat Vorrang vor nationalem Recht. Es ist also vorrangig zu prüfen, ob das **Wiener UN-Kaufrecht (CISG)** Anwendung findet, denn (auch) Frankreich ist Vertragsstaat[15] seit dem 1.1.1988.

aa) Dem könnte eine **Rechtswahl** zu deutschem Recht entgegenstehen. Art. 6 CISG erlaubt den Ausschluss des CISG durch Vereinbarung. Zwar bedeutet nicht jede Wahl des Rechts eines Vertragsstaates (wie Deutschland) einen Ausschluss des CISG, denn das CISG ist Bestandteil des deutschen Rechts und deshalb auch von einer Rechtswahl zugunsten deutschen Rechts umfasst, sofern sich nicht ein gegenteiliger Parteiwille ergibt.[16] Vorliegend ergibt sich jedoch ein solcher Wille eindeutig aufgrund des Hinweises auf das BGB.[17] **504**

Damit ist vorrangig zu prüfen, ob diese Rechtswahl wirksam ist.

bb) Zu prüfen **ist der Anwendungsbereich der Rom I-VO** (Verordnung (EG) Nr. 593/ 2008). Frankreich ist Mitgliedstaat, französische Gerichte wenden die Rom I-VO also als ihr IPR an. Der sachliche Anwendungsbereich ist eröffnet, es handelt sich um ein vertragliches Schuldverhältnis und – insoweit wie zu Art. 1 Abs. 1 Brüssel Ia-VO – um eine Zivil- und Handelssache (Art. 1 Abs. 1 Rom I-VO); Ausnahmetatbestände des Art. 1 Abs. 1 S. 2 oder Abs. 2 Rom I-VO liegen nicht vor. Zeitlich gilt die Rom I-VO für Verträge, die seit dem 17.12.2009 geschlossen wurden (Art. 28 Rom I-VO). **505**

cc) Vorliegend könnte in Ziff. 8 der AGB der Müller OHG eine **Rechtswahl** erfolgt sein, die nach Art. 3 Abs. 1 Rom I-VO, unbeschadet der Frage, ob ein Verbrauchervertrag vorliegt (Art. 6 Abs. 2 S. 1 Rom I-VO), vorrangiges Anknüpfungskriterium wäre. **506**

Zustandekommen und Wirksamkeit der Rechtswahl sind nach dem Recht zu beurteilen, welches bei Wirksamkeit der Rechtswahlklausel anwendbar wäre (Art. 3 Abs. 5, 10 Abs. 1 Rom I-VO), also nach dem gewählten, vorliegend nach deutschem Recht. Auf das CISG kann insoweit nicht abgestellt werden, weil die Klausel ausdrücklich nicht auf das deutsche Recht unter Einschluss des CISG gerichtet ist.

dd) Die **Einbeziehung** ist in gleicher Weise wie für die Erfüllungsortklausel zu beurteilen, so dass, wie erörtert (Rn 498), eine Einbeziehung nicht erfolgt ist. Damit ist schon aus Sicht des gewählten Rechts keine wirksame Rechtswahl in AGB erfolgt. Auf Art. 10 Abs. 2 Rom I-VO, der Granier eine Berufung auf französisches Recht als Recht seines gewöhnlichen Aufenthalts erlauben würde, wenn die Rechtswahl nach deutschem Recht – zB, wäre er Kaufmann – wirksam wäre, kommt es hier nicht an. **507**

Anhaltspunkte für eine hinreichend eindeutige, wenn auch nicht notwendig ausdrückliche (Art. 3 Abs. 1 S. 2 Rom I-VO), sondern stillschweigende Rechtswahl sind nicht ersichtlich.

---

15 *Jayme/Hausmann*[19] Nr 77 Fn 1 (seit 1.1.1988).

16 BGH IPRspr 1997 Nr 43.

17 OLG Stuttgart OLGR 2008, 514.

b) Anwendbarkeit des CISG im Übrigen

508 Da somit das **CISG** nicht durch Abwahl verdrängt ist, sind dessen weitere **Anwendungsvoraussetzungen** zu prüfen.

509 **aa)** Der grundsätzliche **sachliche** Anwendungsbereich des CISG ist gegeben; der Kaufvertrag betrifft bewegliche, körperliche Gegenstände, also fraglos Waren iSd Art. 1 CISG.

Zu prüfen sind die **räumlich-persönlichen** Anwendungsvoraussetzungen des CISG. Nach Art. 1 Abs. 1 lit. a CISG ist das Übereinkommen anwendbar, wenn die Parteien ihre Niederlassung in verschiedenen Vertragsstaaten haben. Die Niederlassung der Müller OHG liegt in Deutschland. Ob eine Rechtsanwaltskanzlei unter dem CISG als Niederlassung anzusehen ist, so dass stattdessen auf den gewöhnlichen Aufenthalt abzustellen ist (Art. 10 lit. b CISG), der in Frankreich liegt, kann dahingestellt bleiben. Sowohl Deutschland als auch Frankreich waren im Zeitpunkt des Angebotes und Vertragsschlusses (Art. 100 CISG) am 18.12.2011 Vertragsstaaten.[18]

510 **bb)** Die Anwendung des CISG ist jedoch im Wege einer **Einschränkung des Anwendungsbereichs** ausgeschlossen, wenn Granier die Ware für den **persönlichen Gebrauch** (Art. 2 lit. a CISG) gekauft hat.

Anzusetzen ist für Art. 2 lit. a CISG beim Verwendungswillen des Käufers; fällt dieser unter die Ausnahme des persönlichen Gebrauchs, so ist das CISG gleichwohl anwendbar, wenn es an dem Kriterium Wissen(müssen) fehlt.

Schon mit Rücksicht auf die Sammelbestellung ist der private Gebrauch *objektiv* zweifelhaft, denn Granier bestellt die beiden anderen PKW für Nachbarn, also nicht für seinen oder seiner Familie persönlichen Gebrauch. Zwar dient dieses Kriterium vorrangig der Abgrenzung gegen einen *geschäftlichen* Gebrauch, der in der Sammelbestellung an sich nicht zu sehen ist. Der Kauf zum privaten Gebrauch Dritter unterfällt aber nur dann ohne Zweifel Art. 2 lit. a CISG, wenn die Ware vom Käufer verschenkt wird, da im Verschenken sein eigener privater Gebrauch zu sehen wäre. Es ließe sich jedoch durchaus bei einer Sammelbestellung zu im Übrigen privaten Zwecken in verdeckter Stellvertretung Dritter, die das Kriterium des Art. 2 lit. a CISG selbst erfüllen würden, noch Privatheit des Gebrauchs vertreten.

Jedoch ist der Verwendungswille des Granier für seinen PKW nicht auf einen ausschließlich privaten Gebrauch gerichtet. Art. 2 lit. a CISG hat den Zweck, Käufe zu ausschließlich privaten Zwecken aus dem Anwendungsbereich des CISG zu nehmen; aus der Gesetzgebungsgeschichte folgt sogar, dass selbst eine Erstreckung der Ausnahme auf vorwiegend private Zwecke abgelehnt wurde. Bei gleichgewichtig beruflichen Zwecken liegt die Ausnahme schon objektiv nicht vor.

18 *Jayme/Hausmann*[19] Nr 77 Fn 1.

cc) Damit kommt es auf die Gegenausnahme, wonach der Ausschluss nur greift, wenn die Müller OHG von einem privaten Gebrauch **wusste oder wissen konnte** (Art. 2 lit. a Hs. 2 CISG), nicht mehr an, weil in Person des Garnier selbst schon objektiv kein (rein) privater Gebrauchswille vorlag. **511**

Hilfsgutachtlich ist auszuführen: Soweit es um die Privatheit der Sammelbestellung geht, liegt Wissen nicht vor. Für Wissen-Können wäre maßgeblich die Erkennbarkeit der Umstände des Kaufes, wobei die Gegenausnahme nur greift, wenn der Verkäufer ohne vorwerfbare Unkenntnis des privaten Gebrauchs war. Bei Waren, die typischerweise für geschäftliche und berufliche Zwecke gekauft werden (*typische* Waren), muss der Verkäufer den privaten Zweck nicht kennen.[19] Hingegen muss er bei Waren, die sowohl privat als auch geschäftlich genutzt werden können (*neutrale* Waren), mit privatem Gebrauch rechnen. PKW sind solche neutralen Waren, bei denen an sich von privatem Gebrauch ausgegangen werden muss.

Dies ist nicht nur deshalb anders weil Granier *drei PKW* bestellt hat. Ein persönliches Bedürfnis nach drei PKW gleichen Typs liegt fern. Zudem hat Granier sein Kanzlei-Telefax verwendet und damit den Eindruck eines unternehmerischen Handelns noch bestärkt. In einem solchen Fall kann der Verkäufer, ohne dass ihm Erkennbarkeit des Kaufs zum privaten Gebrauch vorzuwerfen wäre, davon ausgehen, dass er es mit einem gewerbsmäßigen Käufer zu tun hat.

Das CISG ist also anzuwenden.

c) Ergänzendes Vertragsstatut

Neben dem CISG ist gleichwohl ein **Vertragsstatut** zu bestimmen. **512**

aa) Ohne dass hier schon eine Abgrenzung einzelner Sachfragen erforderlich wäre, umfasst die **Reichweite des CISG** *ausschließlich* den Abschluss des Kaufvertrages und die daraus erwachsenden Rechte und Pflichten der Parteien, nicht aber die ebenfalls vertragsrechtlich zu qualifizierende Gültigkeit des Vertrages (Art. 4 CISG). Auch im Anwendungsbereich sind Lücken, die nicht nach den dem Übereinkommen zugrundeliegenden *general principles* geschlossen werden können, dem autonom bestimmten Vertragsstatut unterstellt (Art. 7 Abs. 2 CISG).

bb) Der Vertrag könnte mangels Rechtswahl dem **Verbrauchervertragsstatut** nach Art. 6 Abs. 1 Rom I-VO unterstehen. Dazu müssten die Voraussetzungen eines Verbrauchervertrages nach Art. 6 Abs. 1 Rom I-VO vorliegen. Ebenso wie zu Art. 17 Brüssel Ia-VO ist jedoch die Verbrauchereigenschaft des Granier bei dem Kauf abzulehnen. Zudem würde es wie bei Art 17 Brüssel Ia-VO auch am Vorliegen einer der alternativ vorausgesetzten *Abschlusssituationen* (Art. 6 Abs. 1 lit. a oder b Rom I-VO) fehlen. **513**

Das besondere Verbrauchervertragsstaut ist damit nicht einschlägig.

---

19 *Staudinger/Magnus* (2018) Art. 2 CISG Rn 20 f.

514 **cc)** Das Vertragsstatut ist daher nach **Art. 4 Rom I-VO** zu bestimmen; Kaufverträge über bewegliche Sachen unterliegen nach Art. 4 Abs. 1 lit. a Rom I-VO dem Recht des Staates des gewöhnlichen Aufenthalts des Verkäufers, hier also deutschem Recht. Eine engere Verbindung nach der Gesamtheit der Umstände (Art. 4 Abs. 3 Rom I-VO) ist nicht ersichtlich; die vereinbarte Speditions-Lieferung nach Frankreich begründet auch in Verbindung mit dem gewöhnlichen Aufenthalt des Käufers keine engere Verbindung.

Es gilt also das CISG sowie ergänzend deutsches Recht.

2. Kaufpreisanspruch

a) Art. 53 CISG

515 Die Müller OHG könnte einen Anspruch aus **Art. 53 CISG** auf Zahlung des Kaufpreises und Abnahme der Ware haben. Der Anspruch ist durch Vertragsschluss entstanden.

b) Vertragsaufhebung

516 Der Anspruch könnte durch **Erklärung der Vertragsaufhebung** erloschen sein.

517 **aa)** Die **Erklärung** eines Rücktritts ist als Erklärung des in Art. 49 CISG als „Vertragsaufhebung“ geregelten funktionsäquivalenten Rechtsinstituts auszulegen.

518 **bb)** Es müsste jedoch ein **Aufhebungsgrund** vorliegen. Dieser könnte sich aus Art. 49 Abs. 1 lit. a CISG ergeben. Dann müsste eine *Nichterfüllung* seitens des Verkäufers vorliegen, die eine **wesentliche Vertragsverletzung** iSd Art. 25 CISG bedeutet.

Eine *Vertragsverletzung* ist ohne Weiteres in der nicht völlig unerheblichen Überschreitung der vereinbarten Lieferfrist um 20 Tage zu sehen. Die Anwendung von Art. 49 Abs. 1 lit. a CISG auf eine Verzögerung der Leistung ist auch nicht durch lit. b ausgeschlossen; die Spezialregelung in lit. b tritt neben lit. a auch hinsichtlich von Verzögerungen.

Wesentlich ist eine Vertragsverletzung aber nur, wenn der Partei (hier dem Käufer) im Wesentlichen entgeht, was sie nach dem Vertrag hätte erwarten dürfen. Bei einer bloßen Verzögerung erhält der Käufer letztlich die Sache. Sofern nicht der Liefertermin eine besondere Bedeutung hat, wie beim absoluten oder, nach Ablauf des Leistungszeitraums, auch beim relativen *Fixgeschäft*, so dass an einer späteren Lieferung kein Interesse besteht, begründet Spätlieferung keine *wesentliche* Vertragsverletzung.[20]

519 **cc)** Ein **Aufhebungsgrund** könnte sich jedoch aus Art. 49 Abs. 1 lit. b CISG ergeben. Diese Alternative setzt keine wesentliche Vertragsverletzung voraus; es genügt das Ausbleiben der rechtzeitigen Lieferung. Erforderlich ist jedoch in diesem Fall zusätzlich eine **Nachfristsetzung** nach Art. 47 Abs. 1 CISG; da diese nicht erfolgt ist, bedarf es keiner Erörterung, welche Frist hier angemessen wäre, da das bloße Überschreiten

20 *Staudinger/Magnus* (2018) Art. 25 CISG Rn 22.

einer angemessenen Nachfrist, ohne dass sie gesetzt wurde, kein Aufhebungsrecht auslöst. Die „selbstgesetzte" Nachfrist zum 20.3.2018 wurde hingegen eingehalten.

dd) Damit ist die erklärte Vertragsaufhebung unwirksam. Der Anspruch aus Art. 53 CISG besteht. Der Anspruch müsste fällig sein; dies ist nach Art. 58 Abs. 1 S. 1 CISG jedenfalls der Fall, wenn der Verkäufer die Ware so, wie vertraglich geschuldet, angedient hat, was durch den Spediteur am 20.3.2012 geschehen ist. **520**

Fraglich ist nunmehr, ob der Anspruch auf Zahlung weiterhin nur Zug-um-Zug besteht, wie sich dies als Grundsatz aus Art. 58 Abs. 1 CISG entweder direkt oder durch Rückgriff auf die in Art. 58 Abs. 1 CISG ausgedrückten Prinzipien (Art. 7 Abs. 2 CISG) ergibt. Die Zug-um-Zug-Regel ist, wie Art. 58 Abs. 1 CISG zeigt, zwar abdingbar, jedoch durch die vorliegend erfolgte Vereinbarung („zahlbar bei Anlieferung") sogar ausdrücklich bestätigt. Nachdem die Müller OHG bereits erfolglos angeliefert hat, spricht mehr dafür, nun einen uneingeschränkten Zahlungsanspruch zu bejahen; das kann aber dahinstehen, da die Müller OHG weiterhin nur Zahlung Zug um Zug gegen Lieferung verlangt.

3. Zinsanspruch

a) Anspruch dem Grunde nach

Der Zinsanspruch könnte sich aus **Art. 78 CISG** ergeben; danach besteht unbeschadet eines Schadensersatzanspruchs nach Art. 74 CISG ein Zinsanspruch. Voraussetzung ist lediglich die Nichtzahlung des fälligen Kaufpreises. Die Fälligkeit des Kaufpreises ergibt sich, vorbehaltlich einer hier nicht getroffenen Vereinbarung, sobald der Verkäufer die Ware vertragsgemäß zur Verfügung gestellt hat (Art. 58 Abs. 1 CISG). Dies ist hier durch die tatsächliche Anlieferung am 20.3.2018 erfolgt. **521**

b) Zinshöhe

Fraglich ist, wie der dem Grunde nach bestehende **Zinsanspruch der Höhe nach** auszufüllen ist. Ausdrückliche Regelungen hierzu enthält das CISG nicht.[21] **522**

Einerseits ergibt sich aus Art. 4 CISG sowie aus der ausdrücklichen Erfassung in Art. 78 CISG, dass Zinsen wegen Spätleistung der Kaufpreiszahlung in den Regelungsbereich des CISG fallen. Es handelt sich damit bei der Frage nach der Zinshöhe um eine „interne Lücke", für die gemäß Art. 7 Abs. 2 CISG nach einer Lösung entsprechend den *general principles* zu suchen ist, die dem Übereinkommen zugrunde liegen. Andererseits wäre es unmöglich, aus Prinzipien einen konkreten Zinssatz zu bestimmen. Gleichwohl wollen manche den gesetzlichen Zinssatz in dem am Sitz des Gläubigers,[22] andere in dem am Sitz des Schuldners[23] geltenden Recht anwenden. Dies ließe sich auf

---

21 Zum Streit hierüber auf der das CISG parafierenden Wiener Konferenz: Staudinger/*Magnus* CISG (2018) Art. 78 Rn 4.

22 LG Frankfurt/Main RIW 1991, 952.

23 Nur für einen Sonderfall: *Schlechtriem/Schwenzer/Hornung/Fountoulakis*[6] Art. 84 CISG Rn 17.

die zugrunde liegenden Prinzipien allenfalls insoweit stützen, als Zins entweder der Gewinnabschöpfung (dann Schuldnersitz) oder dem Ersatz von Schaden (dann Gläubigersitz) dient. Richtiger Ansicht nach sollte jedoch insoweit abgestellt werden auf das nach dem IPR des Gerichts ermittelte *Vertragsstatut* (Art. 7 Abs. 2 Hs. 2 CISG)[24], hier also auf deutsches Recht. Dieses gilt dann nur für den Zinssatz, nicht aber für den Zinsgrund.

Fraglich ist, ob der Zinssatz des § 288 Abs. 1 S. 2 BGB (Verbrauchergeschäfte) oder der des § 288 Abs. 2 BGB (Geschäfte ohne Verbraucherbeteiligung) anzuwenden ist. Insoweit ist vom Verbraucherbegriff des § 13 BGB auszugehen, also nicht von den geschäftsbezogenen Einschränkungen in Art. 6 Abs. 1 Rom I-VO. Da aber auch insoweit eine objektive und erkennbare Bestimmung für private Zwecke vorliegen muss, liegt, wie zu Art. 2 lit. a CISG, kein Verbrauchervertrag vor. Geschuldet ist der Zins nach § 288 Abs. 2 BGB; gemäß Art. 229 § 34 EGBGB gilt intertemporal für den nach dem 28.7.2014 geschlossenen Vertrag die Neufassung nach dem Zahlungsverzugs-Richtlinien-Umsetzungsgesetz; der Zinssatz beträgt 9 Prozentpunkte über dem Basiszins der EZB.

523 **Ergebnis:** Die Klage hat hinsichtlich des Kaufpreisanspruchs – Zug um Zug gegen Lieferung – Aussicht auf Erfolg, denn es fehlt an einem Aufhebungsgrund. Der Zinsanspruch besteht ebenfalls in eingeklagter Höhe

Frage 3: Gegenanspruch des Granier

1. Aufrechnung oder Widerklage

524 In Betracht kommt eine Geltendmachung von Schadensersatzansprüchen im Wege der **Aufrechnung** gegen den eingeklagten Kaufpreiszahlungsanspruch. Eine Geltendmachung durch **Widerklage** wäre wegen der Gleichartigkeit des Anspruchs und der Betragsverhältnisse als die verfahrensrechtlich eindeutig unpraktischere Lösung nur zu erwägen, wenn eine Aufrechnung nicht möglich ist.

2. Auf Schadensersatzanspruch anwendbares Recht

525 Hinsichtlich des anwendbaren Rechts gilt für einen Schadensersatzanspruch, der sich nur aus dem **Vertrag** ergeben könnte, dasselbe wie für den Kaufpreisanspruch. Es ist das CISG anzuwenden, subsidär gilt nach Art. 4, 7 Abs. 2 CISG das Vertragsstatut, also deutsches Recht (Rn 512 ff).

3. Schadensersatzanspruch nach CISG

526 Ein Anspruch des Granier auf Ersatz der Mietwagenkosten könnte sich als Schadensersatzanspruch aus Art. 74 CISG ergeben.

24 OLG Frankfurt/Main NJW 1991, 3102; LG Coburg IPRspr 2006 Nr 18.

a) Vertragsverletzung

Voraussetzung ist eine *Vertragsverletzung* der Müller OHG, die oben bereits angenommen wurde (Spätlieferung). Diese führt zu einem Ersatz der *kausal* iSd *condicio sine qua non* hierauf beruhenden Schäden, was für die Kosten eines Mietwagens bei Spätlieferung eines Neufahrzeuges zu bejahen ist. **527**

Dem Schadensersatzanspruch steht nicht entgegen, dass eine Vertragsaufhebung nur unter den Voraussetzungen des Art. 49 CISG möglich gewesen wäre; Schadensersatzansprüche wegen Spätlieferung bestehen unabhängig von dem Erfordernis einer Fristsetzung, auch wenn später erfüllt wird (Art. 47 Abs. 2 S. 2 CISG). **528**

b) Entlastungsbeweis, Vorhersehbarkeit

Ein *Verschulden* des Verkäufers ist nicht erforderlich. Den nach Art. 79 CISG möglichen *Entlastungsbeweis* kann die Müller OHG nicht führen, denn das Beschaffungsrisiko und die Disposition über Liefertermine hat der Verkäufer bei uneingeschränkter Zusage immer zu verantworten. **529**

Jedoch begrenzt Art. 74 S. 2 CISG die Ersatzpflicht durch das Kriterium der *Vorhersehbarkeit.* Vorhersehbar muss für den Vertragsbrüchigen nicht die Vertragsverletzung sein, sondern der aus ihr entstehende Nachteil. Dies steht hier außer Frage; die Notwendigkeit von Aufwendungen für einen Mietwagen bei Spätlieferung ist als unmittelbarer Nichterfüllungsschaden eine übliche Folge der Spätlieferung und kein ungewöhnliches Risiko, also vorhersehbar.

4. Auf die Aufrechnung anwendbares Recht

Fraglich ist, ob auch die **materielle Zulässigkeit der Aufrechnung** nach dem CISG zu behandeln ist. Ausdrückliche Bestimmungen enthält das CISG nicht. Fraglich ist daher, ob man die Aufrechnung zum *Anwendungsbereich* nach Art. 4 CISG rechnet. Bejahendenfalls wäre zu prüfen, ob sich eine Lösung aus *general principles* iSd Art. 7 Abs. 2 CISG ermitteln lässt; fällt hingegen die Aufrechnung als solche nicht in den Anwendungsbereich, so handelt es sich um eine „externe Lücke“, die sogleich dem Vertragsstatut unterliegt. **530**

Grundsätzlich kann eine Einbeziehung in den *Anwendungsbereich* nur denkbar sein, soweit sich Geldansprüche gegenüberstehen, die auf dem CISG beruhen; Aussagen über Ansprüche aus anderem Rechtsgrund trifft das CISG nicht. Dies ist vorliegend zu bejahen (Anspruch Art. 74 CISG gegen Art. 53, 78 CISG). Insoweit ist der Anwendungsbereich aber auch eröffnet, denn Aufrechnung als ein Erfüllungssurrogat betrifft die aus dem Kaufvertrag erwachsenden Rechte und Pflichten (Art. 4 Abs. 1 CISG). **531**

In der Rechtsprechung wird verbreitet angenommen, dass dennoch Art. 7 Abs. 2 Alt. 2 CISG mangels einschlägiger *general principles* für die Aufrechnung auf das Vertrags- **532** statut verweise[25] (nach Art. 17 Rom I-VO wäre das Vertragsstatut anzuwenden, bei verschiedenen Statuten dasjenige der Hauptforderung, gegen die aufgerechnet wird). *General principles*, aus denen iSd Art. 7 Abs. 2 Alt. 1 CISG die Zulässigkeit der Aufrechnung gefolgert werden kann, finden sich jedoch im Zug-um-Zug-Prinzip (Art. 58 Abs. 1 CISG, speziell bei Rückabwicklung: Art. 81 Abs. 2 CISG), sowie in Art. 84 Abs. 2 CISG, der für den Fall der Rückabwicklung die Teilaufrechnung der Kaufpreiserstattung gegen zu ersetzende Gebrauchsvorteile bestimmt. Es ist daher davon auszugehen, dass die allgemeinen Grundsätze des CISG die Aufrechnung fälliger konventionsinterner Ansprüche ohne weitere Voraussetzungen zulassen.[26]

5. Aufrechnungszuständigkeit

533 Ob das Gericht, das über die Hauptforderung entscheidet, *gegen* die aufgerechnet wird, auch zur Entscheidung über die Aufrechnung **zuständig** ist, ist strittig. Man könnte annehmen, das Gericht sei zur Entscheidung über die Aufrechnung nur zuständig, wenn es auch für die selbstständige Geltendmachung *der zur Aufrechnung gestellten Forderung* zuständig wäre; denn die Entscheidung über die Aufrechnung erfordert eine sachliche Entscheidung über die zur Aufrechnung gestellte Forderung. Es müsste dann unter Geltung der Brüssel Ia-VO für diese Forderung eine eigenständige Zuständigkeit aus Art. 4 ff Brüssel Ia-VO, zumindest die Widerklagezuständigkeit, nach Art. 8 Nr 3 Brüssel Ia-VO, bestehen.[27] Andererseits lässt sich anführen, dass die Aufrechnung – im Gegensatz zur Widerklage – kein Angriffs-, sondern ein bloßes Verteidigungsmittel ist. Zur Entscheidung über Verteidigungsmittel ist aber das mit der Ausgangsforderung befasste Gericht immer zuständig. Diese, vom EuGH vertretene[28] Ansicht überzeugt mehr: Mit der Aufrechnung versucht der Beklagte nicht, für seine Forderung einen Titel zu erlangen; die Forderung wird daher nicht rechtshängig, wie dies bei einer Widerklage der Fall ist. Damit ist auch die Prozessaufrechnung ohne weiteres zulässig. Sie unterliegt auch nicht, wie in missverständlicher Interpretation des EuGH vertreten wird,[29] zusätzlich der prozessualen *lex fori*. Lediglich die materielle Zulässigkeit der Aufrechnung beurteilt sich auch im Fall der Prozessaufrechnung in einem Gerichtsstand nach der Brüssel Ia-VO nach der *lex causae* (Rn 530).

Folgt man der Gegenansicht, so ist die Prozessaufrechnung hier ebenfalls zulässig, weil jedenfalls die für die Widerklagezuständigkeit stillschweigend von Art. 8 Nr 3 Brüssel Ia-VO vorausgesetzte Konnexität mit der Hauptforderung aufgrund der Identität des zugrundeliegenden Vertrages besteht. Überdies wäre das französische Gericht am einheitlichen Erfüllungsort des Kaufvertrages auch aus Art. 7 Nr 1 lit. b Brüssel Ia-VO zuständig, denn insoweit wäre „Beklagter" die Müller OHG mit Wohnsitz in Deutschland, einem anderen Vertragsstaat.

25 OLG Koblenz RIW 1993, 934; OLG Hamm IPRax 1996, 269; OLG Düsseldorf EuLF 2005 I-23.

26 OLG Düsseldorf NJW-RR 1994, 506; Staudinger/*Magnus* (2018) Art. 4 CISG Rn 47; *Schlechtriem/Schwenzer/Hornung/Fountoulakis*[6] Art. 81 CISG Rn 21.

27 BGH NJW 1993, 1012.

28 EuGH Rs. C-341/93 ECLI:EU:C:1995:239 *(Danvaern Production/Schuhfabriken Otterbeck)*.

29 OLG Hamm IPRspr 1997 Nr 160A; offen gelassen in BGH IPRax 2002, 299.

Ergebnis: Granier steht wegen den Mietwagenkosten ein Schadensersatzanspruch aus Art. 74 CISG gegen die Müller OHG zu. Mit diesem kann er in dem Verfahren zwischen ihm und der Müller OHG gegen deren Ansprüche aufrechnen. **534**

Literaturhinweise

Behandlung der fallrelevanten Themen in:
***Rauscher* Internationales Privatrecht (5. Aufl., 2017)**

Anwendungsbereich der Brüssel Ia-VO:	Rn 1737 ff, 1744 ff
Verbrauchersache nach Brüssel Ia-VO:	Rn 2038 ff
Gerichtsstandsvereinbarung:	Rn 1928 ff
Erfüllungsortgerichtsstand und -vereinbarung:	Rn 1798 ff, 1819 f
Anwendungsbereich der Rom I-VO:	Rn 1180
Verbrauchervertrag, Abschlusssituationen:	Rn 1190 ff, 1237 ff
CISG Anwendungsbereich und Reichweite:	Rn 1169 ff
Aufrechnungszuständigkeit:	Rn 1887 f

Weitere Literatur

1. Anwendungsbereich der Brüssel Ia-VO

Rauscher/Mankowski (2016) Art. 1 Brüssel Ia-VO Rn 1.

Alio Die Neufassung der Brüssel I-Verordnung, NJW 2014, 2395.

Huber/Stieber Zuständigkeitsordnung nach dem EuGVÜ, ZZPInt 2005, 285.

Piltz Vom EuGVÜ zur Brüssel I-Verordnung, NJW 2002, 789.

2. Verbrauchersache nach Brüssel Ia-VO

Rauscher/Staudinger (2016) Art. 17 Brüssel Ia-VO Rn 1.

Heiderhoff Nationaler Verbrauchergerichtsstand nach der Brüssel I-VO, IPRax 2006, 612.

Wilke Verbraucherschutz im internationalen Zuständigkeitsrecht der EU – Status quo und Zukunftsprobleme, uZW 2015, 13.

3. Gerichtsstandsvereinbarung

Rauscher/Mankowski (2016) Art. 25 Brüssel Ia-VO Rn 1.

Leible/Röder Missbrauchskontrolle von Gerichtsstandsvereinbarungen im Europäischen Zivilprozess, RIW 2007, 481.

Berner Prorogation drittstaatlicher Gerichte und Anwendungsvorrang der EuGVVO, RIW 2017, 792.

Nordmeier Internationale Gerichtsstandsvereinbarungen nach der EuGVVO n.F., RIW 2016, 331.

4. Erfüllungsortgerichtsstand und -vereinbarung

Rauscher/Leible (2016) Art. 7 Brüssel Ia-VO Rn 43.

Graziano Der Gerichtsstand des Erfüllungsortes in Art. 7 Nr 1 EuGVVO n.F. – Zur Entkoppelung des international-zivilprozessualen vom materiell-rechtlichen Erfüllungsort, RIW 2016, 14.

Gregor Gerichtsstand des Erfüllungsortes beim Luftbeförderungsvertrag, IPRax 2008, 403.

Mankowski Mehrere Lieferorte beim Erfüllungsortgerichtsstand unter Art. 5 Nr 1 lit. b EuGVVO, IPRax 2007, 404.

Wagner Die Entscheidung des EuGH zum Gerichtsstand des Erfüllungsorts nach der EuGVVO, IPRax 2010, 143.

5. Anwendungsbereich der Rom I-VO

Leible/Lehmann Die Verordnung über das auf vertragliche Schuldverhältnisse anzuwendende Recht (Rom I), RIW 2008, 528.

Mankowski Die Rom-I Verordnung – Änderungen im europäischen IPR für Schuldverträge, IHR 2008, 133.

Martiny Europäisches Internationales Vertragsrecht in Erwartung der Rom I-VO, ZEuP 2008, 79.

Rauscher/von Hein (2016) Art. 1 Rom I-VO Rn 1.

Schäuble Internationales Schuldvertragsrecht in der notariellen Praxis, BWNotZ 2015, 2.

6. Verbrauchervertrag, Abschlusssituationen

Staudinger/Magnus (2016) Art. 6 Rom I-VO Rn 102.

Rauscher/Staudinger (2016) Art. 17 Brüssel Ia-VO Rn 4.

Kaufhold Internationale Webshops – anwendbares Vertrags- und AGB-Recht im Verbraucherverkehr, EuZW 2016, 247.

Staudinger Reichweite des Verbrauchergerichtsstandes nach Art. 15 II EuGVO, IPRax 2008, 107.

7. Aufrechnungszuständigkeit

Rauscher/Leible (2016) Art. 8 Brüssel Ia-VO Rn 30.

Gruber Ungeklärte Zuständigkeitsprobleme bei der Prozessaufrechnung, IPRax 2002, 285.

Rauscher Internationale Zuständigkeit bei Prozessaufrechnung und Widerklage, WuB VII B Art. 6 EuGVVO 2.02.

Fall 10

Ein internationaler Lackschaden

Die BAVV AG mit Satzungs- und Verwaltungssitz in Ludwigshafen produziert und vertreibt chemische Lacke. Sie belieferte seit dem Mai 2014 in monatlichen Tranchen nach jeweiligem Bedarf den in Gdansk (Polen) ansässigen einzelkaufmännischen Betrieb des polnischen Staatsangehörigen Waczlav Woytilek, der Sportboote herstellt, die er mit diesen Lacken beschichtet und auch gebrauchte Boote von Kunden mit diesen Lacken nachbeschichtet. Eine von der BAVV AG nach telefonischem Vertragsschluss zugesandte schriftliche Bestätigung vom 29.4.2014, die den Inhalt des geschlossenen Vertrages zusammenfasst, enthält den Hinweis: „Es gelten unsere allgemeinen Geschäftsbedingungen. Gerichtsstand ist Ludwigshafen". **535**

Im Oktober 2017 trafen bei Woytilek zahlreiche Beschwerden von Kunden ein, die im Herbst 2016 und im Frühjahr 2017 solche Boote gekauft hatten. Aufgrund von Rissen in der Lackierung drang Feuchtigkeit ein, durch die der aus Holz und Kunststoffen gefertigte Bootsaufbau beschädigt wurde. Woytilek versuchte zunächst, diese Kunden durch Nachlackierungen zufrieden zu stellen. Als dies nichts half, weil die dauerhaften Beschädigungen der Bootsaufbauten dadurch nicht behoben werden konnten, rügte Woytilek erstmals mit Schreiben vom 15.5.2018 an die BAVV AG unter Hinweis auf die brüchig gewordene Lackierung die Qualität des in den Tranchen seit Juli 2016 gelieferten Lackes und kündigte Schadensersatzansprüche wegen der Schäden an den Booten an, die er seinen Kunden ersetzen muss.

Die BAVV AG weist die Ansprüche unter Hinweis auf Ziff. 5 ihrer AGB zurück, die lautet: „5. Bei Mängeln der gelieferten Sache ist der Käufer auf Nachlieferungsansprüche beschränkt. Schadensersatzansprüche sind ausgeschlossen. Dies gilt insbesondere für Schäden, die durch Verarbeitung der Kaufsache an anderen Rechtsgütern des Käufers oder Dritter entstehen." Außerdem hätte Woytilek den Lack nach Lieferung untersuchen und die angeblichen Mängel sofort rügen müssen.

Woytilek besteht auf Schadensersatz, den er mit mindestens 2 Mio. € beziffert, und droht mit Klage in Polen. Hierauf reicht die BAVV AG am 15.2.2019 Klage zum LG Ludwigshafen ein mit dem Ziel der Feststellung, dass Woytilek die Ansprüche, deren er sich berühmt, nicht zustehen. Für die internationale Zuständigkeit deutscher Gerichte beruft sie sich auf die Gerichtsstandsklausel in dem Bestätigungsschreiben.

Woytilek bestreitet die internationale Zuständigkeit deutscher Gerichte. Er schließe zwar öfter mit deutschen Vertragspartnern Verträge, ihm sei aber die von der BAVV AG gewählte einseitige Form der Gerichtsstandsbestimmung nicht bekannt und in Polen auch nicht üblich.

Hilfsweise macht er geltend, ihm stünden noch nicht bezifferbare Schadensersatzansprüche zu, wofür er sich neben Vertragsrecht auch auf deutsches Produkthaftungs- und

Deliktsrecht bezieht. Er trägt vor, eine Untersuchung des Lacks durch ihn hätte nichts genützt, da der Mangel selbst bei der Verarbeitung nicht aufgefallen sei.

1. Ist die Zuständigkeit des angerufenen Gerichts für die Klage wirksam vereinbart?
2. Bestehen Schadensersatzansprüche? Anspruchsgrundlagen im nationalen Recht sind nicht zu subsumieren.
3. Wie muss das LG Ludwigshafen verfahren, wenn Woytilek am 14.2.2019 Leistungsklage über 2 Mio. € gegen die BAVV AG bei dem Sad Okręgowy Gdansk (Bezirksgericht) eingereicht hat, die der BAVV AG später zugestellt wird als dem Woytilek die beim LG Ludwigshafen anhängige Klage, und die BAVV AG in der ersten Einlassung vor dem polnischen Gericht die Zuständigkeit des LG Ludwigshafen kraft Gerichtsstandsvereinbarung einwendet?
4. An welchen Orten sind Gerichte zuständig für eine Schadensersatzklage aus Produkthaftung, die der in Warschau wohnende Bartosz Brzinski, der sein in Gdansk liegendes Hochseeboot 2017 in der Firma von Woytilek hatte neu beschichten lassen, wonach das Boot durch eindringende Feuchtigkeit schwer beschädigt wurde, gegen die BAVV AG erheben will?
5. Welches Recht ist auf die Ansprüche von Brzinski anzuwenden?

Strukturierung des Falles

Wesentliche Themen: Gerichtsstandsvereinbarungen nach Brüssel Ia-VO; Räumlicher Anwendungsbereich Art. 25 Brüssel Ia-VO; Form des Handelsbrauchs nach Art. 25 Brüssel Ia-VO; Drittwirkung von Gerichtsstandsvereinbarungen; Konkurrierende Anhängigkeit; Vorrang des CISG; Deliktsstatut; Deliktsstatut und Produkthaftung unter Rom II-VO.. 536

Frage 1: Zuständigkeit

1. **Brüssel Ia-VO: Anwendbarkeit**
   a) **Sachlich**
      - Sachlicher Anwendungsbereich Art. 1 Abs. 1a Brüssel I-VO (+), keine Bereichsausnahmen Art. 1 Abs. 2 Brüssel Ia-VO (+)

   b) **Räumlich-persönlich**
      - Räumlich-persönlicher Anwendungsbereich Art. 5 Abs. 1 Brüssel Ia-VO
      - Beklagtenwohnsitz in Polen nach polnischem Recht Art. 62 Abs. 2 Brüssel Ia-VO (+)
      - Polen, anders als bei Brüssel I-VO, bereits bei Inkrafttreten Mitgliedstaat (+)

   c) **Anwendungsbereich bei Gerichtsstandsvereinbarung**
      - Art. 25 Brüssel Ia-VO: Vereinbarung von Mitgliedstaatengericht (+)
      - Keine räumlich-persönliche Abhängigkeit von Parteiwohnsitz mehr (anders als Art. 23 Brüssel I-VO)
      - Aber Auslandsbezug erforderlich (+)

   d) **Intertemporaler Anwendungsbereich – Gerichtsstandsvereinbarung**
      - Zeitlicher Anwendungsbereich (+) Klage seit 10.1.2015 (+)
      - Überleitung zu Art. 25 Brüssel Ia-VO bei Abschluss vor 10.1.2015: nur bedeutsam, wenn räumlich-persönliche Voraussetzungen von Art. 23 Brüssel I-VO fehlten

2. **Gerichtsstandsvereinbarung nach Art. 25 Brüssel Ia-VO**
   a) **Schriftlichkeit, Halbschriftlichkeit**
      - Art. 25 Abs. 1 lit. a Brüssel Ia-VO (-) keine durch Form indizierte Einigung

   b) **Individuelle Gepflogenheiten**
      - Art. 25 Abs. 1 lit. b Brüssel Ia-VO (-) keine vorherigen Geschäftsbeziehungen

   c) **Handelsbrauch**
      - Art. 25 Abs. 1 lit. c Brüssel Ia-VO
      - Geschäft im internationalen Handel (+)
      - Handelsbrauch (+) konstitutives kaufmännisches Bestätigungsschreiben ist abstrakt Handelsbrauch
      - Beachtung im Geschäftszweig
      - Bedeutsam, weil damit Kennen oder Kennenmüssen indiziert ist
      - Ungeeignet bei kaufmännischem Bestätigungsschreiben, weil nicht branchenspezifisch
      - Auch keine generelle Geltung, Argument Art. 9 CISG
      - Kenntnis bzw Kennenmüssen
      - Individuell bei Parteien des Vertrages
      - Kennenmüssen aufgrund objektiv konsolidierter Praxis bei Verträgen einer bestimmten Art (-)
      - Nationalität, Wohnsitz, Aufenthalt nicht maßgeblich
      - Kennenmüssen wegen häufigem Kontrahieren mit deutschen Vertragspartnern (+)

3. **Örtliche/sachliche Zuständigkeit**
   a) **Örtliche Zuständigkeit**
      - Ludwigshafen unmittelbar aus Art. 25 Brüssel Ia-VO und Gerichtsstandsvereinbarung

   b) **Sachliche Zuständigkeit**
      - LG § 23 Nr 1 GVG

Ergebnis: Das LG Ludwigshafen ist international und örtlich zuständig aufgrund einer nach Art. 25 Abs. 1 lit. c Brüssel Ia-VO wirksamen Gerichtsstandsvereinbarung.

Frage 2: Schadensersatzansprüche

I. **Vertragliche Ansprüche**

1. **Anwendbarkeit des CISG**
   a) **Räumliche Anwendbarkeit (Art. 1 Abs. 1 lit. a CISG)**
      - Niederlassung in verschiedenen Vertragsstaaten bei Vertragsschluss Art. 1 Abs. 1 lit. a CISG (+) CISG für Polen seit 1.6.1996 in Kraft

   b) **Räumliche Anwendbarkeit iVm Vertragsstatut (Art. 1 Abs. 1 lit. b CISG)**

- CISG auch anzuwenden, wenn IPR Recht eines Vertragsstaats beruft Art. 1 Abs. 1 lit. b CISG
- Intertemporaler Anwendungsbereich Rom I-VO (-) Vertragsschluss seit Stichtag 17.12.2009 Art. 28 Rom I-VO; ursprünglich „nach", Berichtigung (ABl. EU 2009 L 309/87).
- Anknüpfung nach Art. 3 ff Rom I-VO
- Rechtswahl Art. 3 Abs. 1 Rom I-VO (-)
- Art. 4 Abs. 1 lit. a (+), dass BAVV AG die Lacke selbst herstellt, ändert nichts an Kaufvertrag, selbst Werklieferungsvertrag fiele unter lit. a, also deutsches Recht
- Engere Verbindung Art. 4 Abs. 3 Rom I-VO (-)
- Also deutsches Recht, Deutschland bei Vertragsschluss CISG-Vertragsstaat ohne Vorbehalt Art. 92 CISG]

c) Sachlicher Anwendungsbereich
- Werklieferungsvertrag Art. 3 Abs. 1 CISG (+) Besteller hat keine Stoffe zur Verfügung gestellt
- Kein Kauf zum persönlichen Gebrauch Art. 2 lit. a CISG (+)

2. Schadensersatzanspruch aus Art. 45 Abs. 1 lit. b, 74 ff CISG

a) Vertragsverletzung
- Art. 35 CISG: nach Vortrag des Bestellers (+), im Weiteren zu unterstellen

b) Haftungsausschluss in AGB
- Ausschluss durch Ziff. 5 der AGB der BAVV AG
- Einbeziehung, Beurteilung nach Art. 7 Abs. 2 CISG und *general principles* strittig
- Voraussetzung: Gegenstand des CISG nach Art. 4 CISG, dort S. 2 lit. a „Gültigkeit einzelner Vertragsbestimmungen" grundsätzlich ausgenommen
- Aber: historisch AGB als Frage der Vertragsauslegung Art. 8 CISG behandelt, also Art. 14 CISG, also Art. 4 CISG (+), also Art. 7 Abs. 2 CISG (+)
- Kriterien der Einbeziehung aus Art. 8 Abs. 3 CISG
- Wille zur Einbeziehung erkennbar, auch aus Handelsbrauch möglich, Kennenmüssen Art. 9 Abs. 2 CISG (+)
- Art. 8 Abs. 2 CISG: vorherige Kenntnisnahmemöglichkeit (-) nicht durch kaufmännisches Bestätigungsschreiben zu überwinden, Argument Art. 7 Abs. 1 CISG
- Also keine Einbeziehung

c) Fristgemäße Anzeige des Mangels
- Ausschluss wegen Verletzung der Rügeobliegenheit Art. 38 CISG, Art. 39 CISG
- Anzeige
- Art. 39 CISG: Beanstandungswille (+) Schreiben vom 15.5.2018
- Ausreichende Mangelbeschreibung (+) Ursache muss nicht erforscht werden
- Angemessene Frist Art. 39 Abs. 1 CISG
- Untersuchungsfrist Art. 38 CISG: keine Untersuchung erfolgt
- Aber: Kein Rechtsverlust bei fehlender Erkennbarkeit bei unterstellt ordnungsgemäßer Untersuchung
- Beweis fehlender Erkennbarkeit durch Käufer (+) keine Erkennbarkeit selbst bei Verarbeitung
- Anzeigefrist Art. 39 Abs. 1 CISG
- Auch ohne Untersuchung nach Kenntnis oder Kennenmüssen durch Kundenbeschwerden
- Angemessenheit (-) weit mehr als ein Monat zwischen Mangelkenntnis und Anzeige

II. Ansprüche aus Delikt und Produkthaftung

1. Deliktsstatut und CISG
- Vorrang des CISG (-) CISG regelt nicht deliktische Ansprüche, Vertragshaftung bei Schäden durch Mängel nur eingeschränkt, Art. 5 CISG, Art. 74 CISG

2. Anwendungsbereich Rom II-VO:
- Intertemporaler Anwendungsbereich Rom II-VO (+) Stichtag 11.1.2009, Art. 31, 32 Rom II-VO
- Sachlicher Anwendungsbereich (+) Art. 1 Abs. 1 Rom II-VO, keine Bereichsausnahme Art. 1 Abs. 2 Rom II-VO; Produkthaftung in Art. 5 Rom II-VO sogar ausdrücklich geregelt
- Räumlicher Anwendungsbereich: *loi uniforme* Art. 3 Rom II-VO

3. Sonderanknüpfung Produkthaftung: Reichweite
- Zweck: Risikoverteilung in hochtechnisierter Wirtschaft
- Konkurrenz Deliktshaftung und Produkthaftung aus europäischer Sicht zufällig
- Wortlaut Art. 5 Rom II-VO erfasst alle außervertraglichen Ansprüche bei fehlerhaftem Produkt
- Produkthaftung iSd Art. 5 Rom II-VO liegt vor; „Produkt" wie Art. 2 Produkthaftungsrichtlinie (85/374/EWG)

4. Produkthaftung: Anwendbares Recht

a) Gemeinsamer gewöhnlicher Aufenthalt
- Art. 5 Abs. 1 S. 1 iVm Art. 4 Abs. 2 Rom II-VO (-)

b) Gewöhnlicher Aufenthalt des Geschädigten
- Art. 5 Abs. 1 lit. a Rom II-VO
- Wenn Produkt dort in Verkehr gebracht Art. 5 Abs. 1 S. 2 Rom II-VO (+)

c) Offensichtlich engere Verbindung
- Akzessorische Anknüpfung Art. 5 Abs. 2 Rom II-VO
- Offensichtlich engere Verbindung mit Vertragsstatut Art. 5 Abs. 2 S. 2 Rom II-VO (+) bei Anspruch gegen Hersteller-Verkäufer
- Anwendbar: deutsches Recht als hilfsweises Vertragsstatut neben CISG

Ergebnis: Vertragliche Ansprüche nach dem CISG bestehen nicht, da der Mangel zu spät angezeigt wurde. Deliktische Ansprüche einschließlich Ansprüchen aus Produkthaftung unterstehen deutschem Recht.

Frage 3: Verfahren des LG Ludwigshafen

1. Aussetzung (Art. 29 Abs. 1 Brüssel Ia-VO)

a) Später angerufenes Gericht
- LG Ludwigshafen später angerufen (+)
- Art. 32 Abs. 1 lit. a Brüssel Ia-VO, maßgeblich ist Klageeinreichung, ob Rechtshängigkeit in Polen mit Einreichung oder Zustellung daher unerheblich, Obliegenheitsverletzung des Woytilek („vorausgesetzt, dass...") nicht ersichtlich

b) Selber Anspruch zwischen denselben Parteien
- Selbe Parteien (+)
- Selber Anspruch (+) Kernpunkttheorie

c) Verfahrensweise
- Aussetzung Art. 29 Abs. 1 Brüssel Ia-VO

2. Vorrang des prorogierten Gerichts (Art. 31 Abs. 2 Brüssel Ia-VO)

a) Kompetenzvorrang des LG Ludwigshafen
- LG Ludwigshafen aufgrund ausschließlicher Gerichtsstandsvereinbarung angerufen (+)

b) Keine rügelose Einlassung
- Keine rügelose Einlassung nach Art. 26 Brüssel Ia-VO vor dem Bezirksgerichts Gdansk
- Also Prüfung der Wirksamkeit und der Anwendbarkeit der Prorogation auf die Klage

c) Umsetzung des Verhältnisses zu Art. 29 Brüssel Ia-VO
- Aussetzung nach Art. 29 Abs. 1 Brüssel Ia-VO nur, wenn Prüfung nach Art. 31 Abs. 2 Brüssel Ia-VO negativ

Ergebnis: Das LG Ludwigshafen setzt, obwohl es das zweitangerufene Gericht ist, das Verfahren nicht nach Art. 29 Abs. 1 Brüssel Ia-VO aus; es prüft vielmehr als das aufgrund einer ausschließlichen Gerichtsstandsvereinbarung angerufene Gericht, ob die Voraussetzungen des Art. 31 Abs. 2 Brüssel Ia-VO gegeben sind und keine Ausnahme nach Art. 31 Abs. 4 Brüssel Ia-VO vorliegt. Sodann prüft es seine Zuständigkeit auf Grundlage der Prorogation. Wenn diese zu bejahen ist, entscheidet es in der Sache. Nur wenn es die Prorogation nicht als wirksam oder auf die Klage anwendbar ansieht, setzt es nach Art. 29 Abs. 1 Brüssel Ia-VO aus.

Frage 4: Zuständigkeit für die Klage von Brzinski

1. Drittwirkung der Gerichtsstandsvereinbarung
- Drittwirkung der Gerichtsstandsvereinbarung (-); zutreffend EuGH: nicht bei Lieferkette

2. Allgemeiner Gerichtsstand
- Art. 4 Brüssel Ia-VO (+) deutsche Gerichte Art. 63 Brüssel Ia-VO Sitz der BAVV AG, Ludwigshafen § 17 ZPO

3. **Deliktsgerichtsstand**
   a) **Anwendbarkeit Art. 7 Nr 2 Brüssel Ia-VO**
      - Art. 7 Nr 2 Brüssel Ia-VO (+) Wohnsitz in anderem Mitgliedstaat
      - Produkthaftung erfasst

   b) **Handlungsort/Erfolgsort**
      - Handlungsort (+) bei Produkthaftung Herstellungsort Ludwigshafen
      - Erfolgsort (+) Primärer Schadenseintritt
      - Wahlrecht des Geschädigten, da BAVV AG mit Schädigungen in Polen rechnen musste, hier Primärschaden an Boot des Brzinski in Polen
      - örtliche Zuständigkeit mitgeregelt, Erfolgsort innerhalb Polens: bei Schaden an Mobilien Belegenheitsort oder Wohnsitz des Geschädigten?

Ergebnis: Nach Wahl von Brzinski sind die Gerichte in Ludwigshafen sowie die Gerichte in Gdansk zuständig für die Schadensersatzklage aus Produkthaftung.

Frage 5: Anwendbares Recht Produkthaftungsansprüche Brzinski

1. **Anwendbarkeit von Art. 5 Rom II-VO**
   - Art. 5 Rom II-VO, Anwendungsbereich (+) vgl Frage 2, hier erst recht, da typische Produkthaftungssituation mit drittem Geschädigtem

2. **Keine wesentlich engere Verbindung**
   - Anknüpfung bis zur Prüfung Art. 5 Abs. 1 S. 2 Rom II-VO wie Frage 2
     Art. 5 Abs. 2 S. 2 Rom II-VO (-): keine Akzessorietät zum Vertragsstatut auf erster Absatzstufe
   - Anwendbar somit polnisches Recht

Ergebnis: Die Produkthaftungsansprüche unterliegen gemäß Art. 5 Abs. 1 S. 2 Rom II-VO polnischem Recht; eine akzessorische Anknüpfung kommt hier nicht in Betracht.

Lösung

Frage 1: Zuständigkeit

1. Brüssel Ia-VO: Anwendbarkeit

Die **internationale Zuständigkeit** deutscher Gerichte könnte sich nach der **Brüssel Ia-VO** beurteilen. **537**

a) Sachlich

Der sachliche Anwendungsbereich (Art. 1 Brüssel Ia-VO) ist eröffnet, es handelt sich um eine Zivil- und Handelssache, eine der Bereichsausnahmen in Art. 1 Abs. 2 Brüssel Ia-VO liegt nicht vor. **538**

b) Räumlich-persönlich

Räumlich-persönlich ist die Brüssel Ia-VO anwendbar, wenn der **Beklagte** im Zeitpunkt der Klageerhebung seinen **Wohnsitz** in einem Mitgliedstaat hat (Art. 5 Abs. 1 Brüssel Ia-VO). Der Beklagte Woytilek könnte nach Sachverhalt nur in Polen Wohnsitz haben, was sich freilich nach polnischem Recht beurteilt (Art. 62 Abs. 2 Brüssel Ia-VO); soweit die Frage letztlich entscheidungserheblich ist, würde man mangels jeglicher Aufenthaltsbeziehung zu einem anderen Staat Wohnsitz in Polen unterstellen können. Da Polen bereits vor dem Geltungsbeginn der Brüssel Ia-VO Mitgliedstaat der EU war, stellt sich, anders als bei dem Geltungsbeginn der vormaligen Brüssel I-VO, insoweit kein Überleitungsproblem. **539**

c) Anwendungsbereich bei Gerichtsstandsvereinbarung

Art. 5 und 6 Brüssel Ia-VO sind jedoch insoweit verdrängt, als Art. 25 Brüssel Ia-VO einen anders definierten räumlich-persönlichen Anwendungsbereich für die Beurteilung einer **Gerichtsstandsvereinbarung** bestimmt. Die Anwendung von Art. 25 Abs. 1 S. 1 Brüssel Ia-VO setzt – abweichend von zuvor Art. 23 Brüssel I-VO – unabhängig vom Wohnsitz nur noch voraus, dass ein Gericht oder die Gerichte eines Mitgliedstaats gewählt wurden. Allerdings muss irgendein, nicht notwendig mitgliedstaatlicher, Auslandsbezug bestehen, da Art. 25 Brüssel Ia-VO nicht für reine Inlandsfälle, insbesondere nicht für die rein örtliche Zuständigkeitsvereinbarung, gilt. Das wäre hier ohne Weiteres der Fall, da es um die Wirksamkeit einer Prorogation zugunsten eines deutschen Gerichts geht und der Beklagte jedenfalls nicht in Deutschland wohnt. **540**

d) Intertemporaler Anwendungsbereich – Gerichtsstandsvereinbarung

Intertemporal ist die Brüssel Ia-VO auf ab dem 10.1.2015 erhobene Klagen anzuwenden (Art. 66 Abs. 1 Brüssel Ia-VO). Aus der Ablösung der Brüssel I-VO durch die Brüssel Ia-VO gemäß Art. 80 Brüssel Ia-VO zum 10.1.2015 ergibt sich allerdings die Überleitungsfrage, ob und in welcher Weise Art. 25 Brüssel Ia-VO auf eine vor Gel- **541**

tungsbeginn abgeschlossene Gerichtsstandsvereinbarung anzuwenden ist, die in einem nach Geltungsbeginn eingeleiteten Verfahren maßgeblich wird. Grundsätzlich gilt Art. 25 Abs. 1 Brüssel Ia-VO auch für vorher geschlossene Gerichtsstandsvereinbarungen, führt aber nicht zu deren Unwirksamkeit, wenn sie bei Abschluss wirksam waren. Vorliegend ist diese Frage unproblematisch; bei Abschluss am 29.4.2014 war die Gerichtsstandsvereinbarung nach Art. 23 Brüssel I-VO zu beurteilen, weil auch das zusätzliche räumliche Erfordernis des Wohnsitzes einer Partei in einem Mitgliedstaat jedenfalls für die BAVV AG gegeben war. Zur Formwirksamkeit stimmen Art. 23 Abs. 1 Brüssel I-VO und Art. 25 Brüssel Ia-VO überein.

2. Gerichtsstandsvereinbarung nach Art. 25 Brüssel Ia-VO

542 Die internationale Zuständigkeit des LG Ludwigshafen könnte sich somit vorrangig aus einer nach Art. 25 Brüssel Ia-VO zu beurteilenden Gerichtsstandsvereinbarung ergeben.

a) Schriftlichkeit, Halbschriftlichkeit

543 Nach **Art. 25 Abs. 1 lit. a** Brüssel Ia-VO ist die Prorogation nicht wirksam: *Schriftlichkeit* liegt nicht vor, weil sich Woytilek nie schriftlich zu der Gerichtsstandsklausel geäußert hat. *Halbschriftlichkeit* würde voraussetzen, dass die einseitige schriftliche Bestätigung eine vorher geschlossene Vereinbarung erkennen lässt; daran fehlt es aber bei Zusendung der Klausel nach mündlichem Vertragsschluss.[1]

b) Individuelle Gepflogenheiten

544 Auch **Art. 25 Abs. 1 lit. b** Brüssel Ia-VO greift mangels vorheriger längerer Geschäftsbeziehungen, die eine Gepflogenheit hätten begründen können, nicht ein.

c) Handelsbrauch

545 Die Wirksamkeit könnte sich jedoch aus **Art. 2 Abs. 1 lit. c** Brüssel Ia-VO (Form eines Handelsbrauchs) ergeben.

546 **aa)** Ein Geschäft im **internationalen Handel** setzt eine grenzüberschreitende Lieferung oder Leistung bzw einen grenzüberschreitenden Vertragsschluss voraus. Ausgeschlossen sind damit vor allem Handelsbräuche, die nur nach bestimmten Messe- oder Marktordnungen herrschen. Nicht erforderlich ist, dass Kaufleute in einem förmlichen handelsrechtlichen Sinn kontrahieren; es genügt, dass das Geschäft für *beide Parteien* beruflichen oder gewerblichen Zwecken dient. Internationaler Handel liegt damit hier vor.

547 **bb)** Die von der BAVV AG gewählte Form müsste einem **Handelsbrauch** entsprechen. Ein Handelsbrauch besteht, wenn Kaufleute bei Abschluss von Verträgen einer bestimmten Art allgemein oder regelmäßig ein bestimmtes Verhalten befolgen.[2] Bei

1 Näher dazu Fall 13.
2 EuGH Rs. 106/95 ECLI:EU:C:1997:70 *(MSG Mainschiffahrts-Genossenschaft/Les Gravières Rhénanes)*.

dem hier vorliegenden konstitutiven kaufmännischen Bestätigungsschreiben lässt sich die Natur als Handelsbrauch abstrakt bejahen, wobei unschädlich ist, dass dieser Handelsbrauch zB im deutschen Recht inzwischen sogar *gewohnheitsrechtlich* verfestigt ist. Eine räumliche Ausdehnung des Handelsbrauchs auf die Wohnsitzstaaten aller Geschäftsbeteiligten ist nicht erforderlich.

cc) Art. 25 Abs. 1 lit. c Brüssel Ia-VO bezieht jedoch das Bestehen eines Handels- **548**
brauchs entscheidend auf den **Geschäftszweig**, in dem die Vertragsparteien tätig sind. Dies ist vor allem deshalb bedeutsam, weil mit der Üblichkeit im Geschäftszweig zugleich auch das folgende Tatbestandsmerkmal des Kennenmüssens bejaht wird.[3] Das Bestehen ist für einen bestimmten Geschäftszweig unabhängig von der Rechtslage in bestimmten Ländern oder Vertragsstaaten zu ermitteln. Der Nachweis kann durch eine bestimmte Publizität (zB Empfehlungen von internationalen Zusammenschlüssen der Mitglieder bestimmter Branchen) erfolgen, eine solche Publizierung ist aber nicht erforderlich.[4] Für den vorliegenden Fall kann also nicht abstrakt darauf abgestellt werden, dass es sich nach deutschem Recht um ein konstitutives kaufmännisches Bestätigungsschreiben handeln würde und Waczlav Woytilek, der mit seinem Betrieb in erheblichem Umfang am Geschäftsverkehr teilnimmt, durchaus ein geeigneter Adressat eines solchen Schreibens wäre.[5]

Allerdings ist für Handelsbräuche, die, wie das kaufmännische Bestätigungsschreiben, ihrer Natur nach nicht branchenspezifisch sind, die am Geschäftszweig orientierte Prüfung kaum realisierbar. Die Frage, ob im internationalen Handel mit Lackfarben kaufmännische Bestätigungsschreiben üblich sind, führt in der Abgrenzung nicht weiter. Auch der EuGH hat insoweit Branchenüblichkeit nicht geprüft.[6] Insbesondere lässt sich keineswegs eine allgemeine oder überwiegende branchenübergreifende internationale Verbreitung dieses Handelsbrauchs feststellen. So ist insbesondere im Rahmen des CISG eine Beachtung der Regeln zum Schweigen auf ein kaufmännisches Bestätigungsschreiben *nicht* eigenständig verfestigt, sondern nur als ein fallweise unter den Voraussetzungen des Art. 9 CISG beachtlicher Handelsbrauch einzuordnen.[7] Objektiv lässt sich also nur feststellen, dass das kaufmännische Bestätigungsschreiben nicht weltweit in bestimmten Branchen, sondern branchenunabhängig in bestimmten Ländern (zB Deutschland) als Handelsbrauch verbreitet ist.

dd) Damit kommt – wie zu Art. 9 CISG – dem **subjektiven Element** der Kenntnis **549**
bzw des Kennenmüssens die entscheidende Abgrenzungsfunktion zu. Die Kenntnis ist individuell bei den Parteien des Vertrages zu prüfen. Kennenmüssen aufgrund objektiv konsolidierter Praxis bei Verträgen einer bestimmten Art[8] ist nicht feststellbar. Maßgeb-

3 EuGH vorige Fn; BGHZ 171, 141 zum Konnossement im Seehandel.
4 EuGH Rs. 159/97 ECLI:EU:C:1999:142 *(Trasporti Castelletti SpA/Hugo Trumpy SpA)*.
5 Zu den Voraussetzungen im deutschen Recht BGHZ 40, 42; BGHZ 61, 282.
6 EuGH Rs. 106/95 ECLI:EU:C:1997:70 *(MSG Mainschiffahrtsgenossenschaft/Les Gravières Rhénanes)*.
7 *Staudinger/Magnus* (2018) Art. 9 CISG Rn 27.
8 EuGH Rs. C-159/9 ECLI:EU:C:1999:142 *(Trasporti Castelletti SpA/Hugo Trumpy SpA)* 7; BGHZ 171, 141.

lich für das individuelle Kennen oder Kennenmüssen ist aber nicht die Nationalität und auch nicht vorrangig der Wohnsitz oder Aufenthalt des Schweigenden. Anders als ein Verbraucher kann sich der am Handel Teilnehmende nicht auf Standards seines Sitzes zurückziehen. Entscheidend muss sein, ob von einer Partei erwartet werden kann, dass sie sich auf einen Handelsbrauch *einstellen* muss, was der Fall ist, wenn sie entweder in dessen Verbreitungsgebiet niedergelassen ist oder dort beständig Geschäfte führt.[9] Das ist hier zu bejahen, da Woytilek häufiger mit deutschen Vertragspartnern kontrahiert, selbst wenn ihm tatsächlich ein Bestätigungsschreiben noch nicht begegnet sein sollte. Damit ist die im Bestätigungsschreiben ausdrücklich enthaltene Prorogation wirksam.

3. Örtliche/sachliche Zuständigkeit

a) Örtliche Zuständigkeit

550 Die örtliche Zuständigkeit der Gerichte in Ludwigshafen ergibt sich unmittelbar aus der nach Art. 25 Brüssel Ia-VO wirksamen Gerichtsstandsvereinbarung.

b) Sachliche Zuständigkeit

551 Sachlich zuständig ist das LG (§§ 23 Nr 1, 71 Abs. 1 GVG).

552 **Ergebnis:** Das LG Ludwigshafen ist international und örtlich zuständig aufgrund einer nach Art. 25 Abs. 1 lit. c Brüssel Ia-VO wirksamen Gerichtsstandsvereinbarung.

Frage 2: Schadensersatzansprüche

I. Vertragliche Ansprüche

1. Anwendbarkeit des CISG

553 Ein Schadensersatzanspruch des Waczlav Woytilek könnte sich aus Vertrag ergeben. Da völkervertragliches Einheitsrecht Vorrang hat vor dem nach dem IPR bestimmten Vertragsstatut, ist die Anwendbarkeit des Wiener UN-Kaufrechts (CISG) zu prüfen.

a) Räumliche Anwendbarkeit (Art. 1 Abs. 1 lit. a CISG)

554 **Räumlich** ist das CISG anzuwenden, wenn beide Parteien im Zeitpunkt des Vertragsschlusses ihre Niederlassung in verschiedenen Staaten haben *und* diese Vertragsstaaten sind (Art. 1 Abs. 1 lit. a CISG). Das ist vorliegend der Fall, da Niederlassung in verschiedenen *Staaten* besteht und das CISG für Deutschland am 1.1.1991 und für Polen am 1.6.1996, also vor dem Vertragsschluss, in Kraft getreten ist.[10]

---

9 Ebenso für die parallele Frage zu Art. 9 CISG: *Staudinger/Magnus* (2018) Art. 9 CISG Rn 27.
10 Vgl. *Jayme/Hausmann*[19] Nr 77 Fn 1.

b) Räumliche Anwendbarkeit iVm Vertragsstatut (Art. 1 Abs. 1 lit. b CISG)

Im Übrigen ist das CISG auch dann anzuwenden, wenn die Regeln des IPR zur Anwendung des Rechts eines Vertragsstaats führen (Art. 1 Abs. 1 lit. b CISG). **555**

Das **Vertragsstatut** könnte sich nach der **Rom I-VO** bestimmen. **Intertemporal** anwendbar ist die Rom I-VO nach der berichtigten Fassung[11] des Art. 28 Abs. 1 Rom I-VO auf Verträge, die am oder nach dem 17. Dezember 2009 geschlossen wurden, somit auch vorliegend.

Der **sachliche** Anwendungsbereich (Art. 1 Rom I-VO) ist unproblematisch; räumlich ist die Rom I-VO *loi uniforme* (Art. 2 Rom I-VO).

Das neben das CISG tretende Vertragsstatut ist also nach Art. 3 ff Rom I-VO anzuknüpfen. Eine Rechtswahl nach Art. 3 Abs. 1 Rom I-VO liegt nicht vor. Die objektive Anknüpfung könnte sich nach Art. 4 Abs. 1 lit. a Rom I-VO bestimmen; gegen die kollisionsrechtliche Einordnung als Kaufvertrag spricht nicht, dass die BAVV AG die Lacke selbst herstellt, also ein Werklieferungsvertrag vorliegen könnte. Ob die Abgrenzung des CISG bei überwiegend vom Besteller gelieferten Werkstoffen (dazu Rn 557) auch begrenzend auf Art. 4 Abs. 1 lit. a Rom I-VO zu übertragen ist, muss hier nicht geklärt werden, da eine reine Eigenherstellung der verkauften Sache vorliegt. **556**

Damit ist deutsches Recht als Vertragsstatut berufen;

da Deutschland seit dem 1.1.1991, also bereits im Zeitpunkt des Vertragsschlusses – ohne Vorbehalt nach Art. 92 ff CISG – Vertragsstaat war, gilt das CISG unabhängig davon, ob der Vertragspartner Niederlassung in einem anderen Vertragsstaat hat.

c) Sachlicher Anwendungsbereich

Der sachliche Anwendungsbereich des CISG kann fraglich sein, weil die BAVV AG die Lacke selbst herstellt, also kein Kauf-, sondern ein **Werklieferungsvertrag** vorliegen könnte. Solche Verträge stehen den Kaufverträgen jedoch nach Art. 3 Abs. 1 CISG gleich, sofern nicht der Besteller einen wesentlichen Teil der für die Herstellung oder Erzeugung notwendigen Stoffe selbst zur Verfügung zu stellen hat, was hier nicht der Fall ist. **557**

Da offenkundig auch kein Kauf zum persönlichen Gebrauch (Art. 2 lit. a CISG) vorliegt, ist also das CISG anzuwenden.

2. Schadensersatzanspruch aus Art. 45 Abs. 1 lit. b, 74 ff CISG

a) Vertragsverletzung

Waczlaw Woytilek könnte einen **Schadensersatzanspruch aus Art. 45 Abs. 1 lit. b, 74 ff CISG** haben. **558**

11 ABl. EU 2009 L 309/87.

Das setzt eine **Vertragsverletzung** voraus (Art. 35 CISG), die mangels abschließender Angaben hierzu im Sachverhalt offen bleiben muss bzw für die weitere Prüfung zu unterstellen ist.

b) Haftungsausschluss in AGB

559 Ein Schadensersatzanspruch könnte jedoch durch **Ziff. 5 der AGB** der BAVV AG ausgeschlossen sein.

560 **aa)** Das setzt voraus, dass Ziff. 5 der AGB wirksam **einbezogen** ist. Fraglich ist, ob dies nach dem CISG zu beurteilen ist. Da ausdrückliche Regelungen über die Einbeziehung von AGB fehlen, ist zu entscheiden, ob die Einbeziehung von AGB grundsätzlich zu den vom CISG erfassten Materien gehört. Das würde bedeuten, dass die Frage, sofern dies möglich ist, gemäß Art. 7 Abs. 2 CISG nach den dem CISG zugrundeliegenden *general principles* zu lösen ist und nur ausnahmsweise dem nationalen Vertragsstatut untersteht. Hiergegen könnte sprechen, dass Art. 4 S. 2 lit. a CISG ausdrücklich die „Gültigkeit einzelner Vertragsbestimmungen" bei Fehlen ausdrücklicher abweichender Regelung dem Anwendungsbereich des CISG entzieht und nach deutschem Rechtsverständnis die Einbeziehung von AGB eine Frage der Gültigkeit der einzelnen Bestimmung ist.

561 **bb)** Bei Schaffung des CISG wurde jedoch der Standpunkt eingenommen, die Einbeziehung von AGB sei eine Frage der **Vertragsauslegung**. Die Normierung der AGB-Einbeziehung wurde erwogen, aber mit Rücksicht auf Art. 8 CISG nicht für erforderlich gehalten.[12] Damit ist die Einbeziehung von AGB als eine vom CISG erfasste Materie anzusehen. Es ist daher durch Auslegung nach Art. 8 CISG zu ermitteln, ob AGB Bestandteil eines Angebots geworden sind, das seinerseits zum Regelungsgegenstand des CISG gehört (Art. 14 ff CISG).

562 **cc)** Aus Art. 8 CISG lassen sich Hinweise auf **Kriterien der Einbeziehung** folgern. Die in Art. 8 Abs. 3 CISG beschriebene Auslegungsgrundlage legt die Forderung nahe, dass dem Vertragspartner des Verwenders dessen **Wille zur Einbeziehung** erkennbar werden muss. Das kann sich aus den vorangehenden Verhandlungen der Parteien, aber auch aus zwischen ihnen entstandenen Gepflogenheiten und objektiven Gebräuchen, insbesondere Handelsbräuchen, ergeben.[13] Insoweit könnte im vorliegenden Fall der Handelsbrauch des *Schweigens auf ein kaufmännisches Bestätigungsschreiben* eingreifen. Welche Handelsbräuche sich die Parteien zurechnen lassen müssen, ist in Art. 9 Abs. 2 CISG in ähnlicher Weise geregelt, wie in Art. 25 Abs. 1 Brüssel Ia-VO. Entscheidend ist auch hier das Kennenmüssen, das dort (Rn 549) bejaht wurde.

12 Dazu BGH EuLF 2002, 140.
13 *Schlechtriem/Schwenzer/Schlechtriem/Schroeter*[6] Art. 14 CISG Rn 36.

dd) Jedoch lässt sich aus Art. 8 Abs. 2 CISG, der für die Auslegung auf eine vernünftige Person der gleichen Art wie die andere Person, also einen Durchschnittsempfänger der beteiligten Verkehrskreise, abstellt, die weitere Folgerung ziehen, dass grundsätzlich AGB nur einbezogen sind, wenn der Empfänger des Angebots dieses vollständig und in zutreffender Weise verstehen konnte. Das aber setzt nach allgemeiner Ansicht voraus, dass der Verwender dem Vertragspartner eine zumutbare Möglichkeit der **Kenntnisnahme der AGB** verschafft hat.[14] Dafür genügt es nicht, wenn der Verwender lediglich auf die Existenz der AGB hingewiesen hat, jedoch deren Text nicht übersendet oder von sich aus zugänglich macht. **563**

Wiederum könnte insoweit im **Handelsverkehr** etwas anderes gelten, insbesondere vor dem Hintergrund, dass § 310 BGB durch die Suspendierung von § 305 Abs. 2 BGB Kaufleuten durchaus zumutet, sich nach AGB, deren Einbeziehung von der anderen Seite gefordert wird, zu erkundigen. Insoweit lässt sich jedoch nicht aus Art. 8 Abs. 3 iVm Art. 9 CISG folgern, der mit AGB konfrontierte Kaufmann müsse sich erkundigen. Zwar gäbe Art. 8 Abs. 3 CISG durchaus Raum für eine Differenzierung zwischen intensiv am Handel Beteiligten und sonstigen Vertragspartnern, so dass das Argument nicht verfängt, ein Verzicht auf die Kenntnisverschaffungsmöglichkeit ergriffe unter dem CISG auch Nicht-Kaufleute.[15] Aus dem Handelsbrauch des Schweigens auf ein kaufmännisches Bestätigungsschreiben ließe sich aber nur herleiten, dass der Vertragspartner auch solche AGB gegen sich gelten lassen muss, die ihm mit einem Bestätigungsschreiben *übersandt* werden, dieser Handelsbrauch überwindet also nur das Erfordernis der *Vorherigkeit* der Kenntnis. § 310 BGB ist dagegen nicht Ausdruck eines Handelsbrauchs, sondern eine bloße Rechtsregel des gegenüber dem CISG nachrangigen deutschen Rechts. **564**

Im internationalen Handel gilt die § 310 BGB zugrunde liegende ratio nicht in gleicher Weise: Aus dem Grundsatz des **guten Glaubens** ergibt sich dort (Art. 7 Abs. 1 CISG), dass die Ermöglichung der Kenntnisnahme auch gegenüber Kaufleuten unverzichtbar ist. Anders als im nationalen Handel sind auch innerhalb derselben Branche die *Inhalte* der AGB sehr unterschiedlich, so dass der Gegner des Klauselverwenders vielfach nicht absehen kann, worauf er sich mangels Erkundigung einlässt. Zudem besteht kein einheitlicher Maßstab der *Inhaltskontrolle*, der den Gegner des Klauselverwenders so weit schützt, dass dieser über die Notwendigkeit einer Erkundigung selbst entscheiden mag. Diesem erheblich erhöhten Risiko des Vertragspartners steht eine geringe Belastung des Verwenders gegenüber, dem es unschwer möglich ist, die Klauseln zusammen mit dem Geltungsverlangen zu übersenden.[16] Das CISG ist damit hinsichtlich der AGB-Einbeziehung bei Kaufleuten strenger als §§ 305, 310 BGB. **565**

Damit ist vorliegend Ziff. 5 der AGB nicht einbezogen.

---

14 *Staudinger/Magnus* (2018) Art. 14 CISG Rn 41.
15 AA BGH EuLF 2002, 140 unter Hinweis auf Art. 1 Abs. 3 CISG.
16 BGH EuLF 2002, 140.

c) Fristgemäße Anzeige des Mangels

566 Schadensersatzansprüche könnten jedoch wegen Verletzung der **Rügeobliegenheit** (Art. 38 CISG) ausgeschlossen sein (Art. 39 CISG).

567 **aa)** Art. 39 CISG verlangt eine **Anzeige** mit Beanstandungswillen, die von einer Information bei Gelegenheit[17] abzugrenzen ist. Diese kann erstmals in dem Schreiben vom 15.5.2018 gesehen werden, das offensichtlich als Beanstandung zu werten ist. Weiter bedarf es jedoch auch der genauen Bezeichnung der Vertragswidrigkeit. Hierzu genügt nicht eine allgemeine Rüge der Mangelhaftigkeit, sondern es bedarf einer Beschreibung, die dem Verkäufer die Möglichkeit gibt, sich über seine Reaktion auf den Mangel klar zu werden. Hierzu ist der Hinweis, dass der Lack nach Verarbeitung splittert, durchaus noch geeignet, weil er Nachforschungen über die Ursachen ermöglicht.[18] Dem Käufer kann nicht angesonnen werden, die *Ursache* des Mangels zu ergründen.

568 **bb)** Diese Anzeige müsste **innerhalb angemessener Frist** iSd Art. 39 Abs. 1 CISG erfolgt sein.

Innerhalb welcher Frist Woytilek den Mangel hätte anzeigen müssen, hängt zunächst davon ab, innerhalb welcher Frist der Käufer die Ware hätte **untersuchen** müssen (Art. 38 CISG).[19] Insoweit ist eine kurze Frist gefordert, so dass hier unverzüglich nach Eintreffen der Lieferung Stichproben zu nehmen waren, was Woytilek anscheinend gänzlich unterlassen hat. Da die Untersuchungsobliegenheit jedoch nur dem Zweck dient, den Verkäufer gegen späte Geltendmachung von Ansprüchen aus erkennbarer Vertragswidrigkeit zu schützen, nicht aber Mängelansprüche an übertriebener Förmlichkeit scheitern lassen soll,[20] darf dies nicht dazu führen, dass der Käufer nach Art. 39 Abs. 1 CISG seine Rechte verliert, nur weil er die Ware nicht rechtzeitig untersucht hat, selbst wenn er die Vertragswidrigkeit auch bei Untersuchung nicht hätte erkennen können. Die *Beweislast* dafür, dass die Vertragswidrigkeit auch bei pflichtgemäßer Untersuchung nicht erkannt worden wäre, trägt jedoch der Käufer,[21] denn die Verletzung der Untersuchungsobliegenheit (Art. 38 Abs. 1 CISG) indiziert die Zurechenbarkeit des nicht rechtzeitigen Erkennens (Art. 39 Abs. 1 CISG: „hätte feststellen müssen") der Vertragswidrigkeit.

Man kann hier wohl unterstellen, dass Woytilek dieser Beweis gelingt, weil der Mangel nach Sachverhalt selbst bei der *Verarbeitung* durch den fachmännischen Betrieb des Woytilek nicht erkennbar war, jedoch schon eine Sichtprüfung von Stichproben der Untersuchungsobliegenheit genügt hätte und eine chemische Analyse von Einzelproben nach den Umständen (Art. 38 Abs. 1 CISG) sicher nicht gefordert war.

17 OLG Saarbrücken OLGR 2007, 862.
18 BGH NJW 1997, 3311.
19 BGH IPRax 1996, 124.
20 OLG Saarbrücken OLGR 2007, 862.
21 BGH IPRax 1996, 124.

cc) Die Anzeige könnte dennoch nicht mehr in angemessener Frist erfolgt sein, weil Woytilek spätestens durch die **Kundenbeschwerden** auf die Vertragswidrigkeit des Lackes hingewiesen wurde. Auch wenn das Verstreichen der Untersuchungsfrist (Art. 38 Abs. 1 CISG) ausnahmsweise unschädlich bleibt, muss der Käufer zur Wahrung seiner Rechte nach Art. 39 Abs. 1 CISG in angemessener Frist nach in sonstiger Weise erlangter Kenntnis oder Kennenmüssen der Anzeigeobliegenheit nachkommen. Dies ist hier nicht geschehen; eine „angemessene" Frist (Art. 39 Abs. 1 CISG) ist zwar nicht notwendig eine „kurze" (Art. 38 Abs. 1 CISG), so dass Unverzüglichkeit nicht unbedingt gefordert ist. Jedoch ist regelmäßig eine Frist von mehr als einem Monat nicht mehr angemessen. Hier sind mehrere Monate verstrichen, denn aufgrund zahlreicher Kundenbeschwerden im Oktober 2017 musste sich Woytilek aufdrängen, dass eine Vertragswidrigkeit des Lackes die Ursache sein musste. **569**

Vertragliche Schadensersatzansprüche sind damit ausgeschlossen.

II. Ansprüche aus Delikt und Produkthaftung

1. Deliktsstatut und CISG

Zweifelhaft ist, ob Schadensersatzansprüche wegen Vertragsverletzungen aus anderem Rechtsgrund als Vertrag unter Geltung des CISG überhaupt bestehen. Nationales Recht könnte, soweit es mit Vertragsansprüchen wegen Vertragsverletzungen *konkurrierende* deliktische Ansprüche oder Produkthaftungsansprüche vorsieht, **durch das CISG verdrängt** sein. Das wird teilweise angenommen, weil das CISG den Sachverhalt der vertragswidrigen Leistung abschließend regele und es nicht von dem zufällig daneben tretenden Deliktsrecht abhängen dürfe, ob dieses – wie das deutsche Recht[22] – Anspruchskonkurrenz vorsehe.[23] **570**

Dem ist jedoch entgegenzuhalten, dass das CISG deliktische Ansprüche als solche nicht erfasst. Selbst die vertragliche Haftung für schädliche Waren ist nur hinsichtlich Sachschäden, nicht aber Personenschäden geregelt (Art. 5 CISG); und auch insoweit nur hinsichtlich der Schäden, die der Käufer selbst erleidet, nicht aber Dritte (Art. 74 CISG).[24] Von einer abschließenden Regelung kann also nicht die Rede sein. Daher sind konkurrierende deliktische und Produkthaftungsansprüche nach dem anwendbaren nationalen Recht zu beurteilen, das auch darüber entscheidet, ob solche Ansprüche in Konkurrenz zu (im Einzelfall ausgeschlossenen) Vertragsansprüchen bestehen oder nicht mit Vertragsansprüchen kumulierbar sind.

2. Anwendungsbereich Rom II-VO

Auf deliktische Ansprüche und auf die Produkthaftung könnte die **Rom II-VO** anwendbar sein, die **intertemporal** für ab dem 11.1.2009 entstehende Ansprüche gilt (Art. 31, **571**

22 Anders zB das französische Recht.
23 Zu dieser Ansicht *Staudinger/Magnus* (2018) Art. 5 CISG Rn 12.
24 *Staudinger/Magnus* (2018) Art. 74 CISG Rn 14.

32 Rom II-VO). Der **sachliche** Anwendungsbereich ist eröffnet. Es handelt sich um außervertragliche Ansprüche. Eine der in Art. 1 Abs. 2 Rom II-VO enumerierten Bereichsausnahmen liegt nicht vor. Insbesondere gehört die Produkthaftung, die in Art. 5 Rom II-VO ausdrücklich geregelt ist, zum sachlichen Anwendungsbereich. **Räumlich** ist die Rom II-VO *loi uniforme* (Art. 3 Rom II-VO); sie gilt also auch, wenn das von ihren Kollisionsnormen bestimmte Recht nicht das eines Mitgliedstaats ist.

3. Sonderanknüpfung Produkthaftung: Reichweite

572 Die Anknüpfung **allgemeiner deliktischer Ansprüche** könnte von der Sonderregel des Art. 5 Rom II-VO verdrängt sein. Art. 5 Rom II-VO dient einer angemessenen Risikoverteilung im Warenverkehr einer hochtechnisierten Wirtschaft[25] und kann daher nicht formal auf Produkthaftungsregelungen in Abgrenzung zu allgemeinen deliktischen Anspruchsgrundlagen begrenzt werden, zumal eine Konkurrenz von allgemeiner deliktischer und Produkthaftung, wie sie das deutsche Recht kennt, letztlich aus Sicht der Europäischen Kollisionsregeln nur zufällig erscheint. Für eine einheitliche Anknüpfung spricht auch der Wortlaut des Art. 5 Rom II-VO, der für ein „außervertragliches Schuldverhältnis im Falle eines Schadens durch ein Produkt“ gilt, also alle außervertraglichen Anspruchsgrundlagen in dieser Haftungs*situation* erfasst.

573 Ob eine Situation der Produkthaftung nach Art. 5 Rom II-VO vorliegt, ist nach dem Produktbegriff des Art. 2 der **Produkthaftungsrichtlinie** (85/374/EWG) zu entscheiden; der im Fall verkaufte Lack ist als bewegliche Sache außerhalb der landwirtschaftlichen Urproduktion ein Produkt.

4. Produkthaftung: Anwendbares Recht

a) Gemeinsamer gewöhnlicher Aufenthalt

574 Das auf **Produkthaftungsansprüche** in diesem weiten Sinn anwendbare Recht ergibt sich somit aus Art. 5 Rom II-VO.

Das Recht des **gemeinsamen gewöhnlichen Aufenthalts** (Art. 5 Abs. 1 S. 1 iVm Art. 4 Abs. 2 Rom II-VO) kommt mangels eines solchen nicht in Betracht.

b) Gewöhnlicher Aufenthalt des Geschädigten

575 Anwendung findet damit grundsätzlich das Recht des Staates, in dem die **geschädigte Person** ihren gewöhnlichen Aufenthalt hat, sofern das Produkt dort in Verkehr gebracht wurde (Art. 5 Abs. 1 lit. a Rom II-VO). Da die BAVV AG den Lack nach Polen geliefert hat, hat sie ihn dort in den Verkehr gebracht. Die Ausnahme nach Art. 5 Abs. 1 S. 2 Rom II-VO liegt damit offensichtlich nicht vor, denn der in Anspruch Genommene konnte das selbst veranlasste Inverkehrbringen natürlich voraussehen.

25 Erwägungsgrund Nr 20 zur Rom II-VO.

c) Offensichtlich engere Verbindung

Eine **akzessorische Anknüpfung** kann sich jedoch aus Art. 5 Abs. 2 Rom II-VO ergeben, wenn der Sachverhalt eine offensichtlich engere Verbindung mit einem anderen Staat aufweist. Eine solche engere Verbindung kann sich insbesondere aus einem bestehenden Vertrag ergeben, der in enger Verbindung zu der Produkthaftung steht (Art. 5 Abs. 2 S. 2 Rom II-VO). Im Fall des Produkthaftungsanspruches des Käufers gegen den Hersteller-Verkäufer stimmt das Anspruchsziel sogar mit dem der vertraglichen Schadenshaftung überein, so dass eine akzessorische Anknüpfung zwingend erscheint. 576

Untersteht der Vertrag dem **CISG**, so kann diese akzessorische Anknüpfung selbstverständlich nicht auf das CISG gerichtet sein, das deliktische Ansprüche nicht regelt. Anwendbar ist somit deutsches Recht als das (subsidiäre) Vertragsstatut für vom CISG nicht erfasste Materien (Rn 612).

Die danach bestehenden Ansprüche sind nach der Aufgabenstellung nicht zu subsumieren.

Ergebnis: Vertragliche Ansprüche nach dem CISG bestehen nicht, da der Mangel zu spät angezeigt wurde. Deliktische Ansprüche einschließlich Ansprüchen aus Produkthaftung unterstehen deutschem Recht. 577

Frage 3: Verfahren des LG Ludwigshafen

1. Aussetzung (Art. 29 Brüssel Ia-VO)

a) Später angerufenes Gericht

Um nach Art. 29 Brüssel Ia-VO zu verfahren, müssten Gerichte verschiedener Mitgliedstaaten angerufen sein. Da das Verhältnis zu einem polnischen Gericht zu klären ist, ist diese Voraussetzung gegeben. Das LG Ludwigshafen müsste zudem das später angerufene Gericht sein. Die Anrufung für Zwecke des Art. 29 Brüssel Ia-VO bestimmt sich nach Art. 32 Brüssel Ia-VO. Damit war das LG Ludwigshafen gemäß Art. 32 Abs. 1 lit. a mit Eingang der Klage der BAVV AG am 15.2.2019 angerufen; Verstöße gegen die Mitwirkungsobliegenheit bei der anschließenden Zustellung liegen nicht vor. Implizit ergibt sich aus dem Sachverhalt, dass auch im polnischen Zivilprozessrecht die Klage zunächst eingereicht und dann zugestellt wird, so dass die Anrufung des Bezirksgerichts Gdansk ebenfalls nach Art. 32 Abs. 1 lit. a Brüssel Ia-VO zu beurteilen ist; damit war das Bezirksgericht Gdansk am 14.2.2019 angerufen, weil auch der dortige Kläger Woytilek offenbar nicht gegen die Mitwirkungsobliegenheiten verstoßen hat. Wann nach polnischem Recht Rechtshängigkeit eintritt, ist unter Art. 32 Abs. 1 Brüssel Ia-VO irrelevant. Somit ist das LG Ludwigshafen das später angerufene Gericht. 578

b) Selber Anspruch zwischen denselben Parteien

In beiden Prozessen sind, mit umgekehrtem Rubrum, ausschließlich dieselben Parteien beteiligt. Ob derselbe Anspruch Gegenstand beider Prozesse ist, beurteilt sich nicht 579 nach dem nationalen Streitgegenstandsbegriff, sondern in autonomer Auslegung danach, ob beide Verfahren hinsichtlich der Klageansprüche – nicht der Einwendungen – im „Kernpunkt“ denselben Vertrag oder Lebenssachverhalt betreffen. Dies ist insbesondere im Verhältnis von Leistungsklage und negativer Feststellungsklage zum selben Anspruch gegeben.[26]

c) Verfahrensweise

580 Das LG Ludwigshafen müsste somit nach Art. 29 Abs. 1 Brüssel Ia-VO von Amts wegen das Verfahren aussetzen, ohne dass ein Ermessen besteht. Art. 29 Brüssel Ia-VO sieht grundsätzlich nicht vor, dass das zweitangerufene Gericht die Zuständigkeit des erstangerufenen Gerichts prüft.

2. Vorrang des prorogierten Gerichts (Art. 31 Brüssel Ia-VO)

a) Kompetenzvorrang des LG Ludwigshafen

581 Etwas anderes kann sich jedoch ergeben, wenn Art. 31 Abs. 2 Brüssel Ia-VO eingreift. Das LG Ludwigshafen ist kraft Gerichtsstandsvereinbarung zuständig; diese Zuständigkeit ist mangels anderer Vereinbarung ausschließlich (Art. 25 Abs. 1 S. 2 Brüssel Ia-VO). Eine Ausnahme nach Art. 31 Abs. 4 Brüssel Ia-VO (Versicherungsnehmer etc, Verbraucher, Arbeitnehmer) liegt nicht vor. Damit hat nach Art. 31 Abs. 2 Brüssel Ia-VO das Bezirksgericht Gdansk das Verfahren auszusetzen, auch wenn es das früher angerufene Gericht ist.

b) Keine rügelose Einlassung

582 Art. 31 Abs. 2 Brüssel Ia-VO gilt allerdings unbeschadet des Art. 26 Brüssel Ia-VO; wenn sich trotz bestehender ausschließlicher Gerichtsstandsvereinbarung eine Partei als Beklagter vor einem anderen als dem vereinbarten Gericht rügelos einlässt, besteht der von Art. 31 Abs. 2 Brüssel Ia-VO bestimmte Prüfungsvorrang des prorogierten Gerichts nicht. Dies ist jedoch vorliegend nicht der Fall, weil die BAVV AG in der ersten Einlassung vor dem Bezirksgericht Gdansk die Zuständigkeit wegen der Gerichtsstandsvereinbarung gerügt hat.

c) Umsetzung des Verhältnisses zu Art. 29 Brüssel Ia-VO

583 Fraglich ist, wie das LG Ludwigshafen verfährt, wenn die BAVV AG als Klägerin vorträgt, dass sie vor dem polnischen Gericht die Zuständigkeitsvereinbarung vorgetragen hat. Da eine Mitteilung wie in Art. 29 Abs. 2 Brüssel Ia-VO oder eine andere Abstimmung zwischen den Gerichten nicht vorgesehen ist, prüft das LG Ludwigshafen als das auf Grundlage der Gerichtsstandsvereinbarung angerufene Gericht, ob die Voraussetzungen des Art. 31 Brüssel Ia-VO vorliegen (also oben Rn 583, 584), ob die

26 Selbst im Verhältnis zu der auf den Vertrag selbst bezogenen negativen Feststellungsklage: EuGH Rs. 144/86 ECLI:EU:C:1987:528 *(Gubisch/Palumbo)*.

Gerichtsstandsvereinbarung wirksam ist und die Klage erfasst. Ist dies der Fall, so setzt es nicht nach Art. 29 Abs. 1 Brüssel Ia-VO aus, sondern entscheidet in der Sache. Dass das Bezirksgericht Gdansk auf die Rüge der BAVV AG sein Verfahren gemäß Art. 31 Abs. 2 Brüssel Ia-VO aussetzt, ist hingegen nicht Voraussetzung der Prüfungskompetenz.

Ergebnis: Das LG Ludwigshafen setzt, obwohl es das zweitangerufene Gericht ist, das Verfahren nicht nach Art. 29 Abs. 1 Brüssel Ia-VO aus; es prüft vielmehr als das aufgrund einer ausschließlichen Gerichtsstandsvereinbarung angerufene Gericht, ob die Voraussetzungen des Art. 31 Abs. 2 Brüssel Ia-VO gegeben sind und keine Ausnahme nach Art. 31 Abs. 4 Brüssel Ia-VO vorliegt. Sodann prüft es seine Zuständigkeit auf Grundlage der Prorogation. Wenn diese zu bejahen ist, entscheidet es in der Sache. Nur wenn es die Prorogation nicht als wirksam oder auf die Klage anwendbar ansieht, setzt es nach Art. 29 Abs. 1 Brüssel Ia-VO aus.

Frage 4: Zuständigkeit für die Klage von Brzinski

1. Drittwirkung der Gerichtsstandsvereinbarung

Fraglich ist, ob Brzinski bei der Auswahl des Gerichtsstands damit rechnen muss, dass **584**
die BAVV AG vor anderen Gerichten als den Gerichten in Ludwigshafen die mit Woytilek geschlossene Gerichtsstandsvereinbarung einwendet. Dies ist abzulehnen. Eine Drittwirkung von Gerichtsstandsvereinbarungen kommt nur in Betracht, wenn nach den Umständen der Dritte der Gerichtsstandsvereinbarung bzw -klausel zugestimmt hat.[27] Da in der Leistungskette Brzinski vom Inhalt der Vetragsbeziehungen zwischen BAVV AG und Woytilek bei Abschluss seines Vertrages mit Woytilek keine Kenntnis hatte, ist eine solche Zustimmung nicht gegeben.

2. Allgemeiner Gerichtsstand

International zuständig sind nach Art. 4 iVm Art. 63 Abs. 1 Brüssel Ia-VO die deut- **585**
schen Gerichte, weil die beklagte BAVV AG in Deutschland ihren Satzungs- und Verwaltungssitz unterhält. Eine weitere Zuständigkeit aus Art. 4 iVm den Alternativen des Art. 63 Abs. 1 Brüssel Ia-VO ergibt sich nach Sachverhalt nicht, weil die Beklagte nach Sachverhalt auch ihre Hauptniederlassung in Deutschland haben dürfte. Die **örtliche** Zuständigkeit regelt hingegen Art. 4 Brüssel Ia-VO nicht; sie bestimmt sich nach § 17 ZPO, so dass die Gerichte in Ludwigshafen örtlich zuständig sind; die **sachliche** Zuständigkeit hängt wiederum ab vom Streitwert (§ 23 GVG).

27 Für Lieferketten: EuGH Rs. C-543/10 ECLI:EU:C:2013:62 *(Refcomp SpA/AxA Corporate Solutions Assurance SA u.a.)*.

3. Deliktsgerichtsstand

a) Anwendbarkeit Art. 7 Nr 2 Brüssel Ia-VO

586 **aa)** Nach Wahl von Brzinski könnte sich eine Zuständigkeit aus Art. 7 Nr 2 Brüssel Ia-VO in Polen ergeben; die Grundvoraussetzung, wonach für die Anwendung von Art. 7 der Beklagte seinen **Wohnsitz in einem anderen Mitgliedstaat** als dem Gerichtsstaat haben muss, liegt bei Anrufung eines polnische Gerichts und deutschem Wohnsitz der BAVV AG vor.

587 **bb)** Es müsste sich um einen Anspruch aus unerlaubter Handlung oder einen gleichgestellten Anspruch handeln. In der hier anzuwendenden weit gefassten autonomen Definition erfasst Art. 7 Nr 2 Brüssel Ia-VO jede Schadenshaftung, die nicht an einen Vertrag anknüpft.[28] Damit sind auch Ansprüche aus **Produkthaftung** gegen den Hersteller erfasst.

b) Handlungsort/Erfolgsort

588 Zuständig nach Art. 7 Nr. 2 Brüssel Ia-VO ist das Gericht des Ortes, an dem das schädigende Ereignis eingetreten ist. Fallen **Handlungs- und Erfolgsort** auseinander, so hat der Geschädigte die Wahl,[29] jedenfalls dann, wenn sich der deliktische Erfolg nur an einem Ort verwirklicht, also kein „streuendes" Delikt vorliegt. Fraglich ist, an welchem Ort in Polen der schädigende Erfolg eingetreten ist. In Betracht kommt der Wohnsitz oder gewöhnliche Aufenthalt des Brzinski, weil sich dort der Schaden an seinem Vermögen realisiert oder der Ort, an dem das Eigentum an dem Boot durch Aufbringen der Lackierung verletzt wurde. Maßgeblich ist immer nur der Ort des primären Schadenseintritts, so dass jedenfalls bei Schäden durch Rechtsgutverletzung auf diese abzustellen ist; die Auswirkung des Schadens im Vermögen begründet keinen (weiteren) deliktischen Gerichtsstand.[30]

Ergebnis: Nach Wahl von Brzinski sind die Gerichte in Ludwigshafen sowie die Gerichte in Gdansk zuständig für die Schadensersatzklage aus Produkthaftung.

Frage 5: Anwendbares Recht Produkthaftungsansprüche Brzinski

1. Anwendbarkeit von Art. 5 Rom II-VO

589 Das auf Produkthaftungsansprüche des Brzinski anwendbare Recht bestimmt sich, ebenso wie zu Produkthaftungsansprüchen des Woytilek geprüft, nach Art. 5 Rom II-VO; insoweit handelt es sich sogar um den „klassischen" Fall des Produkthaftungsanspruchs eines Endverbrauchers, der mit dem Hersteller nicht in einer Vertragsbeziehung steht.

---

28 EuGH Rs. 189/87 ECLI:EUC:1988:459 *(Kalfelis/Bankhaus Schröder).*

29 EuGH Rs. 21/76 ECLI:EU:C:1976:166 *(Bier/Mines de Potasse d'Alsace).*

30 EuGH Rs. C-364/93 ECLI:EU:C:1995:289 *(Marinari/Lloyds Bank plc u.a.).*

2. Keine wesentlich engere Verbindung

Gerade deshalb bleibt es für Ansprüche des Brzinski bei der Anwendung des von Art. 5 Abs. 1 S. 2 Rom II-VO berufenen polnischen Rechts. Eine wesentlich engere Verbindung zu deutschem Recht besteht nicht, weil es an einer vertraglichen Beziehung fehlt und die Vertragsbeziehung zwischen BAVV AG als Hersteller und Woytilek nicht auf Brzinski ausstrahlt. **590**

Ergebnis: Die Produkthaftungsansprüche unterliegen gemäß Art. 5 Abs. 1 S. 2 Rom II-VO polnischem Recht; eine akzessorische Anknüpfung kommt hier nicht in Betracht.

Literaturhinweise

Behandlung der fallrelevanten Themen in:
***Rauscher* Internationales Privatrecht (5. Aufl., 2017)**

Gerichtsstandsvereinbarungen nach Brüssel Ia-VO:	Rn 1928 ff
Räumlicher Anwendungsbereich Art. 25 Brüssel I-VO:	Rn 1934 ff
Intertemporale Wirksamkeit von Gerichtsstandsvereinbarungen:	Rn 1946 ff
Form des Handelsbrauchs nach Art. 25 Brüssel Ia-VO:	Rn 1966 ff
Anwendungsbereich des CISG:	Rn 1169 ff
Deliktsstatut:	Rn 1370 ff
Deliktsstatut und Produkthaftung unter Rom II-VO:	Rn 1447
Anwendungsbereich der Rom I-VO:	Rn 1181 ff
Anderweitige Anhängigkeit nach Art. 29 Brüssel IIa-VO:	Rn 2337 ff
Prüfungsvorrang des ausschließlich prorogierten Gerichts (Art. 31 Abs. 2 Brüssel Ia-VO):	Rn 2371
Deliktsgerichtsstand nach Art. 7 Nr 2 Brüssel Ia-VO:	Rn 1831 ff
Handlungsort und Erfolgsort unter Art. 7 Nr 2 Brüssel Ia-VO:	Rn 1836 ff

Weitere Literatur

1. Gerichtsstandsvereinbarungen nach Brüssel Ia-VO

Berner Prorogation drittstaatlicher Gerichte und Anwendungsvorrang der EuGVVO, RIW 2017, 792.

Schulte-Hillen/Friedl Zur Wirksamkeit von Gerichtsstandsvereinbarungen nach EGV 44/2001 Art. 23, EWiR 2005, 825.

Gottschalk/Breßler Missbrauchskontrolle von Gerichtsstandsvereinbarungen im europäischen Zivilprozessrecht, ZEuP 2007, 56.

2. Intertemporale Wirksamkeit von Gerichtsstandsvereinbarungen

Rauscher/Mankowski (2015) Art. 25 Brüssel Ia-VO, Rn 9b.

Parenti Internationale Gerichtsstandsvereinbarungen – Lex fori oder Lex causae Anknüpfung, ZfRV 2003, 221.

3. Form des Handelsbrauchs nach Art. 25 Brüssel Ia-VO

Rauscher/Mankowski (2016) Art. 25 Brüssel Ia-VO Rn 28.

Saenger VollstrZustÜbk (EuGVÜ) Art. 17 – Gerichtsstandvereinbarung – Handelsbrauch, ZEuP 2000, 666.

Adolphsen Vermutung einer Gerichtsstandsklausel bei internationalem Handelsbrauch, ZZPInt 1999, 243.

4. Vorrang des CISG

Staudinger/Magnus (2018) Einl zum CISG Rn 42.

Herber Das Verhältnis des CISG zu anderen Übereinkommen und Rechtsnormen, insbesondere zum Gemeinschaftsrecht der EU, IHR 2004, 89.

5. Reichweite des CISG: AGB

Piltz Battle of forms und UN-Kaufrecht, IWRZ 2017, 195.

Staudinger/Magnus (2018) Art. 4 CISG Rn 24.

Schmidt-Kessel Zur Einbeziehung von allgemeinen Geschäftsbedingungen bei internationalen Kaufverträgen, ZEuP 2008, 607.

6. Reichweite des CISG: Konkurrierende Deliktsansprüche

Conrads Zeitliche Schranken der kaufrechtlichen Gewährleistung im Auslandsgeschäft, RIW 2018, 573.

Staudinger/Magnus (2018) Art. 5 CISG Rn 11.

Herber Mangelfolgeschäden nach dem CISG und nationales Deliktsrecht, IHR 2002, 187.

7. Deliktsstatut und Produkthaftung unter Rom II-VO

Ofner Die Rom II-Verordnung – Neues Internationales Privatrecht für außervertragliche Schuldverhältnisse in der Europäischen Union, ZfRV 2008, 13.

Leible/Lehmann Die neue EG-Verordnung über das auf außervertragliche Schuldverhältnisse anzuwendende Recht („Rom II"), RIW 2007, 721.

Junker Die Rom II-Verordnung: Neues Internationales Deliktsrecht auf europäischer Grundlage, NJW 2007, 3675.

Martiny Europäisches Internationales Schuldrecht – Feinarbeit an Rom I- und Rom II-Verordnungen, ZEuP 2018, 218.

8. Beachtung der anderweitigen Anhängigkeit nach der Brüssel Ia-VO und Ausnahme bei Prorogation

Hilbig-Lugani Der gerichtsstandsvereinbarungswidrige Torpedo – wird endlich alles gut? Ein Beitrag zur EuGVVO 1215/2012, in: FS Schütze (2015) 195.

Hohmeier Zur Privilegierung ausschließlicher Zuständigkeitsvereinbarungen durch die Brüssel Ia-VO, IHR 2014, 217.

9. Deliktsgerichtsstand nach Art. 7 Nr 2 Brüssel Ia-VO

Brand Persönlichkeitsrechtsverletzungen im Internet, E-Commerce und „Fliegender Gerichtsstand", NJW 2012, 127.

Hoffmann Die Gerichtsstände der EuGVVO zwischen Vertrag und Delikt ZZP 128 (2015) 465.

Fall 11

Jobs im Tourismus

1. Der US-Staatsangehörige deutscher Abstammung Andy Altman ist seit dem 1.1.2009 bei dem Touristikunternehmen STU AG mit Sitz in Frankfurt/Main als Animateur beschäftigt. Er hat ein Apartment in Fort Lauderdale (Florida, USA), wo er jedoch nur seinen Urlaub verbringt. Das ganze Jahr über betreut er deutsche Reisegruppen, teils auf von der STU AG veranstalteten Kreuzfahrten auf unter US-Flagge in die Karibik fahrenden Schiffen, teils in Ferienhotels auf den Bahamas und den British Virgin Islands, die er überwiegend erst am Flughafen des Unterkunftsortes oder des Ablegehafens (meist Nassau, Bahamas oder Miami, Florida) in Empfang nimmt. Die STU AG beschäftigt für diese Aufgaben vorwiegend US-Staatsangehörige deutscher Herkunft, weil diese für ihre Tätigkeit auf US-amerikanischen Kreuzfahrtschiffen keine Arbeitserlaubnis benötigen. Der mit der Zentrale der STU AG in Frankfurt/Main per Telefax geschlossene Vertrag bezeichnet Andy Altman als „freien Mitarbeiter"; die Vergütung ist monatlich pauschal mit USD 3.500 vereinbart. **591**

Zunehmende Konzentration in der Tourismusbranche und aufgrund sinkender €-Kurse rückläufige Umsätze im US-Geschäft nötigen die STU AG dazu, sich von ihrem Amerika- und Karibikgeschäft zu trennen. Mit Vertrag vom 15.2.2016 verchartert die STU AG auf unbestimmte Zeit ihre durch längerfristige Vereinbarungen mit Reedereien und Hoteliers bestehenden Kapazitäten in Florida und der gesamten Karibik an die New World Travel Inc. mit Sitz in Tampa (Florida, USA). Diese wurde beim Vertragsschluss vertreten durch ihre 100%-ige Tochter, die New World Travel GmbH mit Sitz in Hamburg, die nach den Vorgaben der New World Travel Inc. in Europa für diese tätig ist. Dieser „Chartervertrag" wurde von den Parteien dem Recht von Florida unterstellt. Zur Übernahme von Personal enthält dieser Vertrag keine Vereinbarungen.

Das in dem betroffenen Gebiet eingesetzte Personal der STU AG, so auch Andy Altman, wird durch New World Travel Inc. weiterbeschäftigt. Da Andy in die wirtschaftliche Zukunft der STU AG wenig Vertrauen hat, ersucht er unter Hinweis auf § 613a BGB New World Travel Inc. um die Bestätigung, dass zwischen ihm und New World Travel Inc. ein Arbeitsverhältnis bestehe. New World Travel Inc. verweigert dies unter Hinweis auf das Arbeitsrecht von Florida, das eine § 613a BGB entsprechende Bestimmung nicht enthalte.

2. Die mit Arbeitsvertrag vom selben Tag seit 2.1.2017 bei der ÖSURL AG mit Sitz in Wien (Österreich) als angestellte Urlaubs-Reiseleiterin beschäftigte deutsche Staatsangehörige Helga Hamadi wurde durch die Zentrale der ÖSURL AG in Wien eingestellt. Helga ist mit einem Tunesier verheiratet und begleitet Reisegruppen der ÖSURL AG in Italien, Spanien und Tunesien. Sie wohnt in Houmt Souk (Djerba, Tunesien). Zwischendurch arbeitet sie auch etwa vier Monate im Jahr in dem Büro, das die ÖSURL AG zur Koordination ihrer Reiseleiter im westlichen Mittelmeer in Houmt Souk unterhält. Als

Ende 2017 die Nachfrage nach Flugreisen die Erwartungen deutlich unterschreitet, beschäftigt die ÖSURL AG sie ab Dezember 2017 als stationäre Reiseleiterin in einem Skihotel in Berchtesgaden (Bayern). Zu Beginn der Sommersaison im Mai 2018 ist die Fortsetzung der alten Tätigkeit vorgesehen. Wenige Tage nach Arbeitsantritt in Berchtesgaden teilt Helga der ÖSURL AG mit, dass sie im dritten Monat schwanger sei und nach § 11 Abs. V MuSchG nicht mehr als Reiseleiterin in einem Skihotel arbeiten könne, weil dabei regelmäßig, was zutrifft, schwere Lasten iSd § 11 Abs. V Nr 1 MuSchG zu heben seien. Die ÖSURL AG meint, das MuSchG sei nicht anwendbar und im tunesischen Arbeitsrecht gebe es solche Regelungen nicht.

1. Kann Andy vor deutschen Gerichten auf Feststellung des Bestehens eines Arbeitsverhältnisses gegen New World Travel Inc. klagen? Ist § 613a BGB anzuwenden? Zum Tatbestand des § 613a BGB sind keine Ausführungen zu machen.
2. Kann Helga vor deutschen Gerichten gegen die ÖSURL AG auf Feststellung des Beschäftigungsverbots klagen? Findet das MuSchG Anwendung?

Strukturierung des Falles

Wesentliche Themen: Gerichtsstand für Individualarbeitsverträge; Anknüpfung Individualarbeitsverträge; Einfach zwingende Normen; International zwingende Normen; Bestimmungen berührend die Durchführung des Vertrages; Intertemporale Anwendung der Rom I-VO bei Dauerschuldverhältnissen. **592**

Frage 1: Klage des Andy

1. Internationale Zuständigkeit deutscher Gerichte

a) Intertemporale Anwendung der Brüssel Ia-VO
- Brüssel Ia-VO intertemporal (+): seit dem 10.1.2015 erhobene Klagen, Art. 66 Abs. 1 Brüssel Ia-VO

b) Sachlicher Anwendungsbereich
- Individuelle Arbeitsverträge Zivil- oder Handelssache, Art. 1 Abs. 1 Brüssel Ia-VO, keine Gebietsausnahme, Art. 1 Abs. 2 Brüssel Ia-VO
- Streitigkeiten aus Werk- oder Dienstverträgen ebenso

c) Räumlich-persönlicher Anwendungsbereich
- Beklagtenwohnsitz in Mitgliedstaat, Art. 5 Abs. 1 Brüssel Ia-VO
- Gesellschaften und juristische Personen Art. 63 Brüssel Ia-VO, Satzungs-, Verwaltungssitz und Hauptniederlassung in Florida, nicht Mitgliedstaat

d) Erweiterter Anwendungsbereich in Individualarbeitssachen bei Niederlassung
- Art. 20 Abs. 2 Brüssel Ia-VO:
- Individueller Arbeitsvertrag: autonom zu bestimmen
- Vereinbarungen über eine abhängige, weisungsgebundene Tätigkeit wirtschaftlich nicht selbstständiger Beschäftigter
- Abgrenzung gegen freie Mitarbeiter: faktisch in arbeitnehmertypischer Weisungsgebundenheit und wirtschaftlicher Abhängigkeit (+)
- Bestehen des Arbeitsverhältnisses (§ 613a BGB) als solches erfasst (+)
- Zweigniederlassung, Agentur oder sonstige Niederlassung, Art. 20 Abs. 2, Art. 7 Nr 5 Brüssel Ia-VO: dauernde Außenstelle, eigener geschäftlicher Betrieb, Beaufsichtigung (+)
- Streitigkeit auf den Betrieb der Zweigniederlassung bezogen (+)

e) Gleichstellung mit Wohnsitz der Beklagten in Mitgliedstaat
- Also Behandlung der Beklagten, als ob Wohnsitz in Deutschland (+)

f) Keine inländische Niederlassungszuständigkeit
- Art. 4, 7 Brüssel Ia-VO (-) durch Art. 20 Abs. 1 Brüssel Ia-VO verdrängt
- Art. 7 Nr 5 Brüssel Ia-VO (-) nur Zuständigkeiten außerhalb Wohnsitzstaat des Beklagten
- Art. 21 Abs. 1 lit. a Brüssel Ia-VO (+) fingierter deutscher Wohnsitz, also internationale Zuständigkeit deutscher Gerichte

2. Anwendbares Recht (Arbeitsvertragsstatut)

a) Qualifikation des § 613a BGB
- Betriebsbezogene Frage eigener Art (-) nicht Betriebsbezug, sondern individueller Schutz
- Statut der Vertragsübernahme (-) durch Parteien der Vertragsübernahme manipulierbar
- Unmittelbar Anspruch aus dem vorherigen individuellen Arbeitsvertrag (+)
- Folge: § 613a BGB setzt sich durch, wenn deutsches Recht gesetzliches Arbeitsvertragsstatut

b) Intertemporale Anwendung der Rom I-VO bei Dauerschuldverhältnissen
- Anknüpfung Arbeitsvertragsstatut
- Rom I-VO intertemporal anwendbar? Grundsatz Art. 28 Rom I-VO, Vertragsschluss nach 17.12.2009, hier am 1.1.2009 (-)
- Ausnahme bei Dauerschuldverhältnissen
- Keine Regelung trotz bekannter Problematik spricht gegen unbeabsichtigte Lücke, zB Art. 220 Abs. 1 EGBGB: strittig gerade für Arbeitsverhältnisse, Art. 229 § 5 S. 2 EGBGB: ausdrückliche Regelung

- Inkraftsetzung neuer EG-Verordnungen: erstmalige Verdrängung nationalen Rechts, also grundsätzlich Stichtagsprinzip
- Ausnahme: Rom I-VO bei Modifikation des Dauerschuldverhältnisses durch die Parteien nach dem Stichtag, hier (-)

c) **Arbeitsvertrag iSd Art. 30 aF EGBGB**
- Anknüpfung Art. 30 aF EGBGB: Arbeitsvertrag/Arbeitsverhältnis EG-völkervertraglicher Begriff aus Art. 30 aF EGBGB (Art. 6 EVÜ) wie in Art. 20 Brüssel Ia-VO (+)

d) **Anknüpfung**
- Arbeitsvertragsstatut mangels Rechtswahl, Art. 30 Abs. 1 aF EGBGB, nach Art. 30 Abs. 2 aF EGBGB
- Art. 30 Abs. 2 Nr 1 aF EGBGB: wo Arbeitnehmer gewöhnlich seine Arbeit verrichtet
- Wesentlicher Teil der arbeitsvertraglich geschuldeten Tätigkeit in Florida (-)
- Arbeitsantrittsort?
- Teilweise gegen Flaggenrechtsanknüpfung bei See-/Luftfahrtpersonal vertreten
- Verstärkt Schutz des Arbeitnehmers
- Aber Aufenthaltsrecht bewusst nicht gesetzliche Hilfsanknüpfung, sondern einstellende Niederlassung
- Also Schutz nur durch Ausweichklausel
- Also Fehlen einheitlichen Arbeitsortes, also Art. 30 Abs. 2 Nr 2 aF EGBGB, Sitz der einstellenden Niederlassung, also deutsches Recht
- Engere Verbindung, Ausweichklausel, Art. 30 Abs. 2 Hs. 2 und Hs. 3 aF EGBGB
- Für Florida: US-Staatsangehörigkeit nötig für US-Schiffe, Vergütung in US-Dollar vereinbart; dagegen: deutsche Sprachkenntnisse, für deutsche Touristen,
- IE Ausweichklausel zugunsten Recht von Florida, § 613a BGB (-)

e) **Keine Einordnung als Eingriffsnorm**
- § 613a BGB zwingende Bestimmung, Art. 34 aF EGBGB (-): nicht vorrangig öffentliches Interesse, sondern Individualinteresse

Ergebnis: Deutsche Gerichte sind zur Entscheidung über die Klage des Andy international zuständig; § 613a BGB ist jedoch nicht anzuwenden.

Frage 2: Klage der Helga

1. **Internationale Zuständigkeit deutscher Gerichte**

a) **Anwendungsbereich der Brüssel Ia-VO**
- Räumlicher Anwendungsbereich Brüssel Ia-VO (+) Beklagtenwohnsitz, Art. 5 Abs. 1, 63 Abs. 1 Brüssel Ia-VO, Österreich

b) **Gewöhnlicher Arbeitsort bei Entsendung**
- Arbeitsverhältnis (+), also Art. 20 ff Brüssel Ia-VO maßgeblich
- Zuständigkeit gegen Arbeitgeber Art. 21 Abs. 1 lit. a Brüssel Ia-VO (-) Wohnsitz nicht in Deutschland
- Art. 21 Abs. 1 lit. b i Brüssel Ia-VO:
- Gewöhnlicher Arbeitsort: Erfüllung des wesentlichen Teils der Verpflichtungen
- Wechselt bei endgültiger Verlegung des Schwerpunktes
- Fraglich bei vorübergehender Entsendung, Argument Art. 8 Abs. 2 S. 2 Rom I-VO
- Zunächst Schwerpunkt Djerba, Büro und Teil der Arbeit in Tunesien
- Zuständigkeit geht damit ins Leere, aber nicht durch Art. 21 Abs. 1 lit. b ii Brüssel Ia-VO zugunsten Österreich verdrängt
- Kein Wechsel bei kurzfristiger Entsendung, Interesse des Arbeitnehmers an Fortbestand der Zuständigkeit
- Auch nicht bei Entsendung in einen Mitgliedstaat, wenn Hilfsanknüpfung Art. 21 Abs. 1 lit. b ii Brüssel I-VO ohnehin in Mitgliedstaat weist
- Damit Zuständigkeit in Deutschland (-)

c) **Zuständigkeit für Schutzbestimmungen in ArbN-EntsendeRiLi**
- Internationale Zuständigkeit der Gerichte am Arbeitsort nach Art. 6 RiLi 1996/71/EG (ArbN-EntsendeRiLi)
- Bestimmungen über den Schutz Schwangerer in Art. 3 ArbN-EntsendeRiLi (+)

- Art. 6 ArbN-EntsendeRiLi direkt anwendbar?
- Durch Brüssel Ia-VO nicht verdrängt: Art. 69 Brüssel Ia-VO
- Aber Umsetzungsbedarf entfällt allenfalls bei Null Umsetzungsspielraum
- Vorrang deutscher Umsetzung: § 15 S. 1 AEntG, der sich auch auf Durchsetzung von Rechten nach § 2 AEntG bezieht
- § 2 Nr 6 AEntG umfasst Schwangerenschutz (+)
- Branchenbeschränkung in § 4 AEntG vom 20.4.2009 (BGBl. 2009 I 799) bezieht sich nur noch auf tarifvertragliche Arbeitsbedingungen (§ 3 AEntG), nicht auf gesetzliche (§ 2 AEntG)

2. Anwendbares Recht (Arbeitsvertragsstatut)

a) Anwendungsbereich Rom I-VO
- Anwendbarkeit Rom I-VO
- Intertemporal anwendbar, Vertragsschluss seit 17.12.2009 (+)
- Sachlicher Anwendungsbereich (+) Art. 1 Abs. 1, Abs. 2 Rom I-VO, insbesondere Art. 8 Rom I-VO
- *loi uniforme*, Art. 2 Rom I-VO

b) Gewöhnlicher Arbeitsort
- Rechtswahl Art. 8 Abs. 1 S. 1 Rom I-VO (-)
- Staat der gewöhnlichen Erbringung der Arbeitsleistung Art. 8 Abs. 2 S. 1 Alt. 1 Rom I-VO (+) Arbeit von Büro in Tunesien aus und teilweise zudem in Tunesien

c) Engere Verbindung
- Art. 8 Abs. 4 Rom I-VO (-) Tunesien durch Wohnsitz verstärkt, sonstige Beziehungen gleichgewichtig zu Österreich und Deutschland

d) Keine Änderung bei vorübergehender Entsendung
- Fortdauer bei vorübergehender Entsendung Art. 8 Abs. 2 S. 2 Rom I-VO (+) jedenfalls wenn unter einem Jahr

e) Berücksichtigung des Beschäftigungsortrechts
- Bestimmungen betreffend Durchführung des Vertrages, Art. 12 Abs. 2 Rom I-VO (-) Mutterschutz nicht nur Durchführungsregelung

f) MuSchG als Eingriffsnorm
- Sonderanknüpfungen
- Sonderanknüpfung zwingender Bestimmungen, Art. 8 Abs. 1 S. 2 Rom I-VO (-) nur gegen Rechtswahl
- Ausschließlicher Bezug zu anderem Staat, Art. 3 Abs. 3 Rom I-VO (-); nur bei Rechtswahl, zudem kein ausschließlicher Bezug zu Deutschland
- International zwingende Bestimmungen, Art. 9 Abs. 1, Abs. 2 Rom I-VO (+) MuSchG dient über Individualschutz hinaus sozialpolitischen Zwecken

Ergebnis: Deutsche Gerichte sind für die Klage der Helga aus § 15 iVm § 2 AEntG international zuständig. Das MuSchG findet nach Art. 9 Abs. 1, Abs. 2 Rom I-VO Anwendung.

Lösung

Frage 1: Klage des Andy

1. Internationale Zuständigkeit deutscher Gerichte

a) Intertemporale Anwendung Brüssel Ia-VO

593 Die Verordnung (EU) Nr 1215/2012 (Brüssel Ia-VO) gilt intertemporal für ab dem 10.1.2015 erhobene Klagen (Art. 66 Abs. 1Brüssel Ia-VO), ist also vorliegend anwendbar.

b) Sachlicher Anwendungsbereich

594 Der sachliche Anwendungsbereich ist eröffnet: Hierzu kommt es noch nicht auf die Einordnung des Vertrages an. Sowohl Streitigkeiten um Rechte und Ansprüche aus individuellen Arbeitsverträgen als auch Streitigkeiten aus Werk- oder Dienstverträgen zwischen Personen des Privatrechts sind zivil- oder handelsrechtlicher Natur (Art. 1 Abs. 1 Brüssel Ia-VO) und gehören nicht zu den ausgenommenen Materien (Art. 1 Abs. 2 Brüssel Ia-VO).

c) Räumlich-persönlicher Anwendungsbereich

595 Räumlich ist die Brüssel Ia-VO anwendbar, wenn der Beklagte seinen Wohnsitz im Hoheitsgebiet eines Mitgliedstaats hat (Art. 4, 5 Abs. 1 Brüssel Ia-VO).

Für Gesellschaften und juristische Personen bestimmt sich der Wohnsitz nach den Alternativen in Art. 63 Brüssel Ia-VO. Die New World Travel Inc. hat nach Sachverhalt ihren Satzungs- und Verwaltungssitz in Tampa, Florida. Auch ihre Hauptniederlassung liegt offenbar in Florida, also nicht in einem Mitgliedstaat iSd Brüssel Ia-VO (ErwGr 40, 41 Brüssel Ia-VO).

d) Erweiterter Anwendungsbereich in Individualarbeitssachen bei Niederlassung

596 Jedoch könnte sich die Anwendbarkeit der Brüssel Ia-VO aus ihrem Art. 20 Abs. 2 ergeben, soweit Streitgegenstand ein **individueller Arbeitsvertrag** oder Ansprüche aus einem solchen sind, die Beklagte in einem Mitgliedstaat eine **Zweigniederlassung, Agentur oder sonstige Niederlassung** besitzt und sich der Rechtsstreit auf deren **Betrieb** bezieht.

597 **aa)** Der autonom, ohne Rückgriff auf ein nationales Recht zu bestimmende Begriff **„individueller Arbeitsvertrag"** umfasst in Anlehnung an den vormaligen Art. 6 EVÜ (nun Art. 8 Rom I-VO) Vereinbarungen über eine abhängige, weisungsgebundene Tätigkeit wirtschaftlich nicht selbstständiger Beschäftigter. Dies könnte zweifelhaft sein, da Andy im Vertrag als „freier Mitarbeiter" bezeichnet ist. In autonomer Qualifikation des Begriffes kommt es aber weder auf die Bezeichnung noch auf die Wertung der *lex causae* an. Auch formal selbstständig Tätige können iSd Art. 20 Abs. 1 Brüs-

sel Ia-VO „Arbeitnehmer" sein, wenn sie faktisch in arbeitnehmertypischer Weisungsgebundenheit und wirtschaftlicher Abhängigkeit stehen. Der EuGH[1] hat dies selbst für einen abhängig tätigen Architekten bejaht. Für mehrere Auftraggeber freiberuflich oder selbstständig Tätige sind dagegen keine Arbeitnehmer. Für nur einen Auftraggeber weisungsabhängig und mit ihrer gesamten Arbeitszeit tätige formal Selbstständige sind dagegen Arbeitnehmer iSd Art. 20 Brüssel Ia-VO.

Zweifel könnten außerdem bestehen, weil Andy das Bestehen eines Arbeitsverhältnisses als solches kraft **Gesetzes** festgestellt haben will. § 613a BGB regelt jedoch nur den Vertragsübergang gesetzlich und führt damit zu einer Vertragsbeziehung mit dem Übernehmer, deren Bestehen festgestellt werden soll. Art. 20 ff Brüssel Ia-VO erfassen, wie Art. 7 Nr 1 Brüssel Ia-VO, jedoch auch den Streit um das Bestehen des Vertrages selbst.

bb) Die New World Travel GmbH Hamburg könnte **Zweigniederlassung, Agentur oder sonstige Niederlassung** iSd Art. 20 Abs. 2 Brüssel Ia-VO sein. Trotz der Enumeration, die nur die Weite des Begriffs und seine Unabhängigkeit von nationalen Begriffsbildungen signalisieren soll, ist der Begriff einheitlich zu bestimmen. Er lehnt sich an Art. 7 Nr 5 Brüssel Ia-VO an. Nur die Funktion von Art. 20 Abs. 2 Brüssel Ia-VO ist eine andere als die von Art. 7 Nr 5 Brüssel Ia-VO: Art. 7 Nr 5 Brüssel Ia-VO schafft eine zusätzliche Niederlassungszuständigkeit gegen einen Beklagten *mit Wohnsitz* in der Gemeinschaft (vgl Art. 7 Hs. 1 Brüssel Ia-VO); Art. 20 Abs. 2 Brüssel I-VO dehnt den räumlichen Anwendungsbereich der VO auf Beklagte *ohne Wohnsitz* in einem Mitgliedstaat aus. **598**

Erforderlich ist eine dauernde Außenstelle mit eigenem geschäftlichen Betrieb, die durch das Stammhaus jedoch beaufsichtigt wird.[2] Das Bestehen eines Geschäftsbetriebs folgt hier aus der Organisation als GmbH, die Abhängigkeit aus der 100%-igen Beherrschung durch die Beklagte und deren Einflussnahme auf die Tätigkeit. Die GmbH ist also eine Zweigniederlassung der Beklagten.

cc) Die Streitigkeit muss sich auf den **Betrieb der Zweigniederlassung** beziehen. Das ist der Fall, weil das behauptete Bestehen eines Arbeitsvertrages unmittelbar auf der durch die Zweigstelle namens der Beklagten vereinbarten Teilbetriebsübernahme beruhen würde. **599**

e) Gleichstellung mit Wohnsitz der Beklagten in Mitgliedstaat

Damit kann sich die internationale Zuständigkeit deutscher Gerichte **nur aus der Brüssel Ia-VO** ergeben. Die Beklagte ist zu behandeln, wie wenn sie ihren Wohnsitz in Deutschland hätte; das schließt den Rückgriff auf die deutsche *lex fori*, der nur ohne einen mitgliedstaatlichen Wohnsitz gemäß Art. 6 Abs. 1 Brüssel Ia-VO zulässig wäre, aus; Art. 6 Brüssel Ia-VO ist zwar in Art. 20 Abs. 1 Brüssel Ia-VO vorbehalten, in der **600**

1 EuGH Rs. 266/85 ECLI:EU:C:1987:11 *(Shenavai/Kreischer)*.
2 EuGH Rs. 33/78 ECLI:EU:C:1978:205 *(Somafer/Saar-Ferngas)*.

Situation des Art. 20 Abs. 2 Brüssel Ia-VO wird die Beklagte aber behandelt, als habe sie Wohnsitz in einem Mitgliedstaat.

f) Keine inländische Niederlassungszuständigkeit

601 Die allgemeinen und besonderen Zuständigkeiten (insbesondere Art. 4, 7 Brüssel Ia-VO) sind, mit Ausnahme des Art. 7 Nr 5 Brüssel Ia-VO, durch Art. 20 Abs. 1 Brüssel Ia-VO verdrängt. Aus **Art. 7 Nr 5 Brüssel Ia-VO** ergibt sich die internationale Zuständigkeit deutscher Gerichte nicht; Art. 7 Brüssel Ia-VO schafft nur Zuständigkeiten in einem *anderen* als dem Wohnsitzstaat des Beklagten (Art. 7 Hs. 1 Brüssel Ia-VO); die Beklagte wird aber hier behandelt (Art. 20 Abs. 2 Brüssel Ia-VO), als habe sie Wohnsitz in *Deutschland*. Der in diesem Fall gemäß Art. 4 Brüssel Ia-VO bestehende allgemeine Gerichtsstand ist hingegen von Art. 20 ff Brüssel Ia-VO verdrängt.

602 Die internationale Zuständigkeit deutscher Gerichte folgt jedoch aus **Art. 21 Abs. 1 lit. a Brüssel Ia-VO**, weil auch insoweit die Fiktion eines deutschen Wohnsitzes der Beklagten gilt. Art. 21 Abs. 1 lit. a Brüssel Ia-VO regelt – anders als lit. b – die **örtliche Zuständigkeit**, nach der vorliegend nicht gefragt ist, nicht.

2. Anwendbares Recht (Arbeitsvertragsstatut)

a) Qualifikation des § 613a BGB

603 Um beantworten zu können, ob § 613a BGB Anwendung findet, ist diese Bestimmung zunächst zu **qualifizieren**, um das maßgebliche Statut zu bestimmen. An dieser Stelle kann noch offen bleiben, ob das Arbeitsvertragsstatut sodann nach der Rom I-VO oder nach Art. 30 aF EGBGB zu bestimmen ist, da ersichtlich zwischen dem auf Art. 6 EVÜ beruhenden Begriff des Individualarbeitsvertrages in Art. 30 aF EGBGB und dem in Art. 8 Rom I-VO insoweit kein Unterschied besteht.[3] Man könnte die Regelung des Eintritts in den Arbeitsvertrag bei Betriebsübergang als eine betriebsbezogene Frage eigener Art verstehen, die mit dem Ort des Betriebes verbunden und deshalb an das dort geltende Recht anzuknüpfen wäre. Jedoch steht bei § 613a BGB nicht der Betriebsbezug im Vordergrund, sondern der individuelle Schutz des Arbeitnehmers. Nicht abschließend geklärt ist hierbei, ob § 613a BGB dem Statut der Vertragsübernahme untersteht,[4] oder ob § 613a BGB unmittelbar als Anspruch aus dem vorherigen individuellen Arbeitsvertrag zu qualifizieren ist.[5] Vorzugswürdig erscheint es, den Anspruch unmittelbar dem Arbeitsvertragsstatut zu unterstellen, um eine Beeinflussung durch das Statut des Betriebs-Übertragungsvertrages (hier des Chartervertrages) auszuschließen.

604 Folgt man dieser Ansicht nicht, so müsste sich gegen die im Chartervertrag getroffene Rechtswahl zum Recht von Florida bei Übernahme eines **Arbeitsvertrages** das zwingende Recht des Arbeitsvertragsstatuts analog Art. 30 Abs. 1 aF EGBGB oder Art. 8

3 In Betracht kommt an dieser Stelle aber auch ein Aufbau, der zunächst die intertemporal maßgebliche Kollisionsnorm feststellt und anschließend die Qualifikation des § 613a BGB behandelt.

4 BAG IPRax 1994, 123.

5 LAG Mecklenburg-Vorpommern BeckRS 2009, 63596.

Abs. 1 S. 2 Rom I-VO gegen das Vertragsübernahmestatut durchsetzen. Andernfalls könnte durch eine solche Rechtswahl § 613a BGB immer (auch bei zweifelsfrei deutschem Arbeitsvertragsstatut in reinen Inlandsfällen) abbedungen werden.

§ 613a BGB ist also vorliegend anwendbar, wenn ein Arbeitsvertrag vorliegt, der deutschem Recht als Vertragsstatut unterliegt oder wenn zwingende Bestimmungen deutschen Rechts sich neben einem gewählten Arbeitsvertragsstatut durchsetzen.

b) Intertemporale Anwendung der Rom I-VO bei Dauerschuldverhältnissen

Fraglich ist, ob auf die Bestimmung des Arbeitsvertragsstatuts intertemporal die Rom **605**
I-VO anwendbar ist. Gemäß Art. 28 Rom I-VO ist diese auf Verträge anzuwenden, die seit dem 17.12.2009 geschlossen werden. Nach dem Wortlaut dieser Regelung ist damit auf den vor dem 1.1.2009 geschlossenen Arbeitsvertrag die Rom I-VO nicht anzuwenden; es bleibt dann trotz Aufhebung der Art. 27 ff EGBGB zum 17.12.2009 weiterhin Art. 30 aF EGBGB anwendbar.

aa) Fraglich ist allerdings, ob durch Art. 28 Rom I-VO auch bei vor dem Stichtag ein- **606**
gegangenen **Dauerschuldverhältnissen** bis zu deren Beendigung die Anwendung der Rom I-VO ausgeschlossen bleibt, oder ob auf vertragsrechtlich zu qualifizierende Vorgänge, die nach dem Stichtag ausgelöst werden, wie dies hier für die vertragsrechtlich zu qualifizierende Behandlung eines Betriebsüberganges der Fall ist, ggf neues Kollisionsrecht anwendbar ist.

bb) Für die **Fortgeltung alten Kollisionsrechts**, also des EGBGB, spricht, dass die **607**
Problematik der intertemporalen Behandlung von Dauerschuldverhältnissen ein bekanntes Problem des IPR darstellt, das bereits zu Art. 220 Abs. 1 EGBGB gerade für Arbeitsverhältnisse streitig diskutiert wurde[6] und für die intertemporale Geltung der Schuldrechtsreform in Art. 229 § 5 S. 2 EGBGB ausdrücklich im Sinn einer Geltung neuen Rechts mit einjähriger Übergangsfrist geregelt wurde. Dass der europäische Gesetzgeber keine Sonderbestimmungen für Dauerschuldverhältnisse getroffen hat, spricht also eher für die wortlautentsprechende Anwendung des Art. 28 Rom I-VO als für eine unbeabsichtigte Regelungslücke.

cc) Hinzu kommt, dass es bei der Inkraftsetzung neuer EG-Verordnungen nicht nur **608**
um eine intertemporale Überleitung geht, bei der der Gesetzgeber innerhalb vertrauensschützender Übergangsfristen auch eine unechte Rückwirkung neuen Rechts – wie zur Schuldrechtsreform geschehen – anordnen kann, sondern um die **erstmalige Verdrängung** nationalen Rechts durch Europarecht. Insoweit dürfte ein strenges Stichtagsprinzip gewollt sein.

6 Für Fortgeltung des alten IPR LAG Nürnberg IPRspr 2014 Nr 77; LAG Rheinland-Pfalz BeckRS 2016, 73042.

609 **dd)** Die Rom I-VO dürfte allerdings anwendbar werden, wenn die Parteien eines Dauerschuldverhältnisses nach dem Stichtag selbst modifizierend in ihre Vertragsbeziehung eingreifen; soweit ein **Änderungsvertrag** geschlossen wird, untersteht dieser nach Art. 28 Rom I-VO deren Kollisionsregeln. Diese Ausnahme greift jedoch nicht ein, wenn eine Vertragspartei mit einem Dritten kontrahiert und hierdurch der Arbeitsvertrag nur mittelbar, hier durch die Problematik des Betriebsübergangs, betroffen ist. Ebenso, wie die Rechtswahl in Ansehung des vorliegenden Chartervertrags nicht arbeitsvertraglich zu qualifizierende Rechtsfragen beeinflussen konnte, kann dies auch nicht ein unter neuem Kollisionsrecht geschlossener Chartervertrag. Da zudem § 613a BGB die Überleitung eines bestehenden und nicht die Neubegründung eines Arbeitsverhältnisses regelt, kann auch nicht intertemporal auf den Überleitungszeitpunkt abgestellt werden. Es bleibt also bei der Anwendung von Art. 27 ff, 30 aF EGBGB.

c) Arbeitsvertrag iSd Art. 30 aF EGBGB

610 Zu prüfen ist, ob ein Arbeitsvertrag/Arbeitsverhältnis iSd Art. 30 aF EGBGB vorliegt. Insoweit kann nicht auf den Arbeitnehmerbegriff des deutschen Rechts abgestellt werden, sondern es muss bereits für Art. 30 aF EGBGB der **EG-völkervertragliche Charakter** des Art. 30 aF EGBGB (Art. 6 EVÜ) berücksichtigt werden (Art. 36 aF EGBGB), so dass es insoweit zu einer mit Art. 8 Rom I-VO und Art. 20 Brüssel Ia-VO übereinstimmenden Begriffsausfüllung kommt.

[Eine andere, hier nach der Fallfrage nicht zu entscheidende Frage ist, ob Andy auch Arbeitnehmer iSd § 613a BGB ist; insoweit ist maßgeblich der Arbeitnehmerbegriff des deutschen Rechts, der hier angesichts der arbeitnehmerähnlichen Stellung iSd § 12a TVG für Zwecke der §§ 611 ff BGB im Übrigen zu bejahen wäre.]

d) Anknüpfung

611 Das **Arbeitsvertragsstatut** bestimmt sich mangels einer in den Schranken des Art. 30 Abs. 1 aF EGBGB zulässigen Rechtswahl nach Art. 30 Abs. 2 aF EGBGB.

612 **aa)** Anzuknüpfen ist an das Recht des *Staates*, in dem der Arbeitnehmer **gewöhnlich seine Arbeit verrichtet** (Art. 30 Abs. 2 Nr 1 aF EGBGB), was eine überwiegende, aber nicht ausschließliche Tätigkeit in diesem Staat voraussetzt. Auch wenn eine vorübergehende Entsendung in einen anderen Staat den Ort der gewöhnlichen Arbeitsleistung nicht verändert (Art. 30 Abs. 2 Nr 1 Hs. 2 aF EGBGB), ist bei Andys Arbeitsgestaltung fraglich, ob eine Entsendung aus Florida an wechselnde Einsatzorte vorliegt. Zweifelsfrei wäre Florida als Schwerpunkt des Arbeitsverhältnisses einzuordnen, wenn dort Andy nicht nur wohnte, sondern auch einen wesentlichen Teil der arbeitsvertraglich geschuldeten Tätigkeit ausübte. Die gelegentliche Abholung von Reisegruppen in Miami kann hierfür nicht genügen.

613 Ob im ähnlichen Fall von Personal, das auf Schiffen oder Flugzeugen tätig ist, ein gewöhnlicher Arbeitsort iSd Art. 30 Abs. 2 Nr 1 aF EGBGB ermittelt werden kann, ist

umstritten. Die noch hM knüpft den gewöhnlichen Arbeitsort an das Recht der Flagge des jeweiligen Fahrzeuges an, sofern nicht auf Fahrzeugen verschiedener Flagge gearbeitet wird.[7] Dagegen wird eingewendet, dass die Registrierung und damit das Flaggenrecht durch den Arbeitgeber manipulierbar sind. Teilweise wird daher vertreten, zum Schutz des Arbeitnehmers, der auf Schiffen oder Flugzeugen tätig sei, müsse an das Recht des Ortes angeknüpft werden, von dem aus er die Arbeit antrete.[8] Dem ist freilich nach bisherigem IPR[9] entgegenzuhalten, dass der gewöhnliche Aufenthalt eines Arbeitnehmers gerade nicht als Grundlage der Anknüpfung des Arbeitsvertragsstatuts gewählt wurde; aus Art. 30 aF EGBGB lässt sich eine Wertung erkennen, wonach der Arbeitnehmer nicht durch sein Aufenthaltsrecht geschützt wird, wenn er sich auf einen dauernden Arbeitsort im Ausland einlässt. Grundsätzlich stimmt die Flaggenanknüpfung mit der völkerrechtlichen Zuordnung des Schiffes überein und gewährleistet Kontinuität des Arbeitsvertragsstatuts. Soweit der Registerstaat zufällig ist, dürfte hingegen die Anknüpfung an Art. 30 Abs. 2 Nr 1 aF EGBGB versagen, so dass auf Art. 30 Abs. 2 Nr 2 aF EGBGB abzustellen ist.[10] Lässt sich der Arbeitnehmer allerdings bei einer internationalen Tätigkeit auf Fahrzeugen ein- und derselben Flagge ein, die einen räumlichen Bezug zu dem Gebiet der Tätigkeit hat, so kann durchaus im Registerstaat der Schwerpunkt der Arbeitsleitung gesehen werden. Betrifft die Tätigkeit dagegen Fahrzeuge verschiedener Flagge, so bleibt nur die Anknüpfung an die einstellende Niederlassung. Sowohl die Korrektur bei zufälligem Flaggenrecht als auch die Korrektur der Anknüpfung an die einstellende Niederlassung, wenn diese zufällig ist, kann systematisch korrekt über eine fallweise[11] oder fallgruppenspezifische[12] Anwendung der Ausweichklausel (Art. 30 Abs. 2 Hs. 2 und Hs. 3 aF EGBGB) erfolgen.

bb) Vorliegend fehlt es sowohl nach hM als auch nach der zunächst vom BAG vertrete- **614**
nen Ansicht an einem einheitlichen Arbeitsort; auch die Anknüpfung an das Registrierungsrecht gelangt hier nicht zu einem einheitlichen Schwerpunkt der Arbeitsleistung. Neben der Tätigkeit auf US-Schiffen ist Andy nach Sachverhalt auch in verschiedenen Staaten der Karibik tätig, wobei ein Übergewicht („teils...teils...") nicht ersichtlich ist. Andy ist Arbeitnehmer mit wechselnden Einsatzstellen ohne einen gewöhnlichen Arbeitsstaat. Damit ist nach Art. 30 Abs. 2 Nr 2 aF EGBGB das Recht des Staates maßgeblich, in dem die **einstellende Niederlassung** ihren Sitz hat. Maßgeblich ist insoweit ausschließlich die Niederlassung, die den Arbeitnehmer eingestellt hat, auch wenn der Arbeitnehmer bei einer anderen Niederlassung beschäftigt wird.[13] Damit wäre deutsches Recht berufen.

---

7 *Rauscher/Mankowski* (2016) Art. 21 Brüssel Ia-VO Rn 26 ff.

8 LAG Mecklenburg-Vorpommern BeckRS 2009, 63596; dagegen bezieht sich EuGH Rs. C-37/00 ECLI:EU:C:2002:122 *(Herbert Weber/Universal Ogden Services Ltd)* („..oder von dem aus...") nicht auf Situationen, in denen der Arbeitnehmer keine relevante Tätigkeit an seinem Aufenthaltsort erbringt.

9 Anders der hier noch nicht anwendbare Art. 8 Abs. 2 S. 1 Rom I-VO, der sich ausdrücklich für diese Lösung entscheidet, indem in Ermangelung eines gewöhnlichen Staates der Verrichtung der Arbeit an den gewöhnlichen Ort des Arbeitsantritts („oder andernfalls von dem aus...") angeknüpft wird.

10 BAG NZA 2008, 761.

11 BAG IPRspr 1996 Nr 50b.

12 BAG SAE 1997, 31: Registrierung im deutschen Zweitregister.

13 EuGH Rs. C-384/10 ECLI:EU:C:2011:842 *(Jan Voogsgeerd/Navimar SA).*

615 cc) Der Arbeitsvertrag könnte jedoch nach der Gesamtheit der Umstände eine **engere Verbindung** zu einem anderen Staat aufweisen, dessen Recht dann Arbeitsvertragsstatut wäre (**Ausweichklausel** Art. 30 Abs. 2 Hs. 2 und Hs. 3 aF EGBGB). Denkbar wäre eine solche engere Verbindung zu den USA bzw zu Florida als Teilrechtsordnung. Hierfür spricht, dass Andy gezielt wegen seiner US-Staatsangehörigkeit im Hinblick auf die zu seinen Aufgaben gehörende Tätigkeit auf US-Schiffen angeworben wurde und seine Vergütung in US-Dollar vereinbart ist.[14] In ihrer Gesamtheit dürften diese Kriterien nicht dadurch aufgewogen werden, dass gute deutsche Sprachkenntnisse aufgrund deutscher Abstammung den durch die einstellende Niederlassung vermittelten Bezug zu Deutschland nicht ganz und gar zufällig erscheinen lassen. Folgt man dem, kann sich Andy nicht auf § 613a BGB berufen.

e) Keine Einordnung als Eingriffsnorm

616 Zu erwägen wäre, § 613a BGB als **zwingende Bestimmung** gemäß **Art. 34 aF EGBGB** („Eingriffsnorm") anzuwenden. Art. 34 aF EGBGB ist beschränkt auf die Durchsetzung von Eingriffsnormen, die in erster Linie sozial- oder wirtschaftspolitischen *öffentlichen* Interessen dienen. Diese stehen bei § 613a BGB nicht im Vordergrund; auch wenn die Sicherung des Arbeitsfriedens und die Vermeidung von Arbeitslosigkeit als Ziele mitschwingen, geht es vorrangig um das individuelle Bestandsinteresse des Arbeitnehmers. Diese Wertung ist selbst dann zutreffend, wenn der Arbeitnehmer in Deutschland lebt.[15] Erst recht sind sozial- und wirtschaftspolitische deutsche Interessen nicht berührt, wenn nur der Sitz der einstellenden Niederlassung eine Verbindung zu Deutschland vermittelt.

617 **Ergebnis:** Deutsche Gerichte sind zur Entscheidung über die Klage des Andy international zuständig; § 613a BGB ist jedoch nicht anzuwenden.

Frage 2: Klage der Helga

1. Internationale Zuständigkeit deutscher Gerichte

a) Anwendungsbereich der Brüssel Ia-VO

618 Sachlicher und zeitlicher Anwendungsbereich der Brüssel Ia-VO beurteilen sich wie zu Frage 1; der räumliche Anwendungsbereich der Brüssel Ia-VO ist problemlos gegeben, die Beklagte hat ihren Satzungs- und (offenbar) Verwaltungssitz (Art. 5 Abs. 1, 63 Abs. 1 Brüssel Ia-VO) in Wien; Österreich ist Mitgliedstaat.

b) Gewöhnlicher Arbeitsort bei Entsendung

619 Da eindeutig ein **Arbeitsverhältnis** vorliegt, sind für die internationale Zuständigkeit ausschließlich die Art. 20 ff Brüssel Ia-VO maßgeblich.

---

14 BAG IPRax 1994, 123.
15 BAG IPRax 1994, 123.

aa) Weil der beklagte Arbeitgeber seinen Wohnsitz *nicht* in Deutschland hat (Art. 21 Abs. 1 lit. a Brüssel Ia-VO), kommt eine Zuständigkeit deutscher Gerichte nur aus Art. 21 Abs. 1 lit. b Brüssel Ia-VO in Betracht, wenn hier der gewöhnliche Arbeitsort liegt. Fraglich ist, ob die Tätigkeit in Deutschland von Dezember 2017 bis April 2018 einen **gewöhnlichen Arbeitsort** begründet. **620**

bb) Art. 21 Abs. 1 Brüssel Ia-VO entspricht zwar *systematisch* Art. 6 Abs. 2 EVÜ (Art. 30 Abs. 2 aF EGBGB) und Art. 8 Abs. 2 S. 2 Rom I-VO, enthält aber keinen Vorbehalt bei **vorübergehender Entsendung**. Dass es sich um eine vorübergehende Entsendung handelt, steht außer Frage, da die Arbeit in Deutschland auf deutlich unter einem Jahr im Voraus begrenzt ist. Fraglich ist also, ob eine Parallele zu Art. 6 Abs. 2 EVÜ/ Art. 8 Abs. 2 S. 2 Rom I-VO geboten ist, also eine vorübergehende Entsendung den gewöhnlichen Arbeitsort nicht verlagert, oder ob Art. 21 Abs. 1 lit. b (i) Brüssel Ia-VO eigenen Auslegungskriterien unterliegt. **621**

cc) Gewöhnlicher Arbeitsort ist zuständigkeitsrechtlich der Ort, an dem der Arbeitnehmer – trotz wechselnder Einsatzstellen – den *wesentlichen Teil* seiner Verpflichtungen gegenüber seinem Arbeitgeber erfüllt.[16] Wird der gewöhnliche Arbeitsort verlegt, ist auf den jeweils aktuellen gewöhnlichen Arbeitsort abzustellen, es fehlt also nicht etwa wegen der verschiedenen sukzessiven Arbeitsorte an einem gewöhnlichen Arbeitsort. **622**

An dieser Auslegung hat sich auch durch die in Art. 19 Nr 2 lit. a Brüssel I-VO eingefügte[17] und nach Art. 21 Abs. 1 lit. b (i) Brüssel Ia-VO übernommene Alternative des *letzten gewöhnlichen Arbeitsortes* nichts geändert. Diese Alternative erfasst nur den Fall, dass ein gewöhnlicher Arbeitsort aufgegeben wurde und sich ein neuer Schwerpunkt nicht ermitteln lässt, nicht aber den Fall gleichzeitiger verschiedener Arbeitsorte, unter denen weiterhin einer aufgrund einer Schwerpunktbestimmung der „gewöhnliche" sein kann.

dd) Zunächst dürfte dieser **Schwerpunkt** in Djerba gelegen haben, weil Helga dort in dem Büro ihres Arbeitgebers eine nicht unerhebliche Zeit im Jahr tätig war und dorthin – auch wegen ihres Wohnsitzes – regelmäßig zurückkehrte. Zwar stellt Art. 21 Abs. 1 lit. b (i) Brüssel Ia-VO auf den Arbeits*ort* ab und nicht, wie Art. 6 Abs. 2 EVÜ/Art. 8 Abs. 2 Rom I-VO auf den Arbeits*staat*, was darauf beruht, dass eine örtliche Zuständigkeit mitgeregelt werden soll. Dennoch kann nicht unberücksichtigt bleiben, dass auch ein Teil der übrigen Arbeit *in Tunesien* erbracht wurde, denn Art. 21 Abs. 1 lit. b (ii) Brüssel Ia-VO begründet eine subsidiäre Zuständigkeit am Ort der einstellenden Niederlassung nur dann, wenn der Arbeitnehmer seine Arbeit nicht gewöhnlich im selben *Staat* verrichtet. **623**

16 EuGH Rs. C-383/95 ECLI:EUC:1997:7 *(Rutten/Cross Medical Ltd)*; EuGH Rs. C-37/00 ECLI:EU:C:2002:122 *(Herbert Weber/Universal Ogden Services Ltd)*.

17 Anders vorher Art. 5 Nr 1 EuGVÜ.

Für die Anbindung an die Tätigkeit in Djerba spricht auch, dass Art. 21 Abs. 1 lit. b (ii) Brüssel Ia-VO (einstellende Niederlassung) im Gegensatz zu Art. 6 EVÜ/Art. 8 Abs. 4 Rom I-VO) keine Korrektur zugunsten einer engeren Verbindung zuließe. Wollte man keinen gewöhnlichen Arbeitsort in Tunesien annehmen, so wäre zwar für das Arbeitsvertragsstatut im Rahmen der Ausweichklausel zu erwägen, ob die Beziehung zur Einsatzniederlassung (dem Büro in Djerba) nicht enger ist, als die formale Beziehung zur Einstellungsniederlassung Wien. Diese Wertung muss in Art. 21 Brüssel Ia-VO in die Ausfüllung des gewöhnlichen Arbeitsortes eingehen, weil es dort an einer Ausweichklausel fehlt.

Dass sich in Djerba aus Art. 21 Abs. 1 lit. b (i) Brüssel Ia-VO keine Zuständigkeit ergab, weil Tunesien kein Vertragsstaat ist, spielt zunächst keine Rolle. Insoweit geht die Anknüpfung an Art. 21 Abs. 1 lit. b (i) Brüssel Ia-VO ins Leere. Dass sich deshalb bis November 2017 aus Art. 21 Abs. 1 lit. b (ii) Brüssel Ia-VO eine Niederlassungszuständigkeit in Wien ergeben hätte, ist für die nunmehrige Beurteilung der deutschen Zuständigkeit nicht bedeutsam.

624 **ee)** Fraglich ist, ob das Interesse des Arbeitnehmers generell für einen schnellen **Wechsel des gewöhnlichen Arbeitsortes** bei vorübergehender Entsendung spricht. Auf den ersten Blick könnte dafür das Interesse an der Durchsetzung örtlicher Arbeitsschutzbestimmungen sprechen. Doch führt eine solche Verlagerung nicht immer zu einer Verbesserung des Arbeitsschutzes und würde überdies *alle* aus dem Arbeitsverhältnis fließenden Streitigkeiten zuständigkeitsrechtlich verlagern, nicht nur solche, die um aktuelle Arbeitsschutzfragen geführt werden. Man wird aber durchaus ein grundsätzliches Interesse des Arbeitnehmers am Fortbestand eines auf Art. 21 Abs. 1 lit. b (i) Brüssel Ia-VO gestützten (innergemeinschaftlichen!) Arbeitsortgerichtsstandes trotz vorübergehender Entsendung anzunehmen haben. Sonst hätte es der Arbeitgeber in der Hand, den Arbeitnehmer durch Entsendung um einen angestammten Gerichtsstand zu bringen. Diese grundsätzliche Wertung kann nicht umgestoßen werden, nur weil im Fall womöglich der deutsche Gerichtsstand vorteilhafter wäre.

625 **ff)** Der bisherige gewöhnliche Arbeitsort in Djerba könnte jedoch deshalb als durch einen gewöhnlichen Arbeitsort in Deutschland abgelöst angesehen werden, weil Helga damit erstmals einen **innergemeinschaftlichen gewöhnlichen Arbeitsort** erlangte. Man könnte also für Zwecke des Art. 21 Abs. 1 lit. b (i) Brüssel I-VO einen gewöhnlichen Arbeitsort in Drittstaaten ignorieren, da sich aus ihm ohnehin kein Gerichtsstand ergeben kann, weshalb auch bis November 2017 auf Art. 21 Abs. 1 lit. b (ii) Brüssel Ia-VO (einstellende Niederlassung Wien) abzustellen gewesen wäre. Dies ist womöglich vertretbar, wenn es neben dem außergemeinschaftlichen gewöhnlichen Arbeitsort einen dauerhaften innergemeinschaftlichen Schwerpunkt gibt (wenn also zB Helga von Tunesien aus ausschließlich Reisegruppen in Tunesien und Spanien – nicht auch noch in Italien – betreut hätte). Würde man hier aber Berchtesgaden mit dieser Begründung als gewöhnlichen Arbeitsort bezeichnen, so würde damit ein unbestreitbar nur *vorübergehender* Arbeitsort zu einem gewöhnlichen umdefiniert. Verdrängt würde dadurch im

Übrigen aktuell nicht ein tunesischer, sondern ein *österreichischer*, also innergemeinschaftlicher, Gerichtsstand aus Art. 21 Abs. 1 lit. b (ii) Brüssel Ia-VO. Es ergibt sich also kein deutscher Gerichtsstand aus Art. 21 Abs. 1 lit. b (i) Brüssel Ia-VO.

c) Zuständigkeit für Schutzbestimmungen in ArbN-EntsendeRiLi

Es könnte sich jedoch eine internationale Zuständigkeit der Gerichte am Arbeitsort auf- **626**
grund **Art. 6 RiLi 1996/71/EG** (ArbN-EntsendeRiLi) ergeben.

aa) Danach kann „zur Durchsetzung der in Art. 3 ArbN-EntsendeRiLi gewährleisteten Arbeits- und Beschäftigungsbedingungen (...) eine Klage in dem Mitgliedstaat erhoben werden, in dessen Hoheitsgebiet der Arbeitnehmer entsandt ist". Diese Zuständigkeit soll die unter der Brüssel Ia-VO bestehende Zuständigkeitslücke bei vorübergehender, den gewöhnlichen Arbeitsort nicht verlagernder, Entsendung (Rn 621 ff) schließen. Art. 3 ArbN-EntsendeRiLi verpflichtet die Mitgliedstaaten, bestimmte arbeitsrechtliche Mindeststandards auch auf ein Arbeitsverhältnis zwischen einem im Ausland ansässigen Arbeitgeber und seinem im Inland (auch vorübergehend) beschäftigten Arbeitnehmer anzuwenden, also *kollisionsrechtlich* durchzusetzen. Da Bestimmungen über den Schutz Schwangerer im Katalog des Art. 3 ArbN-EntsendeRiLi enthalten sind, könnte Art. 6 ArbN-EntsendeRiLi eine Zuständigkeit für die Durchsetzung der Beschäftigungsverbote des MuSchG bereitstellen.

bb) Teilweise wird im Schrifttum eine solche Zuständigkeit direkt auf Art. 6 ArbN- **627**
EntsendeRiLi gestützt. Die Ausschließlichkeit der Brüssel Ia-VO stünde dem nicht entgegen, da Art. 67 Brüssel Ia-VO Bestimmungen für bestimmte Rechtsgebiete aus bzw aufgrund von Gemeinschaftsakten vorbehält.[18] Angesichts der Umsetzungsbedürftigkeit von EG-Richtlinien ließe sich jedoch eine Direktwirkung allenfalls mit dem Argument vertreten, Art. 6 ArbN-EntsendeRiLi belasse inhaltlich keinen Umsetzungsspielraum. Vorrangig ist jedoch die **Umsetzung** im deutschen Recht zu prüfen.

cc) Vor einer unmittelbaren Anwendung von Richtlinienrecht ist jedenfalls zu prüfen, **628**
ob die gebotene Umsetzung umfassend stattgefunden hat. Eine internationale Zuständigkeit deutscher Gerichte könnte sich aus **§ 15 S. 1 AEntG** ergeben. Danach kann ein nach Deutschland entsandter Arbeitnehmer eine *auf den Zeitraum der Entsendung* bezogene Klage auf Gewährung der Arbeitsbedingungen (ua) nach § 2 AEntG auch vor einem deutschen Gericht erheben. Dieser Katalog entspricht weitgehend Art. 3 ArbN-EntsendeRiLi. Zu den in § 2 AEntG genannten Bestimmungen gehören auch Schutzmaßnahmen für Schwangere (§ 2 Nr 6 AEntG).

dd) Die gegenständliche **Anwendbarkeit** des § 15 S. 1 AEntG auf den Arbeitsvertrag **629**
der Helga ist unproblematisch. Im Gegensatz zu der mehrfach erweiterten früheren Fas-

18 MünchKommZPO/*Gottwald*[5] Art. 21 Brüssel Ia-VO Rn 18.

sung des AEntG wird in der Neufassung des AEntG vom 20.4.2009[19] unzweideutig zwischen allgemeinen Bestimmungen und branchenspezifischen Regelungen (§ 4 AEntG) unterschieden; die Durchsetzung gesetzlicher Arbeitsbestimmungen nach § 15 S. 1 iVm § 2 AEntG ist, anders als die Durchsetzung tarifvertraglicher Bestimmungen (§ 15 S. 1 iVm § 3 AEntG) nicht branchensprezifisch eingeschränkt.

Nach beiden Ansichten (Rn 616 ff) sind deutsche Gerichte also zur Entscheidung über das Beschäftigungsverbot nach § 3 MuSchG für die Dauer der Entsendung nach Deutschland international zuständig.

2. Anwendbares Recht (Arbeitsvertragsstatut)

a) Anwendungsbereich Rom I-VO

630 Zu prüfen ist wiederum der Anwendungsbereich der **Rom I-VO**. Sachlich handelt es sich unproblematisch um ein vertragliches Schuldverhältnis, das nicht unter eine der in Art. 1 Abs. 1 S. 2 und Abs. 2 Rom I-VO bestimmten Ausnahmen fällt, sondern sogar ausdrücklich in Art. 8 Rom I-VO behandelt wird. Räumlich gilt die Rom I-VO als IPR vor deutschen Gerichten unbeschränkt (Art. 2 Rom I-VO). Intertemporal ist die Rom I-VO auf den am 2.1.2017 geschlossenen Arbeitsvertrag anzuwenden.

b) Gewöhnlicher Arbeitsort

631 Mangels einer Rechtswahl (Art. 8 Abs. 1 S. 1 Rom I-VO) ist anzuknüpfen an das Recht des **Staates** der gewöhnlichen Erbringung der Arbeitsleistung (Art. 8 Abs. 2 S. 1 Alt. 1 Rom I-VO). Schon unter Art. 30 Abs. 1 aF EGBGB/Art. 6 Abs. 1 EVÜ war davon auszugehen, dass eine Tätigkeit in mehreren Staaten einen gewöhnlichen Arbeitsort nicht ausschließt, sofern der Arbeitnehmer von einem zentralen Arbeitsort aus zu Einsätzen in anderen Staaten tätig wird, wobei Tätigkeiten an anderen Orten im selben Staat ohne Weiteres diesen Schwerpunkt verstärken, da nicht auf den Arbeitsort, sondern auf den Staat der gewöhnlichen Verrichtung der Arbeit abgestellt wird. Unter Art. 8 Abs. 2 S. 1 Rom I-VO ändert sich hieran nichts, so dass nicht auf die neue Variante in Art. 8 Abs. 2 S. 1 Alt. 2 Rom I-VO (Arbeitsantritts-Staat) zurückzugreifen ist, wenn im Arbeitsantritts-Staat zugleich auch ein wesentlicher Teil der Arbeitsleistung erbracht wird. Ein gewöhnlicher Arbeitsort in Tunesien ist damit, wie für Zwecke des Art. 21 Brüssel Ia-VO (Rn 622), zu bejahen, da Helga vom Büro ihres Arbeitgebers in Tunesien aus tätig war und insgesamt überwiegend in Tunesien arbeitete.

c) Engere Verbindung

632 Etwas anderes könnte sich aus einer **engeren Verbindung** iSd Art. 8 Abs. 4 Rom I-VO ergeben. Anders als bei einem aus dem Sitzstaat des Arbeitgebers in ein solches Büro entsandten Arbeitnehmer erscheint aber die Anwendung tunesischen Rechts auf den Arbeitsvertrag nicht zufällig. Tunesien ist und war Helgas Wohnsitz. Da zudem Helga

19 BGBl. 2009 I 799.

deutsche Staatsangehörige ist, ihr Arbeitgeber hingegen eine österreichische AG, bestehen weder zu Deutschland noch zu Österreich engere Beziehungen.

d) Keine Änderung bei vorübergehender Entsendung

Tunesisches Recht bleibt auch während der Tätigkeit in Deutschland Arbeitsvertragsstatut, wenn es sich um eine **vorübergehende Entsendung** handelt (Art. 8 Abs. 2 S. 2 Rom I-VO). Entsendung bedeutet Tätigwerden auf Veranlassung des Arbeitgebers in einem anderen Staat. Vorübergehend ist eine Entsendung, wenn sie befristet und eine Rückkehr an den gewöhnlichen Arbeitsort vorgesehen ist. Die Frage, ob eine *auf mehrere Jahre* befristete Entsendung gleichwohl nicht mehr als vorübergehend zu betrachten ist, muss hier nicht entschieden werden, da die Entsendung nach Deutschland weit unter einem Jahr dauert. **633**

e) Berücksichtigung des Beschäftigungsortrechts

Auch bei ausländischem Arbeitsvertragsstatut ist jedoch entsprechend **Art. 12 Abs. 2 Rom I-VO** in Bezug auf die Art und Weise der Erfüllung das Recht am Beschäftigungsort zu berücksichtigen; dies umfasst die arbeitsrechtliche Bestimmungen, welche die Durchführung der Leistung betreffen. Hierzu zählen insbesondere Feiertagsregelungen, Arbeitszeitbestimmungen und auch Arbeitsschutzbestimmungen zur Unfallverhütung.[20] Hingegen dürften Bestimmungen über den Schutz bestimmter Arbeitnehmergruppen nicht mehr die Durchführung der Arbeitsleistung betreffen. Es geht insoweit nicht bloß um die Art und Weise der Leistungserbringung. Beschäftigungsverbote greifen als Schutzbestimmungen in den Bestand der Verpflichtung zur Arbeitsleistung ein. **634**

f) MuSchG als Eingriffsnorm

Eine Anwendung des MuSchG ist daher nur im Rahmen der **Sonderanknüpfung zwingender Bestimmungen** zu prüfen. **Art. 8 Abs. 1 S. 2 Rom I-VO** setzt zwingende Bestimmungen nur gegen eine *Rechtswahl* durch und nur insoweit, wie sie dem nach Art. 8 Abs. 2 Rom I-VO mangels Rechtswahl anwendbaren Recht angehören, erfasst hier also deutsche Bestimmungen nicht. **635**

Art. 3 Abs. 3 Rom I-VO, der wiederum nur eine Rechtswahl einschränken würde, greift auch tatbestandlich nicht ein, denn der Sachverhalt hat keine ausschließliche Beziehung zu Deutschland, sondern auch zu Österreich und Tunesien. **636**

Nach **Art. 9 Abs. 2 Rom I-VO** bleiben jedoch **Eingriffsnormen** (Legaldefinition: § 9 Abs. 1 Rom I-VO) der lex fori unberührt; Eingriffsnormen sind zwingende Bestimmungen, die von einem Staat als so entscheidend für die Wahrung seines öffentlichen Interesses, insbesondere seiner politischen, sozialen oder wirtschaftlichen Organisation angesehen werden, dass sie mit internationalem Geltungsanspruch ungeachtet des vom IPR berufenen Rechts anzuwenden sind. Anders als § 613a BGB (Rn 616) verfolgen die **637**

20 *Schlachter* NZA 2000, 57, 60.

Beschäftigungsverbote des MuSchG einen über den Individualschutz hinausgehenden sozialpolitischen Zweck. Geschützt wird nicht primär ein arbeitsrechtliches Interesse der Mutter, sondern deren Gesundheit und die des ungeborenen Kindes. Dies rechtfertigt es, wie sich auch aus dem entsprechenden Auftrag in Art. 3 ArbN-EntsendeRiLi (Rn 626) ergibt, das MuSchG unabhängig vom Arbeitsvertragsstatut auf alle schwangeren Frauen anzuwenden, soweit und solange sie ihre Arbeitsleistung in Deutschland erbringen.

638 **Ergebnis:** Deutsche Gerichte sind für die Klage der Helga aus § 15 iVm § 2 AEntG international zuständig. Das MuSchG findet nach Art. 9 Abs. 2 Rom I-VO Anwendung.

Literaturhinweise

Behandlung der fallrelevanten Themen in:
***Rauscher* Internationales Privatrecht (5. Aufl., 2017)**

Gerichtsstand für Individualarbeitsverträge:	Rn 2071 ff, 2079 ff
Anknüpfung Individualarbeitsverträge:	Rn 1284 ff
Einfach zwingende Normen:	Rn 1314 ff
International zwingende Normen:	Rn 1320 ff
Bestimmungen berührend die Durchführung des Vertrages:	Rn 1336 ff, 1340 f

Weitere Literatur

1. Gerichtsstand für Individualarbeitsverträge

Rauscher/Mankowski (2016) Art. 20 Brüssel Ia-VO Rn 1.

Sujecki Zur Anwendbarkeit des Mehrparteiengerichtsstands nach EGV 44/2001 Art. 6 auf individuelle Arbeitsverträge, EuZW 2008, 371.

Temming Europäisches Arbeitsprozessrecht: Zum gewöhnlichen Arbeitsort bei grenzüberschreitend tätigen Außendienstmitarbeitern, IPRax 2010, 59.

Temming Internationales Arbeitsprozessrecht: Wo darf das Flugpersonal der Zivilluftfahrt klagen?, NZA 2017, 1437.

2. Anknüpfung Individualarbeitsverträge

Günther/Pfister Arbeitsverträge mit internationalen Bezügen

- Teil I: Rechtswahl und Gerichtsstandsvereinbarungen, ArbRAktuell 2014, 215
- Teil 2: Entsendungen, ArbRAktuell 2014, 346
- Teil 3: Anwendbares Recht bei Arbeitsverhältnissen besonderer Arbeitnehmergruppen, ArbRAktuell 2014, 451.

Schlachter Die Rom I-VO in der deutschen Arbeitsgerichtsbarkeit, ZVglRWiss 2016, 610.

3. Einfach zwingende Normen

Staudinger/Magnus (2016) Art. 8 Rom I-VO Rn 68.

Herfs-Röttgen Beschäftigung von Arbeitnehmern im Ausland, NZA 2017, 873.

4. International zwingende Normen

Freitag Ausländische Eingriffsnormen vor deutschen Gerichten, NJW 2018, 430.

Spickhoff Zwingendes Recht und Internationales Privatrecht, Jura 2007, 407.

Thomale Griechische Spargesetze vor deutschen Arbeitsgerichten – Verwirrung um Art. 9 Abs. 3 Rom I-Verordnung, EuZA 2016, 116.

5. Bestimmungen berührend die Durchführung des Vertrages

Staudinger/Magnus (2016) Art. 12 Rom I-VO Rn 33 und Rn 79.

Fall 12

Off-shore Geldgeschäfte

639 Der in Hannover wohnende Zahnarzt Bernd Bohrer möchte sein Privatvermögen gewinnbringend anlegen. Da er seine Absicht beiläufig gegenüber dem Kundenberater seiner Hausbank *B AG* (Sitz Düsseldorf) geäußert hatte, gab dieser Bohrers Anschrift ohne dessen Wissen an den freien Finanzmakler Gotthilf Goldberg mit dem Hinweis weiter, den Kunden, wie üblich, unter besonderer Berücksichtigung von Produkten aus dem B-Konzern zu beraten. Goldberg sucht Bohrer daraufhin unangemeldet am Ende von dessen Sprechstunde am 14.8.2017 in dessen Praxisräumen auf.

Nach Vorstellung einiger Finanzprodukte überzeugt Goldberg den Bohrer zur Zeichnung zweier Anlagen:

250.000 USD investiert Bohrer bei der Broker-Firma *Money Swing Inc.* mit Sitz im US-Bundesstaat Delaware. In der als „Auftrag zur Vermögensverwaltung" überschriebenen Urkunde, die Bohrer unterzeichnet, ist als Ziel der Anlage ein möglichst gewinnbringendes Investment des eingebrachten Kapitals nach Ermessen der *Money Swing Inc.* in Aktien, Rohstoffoptionen und sonstigen Finanzinstrumenten unabhängig von deren Börsennotierung bezeichnet. Der vorgedruckte „Auftrag" enthält in Ziff. 15 eine Schiedsklausel, in der die ausschließliche Zuständigkeit eines Schiedsgerichts in New York bedungen ist.

300.000 € investiert Bohrer in einen 1/50-Anteil an einem geschlossenen Fonds zur Errichtung eines Windparks zur Elektrizitätserzeugung in Tortula (British Virgin Islands). Der Fonds wird durch die *B Virgin Islands Inc.*, eine Tochter der *B AG*, aufgelegt und verwaltet und wird auch in Deutschland über den B-Konzern vertrieben. Der Prospekt trägt das mit dem Logo der *B AG* identische Konzern-Logo der „B Gruppe", was bei Bohrer Vertrauen weckt. Der von Bohrer unterzeichnete, als „Treuhandauftrag" bezeichnete Auftrag zum Erwerb und zur Verwaltung der Anteile enthält eine formularmäßige Rechtswahl zum Recht der British Virgin Islands. Der Anlagebetrag beläuft sich auf 600.000 €. Diesen Vertragsantrag leitet Goldberg der *B AG* zu, welche ihn prüft und abzeichnet und sodann zur offiziellen Unterzeichnung an die als Vertragspartner auftretende Tochtergesellschaft auf den Virgin Islands weiterleitet.

Zum Zweck der Finanzierung der Differenz von 300.000 € aus dieser Anlage wendet sich Bohrer am 4.9.2017 telefonisch an die *B Lux SA*, eine Aktiengesellschaft luxemburgischen Rechts mit Sitz in Luxemburg und ebenfalls eine Tochter der *B AG*. Aus steuerlichem Anlass ist Bohrer bei *B Lux SA* schon länger Kunde und erhält von dort regelmäßig Werbeangebote in deutscher Sprache zur „vorteilhaften Finanzierung von Produkten unseres Konzerns". Wie von Bohrer erwartet, wird dort die Finanzierung der konzerneigenen Anlage bei der *B Virgin Islands Inc.* gerne übernommen. Der von Bohrer unterzeichnete „Darlehensantrag" enthält eine formularmäßige Rechtswahl zum Recht von Luxemburg, sowie eine formularmäßige Regelung, wonach „für alle Rechtsstreitigkeiten aus diesem Darlehensvertrag ausschließlich die Gerichte des Großherzogtums Luxemburg zuständig" sind.

Schon nach wenigen Tagen treffen per Post für alle Verträge vom jeweiligen Vertragspartner unterzeichnete Annahmeerklärungen bei Bohrer ein. Bohrer überweist die 250.000 USD auf das in der Annahmeerklärung der *Money Swing Inc.* angegebene Konto. Bereits Anfang Januar 2018 ist der Depotwert trotz einer Börsen-Hausse auf 130.000 USD geschrumpft. Bei näherem Studium der Kontoauszüge erkennt Bohrer, dass dies vor allem auf Unkosten aus täglich bis zu 40 An- und Verkaufsgeschäften zurückzuführen ist, die die *Money Swing Inc.* für Rechnung seines Depots gegen Vereinnahmung von Provisionen zwischen je 20 und 50 USD durchgeführt hat. Ein Anruf bei der Redaktion der Finanzzeitung *Der Crasher* gibt ihm Gewissheit: Er ist einem Unternehmen aufgesessen, das in Finanzkreisen dafür bekannt ist, durch sog „Churning" mit weitgehend unsinnigen Geschäften Provisionen zu erzeugen und damit die verwalteten Anlegerkonten nach und nach zu vereinnahmen. Auch Goldberg ist bei *Der Crasher* wohlbekannt; er sei seit Januar 2018 flüchtig, da er nachweislich in die Churning-Aktivitäten eingebunden, auf deutsche Anleger angesetzt und mit einem Anteil von 20% durch *Money Swing Inc.* belohnt worden sei.

Bohrer kündigt fristlos den Vertrag mit *Money Swing Inc.* und fordert Schadensersatz für die fehlenden 120.000 USD. Da *Money Swing Inc.* erwartungsgemäß nicht zahlt, möchte er, möglichst in Deutschland, seine Schadensersatzforderung einklagen.

Weil er außerdem jedes Vertrauen in die von Goldberg vertriebenen Produkte verloren hat und demnach auch keine Finanzierung mehr benötigt, widerruft er gegenüber *B Virgin Islands Inc.* und *B Lux SA* die mit ihnen geschlossenen Verträge; Zahlungen auf diese Anlage hat er bisher noch nicht geleistet. *B Lux SA* hat inzwischen das Darlehen iHv 300.000 € wie vereinbart an *B Virgin Islands Inc.* ausgezahlt und ihm angedroht, fällige Zins- und Tilgungsraten in Luxemburg einzuklagen. Bohrer möchte deshalb vor deutschen Gerichten eine Klärung der Wirksamkeit des Widerrufs beider Verträge herbeiführen und außerdem wissen, ob ihm *B Lux SA* durch eine Klage in Luxemburg zuvorkommen könnte.

1. Sind deutsche Gerichte für die Klage gegen *Money Swing Inc.* zuständig? *Money Swing Inc.* wendet vor Einlassung zur Sache die Schiedsklausel sowie hilfsweise internationale Unzuständigkeit deutscher Gerichte ein; im Wertpapierhandelsgesetz bestehende Beschränkungen seien zwischen Deutschland und den USA wegen Art. II Abs. 1 New Yorker UN-Übereinkommens über die Anerkennung und Vollstreckung ausländischer Schiedssprüche (UNÜ) nicht wirksam.
2. Sind deutsche Gerichte für die von Bohrer beabsichtigte Klage gegen die beiden *B AG*-Töchter vor deutschen Gerichten zuständig? Nach welchem Recht beurteilt sich jeweils die Wirksamkeit des Widerrufs.
3. Wie wäre zu entscheiden, wenn die *B Lux SA* bereits bei einem Gericht in Luxemburg eine Leistungsklage eingereicht hat und die Klage im weiteren Verlauf der dortigen Prozessordnung gemäß betrieben wird?

Materialien

640 **a)** Soweit relevant, ist davon auszugehen, dass betroffene EG-Richtlinien in den Mitgliedstaaten der EG in inhaltlich gleicher Weise umgesetzt sind wie in der BRep. Deutschland.

b) Nach dem Recht der British Virgin Islands ist die getroffene Rechtswahl wirksam und es steht Bohrer kein Widerrufsrecht zu.

c) Wertpapierhandelsgesetz vom 9.9.1998 idF vom 6.11.2012

§ 37h (Schiedsvereinbarungen)

Schiedsvereinbarungen über künftige Rechtsstreitigkeiten aus Wertpapierdienstleistungen, Wertpapiernebendienstleistungen oder Finanztermingeschäften sind nur verbindlich, wenn beide Vertragsteile Kaufleute oder juristische Personen des öffentlichen Rechts sind.

Bearbeitervermerk: Es ist für die Bearbeitung davon auszugehen, dass der Vertrag zwischen Bohrer und *Money Swing Inc.* unter die Legaldefinition für Wertpapierdienstleistungen gemäß § 2 WpHG fällt.

Bearbeitervermerk: Auf Rechtsfolgen möglicherweise fehlender Erlaubnisse nach Wertpapierhandelsrecht ist nicht einzugehen.

Strukturierung des Falles

Wesentliche Themen: Verbraucherzuständigkeiten in der Brüssel Ia-VO; Konkurrierende Anhängigkeit; Anknüpfung und Rechtswahl bei Verbraucherverträgen (Art. 6 Rom I-VO); Sonderanknüpfung von EG-Verordnungen (Art. 46b EGBGB); Eingriffsnormen (Art. 9 Rom I-VO). 641

Frage 1: Internationale Zuständigkeit Bohrer gegen *Money Swing Inc.*

1. Brüssel Ia-VO

a) Anwendungsbereich

- Sachlicher Anwendungsbereich: Art. 1 Abs. 1 Brüssel Ia-VO, keine Ausnahme Art. 1 Abs. 2 Brüssel Ia-VO, insbesondere Art. 1 Abs. 2 lit. d Brüssel Ia-VO: Prüfung der Schiedsklausel (+)
- Räumlicher Anwendungsbereich: Beklagtenwohnsitz in Mitgliedstaat Art. 5 Abs. 1, Art. 63 Brüssel I-VO (-)

b) Erweiterung des Anwendungsbereichs bei Zweigniederlassung

- Art. 17 Abs. 2 Brüssel Ia-VO
- Verbrauchersache Art. 17 Abs. 1 Brüssel Ia-VO:
- Bohrer Verbraucher (+)
- Anderer Vertragspartner Unternehmer, nicht ausdrücklich, aber Art. 17 Abs. 1 lit. c Brüssel Ia-VO, hier (+)
- Vertragstypus Art. 17 Abs. 1 Brüssel Ia-VO
- Abschlusssituation Art. 17 Abs. 1 lit. c Brüssel Ia-VO (+): Ausrichtung durch gezieltes werbliches Einschalten des Goldberg
- Auf Deutschland als Wohnsitzstaat, Art. 62 Brüssel Ia-VO, des Bohrer
- Zweigniederlassung in Mitgliedstaat:
- Auslegung wie Art. 7 Nr 5 Brüssel Ia-VO (-) mangels struktureller Eingliederung des Goldberg
- AA: teleologisch geprägter Begriff der Zweigniederlassung als Parallele zur Ausrichtung (-)

c) Ausdehnung des Art. 18 für Klagen des Verbrauchers gegen Drittstaaten-Unternehmer

- Aber: Erweiterung für Aktivklagen des Verbrauchers durch Art. 18 Abs. 1 Brüssel Ia-VO („ohne Rücksicht auf den Wohnsitz"), somit Zuständigkeit am Wohnsitz des Bohrer (Hannover) für verbrauchervertragliche Ansprüche

d) Akzessorische Deliktsansprüche

- Annexzuständigkeit für konkurrierende Deliktsansprüche (-); ebenso wie bei Art. 7 Nr 1 sind Art. 17 ff Brüssel Ia-VO auf vertragliche Ansprüche anwendbar, somit fehlt für Deliktsansprüche Anwendungsbereich Brüssel Ia-VO

2. Ausschluss durch Schiedsklausel

- Sowohl betreffend Brüssel Ia-Zuständigkeit als auch deutsches IZPR nach deutschem IZPR zu beurteilen (Art. 1 Abs. 2 lit. d Brüssel Ia-VO)
- Unbeschadet Einbeziehung jedenfalls unwirksam nach § 37h WpHG, da Vertrag über Wertpapierdienstleistung (§ 2 Abs. 1, 4 WpHG) und B nicht Kaufmann iSd § 1 ff HGB; kein Verstoß persönlicher Schiedsfähigkeit in § 37h WpHG gegen UNÜ

3. Deutsches IZPR (deliktische Ansprüche)

a) § 23 ZPO

- Anwendbar (+): Art. 5 Abs. 2 iVm Art. 6 Abs. 2, Art. 76 Abs. 2 Brüssel Ia-VO
- Beklagtenvermögen in Deutschland (-)

b) § 29c Abs. 1 ZPO

- Intertemporaler Anwendungsbereich: Nachfolgenorm von § 7 HausTWiG (+) seit dem 1.1.2002 erhobene Klage
- Klage aus Haustürgeschäft: Haustüransprüche, deliktische Ansprüche, soweit Handlungen mit rechtsgeschäftlichen Handlungen übereinstimmend (+)
- Haustürgeschäft (+) Situation des § 312b BGB, Abschluss nicht in Geschäftsraum des Unternehmers
- Objektive Situation des § 312b BGB genügt, § 29c ZPO verweist nur auf den Tatbestand des § 312b, § 312g Abs. 2 BGB (-)

c) § 32 ZPO

- Deutscher Handlungsort (-) Handlungen in Delaware
- Deutscher Erfolgsort (-) Schädigungen und Schutzgesetzverletzungen in Delaware

- Mittäterschaft mit Goldberg (+) Tatbeitrag in Deutschland der Beklagten zuzurechnen

Ergebnis: Das LG Hannover ist international und örtlich zuständig.

Frage 2, Teil 1: Bohrer gegen *B Virgin Islands Inc.*

1. **Klagebegehren**
   - Feststellungsklage auf Nicht-mehr-Bestehen des Vertrages, § 256 Abs. 1 ZPO
   - Rechtsschutzinteresse (+)
   - Feststellungsinteresse (+)
2. **Internationale Zuständigkeit – Brüssel Ia-VO**
   a) **Anwendungsbereich**
   - Sachlicher Anwendungsbereich wie oben
   - Räumlicher Anwendungsbereich, wenn Zweigniederlassung
   - Goldberg (-) wie oben
   - *B AG*
   - Konzernstruktur (Mutter/Tochter) unerheblich, Einschaltung konkret zu bestimmen (+)
   - Geschäft aus dem Betrieb der Zweigniederlassung (+) gezielte Überlassung von Werbematerial an Goldberg, Prüfung und Weiterleitung des Vertrags

   b) **Ausrichten iSd Art. 17 Abs. 1 lit. c Brüssel Ia-VO**
   - Verbrauchervertrag iSd Art. 17 Abs. 1 Brüssel Ia-VO
   - Ausrichtung der Tätigkeit auf Deutschland (+) gezielte Werbung

   c) **Zuständigkeit**
   - Internationale Zuständigkeit für Klagen des Verbrauchers Art. 18 Brüssel Ia-VO: LG Hannover als Wohnsitzgericht
   - Deliktische Ansprüche erfasst (-), aber hier nicht ersichtlich
3. **Anwendbares Recht**
   a) **Anwendungsbereich der Rom I-VO**
   - Rom I-VO intertemporaler Anwendungsbereich (+) Stichtag 17.12.2009, Art. 28 Rom I-VO
   - Sachlicher Anwendungsbereich (+) Art. 1 Abs. 1 Rom I-VO, keine Bereichsausnahme Art. 1 Abs. 2 Rom I-VO
   - Räumlicher Anwendungsbereich *loi uniforme*, Art. 2 Rom I-VO

   b) **Rechtswahl**
   - Art. 3 Abs. 1 Rom I-VO:
   - AGB ist „ausdrücklich" iSd Art. 3 Abs. 1 S. 2 Rom I-VO (+)
   - Zustandekommen, AGB, Art. 3 Abs. 5, 10 Abs. 1 Rom I-VO: nach gewähltem Recht der British Virgin Islands (+)

   c) **Nichtzustimmungseinwand**
   - Art. 3 Abs. 5 iVm 10 Abs. 2 Rom I-VO: deutsches Aufenthaltsrecht
   - Vertragsabschluss: Einbeziehung nach § 305 Abs. 2 BGB (+)
   - Inhaltskontrolle unter Art. 10 Abs. 2 Rom I-VO (-) zwar auch auf „Wirksamkeit", Zweck betrifft insoweit aber nur Auslegung des Verhaltens einer Partei als Willenserklärung (WE)
   - Widerruflichkeit des Vertrages unter Art. 10 Abs. 2 Rom I-VO (-) Argument: § 355 Abs. 1 BGB ist Gestaltungsrecht; Zweck: Art. 10 Abs. 2 EGBGB betrifft nur Auslegung des Verhaltens als WE

   d) **Anwendbarkeit der AGB-Inhaltskontrolle**
   - Missbräuchlichkeit der Rechtswahlklausel: § 307 BGB anwendbar (+)
   - § 307 BGB anwendbar als Sonderanknüpfung zwingender Bestimmungen, Art. 6Abs. 2 Rom I-VO:
   - Verbrauchervertrag, Art. 6 Abs. 1 S. 1 Rom I-VO
   - Bohrer Verbraucher (+)
   - B Virgin Islands Inc Unternehmer (+)
   - Vertragstypus unerheblich
   - Abschlusssituation: Art. 6 Abs. 1 lit. a (-), Art. 6 Abs. 1 lit. b (+)
   - Ausschluss Art. 6 Abs. 4 lit. a Rom I-VO (-): Dienstleistung umfasst Investition in Wertpapieren an beliebigen Börsen und außerbörslich weltweit, also Tätigkeit in Deutschland nicht ausgeschlossen

   e) **Missbräuchlichkeit der Rechtswahlklausel**
   - Missbräuchlichkeit nach § 307 BGB gegeben (+)
   - Grundsätzlich Rechtswahl in AGB mit Verbraucher zwar zulässig
   - Aber ohne Nennung Art 6 Abs. 2 Rom I-VO irreführend

- Somit Rechtswahlklausel insgesamt unwirksam
- **[Hilfsgutachten:**

f) **Sonderanknüpfung Art. 46b EGBGB**
- Rechtswahl zu Recht eines Nicht-EU/EWR-Staates Art. 46b Abs. 1 EGBGB (+)
- Verbrauchergeschäft, nach Zweck der Richtlinienumsetzung (+)
- Enger Zusammenhang mit dem Gebiet eines Mitgliedstaates von EU oder EWR
- Öffentliches Angebot/Werbung, Art. 46b Abs. 2 Nr 1 EGBGB (+)
- Gewöhnlicher Aufenthalt des Verbrauchers bei Vertragsschluss und Abgabe der WE (+)]
- Aber: außerhalb Anwendungsbereich des Art. 6 Abs. 2 Rom I-VO keine Missbräuchlichkeit der Rechtswahlklausel (-)

4. **Auf Widerrufsrecht anwendbares Recht**

a) **Art. 6 Abs. 1 Rom I-VO**
- Anwendbares Recht objektiv zu bestimmen Art. 6 Abs. 1 Rom I-VO
- Voraussetzungen Art. 6 Abs. 1 Rom I-VO wie oben
- Somit deutsches Recht bei deutschem gewöhnlichem Aufenthalt des Bohrer Vertragsstatut

b) **Art. 6 Abs. 2 Rom I-VO**
- Art. 6 Abs. 2 S. 2 Rom I-VO somit irrelevant

[Hilfsgutachten:

5. **Materielles Widerrufsrecht bei Sonderanknüpfung nach Art. 46b EGBGB**

a) **Keine Erfassung der Richtlinie 2011/83/EU**
- Deutsche Umsetzung Art. 46b Abs. 1 letzter Hs. EGBGB der in Art. 46b Abs. 3 EGBGB enumerierten Verbraucherschutzrichtlinien
- §§ 312b, 312c, 312g, 355 BGB, Art. 46b Abs. 3 Nr 4 EGBGB beruhen auf Richtlinie 2011/83/EU *über die Rechte der Verbraucher,* nicht in Art. 46b Abs. 3 EGBGB genannt

b) **Unmittelbare Wirkung von Richtlinien bei EU-Bezug**
- Sonderanknüpfung von EG/EU-Richtlinienrecht
- Analoge Anwendung von Art. 3 Abs. 3 Rom I-VO wegen EU als einheitlichem Rechtsraum?
- Richtlinie ohne kollisionsrechtlichen Durchsetzungsauftrag
- Analoge Anwendung von Art. 46b EGBGB:
- EuGH: Durchsetzung schon bei „engem Zusammenhang zum Binnenmarkt", nicht nur bei ausschließlichem Zusammenhang
- Also eher ratio des Art. 46b EGBGB als des Art. 3 Abs. 3 Rom I-VO oder des Art. 9 Rom I-VO]

Ergebnis: Das LG Hannover ist für die Klage international zuständig; ein Widerrufsrecht ist nach deutschem Recht als Vertragsstatut, somit nach §§ 312b, 312g, 355 BGB zu prüfen. Ob ein Widerrufsrecht auch kraft Sonderanknüpfung analog Art. 46b EGBGB bestünde, kann vorliegend dahinstehen, sofern man der Ansicht folgt, die den Vertrag Art. 6 Rom I-VO unterstellt.

Frage 2, Teil 2: Bohrer gegen *B Lux SA*

1. **Internationale Zuständigkeit – Brüssel Ia-VO**

a) **Anwendungsbereich**
- Sachlicher Anwendungsbereich Brüssel Ia-VO (+) Beklagtenwohnsitz, Art. 63 Abs. 1 Brüssel Ia-VO Luxemburg

b) **Gerichtsstandsvereinbarung**
- Art. 25 Abs. 1 S. 2 Brüssel Ia-VO Prorogation luxemburgischer Gerichte
- Art. 25 Brüssel Ia-VO durch Art. 19 Brüssel Ia-VO verdrängt
- Verbrauchersache iSd Art. 17 Abs. 1 Brüssel Ia-VO (+) Verbrauchereigenschaft und Verbrauchergeschäft wie oben
- Zulässige Gerichtsstandsvereinbarung Art. 19 Brüssel Ia-VO (-)

c) **Internationale Zuständigkeit nach Art. 18 Brüssel Ia-VO**
- Art. 18 Abs. 1 Brüssel I-VO: LG Hannover international und örtlich zuständig

2. **Anwendbares Recht**

a) **Anknüpfung der Wirksamkeit der Rechtswahl**
- Wirksamkeit der Rechtswahl, Art. 3 Abs. 1 Rom I-VO (-)

b) Inhaltskontrolle nach luxemburgischen Recht
- Hier schon in richtlinienkonformer Auslegung der Umsetzung des Art. 3 Abs. 1 Klauselrichtlinie in Luxemburg, sofern Art. 6 Abs. 2 Rom I-VO anwendbar (und nicht genannt):
- Ausschluss Art. 6 Abs. 4 Rom I-VO (-) nur für Erbringung, nicht für Finanzierung
- Abschlusssituationen, Art. 6 Abs. 1 Rom I-VO (+) ausdrückliche Werbung und Abgabe WE des Verbrauchers in Deutschland

3. Auf Widerrufsrechte anwendbares Recht
Widerrufsrecht aus deutschem Recht als Vertragsstatut Art. 6 Abs. 1 Rom I-VO

Ergebnis: Das LG Hannover ist für die Klage international und örtlich zuständig. Widerrufsrechte sind nach deutschem Recht als Vertragsstatut zu prüfen.

Frage 3: Rechtslage bei Klageeinreichung durch *B Lux SA* in Luxemburg

1. Brüssel Ia-VO Anderweitige Anhängigkeit
- Art. 29 Brüssel Ia-VO: Klage wegen desselben Anspruchs vor Gericht anderen Mitgliedstaats

a) Selber Anspruch, selbe Parteien
- Parteiidentität (+)
- Anspruchsidentität (+) Leistungsklage und negierende Feststellungsklage im Kernpunkt identisch

b) Deutsches Gericht später angerufen
- Art. 29 Abs. 1, Art. 32 Brüssel I-VO (+)

2. Ausnahme wegen Verstoß gegen Verbraucherzuständigkeiten

a) Grundsatz: Keine Zuständigkeitsprüfung durch zweitangerufenes Gericht
- Grundsatz, Art. 29 ff Brüssel I-VO: keine Prüfung der Zuständigkeit des erstangerufenen Gerichts

b) Prüfungskompetenz bei eigener ausschließlicher Zuständigkeit
- Ausnahmsweise Prüfungskompetenz nach Art. 31 Abs. 2, 3 Brüssel Ia-VO (-)
- Prüfungskompetenz mittelbar aus Art. 27 und 31 Abs. 1 Brüssel I-VO:
- Kein Ignorieren der eigenen ausschließlichen Zuständigkeit
- Keine Klageabweisung trotz Sinnlosigkeit des Erstverfahrens wegen Anerkennungsunfähigkeit, Art. 45 Abs. 1 lit. e (i) Brüssel Ia-VO
- Auch ausschließliche Zuständigkeit aus Art. 18 Abs. 1 Brüssel Ia-VO, nicht nur bei Art. 24 Brüssel Ia-VO (+)

Ergebnis: Das LG Hannover wird ungeachtet des Luxemburger Verfahrens sein Verfahren durchführen.

Lösung

Frage 1: Internationale Zuständigkeit Bohrer gegen *Money Swing Inc.*

1. Brüssel Ia-VO

a) Anwendungsbereich

Der sachliche **Anwendungsbereich** der Brüssel Ia-VO (Art. 1 Abs. 1 Brüssel Ia-VO) ist eröffnet, eine Ausnahme nach Art. 1 Abs. 2 Brüssel Ia-VO liegt nicht vor. Insbesondere begründet die Notwendigkeit der Prüfung der Wirksamkeit einer Schiedsklausel als Vorfrage für die (internationale) Zuständigkeit staatlicher Gerichte nicht die Bereichsausnahme des Art. 1 Abs. 2 lit. d Brüssel Ia-VO. 642

Räumlich ist die VO grundsätzlich nur anzuwenden, wenn der Beklagte seinen Wohnsitz in einem Mitgliedstaat hat (Art. 4, 5 Abs. 1 Brüssel Ia-VO); sonst gilt die *lex fori* (Art. 6 Abs. 1 Brüssel Ia-VO). Nach keinem der in Art. 63 Brüssel Ia-VO definierten Sitzbegriffe hat die *Money Swing Inc.* Wohnsitz in irgendeinem Mitgliedstaat.

Zeitlich ist die Brüssel Ia-VO anzuwenden, weil das Verfahren am bzw nach dem 10.1.2015 eingeleitet wird (Art. 66 Abs. 1 Brüssel Ia-VO).

b) Erweiterung des Anwendungsbereichs bei Zweigniederlassung

Es könnte sich jedoch ein erweiterter Anwendungsbereich aus Art. 17 Abs. 2 Brüssel Ia-VO (**„Zuständigkeitsdurchgriff" bei Zweigniederlassung)** ergeben. 643

aa) Das setzt eine **Verbrauchersache** voraus (Art. 17 Abs. 1 Brüssel Ia-VO). Bohrer müsste Verbraucher, der Vertrag also nicht seiner beruflichen oder gewerblichen Tätigkeit zuzurechnen sein. Das ist bei Geschäften zur privaten Anlage von Kapital der Fall; weder die Herkunft des Kapitals aus freiberuflicher Tätigkeit noch die mit der Anlage verbundene Gewinnerzielungsabsicht begründen eine berufliche oder gewerbliche Tätigkeit.[1] 644

bb) Ob für einen Verbrauchervertrag der andere Vertragspartner **Unternehmer** sein muss, beantwortet Art. 17 Abs. 1 Brüssel Ia-VO nicht ausdrücklich für alle Varianten, Art. 17 Abs. 1 lit. c Brüssel Ia-VO setzt dies jedoch voraus. Sowohl der Normzweck, den prozessualen Schutz der schwächeren Vertragspartei zu gewährleisten, als auch die Erwähnung des „Vertragspartners des Verbrauchers" (Art. 17 Abs. 2 Brüssel Ia-VO) zeigen, dass Art. 17 ff Brüssel Ia-VO nicht auf Verträge *zwischen Verbrauchern* (C2C) zugeschnitten sind, sondern nur auf B2C-Geschäfte Anwendung findet. *Money Swing Inc.* ist als gewerblich handelnde Kapitalanlagegesellschaft Unternehmer. 645

1 OLG Celle OLGR 2007, 615.

646 **cc)** Der Vertrag müsste einem der in Art. 17 Abs. 1 Brüssel Ia-VO genannten **Typen** zuzuordnen sein. Hier kommt nur lit. c in Betracht, der, anders als lit. a und lit. b, auf alle Vertragstypen Anwendung findet und nur durch die Anbahnungs- bzw Abschlusssituation abgrenzt. Die noch unter Art. 13 EuGVÜ relevante Frage, ob bei Finanzdienstleistungen eine Dienstleistung vorliegt, stellt sich für Art. 17 Brüssel Ia-VO nicht.

647 **dd)** Die von Art. 17 Abs. 1 lit. c Brüssel Ia-VO geforderte **Abschlusssituation** liegt vor, denn *Money Swing Inc.* wurde zwar selbst nicht in Deutschland, dem Wohnsitzstaat des Bohrer (Art. 61 Abs. 1 Brüssel Ia-VO, § 7 BGB), gewerblich tätig, hat jedoch ihre Tätigkeit, in deren Bereich der abgeschlossene Vertrag fällt, durch die gezielte Einschaltung von Goldberg auf Deutschland „ausgerichtet“.[2]

648 Die Einbeziehung des Vertrages durch Art. 17 Abs. 2 Brüssel Ia-VO in den Anwendungsbereich der Art. 17 ff Brüssel Ia-VO setzt jedoch voraus, dass der Vertragspartner des Verbrauchers in einem Mitgliedstaat eine **Zweigniederlassung** etc hat. Übernimmt man für Zwecke des Art. 17 Abs. 2 Brüssel Ia-VO mit der hM[3] den Niederlassungsbegriff des Art. 7 Nr 5 Brüssel Ia-VO, so ist Goldberg nicht als Niederlassung der *Money Swing Inc.* einzustufen, da dieser nicht als strukturell eingegliederte Außenstelle auftritt, sondern in seiner Tätigkeit als freier Finanzmakler wirtschaftlich und organisatorisch unabhängig von den Produktanbietern ist.[4] Auch der Anschein einer Zweigniederlassung wurde nicht erweckt.[5]

Eine mit Rücksicht auf die verbraucherschützende Zielsetzung noch zu Art. 15 Abs. 2 Brüssel I-VO erwogene **teleologische Prägung des Begriffs der Zweigniederlassung**[6] ist für die Brüssel Ia-VO nicht mehr zu erwägen, da die bestehende Schutzlücke im Zuständigkeitssystem bei B2C-Geschäften mit Unternehmern in Nichtmitgliedstaaten geschlossen wurde.

c) Ausdehnung des Art. 18 für Klagen des Verbrauchers gegen Drittstaaten-Unternehmer

649 Für die Klage des Verbrauchers gegen den Unternehmer ergibt sich im Anwendungsbereich der Brüssel Ia-VO, anders noch als unter Art. 16 Brüssel I-VO, jedoch eine Zuständigkeit der Gerichte am Ort des Wohnsitzes des Verbrauchers „ohne Rücksicht auf den Wohnsitz des anderen Vertragspartners“ (Art. 18 Abs. 1 Brüssel Ia-VO). Nach dem Zweck der Regelung, die bisherige Zuständigkeitslücke zu schließen, bezieht sich „ohne Rücksicht …“ nicht nur auf die Zuständigkeitsbestimmung, sondern auch auf den Anwendungsbereich des Art. 18 Abs. 1 Brüssel Ia-VO, so dass insoweit Art. 6, 17 Abs. 2 Brüssel Ia-verdrängt sind.

---

2 OLG Dresden IPRax 2006, 44, 46.

3 OLG Rostock NJW-RR 2006, 209; OLG Celle OLGR 2007, 615, 617.

4 Anders verhielt es sich im Fall OLG Dresden IPRax 2006, 44: Dort hatte die Beklagte ihre Produkte über einen deutschen Vermittler vertrieben, führte zugleich aber eine Zweigniederlassung in London.

5 Vgl OLG Celle OLGR 2007, 615, 617.

6 Ablehnend BGH IPRax 1995, 316.

d) Akzessorische Deliktsansprüche

Zu beachten ist jedoch, dass sowohl Art. 17 Abs. 2 als auch Art. 18 Abs. 1 Brüssel Ia-VO nur für Zuständigkeiten im gegenständlichen Anwendungsbereich der Art. 17 ff Brüssel Ia-VO gelten. Fraglich ist daher, ob Art. 18 Abs. 1 Brüssel Ia-VO auch für konkurrierende deliktische Ansprüche des Bohrer gilt; dies ist abzulehnen, weil Art. 17 ff Brüssel Ia-VO sich auf Verbraucherverträge beziehen und in Anwendung des Vertragsbegriffs aus Art. 7 Nr 1 Brüssel Ia-VO in gleicher Weise wie dort in Abgrenzung gegen Art. 7 Nr 2 **650**

Brüssel Ia-VO keine Ansprüche erfasst sind, die nicht ihre Grundlage in einem bestehenden oder behaupteten Vertragsverhältnis haben. Damit ist für die internationale Zuständigkeit deutscher Gerichte für konkurrierende deliktische Ansprüche die deutsche *lex fori* zu prüfen (Art. 6 Abs. 1 Brüssel Ia-VO).

2. Ausschluss durch Schiedsklausel

Die internationale Zuständigkeit deutscher Gerichte könnte durch eine vertraglich vereinbarte Schiedsklausel ausgeschlossen sein. Zwar gestattet Art. 1 Abs. 2 lit. d Brüssel Ia-VO einem nach der Brüssel Ia-VO zuständigen Gericht die vorfragliche Prüfung einer eingewendeten Schiedsklausel, doch enthält die Brüssel Ia-VO keine eigenständigen Bestimmungen zur Wirksamkeit einer Schiedsklausel; insoweit gilt also die *lex fori*. **651**

Die nach § 1032 Abs. 1 ZPO erforderliche Rüge liegt vor. Die Schiedsklausel könnte jedoch nichtig sein. An der Formwirksamkeit (§ 1031 Abs. 1 ZPO) besteht kein Zweifel, da die Vereinbarung in dem von beiden Seiten unterzeichneten „Auftrag zur Vermögensverwaltung“ enthalten ist.

Die Schiedsklausel könnte jedoch wegen Verstoß gegen § 37h WpHG unwirksam sein; eine Wertpapierdienstleistung iSd § 2 WpHG liegt vor (vgl Hinweis in MAT c). Bohrer ist offensichtlich nicht Kaufmann. § 37h WpHG verstößt auch nicht gegen die Verpflichtung aus Art. II Abs. 1 UNÜ, schriftliche Schiedsvereinbarungen anzuerkennen. § 37h WpHG beschränkt nicht die Form der Vereinbarung, sondern die persönliche Schiedsfähigkeit; dies ist nach Art. V Abs. 1 lit. a UNÜ offensichtlich zulässig und begründet einen Anerkennungsversagungsgrund.[7]

3. Deutsches IZPR (Deliktische Ansprüche)

a) § 23 ZPO

Für eine internationale Zuständigkeit aus **§ 23 ZPO**, der zu den „exorbitanten“ Zuständigkeitsvorschriften nach Art. 3 Abs. 2 iVm Anhang I Brüssel Ia-VO gehört, dessen Anwendung jedoch im Rahmen des Art. 4 Abs. 1 Brüssel I-VO durch Art. 4 Abs. 2 Brüssel I-VO gestattet ist, ergeben sich keine Hinweise im Sachverhalt. Da die Beklagte in Deutschland kein Vermögen hat, ist auf teleologische Einschränkungen des § 23 ZPO nicht einzugehen. **652**

---

7 BGH NJW-RR 2011, 548.

b) § 29c Abs. 1 ZPO

653 Deutsche Gerichte könnten jedoch entsprechend **§ 29c Abs. 1 ZPO** als Gerichte des Wohnsitzstaats des Verbrauchers international zuständig sein.

654 **aa)** Die auf nach dem 1.1.2002 erhobene Klagen (vorher § 7 HausTWiG) anwendbare Bestimmung regelt außerhalb des Anwendungsbereichs des EuZPR nach dem Grundsatz der Erstreckung der örtlichen Zuständigkeitsbestimmungen nicht nur die örtliche, sondern auch die **internationale Zuständigkeit**.

655 **bb)** § 29c ZPO ist nicht als allgemeiner Verbrauchergerichtsstand gefasst, kann auch nicht analoge Anwendung finden und gilt daher nur für **Klagen aus Geschäften gemäß § 312b BGB**. Daher ist schon fraglich, ob eine hier in Betracht kommende Klage auf Schadensersatz aus Vertragsverletzung und/oder Delikt von § 29c ZPO erfasst sein kann. Die Regelung ist zwar zunächst zur Durchsetzung der spezifischen Ansprüche (Herausgabeansprüche nach Widerruf) konzipiert. Nach ihrem Zweck, den Verbraucher in der Situation des Haustürgeschäfts prozessual zu schützen, erstreckt sie sich auch auf Ansprüche aus Verletzung (vor-) vertraglicher Pflichten (§§ 241 Abs. 2, 311 Abs. 2, 280 Abs. 1 BGB), sofern nur ein Haustürgeschäft zugrunde liegt. Auch für deliktische Ansprüche aus einem Haustürgeschäft ergibt sich aus § 29c ZPO eine Zuständigkeit, jedenfalls, soweit die deliktischen Handlungen mit den zum Vertragsschluss führenden rechtsgeschäftlichen Handlungen übereinstimmen.[8]

656 **cc)** Zu prüfen ist also, ob ein **Geschäft gemäß § 312b BGB** vorliegt. Die Verweisung des § 29c ZPO auf § 312b BGB setzt nicht die Anwendung deutschen Rechts als Vertragsstatut voraus, die also hier offen bleiben kann, sondern ist eine reine Bezugnahme auf das dort definierte Tatbestandsmerkmal.

An der Eigenschaft von Bohrer als Verbraucher (hier § 13 BGB) ändert sich insbesondere nichts dadurch, dass er in seinen Praxisräumen kontrahiert hat, weil der in § 13 BGB übernommene Verbraucherbegriff auf die Verwendung des Vertragsgegenstandes abstellt. *Money Swing Inc.* ist Unternehmer (§ 14 BGB). Die **in § 312b BGB definierte Situation** bei Vertragsschluss liegt vor, da die Praxisräume des Bohrer nicht Geschäftsräume des Unternehmers *(Money Swing Inc.)* sind.

657 **dd)** Fraglich könnte weiter sein, ob § 29c ZPO auch auf die **Ausnahmen nach § 312g Abs. 2 BGB** verweist. Hierfür ließe sich anführen, dass der wesentliche *zivilrechtliche* Schutz, den § 312 BGB gewährt, in dem Widerrufsrecht besteht, das in den Fällen des § 312 Abs. 3 BGB gerade nicht besteht. Nach dem eindeutigen Wortlaut des § 29c ZPO bezieht sich dieser jedoch nur auf die *Legaldefinition* des § 312b Abs. 1 S. 1 BGB, erfasst also zB auch Fälle des Vertragsschlusses nach Aufforderung des Verbrauchers (§ 312g Abs. 2 Nr 11 BGB).[9] Im Übrigen ist die Frage hier nicht entscheidungserheblich, da Bohrer den Besuch des Goldberg nicht veranlasst hat.

---

8 BGH NJW 2003, 1190 zu § 312 Abs. 3 aF BGB
9 BGH NJW 2006, 1340.

Damit sind deutsche Gerichte international, das LG Hannover örtlich zuständig aus § 29c ZPO.

c) § 32 ZPO

Eine internationale Zuständigkeit könnte sich auch aus **§ 32 ZPO** ergeben. Hierzu müsste *Money Swing Inc.* eine unerlaubte Handlung begangen haben. Das ist fraglich, weil *Money Swing Inc.* nicht in Deutschland, sondern nur in Delaware **gehandelt** hat. **658**

aa) Ein zuständigkeitsbegründender Deliktsort könnte sich aus einem deutschen **Erfolgsort** ergeben. Wie Art. 7 Nr 2 Brüssel Ia-VO begründet auch § 32 ZPO bei Distanzdelikten einen Gerichtsstand sowohl am Handlungsort als auch am Erfolgsort.[10] Hiergegen spricht aber, dass die tatbestandliche Schädigung am Vermögen (§ 826 BGB) des Bohrer ebenfalls in Delaware eingetreten ist, wo das Depot geführt wurde; dass dem Vermögen des Bohrer in Deutschland dadurch ein mittelbarer weiterer Schaden entstanden ist, begründet dagegen keinen Erfolgsort. Auch wenn man auf die bei systematischer Spesenreiterei gegebene Untreue (§ 266 StGB) abstellt, hat die Schutzgesetzverletzung (§ 823 Abs. 2 BGB) in Delaware stattgefunden. **659**

bb) Jedoch sind *Money Swing Inc.* und Goldberg **Mittäter** eines gemeinsam geplanten und begangenen Delikts, da Goldberg von Anfang an in das deliktische Handeln eingebunden war (Planung, Gewinnanteil). Der *Money Swing Inc.* ist daher das Handeln des Goldberg, der mit der Werbung von Bohrer *seinen Tatbeitrag* in Deutschland geleistet hat, nicht nur *materiell* nach § 830 Abs. 1 BGB, sondern auch *zuständigkeitsrechtlich* nach § 32 ZPO zuzurechnen.[11] **660**

cc) Der Gerichtsstand des § 32 ZPO erstreckt sich **nur auf deliktische** Ansprüche, doch ist deutsches IZPR ohnehin nur für die Beurteilung der internationalen Entscheidungszuständigkeit über deliktische Ansprüche berufen. **661**

Ergebnis: Das LG Hannover ist international und örtlich zuständig. **662**

Frage 2, Teil 1: Bohrer gegen *B Virgin Islands Inc.*

1. Klagebegehren

Bohrer könnte sein Ziel, die Wirksamkeit des Widerrufs klären zu lassen, durch eine auf Feststellung des Nicht-mehr-Bestehens des Vertrages gerichtete Feststellungsklage (§ 256 Abs. 1 ZPO) verfolgen; zweifelhaft kann insoweit allerdings das besondere Rechtsschutzbedürfnis sein. Bohrer hat selbst noch keine Leistungen an *B Virgin Islands Inc.* erbracht, die er mit Leistungsklage nach §§ 357 Abs. 1 S. 1, 346 Abs. 1 BGB zurückfordern könnte. Einen Anspruch auf Rückzahlung der von B Lux SA an *B* **663**

10 EuGH Rs. 21/76 ECLI:EU:C:1976:166 *(Bier/Mines de Potasse d'Alsace)*; BGHZ 167, 91.
11 BGH IPRax 1995, 316; BGH NJW-RR 2011, 548.

Virgin Islands Inc. ausgekehrten Darlehensvaluta, der ebenfalls vorrangig mit Leistungsklage zu verfolgen wäre, hat er ebenfalls nicht, wenn, was Bohrer vorträgt, er auch den Darlehensvertrag wirksam widerrufen hat. Ein Feststellungsinteresse besteht hingegen, wenn sich die B Virgin Islands Inc. bestehender Ansprüche aus einem Vertrag berühmt.

2. Internationale Zuständigkeit – Brüssel Ia-VO

a) Anwendungsbereich

664 Wie oben (Rn 642 ff) sind der sachliche und der zeitliche Anwendungsbereich eröffnet; der generelle räumliche Anwendungsbereich der Brüssel Ia-VO ist nicht eröffnet, da die *B Virgin Islands Inc.* keinen Wohnsitz in einem Mitgliedstaat hat (Art. 4, 5 Brüssel Ia-VO).

665 **aa)** Fraglich ist wiederum, ob nach Art. 17 Abs. 2 Brüssel Ia-VO die *B Virgin Islands Inc.* so zu behandeln ist, als habe sie Wohnsitz in Deutschland. Goldberg ist wie oben keine Zweigniederlassung. Jedoch könnte die das Produkt in Deutschland vertreibende ***B AG* eine Zweigniederlassung** sein. Die Einordnung der *B AG* als Niederlassung erscheint prima facie fraglich, weil in der Konzernstruktur die *B AG* die *übergeordnete* Muttergesellschaft ist. Hierauf kann es aber für den Zuständigkeitsdurchgriff aus Art. 17 Abs. 2 Brüssel Ia-VO nicht ankommen; maßgeblich ist, dass sich die außergemeinschaftliche Gesellschaft einer innergemeinschaftlichen mit verbundener Führungsstruktur zum Abschluss von Geschäften dieser Art bedient, was nicht nur abwärts, sondern auch aufwärts im Konzern der Fall sein kann.[12] Die Verwendung eines einheitlichen Konzern-Logos bringt diese Einschaltung deutlich zum Ausdruck.

666 **bb)** Es müsste sich jedoch um ein Geschäft **aus dem Betrieb** der Zweigniederlassung handeln.[13] Die *B AG* hat aber das Produkt dem Bohrer nicht selbst verkauft. Im engeren, an Art. 7 Nr 5 Brüssel Ia-VO angelehnten Sinn liegt die Betriebsbezogenheit bei Verbindlichkeiten vor, welche die Zweigniederlassung für den Beklagten (vertraglich) eingegangen ist oder die sich (außervertraglich) auf den Betrieb des Stammhauses beziehen. Dies könnte wegen der Einschaltung von Goldberg zweifelhaft sein.

Die Betriebsbezogenheit könnte sich bereits aus der **Überlassung von Werbematerial** an Goldberg ergeben. Hierfür kann es nicht genügen, dass eine innergemeinschaftliche Zweigstelle Werbematerial nur wie üblich *verbreitet*; nicht jeder mittels dieser Werbung geschlossene Vertrag bezieht sich deshalb bereits auf die Zweigniederlassung.

Vorliegend kann sich jedoch die Betriebsbezogenheit aus der gezielten Einschaltung des Goldberg durch die *B AG* sowie durch ihre Funktion bei **Prüfung und Weiterleitung** des Vertrags ergeben. Die *B AG* hat faktisch die Entscheidung über die Annahme des Vertragsantrags getroffen. Dass durch eine Zweigstelle veranlasste und geprüfte Ver-

12 EuGH Rs. 218/86 ECLI:EU:C:1987:536 *(S. GmbH/R S.á.r.l).*
13 Nicht ausreichend beachtet in OLG Dresden IPRax 2006, 44.

träge sodann „offiziell“ durch den wirklichen Vertragspartner im Ausland unterzeichnet werden, ist üblich, schon um für steuerliche und gesellschaftsrechtliche Zwecke die formale Unabhängigkeit nicht anzutasten.

Für Klagen aus Verbrauchervertrag iSd Art. 17 Abs. 1 Brüssel Ia-VO ist *B Virgin Islands Inc.* also nach Art. 17 Abs. 2 Brüssel Ia-VO so zu behandeln, als habe sie in Deutschland einen Wohnsitz.

b) Ausrichten iSd Art. 17 Abs. 1 lit. c Brüssel Ia-VO

Es müsste ein Verbrauchervertrag iSd Art. 17 Abs. 1 Brüssel Ia-VO vorliegen. Da *B Virgin Islands Inc.* in Deutschland keine berufliche oder gewerbliche Tätigkeit ausübt, kommt nur die **Ausrichtung** der Tätigkeit auf Deutschland in Betracht. Obgleich im Gegensatz zu Art. 13 Abs. 1 Nr 3 lit. a EuGVÜ die Fassung seit Art. 15 Abs. 1 Brüssel I-VO nicht mehr von „Werbung“ spricht, ist eine auf Vertragsabschlüsse abzielende Werbung ein wesentlicher Unterfall der „Ausrichtung“. Eine solche ist hier zu bejahen; die *B Virgin Islands Inc.* bewirbt das Bohrer verkaufte Produkt über die Konzernmutter *B AG* gezielt auch in Deutschland.[14] **667**

c) Zuständigkeit

Die internationale Zuständigkeit für **Klagen des Verbrauchers** ergibt sich somit aus Art. 18 Brüssel Ia-VO. Bohrer kann vor seinem international und örtlich aus Art. 18 Abs. 1 Alt. 2 Brüssel Ia-VO zuständigen Wohnsitzgericht (LG Hannover) klagen. **668**

Aus Art. 18 Abs. 1 Alt. 1 Brüssel Ia-VO sind deutsche Gerichte (nur) *international* zuständig. Der deutsche Wohnsitz der Zweigniederlassung wird auch im Rahmen des Art. 18 Abs. 1 Alt. 1 Brüssel Ia-VO der außergemeinschaftlichen Beklagten zugerechnet (Art. 17 Abs. 2 Brüssel Ia-VO).

3. Anwendbares Recht

a) Anwendungsbereich der Rom I-VO

Zu bestimmen ist das **Schuldvertragsstatut**. Die **Rom I-VO** ist intertemporal anwendbar auf den nach dem 17.12.2009 geschlossenen Vertrag (Art. 28 Rom I-VO). Der sachliche Anwendungsbereich schuldrechtlicher Verträge in Zivil- und Handelssachen (Art. 1 Abs. 1 Rom I-VO) ist eröffnet; eine Bereichsausnahme nach Art. 1 Abs. 2 Rom I-VO besteht nicht. Räumlich ist die Rom I-VO universell anwendbar (Art. 2 Rom I-VO). **669**

14 Vgl auch OLG Dresden IPRax 2006, 44: Ausrichten durch werbende Website auch bei Vertragsschluss über Vermittler.

b) Rechtswahl

670 Der Vertrag könnte gemäß Art. 3 Abs. 1 Rom I-VO dem von den Parteien **gewählten Recht** unterliegen. Das **Zustandekommen** der hier in AGB („formularmäßig") erfolgten Rechtswahl beurteilt sich grundsätzlich gemäß Art. 3 Abs. 5 iVm Art. 10 Abs. 1 Rom I-VO nach dem gewählten Recht; nach dem Recht der British Virgin Islands ist sie wirksam (MAT b).

c) Nichtzustimmungseinwand

671 Bohrer könnte sich möglicherweise gemäß **Art. 3 Abs. 5 iVm Art. 10 Abs. 2 Rom I-VO** für die Behauptung, er habe dem Vertrag nicht zugestimmt, auf sein deutsches Aufenthaltsrecht berufen.

672 **aa)** Was den **Vertragsabschluss** selbst angeht, sind jedoch Zweifel an der Einbeziehung der Rechtswahlklausel nicht ersichtlich; die Klausel hat Bohrer bei Unterschrift vorgelegen, die Einbeziehungskriterien des § 305 Abs. 2 BGB sind erfüllt.

673 **bb)** Fraglich ist, ob Art. 10 Abs. 2 Rom I-VO neben Bestimmungen zur Einbeziehungskontrolle auch solche zur **Inhaltskontrolle** von Rechtswahlklauseln erfasst.[15] Man könnte dies zwar annehmen, weil sich Art. 10 Abs. 1 Rom I-VO auch auf die „Wirksamkeit" der Rechtswahl bezieht. Dagegen spricht aber der Zweck der Regelung, nur die Auslegung des *Verhaltens* einer Partei durch das gewählte Recht am Maßstab des dieses Verhalten prägenden Umgebungsrechts zu kontrollieren. Für die Inhaltskontrolle von Rechtswahlklauseln ist damit nicht Art. 10 Abs. 2 Rom I-VO zuständig, sondern die in Art. 6 ff Rom I-VO enthaltenen Grund- und *Sonderanknüpfungen*.

674 **cc)** In einem weiten Verständnis könnte die Frage der **Widerruflichkeit** des Vertrages und damit auch der Rechtswahlklausel unter den Begriff des Zustandekommens (Art. 10 Abs. 2 Rom I-VO) subsumiert werden. Hiergegen spricht nicht unbedingt das Verständnis des Widerrufsrechts in § 355 Abs. 1 BGB als Gestaltungsrecht, das den Vertrag zunächst schwebend wirksam belässt; die kollisionsrechtliche Qualifikation sollte nicht von der – austauschbaren – materiellrechtlichen Konstruktion abhängen. Entscheidend ist aber auch insoweit der Zweck: Geschützt wird die richtige Auslegung rechtlich relevanten *Verhaltens*, nicht aber die *Überlegungsfreiheit.* Art. 10 Abs. 2 Rom I-VO erfasst also nicht das Bestehen von Widerrufsrechten.

d) Anwendbarkeit der AGB-Inhaltskontrolle

675 **aa)** Eine Inhaltskontrolle nach deutschem Recht könnte sich jedoch im Wege der **Sonderanknüpfung (Art. 6 Abs. 2 S. 2 Rom I-VO)** ergeben; gemäß Art. 6 Abs. 2 Rom I-VO darf Bohrer der durch zwingende Bestimmungen seines deutschen Aufent-

15 Dies wird insbesondere hinsichtlich der Implementierung der vom EuGH judizierten Missbräuchlichkeit von Rechtswahl-AGB ohne Hinweis auf Art. 6 Abs. 2 Rom I-VO (unten Rn 679).

haltsrechts gewährte Schutz durch die Rechtswahl nicht entzogen werden, wenn ein Verbrauchervertrag vorliegt. Dies schließt die zwingende Bestimmung des § 307 BGB ein und zwar auch, soweit an dieser Bestimmung die Rechtswahlklausel selbst zu messen ist.

bb) Art. 6 Abs. 2 Rom I-VO setzt einen **Verbrauchervertrag** voraus. Bohrer ist **Verbraucher** iSd Art. 6 Abs. 1 S. 1 Rom I-VO. Die *B Virgin Islands Inc.* ist Unternehmer. **676**

cc) Der Verbrauchervertragsbegriff des Art. 6 Rom I-VO ist, anders als der des Art. 29 aF EGBGB, nicht mehr typen-, sondern nur situationsbeschränkt; die Situationsbeschränkung orientiert sich an Art. 17 Abs. 1 lit. c Brüssel Ia-VO (vgl Rn 646 f). Ob ein Dienstleistungsvertrag vorliegt, hat an dieser Stelle (vgl aber Rn 678) also, anders als unter Art. 29 aF EGBGB, keine Bedeutung mehr. **677**

Eine Ausübung der gewerblichen Tätigkeit der *B Virgin Islands Inc.* in Deutschland ist zwar nicht gegeben (Art. 6 Abs. 1 lit. a Rom I-VO); jedoch liegt wiederum durch die gezielte Vertriebsmethode in Deutschland eine Ausrichtung iSd Art. 6 Abs. 1 lit. b Rom I-VO vor.

dd) Die Anwendung von Art. 6 Abs. 1, Abs. 2 Rom I-VO auf diesen Vertrag könnte jedoch durch **Art. 6 Abs. 4 lit. a Rom I-VO** ausgeschlossen sein, wenn **Dienstleistungen** geschuldet sind, die ausschließlich in einem anderen als dem gewöhnlichen Aufenthaltsstaat des Verbrauchers zu erbringen sind. Der Begriff der Dienstleistung ist *europäisch-autonom* zu bestimmen, um eine einheitliche Auslegung sicherzustellen. Er umfasst in weiter Auslegung alle entgeltlichen tätigkeitsbezogenen Leistungen, neben Werk- und Dienstverträgen also auch Geschäftsbesorgungsverträge. Treuhandverträge über den Erwerb von Kapitalbeteiligungen fallen ebenfalls hierunter.[16] **678**

Eine räumliche Beschränkung, wie sie Art. 6 Abs. 4 lit. a Rom I-VO vorsieht, kann auch durchaus bei Bank- und Börsengeschäften vorliegen, wenn etwa einem im Börsenstaat ansässigen Makler ein Auftrag zum Erwerb von Wertpapieren an seiner Heimatbörse erteilt wird. Im Fall aber ist die B Virgin Islands Inc. ausdrücklich frei, Wertpapiere börslich und außerbörslich weltweit zu erwerben, was auch einen Erwerb in Deutschland nicht ausschließt; die Dienstleistung ist somit nicht ausschließlich im Ausland zu erbringen, damit ist Art. 6 Rom I-VO nicht ausgeschlossen.[17]

e) Missbräuchlichkeit der Rechtswahlklausel

Somit ist § 307 BGB auf die Rechtswahlklausel anzuwenden. Grundsätzlich ist eine Rechtswahl in AGB gegenüber Verbrauchern zwar nicht unzulässig, weil Art. 6 Abs. 1 Rom I-VO die Rechtswahl grundsätzlich vorsieht und auch die Wahl in AGB als solche den Verbraucher nicht unangemessen benachteiligt. Jedoch kann sich die unangemes- **679**

16 BGH IPRspr 1993 Nr 37.
17 BGH NJW-RR 2005, 1071.

sene Benachteiligung daraus ergeben, dass die Klausel nicht klar und verständlich, somit irreführend ist (§ 307 Abs. 1 S. 2 BGB). Das ist anzunehmen, wenn die Rechtswahlklausel den in Art. 6 Abs. 2 Rom I-VO bestimmten Vorbehalt der zwingenden Bestimmungen des gewöhnlichen Aufenthaltsrechts des Verbrauchers nicht erkennen lässt; zwar könnte eine solche Rechtswahlklausel ohnehin Art. 6 Abs. 2 Rom I-VO nicht verdrängen; doch erweckt sie beim Verbraucher den unzutreffenden Eindruck, es sei ausschließlich das gewählte Recht anwendbar, ohne dass er darüber unterrichtet wird, dass er sich auch auf zwingende Schutzbestimmungen in seinem Aufenthaltsrecht berufen kann.[18]

[Hilfsgutachten:

f) Sonderanknüpfung Art. 46b EGBGB

680 Folgt man zu Art. 6 Abs. 4 lit. a Rom I-VO nicht der bewusst engen Sicht der Ausnahme durch den BGH (oder fehlt es tatbestandlich an der hier vorliegenden räumlichen Weite, zB bei einem Vertrag, der gezielt nur Anlagen in den USA zum Gegenstand hat), griffe die Sonderanknüpfung nach Art. 6 Abs. 2 S. 2 Rom I-VO nicht ein.

Die Anwendung deutscher Umsetzungen von EG-/EU-rechtlichen Verbraucherschutzbestimmungen kann sich jedoch aus der Sonderanknüpfung des **Art. 46b EGBGB** ergeben, der auf die Durchsetzung europäischer Verbraucherschutzstandards unter gegenüber Art. 6 Rom I-VO erleichterten Voraussetzungen gerichtet ist. Hintergrund des Art. 46b EGBGB sind Bestimmungen in den in Art. 46b Abs. 3 EGBGB aufgezählten EG-Richtlinien, welche den Mitgliedstaaten die kollisionsrechtliche Durchsetzung des Richtlinienzwecks auch gegen ein gewähltes Vertragsstatut vorschreiben und damit Kollisionsnormen erfordern, die früher neben die Umsetzung des EVÜ (vgl Art. 29a aF EGBGB) und nun neben die Rom I-VO (Art. 46b EGBGB) treten.

681 **aa)** Hierzu müsste ein Vertrag vorliegen, der aufgrund einer **Rechtswahl** nicht dem Recht eines EU/EWR-Staates unterliegt **(Art. 46b Abs. 1 EGBGB)**, was hier der Fall ist.

682 **bb)** Eine Beschränkung auf bestimmte **Vertragstypen** ist im Wortlaut nicht vorgesehen. Art. 46b EGBGB ist jedoch nach seinem Zweck auf **Verbrauchergeschäfte** zu beschränken, denn Art. 46b EGBGB setzt den Auftrag der dort in Abs. 3 enumerierten EG/EU-Richtlinien um, kollisionsrechtlich die Anwendung des Richtlinienrechts gegen eine Rechtswahl zu Drittstaatenrecht abzusichern; ein Verbrauchergeschäft liegt vor.

683 **cc)** Der Vertrag müsste einen **engen Zusammenhang** mit dem Gebiet eines Mitgliedstaates von EU oder EWR aufweisen. Hierfür nennt **Art. 46b Abs. 2 EGBGB** Regelbeispiele: Der Vertrag könnte einerseits aufgrund eines öffentlichen **Angebots**/einer **Werbung** in einem Mitgliedstaat der EU/des EWR zustande gekommen sein (Art. 46b

18 EuGH Rs C-191/15 ECLI:EU:C:2016:612 *(VKI/Amazon EU Sàrl)*.

Abs. 2 Nr 1 EGBGB). Dies liegt vor, denn das durch die *B Virgin Islands Inc.* vertriebene Produkt wurde durch Prospekte in Deutschland beworben und der Vertragsschluss ist hierauf zurückzuführen. Zudem hatte Bohrer bei Vertragsschluss seinen **gewöhnlichen Aufenthalt** in Deutschland und hat hier seine Willenserklärung abgegeben (Art. 46b Abs. 2 Nr 2 EGBGB).

Damit besteht der geforderte enge Zusammenhang zu Deutschland.

dd) § 307 BGB ist damit als Umsetzung der in Art. 46b Abs. 3 Nr 1 EGBGB ausdrücklich genannten Klausel-Richtlinie (93/13/EWG) anwendbar, auf deren Art. 3 der EuGH ausdrücklich die Annahme der Missbräuchlichkeit in dem zitierten Fall (Rn 678) stützt. Da jedoch Prämisse der Anwendung des Art. 46b EGBGB jene Ansicht war, die vorliegend wegen Art. 6 Abs. 4 Rom I-VO den Vertrag nicht unter Art. 6 Rom I-VO einordnet, fehlt es nach dieser Rechtsprechung an der Missbräuchlichkeit der Klausel: Fällt der Vertrag nicht unter Art. 6 Abs. 2 Rom I-VO, so erweist sich eine Rechtswahl, die nicht auf diese Bestimmung hinweist, selbstverständlich nicht als irreführend und missbräuchlich. Folgt man also dieser Ansicht, so ist die Rechtswahl vollumfänglich wirksam.] **684**

4. Auf Widerrufsrecht anwendbares Recht

a) Art. 6 Abs. 1 Rom I-VO

Auf Widerrufsrechte ist jedenfalls das Vertragsstatut anwendbar. Folgt man der hM, so ist Art. 6 Rom I-VO anwendbar; die Rechtswahlklausel ist nach § 307 BGB missbräuchlich; damit ist insgesamt das anwendbare Recht nach Art. 6 Abs. 1 Rom I-VO zu bestimmen, damit ist deutsches Recht als Recht des gewöhnlichen Aufenthalts des Bohrer Vertragsstatut. Bohrer kann sich also auf die Widerrufsrechte nach §§ 355, 312 ff BGB berufen, insbesondere auf §§ 312b, 312g BGB. **685**

b) Art. 6 Abs. 2 Rom I-VO

Die **Sonderanknüpfung** nach Art. 6 Abs. 2 S. 2 Rom I-VO ist in diesem Fall ohne Relevanz, da deutsches Recht bereits nach Art. 6 Abs. 1 Rom I-VO Vertragsstatut ist. **686**

[Hilfsgutachten:

5. Materielles Widerrufsrecht bei Sonderanknüpfung nach Art. 46b EGBGB

a) Keine Erfassung der Richtlinie 2011/83/EU

aa) Ein Widerrufsrecht in Anwendung von Art. 46b EGBGB kann sich auch im Fall einer wirksamen Rechtswahl (oben Rn 680 ff, 684) zum Recht der *Virgin Island* aus der deutschen Umsetzung (Art. 46b Abs. 1 letzter Hs. EGBGB) einer der in Art. 46b Abs. 3 EGBGB **enumerierten Verbraucherschutzrichtlinien** ergeben. **687**

688 **bb)** In Betracht käme, wie gesehen (Rn 685), nur ein Widerrufsrecht nach **§§ 312b, 312g BGB**, der Umsetzung von Art. 9 der in Art. 46b Abs. 3 EGBGB nicht genannten Richtlinie über die Rechte der Verbraucher. Damit ist eine unmittelbare Anwendung von §§ 312b, 312g BGB über Art. 46b EGBGB nicht eröffnet.

b) Unmittelbare Wirkung von Richtlinien bei EU-Bezug

689 Fraglich ist jedoch, ob dieses von Art. 46b Abs. 3 EGBGB vorgezeichnete Ergebnis der **Natur des §§ 312b, 312g BGB** als **Umsetzung sekundären Europarechts** gerecht wird.

690 **aa)** Die von Art. 46b EGBGB belassene Lücke könnte durch eine **analoge Anwendung von Art. 3 Abs. 3 Rom I-VO** geschlossen werden.[19] Das ließe sich damit begründen, dass die Mitgliedstaaten in Ansehung des Richtlinienrechts einen einheitlichen Rechtsraum darstellen, auf den der Gedanke des Art. 3 Abs. 3 Rom I-VO, der mit der Verwendung des Begriffes „Staat" noch von einer nationalen Sicht der Rechtsordnungen ausgeht, übertragen werden könnte: Hat der Fall ausschließlich Bezug zur EU, so könnte zwingendes EU-Recht nicht durch Rechtswahl abbedungen werden.

691 Hiergegen spricht nicht zwingend, dass die §§ 312b, 312g BGB zugrundeliegende Richtlinie gerade nicht ihre kollisionsrechtliche Durchsetzung gegen Drittstaatenrecht vorschreibt; allerdings ist das noch für die Haustürwiderrufsrichtlinie 85/577/EWG tragende Argument, dass bei deren Erlass Bestimmungen zur kollisionsrechtlichen Richtliniendurchsetzung nicht bekannt waren, für die Verbraucherrechterichtlinie aus dem Jahr 2011, welche insoweit die Haustürwiderrufsrichtlinie ersetzte, nicht tragfähig; Art. 25 Abs. 1 der Verbraucherrechterichtlinie stellt deren Bestimmungen nur unabdingbar, wenn der Vertrag dem Recht eines Mitgliedstaats unterliegt.

692 **bb)** Der **EuGH** hat jedoch im Hinblick auf die Handelsvertreterrichtlinie[20] angedeutet, dass schon bei einem „engen Zusammenhang zum Binnenmarkt", also nicht nur bei *ausschließlicher* Verbindung, Richtlinienrecht sich ggf gegen eine Rechtswahl durchsetzen müsse, auch wenn die Richtlinie keine Kollisionsnorm fordert, die eine Aufnahme in den Katalog des Art. 46b Abs. 3 EGBGB bedingt.[21] Eine solche Sonderanknüpfung von Richtlinienrecht sollte jedenfalls bei verbraucherrechtlichen Richtlinien nicht über Art. 9 Rom I-VO erfolgen, sondern durch eine entsprechende Anwendung von Art. 46b EGBGB erreicht werden, auch wenn dadurch die enumerative Begrenzung in Art. 46b Abs. 3 EGBGB gelockert wird. Auch wenn aus der Entscheidung des EuGH nicht etwa

19 *Rauscher* EuZW 1996, 650, 653.

20 Ebenso *Staudinger* NJW 2001, 1974, 1978. Die für einige der in Art. 46b EGBGB enumerierten Gebiete nunmehr durch Richtlinie 2011/83/EU (ABl. EU 2011 L 304/64) verfügte Vollharmonisierung enthält keinen unmittelbar geltenden kollisionsrechtlichen Vorrang mehr. Der Verbraucherschutz bei Fernabsatz und Fernabsatz von Finanzdienstleistungen wird sich damit nur noch über die Sonderanknüpfung nach Art. 6 Abs. 1 Rom I-VO durchsetzen.

21 EuGH Rs. C-381/98 ECLI:EU:C:2000:605 *(Ingmar GB Ltd./Eaton Leonhard Technologies Inc.)*; vgl dazu auch Fall 16.

folgt, dass *jede* Richtlinie in diesem Sinn zwingend wäre, spräche dies dafür, die Umsetzung der Verbraucherrechterichtlinie dem Anwendungsbereich des Art. 46b EGBGB zu unterstellen.

Folgt man dem, so kann Bohrer sich auch ohne Anwendung deutschen Rechts über Art. 6 Abs. 1 (oder Art. 6 Abs. 2) Rom I-VO auf ein Widerrufsrecht aus §§ 312b, 312g BGB berufen, soweit dessen, im Einzelnen nicht zu prüfende, Voraussetzungen vorliegen.]

Ergebnis: Das LG Hannover ist für die Klage international zuständig; ein Widerrufsrecht ist nach deutschem Recht als Vertragsstatut, somit nach §§ 312b, 312g, 355 BGB zu prüfen. Ob ein Widerrufsrecht auch kraft Sonderanknüpfung analog Art. 46b EGBGB bestünde, kann vorliegend dahinstehen, sofern man der Ansicht folgt, die den Vertrag Art. 6 Rom I-VO unterstellt. 693

Frage 2, Teil 2: Bohrer gegen B Lux SA

1. Internationale Zuständigkeit – Brüssel Ia-VO

a) Anwendungsbereich

Wiederum ist der sachliche **Anwendungsbereich** der Brüssel Ia-VO eröffnet. Da die Beklagte *B Lux SA* ihren Wohnsitz (Art. 63 Abs. 1 Brüssel Ia-VO) in Luxemburg, einem Mitgliedstaat, hat, ist die Brüssel Ia-VO nach ihrem Art. 5 Abs. 1 auch **räumlich** anzuwenden. Auf Art. 17 Abs. 2 Brüssel Ia-VO kommt es nicht an. 694

b) Gerichtsstandsvereinbarung

Eine internationale Zuständigkeit deutscher Gerichte könnte jedenfalls ausgeschlossen sein, wenn nach **Art. 25 Abs. 1 S. 2 Brüssel Ia-VO** luxemburgische Gerichte aufgrund der – als ausschließlich formulierten – Gerichtsstandsvereinbarung ausschließlich zuständig wären. 695

aa) Die nur von der Wahrung der Form abhängige weite Zulässigkeit einer Gerichtsstands-vereinbarung nach Art. 25 Brüssel Ia-VO könnte jedoch durch **Art. 19 Brüssel Ia-VO** eingeschränkt sein. Dies setzt wiederum voraus, dass der Rechtsstreit eine **Verbrauchersache** iSd Art. 17 Abs. 1 Brüssel Ia-VO betrifft. Die *Verbrauchereigenschaft* des Bohrer besteht auch für einen Vertrag zur Finanzierung einer privaten Kapitalanlage. 696

Ein Art. 17 Brüssel Ia-VO unterfallendes **Verbrauchergeschäft** ergibt sich wiederum (vgl Rn 647) aus der werbendenAusrichtung auf Deutschland (Art. 17 Abs. 1 lit. c Brüssel Ia-VO).

697 **bb)** Eine Gerichtsstandsvereinbarung ist damit nur im Rahmen von **Art. 19 Brüssel Ia-VO** zulässig. Da es sich weder um eine nachherige Vereinbarung (Nr 1) noch um eine den Verbraucher einseitig begünstigende (Nr 2) handelt und die Parteien schon bei Vertragsschluss in verschiedenen Vertragsstaaten Wohnsitz und Aufenthalt hatten (Nr 3), ist die Gerichtsstandsvereinbarung unzulässig.

c) Internationale Zuständigkeit nach Art. 18 Brüssel Ia-VO

698 Die internationale Zuständigkeit deutscher Gericht folgt daher aus **Art. 18 Abs. 1 Brüssel Ia-VO**. Wiederum ist das LG Hannover international und örtlich zuständig.

2. Anwendbares Recht

a) Anknüpfung der Wirksamkeit der Rechtswahl

699 **aa)** Die **Wirksamkeit der Rechtswahl** ist wieder im Grundsatz nach Art. 3 Abs. 1, Abs. 5, Art. 10 Abs. 1 Rom I-VO nach dem gewählten Recht zu beurteilen. Fraglich ist wiederum (vgl Rn 675 ff) die Anknüpfung der Inhaltskontrolle. Dies gilt unbeschadet der noch offenen Frage, ob Art. 6 Abs. 1 Rom I-VO anzuwenden ist.

700 **bb)** Anders als im Fall der Rechtswahl zum Recht eines Nichtmitgliedstaats (Rn 675 ff) kann sich die Anwendung einer Umsetzung des Art. 3 Klauselrichtlinie, an die der EuGH (Rn 679) die Missbräuchlichkeit der Rechtswahlklausel anknüpft, jedoch bereits aus der Grundsatzanknüpfung der Prüfung der Wirksamkeit nach dem gewählten Recht ergeben; im Gegensatz zu Art. 10 Abs. 2 Rom I-VO (Rn 673) erfasst Art. 10 Abs. 1 Rom I-VO zweifellos auch eine Inhaltskontrolle der Rechtswahlklausel, weil sich die Bestimmung auf die Wirksamkeit insgesamt und nicht nur auf den Einzelaspekt des rechtsgeschäftlichen Verhaltens der anderen Partei bezieht.

b) Inhaltskontrolle nach luxemburgischen Recht

701 **aa)** Fraglich ist nach dem Sachverhalt, in welcher Weise Art. 3 Abs. 1 Klauselrichtlinie in Luxemburg umgesetzt wurde; es kann aber bei dieser seit über 25 Jahren geltenden Richtlinie davon ausgegangen werden, dass sie in Luxemburg umgesetzt wurde. Damit aber ist die Umsetzung richtlinienkonform auszulegen, so dass sich im Ergebnis eine Rechtswahlklausel, welche den in Art. 6 Abs. 2 Rom I-VO bestimmten Vorbehalt dem Verbraucher nicht mitteilt, in Anwendung luxemburgischen Rechts als unwirksam erweisen muss.[22]

702 **bb)** Damit hängt die Wirksamkeit der Rechtswahlklausel wiederum davon ab, ob Art. 6 Rom I-VO anwendbar ist und damit in der Klausel auf Art. 6 Abs. 2 Rom I-VO hinzuweisen gewesen wäre.

22 Praxisnah argumentierend der OGH 2Ob155/16g VbR 2018, 24 in der Abschlussentscheidung nach EuGH Rs. C-191/15 ECLI:EU:C:2016:612 *(VKI/Amazon EU Sàrl)*.

Art. 6 Rom I-VO ist typenunabhängig, erfasst damit auch Verträge zur **Finanzierung** von Dienstleistungen gegenüber Verbrauchern. Fraglich ist jedoch auch hier, ob Art. 6 Abs. 1 bis 3 Rom I-VO durch Art. 6 Abs. 4 Rom I-VO ausgeschlossen sind, weil die *B Lux SA* die Finanzierungsleistung in Luxemburg und auf den Virgin Islands, nicht aber in Deutschland zu erbringen hat. Gegen die Anwendung des Art. 6 Abs. 4 Rom I-VO spricht aber, dass die Finanzierung selbst keine Dienstleistung ist und nach dem Wortlaut des Art. 6 Abs. 4 Rom I-VO nur die *Erbringung*, nicht aber die *Finanzierung* von Dienstleistungen erfasst ist. Die Ausnahme findet also auf Finanzierungsgeschäfte nach hM keine Anwendung,[23] wenn auch gewisse Zweifel bleiben, weil auch bei Finanzierungen ohne Einwirkung auf den Aufenthaltsstaat der von Art. 6 Abs. 2 S. 2 Rom I-VO vermittelte Schutz fragwürdig sein mag. Es muss wiederum eine der in **Art. 6 Abs. 1 Rom I-VO** genannten **Abschlusssituationen** gegeben sein. Dies ist für Art. 6 Abs. 1 lit. b Rom I-VO zu bejahen, denn durch die gezielte Vertriebsweise richtet auch die *B Lux SA* ihre Geschäftstätigkeit auf Verbraucher in Deutschland aus.

Damit liegen die Voraussetzungen der Sonderanknüpfung (Art. 6 Abs. 2 S. 2 Rom I-VO) an deutsches Recht vor; da die Rechtswahlklausel diese nicht erwähnt, ist sie somit irreführend, damit rechtsmissbräuchlich und nicht wirksam.

3. Auf Widerrufsrechte anwendbares Recht

Ein **Widerrufsrecht** kann sich damit mangels wirksamer Rechtswahl unmittelbar aus dem gemäß Art. 6 Abs. 1 Rom I-VO anwendbaren deutschen Vertragsstatut ergeben. **703**

Ergebnis: Das LG Hannover ist für die Klage international und örtlich zuständig. Widerrufsrechte sind nach deutschem Recht als Vertragsstatut zu prüfen. **704**

Frage 3: Rechtslage bei Klageeinreichung durch *B Lux SA* in Luxemburg

1. Brüssel Ia-VO: Anderweitige Anhängigkeit

Die Frage berührt die **internationale Zuständigkeit** deutscher Gerichte bei doppelter Anhängigkeit: Das LG Hannover könnte mit der von Bohrer zu erhebenden Klage gemäß **Art. 29 Brüssel Ia-VO** zu verfahren haben. **705**

a) Selber Anspruch, selbe Parteien

Dazu müsste vor Gerichten eines anderen Mitgliedstaats eine Klage wegen desselben Anspruchs zwischen denselben Parteien anhängig sein. Die Parteiidentität liegt vor. Fraglich ist die **Anspruchsidentität**, weil sich eine Leistungsklage und eine den zugrundeliegenden Vertrag negierende Feststellungsklage gegenüberstehen. Die Anspruchsidentität ist jedoch nicht nach dem Streitgegenstandsbegriff der *lex fori* zu **706**

23 BGH IPRspr 1993 Nr 37.

bewerten, sondern in autonomer Auslegung am Zweck einer einheitlichen Auslegung zu orientieren; es genügt, wenn die in beiden Verfahren zu entscheidenden Fragen im Kernpunkt übereinstimmen. Zur Vermeidung sachlich widersprüchlicher Entscheidungen liegt danach Anspruchsidentität auch in dieser Konstellation vor.[24]

b) Deutsches Gericht später angerufen

707 Das deutsche Gericht müsste **später angerufen** sein. Auch dieses Tatbestandsmerkmal des Art. 29 Abs. 1 Brüssel Ia-VO ist, anders als in Art. 21 Abs. 1 EuGVÜ, ausdrücklich (Art. 31 Brüssel Ia-VO) autonom auszulegen. Angerufen ist das luxemburgische Gericht im Zeitpunkt der Einreichung der das Verfahren einleitenden Klage, vorausgesetzt, der Kläger versäumt nicht eine ihm obliegende Mitwirkung bei der Zustellung (Art. 32 Abs. 1 lit. a Brüssel Ia-VO). Davon ist nach Sachverhalt auszugehen.

[Auch bei Unkenntnis, dass im romanischen Prozess die Klagezustellung *nach* der Einreichung erfolgt, wäre nach dem Sachverhalt das luxemburgische Gericht *spätestens* mit Klageeinreichung angerufen (vgl Art. 32 Abs. 1 lit. b Brüssel Ia-VO).]

2. Ausnahme wegen Verstoß gegen Verbraucherzuständigkeiten

a) Grundsatz: Keine Zuständigkeitsprüfung durch zweitangerufenes Gericht

708 **aa)** Fraglich ist, ob eine **Abweichung von Art. 29 Brüssel Ia-VO** zulässig ist, weil das Luxemburger Gericht seine Zuständigkeit nur unter Verletzung der Bestimmungen der Art. 17 ff Brüssel Ia-VO annehmen könnte.

709 **bb)** Grundsätzlich gehen Art. 29 ff Brüssel Ia-VO davon aus, dass das zweitangerufene Gericht **keine Kompetenz** hat, die Zuständigkeit des erstangerufenen Gerichts zu prüfen, sondern dessen Prüfung abzuwarten hat. Das LG Hannover hätte also gemäß Art. 29 Abs. 1 Brüssel Ia-VO bis zur Zuständigkeitsfeststellung durch das Luxemburger Gericht das Verfahren auszusetzen und sich ggf danach gemäß Art. 29 Abs. 2 Brüssel Ia-VO für unzuständig zu erklären, also die Klage Bohrers als unzulässig abzuweisen.

b) Prüfungskompetenz bei eigener ausschließlicher Zuständigkeit

710 **aa)** Ausnahmsweise könnte sich jedoch eine Prüfungskompetenz mittelbar aus **Art. 27** und **Art. 31 Abs. 1 Brüssel Ia-VO** ergeben. Art. 27 Brüssel Ia-VO fordert immer die Prüfung der **ausschließlichen Zuständigkeit** anderer Gerichte. Art. 31 Abs. 1 Brüssel Ia-VO betrifft zwar nur den seltenen Fall der ausschließlichen Zuständigkeit mehrerer Gerichte, impliziert aber, dass das zweitangerufene Gericht auch eine **eigene ausschließliche Zuständigkeit** (nunmehr auch aus Gerichtsstandsvereinbarung: Art. 31 Abs. 2–4 Brüssel Ia-VO) prüfen muss. Kommt das Zweitgericht bei dieser Prüfung über den Fall des Art. 31 Abs. 1 Brüssel Ia-VO hinaus sogar zu dem Ergebnis, dass es selbst ausschließlich zuständig ist, nicht aber das Erstgericht, so ist das Verfahren

24 EuGH Rs. 144/86 ECLI:EU:C:1987:528 *(Gubisch/Palumbo)* sog „Kernpunkttheorie".

nach Art. 29 Abs. 1 Brüssel Ia-VO mit Blick auf den Zweck der Vermeidung widersprechender Entscheidungen sinnlos: Entscheidet nämlich das Erstgericht unzutreffend, so wäre das darauf gestützte Urteil nach Art. 45 Abs. 1 lit. e (i) Brüssel Ia-VO auf Antrag des Beklagten in jedem Vertragsstaat für anerkennungsunfähig zu erklären, das Zweitgericht müsste also zur Vermeidung von Rechtsverweigerung sein Verfahren ohnehin fortsetzen. Entscheidet das Erstgericht richtig, so würde das Verfahren vor dem Zweitgericht durch die Aussetzung nur verzögert. Daher hat das später angerufene Gericht vor Aussetzung nach Art. 29 Abs. 1 Brüssel Ia-VO zu prüfen, ob eine etwaige Sachentscheidung des zuerst angerufenen Gerichts wegen Verletzung der in Art. 24 Brüssel Ia-VO bestimmten ausschließlichen Zuständigkeiten in den übrigen Mitgliedstaaten nach Art. 45 Brüssel Ia-VO nicht anerkannt würde.[25]

bb) Die Anwendung dieser Ausnahme könnte vorliegend fraglich sein, weil Art. 18 **711**
Abs. 1 Brüssel Ia-VO nicht eine in Art. 24 Brüssel Ia-VO bestimmte **ausschließliche Zuständigkeit** beschreibt. Maßgeblich muss aber die ratio der Herleitung der Ausnahme sein: Das Anerkennungshindernis des Art. 45 Abs. 1 lit. e (i) Brüssel Ia-VO stellt die Verletzung der Verbraucherzuständigkeiten hinsichtlich der Anerkennungsversagung der Verletzung einer ausschließlichen Zuständigkeit aus Art. 24 Brüssel Ia-VO gleich. Die Interessenlage ist also identisch, wenn das zweitangerufene Gericht *eines* der nach Art. 18 ff Brüssel Ia-VO *ausschließlich* zuständigen Gerichte ist, das erstangerufene Gericht hingegen unzuständig ist.

Ergebnis: Das LG Hannover wird also ungeachtet des Luxemburger Verfahrens sein **712**
Verfahren durchführen.

Literaturhinweise

Behandlung der fallrelevanten Themen in:
***Rauscher* Internationales Privatrecht (5. Aufl., 2017)**

Verbraucherzuständigkeiten in der Brüssel Ia-VO:	Rn 2038 ff, 2059 ff
Konkurrierende Anhängigkeit:	Rn 2335 ff
Anknüpfung von Verbraucherverträgen (Art. 6 Rom I-VO):	Rn 1237 ff
Sonderanknüpfung von EG-Verordnungen (Art. 46b EGBGB):	Rn 1264 ff, 1279
International zwingende Bestimmungen (Art. 9 Rom I-VO):	Rn 1320 ff

Weitere Literatur

1. Verbraucherzuständigkeiten in der Brüssel Ia-VO

Rauscher/Staudinger (2016) Vorbem Art. 17-19 Brüssel Ia-VO Rn 1; zur personellen, sachlichen Zuständigkeit: Art. 17 Brüssel Ia-VO Rn 1; zur örtlichen Zuständigkeit: Art. 18 Brüssel Ia-VO Rn 1; Abweichungen durch Vereinbarungen: Art. 19 Brüssel Ia-VO Rn 1.

Gramlich Gerichtsstände der EuGVVO in Verbrauchersachen – Probleme bei Umzug einer Partei, EuZW 2017, 213.

25 EuGH Rs. C-438/12 ECLI:EU:C:2014:212 *(Weber/Weber)*.

Mankowski Änderungen im Internationalen Verbraucherprozessrecht durch die Neufassung der EuGVVO, RIW 2014, 625.

2. Konkurrierende Anhängigkeit

Rauscher/Leible (2016) Art. 29 Brüssel I-VO Rn 1.

Thiele Anderweitige Rechtshängigkeit im Europäischen Zivilprozessrecht – Rechtssicherheit vor Einzelfallgerechtigkeit, RIW 2004, 285.

Sack Negative Feststellungsklagen und Torpedos, GRUR 2018, 893.

3. Anknüpfung von Verbraucherverträgen (Art. 6 Rom I-VO)

Staudinger/Magnus (2016) Art. 6 Rom I-VO Rn 121.

Althammer Grundsatzfragen des Internationalen Schuldvertragsrechts: Artt. 27 ff. EGBGB, der Kommissionsvorschlag für eine Rom I-Verordnung und der abschließende Verordnungstext im Überblick, JA 2008, 772.

Kaufhold Internationale Webshops – anwendbares Vertrags- und AGB-Recht im Verbraucherverkehr, EuZW 2016, 247.

4. Sonderanknüpfung von EG-Verordnungen (Art. 46b EGBGB)

Staudinger/Magnus (2016) Art. 46b EGBGB Rn 55 (Richtlinien); Rn 59 (Sonderanknüpfung Timesharing).

Callies Kollisionsrecht, Richtlinienrecht oder Einheitsrecht? Zur Modernisierung des Art. 5 EVÜ (Art. 29, 29a EGBGB) im System des europäischen Verbrauchervertragsrechts, ZEuP 2006, 742.

Kieninger Der grenzüberschreitende Verbrauchervertrag zwischen Richtlinienkollisionsrecht und Rom I-VO, FS Kropholler (2008) 499.

5. International zwingende Bestimmungen (Art. 34 EGBGB)

Staudinger/Magnus (2016) Art. 9 Rom I-VO Rn 54.

Straube Das Bundesarbeitsgericht und Art. 34 EGBGB, IPRax 2007, 395.

Freitag Die kollisionsrechtliche Behandlung ausländischer Eingriffsnormen nach Art. 9 Abs. 3 Rom I-VO, IPRax 2009, 109.

Fall 13

Wer zahlt für das Flugzeug im Kraftwerk?

Die RGE AG mit Sitz in Düsseldorf, ein Unternehmen der Energiewirtschaft mit mehreren Tausend Arbeitnehmern und fast 1 Milliarde € Nettoumsatz, errichtet und betreibt Fernwärmekraftwerke. Für den Betrieb eines solchen Kraftwerks, das im Gerichtsbezirk von Metz (Frankreich) steht, schließt die RGE AG im Jahr 2006 eine Sachversicherung über Elementarrisiken und Unfallschäden mit einer Versicherungssumme von 50 Mio. € mit der Allianz AG („Allianz"), die ihren Sitz in München hat. Diese schließt über dasselbe Risiko Rückversicherungsverträge mit der American Reinsurance Inc. („AmericanRe") mit Sitz in Princeton (New Jersey, USA) und der AXA SA mit Sitz in Paris. Der Vertrag mit AmericanRe wurde durch deren Muttergesellschaft, die Münchener Rückversicherungs-AG mit Sitz in München, die inzwischen als „MunichRe" firmiert, vermittelt und in deren Vertretung gezeichnet. In den Rückversicherungsverträgen ist vereinbart, dass die Rückversicherer je 40 % des 5 Mio. € übersteigenden Schadens aus jedem Schadensereignis übernehmen. Der Vertrag mit AXA SA enthält die Klausel „Erfüllungsort für alle Ansprüche aus diesem Vertrag ist Paris." **713**

Am 15.2.2018 stürzt ein in Deutschland registriertes Privatflugzeug in das Kraftwerk. Es entsteht am Kraftwerk ein Sachschaden von 20 Mio. €. Der Halter des Flugzeugs, der in Dresden wohnende deutsche Staatsangehörige Emanuel Engler, ist mit einer Versicherungssumme von 5 Mio. € bei der Generali Vienna AG („Generali") mit Sitz in Wien gegen Haftpflicht versichert. Der von beiden Parteien unterzeichnete Versicherungsvertrag bestimmt in den in der Vertragsurkunde ausgedruckten AGB: „Ausschließlicher Gerichtsstand ist Wien."

RGE AG nimmt die Allianz auf Deckung ihres Schadens iHv 20 Mio. € in Anspruch. Diese möchte im Fall ihrer Leistungspflicht Rückgriff bei AmericanRe und AXA SA in Höhe von je 6 Mio. € nehmen.

1. Sind deutsche Gerichte oder Gerichte anderer EU-Mitgliedstaaten für entsprechende Klagen international zuständig? Ausländisches nationales Prozessrecht ist nicht zu prüfen.

2. **a)** Welches Recht ist auf die Vertragsbeziehungen anzuwenden? Für welche der Verträge wäre eine Rechtswahl zulässig?
b) Welche Änderungen ergeben sich zu a), wenn die vorliegenden Versicherungs- und Rückversicherungsverträge nach dem 17.12.2009 geschlossen werden?

Abwandlung: Allianz hat der RGE AG den Schaden ersetzt und möchte Rückgriff bei Engler aus abgetretenen Schadensersatzansprüchen der RGE AG nehmen. Am 15.5.2018 reicht die Allianz Leistungsklage gegen Engler bei dem Landgericht Dresden ein. Engler hat schon am 14.5.2018 Klage gegen RGE AG zum *Tribunal de Grande Instance Metz* (TGI Metz) mit dem Ziel der Feststellung eingereicht, dass ein Schadensersatzanspruch nicht besteht. Beide Klagen wurden später auch zugestellt. Auf am

5.6.2018 erhobene *demande reconventionelle* (Widerklage) der RGE AG nach Art. 64 ncpc verurteilt ihn das Gericht zur Zahlung von 5 Mio. €. Auf *demande en intervention* (Interventionsklagen) des Engler nach Art. 66 ncpc verurteilt außerdem das Gericht die Generali zur Zahlung von 5 Mio € aus Versicherungsvertrag.

3. War das französische Gericht international zuständig? Voraussetzungen im nationalen Verfahrensrecht sind nicht zu prüfen, sondern zu unterstellen.
4. Wie hat das LG Dresden zu entscheiden, wenn es von dem Verfahren in Frankreich Kenntnis erlangt?
5. In welchem Verfahren kann geprüft werden, ob die Aussprüche im Urteil des *TGI Metz* in Deutschland anerkennungsfähig sind? Bestehen Anerkennungshindernisse?

Materialien

I. Nouveau Code de Procédure Civile (französische Zivilprozessordnung)

a) Art. 64 ncpc

714 Eine *demande reconventionelle* ist die Klage, durch welche der ursprüngliche Beklagte einen Ausspruch beantragt, der über die bloße Abweisung des Antrags seines Gegners hinausgeht.

Art. 66 ncpc

Eine *intervention* ist die Klage, deren Ziel es ist, einen Dritten zur Partei des Prozesses zu machen, der zwischen den ursprünglichen Parteien anhängig ist.

Wenn die *intervention* vom Dritten ausgeht, ist sie freiwillige Intervention *(intervention volontaire)*. Die *intervention* ist erzwungen (*forcée*), wenn der Dritte von einer Partei verklagt wird.

II. (Deutsches) Gesetz über die Beaufsichtigung der Versicherungsunternehmen (Versicherungsaufsichtsgesetz – VAG)

b) Anlage A Einteilung der Risiken nach Sparten

Nr 3 bis 7 betreffen Schäden an Fahrzeugen

Nr 8. Feuer- und Elementarschäden

Sämtliche Sachschäden (soweit sie nicht unter die Nummern 3 bis 7 fallen), die verursacht werden durch:

a) Feuer
b) Explosion
c) Sturm
d) andere Elementarschäden außer Sturm
e) Kernenergie
f) Bodensenkungen und Erdrutsch

Nr 9. Hagel-, Frost- und sonstige Sachschäden

Sämtliche Sachschäden (soweit sie nicht unter die Nummern 3 bis 7 fallen), die außer durch Hagel oder Frost durch Ursachen aller Art (wie beispielsweise Diebstahl) hervorgerufen werden, soweit diese Ursachen nicht unter Nummer 8 erfasst sind.

III. Zweite Schadensversicherungsrichtlinie v. 22.6.1988 (RiLi 88/357/EWG) idF der Dritten Schadensversicherungsrichtlinie (1992/49/EWG)

c) Art. 7 Abs. 1 lit. f

In Bezug auf die in Artikel 5 Buchstabe d) Ziffer i) der Ersten Richtlinie genannten Risiken können die Vertragsparteien jedes beliebige Recht wählen.

Hinweis: Art. 5 lit. d sublit. i der Ersten Schadensversicherungsrichtlinie v. 24.7.1973 (RiLi 73/239/EWG) iVm der Zweiten Schadensversicherungsrichtlinie v. 22.6.1988 (RiLi 88/357/EWG) definiert Großrisiken – unabhängig von der Belegenheit – in der in Art. 10 Abs. 1 EGVVG aF umgesetzten Weise.

Hinweis: Die Richtlinien 73/239/EWG, 88/357/EWG sind gemäß Art. 310 Abs. 1 der Solvabilität II-Richtlinie v. 25.11.2009 (RiLi 2009/138/EG) zum 1.1.2016 außer Kraft getreten. Die Legaldefinition der Großrisiken ist in Art. 13 Nr 27 dieser Richtlinie enthalten und insoweit zum 6.1.2010 in Kraft getreten. Die Umsetzung der Definition findet sich seit dem 17.12.2009 in § 210 Abs. 2 VVG.

IV. EGVVG in der bis 16.12.2009 geltenden Fassung

d) Art. 7

(1) Auf Versicherungsverträge mit Ausnahme der Rückversicherung sind, wenn sie in einem Mitgliedstaat der Europäischen Gemeinschaft oder in einem anderen Vertragsstaat des Abkommens über den Europäischen Wirtschaftsraum belegene Risiken decken, die folgenden Vorschriften mit der Maßgabe anzuwenden, dass Vertragsstaaten des Europäischen Wirtschaftsraumes wie Mitgliedstaaten der Europäischen Gemeinschaft zu behandeln sind.

(2) Mitgliedstaat, in dem das Risiko belegen ist, ist

1. bei der Versicherung von Risiken mit Bezug auf unbewegliche Sachen, insbesondere Bauwerke und Anlagen, und den darin befindlichen, durch den gleichen Vertrag gedeckten Sachen der Mitgliedstaat, in dem diese Gegenstände belegen sind,

...

Art. 8

Hat der Versicherungsnehmer bei Schließung des Vertrages seinen gewöhnlichen Aufenthalt oder seine Hauptverwaltung im Gebiet des Mitgliedstaats, in dem das Risiko belegen ist, so ist das Recht dieses Staates anzuwenden.

Art. 9

(1) Hat der Versicherungsnehmer seinen gewöhnlichen Aufenthalt oder seine Hauptverwaltung nicht in dem Mitgliedstaat, in dem das Risiko belegen ist, können die Parteien des Versicherungsvertrags für den Vertrag das Recht des Mitgliedstaats, in dem das Risiko belegen ist, oder das Recht des Staates, in dem der Versicherungsnehmer seinen gewöhnlichen Aufenthalt oder seine Hauptverwaltung hat, wählen.

(2) Übt der Versicherungsnehmer eine gewerbliche, bergbauliche oder freiberufliche Tätigkeit aus und deckt der Vertrag zwei oder mehrere in verschiedenen Mitgliedstaaten belegene Risiken in Verbindung mit dieser Tätigkeit, so können die Parteien des Versicherungsvertrags das Recht jedes dieser Mitgliedstaaten oder das Recht des Staates, in dem der Versicherungsnehmer seinen gewöhnlichen Aufenthalt oder seine Hauptverwaltung hat, wählen.

(3) Beschränken sich die durch den Vertrag gedeckten Risiken auf Schadensfälle, die in einem anderen Mitgliedstaat als demjenigen, in dem das Risiko belegen ist, eintreten können, können die Parteien das Recht des anderen Staates wählen.

(4) Schließt ein Versicherungsnehmer mit gewöhnlichem Aufenthalt oder mit Hauptverwaltung im Geltungsbereich dieses Gesetzes einen Versicherungsvertrag mit einem Versicherungsunternehmen, das im Geltungsbereich dieses Gesetzes weder selbst noch durch Mittelspersonen das Versicherungsgeschäft betreibt, so können die Parteien für den Vertrag jedes beliebige Recht wählen.

(5) Hat ein Versicherungsnehmer die Staatsangehörigkeit eines anderen Mitgliedstaates als desjenigen, in dem er bei Schließung des Vertrages seinen gewöhnlichen Aufenthalt hat, so können die Parteien bei der Lebensversicherung auch das Recht des Mitgliedstaates wählen, dessen Staatsangehörigkeit der Versicherungsnehmer besitzt.

Art. 10

(1) Für einen Versicherungsvertrag über ein Großrisiko können die Parteien das Recht eines anderen Staates wählen. Ein Versicherungsvertrag über ein Großrisiko im Sinne dieser Bestimmung liegt vor, wenn sich der Versicherungsvertrag bezieht

...

3. auf Risiken der unter den Nummern 3, 8, 9, 10, 13 und 16 der Anlage Teil A zum Versicherungsaufsichtsgesetz erfaßten Sach-, Haftpflicht- und sonstigen Schadensversicherungen bei Versicherungsnehmern, die mindestens zwei der folgenden drei Merkmale überschreiten:

a) sechs Millionen zweihunderttausend Euro Bilanzsumme,
b) zwölf Millionen achthunderttausend Euro Nettoumsatzerlöse,
c) im Durchschnitt des Wirtschaftsjahres 250 Arbeitnehmer

Art. 11

(1) Soweit das anzuwendende Recht nicht vereinbart worden ist, unterliegt der Vertrag unter den Rechten, die nach den Artikeln 9 und 10 gewählt werden können, demjenigen des Staates, mit dem er die engsten Verbindungen aufweist. Auf einen selbstständigen Vertragsteil, der eine engere Verbindung mit einem anderen Staat aufweist, dessen Recht gewählt werden kann, kann ausnahmsweise das Recht dieses Staates angewandt werden.

(2) Es wird vermutet, dass der Vertrag die engsten Verbindungen mit dem Mitgliedstaat aufweist, in dem das Risiko belegen ist.

V. Liste der Kommission gemäß Art. 76 Abs. 2, Abs. 1 lit. b Brüssel Ia-VO (ABl. EU 2015 C 4/02)

e) Liste 2: Vorschriften über die Streitverkündung im Sinne von Artikel 65

...

– in Deutschland § 68 und §§ 72 bis 74 der Zivilprozessordnung;

...

– in Frankreich: entfällt;

...

– in Österreich: § 21 der Zivilprozessordnung

Strukturierung des Falles

Wesentliche Themen: *Internationale Zuständigkeit in Versicherungssachen, Rückversicherung; Anknüpfung von Versicherungsverträgen; Versicherungsverträge (jeweils Altfälle und Rom I-VO); Konkurrierende Rechtshängigkeit bei Klagen im Zusammenhang.* 715

Frage 1: Internationale Zuständigkeit deutscher Gerichte/anderer europäischer Gerichte

1. Klage RGE AG gegen Allianz

a) Deutsche Gerichte
- Sachlicher Anwendungsbereich Brüssel Ia-VO, Art. 1 Abs. 1 Brüssel Ia-VO Zivilsache (+), Art. 1 Abs. 2 Brüssel Ia-VO keine ausgenommene Materie (+)
- Räumlicher Anwendungsbereich Art. 4 Brüssel Ia-VO (+) Allianz hat Sitz (Art. 63 Abs. 1 Brüssel Ia-VO) in Deutschland, also Allgemeiner Gerichtsstand
- Kein ungeschriebenes Erfordernis eines Auslandsbezugs, also auch anwendbar, wenn Kläger und Beklagter Wohnsitz im selben Mitgliedstaat
- Art. 10 ff Brüssel Ia-VO wenn Versicherungssache
- Rechtsstreit Versicherer und Versicherungsnehmer arg Art. 15 Nr 2 Brüssel Ia-VO
- Keine Einschränkung auf Verbraucherversicherungen, andere Situation als bei Rückversicherung
- Gegen den Versicherer gerichtete Klage: Art. 11 Abs. 1 lit. a Brüssel Ia-VO, Wohnsitzgerichte (Art. 63 Brüssel Ia-VO), also deutsche Gerichte zuständig
- Örtlich zuständig LG München I, Sitz der Beklagten §§ 12, 17 ZPO
- Örtlich zuständig auch LG Düsseldorf, Sitz der Klägerin § 215 Abs. 1 VVG, nicht Art. 11 Abs. 1 lit. b Brüssel Ia-VO, da kein anderer Mitgliedstaat als der Wohnsitzstaat des Versicherers

b) Gerichte anderer Mitgliedstaaten der EU
- Brüssel Ia-VO anzuwenden (+) Art. 5 Abs. 1, 63 Brüssel Ia-VO
- Französische Gerichte, Art. 12 Brüssel Ia-VO
- Sachversicherung einer Immobilie, Art. 12 S. 1 Alt. 2 Brüssel Ia-VO
- International und örtlich zuständig französische Gerichte der Belegenheit

2. Klage Allianz gegen AmericanRe

a) Deutsche Gerichte
- Brüssel Ia-VO: räumlich-persönlicher Anwendungsbereich Art. 5 Abs. 1 Brüssel Ia-VO (-) kein Wohnsitz von AmericanRe in Mitgliedstaat, Art. 63 Brüssel Ia-VO
- Art. 11 Abs. 2 Brüssel Ia-VO, wenn MunichRe Agentur der AmericanRe
- Versicherungssache (-) Art. 10 ff Brüssel Ia-VO nicht auf Rückversicherungsverträge anwendbar mangels Schutzbedürftigkeit
- Also deutsches IZPR
- §§ 12, 17 ZPO entsprechend (-) kein Sitz der AmericanRe in Deutschland
- § 21 ZPO: trotz engerem Wortlaut wie Art. 7 Nr 5 Brüssel Ia-VO auszulegen, also Muttergesellschaft als „Niederlassung" der Tochter möglich, hier (+) Zeichnung des Vertrages in Vertretung

b) Gerichte anderer Mitgliedstaaten der EU
- Nach Bearbeitervermerk nicht zu prüfen, da nationales IZPR einschlägig

3. Klage Allianz gegen AXA SA

a) Deutsche Gerichte
- Brüssel Ia-VO anwendbar, Beklagtenwohnsitz, Art. 5 Abs. 1, Art. 63 Brüssel Ia-VO, in Frankreich
- Art. 10 ff Brüssel Ia-VO (-) da Rückversicherungsvertrag
- Art. 4 Brüssel Ia-VO (-) kein Beklagtenwohnsitz in Deutschland
- Art. 7 Nr 1 Brüssel Ia-VO
- Art. 7 Hs. 1 Brüssel Ia-VO Beklagtenwohnsitz in einem Mitgliedstaat, Klage in anderem (+)
- Erfüllungsort nach Art. 7 Nr 1 lit. b Brüssel Ia-VO: wenn Dienstleistung, Art. 7 Nr 1 lit. b Str. 2 Brüssel Ia-VO, weit auszulegen, Versicherung ist Dienstvertrag, bei Rückversicherung zweifelhaft wegen Schwerpunkt auf gemeinsamer Risikotragung

- Kann offen bleiben, wenn Erfüllungsortvereinbarung, die unter Art. 7 Nr 1 lit. a und lit. b Brüssel Ia-VO beachtlich, hierbei Einschränkung auf materiell gewollte Erfüllungsortvereinbarungen (+) also Erfüllungsort Paris
- Art. 7 Nr 5 Brüssel Ia-VO (-), kein Vertragsschluss über eine Niederlassung etc

b) Gerichte anderer Mitgliedstaaten der EU

- französische Gerichte nach Art. 4 Brüssel Ia-VO (+)
- Art. 7 Nr 1 Brüssel Ia-VO: französische Gerichte (-) da Klage nicht in anderem als Wohnsitzstaat

Ergebnis: Für die Klage gegen die Allianz sind deutsche Gerichte im Wohnsitzgerichtsstand und französische im Belegenheitsgerichtsstand zuständig. Für die Klage gegen AmericanRe sind deutsche Gerichte im Niederlassungsgerichtsstand zuständig. Für die Klage gegen AXA SA sind deutsche Gerichte unzuständig, in Frankreich ist der Wohnsitzgerichtsstand eröffnet.

Frage 2a: Anwendbares Recht und Rechtswahlmöglichkeit

1. Versicherungsvertrag RGE AG – Allianz

a) Anwendungsbereich Rom I-VO

- Rom I-VO intertemporal (-) Versicherungsvertrag vor dem 17.12.2009, Art. 28 Rom I-VO; keine Umstellung bei Dauerschuldverhältnis

b) Anwendungsbereich Art. 27 ff aF EGBGB

- Art. 27 ff aF EGBGB durch Art. 37 Nr 4 aF EGBGB ausgeschlossen (+) Versicherungsverträge nicht generell ausgeschlossen, aber bei Risikobelegenheit in EG oder EWR, hier Frankreich

c) Anwendungsbereich und Anknüpfung Art. 7 ff aF EGVVG

- Versicherungsvertragsstatut nach Art. 7 ff aF EGVVG, vgl 2. Schadenversicherungsrichtlinie (RiLi 1988/357/EWG) idF der 3. Schadenversicherungsrichtlinie (RiLi 1992/49/EWG), Umsetzung in EGVVG aF bleibt anwendbar auch nach Aufhebung der Richtlinie.
- Rechtswahl (-)
- Art. 8 aF EGVVG (-) gewöhnlicher Aufenthalt des Versicherungsnehmers RGE AG Deutschland, Risiko in Frankreich
- Art. 11 aF EGVVG, engste Verbindung, Vermutung zum Staat der Belegenheit des Risikos Art. 11 Abs. 2 EGVVG
- Abweichung anhand von Kriterien nach Art. 9, 10 aF EGVVG (-) gemeinsamer gewöhnlicher Aufenthalt nicht maßgeblich
- Verweisung ist Sachnormverweisung, Art. 15 aF EGVVG iVm Art. 35 Abs. 1 aF EGBGB

d) Rechtswahl Art. 9 ff aF EGVVG

- Zulässigkeit einer Rechtswahl, Art. 9 aF ff EGVVG
- Art. 9 aF EGVVG: Rechtswahl zulässig, da gewöhnlicher Aufenthalt des Versicherungsnehmers und Belegenheit des Risikos auseinanderfallen
- Art. 9 Abs. 1 aF EGVVG: wählbar deutsches oder französisches Recht
- Art. 9 Abs. 2 bis 4 aF EGVVG (-)
- Art. 10 Abs. 1 aF EGVVG unbegrenzte Rechtswahl bei Großrisiken
- Großrisiko Art. 10 Abs. 1 S. 2 Nr 1 bis 3 aF EGVVG, vgl Art. 5 lit. d der 1. SchadensversicherungsRiLi (+) RGE AG beschäftigt über 250 Arbeitnehmer, bei Umsatz von „fast 1 Milliarde €" Nettoumsatzerlöse von über 12.800.000 €, Art. 10 Abs. 1 lit. b, c aF EGVVG
- Wortlaut: Versicherungsnehmer gewöhnlicher Aufenthalt oder Hauptverwaltung im Inland und Risiko in Deutschland belegen (-), aber teleologische Auslegung nach Art. 7 Abs. 1 lit. f der 2. SchadenversicherungsRiLi: erst recht freie Rechtswahl, wenn schwächerer Inlandsbezug
- Art. 10 Abs. 2 aF EGVVG (-) kein Drittstaatenrisiko
- Art. 10 Abs. 3 aF EGVVG (-) keine Rechtswahlverweisung, da Art. 8 EGVVG nicht gegeben

2. Rückversicherungsvertrag Allianz – AmericanRe

a) Anwendungsbereich Art. 27 ff aF EGBGB

- Art. 37 Nr 4 aF EGBGB (-) da Rückversicherungsvertrag, also Art. 27 ff aF EGBGB auch bei Risikobelegenheit in der EG

b) Anknüpfung Art. 27 ff aF EGBGB
- Rechtswahl, Art. 27 aF EGBGB (-)
- Engste Verbindung, Art. 28 Abs. 1 aF EGBGB: charakteristische Leistung bei Rückversicherungsvertrag fraglich, einerseits Versicherung, hM betont aber gemeinsame Gefahrgemeinschaft, also Erstversicherer (Allianz) als charakteristisch Leistender

c) Rechtswahl Art. 27 aF EGBGB
- Rechtswahl Art. 27 Abs. 1 aF EGBGB unbeschränkt zulässig

3. Rückversicherungsvertrag Allianz – AXA SA
- Wie für den Vertrag Allianz – American-Re, Sitz inner- oder außerhalb EU unerheblich

Ergebnis: Der Vertrag RGE AG – Allianz untersteht französischem Recht, eine Rechtswahl ist frei zulässig, weil ein Großrisiko versichert ist. Die Rückversicherungsverträge mit AmericanRe und AXA SA unterstehen deutschem Recht und sind einer Rechtswahl zugänglich.

Frage 2b: Änderungen bei Vertragsschluss nach dem 17.12.2009

1. Versicherungsvertrag RGE AG – Allianz

a) Anwendungsbereich Rom I-VO
- Rom I-VO zeitlicher Anwendungsbereich (+) Vertragsschluss nach 17.12.2009, Art. 28 Rom I-VO
- Sachlicher Anwendungsbereich
- Art. 1 Abs. 1 Rom I-VO (+) Versicherungsvertrag zivil- und handelsrechtlich
- Art. 1 Abs. 2 Rom I-VO keine Bereichsausnahme (+) insbesondere Art. 1 Abs. 2 lit. j Rom I-VO lediglich Zweige der Lebens-, Arbeitslosigkeits- und Rentenversicherung
- Keine Parallele zu Art. 37 Nr 4 aF EGBGB bzw Art. 1 Abs. 3 EVÜ

b) Anwendungsbereich Art. 7 Rom I-VO
- anwendbar auf Großrisiken iSd Art. 7 Abs. 2 Rom I-VO iVm Art. 5 lit. d RiLi 1988/357/EWG (+) RiLi zum 1.1.2016, aufgehoben, inhaltlich gleiche Legaldefinition in Art. 13 Nr 27 RiLi 2009/138/EG; Verweisung auf neue Definition umzulenken, ändert aber nichts.
- Anwendbar auf alle anderen Risiken im Gebiet der Mitgliedstaaten
- Nicht anwendbar auf Rückversicherungsverträge

c) Anknüpfung von Großrisiken
- Art. 7 Abs. 2 Rom I-VO (+), Art. 7 Abs. 3 Rom I-VO (-)
- Also freie Rechtswahl Art. 3 Rom I-VO
- Mangels Rechtswahl Art. 7 Abs. 2 S. 2 Rom I-VO
- Recht des gewöhnlichen Aufenthalts des Versicherers, hier deutsches Recht
- offensichtlich engere Verbindung zu einem anderen Staat (-) Risikobelegenheit nicht relevant, da Grundsatzentscheidung für Vorrang der Aufenthaltsanknüpfung

2. Rückversicherungsverträge

a) Anwendungsbereich Rom I-VO
- Rom I-VO (+) keine Bereichsausnahme in Art. 1 Abs. 2 Rom I-VO

b) Anwendungsbereich Art. 7 Rom I-VO
- Art. 7 Rom I-VO (-) Rückversicherungsverträge ausgenommen, Art. 7 Abs. 1 S. 2 Rom I-VO, iE also wie Art. 1 Abs. 4 EVÜ, Vertragsstatut nach Art. 3 ff Rom I-VO

c) Anknüpfung Art. 3 ff Rom I-VO
- Art. 4 Rom I-VO: fraglich, ob Rückversicherungsvertrag Dienstleistung iSd Art. 4 Abs. 1 lit. b Rom I-VO (-) Schwerpunkt der Rückversicherung in gemeinsamer Risikoteilung

Ergebnis: Die Anknüpfung der Verträge unterliegt nun der Rom I-VO. Der Versicherungsvertrag RGE AG – Allianz untersteht deutschem Recht; eine Rechtswahl ist frei zulässig, weil ein Großrisiko versichert ist. Die beiden Rückversicherungsverträge unterstehen weiterhin, in Anwendung von Art. 4 Abs. 2 Rom I-VO, deutschem Recht. Eine Rechtswahl ist nach Art. 3 Rom I-VO zulässig.

Frage 3: Internationale Zuständigkeit des französischen Gerichts

1. Art. 7 Nr 2 Brüssel Ia-VO

Internationale Zuständigkeit des französischen Gerichts nach Brüssel Ia-VO (Art. 5 Abs. 1), Beklagtenwohnsitz iSd Art. 63 Brüssel I-VO in Mitgliedstaat Deutschland

- Art. 7 Nr 2 Brüssel Ia-VO
- Art. 7 Hs. 1 Brüssel Ia-VO (+) Beklagte wohnt in einem „anderen" Mitgliedstaat
- Art. 7 Nr 2 Brüssel Ia-VO (+) unerlaubte Handlung Gegenstand auch bei Abwehr von deliktischen Ansprüchen

2. Widerklagezuständigkeit

- Art. 8 Nr 3 Brüssel Ia-VO:
- Widerbeklagtenwohnsitz in Mitgliedstaat Deutschland Art. 5 Abs. 1, Art. 8 Hs. 1 Brüssel Ia-VO (+)
- Art. 8 Nr 3 Brüssel Ia-VO Zusammenhang („selber Sachverhalt") (+): Leistungsklage als Widerklage auf die negative Feststellungsklage
- Widerklage und beim LG Dresden anhängige Klage Art. 29 oder 30 Brüssel Ia-VO:
- Art. 29 Brüssel Ia-VO (-) fehlt formelle Parteiidentität oder materielle Untrennbarkeit
- Art. 30 Brüssel Ia-VO möglich, führt aber nicht zu Unzuständigkeit
- Art. 64 ncpc (-) von Art. 8 Nr 3 Brüssel I-VO verdrängt

3. Zuständigkeit für die Interventionsklage

a) Interventionszuständigkeit Art. 8 bzw. Art. 13 Abs. 1 Brüssel Ia-VO

- Brüssel Ia-VO (+) Interventionsbeklagtenwohnsitz in Mitgliedstaat Österreich
- Art. 10 ff Brüssel Ia-VO (+) Engler haftpflichtversichert bei Generali
- Art. 8 Nr 2 Brüssel Ia-VO (-) Umkehrschluss aus Art. 65 Abs. 1 Brüssel Ia-VO
- Art. 13 Abs. 1 Brüssel Ia-VO (+) Interventionsklage gegen den Versicherer vor dem Gericht, bei dem die Klage des Geschädigten gegen den Versicherten anhängig ist, da nach Art. 66 ncpc zulässig

b) Haftpflichtzuständigkeit Art. 12 Brüssel Ia-VO

- Für Klage gegen den Haftpflichtversicherer Art. 12 Brüssel Ia-VO: TGI Metz international und örtlich zuständig

c) Direktanspruchszuständigkeit Art. 13 Abs. 2, 11 Abs. 1 lit. b Brüssel Ia-VO

- Direktklagezuständigkeit Art. 13 Abs. 2, 11 Abs. 1 lit. b Brüssel Ia-VO (-): Nur für (unmittelbare) Klage des Geschädigten gegen Haftpflichtversicherer

Ergebnis: Das TGI Metz ist international zuständig.

Frage 4: Entscheidung des LG Dresden

1. Brüssel Ia-VO: Anderweitige Anhängigkeit

a) Art. 27 Brüssel Ia-VO

- Zuständigkeit grundsätzlich Art. 4 Brüssel Ia-VO international, §§ 12, 13 ZPO örtlich
- Zuständigkeitskonflikte: Art. 27, 29 ff Brüssel Ia-VO
- Art. 27 Brüssel Ia-VO (-) keine ausschließlichen Zuständigkeiten nach Art. 24 Brüssel Ia-VO

b) Lis pendens (Art. 29 Brüssel Ia-VO)

- Art. 29 Brüssel Ia-VO (-) zwar selber Anspruch (weiter Anspruchsbegriff), aber nicht Identität der Parteien

2. Klagen im Zusammenhang (Art. 30 Brüssel Ia-VO)

a) Zusammenhang

- Art. 30 Brüssel Ia-VO
- Klagen „im Zusammenhang" (+), Maßstab Art. 30 Abs. 3, 45 Abs. 1 lit. d Brüssel Ia-VO

b) Später angerufenes Gericht

- LG Dresden später angerufenes Gericht Art. 32 Brüssel Ia-VO (+) maßgeblich Klageeinreichung, wenn nachfolgend Kläger erforderliche Maßnahmen zur Zustellung trifft

c) Aussetzung nach Ermessen

- Rechtsfolge: Ermessen des LG Dresden ob Aussetzung oder Abweisung bei Möglichkeit der Verbindung vor dem TGI Metz

Ergebnis: Das LG Dresden entscheidet nach Art. 30 Brüssel Ia-VO, kann also aussetzen oder die Klage abweisen, wenn sie vor dem TGI Metz verbunden werden kann.

Frage 5: Anerkennungsfähigkeit des Urteils des TGI Metz

1. Verfahren

a) Anwendbarkeit Brüssel Ia-VO, anerkennungsfähige Aussprüche

- Zeitliche Anwendung Brüssel Ia-VO (+): Verfahren ab dem 10.1.2015 eingeleitet

- Vollstreckbare Aussprüche auf Widerklage und auf Interventionsklage

b) Verfahren zur Prüfung der Anerkennungshindernisse
- Anerkennungsprüfung im Exequaturverfahren (-)
- Antrag auf negative Anerkennungsfeststellung nach Art. 36 Abs. 2 Brüssel Ia-VO (-) Art. 45, 46 für negative Feststellung vorrangig
- Antrag auf Versagung der Vollstreckung (+) Art. 46, 45 Brüssel Ia-VO

2. Anerkennungsversagungsgründe

a) Katalog Art. 45 Brüssel Ia-VO
- Prüfungsumfang Art. 45 (gemäß Art. 46 Abs. 1 Brüssel Ia-VO)
- Anerkennungshindernisse: nur Zuständigkeit ersichtlich
- Art. 45 Abs. 1 lit. e Brüssel Ia-VO, kein Rückgriff auf *ordre public*

b) Urteil gegen Engler
- keine ausschließliche Zuständigkeiten oder Versicherungs-, Verbraucher- oder Arbeitsvertragssache

c) Urteil gegen Generali
- Verstöße gegen Kap II Abschnitt 3, Versicherungssachen, wären unbeachtlich, da die Interventionsbeklagte Generali nicht die geschützte Partei

Ergebnis: Die Anerkennungsfähigkeit kann nur im Verfahren nach Art. 46, 45 Brüssel Ia-VO auf Antrag der unterlegenen Partei geprüft werden. Anerkennungshindernisse sind jedoch nicht gegeben.

Lösung

Frage 1: Internationale Zuständigkeit deutscher Gerichte/anderer europäischer Gerichte

1. Klage RGE AG gegen Allianz

a) Deutsche Gerichte

716 **aa)** Die internationale Zuständigkeit deutscher Gerichte bestimmt sich nach der **Brüssel Ia-VO**, sofern deren sachlicher (Art. 1 Brüssel Ia-VO) und räumlich-persönlicher (Art. 4, 5 Abs. 1 Brüssel Ia-VO) Anwendungsbereich eröffnet ist. Eine Zivilsache liegt vor, da nur Privatpersonen in privatrechtlicher Funktion beteiligt sind; eine ausgenommene Materie ist nicht berührt (Art. 1 Abs. 2 Brüssel Ia-VO). Art. 4 Brüssel Ia-VO ist erfüllt, da die Allianz ihren Sitz (alternativ nach Art. 63 Abs. 1 Brüssel Ia-VO) in München, somit in Deutschland hat. Damit sind deutsche Gerichte als Gerichte des allgemeinen Gerichtsstands der Beklagten international zuständig.

Dem steht nicht entgegen, dass Kläger und Beklagter ihren Wohnsitz im selben Mitgliedstaat haben. Die Anwendbarkeit der Brüssel Ia-VO hängt nicht von einem „ungeschriebenen Erfordernis" eines Auslandsbezugs ab.

717 **bb)** Es könnte jedoch das abschließende Zuständigkeitssystem der Art. 10 ff Brüssel Ia-VO anwendbar sein, was der Fall ist, wenn eine **Versicherungssache** vorliegt (Art. 10 Brüssel Ia-VO) und der Beklagte Wohnsitz in einem Mitgliedstaat hat (Art. 10, Art. 6 Brüssel Ia-VO). Dies setzt einen Rechtsstreit zwischen einem Versicherer und einem Versicherungsnehmer, Versicherten oder Begünstigten voraus (arg aus Art. 15 Nr 2 Brüssel Ia-VO). Zwar dienen Art. 10 ff Brüssel Ia-VO wie auch Art. 17 ff Brüssel Ia-VO *sozialpolitischen Erwägungen*, weshalb sie nicht eingreifen, wenn der Prozessgegner des Versicherers nicht *schutzbedürftig* ist, was insbesondere bei Rückversicherungsverträgen der Fall ist (Rn 721), weil sich dort zwei in der Versicherungsbranche unternehmerisch tätige Parteien gegenüberstehen. Daraus kann jedoch nicht eine Einschränkung auf Verbraucherversicherungen gefolgert werden. Damit kann auch ein von einem Großunternehmer geschlossener Versicherungsvertrag *(business insurance)* unter Art. 10 ff Brüssel Ia-VO fallen.

718 **cc)** Für die **gegen den Versicherer** gerichtete Klage sind deutsche Gerichte nach Art. 11 Abs. 1 lit. a Brüssel Ia-VO als Wohnsitzgerichte (Art. 63 Brüssel I-VO) zuständig. Örtlich zuständig ist das LG München I am Sitz der Beklagten (§§ 12, 17 ZPO). Örtlich zuständig ist außerdem das LG Düsseldorf am Sitz der Klägerin (§ 215 Abs. 1 VVG). Hingegen ist Art. 11 Abs. 1 lit. b Brüssel Ia-VO nicht anzuwenden, da diese Bestimmung nur die internationale und örtliche Zuständigkeit am Klägerwohnsitz regelt, wenn dieser „in einem anderen Mitgliedstaat" als der Wohnsitz des Beklagten liegt.

b) Gerichte anderer Mitgliedstaaten der EU

aa) Aus Sicht anderer Mitgliedstaaten ist ebenfalls die **Brüssel Ia-VO** anzuwenden, da die Beklagte ihren Wohnsitz (Art. 63 Brüssel Ia-VO) in Deutschland, also einem Mitgliedstaat hat (Art. 5 Abs. 1 Brüssel Ia-VO). 719

bb) In Betracht kommt eine internationale Zuständigkeit **französischer Gerichte** aus Art. 12 Brüssel Ia-VO, der neben der internationalen auch die örtliche Zuständigkeit mitregelt. Bei dem Versicherungsvertrag handelt es sich um eine Sachversicherung einer Immobilie (Kraftwerk), so dass Art. 12 S. 1 Alt. 2 Brüssel Ia-VO vorliegt. International und örtlich zuständig sind die französischen Gerichte des Gerichtsbezirks der Belegenheit. 720

2. Klage Allianz gegen AmericanRe

a) Deutsche Gerichte

aa) Die allgemeine Anwendbarkeit der **Brüssel Ia-VO** scheitert hier am räumlich-persönlichen Anwendungsbereich. AmericanRe hat weder Wohnsitz in Deutschland (Art. 4 Brüssel Ia-VO), noch in einem anderen Mitgliedstaat (Art. 5, Art. 63 Brüssel Ia-VO). Jedoch könnte sich aus Art. 11 Abs. 2 Brüssel Ia-VO über Art. 5 Abs. 1 Brüssel Ia-VO hinaus die Anwendbarkeit der Art. 10 ff Brüssel Ia-VO ergeben, sofern MunichRe Agentur der AmericanRe ist. Dazu müsste aber eine *Versicherungssache* vorliegen, was bei Rückversicherungsverträgen mangels Schutzbedürftigkeit eines Teils abzulehnen ist.[1] 721

bb) Anwendbar ist daher das deutsche IZPR. Aus der entsprechenden Anwendung von **§§ 12, 17 ZPO** ergibt sich mangels Sitz der AmericanRe in Deutschland keine internationale Zuständigkeit. 722

cc) Ob sich aus **entsprechender Anwendung von § 21 ZPO** eine internationale Zuständigkeit der gewerblichen Niederlassung ergibt, könnte fraglich sein, weil § 21 ZPO enger formuliert ist als Art. 7 Nr 5 Brüssel Ia-VO und insbesondere die „Agentur" nicht erwähnt. Es könnte also im internationalen Konzern auf die Beherrschungsrichtung ankommen, da jedenfalls nach dem Wortlaut die Muttergesellschaft schwerlich als „Niederlassung" der Tochter zu begreifen ist. Nach dem Zweck der Regelung ist jedoch § 21 ZPO auch auf die Muttergesellschaft anzuwenden, wenn sie als Filiale agiert. Dies liegt hier, bei Zeichnung des Rückversicherungsvertrages in Vertretung, vor. 723

b) Gerichte anderer Mitgliedstaaten der EU

Die Zuständigkeit der Gerichte anderer Mitgliedstaaten ist nach dem Bearbeitervermerk nicht zu prüfen, da mangels Anwendbarkeit der Brüssel Ia-VO auch in anderen Mitgliedstaaten das nationale IZPR anzuwenden ist. 724

---

1 EuGH Rs. C-412/98 ECLI:EU:C:2000:399 *(Group Josi/Universal General Insurance)*; *Schlosser*-Bericht zum 1. BeitrittsÜbk EuGVÜ Nr 151.

3. Klage Allianz gegen AXA SA

a) Deutsche Gerichte

725 **aa)** Die **Brüssel Ia-VO** ist anwendbar, denn die Beklagte hat ihren Wohnsitz in Frankreich (Art. 5 Abs. 1, Art. 63 Brüssel Ia-VO). Es gelten jedoch nicht **Art. 10 ff Brüssel Ia-VO**, da es sich um einen Rückversicherungsvertrag handelt (Rn 721), so dass die allgemeinen Vorschriften anzuwenden sind.

726 **bb) Art. 4 Brüssel Ia-VO** führt nicht zu einer internationalen Zuständigkeit in Deutschland, da die Beklagte hier keinen Wohnsitz hat.

727 **cc)** Zu erwägen ist jedoch, da eine Vertragsstreitigkeit vorliegt, der Erfüllungsortgerichtsstand des **Art. 7 Nr 1 Brüssel Ia-VO**. Die Grundvoraussetzung des Art. 7 Hs. 1 Brüssel Ia-VO, wonach der Beklagte seinen Wohnsitz in *einem* Mitgliedstaat hat und in einem *anderen* verklagt wird, liegt vor.

728 **(1)** Fraglich ist, ob der **Erfüllungsort** einheitlich und autonom nach Art. 7 Nr 1 lit. b Brüssel Ia-VO zu bestimmen ist (oder, wenn lit. b nicht greift, gemäß lit. a, also für die einzelne eingeklagte Verpflichtung und nach dem vom deutschen IPR bestimmten Vertragsstatut). Zu denken ist nur an die Variante der **Dienstleistung** (Art. 7 Nr 1 lit. b Str. 2 Brüssel Ia-VO). Wie zu Art. 29 Abs. 1 aF EGBGB, der im EVÜ ebenfalls eine EG-rechtliche Wurzel hat, ist der Begriff der Dienstleistung europäisch-autonom weit auszulegen. Dies umfasst auch den Versicherungsvertrag. Problematisch ist jedoch die Qualifikation des Rückversicherungsvertrages als Dienstvertrag, da dieser stärker durch die gemeinsame Risikoübernahme als durch eine unidirektionale Leistung geprägt ist (Rn 758).

729 **(2)** Die Einordnung kann aber zunächst dahinstehen, wenn sich der Erfüllungsort aus einer Erfüllungsortvereinbarung ergibt, die gleichermaßen für Art. 7 Nr 1 lit. a und lit. b Brüssel Ia-VO („und sofern nichts anderes vereinbart worden ist") anzuerkennen ist.

Die zu Art. 5 Nr 1 EuGVÜ entwickelte Ansicht des EuGH, dass nur materiell gewollte Erfüllungsortvereinbarungen formfrei den Erfüllungsort für Zwecke des Art. 5 Nr 1 EuGVÜ beeinflussen, sollte auch für Art. 7 Nr 1 Brüssel Ia-VO gelten. Im Fall ergeben sich keine Bedenken, denn es ist für wechselseitige Geldleistungspflichten, die einer freien Erfüllungsortgestaltung zugänglich sind, nicht ersichtlich, dass die Erfüllungsortklausel offenbar vom wirklich gewollten Erfüllungsort abwiche. Zudem wäre die sonst nötige Form entsprechend der Gerichtsstandsvereinbarung nach Art. 25 Abs. 1 S. 3 lit. a Brüssel Ia-VO (schriftlich) gewahrt.

Deutsche Gerichte sind also nicht zuständig, da der Erfüllungsort Paris ist.

730 **dd)** Der Niederlassungsgerichtsstand (Art. 7 Nr 5 Brüssel Ia-VO) scheidet aus, da AXA SA nicht über eine Niederlassung etc kontrahiert hat.

b) Gerichte anderer Mitgliedstaaten der EU

aa) Französische Gerichte sind nach **Art. 4 Brüssel Ia-VO** international zuständig; die örtliche Zuständigkeit richtet sich insoweit nach französischem Zivilprozessrecht. 731

bb) Hingegen sind die Gerichte in Paris nicht nach **Art. 7 Nr 1 Brüssel Ia-VO** international und örtlich zuständig, da vor französischen Gerichten die AXA SA in ihrem Wohnsitzstaat verklagt wäre, also die Grundvoraussetzung des Art. 7 Hs. 1 Brüssel Ia-VO, nämlich eine Klage in einem anderen Mitgliedstaat als dem Wohnsitzstaat, nicht erfüllt ist. 732

Ergebnis: Für die Klage gegen die Allianz sind deutsche Gerichte im Wohnsitzgerichtsstand und französische im Belegenheitsgerichtsstand zuständig. Für die Klage gegen AmericanRe sind deutsche Gerichte im Niederlassungsgerichtsstand zuständig. Für die Klage gegen AXA SA sind deutsche Gerichte unzuständig, in Frankreich ist der Wohnsitzgerichtsstand eröffnet. 733

Frage 2a: Anwendbares Recht und Rechtswahlmöglichkeit[2]

1. Versicherungsvertrag RGE AG – Allianz

a) Anwendungsbereich Rom I-VO

Die **Rom I-VO** ist intertemporal nicht anwendbar, da der Versicherungsvertrag im Jahr 2006, also vor dem 17.12.2009, geschlossen wurde (Art. 28 Rom I-VO). Auch Dauerschuldverhältnisse unterliegen weiterhin ohne eine Überleitung dem alten Kollisionsrecht, jedenfalls, sofern nicht eine Vertragsänderung nach dem Stichtag erfolgt ist (vgl Rn 605 ff). Es gelten daher weiter die zum 17.12.2009 außer Kraft getretenen Bestimmungen im EGBGB und im EGVVG (MAT d). 734

b) Anwendungsbereich Art. 27 ff aF EGBGB

Art. 27 ff aF EGBGB könnten durch **Art. 37 Nr 4 aF EGBGB** ausgeschlossen sein. Diese Bestimmung schließt jedoch nicht alle Versicherungsverträge aus, sondern nur solche, deren Gegenstand die Deckung eines Risikos ist, das *innerhalb von EU oder EWR belegen* ist. Wo ein Risiko belegen ist, bestimmt sich nach Art. 7 Abs. 2 aF EGVVG; bei der Immobiliarsachversicherung ist das Risiko im Staat der Belegenheit der Sache belegen (Art. 7 Abs. 2 Nr 1 aF EGVVG), hier also in Frankreich. 735

c) Anwendungsbereich und Anknüpfung Art. 7 ff aF EGVVG

Das Versicherungsvertragsstatut bestimmt sich daher nach **Art. 7 ff aF EGVVG**, die auf der 2. SchadenversicherungsRiLi (RiLi 1988/357/EWG) idF der 3. SchadenversicherungsRiLi (RiLi 1992/49/EWG) beruhen und in ihrem Anwendungsbereich komple- 736

2 Zum Ganzen: *Dörner* Internationales Versicherungsvertragsrecht (1997); *Mankowski* VersR 1999, 923.

mentär zu der auf Art. 1 Abs. 3 EVÜ beruhenden Bereichsausnahme in Art. 37 Nr 4 aF EGBGB sind. Da EWG/EG/EU-Richtlinien umsetzungsbedürftig sind, ist die deutsche Umsetzung im EGVVG aF, nicht hingegen die Richtlinie anzuwenden.

737 **aa)** Mangels einer Rechtswahl ist vorrangig **Art. 8 aF EGVVG** anzuwenden, der vorliegend jedoch nicht erfüllt ist, weil der gewöhnliche Aufenthalt des Versicherungsnehmers RGE AG in Deutschland, das Risiko jedoch in Frankreich, also einem anderen Mitgliedstaat, belegen ist. Es kommt also nicht zu der von Art. 8 EGVVG vorausgesetzten *Konvergenz* der beiden für den Versicherungsvertrag am stärksten prägenden *Anknüpfungskriterien*.

738 **bb)** Abzustellen ist damit auf die engste Verbindung **(Art. 11 aF EGVVG)**, wobei eine Vermutung für die engste Verbindung zum Staat der Belegenheit des Risikos spricht (Art. 11 Abs. 2 aF EGVVG). Zu welcher Rechtsordnung ein Versicherungsvertrag im Übrigen eine enge Verbindung haben kann, lässt sich der Rechtswahlbestimmung in Art. 9, 10 aF EGVVG entnehmen, die Indizien für anerkennenswerte enge Beziehungen liefern. Im Fall sollte es bei der Vermutung des Art. 11 Abs. 2 aF EGVVG, also der Anwendung **französischen Rechts** bleiben. Der Umstand, dass Versicherungsnehmer und Versicherer im selben Staat (Deutschland) ihren gewöhnlichen Aufenthalt haben, hat hiergegen geringes Gewicht, da der Aufenthalt des Versicherers in Art. 8 ff aF EGVVG als Anknüpfungskriterium noch nicht einmal erwähnt ist.

Die Verweisung ist, wie alle Verweisungen aus Art. 7 ff aF EGVVG, Sachnormverweisung (Art. 15 aF EGVVG iVm Art. 35 Abs. 1 aF EGBGB).

d) Rechtswahl Art. 9 ff aF EGVVG

739 Die **Zulässigkeit einer Rechtswahl** beurteilt sich nach Art. 9 ff aF EGVVG.

740 **aa)** Eine **Rechtswahl** wäre, da gewöhnlicher Aufenthalt des Versicherungsnehmers und Belegenheit des Risikos auseinanderfallen, jedenfalls nach **Art. 9 aF EGVVG** zulässig. Art. 9 Abs. 1 aF EGVVG erlaubt die Wahl deutschen oder französischen Rechts. Andere Alternativen des Art. 9 aF EGVVG (Abs. 2 bis 4) sind tatbestandlich nicht erfüllt.

741 **bb)** Eine nicht nach Art. 9 aF EGVVG begrenzte Rechtswahl käme nach **Art. 10 Abs. 1 aF EGVVG** (Großrisiken) in Betracht.

742 **(1)** Art. 10 Abs. 1 aF EGVVG setzt einen Versicherungsvertrag über ein **Großrisiko** voraus. Hierzu enthält Art. 10 Abs. 1 S. 2 Nr 1 bis 3 aF EGVVG einen auf Art. 5 lit. d der 1. SchadensversicherungsRiLi (MAT c) beruhenden Legalkatalog. Für den Versicherungsvertrag der RGE AG, der als Sachversicherungsvertrag über Elementarrisiken unter Anlage A Nr 8 VAG (MAT b) und im Übrigen unter Anlage A Nr 9 VAG (MAT b) fällt, ist Art. 10 Abs. 1 Nr 3 aF EGVVG gegeben, da die RGE AG im Durchschnitt

des Wirtschaftsjahres über 250 Arbeitnehmer beschäftigt und bei einem Umsatz von „fast 1 Milliarde €“ fraglos Nettoumsatzerlöse von über 12 800 000 € erzielt (Art. 10 Abs. 1 lit. b, c aF EGVVG).

(2) Art. 10 Abs. 1 aF EGVVG gilt nach seinem Wortlaut nur, wenn der Versicherungsnehmer **gewöhnlichen Aufenthalt** oder Hauptverwaltung im Inland hat *und* auch das **Risiko** in Deutschland belegen ist. Das ist wenig sachgerecht: Eine freie Rechtswahl müsste erst recht zulässig sein, wenn der Inlandsbezug schwach ist, weil sogar das Risiko in einem anderen Mitgliedstaat belegen ist. Ein Vergleich mit Art. 7 Abs. 1 lit. f der 2. SchadenversicherungsRiLi (MAT c, s. Rn 736) zeigt, dass insoweit ein Umsetzungsdefizit besteht, das nach hM[3] zu schließen ist: Eine Rechtswahl ist **analog Art. 10 Abs. 1 aF EGVVG** zuzulassen, wenn der gewöhnliche Aufenthalt des Versicherungsnehmers und der Ort der Risikobelegenheit auseinanderfallen. **743**

cc) Art. 10 Abs. 2 aF EGVVG (Drittstaatenrisiko) greift dagegen nicht ein, weil das Risiko sich nicht neben einem Mitgliedstaat auch auf einen Drittstaat bezieht. **744**

dd) Art. 10 Abs. 3 aF EGVVG (Rechtswahlverweisung) greift nicht ein, da Art. 8 EGVVG nicht gegeben ist (Rn 737). **745**

2. Rückversicherungsvertrag Allianz – AmericanRe

a) Anwendungsbereich Art. 27 ff aF EGBGB

Da es sich um einen Rückversicherungsvertrag handelt, greift die Bereichsausnahme des Art. 37 Nr 4 aF EGBGB ausdrücklich nicht ein (Art. 37 Nr 4 S. 1 letzter Hs. aF EGBGB). Damit bestimmt sich das Rückversicherungsvertragsstatut nach Art. 27 ff aF EGBGB, obgleich das Risiko in der EU belegen ist. **746**

b) Anknüpfung Art 27 ff aF EGBGB

Mangels einer Rechtswahl (Art. 27 aF EGBGB) ist die **engste Verbindung (Art. 28 Abs. 1 aF EGBGB)** zu ermitteln. Die Bestimmung der Partei, welche iSd Art. 28 Abs. 1 aF EGBGB die charakteristische Leistung beim Rückversicherungsvertrag erbringt, ist umstritten. Einerseits lässt sich – ausgehend vom Grundmodell der Versicherung als Risikodeckung gegen Prämienzahlung – argumentieren, Inhalt des Rückversicherungsvertrages sei die *Rückdeckung* des Erstversicherers; dann würde der Rückversicherer charakteristisch leisten und der Erstversicherer nur eine Prämienzahlung erbringen.[4] Dagegen spricht aber, dass der Rückversicherungsvertrag, anders als der Direktversicherungsvertrag, vor allem durch eine *Gefahrengemeinschaft mehrerer Versicherer* geprägt ist. Die Schaffung dieser Gemeinschaft liegt aber in den Händen des Erstversicherers, der gleich einem Konsortialführer Rückversicherer (oft in mehreren Staaten, **747**

3 *Dörner* (Fn 3) Art. 10 EGVVG Rn 23.
4 So *Staudinger/Magnus* (2002) Art. 28 EGBGB Rn 487.

wie im vorliegenden Fall) auswählt und an sie Prämienanteile weiterleitet. Das Verhältnis ist also nicht durch Prämienzahlung gegen Risikodeckung charakterisiert, sondern durch Risikoverflechtung. Daher ist der hM zu folgen, die den Erstversicherer als charakteristisch Leistenden ansieht und an dessen Hauptverwaltung anknüpft.[5]

Der Rückversicherungsvertrag untersteht also **deutschem Recht**, weil die Allianz ihre Hauptverwaltung in München hat.

c) Rechtswahl Art. 27 aF EGBGB

748 Eine **Rechtswahl** ist nach Art. 27 Abs. 1 aF EGBGB unbeschränkt zulässig.

3. Rückversicherungsvertrag Allianz – AXA SA

749 Es gilt dasselbe wie Rn 746 ff für den Vertrag Allianz – AmericanRe erörtert. Für die Bestimmung des Vertragsstatuts ist es unerheblich, wo der Rückversicherer seinen Sitz oder seine Hauptverwaltung hat. Vertragsstatut ist also auch hier **deutsches Recht**.

750 **Ergebnis:** Der Vertrag RGE AG – Allianz untersteht französischem Recht, eine Rechtswahl ist frei zulässig, weil ein Großrisiko versichert ist. Die Rückversicherungsverträge mit AmericanRe und AXA SA unterstehen deutschem Recht und sind einer Rechtswahl zugänglich.

Frage 2b: Änderungen bei Vertragsschluss nach dem 17.12.2009

1. Versicherungsvertrag RGE AG – Allianz

a) Anwendungsbereich Rom I-VO

751 **aa)** Das anwendbare Recht könnte sich nach der Rom I-VO bestimmen.

Bei Vertragsschluss nach dem 17.12.2009 ist der **zeitliche Anwendungsbereich** der **Rom I-VO** eröffnet (Art. 28 Rom I-VO).

752 **bb)** Der **sachliche Anwendungsbereich** ist grundsätzlich eröffnet, da es sich bei dem Versicherungsvertrag um ein zivil- und handelsrechtliches vertragliches Schuldverhältnis handelt (Art. 1 Abs. 1 Rom I-VO). Weiter dürfte keine der Bereichsausnahmen gemäß Art. 1 Abs. 2 Rom I-VO eingreifen. Art. 1 Abs. 2 lit. j Rom I-VO, der sich lediglich auf die dort genannten Zweige der Lebens-, Arbeitslosigkeits- und Rentenversicherung bezieht, greift nicht ein. Die in Art. 37 Nr 4 aF EGBGB enthaltene, auf Art. 1 Abs. 3 EVÜ beruhende Beschränkung (Rn 735) der Art. 27 ff aF EGBGB auf Risiken mit Belegenheit außerhalb von EU und EWR enthält Art. 1 Abs. 2 Rom I-VO nicht.

---

5 *Dörner* (Fn 3) Anhang Art. 7–15 EGVVG Rn 21; MünchKommBGB[4]/*Martiny* Art. 37 EGBGB Rn 185.

b) Anwendungsbereich Art. 7 Rom I-VO

Es könnte der spezielle Anwendungsbereich des **Art. 7 Rom I-VO** eröffnet sein. Diese Bestimmung regelt nach ihrer Systematik nicht den Anwendungsbereich der Rom I-VO als solche, sondern schafft für bestimmte Typen von Versicherungsverträgen Sonderregeln innerhalb des Anwendungsbereichs der Rom I-VO. Art. 7 Abs. 1 Rom I-VO ist unbeschadet der Belegenheit des Risikos anwendbar auf **Großrisiken** iSd Art. 7 Abs. 2 Rom I-VO iVm Art. 5 lit. d RiLi 1973/239/EWG (MAT c, Hinweis) sowie auf alle anderen Risiken, die im Gebiet der Mitgliedstaaten belegen sind, nicht aber auf Rückversicherungsverträge. Vorliegend handelt es sich um einen Direktversicherungsvertrag über ein Großrisiko, so dass Art. 7 Rom I-VO unabhängig von der Belegenheit anzuwenden ist. Auch wenn die Verträge nach dem 1.1.2016 geschlossen worden sind, ändert sich daran nichts; die Verweisung in Art. 7 Rom I-VO wurde nicht dem Außerkrafttreten der verwiesenen Norm angepasst, ist damit stillschweigend auf die neue Definition in Art. 13 Nr 27 der RiLi 2009/138/EG gerichtet, die jedoch die Definition nicht ändert. **753**

c) Anknüpfung von Großrisiken

aa) Die Anknüpfung von Großrisiken unterliegt Art. 7 Abs. 2 Rom I-VO, Art. 7 Abs. 3 Rom I-VO ist nicht anzuwenden. Damit unterliegt der Vertrag dem von den Parteien nach Art. 3 Rom I-VO **gewählten Recht**; das auf einen Versicherungsvertrag über ein Großrisiko anwendbare Recht bleibt also auch unter Art. 7 Abs. 2 Rom I-VO frei wählbar. **754**

bb) Mangels einer Rechtswahl unterliegt der Vertrag gemäß Art. 7 Abs. 2 S. 2 Rom I-VO dem Recht des Staates, in dem der Versicherer seinen gewöhnlichen Aufenthalt hat, hier also deutschem Recht. Fraglich ist, ob sich aus der Gesamtheit der Umstände eine offensichtlich engere Verbindung zu einem anderen Staat ergibt. Dies ist zu verneinen; der Umstand, dass das versicherte Risiko in Frankreich belegen ist, führt nicht zu einer solchen abweichenden Wertung. Anders als Art. 11 aF EGVVG (Rn 738) entscheidet sich Art. 7 Abs. 2 Rom I-VO prinzipiell für den Vorrang der Anknüpfung an den gewöhnlichen Aufenthalt des Versicherers und gerade nicht für den Vorrang der Belegenheit. Würde man die Belegenheit regelmäßig als Grund für eine Abweichung sehen, so würde diese Grundsatzwertung in ihr Gegenteil verkehrt. Da vorliegend auch der gewöhnliche Aufenthalt des Versicherten in Deutschland liegt, also die Grundanknüpfung in Art. 7 Abs. 1 S. 2 Rom I-VO sogar noch verstärkt wird, bleibt es hierbei; anders könnte nur zu entscheiden sein, wenn der Versicherte seinen gewöhnlichen Aufenthalt im Belegenheitsstaat des Risikos hätte. **755**

2. Rückversicherungsverträge

a) Anwendungsbereich Rom I-VO

756 Der Anwendungsbereich der **Rom I-VO** ist wiederum eröffnet, da eine Bereichsausnahme in Art. 1 Abs. 2 Rom I-VO auch für Rückversicherungsverträge nicht besteht.

b) Anwendungsbereich Art. 7 Rom I-VO

757 **Art. 7 Rom I-VO** ist jedoch auf Rückversicherungsverträge nicht anzuwenden (Art. 7 Abs. 1 S. 2 Rom I-VO). Damit wird *mutatis mutandis* dasselbe Ergebnis erzielt wie unter Art. 1 Abs. 4 EVÜ, der die Ausnahme des Art. 1 Abs. 3 EVÜ (= Art. 37 Nr 4 aF EGBGB) für nicht anwendbar erklärte: Die Anknüpfung von Rückversicherungsverträgen beurteilt sich nach Art. 3 ff Rom I-VO, wie sie schon bisher Art. 27 ff aF EGBGB (wie Art. 3 ff EVÜ) unterlag.

c) Anknüpfung Art. 3 ff Rom I-VO

758 Anzuknüpfen ist mangels einer Rechtswahl somit an Art. 4 Rom I-VO. Fraglich könnte sein, ob es sich bei dem Rückversicherungsvertrag um eine **Dienstleistung** iSd Art. 4 Abs. 1 lit. b Rom I-VO handelt. Dies ist trotz des weiten europarechtlichen Dienstleistungsbegriffs abzulehnen, da der Schwerpunkt der Rückversicherung nicht in der unidirektionalen Erbringung einer Risikoübernahme durch den Rückversicherer an den Versicherer zu sehen ist, sondern in der gemeinsamen Risikoteilung (vgl Rn 747). Damit ist weiterhin, nun gemäß Art. 4 Abs. 2 Rom I-VO, für beide Rückversicherungsverträge anzuknüpfen an das Recht am Sitz des Erstversicherers Allianz als charakteristisch Leistenden (Rn 747).

759 **Ergebnis:** Die Anknüpfung der Verträge unterliegt nun der Rom I-VO. Der Versicherungsvertrag RGE AG – Allianz untersteht deutschem Recht; eine Rechtswahl ist frei zulässig, weil ein Großrisiko versichert ist. Die beiden Rückversicherungsverträge unterstehen weiterhin, in Anwendung von Art. 4 Abs. 2 Rom I-VO, deutschem Recht. Eine Rechtswahl ist nach Art. 3 Rom I-VO zulässig.

Frage 3: Internationale Zuständigkeit des französischen Gerichts

1. Art. 7 Nr 2 Brüssel Ia-VO

760 Die internationale Zuständigkeit des französischen Gerichts für die Klage des **Engler gegen RGE AG** bestimmt sich nach der **Brüssel Ia-VO**, da die Beklagte ihren Wohnsitz iSd Art. 63 Brüssel Ia-VO in einem (anderen) Mitgliedstaat (Deutschland) hat (Art. 5 Abs. 1 Brüssel Ia-VO). In Betracht kommt nur Art. 7 Nr 2 Brüssel Ia-VO. Die Grundvoraussetzung des Art. 7 Hs. 1 Brüssel Ia-VO ist gegeben, denn die Beklagte wohnt in einem „anderen“ Mitgliedstaat. Art. 7 Nr 2 Brüssel Ia-VO ist auch gegeben, denn eine unerlaubte Handlung ist auch dann „Gegenstand des Verfahrens“, wenn das Verfahren der Abwehr von deliktischen Ansprüchen gilt. Aus Art. 7 Nr 2 Brüssel Ia-VO folgt damit auch die örtliche Zuständigkeit.

2. Widerklagezuständigkeit

Für die **Widerklage gegen Engler** kann sich die internationale und örtliche Zuständigkeit aus Art. 8 Nr 3 Brüssel Ia-VO ergeben. Die Bestimmung ist anwendbar, da der Widerbeklagte ebenfalls in einem Mitgliedstaat wohnt (Deutschland), was nach Art. 5 Abs. 1 und Art. 8 Hs. 1 Brüssel Ia-VO erforderlich ist. Der von Art. 8 Nr 3 Brüssel Ia-VO geforderte Zusammenhang („selber Sachverhalt") liegt vor, wenn Leistungsklage als Widerklage auf die negative Feststellungsklage zu einer Schadensersatzpflicht aus demselben deliktischen Sachverhalt erhoben wird. **761**

Zu erwägen ist, ob die Widerklage (RGE AG gegen Engler) mit der beim LG Dresden anhängigen Klage (Allianz gegen Engler) in einem Art. 29 oder 30 Brüssel Ia-VO unterfallenden Verhältnis steht. Eine Situation des Art. 29 Brüssel Ia-VO liegt schon deshalb nicht vor, weil Art. 29 Brüssel Ia-VO formelle Parteiidentität (unbeschadet eines ggf umgekehrten Rubrums) verlangt; dass verschiedene Kläger gegen denselben Beklagten den gleichen materiellen Anspruch geltend machen, genügt nicht,[6] sofern nicht beide Klagen voneinander materiell untrennbar sind, insbesondere eine Rechtskrafterstreckung stattfindet.[7] Ob eine Situation des Art. 30 Brüssel Ia-VO vorliegt – was nach Art. 30 Abs. 3 Brüssel Ia-VO zu bejahen ist, weil materiell derselbe Anspruch geltend gemacht wird – kann dahinstehen, weil Art. 30 Brüssel Ia-VO jedenfalls nicht zur Unzuständigkeit führt.

Ebenso wie vor deutschen Gerichten Art. 8 Nr 3 Brüssel Ia-VO die Anwendung von § 33 ZPO verdrängt, ist Art. 64 ncpc (MAT a) für die Zuständigkeitsfrage nicht heranzuziehen.

[Nicht gefragt ist, ob es sinnvoll wäre, dass das TGI Metz nach Art. 30 Abs. 1 Brüssel Ia-VO verfährt; das wäre abzulehnen, da, wie bei Rn 770 ff zu zeigen sein wird, das LG Dresden seinerseits bereits im Hinblick auf die Klage vor dem TGI Metz nach Art. 30 Brüssel Ia-VO vorgehen sollte, die Widerklage also nicht die erste Klage ist, die einen Konflikt iSd Art. 30 Abs. 1 Brüssel Ia-VO auslöst.]

3. Zuständigkeit für die Interventionsklage

Für die **Interventionsklage** ist die Brüssel Ia-VO anwendbar, die Interventionsbeklagte hat wiederum ihren Wohnsitz in einem Mitgliedstaat (Österreich). **762**

a) Interventionszuständigkeit Art. 8 bzw Art. 13 Abs. 1 Brüssel Ia-VO

Da es sich jedoch um eine Versicherungssache (Engler ist bei der Generali haftpflichtversichert) handelt, sind **Art. 10 ff Brüssel I-VO** ausschließlich, soweit dort nicht auf die allgemeinen Vorschriften verwiesen ist. Art. 8 Nr 2 Brüssel Ia-VO, der im Allgemeinen vor französischen Gerichten Anwendung findet, weil Frankreich keine statt dessen anwendbaren Streitverkündungsvorschriften notifiziert hat (Art. 65 Abs. 1 iVm Liste **763**

6 BGH IPRax 1987, 314; LAG Rheinland-Pfalz 25.1.2008 (9 Sa 604/07).
7 EuGH Rs. C-351/96 ECLI:EU:C:1998:242 *(Drouot/CMI)*.

nach Art. 76 Abs. 2, Abs. 1 lit. b Brüssel Ia-VO, MAT e), gilt hier nicht. Art. 13 Abs. 1 Brüssel Ia-VO erlaubt jedoch die Interventionsklage gegen den Versicherer vor dem Gericht, bei dem die Klage des Geschädigten gegen den Versicherten anhängig ist, sofern dies nach dem Recht des angerufenen Gerichts, hier nach französischem Recht, zulässig ist. Dies ist nach Art. 66 ncpc (MAT a) zulässig (was nach der Fragestellung zu unterstellen ist und auch mittelbar daraus folgt, dass Frankreich die Anwendung des Art. 8 Nr 2 Brüssel Ia-VO nicht ausschließt).

b) Haftpflichtzuständigkeit Art. 12 Brüssel Ia-VO

764 Für die Klage gegen den Haftpflichtversicherer besteht außerdem aus Art. 12 Brüssel Ia-VO eine internationale und örtliche Zuständigkeit des TGI Metz.

c) Direktanspruchszuständigkeit Art. 13 Abs. 2, 11 Abs. 1 lit. b Brüssel Ia-VO

765 Eine Zuständigkeit aus Art. 13 Abs. 2, 11 Abs. 1 lit. b Brüssel Ia-VO[8] ergibt sich hingegen nicht: Zum einen steht diese Zuständigkeit nur für die Klage des Geschädigten aus Direktanspruch gegen den Haftpflichtversicherer zur Verfügung, während vorliegend der Geschädigte (widerklagend) den Schädiger und dieser (durch *demande reconventionelle*) seinen Haftpflichtversicherer verklagt. Ob das nach Sachverhalt nicht bekannte Vertrags- oder das Deliktsstatut (Art. 18 Rom II-VO) in der Luftfahrthaftpflichtversicherung einen Direktanspruch vorsieht, ist also nicht maßgeblich.

766 **Ergebnis:** Das TGI Metz ist international zuständig.

Frage 4: Entscheidung des LG Dresden

1. Brüssel Ia-VO: Anderweitige Anhängigkeit

a) Art. 27 Brüssel Ia-VO

767 **aa)** Da das LG Dresden grundsätzlich aus Art. 4 Brüssel Ia-VO international – und nach §§ 12, 13 ZPO örtlich – zuständig ist, sind Zuständigkeitskonflikte nach Art. 27, 29 ff Brüssel Ia-VO zu thematisieren.

768 **bb) Art. 27 Brüssel Ia-VO** ist nicht gegeben, da es in dieser Sache keine ausschließlichen Zuständigkeiten nach Art. 24 Brüssel Ia-VO gibt, insbesondere die Zuständigkeit des TGI Metz nach Art. 7 Nr 2 Brüssel Ia-VO nicht ausschließlich ist.

b) Lis pendens (Art. 29 Brüssel Ia-VO)

769 Eine Entscheidung nach **Art. 29 Brüssel Ia-VO** wegen anderweitiger Anhängigkeit desselben Anspruchs bei dem TGI Metz setzt voraus, dass die dort anhängige negative Feststellungsklage im Verhältnis zur Leistungsklage vor dem LG Dresden *denselben*

8 Dazu EuGH Rs. C-463/06 ECLI:EU:C:2007:792 *(FBTO/Odenbreit)*.

Anspruch zwischen *denselben Parteien* betrifft. Der autonom zu bestimmende Begriff des „selben Anspruchs" ist zwar weiter als der deutsche Streitgegenstandsbegriff und erfasst durchaus auch das Verhältnis von Leistungsklage und negativer Feststellungsklage.[9] Jedoch fehlt es an der Identität der Parteien (Rn 761).

2. Klagen im Zusammenhang (Art. 30 Brüssel Ia-VO)

a) Zusammenhang

Zu erwägen ist jedoch eine Entscheidung nach **Art. 30 Brüssel Ia-VO.** **770**

Dazu müssten die beiden anhängigen Klagen **„im Zusammenhang stehen"**. Das setzt keine Parteiidentität voraus und ist dann anzunehmen, wenn zwischen den Klagen ein so enger Zusammenhang besteht, dass eine gemeinsame Verhandlung geboten erscheint, um widersprechende Entscheidungen zu vermeiden (Art. 30 Abs. 3 Brüssel Ia-VO), die dann nach den Grundsätzen des Art. 45 Abs. 1 lit. d Brüssel Ia-VO zur wechselseitigen Anerkennungs- und Vollstreckungsversagung würden. Das ist in dieser Konstellation typischerweise zu bejahen, weil die begehrte negative Feststellung mit einem Leistungsurteil im materiellen Ergebnis nicht zu vereinbaren wäre.

b) Später angerufenes Gericht

Das LG Dresden müsste das **später angerufene Gericht** sein. Wann in diesem Sinn **771**
Anhängigkeit eintritt, bestimmt Art. 32 Brüssel Ia-VO. Maßgeblich ist bei Prozessordnungen, die eine Zustellung nach Einreichung vorsehen, der Zeitpunkt der Einreichung des verfahrenseinleitenden Schriftstücks (Art. 32 Nr 1 Brüssel Ia-VO), sofern, was hier nach Sachverhalt geschehen ist, der Kläger später erforderliche Maßnahmen zur Zustellung trifft. Damit ist das LG Dresden später (am 15.5.2018, das TGI Metz schon am 14.5.2018) angerufen, ohne dass es auf den Zustellungszeitpunkt ankommt.

c) Aussetzung nach Ermessen

Das LG Dresden hat **Ermessen**, ob es nach Art. 30 Abs. 1 Brüssel Ia-VO das Verfahren **772**
aussetzt. Da beide Klagen in erster Instanz anhängig sind (was, anders als nach Art. 22 Abs. 1 EuGVÜ nicht mehr grundsätzliche Voraussetzung ist), ist auch eine Klageabweisung nach Art. 30 Abs. 2 Brüssel Ia-VO möglich, sofern die beiden Klagen nach französischem Prozessrecht vor dem TGI Metz verbunden werden können. Zumindest die Aussetzung dürfte hier geboten sein, um widersprechende Entscheidungen zu vermeiden.

Ergebnis: Das LG Dresden entscheidet nach Art. 30 Brüssel Ia-VO, kann also aus- **773**
setzen oder die Klage abweisen, wenn sie vor dem TGI Metz verbunden werden kann.

9 EuGH Rs. 144/86 ECLI:EU:C:1987:528 *(Gubisch/Palumbo)*.

Frage 5: Anerkennungsfähigkeit des Urteils des TGI Metz

1. Verfahren

a) Anwendbarkeit Brüssel Ia-VO, anerkennungsfähige Aussprüche

774 Auf die Anerkennung ist die Brüssel Ia-VO anzuwenden, da das zu dem anzuerkennenden Urteil führende Verfahren seit dem 10.1.2015 eingeleitet wurde (Art. 66 Abs. 1 Brüssel Ia-VO). Das Urteil des TGI Metz enthält einerseits vollstreckbare Leistungsaussprüche auf Widerklage und Interventionsklage, zum anderen eine lediglich anerkennungsfähige Abweisung der Feststellungsklage.

b) Verfahren zur Prüfung der Anerkennungshindernisse

775 Zu erwägen wäre eine Prüfung im fakultativen Anerkennungsfeststellungsverfahren (Art. 36 Abs. 2 Brüssel Ia-VO). Dieses Verfahren unterliegt jedoch als positives Anerkennungsverfahren (Feststellung, dass keine Anerkennungsversagungsgründe vorliegen) nunmehr den Regeln des Verfahrens auf Versagung der Anerkennung und Vollstreckung und kommt neben dem Verfahren nach Art. 45, 46 Brüssel Ia-VO als negatives Anerkennungsverfahren nicht mehr in Betracht.

Die unter der Brüssel I-VO im Exequaturverfahren nach Art. 38 ff Brüssel I-VO erfolgende Prüfung der Anerkennungsversagungsgründe ist unter der Brüssel Ia-VO nicht mehr vorgesehen, weil – auch in Ansehung der vollstreckbaren Aussprüche des Urteils – ein Exequaturverfahren nicht stattfindet (Art. 42 ff Brüssel Ia-VO).

Damit können Anerkennungsversagungsgründe in Ansehung von nicht vollstreckungsfähigen Tenorierungen nur im Verfahren nach Art. 45 Brüssel Ia-VO und in Ansehung von vollstreckungsfähigen Tenorierungen nur im Verfahren nach Art. 46 ff Brüssel Ia-VO auf Antrag der jeweils unterlegenen Partei geprüft werden.

2. Anerkennungsversagungsgründe

a) Katalog Art. 45 Brüssel Ia-VO

776 Die in Betracht kommenden Anerkennungsversagungsgründe beurteilen sich in beiden Verfahren nach Art. 45 (Verweisung aus Art. 46 Brüssel Ia-VO). Für beide Urteile (gegen Engler und gegen Generali) kommen nur Verstöße gegen Zuständigkeitsregeln in Betracht. Insoweit gilt, dass Verstöße gegen Zuständigkeitsregeln die Anerkennung nur nach Art. 45 Abs. 1 lit. e Brüssel Ia-VO hindern können und im Übrigen die Zuständigkeit nicht, auch nicht unter dem Aspekt des *ordre public*, nachgeprüft werden darf (Art. 45 Abs. 3 Brüssel Ia-VO).

b) Urteil gegen Engler

777 Hinsichtlich des Urteils gegen Engler scheidet damit jede Zuständigkeitsprüfung aus, da offenkundig keine ausschließliche Zuständigkeit und keine Verbraucher- oder Versicherungssache gegeben sind.

c) Urteil gegen Generali

Hinsichtlich des Urteils gegen Generali wären Verstöße gegen Bestimmungen des *Kapitel II Abschnitt 3* (Versicherungssachen) Brüssel Ia-VO nur beachtlich, wenn insoweit Beklagter die in Art. 45 Abs. 1 lit. e i) genannte schwächere Partei ist, was hier nicht zutrifft, da Beklagter der Versicherer ist; ausschließliche Zuständigkeiten sind nicht betroffen. 778

Ergebnis: Die Anerkennungsfähigkeit kann nur im Verfahren nach Art. 46, 45 Brüssel Ia-VO auf Antrag der unterlegenen Partei geprüft werden. Anerkennungshindernisse sind jedoch nicht gegeben. 779

Literaturhinweise

Behandlung der fallrelevanten Themen in:
***Rauscher* Internationales Privatrecht (5. Aufl., 2017)**

Internationale Zuständigkeit in Versicherungssachen, Rückversicherung:	Rn 2003 ff
Anknüpfung von Versicherungsverträgen, Rückversicherung:	Rn 1308 ff
Rechtslage vor Inkrafttreten der Rom I-VO 4. Aufl, 2012:	Rn 1258 ff
Konkurrierende Rechtshängigkeit bei Klagen im Zusammenhang:	Rn 2356 ff

Weitere Literatur

1. Internationale Zuständigkeit in Versicherungssachen, Rückversicherung

Staudinger/Hausmann (2016) IntVertrVerfR Rn 140.

Rauscher/Staudinger (2016) Art. 10 Brüssel Ia-VO Rn 3, 6, 14.

2. Anknüpfung von Versicherungsverträgen, Rückversicherung vor der Rom I-VO

Staudinger/Magnus (2002) Art. 28 EGBGB Rn 483; Anh I zu Art. 37 EGBGB Rn 7; Rn 73.

Heiss Europäischer Versicherungsvertrag, VersR 2005, 1.

Dörner Nachträgliche Wahl des Versicherungsvertragsstatuts und Anknüpfung vorvertraglicher Informationspflichten, IPRax 2005, 26.

Mankowski Internationales Rückversicherungsvertragsrecht, VersR 2002, 1177.

3. Versicherungsverträge unter der Rom I-VO

Staudinger/Armbrüster (2017) Art. 7 Rom I-VO Rn 4.

Fricke Das Internationale Privatrecht der Versicherungsverträge nach Inkrafttreten der Rom I-Verordnung, VersR 2008, 443.

Heiss Das Kollisionsrecht der Versicherungsverträge nach Rom I und II, VersR 2006, 185.

Looschelders Rechtsstreitigkeiten aus internationalen Rückversicherungsverträgen vor staatlichen Gerichten und Schiedsgerichten in: FS Elsing (2015) 947.

4. Konkurrierende Rechtshängigkeit bei Klagen im Zusammenhang

Rauscher/Leible (2016) Art. 30 Brüssel Ia-VO Rn 5.

V. Außervertragliches Schuldrecht

Fall 14

Tod auf der Heimreise

780 Der verwitwete türkische Staatsangehörige Kemal Cemler lebt seit 1997 in Köln; sein Sohn Demir Cemler ist im Alter von 18 Jahren 2008 ebenfalls nach Köln gezogen und ist seit 2011 mit der türkischen Staatsangehörigen Bülbül Cemler verheiratet. Wie jedes Jahr verbringen die Cemlers auch im Jahr 2018 ihren Sommerurlaub in ihrer Heimatstadt Izmir (Türkei). Auf der Rückfahrt nach Izmir von einem Verwandtenbesuch in Istanbul ereignet sich im asiatischen Teil der Türkei am 15.8.2018 ein folgenschwerer Unfall. Der von Kemal Cemler gelenkte, auf ihn zugelassene PKW mit dem amtlichen Kennzeichen K-KC... kommt, da Kemal Cemler, von der langen Familienfeier übermüdet, am Steuer eingeschlafen ist, von der Fahrbahn ab und überschlägt sich mehrfach. Kemal Cemler verstirbt am Unfallort. Der auf dem Beifahrersitz mitfahrende Demir Cemler, der den Sicherheitsgurt nicht angelegt hatte, wird schwer verletzt in ein Krankenhaus gebracht, wo er am 20.9.2018 an den Folgen des Unfalls verstirbt. Die auf dem Rücksitz mitfahrende Tochter Kemal Cemlers, die in Izmir lebende 17-jährige türkische Staatsangehörige Güzel Cemler, überlebt den Unfall, erleidet jedoch mehrfache Verletzungen und wird mit schweren Narben im Gesicht im April 2019 aus dem Krankenhaus entlassen. Bülbül Cemler, die zu dem Verwandtenbesuch nicht mitgefahren war, weil sie ein Kind erwartet, kehrt nach der Bestattung ihres Ehemannes nach Köln zurück, wo ihre Eltern leben. Am 20.10.2018 bringt sie den Sohn Hüsein Cemler zur Welt.

Güzel, Bülbül und Hüsein, letzterer vertreten durch seine Mutter Bülbül, erheben Klage zum LG Hamburg gegen die H AG mit Sitz in Hamburg, bei der Kemal Cemler das Unfallfahrzeug haftpflichtversichert hatte. Die bei Abschluss des Versicherungsvertrags am 10.1.2013 übergebenen Allgemeinen Bedingungen für die Kfz-Versicherung (AKB 2013) Stand 1.1.2013 enthalten gut sichtbar vor den Einzelbestimmungen angeordnet die Klausel: „Es gilt deutsches Recht. Vertragssprache ist deutsch."

Hüsein begehrt Ersatz des ihm durch die Tötung seines Vaters Demir Cemler entstandenen Unterhaltsschadens in Form einer monatlichen Unterhaltsrente.

Bülbül begehrt eine angemessene Entschädigung in Geld wegen des ihr durch die Tötung des Demir zugefügten seelischen Leides.

Güzel begehrt mit der Klage ein – nach deutschen Maßstäben angemessenes – Schmerzensgeld von 100.000 € sowie die Kosten für eine kosmetische Operation zur Verbesserung der entstellenden Narben iHv 75.000 €.

Die H AG bestreitet die Zuständigkeit des Gerichts und wendet ein, sie sei für die Klagen nicht passivlegitimiert. Hilfsweise beruft sie sich darauf, dass nach türkischem

Recht Güzel nur ein Schmerzensgeld von höchstens 4.000 € erhielte und der Unterhaltsanspruch des Hüsein gegen seinen Vater nur etwa die Hälfte dessen betragen hätte, was ihm nach deutschem Familienrecht zugestanden hätte. Außerdem trage der getötete Demir Cemler ein nach § 254 Abs. 1 BGB mit wenigstens 30 % zu bewertendes grobes Mitverschulden, weil – was zutrifft – auch nach türkischem Straßenverkehrsrecht der Sicherheitsgurt anzulegen sei, auch wenn sich kaum jemand in der Türkei daran halte, und Demir den Unfall bei angelegtem Gurt mit an Sicherheit grenzender Wahrscheinlichkeit überlebt hätte.

Außerdem sei die H AG nach Nr A.1.4.1. der AKB 2013, die Kemal Cemler bei Vertragsabschluss erhalten habe, nur für Unfälle in Europa eintrittspflichtig. Der Unfallort liege aber im asiatischen Teil der Türkei. Zwar sei dem Versicherungsnehmer eine Internationale Versicherungskarte für Kraftverkehr („Grüne Karte") erteilt worden, in der unter dem Vermerk „Diese Versicherungskarte gilt nicht für Länder, die in der Länderliste gestrichen sind" das Kürzel „TR" für „Türkei" *nicht* gestrichen sei. Das erweitere aber nicht die Leistungspflicht im Rahmen der vertraglichen Versicherungssummen (im Unfallzeitpunkt 15 Mio. €, jedoch maximal 5 Mio. € für Personenschäden je Geschädigter), sondern verpflichte den Versicherer gegenüber Dritten nur zur Leistung bis zur Höhe der in der Türkei vorgeschriebenen gesetzlichen Mindestdeckungssumme von umgerechnet unter 90.000 € je geschädigte Person.

Wie ist zu entscheiden?

Bearbeitervermerk: Die Höhe von Ansprüchen ist, soweit sie sich nicht aus dem Sachverhalt ergibt, nicht zu berechnen.

Materialien

I. Türkisches IPR

Türkisches IPR-Gesetz Nr 5718/2007 vom 27.11.2007 (türk IPRG),[1] verkündet am 12.12.2007. 781

a) Art. 13 Abs. 3 türk IPRG

Die allgemeinen Wirkungen der Ehe unterliegen dem gemeinsamen Heimatrecht der Ehegatten. Falls die Beteiligten verschiedener Staatsangehörigkeit sind, wird das Recht des gemeinsamen gewöhnlichen Aufenthalts, bei Fehlen eines solchen wird türkisches Recht angewandt.

b) Art. 16 Abs. 1 türk IPRG

Die Begründung der Abstammung unterliegt dem Heimatrecht des Kindes im Zeitpunkt der Geburt; falls die Abstammung [nach diesem Recht] nicht begründet wird, unterliegt sie dem Recht des gewöhnlichen Aufenthalts des Kindes. Falls die Abstammung durch diese Rechte nicht begründet wird, unterliegt die Begründung der Abstammung dem Heimatrecht der Mutter oder des Vaters im Zeitpunkt der Geburt [des Kindes]; falls sie nach diesen [Rechten] nicht begründet wird, richtet sie sich nach dem Recht des gewöhnlichen Aufenthalts der Mutter oder des Vaters im Zeitpunkt der Geburt [des Kindes], falls sie auch nach diesem nicht begründet wird, ist das Recht am Geburtsort des Kindes maßgeblich.

---

1 IPRax 2008, 283.

c) Art. 19 türk IPRG

Unterhaltsansprüche unterliegen dem Recht am gewöhnlichen Aufenthalt des Unterhaltsgläubigers.

d) Art. 34 türk IPRG

(1) Verpflichtungen aus unerlaubter Handlung unterliegen dem Recht des Landes, in dem die unerlaubte Handlung begangen worden ist.

(2) Wenn sich der Handlungsort der unerlaubten Handlung und der Ort des Schadenseintritts in verschiedenen Ländern befinden, wird das Recht des Landes angewandt, in dem der Schaden eingetreten ist.

(3) Hat das aus unerlaubter Handlung entstandene Schuldverhältnis zu einem anderen Land eine engere Beziehung, wird das Recht dieses Landes angewandt.

(4) Wenn das auf die unerlaubte Handlung oder den Versicherungsvertrag anwendbare Recht die Möglichkeit vorsieht, kann der Geschädigte seinen Anspruch unmittelbar gegen die Versicherung des Haftenden geltend machen.

(5) Die Parteien können nach dem Eintritt der unerlaubten Handlung das anzuwendende Recht ausdrücklich wählen.

e) Art. 64 türk IPRG

Außer Kraft gesetzt werden

(a) das Gesetz Nr 2675 vom 20.5.1982 über das internationale Privat- und Verfahrensrecht;

...

Art. 65 türk IPRG

Dieses Gesetz tritt am Tage seiner Verkündung in Kraft.

f) [Hinweis: Im Zweifel ist davon auszugehen, dass unbestimmte Rechtsbegriffe oder Generalklauseln im konkreten Fall ebenso ausgelegt werden wie entsprechende Klauseln im deutschen Recht.]

II. Allgemeine Bedingungen für die Kraftfahrversicherung (AKB), Stand 1.1.2013

g) Es ist davon auszugehen, dass der Versicherungsvertrag unverändert den bei Vertragsabschluss gelten AKB (Stand 1.1.2013) unterliegt.

A.1.4. In welchen Ländern besteht Versicherungsschutz?

Versicherungsschutz in Europa und in der EU

A.1.4.1. Sie haben in der Kfz-Haftpflichtversicherung Versicherungsschutz in den geographischen Grenzen Europas sowie den außereuropäischen Gebieten, die zum Geltungsbereich der Europäischen Union gehören. Ihr Versicherungsschutz richtet sich nach dem im Besuchsland gesetzlich vorgeschriebenen Versicherungsumfang, mindestens jedoch nach dem Umfang ihres Versicherungsvertrags.

Internationale Versicherungskarte (Grüne Karte)

A.1.4.2. Haben wir Ihnen eine internationale Versicherungskarte ausgehändigt, erstreckt sich Ihr Versicherungsschutz in der Kfz-Haftpflichtversicherung auch auf die dort genannten nichteuropäischen Länder, soweit Länderbezeichnungen nicht durchgestrichen sind. Hinsichtlich des Versicherungsumfangs gilt A.1.4.1. Satz 2.

Strukturierung des Falles

Wesentliche Themen: Zuständigkeit für Versicherungssachen nach der Brüssel Ia-VO; Anknüpfung des Direktanspruchs; Deliktische Tatortregel; Deliktische Aufenthaltsanknüpfung; Rechtswahl des Deliktsstatuts; Ausweichklausel bei Straßenverkehrsunfällen. 782

1. Internationale Zuständigkeit

a) Anwendbarkeit Brüssel Ia-VO
- Brüssel Ia-VO (+) Beklagtenwohnsitz, Art. 4 Abs. 1, 63 Brüssel Ia-VO in Deutschland

b) Versicherungssache
- Art. 10 ff Brüssel Ia-VO (+) Versicherungssache ist auch Direktklage, soweit zulässig

c) Zulässigkeit der Direktklage
- Direktklage zulässig: nicht Brüssel Ia-VO, Art. 18 der 6. Kfz-Haftpflicht-Richtlinie (2009/103/EG) begründet nur Verpflichtung aller Mitgliedsstaaten, also nach Deliktsstatut

d) Anknüpfung Direktanspruch
- Anknüpfung nach Art. 18 Rom II-VO (+) zeitlicher Anwendungsbereich für schadensbegründendes Ereignis nach Stichtag 11.1.2009, Art. 31, 32 Rom II-VO
- sachlicher Anwendungsbereich: Art. 1 Abs. 1 Rom II-VO (+) Deliktsansprüche; Art. 1 Abs. 2 Rom II-VO keine Bereichsausnahme (+) Straßenverkehrsunfälle nicht ausgeschlossen
- räumlicher Anwendungsbereich Art. 3 Rom II-VO (+) *loi uniforme*
- Art. 18 Rom II-VO: Direktanspruch wahlweise nach Deliktsstatut oder Versicherungsvertragsstatut
- Versicherungsvertragsstatut: Rom I-VO intertemporal (+): Versicherungsvertrag seit 17.12.2009 abgeschlossen
- Anknüpfung nach Art. 7 Abs. 3 Rom I-VO (+) kein Risiko, das unter Abs. 2 fällt
- Rechtswahl nach Art. 7 Abs. 3 lit. b Rom I-VO zulässig (+) gewöhnlicher Aufenthalt des Versicherungsnehmers in Deutschland
- Rechtswahl wirksam (+) Art. 7 Abs. 3, 3 Abs. 5, 10 Abs. 1 Rom I-VO; Einbeziehung Rechtswahlklausel § 305 BGB, kein Fall des Art. 6 Abs. 2 S. 2 Rom I-VO
- § 115 Abs. 1 VVG iVm § 1 PflVG: Direktanspruch (+)

e) Zuständigkeit für die Direktklage
- Klage gegen Versicherer Art. 11 Brüssel Ia-VO: deutsche Gerichte als Wohnsitzgerichte international zuständig, Art. 11 Abs. 1 lit. a Brüssel Ia-VO

2. Örtliche Zuständigkeit
- Allgemeiner Gerichtsstand der Beklagten, §§ 12, 17 ZPO

3. Passivlegitimation der beklagten H AG
- § 115 Abs. 1 VVG, Art. 18 Rom II-VO unbeschadet des Deliktsstatuts; Umfang bestimmt sich nach Deliktsanspruch gegen Schädiger

4. Begrenzung der Eintrittspflicht der H AG?

a) Deckung für asiatischen Teil der Türkei
- Fraglich, ob Eintrittspflicht bis zur Höhe der vertraglichen Versicherungssumme (5 Mio. € je Person) oder bis zur Höhe der türkischen Mindestdeckungssumme
- Grundsätzlich § 115 Abs. 1 S. 2 VVG: Direktanspruch nur im Rahmen des Versicherungsvertragsanspruchs

b) Einbeziehung von Nr A.1.4.1. AKB 2013
- Vertraglicher Versicherungsschutz bestünde nur nach Maßgabe von Nr A.1.4.1. AKB 2013
- Verstoß der Nr A.1.4.1. AKB 2013 gegen § 307 Abs. 1 S. 2 BGB (Transparenzregelung): fraglich, einerseits geografische Lage der Türkei klar, andererseits versicherungsrechtliche Teilung überraschend
- Falls Nr A.1.4.1. AKB 2013 wirksam, Erteilung der Grünen Karte als Erweiterung des Versicherungsschutzes: Auslegung (+) Erteilung für ganze Türkei als Angebot, Annahme durch Versicherungsnehmer

5. **Deliktsstatut für Ansprüche des Hüsein**
   a) **Haager Straßenverkehrsunfallübereinkommen**
   Völkerrechtliche Kollisionsregeln (-) Art. 28 Abs. 1 Rom II-VO, jedoch Haager Übereinkommen über das auf Straßenverkehrsunfälle anzuwendende Recht v 4.5.1971 von Deutschland nicht gezeichnet
   b) **Rechtswahl, Tatortregel**
   - Art. 14 Rom II-VO, Rechtswahl (-)
   - Tatortregel Art. 4 Abs. 1 Rom II-VO
   - Aber: Art. 4 Abs. 2 Rom II-VO: gemeinsamer gewöhnlicher Aufenthalt (+) –maßgeblicher Geschädigter nicht Hüsein, sondern Demir, Schaden des Hüsein ist indirekter Schaden
   c) **Offensichtlich engere Verbindung**
   - Ausweichklausel, Art. 4 Abs. 3 Rom II-VO (-)
   - Engere Fassung als Art. 41 EGBGB, nicht bereits bei tatsächlicher Vorbeziehung
   - Familienbeziehung wohl irrelevant, jedenfalls nicht in die Türkei weisend
   - Aufenthalt des Geschädigten nach dem Schadensereignis
6. **Deliktsstatut für Ansprüche der Bülbül**
   - Ebenso wie bei Hüsein, maßgeblicher Geschädigter wiederum Demir, Schaden der Bülbül ist indirekter Schaden
7. **Deliktsstatut für Ansprüche der Güzel**
   a) **Tatortregel, kein gewöhnlicher Aufenthalt**
   - Art. 4 Abs. 1 Rom II-VO Tatortregel (+) keine Rechtswahl, kein gemeinsamer gewöhnlicher Aufenthalt
   b) **Offensichtlich engere Verbindung**
   - Ausweichklausel Art. 4 Abs. 3 Rom II-VO (-) Argumente wie Art. 41 EGBGB
   c) **Sachnormverweisung**
   - Art. 24 Rom II-VO: Sachnormverweisung, türkisches IPR nicht zu prüfen
8. **Schadensersatzanspruch des Hüsein**
   a) **Anspruchsgrundlage**
   - § 844 Abs. 2 BGB (+) schuldhafte Tötung des Demir durch Kemal
   - § 10 Abs. 2 StVG (+) Deliktsstatut umfasst auch Gefährdungshaftung Art. 15 lit. a Rom II-VO
   - Anspruchsberechtigter zur Zeit der Verletzung noch nicht geboren, jedoch bereits gezeugt, § 844 Abs. 2 S. 2 BGB, § 10 Abs. 2 S. 2 StVG
   - Aber Vorfrage der gesetzlichen Unterhaltspflicht
   b) **Statut der Vorfrage: Gesetzliche Unterhaltspflicht**
   - Rom II-VO (-): Unterhaltsrechtliche Vorfragen nicht in Art. 15 Rom II-VO, also selbstständig anzuknüpfen
   - Unterhaltsstatut: HUntStProt 2007 anwendbar (+)
   - Intertemporal (+)
   - Sachlich (+) Kindesunterhalt
   - Als EU-internes Recht auch ggü Drittstaaten (+)
   - Aber Art. 18 HUntStProt 2007: Bindung im Verhältnis zu Vertragsstaaten des HUÜbk 1973 (+): „Verhältnis zu": Abgrenzungskriterium (str.) gewöhnlicher Aufenthalt (-),
   - Durch HUÜbk 1973 berufenes Recht (-) Art. 4 Abs. 1 HUÜbk 1973: Unterhaltsstatut ist das am gewöhnlichen Aufenthalt des Unterhaltsberechtigten geltende innerstaatliche Recht, also deutsches Recht
   - HUntStProt 2007 also nicht verdrängt
   - Anknüpfung Kindesunterhalt Art. 4 Abs. 1 lit. a, Art. 3 Abs. 1 HUntStProt 2007: gewöhnlicher Aufenthalt des Berechtigten, also deutsches Recht
   c) **Unterhaltsanspruch (deutsches Recht)**
   - §§ 1601, 1610 BGB: Anspruch auf Unterhalt Hüsein gegen Demir, wenn mit Demir in gerader Linie verwandt
   - Vorfrage der Vaterschaft wieder selbstständig anzuknüpfen
   d) **Statut der Vorfrage: Abstammung**
   - Art. 19 Abs. 1 S. 1 EGBGB Abstammungsstatut (alternativ) Aufenthaltsrecht des Kindes, also deutsches Recht
   e) **Abstammung des Hüsein von Demir (deutsches Recht)**
   - §§ 1592 Nr 1, 1593 S. 1 BGB (+) Ehe wurde durch Demirs Tod aufgelöst, Kind innerhalb von 300 Tagen, geboren

f) **Qualifikation des Mitverschuldens durch Verstoß gegen Verkehrsregeln**
- Mitverschulden deliktsrechtlich zu qualifizieren, also § 254 Abs. 1 BGB, § 9 StVG
- Verhaltensnormen: nach Tatortrecht (Art. 17 Abs. 1 Rom II-VO), also türkisches Recht
- Gurtanlegepflicht im türkischen Recht objektiv verletzt, Kausalität für Tötung (+)
- Maß des Mitverschuldens nach dem Deliktsstatut
- Aber Berücksichtigung der Sorgfaltsmaßstäbe am Unfallort, also in Türkei geringer zu bewerten
- Aber Fahrer und Beifahrer in deutschem PKW, die in Deutschland leben, also Zurechnung nach deutschen Sorgfaltsmaßstäben

9. Schadensersatzanspruch der Bülbül
- § 844 Abs. 3 BGB (+); § 10 Abs. 3 StVG (+)

10. Schadensersatzanspruch der Güzel
- Schadensersatzansprüche nach türkischem Recht, nicht zu berechnen (Fallfrage)

Ergebnis: Das LG Hamburg ist international und örtlich zuständig.
Gegen die Beklagte besteht ein Direktanspruch im Umfang der gegen den Versicherungsnehmer bestehenden deliktischen Ansprüche.
Die Beklagte ist bis zur Höhe der vertraglich vereinbarten Versicherungssumme eintrittspflichtig.
Deliktsstatut für Ansprüche des Hüsein ist deutsches Recht, für Ansprüche der Güzel türkisches Recht.
Hüsein hat einen Anspruch nach § 844 Abs. 2 BGB und § 10 Abs. 2 StVG; das Maß des entgangenen Unterhalts beurteilt sich nach deutschem Recht als Unterhaltsstatut. Bülbül hat Ansprüche aus § 844 Abs. 3 BGB und § 10 Abs. 3 StVG. Die Ansprüche der Güzel nach türkischem Recht sind nicht zu berechnen.

Lösung

Fallfrage: Wie ist zu entscheiden?

1. Internationale Zuständigkeit

a) Anwendbarkeit Brüssel Ia-VO

783 Die **internationale Zuständigkeit** ist nach der Brüssel Ia-VO zu beurteilen, weil die Beklagte ihren Wohnsitz (Art. 4 Abs. 1, 63 Brüssel Ia-VO) in Deutschland hat und somit hier der allgemeine Gerichtsstand ist. Auch im Übrigen ist die Brüssel Ia-VO abschließend (Art. 5 Brüssel Ia-VO). Auf den Wohnsitz des jeweiligen Klägers kommt es nicht an, auch wenn dieser in einem Nicht-Mitgliedstaat liegt.

b) Versicherungssache

784 Für beide Verfahren könnten Art. 10 ff Brüssel Ia-VO ausschließlich anzuwenden sein, wenn eine **Versicherungssache** vorliegt (Art. 10 Brüssel Ia-VO). Wie sich aus Art. 13 Abs. 2 Brüssel Ia-VO ergibt, sind auch auf eine Klage, die ein Geschädigter unmittelbar gegen den Versicherer erhebt *(Direktklage)*, Art. 10 bis 12 Brüssel Ia-VO anzuwenden, sofern eine solche unmittelbare Klage zulässig ist.

c) Zulässigkeit der Direktklage

785 Ob eine solche **Direktklage zulässig** ist, entscheidet die Brüssel Ia-VO nicht. Zwar sieht die 6. Kfz-HaftpflichtRiLi (RiLi 2009/103/EG) eine Verpflichtung aller Mitgliedstaaten vor, einen *Direktanspruch* gegen den Kfz-Haftpflichtversicherer zu schaffen. Damit ist jedoch nicht die Frage entschieden, nach welchem Recht sich die Existenz eines solchen Anspruchs, der Voraussetzung einer Direktklage ist, beurteilt. Das bestimmt sich nach dem vom IPR des Gerichtsstaates berufenen materiellen Recht.

d) Anknüpfung Direktanspruch

786 **aa)** Eine **Anknüpfung der Direktklage** nach **Art. 18 Rom II-VO** setzt voraus, dass der zeitliche Anwendungsbereich der Rom II-VO eröffnet ist. Dies ist für den vorliegenden Verkehrsunfall, der sich am 15.8.2018, also nach dem Stichtag (11.1.2009) gemäß Art. 31, 32 Rom II-VO ereignet hat, zu bejahen. Der sachliche Anwendungsbereich der Rom II-VO ist eröffnet: Außervertragliche Schadensersatzansprüche aus Verkehrsunfällen unter Einschluss der nicht vom Verschulden abhängigen Gefährdungshaftung fallen unter Art. 1 Abs. 1 Rom II-VO, eine Bereichsausnahme (Art. 1 Abs. 2 Rom II-VO) liegt nicht vor. Gemäß Art. 3 Rom II-VO sind deren Kollisionsregeln universell anwendbar, auch wenn sie in das Recht eines Nicht-Mitgliedstaats verweisen.

787 **bb)** Gemäß Art. 18 Rom II-VO besteht ein **Direktanspruch**, wenn ihn – alternativ – das Deliktsstatut oder das Versicherungsvertragsstatut vorsehen. Da das Deliktsstatut

möglicherweise türkisches Recht ist und hierzu Angaben fehlen, wird zunächst das Versicherungsvertragsstatut geprüft, für das eine Rechtswahl zu deutschem Recht vorliegt:

Für das Versicherungsvertragsstatut könnte die Rom I-VO anwendbar sein; der zeitliche Anwendungsbereich ist eröffnet, der Versicherungsvertrag wurde seit dem 17.12.2009 abgeschlossen (Art. 28 Rom I-VO). Der sachliche Anwendungsbereich ist ebenfalls eröffnet; Versicherungsverträge fallen – wie Art. 7 Rom I-VO bestätigt – in den Anwendungsbereich des Art. 1 Abs. 1 Rom I-VO. Eine Bereichsausnahme besteht nur für die in Art. 1 Abs. 2 lit. j Rom I-VO genannten Versicherungsverträge, zu denen die Kfz-Haftpflichtversicherung nicht gehört.

cc) Es liegt kein Risiko vor, welches unter Art. 7 Abs. 2 Rom I-VO fällt (Großrisiken). **788**
Die getroffene Rechtswahl beurteilt sich also nach Art. 7 Abs. 3 Rom I-VO; dieser beschränkt nur den **Kreis wählbarer Rechtsordnungen**. Danach ist deutsches Recht als das Recht des gewöhnlichen Aufenthalts des Versicherungsnehmers Kemal Cemler wählbar; dass dieser seinen gewöhnlichen Aufenthalt nach langjährigem legalem Aufenthalt in Deutschland hatte, ist unproblematisch.

dd) Im Übrigen beurteilt sich die **Rechtswahl nach Art. 3 Rom I-VO**; das Zustande- **789**
kommen in AGB unterliegt damit insbesondere nach Art. 3 Abs. 5, 10 Abs. 1 Rom I-VO dem gewählten Recht; Art. 10 Abs. 2 Rom I-VO ist hingegen ohne Bedeutung, da gewöhnlicher Aufenthalt des Vertragspartners des AGB-Verwenders und gewähltes Recht zusammenfallen. Die Voraussetzungen der Einbeziehung der Rechtswahlklausel nach § 305 BGB sind nach Sachverhalt gegeben. Auch nach der Entscheidung des EuGH zur Missbräuchlichkeit von Rechtswahlklauseln in Verbraucherverträgen[1] ergibt sich beim Versicherungsvertrag die dortige Problematik nicht: Art. 7 Rom I-VO verdrängt auch für Versicherungsverträge mit Verbrauchern den Art. 6 Rom I-VO und Art. 7 Rom I-VO enthält keinen Art. 6 Abs. 2 S. 2 Rom I-VO entsprechenden Vorbehalt, auf den in einer AGB-Rechtswahl hinzuweisen wäre.

ee) Da im sonach maßgeblichen deutschen Versicherungsvertragsstatut nach **§ 115 790**
Abs. 1 VVG iVm § 1 PflVG ein Direktanspruch des Geschädigten gegen den Versicherer besteht, ist die Direktklage iSd Art. 13 Abs. 2 Brüssel Ia-VO zulässig.

e) Zuständigkeit für die Direktklage

Die internationale Zuständigkeit deutscher Gerichte bestimmt sich für die gegen den **791**
Versicherer gerichteten Klagen nach **Art. 11 Brüssel I-VO**; deutsche Gerichte sind als Gerichte des Wohnsitzstaates des Versicherers (Art. 63 Brüssel Ia-VO) international zuständig (Art. 11 Abs. 1 lit. a Brüssel Ia-VO).

1 EuGH Rs. C-191/15 ECLI:EU:C:2016:612 *(Verein für Konsumenteninformation/Amazon EU Sárl)*.

2. Örtliche Zuständigkeit

792 Die **örtliche Zuständigkeit** des LG Hamburg ergibt sich am allgemeinen Gerichtsstand der Beklagten (§§ 12, 17 ZPO). Hingegen greift Art. 11 Abs. 1 lit. b Brüssel Ia-VO, welcher die örtliche Zuständigkeit mitregelt, nicht ein, weil die Klage nicht in einem anderen Mitgliedstaat als dem Wohnsitzstaat des Versicherers erhoben wird.

3. Passivlegitimation der beklagten H AG

793 Die Passivlegitimation für alle deliktisch zu qualifizierenden, gegen Kemal Cemler bzw dessen Erben bestehende Ansprüche aus dem Verkehrsunfall folgt aus § 115 Abs. 1 VVG, der gemäß Art. 18 Rom II-VO (Rn 787) unbeschadet des noch zu bestimmenden Deliktsstatuts jedenfalls anwendbar ist. Es sind also das Deliktsstatut und die danach bestehenden Ansprüche gegen den Unfallverursacher Kemal Cemler zu bestimmen.

4. Begrenzung der Eintrittspflicht der H AG?

a) Deckung für asiatischen Teil der Türkei

794 Fraglich ist aber, ob die H AG bis zur Höhe der vertraglichen Versicherungssumme (Personenschaden 5 Mio. € je Geschädigter) eintrittspflichtig ist oder nur bis zur Höhe der nach türkischem Pflichtversicherungsrecht geltenden Mindestdeckungssumme, denn der Direktanspruch besteht – abgesehen von den in § 117 VVG geregelten Fällen der Leistungsfreiheit gegenüber dem Versicherten, zB wegen Obliegenheitsverletzungen – nur im Rahmen der versicherungsvertraglichen Verpflichtung (§ 115 Abs. 1 S. 2 VVG).

Letzteres könnte anzunehmen sein, wenn die **Erteilung der Versicherungskarte** nur eine Bescheinigung und damit eine Erklärung im Außenverhältnis gegenüber Dritten über das Bestehen von Haftpflichtversicherungsschutz wäre. Dann nämlich müsste diese Erklärung aus der Sicht eines am Straßenverkehr in der Türkei teilnehmenden Dritten verstanden werden, der einer solchen Bescheinigung nur entnehmen könnte, dass der Halter/Fahrer des in Deutschland zugelassenen KFZ wenigstens nach Maßgabe der *türkischen* Bestimmungen versichert ist.

b) Einbeziehung von Nr A.1.4.1. AKB 2013

795 Über die Mindestdeckung hinausgehender *vertraglicher* Versicherungsschutz bestünde dann nur nach Maßgabe von Nr A.1.4.1. AKB 2013 (MAT g).

aa) Nr A.1.4.1. AKB 2013 könnte – bei vorliegend deutschem Versicherungsvertragsstatut – wegen Verstoßes gegen § 307 Abs. 1 S. 2 BGB **(Transparenzregelung)** unwirksam sein. Hierfür spricht, dass diese Klausel wegen der Aufteilung des türkischen Staatsgebietes auf Europa und Asien dazu führt, dass der Versicherungsschutz nur in einem Teil der Türkei gilt, was für einen durchschnittlich verständigen Versicherungsnehmer nicht selbstverständlich sein mag.[2] Auch wenn der Umstand, dass die Türkei zu ihrem größeren geografischen Teil in Asien liegt, allgemein bekannt ist, gibt die Auslegung von Nr A.1.4.1. AKB 2013 jedenfalls dann Anlass zu Zweifeln, wenn dem Versicherungsnehmer eine auf die Türkei gültig geschriebene Grüne Karte ausgehändigt wird.

bb) Hält man Nr A.1.4.1. AKB 2013 hingegen an sich für wirksam einbezogen, so **796** kommt in Betracht, die Erteilung der Grünen Karte als auf Erweiterung des Versicherungsschutzes gerichtete **Willenserklärung an den Versicherungsnehmer** zu verstehen. Hierzu bedarf es einer Auslegung nach deutschem Recht als Versicherungsvertragsstatut. Diese Auslegung ist nach Treu und Glauben aus der Sicht des Versicherungsnehmers als Empfänger der Karte vorzunehmen. Die Karte wird diesem zwar einerseits erteilt, weil er sie als Nachweis der bestehenden Versicherung zur Einreise in ausländische Staaten benötigt. Andererseits kommt der Erteilung nach der Verkehrsauffassung der darüber hinausgehende Erklärungswert zu, dass der Versicherer den vertraglichen Versicherungsschutz in allen Ländern gewährt, für die die Karte gültig geschrieben ist. Der Versicherungsnehmer, dem es erkennbar nicht nur darauf ankommt, formal die Einreisebestimmungen zu erfüllen, sondern auch im Schadensfall Deckung im Rahmen seines Versicherungsvertrages zu erlangen, muss also die Erteilung der für die Türkei gültig geschriebenen Grünen Karte als eine *Erweiterung* des nach Nr A.1.4.1. AKB 2013 nur für den europäischen Teil der Türkei bestehenden Versicherungsschutzes auf den asiatischen Teil der Türkei verstehen. Die H AG hat also über die gesetzlichen türkischen Mindestdeckungssummen hinaus bis zur vertraglich vereinbarten Versicherungssumme einzutreten.[3]

5. Deliktsstatut für Ansprüche des Hüsein

a) Haager Straßenverkehrsunfallübereinkommen

Völkerrechtliche Kollisionsregeln bleiben im Verhältnis zu Nicht-Mitgliedstaaten der **797** Rom II-VO gemäß Art. 28 Abs. 1 Rom II-VO unberührt; solche vorherig bindenden Völkerverträge bestehen aus deutscher Sicht jedoch nicht; die BRep. Deutschland hat das Haager Übereinkommen über das auf Straßenverkehrsunfälle anzuwendende Recht v. 4.5.1971 nicht gezeichnet.[4]

b) Rechtswahl, Tatortregel

Eine **Rechtswahl** (Art. 14 Rom II-VO) haben die Parteien nicht getroffen. **798**

Art. 4 Abs. 1 Rom II-VO normiert den **Tatortgrundsatz** im Sinne des Ortes des Schadenseintritts (Erfolgsort). Hinsichtlich des Ortes des Schadenseintritts ist maßgeblich

---

2 Zweifelnd daher OLG Saarbrücken OLGR 2005, 336, dort überdies zu spezifisch auf die Fahrzeugversicherung (Kasko) bezogenen Gesichtspunkten.

3 BGHZ 120, 87; obiter auch OLG Saarbrücken OLGR 2005, 336.

4 *Jayme/Hausmann*[19] Nr 100; anders hingegen zur Behandlung eines Unfalls in der Türkei aus österreichischer Sicht: OGH 2 Ob 50/16s.

abzustellen auf den bei dem Unfall verletzten Demir Cemler; dass Hüsein Cemler als Hinterbliebener Ansprüche wegen eines Unterhaltsschadens geltend macht, der in Deutschland eintritt, bedeutet nicht, dass hinsichtlich der Anknüpfung nach Art. 4 Abs. 1 Rom II-VO auf diesen Schaden abzustellen wäre; Ansprüche des Hüsein sind vielmehr im Hinblick auf Art. 4 Rom II-VO nur mittelbare Schäden; für die Anknüpfung nach Art. 4 Rom II-VO sind die Anknüpfungskriterien ausschließlich auf den unmittelbar Geschädigten zu beziehen.[5]

c) Gewöhnlicher Aufenthalt von Ersatzpflichtigem und Geschädigtem im selben Staat

799 Eine typisierte Abweichung regelt Art. 4 Abs. 2 Rom II-VO. Bei **gewöhnlichem Aufenthalt** von Ersatzpflichtigem und Verletztem zur Zeit des Haftungsereignisses im selben Staat ist das Recht dieses Staates anzuwenden. Maßgeblich ist auch insoweit die Person des unmittelbar Geschädigten Demir, so dass die Frage, ob der damals noch nicht geborene Hüsein im Unfallzeitpunkt einen gewöhnlichen Aufenthalt hatte, dahinstehen kann. Dies führt hier zur Anknüpfung an deutsches Recht als gemeinsames Aufenthaltsrecht. Maßgeblich ist der Zeitpunkt des Haftungsereignisses, also des Verkehrsunfalls.[6] Dass beide unmittelbar Beteiligten bei dem Unfall getötet wurden, also nicht mehr nach Deutschland zurückgekehrt sind, spielt im Rahmen des Art. 4 Abs. 2 Rom II-VO zunächst keine Rolle. In Anwendung von Art. 4 Abs. 2 Rom II-VO bedarf es auch keiner zusätzlichen, den gewöhnlichen Aufenthalt verstärkenden Kriterien.

d) Offensichtlich engere Verbindung

800 **aa)** Art. 4 Abs. 3 Rom II-VO sieht jedoch eine Abweichung im Einzelfall vor, wenn sich aus der Gesamtheit der Umstände eine engere Verbindung mit einer anderen Rechtsordnung ergibt; dies gilt sowohl im Verhältnis zur Tatortregel als auch gegenüber einem gewöhnlichen Aufenthalt im selben Staat. Im Vergleich zu Art. 41 EGBGB ist Art. 4 Abs. 3 Rom I-VO enger gefasst; eine rein tatsächliche engere Beziehung zu einem anderen Staat genügt nicht. Im vorliegenden Fall kommen als Gesichtspunkte einer engeren Verbindung die gemeinsame *Staatsangehörigkeit* sowie die *Familienbeziehung* in Betracht. Bedeutung könnte auch haben, dass weder der Schädiger noch der unmittelbar Geschädigte nach Deutschland zurückgekehrt sind.

801 **bb)** Der gemeinsamen **Staatsangehörigkeit** hat der BGH schon vor der Kodifikation des internationalen Deliktsrechts in Art. 40 EGBGB zunehmend weniger Gewicht für die Bestimmung des Deliktsstatuts beigemessen. Da schon nach dieser Rechtsprechung die gemeinsame Staatsangehörigkeit zum Tatortstaat *nicht* einen durch die KFZ-Registrierung verstärkten gemeinsamen gewöhnlichen Aufenthalt überwog,[7] galt dies erst recht unter Art. 40 EGBGB. Art. 4 Abs. 2 Rom II-VO bestätigt die typisierende Bedeu-

5 EuGH Rs. C-350/14 ECLI:EU:C:2015:802 *(Lazar/Allianz SpA)*.
6 OLG München, NZV 2017, 53.
7 BGHZ 119, 137.

tung des gewöhnlichen Aufenthalts im selben Staat, die gerade nicht durch eine bloße gemeinsame Staatsangehörigkeit überwunden wird.

cc) Die gemeinsame **Familienbeziehung** oder sonstige Sozialbeziehung hat dagegen grundsätzlich erhebliches Gewicht auch unter Art. 4 Abs. 3 Rom II-VO, zumal als Rechtsverhältnis iSd Art. 4 Abs. 3 S. 2 Rom II-VO auch ein familienrechtliches Verhältnis in Betracht kommt. Jedoch weist dieses Kriterium vorliegend nach Deutschland, weil die bei dem Unfall Getöteten (Vater und Großvater des Klägers) in Köln den Schwerpunkt ihrer Familienbeziehung gelebt hatten, auch wenn sie jährlich zum Besuch der weiteren Familie in den gemeinsamen Heimatstaat Türkei fuhren. Eine an familienrechtlichen *Kollisionsnormen* orientierte formale Betrachtung, die fallweise zur gemeinsamen Staatsangehörigkeit führen könnte, entspräche dagegen nicht dem Zweck der deliktskollisionsrechtlichen Nähebestimmung. Überdies käme kollisionsrechtlich für das persönliche kindschaftsrechtliche Verhältnis auch im Verhältnis zu volljährigen Kindern (vgl etwa die Beistandspflicht gemäß § 1618a BGB) eher eine (entsprechende) Anwendung des Aufenthaltsprinzips (Art. 15 KSÜ, Art. 21 EGBGB, vgl auch Art. 3 Abs. 1 HUntStProt 2007) in Betracht. 802

dd) Wo sich die Beteiligten, vor allem der **Geschädigte, nach dem Schadensereignis aufhalten**, könnte deshalb Bedeutung erlangen, weil die Ersetzung der Tatortregel durch den gewöhnlichen Aufenthalt vor allem dadurch motiviert ist, den Geschädigten möglichst nach den Haftungsstandards des gemeinsamen Aufenthaltsstaates zu entschädigen, wo er die Folgen des schädigenden Ereignisses zu tragen hat, sofern dies dem Geschädigten, weil er ebenfalls dort lebt, zumutbar ist. Der BGH hat den Gesichtspunkt, wo der Geschädigte „mit den Folgen leben" muss, im Rahmen der früheren Auflockerungsrechtsprechung vor Inkrafttreten des Art. 40 EGBGB herausgestellt,[8] es aber jedenfalls für unschädlich gehalten, wenn der *Schädiger* bei dem Unfall zu Tode kommt und nicht mehr an den Aufenthaltsort zurückkehrt. Anders könnte es sich verhalten, bliebe der *Geschädigte* im Heimatstaat, der zugleich Tatortland ist. Im vorliegenden Fall ergibt sich aber die Besonderheit, dass auch der unmittelbar Geschädigte (Demir) nur deshalb nicht zurückkehrt, weil er getötet wurde, der mittelbar geschädigte Kläger hingegen mit den Folgen, nämlich den – hier unterstellt – unterhaltspflichtigen Vater verloren zu haben, in Deutschland leben muss. Daher ist auch unter diesem Gesichtspunkt keine Abweichung von Art. 4 Abs. 2 Rom II-VO geboten. 803

Deliktsstatut ist also deutsches Recht.

6. Deliktsstatut für Ansprüche der Bülbül

Auch der Ersatz von Nichtvermögensschäden Dritter wegen durch den Tod eines Angehörigen erlittener Schmerzen fällt unter die Anknüpfung nach Art. 4 Rom II-VO (Art. 15 lit. f Rom II-VO). Das maßgebliche Deliktsstatut beurteilt sich damit in gleicher Weise wie für die Ansprüche von Hüsein; auch die Ansprüche der Bülbül beziehen sich auf mittelbare Schäden. 804

8 BGHZ 119, 137; BGHZ 120, 87.

7. Deliktsstatut für Ansprüche der Güzel

a) Tatortregel, kein gemeinsamer gewöhnlicher Aufenthalt

805 Eine **Rechtswahl** (Art. 14 Rom II-VO) liegt auch hier nicht vor. In dieser Haftungsbeziehung ergibt sich aus Art. 4 Abs. 2 Rom II-VO jedoch auch keine Abweichung von der **Tatortregel** (Art. 4 Abs. 1 Rom II-VO), weil der Unfallverursacher Kemal und die Geschädigte Güzel keinen gemeinsamen gewöhnlichen Aufenthalt hatten.

b) Offensichtlich engere Verbindung

806 Zu prüfen ist jedoch wiederum eine **„Auflockerung"** der Tatortregel nach Art. 4 Abs. 3 Rom II-VO. Grundsätzlich ergibt sich nicht schon deshalb ein Bedürfnis für eine Abweichung von der Tatortregel, weil bei demselben Ereignis mehrere Personen geschädigt wurden. Es kann vielmehr durchaus für verschiedene Geschädigte zu verschiedenen Deliktsstatuten kommen, auch wenn dadurch das Schadensersatzniveau unterschiedlich ausfällt. An dem Grundsatz, dass das Deliktsstatut im Verhältnis zu jedem Geschädigten individuell zu bestimmen ist,[9] hat sich auch unter Art. 4 Rom II-VO nichts geändert.

807 **aa)** Die **Familienbeziehung** (Art. 4 Abs. 3 S. 2 Rom II-VO) spricht hier nicht für eine Abweichung von der Tatortregel: Güzel hat nie in Deutschland gelebt, ihre familiäre Beziehung zu ihrem Vater Kemal ist ausschließlich in der Türkei lokalisiert;[10] auch kollisionsrechtlich käme nach den vorstehenden Überlegungen (Rn 802) türkisches Recht zur Anwendung.

808 **bb)** Auch die Motivation der Auflockerung, den Geschädigten nach den Haftungsstandards des Landes zu entschädigen, in dem er mit den **Folgen der Schädigung leben muss**, spricht nicht für eine Abweichung von der Tatortregel. Güzel lebte vor dem Unfall und lebt weiterhin in der Türkei.

809 **cc)** Ebenso führt die **Zulassung** und **Versicherung** des Unfallfahrzeugs in Deutschland nicht ohne andere Kriterien zu einer Abweichung von der Tatortregel. Beides steht regelmäßig in Verbindung zum gewöhnlichen Aufenthalt (nur) des Schädigers und ist eher eine Voraussetzung dafür, dass bei deutschem Aufenthalt des Geschädigten dessen Bedürfnis nach einer den deutschen Haftungsstandards entsprechenden Schadensabwicklung entsprochen werden kann, weil dem Schädiger und seinem deutschen Versicherer eine Entschädigung nach deutschen Haftungsmaßstäben zumutbar ist. Hingegen kann es nicht Zweck der Auflockerung sein, die Schädigung durch einen in Deutschland zugelassenen PKW zu einem nicht gerechtfertigten „Glück im Unglück" werden zu lassen, mit dem der im Unfallland lebende Geschädigte nicht rechnen durfte. Selbst das stark am Registrierungsprinzip orientierte, hier nicht anzuwendende, Haager Übereinkommen

---

9 BGH NJW 1993, 1009; OLG Brandenburg IPRax 2018, 409.
10 Vgl BGH NJW 1993, 1009.

lockert für Fahrzeuginsassen, die ihren gewöhnlichen Aufenthalt im Unfallland haben, die Tatortregel *nicht* auf (vgl Art. 4 lit. a Str. 2 Haager VerkehrsunfallÜbk).

c) Sachnormverweisung

Die Verweisung aus Art. 4 Abs. 1 Rom II-VO auf türkisches Recht ist **Sachnormverweisung** (Art. 24 Rom II-VO). Das türkische IPR ist ohne Bedeutung. Deliktsstatut ist also türkisches Recht. 810

8. Schadensersatzanspruch des Hüsein

a) Anspruchsgrundlage

aa) Hüsein könnte einen Anspruch aus **§ 844 Abs. 2 BGB** haben. Die dafür tatbestandlich vorausgesetzte *schuldhafte* Tötung des Demir durch Kemal ist gegeben, weil Kemal den Unfall wenigstens leicht fahrlässig verursacht hat. 811

Der Anspruch könnte aber auch auf **§ 10 Abs. 2 StVG** gestützt werden. Das Deliktsstatut umfasst nicht nur die Verschuldenshaftung, sondern auch die Gefährdungshaftung.

bb) Beide Anspruchsgrundlagen greifen auch dann ein, wenn der Anspruchsberechtigte zur Zeit der Verletzung noch nicht geboren, jedoch bereits gezeugt war (§ 844 Abs. 2 S. 2 BGB, § 10 Abs. 2 S. 2 StVG), kommen also zugunsten von Hüsein in Betracht. 812

cc) Beide Sachnormen des deutschen Deliktsstatuts werfen jedoch die **Vorfrage** auf, ob der Getötete dem Hüsein gegenüber „kraft Gesetzes unterhaltspflichtig war oder … werden konnte". 813

b) Statut der Vorfrage: Gesetzliche Unterhaltspflicht

aa) Art. 15 Rom II-VO umfasst nicht die Bestimmung von Unterhaltsansprüchen als Vorfrage eines Schadensersatzanspruchs; insbesondere ist das Bestehen des Unterhaltsanspruchs nicht lediglich unselbstständiger Teil der Bemessung des Schadens (Art. 15 Abs. 1 lit. c Rom II-VO). 814

Es handelt sich also um eine nach allgemeinen Regeln zu behandelnde Vorfrage. Vorfragen sind im Allgemeinen zur Wahrung des inneren Entscheidungseinklangs **selbstständig anzuknüpfen**, dh dem nach deutschem IPR auf sie anwendbaren Statut zu unterstellen. Bei deutschem Statut der Hauptfrage (hier Deliktsstatut) stellt sich die Frage einer ausnahmsweisen unselbstständigen *Anknüpfung* mit dem IPR des Statuts der Hauptfrage ohnehin nicht; auch dies würde ein Ausgehen vom deutschen IPR bedeuten. Eine *Unterstellung* unter das Deliktsstatut ist durch Art. 15 Rom II-VO nicht geboten.

815 **bb)** Das Unterhaltsstatut könnte durch das **Haager Unterhaltsstatutprotokoll von 2007** (HUntStProt 2007) geregelt sein. Dieses war zunächst, wie Art. 3 Nr 1 lit. c EGBGB noch deklariert, aufgrund eines Beschlusses des Europäischen Rates bereits als Kollisionsrecht der Mitgliedstaaten gemäß Art. 15 EG-UntVO seit dem 18.6.2011 anwendbar; im Zeitpunkt des vorliegenden Unfalls galt es jedoch auch bereits als Völkervertrag (seit dem 1.8.2013). Der sachliche Anwendungsbereich umfasst den Verwandten-, also auch den Kindesunterhalt (Art. 1 Abs. 1 HUntStProt 2007); intertemporal gilt das HUntStProt 2007 jedenfalls in einem nach dem 18.6.2011 einzuleitenden Verfahren für spätere Unterhaltszeiträume (Art. 75 Abs. 1, 76 Abs. 3 EG-UntVO, Art. 22 HUntStProt 2007 [vgl Rn 196]).

816 **cc)** Grundsätzlich sind die Kollisionsnormen des HUntStProt 2007 **universell anzuwenden**, also auch dann, wenn sie das Recht eines Nichtvertragsstaats berufen (Art. 2 HUntStProt 2007). Jedoch könnte das HUntStProt 2007 deshalb im Fall verdrängt sein, weil die Türkei Vertragsstaat des HUntStÜbk 1973, nicht aber des HUntStProt 2007[11] ist und das HUntStProt 2007 nicht in die vertragliche Bindung im Verhältnis zu Vertragsstaaten der HUntStÜbk von 1956 und 1973 eingreift. Wann das „Verhältnis" zu einem solchen Vertragsstaat eröffnet ist, erscheint fraglich. Man könnte zwar, wie dies etwa in Anwendung des KSÜ im Verhältnis zum MSA geschieht, auf den gewöhnlichen Aufenthalt abstellen. Nach wohl zutreffender Ansicht kann jedoch das Verhältnis zu einem Vertragsstaat des HUntStÜbk 1973 auch dann berührt sein, wenn alle Beteiligten in Deutschland ihren gewöhnlichen Aufenthalt haben, jedoch das HUntStÜbk 1973 das Recht jenes Vertragsstaates berufen würde; denn die Anwendung des HUntStProt 2007 schneidet in dieser Konstellation potentiell diese völkervertraglich bindend vereinbarte Anwendung des Rechts des anderen Vertragsstaats ab.[12] Vorliegend kann diese Frage unentschieden bleiben:[13] Nach der ersten Ansicht besteht kein ausreichender Bezug zur Türkei, weil weder der Unterhaltsberechtigte noch der Unterhaltspflichtige gewöhnlichen Aufenthalt in der Türkei haben bzw zuletzt hatten; folgt man der zweiten Ansicht, so ist maßgeblich, dass nach dem HUntStÜbk 1973 deutsches (und nicht türkisches) Recht berufen wäre als das am gewöhnlichen Aufenthalt des Unterhaltsberechtigten geltende innerstaatliche Recht (Art. 4 Abs. 1 HUntStÜbk 1973).

817 Damit ist das HUntStProt 2007 anzuwenden. Art. 4 Abs. 1 lit. a HUntStProt 2007 enthält zwar Sonderanknüpfungen für den Kindesunterhalt, geht jedoch, wie Art. 4 Abs. 2 zeigt, von der Anwendung des Art. 3 HUntStProt 2007 aus. Dieser beruft das deutsche Recht als Recht des gewöhnlichen Aufenthalts des unterhaltsberechtigten Kindes.

Unterhaltsstatut (als Vorfragenstatut) ist also deutsches Recht.

---

11 www.hcch.net: Conventions Nr 39 – Status Table.

12 *Rauscher/Andrae* (2015) Art. 18 HUntStProt 2007 Rn 5.

13 Bedeutung hat die Frage bei gewöhnlichem Aufenthalt der Beteiligten in verschiedenen Staaten, vor allem aber beim nachehelichen Unterhalt, den Art. 8 HUntStÜbk 1973 auch im Ergebnis anders anknüpft als das HUntStProt 2007.

c) Unterhaltsanspruch (deutsches Recht)

aa) Gemäß §§ 1601, 1610 BGB hätte Hüsein einen Anspruch auf angemessenen Unterhalt gegen Demir, wenn er mit Demir in gerader Linie verwandt ist. **818**

bb) Das wäre der Fall, wenn Demir der Vater Hüseins ist, wiederum eine **Vorfrage**, die selbstständig anzuknüpfen ist. **819**

d) Statut der Vorfrage: Abstammung

Abstammungsstatut ist das Recht des Staates, in dem das Kind seinen gewöhnlichen Aufenthalt hat (Art. 19 Abs. 1 S. 1 EGBGB). Auf alternative Anknüpfungen nach Art. 19 Abs. 1 S. 2 EGBGB muss nicht eingegangen werden, wenn sich bereits nach dem von Art. 19 Abs. 1 S. 1 EGBGB berufenen Recht die behauptete Abstammung ergibt. Ohne Bedeutung ist im vorliegenden Fall auch die Wandelbarkeit dieser Anknüpfung, da Hüsein bereits unmittelbar nach seiner Geburt gewöhnlichen Aufenthalt in Deutschland hatte und diesen beibehalten hat. **820**

Hier ist also zunächst deutsches Recht als Abstammungsstatut zu prüfen.

e) Abstammung des Hüsein von Demir (deutsches Recht)

Demir ist gemäß §§ 1592 Nr 1, 1593 S. 1 BGB Vater des Hüsein. Er war mit der Mutter des Kindes verheiratet[14], die Ehe wurde durch Demirs Tod aufgelöst und das Kind wurde am 30. Tag nach der Auflösung der Ehe, also innerhalb von 300 Tagen, geboren. **821**

Zusammenfassend stammt also Hüsein von Demir ab, dieser wäre ihm nach § 1601 BGB unterhaltspflichtig gewesen, so dass der Anspruch aus § 844 Abs. 2 BGB und § 10 Abs. 2 StVG gegen den Schädiger bzw den Halter des Unfallfahrzeugs dem Grunde nach besteht. **822**

f) Qualifikation des Mitverschuldens durch Verstoß gegen Verkehrsregeln

aa) Fraglich ist aber, ob und in welchem Umfang ein Mitverschulden zu berücksichtigen ist. Die Berücksichtigung von Mitverschulden ist **deliktsrechtlich zu qualifizieren**; bei deutschem Deliktsstatut gilt § 254 Abs. 1 BGB (ggf iVm § 9 StVG), wobei sich Hüsein ein Mitverschulden des Demir nach § 846 BGB zurechnen lassen muss. **823**

bb) Nicht deliktsrechtlich zu qualifizieren sind im deutschen IPR dagegen die **Verhaltensnormen**, deren Verletzung ein Mitverschulden begründen soll. Art. 17 Rom II-VO ist zwar insoweit im Wortlaut uneindeutig („sind faktisch und soweit angemessen... zu berücksichtigen"). Im Ergebnis kann jedoch kein Zweifel bestehen, dass insbesondere bei Teilnahme am öffentlichen Straßenverkehr die Verkehrsregeln nicht nur zu berücksichtigen sind, sondern dass das Deliktsstatut insoweit keinerlei Anwendung fin- **824**

14 Auch hierbei handelt es sich um eine Vorfrage (im Tatbestand der abstammungsrechtlichen Norm), die jedoch angesichts des zweifelsfreien Sachverhalts nicht zu thematisieren ist.

det; Verkehrsregeln müssen einheitlich dem im Verkehrsland geltenden Straßenverkehrsrecht entnommen werden. Das gilt auch für solche Verkehrsregeln, die sich nicht auf das Zusammenwirken im Verkehr beziehen, sondern die vorrangig dem Schutz von Fahrzeuginsassen dienen, auch wenn man dagegen einwenden könnte, dass die Wahrung gebotener Maßnahmen zum passiven Selbstschutz keinen Einfluss auf den fließenden Verkehr hat und deshalb einer Beurteilung aus Sicht des Deliktsstatuts eher zugänglich wäre als zB die Frage, ob auf der rechten oder der linken Fahrbahnseite zu fahren ist.

825 **cc)** Da das türkische Recht nach Sachverhalt eine Gurtanlegepflicht vorsieht, hat Demir objektiv eine ihn nach dem maßgeblichen Recht treffende **Verhaltenspflicht verletzt**, was auch für die Tötung kausal wurde, weil Demir mit an Sicherheit grenzender Wahrscheinlichkeit angegurtet überlebt hätte.

826 **dd)** Fraglich ist jedoch, nach welcher Rechtsordnung das Maß des Mitverschuldens, also die **Mitverschuldensquote**, zu bestimmen ist. Grundsätzlich ist die Bestimmung der Haftungsanteile von Unfallbeteiligten und damit auch die des Mitverschuldensanteils nach dem Deliktsstatut vorzunehmen.

Soweit es jedoch dabei wie für § 254 Abs. 1 BGB auf die Frage ankommt, in welchem Maß ein Beteiligter die **im Verkehr erforderliche Sorgfalt** außer Acht gelassen hat, müssen auch die am Unfallort geltenden Sorgfaltsmaßstäbe Berücksichtigung finden. Es kann insbesondere nicht ein Verhalten, das ortsüblich ist und mit den formal bestehenden Verkehrsregeln nahezu unlösbar verbunden ist, dem Verletzten in Anwendung von § 254 Abs. 1 BGB als grober Verstoß zugerechnet werden. Dies spräche dafür, das Mitverschulden eines im türkischen Straßenverkehr nicht angegurteten Beifahrers milder zu bewerten als im deutschen Straßenverkehr.

827 Hiervon kann jedoch wiederum eine Ausnahme geboten sein, wenn die deliktische Beziehung zwischen **Fahrer und Beifahrer** eines PKW zu beurteilen ist. Beteiligte, die in Deutschland leben und in einem deutschen PKW unterwegs sind, haben ihre Rechtsbeziehungen zueinander, wie Art. 4 Abs. 2 Rom II-VO bestätigt, in dem Fahrzeug gewissermaßen mitgenommen. Lockerungen der Regeltreue im Tatortland greifen hiergegen nicht durch. Daher hat zwischen ihnen die Abwägung des Mitverschuldens – sofern eine entsprechende Verkehrsregel am Unfallort überhaupt besteht – ausschließlich nach § 254 Abs. 1 BGB zu erfolgen.[15]

Nach § 254 Abs. 1 BGB sind daher alle sonstigen Umstände des Einzelfalles abzuwägen, also insbesondere das – allenfalls mittlere – Maß des Verschuldens des übermüdeten Unfallverursachers, nicht aber die nachlässige türkische Gurtanlegepraxis, was einen Mitverschuldensanteil von 30 % durchaus rechtfertigt.[16]

---

15 BGH IPRspr 1997 Nr 46.

16 Die Mitverschuldensquote liegt fallweise zwischen 25 % und 50 %, sofern nicht grobes Verschulden des Schädigers vorliegt.

9. Schadensersatzanspruch der Bülbül

Der Anspruch von Bülbül ergibt sich aus § 844 Abs. 3 BGB sowie aus § 10 Abs. 3 StVG. Als Ehefrau ist Bülbül dem Grunde nach anspruchsberechtigt. Ausführungen zur Bemessung des Anspruchs sind nicht zu machen. **828**

10. Schadensersatzanspruch der Güzel

Güzel hat Schadensersatzansprüche nach türkischem Recht, die nach der Fallfrage nicht zu berechnen sind. **829**

Ergebnis: Das LG Hamburg ist international und örtlich zuständig. **830**

Gegen die Beklagte besteht ein Direktanspruch im Umfang der gegen den Versicherungsnehmer bestehenden deliktischen Ansprüche.

Die Beklagte ist bis zur Höhe der vertraglich vereinbarten Versicherungssumme eintrittspflichtig.

Deliktsstatut für Ansprüche des Hüsein ist deutsches Recht, für Ansprüche der Güzel türkisches Recht.

Hüsein hat einen Anspruch nach § 844 Abs. 2 BGB und § 10 Abs. 2 StVG; das Maß des entgangenen Unterhalts beurteilt sich nach deutschem Recht als Unterhaltsstatut. Bülbül hat Ansprüche aus § 844 Abs. 3 BGB und § 10 Abs. 3 StVG. Die Ansprüche der Güzel nach türkischem Recht sind nicht zu berechnen.

Literaturhinweise

Behandlung der fallrelevanten Themen in:
Rauscher Internationales Privatrecht (5. Aufl., 2017)

Zuständigkeit für Versicherungssachen nach der Brüssel Ia-VO:	Rn 2003 ff
Anknüpfung des Direktanspruchs:	Rn 1430, 1446
Deliktische Tatortregel:	Rn 1370 ff, 1387 ff
Deliktische Aufenthaltsanknüpfung:	Rn 1394, 1398 ff
Rechtswahl des Deliktsstatuts:	Rn 1409 ff
Ausweichklausel bei Straßenverkehrsunfällen:	Rn 1401 ff

Weitere Literatur

1. Zuständigkeit für Versicherungssachen nach der Brüssel Ia-VO

Rauscher/Staudinger (2016) Art. 10 Brüssel Ia-VO Rn 1; zur örtlichen Zuständigkeit: Art. 11 Brüssel Ia-VO Rn 1, Art. 12 Brüssel Ia-VO Rn 1 (Haftpflichtversicherung), Art. 13 Brüssel Ia-VO Rn 1 (Haftpflichtversicherung), Art. 14 Brüssel Ia-VO Rn 2; zur Abweichungen durch Vereinbarung: Art. 15 Brüssel Ia-VO Rn 1.

2. Anknüpfung des Direktanspruchs

Staudinger/Armbrüster (2011) Anh zu Art. 7 Rom I-VO Rn 68.

Micha Der Direktanspruch im europäischen Internationalen Privatrecht (2010) 103 ff.

3. Deliktsstatut unter der Rom II-VO, Deliktische Tatortregel

Rauscher/Jakob/Picht (2016) Art. 4 Rom II-VO Rn 25.

Hönle Die deliktische Grundanknüpfung im IPR und IZVR (2011) 52 ff.

Lehmann/Duczek Grundfälle zur Rom II-VO JuS 2012, 681 ff, 788 ff.

4. Deliktische Aufenthaltsanknüpfung

Rauscher/Jakob/Picht (2016) Art. 4 Rom II-VO Rn 59.

Deinert Das Herkunftslandprinzip und seine Bedeutung für das Internationale Deliktsrecht, EWS 2006, 445.

5. Rechtswahl des Deliktsstatuts

Rauscher/Jakob/Picht (2016) Art. 14 Rom II-VO Rn 1.

Rugullis Die antizipierte Rechtswahl in außervertraglichen Schuldverhältnissen, IPRax 2008, 319.

Landbrecht Rechtswahl ex ante und das Deliktsstatut nach dem europäischen Kollisionsrecht (Rom I und Rom II) RIW 2010, 783.

Leible Rechtswahl im IPR der außervertraglichen Schuldverhältnisse nach der Rom II-Verordnung, RIW 2008, 257.

6. Deliktsstatut bei Straßenverkehrsunfällen

Bouwmann Besonderheiten bei der Regulierung von internationalen Verkehrsunfällen, NJW 2018, 1866.

Junker Das Internationale Privatrecht der Straßenverkehrsunfälle nach der Rom II-VO, JZ 2008, 169.

Lafontaine Der EU-Auslandsunfall in der Praxis des deutschen Kfz-Haftpflichtprozesses, ZAP 2016, 177.

Fall 15

Ein Möchtegern-„King of Torts"

Die Neverlost Inc. mit Sitz in New York vertreibt Satellitennavigationsgeräte, die unter anderem auch in gehoben ausgestattete Kfz als Navigationshilfe eingebaut werden. Sie vertreibt diese Geräte in Deutschland exklusiv über die WCW GmbH mit Sitz in Düsseldorf. **831**

Die WCW GmbH, die namens der Neverlost Inc. auch das Inkasso durchführt und Mängelrügen abwickelt, hat nach dem Vertragshändlervertrag solche Fälle der Neverlost Inc. telefonisch oder durch Telefax anzuzeigen. Anschließend belastet sie das Abrechnungskonto mit einer entsprechenden Rückbuchung. Auf diese Weise kommt es im Rechnungsjahr 2017 zu Rückbelastungen über 350.000 USD. Die Neverlost Inc. mutmaßt, dass die WCW GmbH und ihr Alleingesellschafter und Geschäftsführer, der in Düsseldorf wohnende deutsche Staatsangehörige Günther Gutmann, im Zusammenwirken mit Kunden Geräte beiseite gebracht haben und die Rückbuchungen auf unzutreffenden Behauptungen beruhen.

Mit diesem Vortrag erhebt die Neverlost Inc. am 4.1.2018 Klage gegen die WCW GmbH und gegen Günther Gutmann zu dem für ihren Firmensitz örtlich zuständigen erstinstanzlichen US-Bundesgericht, dem US District Court for the Northern District of New York (N.D.N.Y.). Sie stützt – nach US-Recht zutreffend – die *subject matter jurisdiction* (Zuständigkeit der US-Bundesgerichte) auf das Vorliegen eines *federal case* (Anspruchsgrund nach Bundesrecht), die *personal jurisdiction* (Internationale Zuständigkeit) auf Rule 4 (k) FRCP und trägt als *cause of action* (Klageanspruch) 18 USC § 1962, § 1964 (RICO) vor. Der durch die behaupteten Machenschaften entstandene Schaden wird mit 350.000 USD beziffert, die mit der Klage geforderte Summe beträgt 1.050.000 USD *treble damages.*

Am 13.7.2018 wird die über die nach Art. 2 HZÜ zuständigen Zentralen Behörden geleitete Klage und Terminsladung, welche die Aufforderung an den Beklagten enthält, gemäß Rule 12 F.R.Civ.P. binnen 21 Tagen nach Zustellung auf die Klage zu antworten, zusammen mit deutschen Übersetzungen durch den Postzusteller nach Eintrag des Datums der Zustellung auf dem Umschlag in den Geschäftsbriefkasten der WCW GmbH eingeworfen, wo auf Läuten niemand geöffnet hatte. Da die Rechtsanwälte der Neverlost Inc. nach Eintreffen des deutschen Zustellungszeugnisses drei Wochen vor dem anberaumten Termin erkennen, dass sie die Zustellung nur an die WCW GmbH veranlasst haben, senden sie die Klage in Originalfassung nochmals an Günther Gutmann mit eingeschriebenem Brief unter dessen Privatanschrift, wo sie am 2.9.2018 eintrifft.

Weder die WCW GmbH noch Günther Gutmann beteiligen sich an dem Termin am 12.9.2018 vor dem US District Court N.D.N.Y.. Dieser erlässt am 13.9.2018 ein *Default Judgment* (Versäumnisurteil) gegen die WCW GmbH und gegen Günther Gutmann als

Gesamtschuldner über 1.050.000 USD zuzüglich 157.500 USD (15 %) *attorney's fees* (Anwaltskosten). Nach Zustellung dieses Urteils lassen beide Beklagte sämtliche Fristen zur Einlegung von Rechtsbehelfen gegen das Urteil in den USA verstreichen.

Nachdem die Vollstreckung aus dem Urteil in ein bei der Chase Manhattan Bank N.Y. geführtes Konto der WCW GmbH 85.000 USD erbracht hat, beantragt die Neverlost Inc. bei dem LG Düsseldorf die Vollstreckbarerklärung des Urteils gegen beide Beklagte. Die Beklagten wenden ein, das Gericht sei unzuständig, da es sich um ein US-Strafurteil handele. Die Klage hätte schon deshalb nicht nach dem HZÜ zugestellt werden dürfen; außerdem sei die Zustellung an beide Beklagte mangelhaft erfolgt, auch wenn man sie gleich zweimal im Briefkasten vorgefunden habe. Die Rechtsanwälte der Klägerin hätten außerdem, was die Klägerin einräumt, auf der Suche nach Beweisen für ihre unhaltbaren Behauptungen vor den Geschäftsräumen der WCW zwei Mitarbeiter der WCW GmbH zu den Abrechnungsvorgängen befragt, weil sie für die in solchen Fällen in den USA übliche *pre-trial discovery for documents* in Deutschland ohnehin keine Rechtshilfe erhalten hätten. Die daraus gewonnenen Erkenntnisse seien wesentliche Grundlage der Klageschrift in den USA gewesen. Jedenfalls aber in Höhe der bereits in den USA vollstreckten 85.000 USD komme eine Vollstreckbarerklärung in Deutschland nicht in Betracht.

Wie ist zu entscheiden?

Bearbeitervermerk: Soweit für die begehrte Entscheidung die Verbürgung der Gegenseitigkeit im Verhältnis zu den USA erforderlich ist, ist diese zu unterstellen.

Materialien

I. US-amerikanisches materielles Bundesrecht United States Code (USC)[1]

Chapter 18 (RICO-Act; RICO=Racketeer Influenced and Corrupt Organizations)

a) 18 USC § 1962

832 (a) It shall be unlawful for any person who has received any income derived, directly or indirectly, from a pattern of racketeering activity or through collection of an unlawful debt in which such person has participated as a principal (...) to use or invest, directly or indirectly, any part of such income, or the proceeds of such income, in acquisition of any interest in, or the establishment or operation of, any enterprise which is engaged in, or the activities of which affect, interstate or foreign commerce. (...)

b) 18 USC § 1964

(c) Any person injured in his business or property by reason of a violation of section 1962 of this chapter may sue therefor in any appropriate United States district court and shall recover threefold the damages he sustains and the cost of the suit, including reasonable attorney,s fee (...).

---

1 http://uscode.house.gov/download/download.shtml.

c) Das US-Bundesrecht enthält keine Regelung, wonach die in 18 USC § 1964 (c) geregelten *RICO – treble damages* – vom Kläger teilweise an die öffentliche Hand abzuführen wären.

II. US-amerikanisches Bundes-Verfahrensrecht Federal Rules of Civil Procedure (2012) (FRCP)[2]

d) Rule 4 (k)

(2) Federal Claim Outside State-Court Jurisdiction.

For a claim that arises under federal law, serving a summons or filing a waiver of service establishes personal jurisdiction over a defendant if:

(A) the defendant is not subject to jurisdiction in any state,s courts of general jurisdiction; and

(B) exercising jurisdiction is consistent with the United States Constitution and laws.

e) Rule 12 (a)

(a) TIME TO SERVE A RESPONSIVE PLEADING

(1) *In General.* Unless another time is specified by this rule or a federal statute, the time for serving a responsive pleading
is as follows:

(A) A defendant must serve an answer:

(i) within 21 days after being served with the summons and complaint...

In deutschsprachigen Handbüchern zum US-amerikanischen Zivilprozess findet sich der Hinweis, dass diese Frist auf begründeten Antrag des Beklagten durch US-Bundesgerichte regelmäßig um weitere 20 Tage verlängert wird.

2 http://www.uscourts.gov/uscourts/rules/civil-procedure.pdf.

Strukturierung des Falles

833 **Wesentliche Themen:** Urteilsanerkennung und -vollstreckung nach ZPO; Spiegelbildliche Zuständigkeit; Internationale Zuständigkeit nach ZPO; Anerkennungsrechtlicher ordre public; Zustellung nach HZÜ.

I. Vollstreckbarerklärung

1. §§ 722 ff ZPO anwendbar

a) Brüssel I-VO, Brüssel Ia-VO, Luganer Übk. 2007
- Art. 32 ff Brüssel I-VO oder Art 36 ff Brüssel Ia-VO, EG-VollstrTitelVO (-): keine Entscheidung aus Mitgliedstaat
- Art. 32 ff Luganer Übk. 2007 (-): keine Entscheidung aus Vertragsstaat

b) Völkerverträge
- Völkervertragliche Bestimmungen (-) Deutsch-amerikanischer Freundschafts-, Handels- und Schifffahrtsvertrag betrifft nicht Urteilsanerkennung und -vollstreckung

c) §§ 722 ff ZPO
- § 722 ZPO (+): Entscheidung nicht im Anwendungsbereich von § 1 FamFG
- *treble damages* – Urteil Zivilurteil (+)
- Straffunktion spräche dagegen, auch BGH-Argument zum Strafmonopol
- Aber: Erlass in USA als Zivilurteil; Grundlage zivilrechtlicher Schadensersatzanspruch

2. Voraussetzungen der Vollstreckbarkeit

a) Exequatururteil
- Vollstreckbarerklärung erforderlich, § 722 Abs. 1 ZPO

b) Zuständigkeit zum Erlass des Exequatururteils
- Internationale Zuständigkeit deutscher Gerichte: § 722 Abs. 2 ZPO erfordert zuständiges deutsches Gericht, wenn Vollstreckung in Deutschland begehrt wird
- Örtliche Zuständigkeit: Düsseldorf: gegen WCW GmbH (+) §§ 722 Abs. 2, 12, 17 ZPO, gegen Gutmann (+) §§ 722 Abs. 2, 12, 13 ZPO
- Sachliche Zuständigkeit: Landgericht (+), § 722 Abs. 2 ZPO iVm §§ 71, 23 Nr 1 GVG

c) Formelle Rechtskraft des US-Urteils
- Im Ursprungsstaat formelle Rechtskraft, § 723 Abs. 2 S. 1 ZPO (+) Ablauf aller Rechtsbehelfsfristen

d) Anerkennungsprüfung, keine Inhaltsprüfung
- § 723 Abs. 2 S. 2 ZPO: Anerkennungsfähigkeit nach § 328 ZPO zu prüfen (unten II)

e) Einwand der Erfüllung nach Erlass
- Erfüllung nach Erlass des Urteils, kein Ausschluss durch § 723 Abs. 1 ZPO
- § 767 Abs. 2 ZPO nicht gegen ausländisches Urteil
- Argument aus § 12 Abs. 1 AVAG

II. Anerkennungsfähigkeit

1. § 328 Abs. 1 Nr 1 ZPO: Spiegelbildliche Zuständigkeit

a) Zuständigkeit im ausländischen Gesamtstaat auch bei Bundesstaaten
- Prüfung nach gespiegelten deutschen Zuständigkeitsbestimmungen

b) Spiegelung auch von Brüssel Ia – Zuständigkeiten?
- Zuständigkeiten nach Brüssel Ia-VO oder ZPO?
- Anerkennung zwar nicht nach Brüssel Ia-VO, sondern nach ZPO
- Aber Anwendung der Brüssel Ia – Zuständigkeiten auch bei Drittstaatenbezug
- Hier aber: *mutatis mutandis* kein Beklagtenwohnsitz in Mitgliedstaat, also Art. 6 Abs. 1 Brüssel Ia-VO, auch nicht in anderem Vertragsstaat des Luganer Übk. (Art. 3), also ZPO anwendbar

c) Spiegelung von ZPO-Zuständigkeiten

aa) §§ 12, 13 ZPO bzw §§ 12, 17 ZPO (-) kein Beklagtenwohnsitz in USA
- § 29 ZPO gegen Gutmann (-) kein Vertrag
- § 29 ZPO gegen WCW GmbH (-) RICO-Anspruch nach 18 USC § 1964 beruht nicht auf der Verletzung vertraglicher Verpflichtungen als solcher

bb) § 32 ZPO:
- Deliktisches Handeln in USA, §§ 823 Abs. 1 BGB, 263 StGB, 826 BGB (+), falls Klagebehauptung zutrifft

- Klagebehauptung damit doppelrelevante Tatsache
- Im deutschen Erkenntnisverfahren zu unterstellen
- Im Anerkennungsverfahren fehlt jedoch Begründetheitsprüfung, also keine Unterstellung
- Also Beweiserhebung für spiegelbildliche Zuständigkeit erforderlich

cc) § 23 ZPO:
- Vermögensrechtlicher Anspruch (+) Schadensersatz
- Vermögen in New York (+) Konto bei der Chase Manhattan Bank
- Erforderlicher zusätzlicher Inlandsbezug (+) Klägerin US-Gesellschaft mit Sitz in den USA

2. § 328 Abs. 1 Nr 2 ZPO: Verfahrenseinleitendes Schriftstück

a) Ordnungsmäßigkeit und Rechtzeitigkeit
- Berufung der Beklagten auf fehlerhafte Zustellung (+)
- Ordnungsgemäßheit und Rechtzeitigkeit kumulativ zu prüfen (wie Art. 27 Nr 2 EuGVÜ, anders seit Art. 34 Nr 2 Brüssel I-VO)

b) Zustellung an die WCW GmbH
- EG-ZustellVO 2007 (-) USA nicht Mitgliedstaat
- HZÜ (+) Deutschland und USA Vertragsstaaten, Zivil- und Handelssache (+) wie oben
- Art. 5 Abs. 1 lit. a HZÜ
- Ersuchen Art. 3 HZÜ (+)
- Zustellung durch die Post statthaft, § 4 ZustAusfG (+)
- Übersetzung, § 3 ZustAusfG (+)
- Ersatzzustellung § 180 ZPO, § 178 Abs. 1 Nr 2 ZPO (+)
- Rechtzeitigkeit (+) 2 Monate Einlassungszeit; gesetzte Frist von 20 Tagen wirkt nicht präklusiv und wäre verlängerbar
- Verstoß gegen deutschen ordre public wegen *treble damages*-Klageantrag (-)
- Kein offensichtlicher Verstoß gegen Rechtsstaatlichkeit
- Zustellung nur Gefährdung der Handlungsfreiheit des Beklagten
- Ermöglichung rechtlichen Gehörs im Auslandsverfahren erst durch Zustellung

c) Zustellung an Gutmann
- Zustellung nach HZÜ erforderlich (+)
- Art. 5 HZÜ (-) Zustellung nicht durch den Präsidenten des OLG Düsseldorf
- Art. 10 lit. a HZÜ Übersendung unmittelbar durch die Post (-) deutscher Widerspruch, § 6 S. 2 ZustAusfG, ersichtlich nicht zurückgenommen bzw geändert, im Übrigen Mindestanforderung Einschreiben/Rückschein
- § 3 ZustAusfG, Übersetzung (-)
- Heilung des Zustellungsmangels (-) HZÜ verletzt und keine Heilungsvorschrift in HZÜ
- Keine Rechtsbehelfsobliegenheit im HZÜ
- Rechtzeitigkeit (-) nur 20 Tage zur Einlassung wären zu kurz, dennoch rechtzeitig, wenn auf Antrag regulär Verlängerung gewährt wird, hier aber Versäumnisurteil noch vor Ablauf der originären 20-Tage-Frist seit Zugang

3. § 328 Abs. 1 Nr 4 ZPO: *ordre public*

a) Zeugenbefragung
- Schutzziel des Vorbehalts Art. 23 HBÜ: Keine Mitwirkung des Beklagten an Beweisbeschaffung
- Zeugen nur durch Auskunfts- und Zeugnisverweigerungsrechte geschützt
- kein Schutz bei unförmlicher Zeugenbefragung ohne hoheitlichen Druck

b) Treble damages
- Für Verstoß:
- Überschreiten des Schadensausgleichsprinzips/Überkompensation
- Bestrafungs- und Abschreckungsfunktion
- Strafmonopol des Staates
- Einschränkend:
- Genugtuungsfunktion (-) bei RICO nicht Schmerzensgeld für Körper- und Gesundheitsschäden, § 253 Abs. 2 BGB
- Pauschalierungsgedanke bei Beweisnot (-) Schaden berechenbar, Schadensersatz aber dreifach
- Teilanerkennung, soweit kompensatorischer Schadensersatz (+) anders als bei *punitive damages* bei *treble damages* ermittelbar

- also 350.000 USD abzüglich 85.000 USD

c) **Anwaltshonorar**
- Kostenentscheidungen zusammen mit dem Urteil für vollstreckbar erklärbar (+)
- Ordre public Verstoß bezogen auf Kostenentscheidung wegen prozentualem Anteil der Urteilssumme als Anwaltshonorar
- Kein Verstoß durch Abweichung von der *American Rule*, da Kostentragung durch Unterlegenen deutschem Recht entspricht
- Verstoß durch *contingency fee* (-)
- Schon unter § 49b Abs. 2 aF BRAO kein ausreichender Inlandsbezug, wenn Honorar von US-Anwalt vor US-Gericht
- Unter § 49b Abs. 2 BRAO kein elementares Prinzip des deutschen Rechts mehr gegen *quota litis*
- Wegen Höhe des Prozesskostenausspruchs (-) 15 % der Urteilssumme nicht außer Verhältnis zu anfallenden Kosten der Prozessführung
- Aber Beschränkung der Vollstreckbarerklärung des Kostenausspruchs wie Hauptsacheausspruch auf ein Drittel (52.500 USD)

Ergebnis: Das Urteil kann nur gegenüber der WCW GmbH für vollstreckbar erklärt werden, da die spiegelbildliche Zuständigkeit aus § 23 ZPO besteht und Zustellungsmängel nicht bestehen. Aufgrund des *ordre public* kann das Urteil jedoch nur bis zur Höhe des kompensatorischen Schadensersatzes (350.000 USD) unter Abzug der bereits vollstreckten 85.000 USD für vollstreckbar erklärt werden. Auch hinsichtlich der Anwaltskosten ist das Urteil in Höhe von einem Drittel (15 % aus 350.000 USD) für vollstreckbar zu erklären. Gegen Gutmann scheitert die Vollstreckbarerklärung an fehlender Ordnungsgemäßheit und Rechtzeitigkeit der Zustellung der Klage.

Lösung

I. Vollstreckbarerklärung

1. §§ 722 ff ZPO anwendbar

a) Brüssel I-VO, Brüssel Ia-VO, Luganer Übk. 2007

Europarechtliche Anerkennungs- und Vollstreckungsregeln sind nicht anzuwenden. **834**
Die intertemporal von der Verfahrenseinleitung abhängige Anerkennung und Vollstreckung nach Art. 32 ff Brüssel I-VO bzw Art. 36 ff Brüssel Ia-VO sowie nach der EG-VollstrTitelVO betrifft nur Entscheidungen von Gerichten in Mitgliedstaaten der EU; Art. 32 ff Luganer Übk. 2007 gelten nur für Entscheidungen aus Nicht-EU-Staaten des EWR.

b) Völkerverträge

Völkervertragliche Bestimmungen existieren nicht. Ein Haager Zuständigkeits- und **835**
Vollstreckungsübereinkommen ist im Planungsstadium gescheitert. Der deutsch-amerikanische Freundschafts-, Handels- und Schifffahrtsvertrag vom 29.10.1954[1] enthält keine Regelungen über die Urteilsanerkennung und -vollstreckung.

c) §§ 722 ff ZPO

Damit bestimmt sich die Vollstreckung eines US-amerikanischen Zivilurteils, das offen- **836**
sichtlich nicht in den Anwendungsbereich von § 1 FamFG fällt,[2] nach **§§ 722 ff ZPO**. Fraglich ist angesichts der offenkundig ausgeurteilten *treble damages*, die mit den *punitive damages* verwandt, jedoch auf das Dreifache des wirklichen Schadens begrenzt sind, ob überhaupt ein Zivilurteil vorliegt.[3] Für eine strafrechtliche Einordnung könnte sprechen, dass mit der Verhängung von *punitive damages* im Allgemeinen, und auch mit den *treble damages* für RICO im Besonderen, schwere, grob treuwidrige, in aller Regel auch strafrechtlich relevante Verhaltensweisen im Geschäftsverkehr sanktioniert werden sollen. Auch die noch im Zusammenhang mit dem deutschen *ordre public* zu behandelnde Ansicht des BGH[4], das staatliche *Strafmonopol* könne berührt sein, könnte dafür sprechen, solche Urteile funktionell als Strafurteile anzusehen. Gegen eine solche Einordnung spricht hingegen, dass derartige Urteile in den USA als Zivilurteile erlassen werden. Auch wenn bei *punitive damages* – nicht aber bei *treble damages* – der erlittene Schaden deutlich hinter dem Strafelement zurückbleiben kann, ist Grundlage immer ein zivilrechtlicher Schadensersatzanspruch, was vor allem der US Supreme

---

1 BGBl. 1956 II 487; *Jayme/Hausmann*[19] Nr 134.

2 Seit dem Inkrafttreten des FamFG am 1.9.2009 sind ausländische Entscheidungen, die aus Sicht des deutschen Rechts dem FamFG unterliegen würden (§ 1 FamFG) nach §§ 107 ff, § 110 FamFG, nicht mehr nach § 328, §§ 722 ff ZPO anzuerkennen und zu vollstrecken. Im Übrigen bleibt es selbstverständlich bei § 328, §§ 722 ff ZPO.

3 Vgl *Merkt* WRP 1995, 889; zur Qualifikation im Rahmen des HZÜ; *Nodoushani* VersR 2005, 1313, 1314.

4 BGHZ 118, 312, 340; BGH NJW 1999, 3198, 3200.

Court[5] betont, wenn er angesichts exorbitanter von *Juries* zugesprochener *punitive damages* einen verhältnismäßigen Bezug zwischen kompensierendem Schadensersatz und Strafelement anmahnt. Das Problem kann aus deutscher Sicht also nicht in der zivilrechtlichen Einordnung solcher Urteile gesehen werden. Problematisch ist (lediglich) die funktionale Nutzung des *zivilrechtlichen* Schadensrechts für *Zwecke*, die über die des deutschen Schadensrechts hinausgehen; das aber ist (nur) eine Frage der Anerkennungsfähigkeit. Es handelt sich also um ein Zivilurteil, für das die §§ 722 ff ZPO gelten.

2. Voraussetzungen der Vollstreckbarkeit

a) Exequatururteil

837 Die Vollstreckbarkeit setzt als Hoheitsakt den Erlass eines **Vollstreckungsurteils** (Exequatur) voraus (§ 722 Abs. 1 ZPO).

b) Zuständigkeit zum Erlass des Exequatururteils

838 Die internationale Zuständigkeit deutscher Gerichte folgt aus dem § 722 Abs. 2 ZPO zugrundeliegenden Prinzip, dass ein deutsches Gericht zuständig sein muss, wenn die Vollstreckung in Deutschland begehrt wird. Die örtliche Zuständigkeit in Düsseldorf ergibt sich nach § 722 Abs. 2 ZPO am allgemeinen Gerichtsstand der beklagten WCW GmbH (§§ 12, 17 ZPO) und des beklagten Gutmann (§§ 12, 13 ZPO). Die sachliche Zuständigkeit des Landgerichts ergibt sich aus § 722 Abs. 2 ZPO iVm §§ 71, 23 Nr 1 GVG.

c) Formelle Rechtskraft des US-Urteils

839 Für vollstreckbar erklärt werden können nur Urteile, die im **Ursprungsstaat formelle Rechtskraft** erlangt haben (§ 723 Abs. 2 S. 1 ZPO). Dies schließt die Vollstreckbarerklärung von Entscheidungen aus, die im Ursprungsstaat zwar (vorläufig oder endgültig) vollstreckbar, aber nicht unanfechtbar sind. Maßgeblich hierfür ist, dass im Ursprungsstaat kein *ordentlicher* Rechtsbehelf mehr eingelegt werden kann. Außerordentliche Rechtsbehelfe, auch die Möglichkeit eines Wiederaufnahmeverfahrens, hindern die Vollstreckbarerklärung nicht, solange sie nicht mit Erfolg eingelegt sind.[6] In diesem Sinn ist das vorliegende Urteil wegen Ablauf aller Rechtsbehelfsfristen formell rechtskräftig.

d) Anerkennungsprüfung, keine Inhaltsprüfung

840 Den Prüfungsumfang vor Erlass des Vollstreckungsurteils bestimmt die **Anerkennungsfähigkeit**. Das mit dem Antrag nach § 722 ZPO befasste Gericht prüft nicht die materielle und formelle Gesetzmäßigkeit der ausländischen Entscheidung (§ 723 Abs. 1 ZPO), sondern die Anerkennungsvoraussetzungen nach § 328 ZPO (§ 723 Abs. 2 S. 2 ZPO).

---

5 *BMW of North America Inc. v. Ira Gore Jr.* 116 S. Ct 1589 [1996]; zur Rezeption dieses *leading case*: *Nodoushani* VersR 2005, 1313, 1315 ff.

6 BGH VersR 1992, 1282; OLG Zweibrücken OLGR 2006, 86.

e) Einwand der Erfüllung nach Erlass

aa) Fraglich ist jedoch, ob § 723 Abs. 1 ZPO auch die Berufung auf die Einwendung der **Erfüllung nach Erlass des Urteils** ausschließt, hier also den Einwand, dass die Klägerin bereits 85.000 USD aus der Vollstreckung in New York erlangt hat. Wäre dieser Einwand im Verfahren nach §§ 722 ff ZPO ausgeschlossen, so müsste der Vollstreckungsschuldner sogleich Vollstreckungsgegenklage nach § 767 Abs. 2 ZPO erheben. Grundlage der Vollstreckung in Deutschland ist aber nicht das ausländische Urteil, sondern das deutsche Vollstreckungsurteil, so dass dem Vollstreckungsschuldner womöglich entgegenzuhalten wäre, dass er diese, den Anspruch selbst betreffende Einwendung im ersten (deutschen) Rechtszug hätte geltend machen müssen (§ 767 Abs. 1, 3 ZPO). Überdies fordert die Prozessökonomie eine Behandlung der Einwendung im Vollstreckbarerklärungsverfahren. **841**

bb) § 12 Abs. 1 AVAG[7] ermöglicht aus diesem Grund für den Bereich der Vollstreckbarerklärung aufgrund europarechtlicher und völkervertraglicher Bestimmungen die Geltendmachung solcher Einwendungen im Beschwerdeverfahren gegen die **Erteilung der Vollstreckungsklausel** und § 14 AVAG schließt die **Vollstreckungsgegenklage** wegen Einwendungen aus, die im Beschwerdeverfahren hätten geltend gemacht werden können. **842**

Im Verfahren nach §§ 723 ff ZPO ist aus demselben Grund anerkannt, dass Einwendungen gegen den materiellen Anspruch im Vollstreckbarerklärungsverfahren erhoben werden können, sofern sie erst nach dem Zeitpunkt entstanden sind, in dem sie im ausländischen Verfahren hätten geltend gemacht werden können.[8] Beide Beklagte, die als Gesamtschuldner verurteilt wurden, können also im Vollstreckbarerklärungsverfahren geltend machen, dass der titulierte Anspruch in Höhe von 85.000 USD jedenfalls erloschen ist.

II. Anerkennungsfähigkeit

Nach Sachverhalt sind Anerkennungshindernisse nach § 328 Abs. 1 Nr 1, Nr 2 und Nr 4 ZPO zu prüfen. Hinweise auf konkurrierende Urteile (§ 328 Abs. 1 Nr 3 ZPO) ergeben sich nicht, die Gegenseitigkeit (§ 328 Abs. 1 Nr 5 ZPO) ist verbürgt (vgl den *Hinweis* zum Sachverhalt). **843**

1. § 328 Abs. 1 Nr 1 ZPO: Spiegelbildliche Zuständigkeit

a) Zuständigkeit im ausländischen Gesamtstaat auch bei Bundesstaaten

§ 328 Abs. 1 Nr 1 ZPO verlangt eine Prüfung der Zuständigkeit des US District Court „nach den deutschen Gesetzen“. Anerkennungsvoraussetzung ist also eine **spiegelbildliche Zuständigkeitsprüfung**, welche die Prinzipien der Beanspruchung internationa- **844**

7 Seit dem 1.1.2010 idF der Neubekanntmachung vom 3.12.2009, BGBl. 2009 I 3830, zuletzt geändert durch Gesetz vom 8.7.2014 BGBl. I S. 890.

8 BGH NJW 1993, 1270, 1271; BGH NJW 1999, 3198, 3200.

ler Zuständigkeit durch deutsche Gerichte zum Maßstab für die Angemessenheit fremder Inanspruchnahme von Zuständigkeit macht. In diesem Rahmen ist nicht zu prüfen, ob ein nach deutschen Regeln örtlich zuständiges Gericht entschieden hat; die spiegelbildliche Zuständigkeit besteht schon dann, wenn nach deutschen Vorschriften die Gerichte im Urteilsstaat *international* zuständig gewesen wären, wenn also aus deutscher Sicht irgendein Gericht innerhalb der USA zuständig war, ohne dass es auf den jeweiligen Bundesstaat ankommt.[9]

Dagegen könnte ein Verstoß gegen die Zuständigkeitsregeln im Recht des Urteilsstaates nur bedeutsam werden, wenn er zur Nichtigkeit des Urteils (vgl § 723 Abs. 2 S. 1 ZPO) führt. Ein solcher Verstoß ist nicht ersichtlich (vgl MAT b, d).

b) Spiegelung auch von Brüssel Ia-Zuständigkeiten?

845 Das **Zuständigkeitssystem**, das der spiegelbildlichen Zuständigkeitsprüfung zugrunde zu legen ist, erscheint fraglich: Einerseits unterliegt die Anerkennung eines US-Urteils § 328 ZPO, also autonomem deutschem IZPR. Andererseits würde ein deutsches Gericht bei Wohnsitz des Beklagten in einem Mitgliedstaat der EU oder Vertragsstaat des Luganer Übk. 2007 unabhängig vom Wohnsitz der anderen Partei die europäischen Zuständigkeitssysteme anwenden. Da die Prüfung der spiegelbildlichen Zuständigkeit den Zweck hat, die Anerkennung ausländischer Urteile auf Fälle zu begrenzen, in denen *mutatis mutandis* auch deutsche Gerichte eine Zuständigkeit beanspruchen, steht einer Anwendung von Brüssel Ia- oder Lugano 2007-Zuständigkeiten im Rahmen des § 328 Abs. 1 Nr 1 ZPO nicht entgegen, dass es um die Anerkennung eines Drittstaaten-Urteils geht. Allerdings kann die spiegelbildliche Zuständigkeit nur dann nach der Brüssel Ia-VO bzw dem Luganer Übk. 2007 geprüft werden, wenn in einem gespiegelten Fall deutsche Gerichte diese Instrumente anwenden würden. Dies ist vorliegend nicht gegeben. Da im Fall keiner der Beklagten seinen Wohnsitz im Gerichtsstaat (USA) hatte, würden im spiegelbildlichen Fall deutsche Gerichte ihre internationale Zuständigkeit nach der ZPO beurteilen (Art. 6 Abs. 1 Brüssel Ia-VO, Art. 4 Abs. 1 Luganer Übk. 2007). Somit kann auch die spiegelbildliche Zuständigkeit von US-Gerichten sich nur aus der Spiegelung von Bestimmungen der ZPO ergeben.

c) Spiegelung von ZPO-Zuständigkeiten

846 **aa)** Da beide Beklagte im Gerichtsstaat (USA) keinen allgemeinen Gerichtsstand nach §§ 12, 13 ZPO bzw §§ 12, 17 ZPO haben, kann die spiegelbildliche Zuständigkeit nur auf besondere Gerichtsstände gestützt werden.

Eine spiegelbildliche Zuständigkeit nach **§ 29 ZPO (Erfüllungsortgerichtsstand)** kommt nur für die Klage gegen die WCW GmbH in Betracht, weil zwischen der Klägerin und Gutmann persönlich keine Vertragsbeziehungen bestehen. Zu prüfen ist jedoch vorab, ob eine Klage aus 18 USC §§ 1962, 1964 (MAT a, b) überhaupt in den Anwendungsbereich des Erfüllungsortgerichtsstandes fiele, unterstellt, dieser läge in den

9 BGH NJW 1999, 3198, 3199.

USA. Im Erfüllungsortgerichtsstand können nur Ansprüche aus schuldrechtlichem Vertrag geltend gemacht werden. Daran fehlt es, denn der RICO-Anspruch nach 18 USC § 1964 beruht nicht auf der Verletzung vertraglicher Verpflichtungen als solcher, sondern auf dem in 18 USC § 1962 als *„unlawful“* bezeichneten Verhalten und gibt Ansprüche unabhängig vom Bestehen vertraglicher Beziehungen, ist also funktionell ein deliktischer Anspruch.

bb) Zu erwägen ist damit eine spiegelbildliche Zuständigkeit nach **§ 32 ZPO (unerlaubte Handlung)**. 847

Das ausländische Gericht war danach spiegelbildlich zuständig, wenn den Beklagten ein (auch) **in den USA begangenes Delikt** zur Last liegt, wobei für § 32 ZPO vom Deliktsbegriff des deutschen Rechts auszugehen ist. Insoweit ergibt sich das Problem, dass der von der Klägerin in der Klage zu dem *US District Court* behauptete Sachverhalt gewiss den Tatbestand der §§ 823 Abs. 2 BGB iVm 263 StGB sowie § 826 BGB erfüllen würde und dieser Tatbestand angesichts der nach N.Y. gehenden Telefonate und Telefaxe (auch) in den USA begangen wäre, dass aber die Beklagten gerade diesen Vortrag als „unhaltbar“ bezeichnen, also bestreiten. 848

Es stellt sich also die Frage, ob das Gericht im Vollstreckbarerklärungsverfahren sog **„doppelrelevante Tatsachen“**, die sowohl die Zuständigkeitsvoraussetzungen als auch die Begründetheit der Deliktsklage betreffen, zu prüfen hat. Dagegen spricht prima facie, dass in direkter Anwendung von § 32 ZPO auf eine Prüfung doppelrelevanter Tatsachen verzichtet und für Zwecke der Zuständigkeit die Schlüssigkeit des klägerischen Vortrags als ausreichend angesehen wird. Dies rechtfertigt sich andererseits im deutschen Erkenntnisverfahren nur deshalb, weil bei Bejahung der Deliktszuständigkeit sodann eine materielle Anspruchsprüfung stattfindet, in deren Rahmen über die doppelrelevanten Tatsachen Beweis zu erheben ist. Es kommt also durch die auf eine Schlüssigkeitsprüfung reduzierte Prüfungsdichte für Zwecke der Zuständigkeit zu einer prozessökonomischen endgültigen Streiterledigung anstatt zu einem bloßen Prozessurteil, das zu erlassen wäre, wenn schon auf Ebene der Zuständigkeitsprüfung das Delikt geprüft würde. Hingegen findet im Vollstreckbarerklärungsverfahren eine Sachprüfung nicht mehr statt (§ 723 Abs. 1 ZPO). Verzichtet der deutsche Richter im Vollstreckbarerklärungsverfahren also, wie bei direkter Anwendung von § 32 ZPO, auf eigene Feststellungen, so kann er die Berechtigung der bestrittenen Klagebehauptungen überhaupt nicht mehr nachprüfen. Dann aber fände die spiegelbildliche Zuständigkeitsprüfung nicht statt, sondern es würde bereits aufgrund der schlüssigen Tatsachenbehauptung des Klägers eine spiegelbildliche Zuständigkeit unterstellt.[10] 849

Das LG Düsseldorf muss also über die seitens der Klägerin behaupteten deliktischen Tatbestände Beweis erheben, wenn die spiegelbildliche Zuständigkeit des US District Court auf § 32 ZPO gestützt werden muss.

10 BGHZ 124, 237.

850 **cc)** Zu erwägen ist im Verhältnis zur WCW GmbH als Beklagte auch eine auf **§ 23 ZPO (Vermögensgerichtsstand)** gestützte spiegelbildliche Zuständigkeit. Es handelt sich um einen vermögensrechtlichen Anspruch (Schadensersatz). Die WCW GmbH hatte nach Sachverhalt bei Klageerhebung ein Konto bei der Chase Manhattan Bank mit Sitz in N.Y., also im Gerichtsstaat, wobei es wiederum nur auf die Belegenheit in den USA, nicht im Gerichtsbezirk, ankommt. Fraglich ist, ob dieser reine Vermögensbezug genügt. § 23 ZPO wäre zwar in einer solchen reinen Wortlautauslegung weder verfassungs- noch völkerrechtswidrig. Diese Handhabung könnte jedoch in unzumutbarer Weise die Verteidigungsmöglichkeiten des ausländischen Beklagten beeinträchtigen, der nur wegen im Inland belegenem Vermögen gerichtspflichtig würde. Es bedarf daher einer Einschränkung, die auch für die spiegelbildliche Anwendung bedeutsam wird: Der Vermögensgerichtsstand kann die internationale Zuständigkeit nur begründen, wenn der Rechtsstreit einen über die Vermögensbelegenheit hinausgehenden *Inlandsbezug* aufweist.

Für den vorliegenden Fall ist dieser spiegelbildlich neben dem Vermögen in den USA zu fordernde weitere Inlandsbezug zu den USA zu bejahen, denn die Klägerin ist eine US- Gesellschaft mit Sitz in den USA und hatte mit der beklagten WCW GmbH Vertragsbeziehungen, die eine über die Vermögensanlage hinausgehende Affinität dieser Beklagten zum Gerichtsstaat vermitteln.

2. § 328 Abs. 1 Nr 2 ZPO: Verfahrenseinleitendes Schriftstück

a) Ordnungsmäßigkeit und Rechtzeitigkeit

851 **aa)** Die Anerkennung kann an § 328 Abs. 1 Nr 2 ZPO nur dann scheitern, wenn der Beklagte sich auf Zustellungsmängel *beruft*. Das ist hier für beide Beklagte der Fall.

852 **bb)** Die Klage müsste **nicht ordnungsgemäß oder nicht** so **rechtzeitig** zugestellt worden sein, dass sich der jeweilige Beklagte verteidigen konnte. Insoweit entspricht § 328 Abs. 1 Nr 2 ZPO noch dem Konzept des Art. 27 Nr 2 EuGVÜ und ist auch entsprechend auszulegen.[11] Anerkennungsvoraussetzung ist also, anders als nach Art. 34 Nr 2 Brüssel I-VO/Art. 45 Abs. 1 lit. b Brüssel Ia-VO/Luganer Übk. 2007, eine vollständig ordnungsgemäße Zustellung; nicht genügend ist eine in den Grenzen der Anerkennungshindernisse in den genannten neueren europäischen Instrumenten mangelhafte Zustellung, welche aber trotz der Mängel die Verteidigung nicht behindert und im Übrigen rechtzeitig ist. Die *Ordnungsgemäßheit* ist nach den Bestimmungen des Rechts des Urteilsstaates unter Einschluss der für den Urteilsstaat geltenden völkervertraglichen Übereinkommen zu prüfen.

11 BGHZ 120, 305; vgl EuGH Rs. C-123/91 ECLI:EU:C:1992:432 *(Minalmet/Brandeis)*; EuGH Rs. C-522/03 ECLI:EU:2005:606 *(Scania Finance France SA/Rockinger GmbH&Co KG)*.

b) Zustellung an die WCW GmbH

aa) Die im Zeitpunkt der Zustellung geltende EG-ZustellVO 2007[12] ist nicht anzuwenden, da die USA nicht Mitgliedstaat der EU sind. Die Ordnungsgemäßheit der Zustellung aus den USA nach Deutschland ist aber nach dem **HZÜ**[13] zu beurteilen, da beide Staaten dem HZÜ angehören (keine *loi uniforme*, da Rechtshilfevereinbarungen regelmäßig Gegenseitigkeit voraussetzen und in beiden Staaten bestimmte nach dem HZÜ eingerichtete Behörden einzuschalten sind, Art. 2 ff HZÜ). Dass eine Zustellung in einer *Zivil- oder Handelssache* vorliegt, ist entgegen dem Einwand der Beklagten ebenso zu bejahen wie für Zwecke des § 328 ZPO (Rn 836). **853**

bb) Nach dem Sachverhalt könnte die Zustellung **Art. 5 Abs. 1 lit. a HZÜ** entsprechen. **854**
Das nach Art. 3 HZÜ erforderliche Ersuchen an die Zentrale Behörde wurde gestellt. Fraglich ist also nur, ob eine nach deutschem Recht als Recht des ersuchten Staates wirksame Zustellung erfolgte. Es könnte eine wirksame Zustellung durch die Post vorliegen, die auch im Rahmen des HZÜ innerstaatlich zugelassen ist (§ 4 ZustAusfG[14]). Das Erfordernis der Übersetzung nach innerstaatlichem Recht (§ 3 ZustAusfG) ist gewahrt. Da nicht an den Geschäftsführer zugestellt wurde, könnte die Zustellung aber nur als Ersatzzustellung wirksam sein. Dies ist, anders als nach der vor dem 1.7.2002 geltenden Rechtslage, nach § 180 ZPO zu bejahen, da der Geschäftsführer der WCM GmbH in den Geschäftsräumen nicht angetroffen wurde und eine Ersatzzustellung nach § 178 Abs. 1 Nr 2 ZPO nicht möglich war, weil niemand öffnete. Bedenken an der Rechtzeitigkeit ergeben sich aus dem Sachverhalt nicht: 2 Monate Ladungsfrist zum Termin sind auch bei einem Termin in USA ausreichend; die mitgeteilte Verpflichtung aus Rule 12 F.R.Civ.P, binnen 20 Tagen auf die Klage zu antworten, könnte zwar zu knapp sein, sofern Fristversäumung präklusiv wirkt. Jedoch wird die Frist nach verfügbaren deutschen Quellen (MAT e) auf begründeten Antrag verlängert, so dass auch von einem deutschen Beklagten zu erwarten ist, dass er diese Möglichkeit der Fristverlängerung nutzt.[15]

cc) Fraglich ist jedoch, ob die Zustellung wegen Verstoß gegen den deutschen **ordre** **855**
public unwirksam ist, weil die Klage auf *treble damages* gerichtet war. Die Zustellung steht nicht ausdrücklich unter dem Vorbehalt des ordre public und der Anerkennungsvorbehalt aus § 328 Abs. 1 Nr 4 ZPO greift nicht unmittelbar auf die Zustellung durch. Die Rechtshilfe anlässlich der Zustellung könnte aber als deutscher staatlicher Hoheitsakt die allgemeine Handlungsfreiheit (Art. 2 Abs. 1 GG) des Zustellungsempfängers verletzen, sofern die konkrete Zustellung schlechterdings nicht mit dem *Rechtsstaatsprinzip* zu vereinbaren wäre. Dass eine auf *treble damages* oder auch weitergehend auf *punitive damages* gerichtete Klage offensichtlich gegen Grundsätze eines freiheitlichen Rechtsstaats verstieße, lässt sich kaum behaupten: Zum einen haben Formen des Strafschadensersatzes im Gesamtsystem des US-Rechts eine durchaus rechtsstaatliche Funk-

12 Verordnung (EG) Nr 1393/2007.
13 *Jayme/Hausmann*[19] Nr 211.
14 *Jayme/Hausmann*[19] Nr 212a.
15 BGH NJW 1999, 3198, 3200.

tion, da sie insbesondere einen schwächeren Verbraucherschutz und teilweise geringere Strafdrohungen bei Vermögensdelikten kompensieren. Zum anderen ist aus Sicht des Beklagten mit der Zustellung der Klage, anders als mit einer Vollstreckung, allenfalls eine *Gefährdung* seiner Handlungsfreiheit und seines Vermögens verbunden. Vor allem aber gewährleistet die Zustellung zunächst einmal, dass der Beklagte überhaupt von dem Verfahren Kenntnis erlangt und sich verteidigen kann. Versagung der Rechtshilfe würde hingegen regelmäßig das ausländische Verfahren nicht verhindern, sondern Formen der öffentlichen oder informellen Zustellung provozieren. Die Zustellung stellt sicher, dass ein rechtsstaatlich zweifelsfreies Verfahren im Gerichtsstaat stattfinden kann, was auch das Rechtsschutzinteresse des Klägers gewährleistet. Ein Verstoß der Zustellung als solcher gegen Grundrechte ist daher nicht gegeben.[16] Die Zustellung ist also wirksam.

c) Zustellung an Gutmann

856 **aa)** Auch an **Gutmann persönlich** war nach dem HZÜ zuzustellen. Die Zustellung an die WCW GmbH wirkt nicht gegen ihren Geschäftsführer-Gesellschafter persönlich.

857 **bb)** Da die Zustellung nicht durch den Präsidenten des OLG Düsseldorf als zuständige Zentrale Behörde in Nordrhein-Westfalen veranlasst wurde, fehlt es offenkundig an der Einhaltung der Voraussetzungen des **Art. 5 HZÜ**.

858 **cc)** Art. 10 lit. a HZÜ ließe zwar eine Zustellung durch **Übersendung unmittelbar durch die Post** zu. Hiergegen hat jedoch für Zustellungen nach Deutschland die BRep. Deutschland einen nach Art. 10 HZÜ zulässigen Widerspruch eingelegt (vgl § 6 S. 2 ZustAusfG).[17] Außerdem müsste für eine förmliche Zustellung nach dem HZÜ das zuzustellende Schriftstück in deutscher Sprache abgefasst sein (§ 3 ZustAusfG),[18] was vorliegend nicht der Fall ist, da nur die Klage im Original zugestellt wurde.

859 **dd)** Der Widerspruch gegen Art. 10 HZÜ beruht zwar auch auf der bis zur Reform des deutschen Zustellungsrechts zum 1.7.2002 durch das ZustRG bestehenden Unzulässigkeit von postalischen Zustellungen in der ZPO und ist deshalb seither nur noch zum Teil plausibel, weil nun auch im innerstaatlichen Zustellungsrecht eine solche Zustellung nicht mehr völlig ausgeschlossen ist. Ob der Widerspruch partiell zurückgenommen werden könnte, ist angesichts der Fassung des Art. 10 HZÜ („sofern“) fraglich. Bisher ist jedenfalls eine solche Rücknahme nicht erfolgt; vielmehr ist auch nach der letzten Änderung des ZustAusfG durch Gesetz vom 11.6.2017[19] die innerstaatliche Umsetzung des Vorbehalts unverändert in § 6 S. 2 ZustAusfG belassen. Im Übrigen wäre selbst im Verkehr zwischen EU-Mitgliedstaaten die Zustellung nur durch Einschreiben *mit Rückschein* und in deutscher Übersetzung zulässig gewesen (bis zum 12.11.2008: Art. 14 Abs. 1 EG-

16 BVerfGE 91, 335, 343 ff; BVerfG NJW 2007, 3709; BVerfG NJOZ 2016, 465, 469.
17 BGHZ 120, 305, 309.
18 BGHZ 120, 305, 309.
19 BGBl. 2017 I S. 1607.

ZustellVO 2000, § 1068 Abs. 2 aF ZPO; seit dem 13.11.2008: Art. 14 EG-ZustellVO 2007), so dass mit einer weitergehenden Regelung beim HZÜ nicht zu rechnen ist.

ee) Eine **Heilung des Zustellungsmangels** ist nur möglich, soweit sie in der Rechts- **860**
ordnung vorgesehen ist, nach deren Bestimmungen hätte zugestellt werden müssen. § 189 ZPO gilt insoweit nicht, wenn nicht lediglich Normen des deutschen Zustellungsrechts verletzt sind.[20] Da vorliegend die Bestimmungen des HZÜ verletzt wurden und das HZÜ keine Heilung vorsieht, ist die Zustellung unheilbar unwirksam.

Auch der Umstand, dass Gutmann in Kenntnis des *Default Judgment* alle Rechtsbehelfsfristen in den USA hat verstreichen lassen, steht der Berufung auf § 328 Abs. 1 Nr 2 ZPO nicht entgegen. Anders als Art. 34 Nr 2 Brüssel I-VO/Luganer Übk. 2007 und Art. 45 Abs. 1 lit. b Brüssel Ia-VO setzt § 328 Abs. 1 Nr 2 ZPO **keine Rechtsmittelobliegenheit**.

ff) Zudem wäre eine Zustellung im Zeitpunkt des Zugangs des Einschreibens auch **861**
nicht mehr **rechtzeitig** gewesen. Zwar wäre, wie ausgeführt (Rn 854) die Einlassungsfrist im Urteilsstaat verlängerbar, so dass eine iSd § 328 Abs. 1 Nr 2 ZPO ausreichende Frist möglich wäre. Jedoch ist die Einlassungsfrist im Urteilsstaat zumindest insoweit indiziell, als bei Unterschreitung Rechtzeitigkeit schwerlich gegeben ist, denn regelmäßig bedarf es längerer Fristen, wenn der Beklagte sich auf seine Rechtsverteidigung im Ausland einstellen muss. Der nachgeschobene Zustellungsversuch mit Brief hat jedoch Gutmann erst am 2.9.2018 erreicht und damit nur 10 Tage vor dem Termin und 11 Tage vor Erlass des Versäumnisurteils, was zweifelsfrei nicht rechtzeitig ist.

3. § 328 Abs. 1 Nr 4 ZPO: Ordre public

a) Zeugenbefragung

aa) Der Umstand, dass die Klage sich wesentlich auf die private Befragung von Zeu- **862**
gen seitens der klägerischen Anwälte stützt, könnte gegen das zum verfahrensrechtlichen deutschen *ordre public* rechnende **Ausforschungsverbot** verstoßen, weil sie den deutschen Vorbehalt gegen eine Rechtshilfe zum Zweck der *pre-trial discovery of documents* (Vorbehalt zu Art. 23 HBÜ[21]) umgehen soll. Der Vorbehalt zu Art. 23 HBÜ dient der Verwirklichung des zum deutschen *ordre public* rechnenden Grundsatzes, dass der *Beklagte* dem Kläger nicht die Waffen zur Führung des Rechtsstreits zur Verfügung stellen muss.[22]

bb) **Zeugen** sind aber hierdurch nicht geschützt, weil sie, begrenzt durch Auskunfts- **863**
und Zeugnisverweigerungsrechte, auch im deutschen Zivilprozess zur Aussage verpflichtet sind. Auch der Beklagte ist nicht davor geschützt, dass Mitarbeiter als Zeugen auszusagen haben. Damit kann selbst ein formelles Rechtshilfeersuchen um Einver-

20 BGHZ 120, 305, 310.
21 *Jayme/Hausmann*[19] Nr 212.
22 BGH NJW 1958, 1491; OLG Düsseldorf OLGR 2007, 393.

nahme von Zeugen im Rahmen einer *pre-trial discovery* nicht generell unter Hinweis auf das Ausforschungsverbot abgelehnt werden. Eine unförmliche Zeugenbefragung, bei der keinerlei hoheitlicher Druck auf den Zeugen besteht und der sich der Zeuge daher jederzeit entziehen kann, hindert daher erst recht nicht die Anerkennung. Anders wäre es, wenn sich die klägerischen Anwälte die begehrten Dokumente illegal durch Mitarbeiter der WCW GmbH besorgt hätten.

b) Treble damages

864 **aa)** Für einen Verstoß gegen den materiellrechtlichen deutschen *ordre public* spricht, dass Verurteilungen zu *treble damages*, ebenso wie zu *punitive damages*, neben dem **Schadensausgleich** eine dem deutschen Deliktsrecht fremde Bestrafungs- und Abschreckungsfunktion haben. Hingegen ist das deutsche Deliktsrecht geprägt vom Prinzip des Schadensausgleichs und vom Verbot der Überkompensation (vgl Art. 40 Abs. 3 EGBGB, der freilich den *ordre public interne* betrifft, der strenger ist als der bei Anerkennung berührte *ordre public international*). Das bei *punitive damages* ebenfalls berührte Verhältnismäßigkeitsprinzip ist zwar bei *treble damages* nicht in gleicher Weise betroffen; doch spricht gegen die Vollstreckbarerklärung auch bei begrenztem Strafschadensersatz das *Strafmonopol* des Staates, das jedenfalls dann berührt ist, wenn der Ersatz dem Kläger zusteht und nicht staatlicherseits abgeschöpft wird (wie hier, vgl MAT c), so dass die Strafe privatnützig erhoben wird. Auf Strafschadensersatz lautende Urteile sind also grundsätzlich nicht anzuerkennen.[23]

865 **bb)** Ggf kann jedoch die **Genugtuungsfunktion**, die im Rahmen von Schmerzensgeldansprüchen dem deutschen Recht bekannt ist, für eine teilweise Anerkennung herangezogen werden, soweit *punitive damages* abgrenzbar dem Zweck dienen, immaterielle Schäden zu kompensieren.[24] Für den Fall der RICO *treble damages* kann dieser Gedanke jedoch nicht nutzbar gemacht werden, weil der RICO Act nicht Körper- und Gesundheitsschäden (vgl § 253 Abs. 2 BGB) betrifft, sondern geschäftliches Fehlverhalten pönalisiert.

866 **cc)** In Betracht käme auch, in bestimmten Fällen den **Pauschalierungsgedanken** heranzuziehen, der es auch im deutschen Recht erlaubt, schlecht nachweisbare Schäden zu schätzen, und der es womöglich rechtfertigen könnte, auch die vom Schädiger durch die deliktische Handlung erzielten Gewinne abzuschöpfen.[25] Auch dies verhilft vorliegend nicht zur Anerkennung, denn der behauptete wirkliche Schaden entspricht identisch dem durch das angebliche betrügerische Verhalten erzielten Gewinn und war nach dem Klageinhalt anscheinend eindeutig berechenbar.

867 **dd)** In Betracht kommt aber die teilweise Anerkennung hinsichtlich des tatsächlichen **kompensatorischen Schadensersatzes**. Bei auf *punitive damages* lautenden Urteilen,

---

23 BGHZ 118, 312, 338.
24 BGHZ 118, 312, 340.
25 BGHZ 118, 312, 340.

aus denen häufig ein kompensatorischer Schadensanteil nicht isoliert werden kann oder die an verhältnismäßig geringfügige tatsächliche Schäden hohe Strafschadens-Aussprüche knüpfen, kann das mit der Vollstreckbarerklärung befasste deutsche Gerichte ohne eindeutige nachvollziehbare Hinweise im US-Urteil auf das Verhältnis von kompensatorischem zu sanktionierendem Schadensersatz eine solche Aufteilung nicht vornehmen; das Urteil wird also insgesamt nicht anerkannt.[26]

Im Gegensatz dazu lässt sich bei ***treble damages*** ohne Weiteres ein kompensatorischer **868** Schadensanteil ermitteln. Da *treble damages* das Dreifache des nachgewiesenen, bei Versäumnisurteilen des schlüssig behaupteten Schadens nicht übersteigen, ist ein Drittel der Urteilssumme den *ordre public*-Bedenken nicht ausgesetzt. Das Anerkennungshindernis ergreift das Urteil also nur, soweit es in der Hauptsache einen über 350.000 USD hinausgehenden Betrag zuspricht. Von den verbleibenden 350.000 USD ist der bereits in den USA vollstreckte Betrag (85.000 USD) in Abzug zu bringen.

c) Anwaltshonorar

aa) Kostenentscheidungen werden grundsätzlich zusammen mit dem Urteil für voll- **869** streckbar erklärt. Es kann sich jedoch ein isoliert auf die Kostenentscheidung bezogener Verstoß gegen den deutschen *ordre public* ergeben.

bb) Dies könnte hier deshalb in Betracht kommen, weil dem Kläger ein **prozentualer** **870** **Anteil** der Urteilssumme für Anwaltshonorar zugesprochen wurde.

Dass 18 USC § 1964 einen gesonderten Ausspruch von Rechtsanwaltskosten ermöglicht, bedeutet zum einen eine Ausnahme von der *American Rule*, wonach grundsätzlich eine Prozesskostenerstattung im amerikanischen Zivilprozess nicht stattfindet. Insoweit verstößt die im Urteil angewendete abweichende Regelung nicht gegen den deutschen *ordre public*, sondern kommt ihm sogar entgegen, weil im deutschen Zivilprozess Kostenerstattung die Regel ist.

cc) Fraglich ist aber, ob die Zuerkennung des Ersatzes einer bei Schadensersatzpro- **871** zessen üblichen *contingency fee*, einer prozentual **am Prozesserfolg gemessenen Anwaltsvergütung**, gegen den deutschen *ordre public* verstößt. Schon unter Geltung des § 49b Abs. 2 aF BRAO wurde die Zubilligung eines Erfolgshonorars für einen vor US-Gerichten tätigen amerikanischen Anwalt für sich genommen nicht als Verstoß gegen den deutschen *ordre public* angesehen, obgleich § 49b Abs. 2 aF BRAO als wesentlicher Grundsatz des deutschen Prozessrechts verstanden wurde. Die *contingency fee* ist im System des US-Prozesskostenrechts durchaus systemgerecht und betrifft bei Auftreten des Rechtsanwalts vor US-Gerichten nicht die inländische Rechtspflege,[27] so dass ein hinreichender Inlandsbezug fehlte.

---

26 BGHZ 118, 312, 343 ff.
27 BGHZ 118, 312; anders nur bei Tätigkeit vor deutschen Gerichten: OLG Frankfurt NJW-RR 2000, 1367.

Nachdem sich jedenfalls das ausnahmslose Verbot einer *quota litis* in § 49b Abs. 2 aF BRAO wegen Verstoßes gegen Art. 12 GG als verfassungswidrig erwiesen hat[28] und nun in besonders gelagerten Ausnahmefällen auch deutsche Rechtsanwälte ein Erfolgshonorar vereinbaren können (§ 49b Abs. 2 BRAO idF ab 1.7.2008), dürfte überdies die weiterhin eher ablehnende Haltung des deutschen Rechts gegenüber Erfolgshonoraren von Rechtsanwälten nicht mehr zu den Grundprinzipien des deutschen Rechts rechnen.

872 **dd)** Vorliegend scheitert die Anerkennung auch nicht an einer außergewöhnlichen **Höhe** des zuerkannten Betrages für Prozesskosten. 15 % der Urteilssumme übersteigen zwar bei einem Streitwert dieser Höhe deutlich das bei Anwendung des RVG anwendbare Honorar, stehen aber nicht außer Verhältnis zu den einem Kläger und seinem Rechtsanwalt in den USA anfallenden außergerichtlichen Kosten, zumal bei der *contingency fee* der Rechtsanwalt das Risiko des Prozessverlustes übernimmt und in Deutschland ein vergleichbarer Fall schwerlich ohne Honorarvereinbarung übernommen würde. Jedoch sollte sich die Anerkennungsversagung gegenüber den ***treble damages*** auch auf den hiervon prozentual berechneten Kostenersatz erstrecken, so dass auch von dem Kostenausspruch nur ein Drittel (52.500 USD) für vollstreckbar zu erklären ist.

873 **Ergebnis:** Das Urteil kann nur gegenüber der WCW GmbH für vollstreckbar erklärt werden, da die spiegelbildliche Zuständigkeit aus § 23 ZPO besteht und Zustellungsmängel nicht bestehen. Aufgrund des *ordre public* kann das Urteil jedoch nur bis zur Höhe des kompensatorischen Schadensersatzes (350.000 USD) unter Abzug der bereits vollstreckten 85.000 USD für vollstreckbar erklärt werden. Auch hinsichtlich der Anwaltskosten ist das Urteil in Höhe von einem Drittel (15 % aus 350.000) für vollstreckbar zu erklären. Gegen Gutmann scheitert die Vollstreckbarerklärung an fehlender Ordnungsgemäßheit und Rechtzeitigkeit der Zustellung der Klage.

Literaturhinweise

Behandlung der fallrelevanten Themen in:
***Rauscher* Internationales Privatrecht (5. Aufl., 2017)**

Urteilsanerkennung und -vollstreckung ZPO:	Rn 2595 ff
Spiegelbildliche Zuständigkeit:	Rn 2602 ff
Internationale Zuständigkeit nach ZPO:	Rn 2242 ff
Anerkennungsrechtlicher ordre public:	Rn 2616 f
Zustellung nach HZÜ:	Rn 1699 ff

28 BVerfGE 117, 163, 181 ff; dazu auch BGH NJW 2009, 534.

Weitere Literatur

1. Urteilsanerkennung und -vollstreckung ZPO

Staudinger/Spellenberg (2005) § 328 ZPO Rn 1.

Schmeil-Moore Anerkennung und Vollstreckung russischer Urteile in Deutschland – Wer löffelt die Suppe aus?, WiRO 2018, 1.

Strasser Vollstreckung aus Nicht-EU-Urteilen – Was sind ausländische Urteile wert?, NZFam 2015, 103.

2. Spiegelbildliche Zuständigkeit

Staudinger/Spellenberg (2005) § 328 ZPO Rn 296.

Kern Anerkennungsrechtliches Spiegelbildprinzip und europäische Zuständigkeit, ZZP 2007 (120) 31.

Sonnentag Anerkennungs-Vollstreckbarkeitshindernisse im autonomen deutschen Recht, ZVglRWiss 2014, 83.

3. Internationale Zuständigkeit nach ZPO

Coester-Waltjen Die gerichtlichen Zuständigkeiten in der ZPO, Jura 2007, 826.

4. Anerkennungsrechtlicher ordre public

Frey/Pfeifer Der ordre public – die öffentliche Ordnung: derselbe Begriff, verschiedene Funktionen – ein Rechtsprinzip?, EuR 2015, 721.

Sujecki Die Möglichkeiten und Grenzen der Abschaffung des ordre public-Vorbehalts im Europäischen Zivilprozessrecht, ZEuP 2008, 458.

Tolani U.S. Punitive Damages Before German Courts: A Comparative Analysis with Respect to the Ordre Public, 17 ANNSICL 185 (2011).

5. Zustellung nach HZÜ

Fahrbach/Schiener Praktische Rechtsfragen der internationalen Zustellung, IWRZ 2017, 16.

Schiener Keine Anerkennungsfähigkeit eines US-amerikanischen Urteils bei Verletzung der Art. 2 ff des Haager Zustellungsübereinkommens, IWRZ 2017, 40.

Fall 16

Eine Null zu viel überwiesen

874 Der deutsche Staatsangehörige Volker Voss ist selbstständiger Handelsvertreter mit Wohnsitz in Hannover. Er ist aufgrund Vertrag vom 26.12.2014 ua für die Firma California Jeans Inc., einem Hersteller von Konfektionsmode mit Sitz in San Jose (California, USA), als Alleinvertreter für Deutschland tätig und erhält als Vergütung eine Provision von 10% der jeweiligen Auftragssumme. Der Handelsvertretervertrag enthält eine Rechtswahlklausel zum Recht von California sowie eine Gerichtsstandsklausel, wonach für Klagen des Handelsvertreters gegen die California Jeans Inc. die ausschließliche Zuständigkeit der Gerichte in Los Angeles (California) besteht.

Am 17.1.2018 erteilt die California Jeans Inc. ihrer Hausbank, der Wells Fargo Bank Inc. San Francisco („Wells Fargo"), einen Überweisungsauftrag auf das bei der Commerzbank AG, Filiale Hannover, geführte Konto von Volker Voss über 15.394,00 USD für Provisionen aus 2017, unter anderem für die Vermittlung eines Großauftrags mit einer Laufzeit von 5 Jahren mit einem Modehändler mit Geschäftssitz in München. Wells Fargo überweist versehentlich 153.940,00 USD.

Am 22.1.2018 stellt sich bei einer Überprüfung der von Volker Voss eingereichten korrekten Abrechnungen heraus, dass der California Jeans Inc. bei der Berechnung der Provisionssumme ein Rechenfehler unterlaufen ist; die vertraglich geschuldete Provisionssumme beträgt nur 14.394,00 USD.

Unabhängig von diesem Vorgang kündigt die California Jeans Inc. wegen einer Umstrukturierung ihres Vertriebssystems in Europa das Vertragshändlerverhältnis fristgemäß zum 1.8.2018. Volker Voss verlangt einen angemessenen Ausgleich gemäß § 89b HGB, California Jeans Inc. wendet ein, ein solcher Ausgleich sei – was zutrifft – im Recht von California nicht vorgesehen.

Nachdem bei einer Innenrevision der Wells Fargo der Überweisungsfehler entdeckt wurde, fordert Wells Fargo den Volker Voss zur Erstattung der Differenz von 138.546,00 USD auf. Volker Voss meint, er schulde Wells Fargo nichts und habe gegenüber California Jeans Inc. aufrechenbare Gegenansprüche aus § 89b HGB. Daraufhin vereinbaren Wells Fargo und California Jeans Inc. formlos die Abtretung aller der Wells Fargo aus dem Überweisungsvorgang gegen Volker Voss zustehenden Ansprüche.

California Jeans Inc. verlangt nun von Voss Rückzahlung von 139.546,00 USD. Volker Voss bestreitet die Wirksamkeit der Abtretung. Außerdem wendet er ein, er habe 10.000,00 USD aus der unerwartet hohen Provisionszahlung seiner Freundin Nina Neumann geschenkt. Hilfsweise erklärt er die Aufrechnung mit Ansprüchen aus § 89b HGB. California Jeans Inc. bestreitet hilfsweise die Zulässigkeit der Aufrechnung.

Welche Rechtsordnungen sind auf Ansprüche zwischen California Jeans Inc. und Volker Voss bzw Nina Neumann anzuwenden?

Abwandlung: Es hat keine Zuvielüberweisung gegeben und Volker Voss erhebt Klage auf Zahlung eines Ausgleichs in Höhe 15.000 EUR gemäß § 89b HGB vor dem LG Hannover. Die California Jeans Inc. wendet die Gerichtsstandsvereinbarung ein. Ist das LG Hannover international und örtlich zuständig?

Strukturierung des Falles

875 **Wesentliche Themen:** Anknüpfung der Leistungskondiktion; Bereicherungsrechtliche Dreipersonenverhältnisse; Anknüpfung der Nichtleistungskondiktion; Anknüpfung von Bereicherungsansprüchen unter der Rom II-VO, Durchsetzung zwingenden Richtlinienrechts gegen ein Nicht-EU-Vertragsstatut.

Fallfrage: Anwendbares Recht

I. Auf Bereicherungsansprüche anwendbares Recht

1. Anwendungsbereich der Rom II-VO

a) Zeitlich
- Bereicherungsansprüche auslösende Überweisung nach Stichtag 11.1.2009 (+)

b) Sachlich
- Außervertragliches Schuldverhältnis (Art. 1 Abs. 1 Rom II-VO) (+)
- Verbindung zum Recht verschiedener Staaten (+)
- Nicht notwendig mehrere Mitgliedstaaten
- Keine Bereichsausnahme (Art. 1 Abs. 2 Rom II-VO) (+)
- Zweifelhaftes Bestehen des Anspruchs nicht relevant, Art. 2 Abs. 2 Rom II-VO

c) Räumlich
- loi uniforme Art. 3 Rom II-VO (+)

2. Anknüpfung der Rückforderung von 1.000 USD wegen Rechenfehler

a) Anknüpfungssystematik
- Problematik Dreipersonenverhältnis Leistungs-/Nichtleistungskondiktion im deutschen materiellen Recht, Übertragung auf deutsches IPR, nicht aber direkt repräsentiert in Rom II-VO; nur lösbar über akzessorische Anknüpfungen und Ausweichklausel

b) Zahlung auf Nichtschuld
- Art. 10 Abs. 1 Rom II-VO
- keine Differenzierung nach Leistungs- und Nichtleistungskondiktion
- Zahlungen auf nicht bestehende Schuld: Anknüpfung an zwischen den Parteien bestehendes Rechtsverhältnis
- enge Verbindung bei Rückforderung von veranlasster Zuvielüberweisung (+)
- Ausweichklausel Art. 10 Abs. 4 Rom II-VO (-)

c) Akzessorische Anknüpfung: Vertragsstatut des Handelsvertretervertrags

aa) Anwendungsbereich Rom I-VO
- Zeitlich (+) Vertragsschluss nach Stichtag 17.12.2009
- Sachlich (+) vertragliches Schuldverhältnis (Art. 1 Abs. 1 Rom I-VO, keine Bereichsausnahme Art. 1 Abs. 2 Rom I-VO)

bb) Anknüpfung Handelsvertretervertrag:
- Rechtswahlklausel wirksam (Art. 3 Abs. 1, Abs. 5, Art. 10 Rom I-VO), also Recht von California
- Sonderanknüpfungen Art. 8 Rom I-VO, Art 46b EGBGB hier noch nicht relevant

cc) Gesamtverweisung (-) Art. 24 Rom II-VO

3. Anknüpfung der Rückforderung von 138.546,00 USD Zuvielüberweisung

a) Keine Akzessorietät zum Schuldverhältnis
- Art. 10 Abs. 1 Rom II-VO
- Enge Verbindung vielfacher Zuvielüberweisung zu Handelsvertretervertrag (-)

b) Kein gemeinsamer gewöhnlicher Aufenthalt
- Art. 10 Abs. 2 Rom II-VO (-) kein gewöhnlicher Aufenthalt im selben Staat

c) Staat des Bereicherungseintritts
- Art. 10 Abs. 3 Rom II-VO (+) Staat, in dem die Bereicherung eingetreten ist:
- Dahinstehen kann, ob der gewöhnliche Aufenthalt des Empfängers oder – was eher zutrifft – der Ort der Kontoführung maßgeblich ist, da beides deutsches Recht

d) Keine engere Verbindung
- Ausweichklausel Art. 10 Abs. 4 (-)

e) Qualifikation: Direktkondiktion im Drei-Personen-Verhältnis, Umfang der Bereicherung
- Reichweite Bereicherungsstatut (Art. 15 Rom II-VO)
- Gläubiger und Schuldner (lit. a), also insbesondere auch, ob Direktkondiktion im Dreipersonenverhältnis

- Umfang des Bereicherungsanspruchs (lit. c), Beschränkungen und Erlöschen (Art. 15 lit. b, h)

4. Anknüpfung von Ansprüchen gegen Nina Neumann wegen 10.000 USD

a) Weitergabekondiktion: Bezug zu einem Schuldverhältnis?
- Art. 10 Abs. 1 Rom II-VO enge Verbindung mit einem Rechtsverhältnis
- Wirksamkeitsstatut (-) bei Weitergabe im Weg der Schenkung
- Enge Verbindung zu dem Handelsvertretervertrag (-)
- Enge Beziehung zu Schenkungsvertrag (+)
- Aber nicht „zwischen den Parteien" des Bereicherungsanspruchs

b) Land des Bereicherungseintritts
- Art. 10 Abs. 2 Rom II-VO (-) kein gemeinsamer gewöhnlicher Aufenthalt Art. 10 Abs. 3 Rom II-VO (+) Bereicherung eingetreten am Ort der Schenkung in Deutschland

II. Auf die Wirksamkeit der Abtretung anwendbares Recht

1. Entwurf einer Verordnung über das auf die Drittwirkung von Forderungsübertragungen anzuwendende Recht
- Im Zeitpunkt der Abtretung nur als Entwurf vorliegend, intertemporal Art. 14 Abs. 1 des Entwurfs, Stichtag Abtretung nach Geltungsbeginn (-)

2. Qualifikation im Dreipersonenverhältnis
- Art. 19 Rom II-VO (-): nur gesetzlicher Forderungsübergang
- Art. 14 Rom I-VO, auch bei Abtretung von Anspruch aus gesetzlichem Schuldverhältnis (+)
- Art. 14 Abs. 1 Rom I-VO: Verhältnis von Zedent und Zessionar

3. Abtretbarkeit
- Art. 14 Abs. 2 Rom I-VO: Statut der abgetretenen Forderung

4. Art und Weise der Abtretung
- Qualifikation: Erforderlichkeit gesonderten Rechtsgeschäfts, Publizitätserfordernisse, Schuldnerschutz
- Anknüpfung an Statut der abgetretenen Forderung, sonst durch Rechtswahl manipulierbar

III. Auf Ansprüche wegen Beendigung des Handelsvertretervertrages anwendbares Recht

1. Vertragsstatut, Sonderanknüpfungen

a) Nicht nach Vertragsstatut
- § 89b HGB, falls deutsches Recht auf den Vertrag anzuwenden, jedoch (-): Vertragsstatut Recht von California (-)

b) Sonderanknüpfungen einfach zwingender Normen
- Art. 3 Abs. 3 Rom I-VO (-): Beziehungen zum deutschen und kalifornischen Recht
- Art. 6 Rom I-VO (-), Art. 46b EGBGB (-): Voss beruflich/gewerblich tätig, nicht Verbraucher
- Art. 8 Rom I-VO (-): Voss als selbstständiger Handelsvertreter nicht Arbeitnehmer im europarechtlichen Sinn
- Art. 9 Abs. 1, 2 Rom I-VO, wenn § 89b HGB zwingende Bestimmung von öffentlichem Interesse, nicht rein privatnützig (-)

2. Durchsetzung als Richtlinienrecht oder als Eingriffsnorm

a) Anwendungsbereich Art. 9 Abs. 1, 2 Rom I-VO
- Generelle Durchsetzbarkeit zwingender arbeitsrechtlicher Bestimmungen über Art. 9 Abs. 2 Rom I-VO (-)

b) Durchsetzungsanspruch der HandelsvertreterRiLi (1986/653/EWG)
- EuGH: Art. 17, 18 HandelsvertreterRiLi zwingendes Recht

c) Kollisionsrechtliche Durchsetzung analog Art. 46b Abs. 3 EGBGB
- Umsetzung fraglich:
- Art. 46b EGBGB direkt (-): Handelsvertreter-RiLi mangels kollisionsrechtlichem Durchsetzungsauftrag nicht genannt

d) Anwendung von Art. 9 Abs. 1, 2 Rom I-VO
- Art. 9 Abs. 1 Rom I-VO (+)
- An sich nicht auf rein privatrechtliche, zB verbraucherrechtliche Regelungen in Umsetzung von Richtlinien anwendbar
- Nach hM erfordert EuGH-Einordnung die Behandlung jedenfalls der Mindestumsetzung von Art. 17, 18 Handelsvertreter-RiLi als Eingriffsnorm.
- Führt unbeschadet Schwerpunkt der Vertragsbeziehung zur Anwendung deutscher Umsetzung, also § 89b HGB

e) Gegenargument: Verhältnis unterschiedlicher Umsetzungen in Mitgliedstaaten
- Müsste damit theoretisch auch greifen, wenn Vertragsstatut das Recht eines Mitgliedstaates ist, insoweit nun einschränkend EuGH zu Art. 7 Abs. 2 Rom-Übk (Art. 34 aF EGBGB).
- Durchsetzung überschießender Umsetzung bei Wahl eines Mitliedstaatenrechts damit fraglich

f) Anwendung § 89b HGB
- § 89b HGB bei gewähltem kalifornischem Vertragsstatut jedenfalls anwendbar bei Tätigkeit in Deutschland

IV. Auf die Wirksamkeit der Aufrechnung anwendbares Recht

1. Anknüpfung als Erfüllungssurrogat
- Art. 12 Abs. 1 lit. b Rom I-VO
- Aufrechnung ist Erfüllungssurrogat
- Gilt auch für nichtvertragliche Ansprüche

2. Anknüpfungsmaßgebliche Forderung
- Art. 17 Rom I-VO für Aufrechnung maßgebliches Forderungsstatut
- Statut der Forderung, gegen die aufgerechnet wird (+)
- also: Aufrechnung hinsichtlich 1.000 USD nach kalifornischem, sonst nach deutschem Recht; Statut des Vergütungsanspruchs (kalifornisches Recht plus Sonderanknüpfung) irrelevant

Ergebnis: Bereicherungsansprüche wegen der Überzahlung von 1.000 USD unterliegt kalifornischem Recht, das auch entscheidet, ob eine Durchgriffskondiktion stattfindet. Im Übrigen ist deutsches Recht auf die Bereicherungsansprüche einschließlich der Weitergabekondiktion (10.000 USD) anwendbar.

Abtretbarkeit und Wirksamkeit der Abtretung unterliegen deutschem Recht.

Ansprüche wegen Beendigung des Handelsvertretervertrages unterliegen grundsätzlich dem Recht von California als Vertragsstatut. Jedoch sind Art. 17, 18 HandelsvertreterRiLi bzw § 89b HGB als zwingendes Recht anzuwenden.

Die Wirksamkeit der Aufrechnung beurteilt sich nach dem Statut der Forderungen, gegen die aufgerechnet wird, also in Höhe von 1.000 USD nach kalifornischem, im Übrigen nach deutschem Recht.

V. Abwandlung:

1. Keine Anwendung der Brüssel Ia-VO
- Brüssel Ia-VO (-) Kein Wohnsitz der Beklagten in Mitgliedstaat (Art. 5 Abs. 1 Brüssel Ia-VO), somit Art. 6 Abs. 1 Brüssel Ia-VO: Deutsche *lex fori.*

2. Internationale Zuständigkeit nach ZPO

a) Allgemeiner Gerichtsstand
- §§ 12, 13, 17 ZPO (-) Sitz der Beklagten in California

b) Niederlassungsgerichtsstand
- § 21 ZPO (-) Handelsvertreter keine Niederlassung

c) Vermögensgerichtsstand
- § 23 ZPO (+) Beklagte hat aus von Volker Voss vermitteltem Geschäft jedenfalls Forderungen aus dem 2017 geschlossenen Großauftrag über 5 Jahre,
- örtliche Zuständigkeit §§ 23 S. 2, 17 ZPO: Belegenheit aber = Sitz des Münchener Modehändlers.

3. Derorgierende Gerichtsstandsvereinbarung

a) Wirksamkeitsmaßstab
- Wirksamkeit Gerichtsstandsvereinbarung
- Art. 25 Brüssel Ia-VO (-) kein Mitgliedstaatsgericht vereinbart
- § 38 ZPO (+), Kaufleute, Klausel-Einbeziehung (+)

b) Derogationsverbot wegen Umgehung § 89b HGB
- Aber Derogationsverbot (+) Umgehung von Art. 9 Abs. 1 Rom I-VO iVm. § 89b HGB durch Vereinbarung ausschließlicher Zuständigkeit eines Nicht-EU-Gerichts, das weder § 89 HGB noch eine andere Umsetzung der RiLi anwenden würde.

Ergebnis: Das LG München I ist international und örtlich zuständig aus § 23 ZPO. Die derogierende Gerichtsstandsvereinbarung für Klagen gegen die California Jeans Inc. wäre zwar nach § 38 ZPO grundsätzlich zulässig und wirksam; jedoch besteht ein Derogationsverbot, weil die naheliegende Gefahr besteht, dass Gerichte in Los Angeles den iSv Art. 9 Abs. 1 Rom I-VO zwingenden § 89b HGB nicht anwenden würden.

Lösung

Fallfrage: Anwendbares Recht

I. Auf Bereicherungsansprüche anwendbares Recht

1. Anwendungsbereich der Rom II-VO

a) Zeitlich

Der zeitliche Anwendungsbereich der Rom II-VO ist eröffnet; die Verordnung ist gemäß Art. 31 Rom II-VO auf **„schadensbegründende Ereignisse"** anzuwenden, die nach ihrem Inkrafttreten am 11.1.2009 (Art. 32 Rom II-VO) eintreten. Soweit die Verordnung bereicherungsrechtliche Anknüpfungen vorsieht, handelt es sich zwar nicht um Schadensersatz; entsprechend Art. 31 Rom II-VO gilt die Verordnung jedoch, wenn das den Bereicherungsanspruch auslösende Ereignis nach dem Stichtag eintritt; dies ist angesichts der die Bereicherung auslösenden Überweisung nach dem Stichtag der Fall. 876

b) Sachlich

Sachlich ist die Rom II-VO anwendbar auf außervertragliche Schuldverhältnisse, die eine Verbindung zum Recht verschiedener Staaten aufweisen (Art. 1 Abs. 1 Rom II-VO); dies ist bei Auslösung von **Bereicherungsansprüchen** durch eine internationale Überweisung der Fall, ein Bezug zu mehreren Mitgliedstaaten ist nicht erforderlich. Bereichsausnahmen (Art. 1 Abs. 2 Rom II-VO) greifen nicht ein. Dass das Bestehen eines Bereicherungsanspruchs nicht feststeht, hindert, was Art. 2 Abs. 2 Rom II-VO ausdrücklich (und überflüssig) betont, selbstverständlich nicht die Anwendung einer Kollisionsnorm. 877

c) Räumlich

Räumlich ist die Rom II-VO als ***loi uniforme*** konzipiert, findet also vor Gerichten der Mitgliedstaaten auch Anwendung, wenn das berufene Recht nicht das eines Mitgliedstaats ist (Art. 3 Rom II-VO). 878

2. Anknüpfung der Rückforderung von 1.000 USD wegen Rechenfehler

a) Anknüpfungssystematik

Die im deutschen materiellen Bereicherungsrecht wurzelnde Problematik des **„Vorrangs der Leistungsbeziehung"** bestimmt im Gegensatz zu Art. 38 EGBGB nicht die Auswahl der maßgeblichen Kollisionsnorm in der Rom II-VO, da diese nicht nach Leistungs- und Nichtleistungskondiktion unterscheidet; die Frage löst sich unter der Rom II-VO also nicht durch einen „kollisionsrechtlichen Vorrang der Leistungskondiktion", sondern mittelbar durch die akzessorische Anknüpfung des Bereicherungsstatuts bzw durch die kollisionsrechtliche Ausweichklausel. Wer im Dreipersonenverhältnis von wem kondizieren kann, bestimmt sodann das so ermittelte Bereicherungsstatut. 879

b) Zahlung auf Nichtschuld

880 Bereicherungsansprüche könnten insoweit anzuknüpfen sein an **Art. 10 Abs. 1 Rom II-VO**; zwar unterscheidet Art. 10 Rom II-VO nicht nach den deutschrechtlichen Begriffen von Leistungs- und Nichtleistungskondiktion, doch knüpft Art. 10 Abs. 1 Rom II-VO insbesondere Zahlungen auf eine nicht bestehende Schuld an ein zwischen den Parteien bestehendes Rechtsverhältnis an, das eine enge Verbindung zum Bereicherungsanspruch aufweist. Dies ist bei Rückforderung einer Zuvielüberweisung, die darauf beruht, dass der Anweisende über die Höhe der Forderung irrt, zu bejahen; der Mangel der Überweisung liegt hier im Valutaverhältnis zwischen Anweisendem und Empfänger der Leistung.

Anlass für die Anwendung der Ausweichklausel des Art. 10 Abs. 4 Rom II-VO besteht nicht; die Anknüpfung in Art. 10 Abs. 1 Rom II-VO folgt dem Grundsatz der engsten Verbindung zu einem zwischen den Parteien bestehenden Schuldverhältnis; eine noch engere Verbindung zu einer anderen Rechtsordnung ist nicht ersichtlich.

c) Akzessorische Anknüpfung: Vertragsstatut des Handelsvertretervertrages

881 **aa)** Ist somit akzessorisch an das Vertragsstatut des Handelsvertretervertrages anzuknüpfen, so ist zu prüfen, ob für dessen Vertragsstatut der **Anwendungsbereich der Rom I-VO** eröffnet ist.

Zeitlich fällt der am 26.12.2014, also seit dem Stichtag 17.12.2009 (Art. 28 Rom I-VO) geschlossene Handelsvertretervertrag in den Anwendungsbereich der Rom I-VO. **Sachlich** handelt es sich um ein vertragliches Schuldverhältnis in einer Zivil- und Handelssache; ein Bezug zu mehreren Staaten liegt vor, nicht notwendig ist ein Bezug zu mehreren EU-Mitgliedstaaten, so dass hier auch der Auslandsbezug zu den USA genügt (Art. 1 Abs. 1 Rom I-VO), für das keine der Bereichsausnahmen (Art. 1 Abs. 2 Rom I-VO) eingreift. **Räumlich** ist die Rom I-VO universell anwendbar (Art. 2 Rom I-VO).

882 **bb)** Die Anknüpfung erfolgt damit nach **Art. 3 ff Rom I-VO**: Der Vertrag unterliegt dem von den Parteien gewählten Recht (Art. 3 Abs. 1 Rom I-VO). Da Bedenken gegen die Wirksamkeit der Rechtswahlklausel (Art. 3 Abs. 5, Art. 10 Rom I-VO) nicht bestehen, ist das Recht von California anzuwenden. Auf eventuelle Sonderanknüpfungen (Art. 8 Rom I-VO, Art. 46b EGBGB) kommt es an dieser Stelle noch nicht an (Rn 899 ff).

883 **cc)** Alle Verweisungen der Rom II-VO sind **Sachnormverweisungen** (Art. 24 Rom II-VO), so dass dies für die hier gegebene akzessorische Anknüpfung keiner gesonderten Begründung (mehr) bedarf. Anwendbar ist also materielles kalifornisches Recht.

3. Anknüpfung der Rückforderung von 138.546,00 USD Zuvielüberweisung

a) Keine Akzessorietät zum Schuldverhältnis

Fraglich ist hier, ob die fehlerhafte, nicht durch eine Anweisung veranlasste 10-fache Zuvielüberweisung iSd **Art. 10 Abs. 1 Rom II-VO** eine „enge Verbindung" zu dem Handelsvertretervertrag aufweist. Insoweit sind auch bei Berücksichtigung der von Art. 38 EGBGB abweichenden Kategorien des Art. 10 Rom II-VO die unter Art. 38 EGBGB entwickelten grundsätzlichen Wertungen beachtlich. Die fehlerhaft ausgeführte Überweisung beseitigt zwar nicht die wirksame Anweisung als solche, die den Zusammenhang zu dem Vertragsverhältnis herstellt; dennoch spricht gegen eine Anknüpfung an das Statut des Handelsvertretervertrages, dass aus objektivierter Sicht des Zahlungsempfängers, also des Dritten im Anweisungsverhältnis, eine solch evidente Zuvielzahlung nicht mehr auf das Schuldverhältnis zwischen ihm und dem Anweisenden bezogen werden kann. Ebenso wie der Empfänger im deutschen Bereicherungsrecht nach Treu und Glauben (§ 242 BGB) in einem solchen Fall gehindert wäre, die Zuvielzahlung als Leistung seines Vertragspartners zu verstehen, und deshalb der Nichtleistungskondiktion (Direktkondiktion) durch die Bank ausgesetzt wäre, kommt eine kollisionsrechtliche Verknüpfung mit diesem Vertrag nicht in Betracht. **884**

b) Kein gemeinsamer gewöhnlicher Aufenthalt

Eine Anknüpfung nach **Art. 10 Abs. 2 Rom II-VO** scheidet aus, da es an einem gewöhnlichen Aufenthalt der Parteien im selben Staat fehlt. **885**

c) Staat des Bereicherungseintritts

Anzuknüpfen ist somit nach **Art. 10 Abs. 3 Rom II-VO** an das Recht des Staates, in dem die Bereicherung eingetreten ist; ob hierbei auf den gewöhnlichen Aufenthalt des Empfängers abzustellen ist oder, wofür die Vorhersehbarkeit eher spricht, auf den Ort der Kontoführung, kann offenbleiben, da Voss seinen gewöhnlichen Aufenthalt in Hannover hat und hier auch das Konto geführt wird. Anwendbar ist deutsches Recht. **886**

d) Keine engere Verbindung

Für die Anwendung der **Ausweichklausel** (Art. 10 Abs. 4 Rom II-VO) besteht kein Anlass. Eine engere Verbindung zum Valutaverhältnis kommt schon deshalb an dieser Stelle nicht in Betracht, weil die insoweit maßgebliche Abwägung bereits zu Art. 10 Abs. 1 Rom II-VO zu treffen war. Auch eine Anknüpfung an das Deckungsverhältnis, auf dessen Erfüllung die Bank bei der Überweisung leistet, scheidet aus, denn der Überweisungsempfänger ist an diesem Schuldverhältnis nicht beteiligt.[1] **887**

---

1 *Fischer* IPRax 2002, 1, 7.

e) Qualifikation: Direktkondiktion im Drei-Personen-Verhältnis, Umfang der Bereicherung

888 Nach dem Bereicherungsstatut, somit nach deutschem Recht, beurteilt sich damit auch, wer **Gläubiger** und wer **Schuldner** des Bereicherungsanspruchs sein kann (Art. 15 lit. a Rom II-VO). Nach den bereits angesprochenen Wertungen des materiellen deutschen Bereicherungsrechts (Rn 886) liegt hier ausnahmsweise der Fall der Direktkondiktion vor, so dass nur ein Anspruch von Wells Fargo, nicht aber ein Anspruch von *California Jeans Inc.* aus eigenem Recht, in Betracht kommt.[2] Insoweit ist also zusätzlich das Statut zu ermitteln, das einen Übergang des Anspruchs durch **Abtretung** beherrscht (Rn 895 f).

Das Bereicherungsstatut im Verhältnis zu Volker Voss entscheidet auch über den **Umfang** der herauszugebenden Bereicherung (Art. 15 lit. c Rom II-VO) sowie über **Beschränkungen** und Erlöschen des Anspruchs (Art. 15 lit. b, h Rom II-VO), insbesondere über **Wertersatz** bei Unmöglichkeit, den Einwand der Entreicherung und Ausnahmen in Fällen der Bösgläubigkeit; es sind also auch die §§ 818, 819 BGB anzuwenden.

4. Anknüpfung von Ansprüchen gegen Nina Neumann wegen 10.000 USD

a) Weitergabekondiktion: Bezug zu einem Schuldverhältnis?

889 Fraglich ist dagegen, welchem Recht Bereichungsansprüche gegen **Zweiterwerber** unterstehen, an die der Bereicherungsschuldner die Bereicherung weitergegeben hat. Auch für die Anknüpfung der **Weitergabekondiktion** ist auf das allgemeine Anknüpfungssystem des Art. 10 Rom II-VO abzustellen.

Fraglich ist also wiederum, ob die Weitergabe an Nina Neumann die von **Art. 10 Abs. 1 Rom II-VO** geforderte enge Verbindung mit einem anderweitigen Rechtsverhältnis aufweist.

890 **aa)** Tritt die Entreicherung durch einen dem Berechtigten gegenüber **wirksamen Eingriff** ein, so bietet sich die Anknüpfung an das Statut an, das über die Wirksamkeit des Eingriffs (zB Erwerb vom Nichtberechtigten, Verarbeitung) entscheidet, denn der Zweiterwerber muss damit rechnen, nach der Rechtsordnung, die ihm den Rechtserwerb verschafft, auch Bereicherungsansprüchen ausgesetzt zu sein.[3] Daran fehlt es jedoch bei der Weitergabe im Weg der Schenkung.

891 **bb)** Eine enge Verbindung zu dem **Handelsvertretervertrag** ist abzulehnen, denn der beschenkte Dritte hat zu dem Rechtsverhältnis, aus dem der Schenker die Leistung erlangt hat, keinerlei Bezug und ist insbesondere daran nicht beteiligt; dem beschenkten Dritten ist nicht zuzumuten, Bereicherungsansprüchen aus einem Statut ausgesetzt zu

2 BGH NJW 1987, 185, 186.
3 Wohl hM vgl *Staudinger/von Hoffmann/Fuchs* (2001) Art. 38 EGBGB Rn 28.

sein, das ihn nichts angeht und aus dem er keine Rechte herleitet, die der bereicherungsrechtlichen Kompensation bedürfen.

cc) Einstellen müsste sich der Beschenkte zwar auf die aus seiner Sicht bestehende Verbindung zu dem **Schenkungsvertrag**, doch handelt es sich hierbei nicht um ein „zwischen den Parteien" des Bereicherungsanspruchs bestehendes Rechtsverhältnis. Insgesamt fehlt es also an einem zwischen den Parteien iSd Art. 10 Abs. 1 Rom I-VO bestehenden Rechtsverhältnis. **892**

b) Land des Bereicherungseintritts

Da wiederum ein gemeinsamer gewöhnlicher Aufenthalt der Parteien des Bereicherungsanspruchs fehlt **(Art. 10 Abs. 2 Rom II-VO)**, ist an das Recht des Staates anzuknüpfen, in dem die Bereicherung eingetreten ist **(Art. 10 Abs. 3 Rom II-VO)**. Dies ist deutsches Recht, weil hier die Schenkung an Nina Neumann bewirkt wurde. **893**

II. Auf die Wirksamkeit der Abtretung anwendbares Recht

1. Entwurf einer Verordnung über das auf die Drittwirkung von Forderungsübertragungen anzuwendende Recht

Die am 12.3.2018 vorgeschlagene Verordnung über das auf die Drittwirkung von Forderungsübertragungen anwendbare Recht[4] wird auch nach Erlass und Inkrafttreten auf den vorliegenden Fall **intertemporal** nicht anwendbar sein. Wie üblich bestimmt Art. 14 des Vorschlags die Anwendbarkeit auf nach dem Geltungsbeginn stattfindende Übertragungen von Forderungen. Überdies bleiben nach Art. 5 lit. a des Vorschlags trotz der ungenauen Formulierung („Wirksamkeit") alle Wirkungen der Zession gegenüber dem Schuldner der zedierten Forderung dem von Art. 14 Abs. 2 Rom I-VO bestimmten Recht unterstellt.[5] **894**

2. Qualifikation im Dreipersonenverhältnis

Eine Regelung für die Anknüpfung der Abtretung außervertraglicher Ansprüche fehlt in der Rom II-VO; Art. 19 Rom II-VO erfasst nur den gesetzlichen Forderungsübergang im Regressfall. Daher sind weiterhin auf die Abtretung aller Arten von Forderungen die Grundsätze des Art. 14 Rom I-VO anzuwenden. Vertraglicher Natur ist in Art. 14 Rom I-VO die *Übertragung* der Forderung; es ist dagegen nicht erforderlich, dass die zu übertragende Forderung selbst in den Anwendungsbereich der Rom I-VO fällt. **895**

Wenn, wie hier, die **Wirksamkeit** der Abtretung in Frage gestellt wird, ist sowohl die *Abtretbarkeit* angesprochen als auch die *Art und Weise* der Abtretung.

---

4 COM (2018) 96.
5 COM (2018) 96 S. 23.

3. Abtretbarkeit

896 Die Abtretbarkeit beurteilt sich gemäß Art. 14 Abs. 2 Rom I-VO nach dem Statut der **abgetretenen Forderung**. Dies ist hinsichtlich des Bereicherungsanspruchs aus Nichtleistungskondiktion, den *California Jeans Inc.* nur aus abgetretenem Recht geltend machen kann, das deutsche Recht als Bereicherungsstatut (Rn 886 ff).

4. Art und Weise der Abtretung

897 Nicht ausdrücklich geregelt ist in Art. 14 Rom I-VO hingegen die Art und Weise der Abtretung. Das betrifft sowohl die Erforderlichkeit eines gesonderten „dinglichen" Rechtsgeschäfts neben dem der Abtretung zugrunde liegenden Schuldvertrag (zB Forderungskauf) sowie die Frage, ob zwischen beiden Geschäften das Abstraktionsprinzip gilt,[6] als auch Wirksamkeitserfordernisse wie bestimmte Übertragungsformen oder die Anzeige an den Schuldner, die manche Rechtsordnungen als konstitutive Wirksamkeitsvoraussetzungen ausgestalten und nicht nur – wie § 407 BGB – als Schuldnerschutzbestimmung vorsehen (dann Art. 14 Abs. 2 Rom I-VO). Auch diese Fragen sind untrennbar mit der zu übertragenden Forderung verbunden und können daher nicht dem zwischen Zedent und Zessionar wählbaren Statut des Grundgeschäfts (Art. 14 Abs. 1 Rom I-VO) unterstellt werden. Maßgeblich ist vielmehr das Statut, welches das Verhältnis zum Schuldner betrifft, also das Statut der abzutretenden Forderung (Art. 14 Abs. 2 Rom I-VO), im Fall also deutsches Recht.[7]

III. Auf Ansprüche wegen Beendigung des Handelsvertretervertrages anwendbares Recht

1. Vertragsstatut, Sonderanknüpfungen

a) Nicht nach Vertragsstatut

898 Ein Anspruch aus § 89b HGB besteht aus Anlass der Beendigung eines Handelsvertretervertrages nur, wenn deutsches Recht auf den Vertrag anzuwenden ist. **Vertragsstatut** ist jedoch, wie gesehen (Rn 881 f), das Recht von California.

b) Sonderanknüpfungen einfach zwingender Normen

899 Einzelne einen Vertragspartner begünstigende Normen des deutschen Rechts könnten jedoch im Wege einer **Sonderanknüpfung** anwendbar sein, durch die § 89b HGB als einfach zwingendes (vertraglich nicht abdingbares) Recht durchgesetzt würde.

900 **aa) Art. 3 Abs. 3 Rom I-VO** kommt nicht zur Anwendung, denn der Sachverhalt hat im Zeitpunkt der Rechtswahl Beziehungen zum deutschen Recht (gewöhnlicher Aufenthalt von Volker Voss) und zum Recht von California (Sitz der *California Jeans Inc.*). Der Bezug zu *California* stünde selbst dann entgegen, wenn man den Rechtsgedanken

6 BGH NJW 1991, 1414.
7 BGH IPRax 2000, 128.

des Art. 3 Abs. 3 Rom I-VO analog anwenden und die EU in Ansehung von Richtlinienrecht (hier des auf Art. 17, 18 Handelsvertreterrichtlinie beruhenden § 89b HGB) als einheitlichen Rechtsraum verstehen wollte, dessen zwingendes Recht sich bei ausschließlichem EU-Bezug gegen eine Rechtswahl zu einem Nicht-EU-Recht durchsetzen würde.[8]

bb) Art. 6 Rom I-VO, 46b EGBGB sind nicht anzuwenden, denn Volker Voss ist beruflich/gewerblich tätig, also kein Verbraucher. **901**

cc) Art. 8 Abs. 1 S. 2 Rom I-VO greift nicht ein, denn ein selbstständiger Handelsvertreter ist jedenfalls dann, wenn er für mehrere Auftraggeber tätig wird, also typisch selbstständig handelt, nicht vom europarechtlich auszulegenden Arbeitnehmerbegriff[9] (Abhängigkeit, Weisungsgebundenheit, Betriebseingliederung) erfasst. **902**

2. Durchsetzung als Richtlinienrecht oder als Eingriffsnorm

a) Anwendungsbereich Art. 9 Abs. 1, 2 Rom I-VO

Art. 9 Abs. 1, 2 Rom I-VO könnte zur Anwendung von § 89b HGB führen. Dazu müsste es sich um eine zwingende Bestimmung von bedeutsamem öffentlichem Interesse, insbesondere sozial- oder wirtschaftspolitischem Interesse, handeln (Art. 9 Abs. 1 Rom I-VO), denn die Durchsetzung *international zwingender* Normen ohne einen tatbestandlich engen Bezug zu Deutschland gegen jedes Vertragsstatut hat Ausnahmecharakter. Nicht genügend ist daher, wenn eine Bestimmung lediglich privatautonom nicht dispositiv ist. Zwar schadet eine neben dem öffentlichen Durchsetzungsinteresse bestehende Privatnützigkeit zugunsten bestimmter Gruppen von Vertragspartnern nicht, jedoch darf sich die Bedeutung der Norm nicht im Ausgleich widerstreitender Interessen der Vertragsparteien erschöpfen, sondern muss auch auf öffentliche Interessen gerichtet sein.[10] Vor diesem Hintergrund sind selbst zwingende *arbeits*rechtliche Bestimmungen nicht generell über Art. 9 Abs. 2 Rom I-VO durchzusetzen.[11] **903**

b) Durchsetzungsanspruch der HandelsvertreterRiLi (1986/653/EWG)

Ein solcher Durchsetzungsanspruch als international zwingendes Recht könnte sich ergeben, nachdem der EuGH in der *Ingmar*-Entscheidung[12] neue Unabdingbarkeitsmaßstäbe zu der § 89b HGB zugrunde liegenden Regelung in Art. 17, 18 HandelsvertreterRiLi (1986/653/EWG) entwickelt hat. Der EuGH hat Art. 17, 18 HandelsvertreterRiLi ungeachtet des Vertragsstatuts als **zwingendes Recht** angesehen, wenn der Handelsvertreter seine Tätigkeit in einem Mitgliedstaat ausübt. **904**

---

8 So vor Schaffung von Art. 29a aF EGBGB: *Rauscher* EuZW 1996, 650, 653.
9 Vgl dazu auch Fall 11.
10 BGHZ 165, 248; BAGE 71, 297, 316.
11 BAG RIW 2008, 644.
12 EuGH Rs. C-381/98 ECLI:EU:C:2000:605 *(Ingmar GB Ltd./Eaton Leonhard Technologies Inc.)*; bestätigend und abgrenzend bei einem EU-mitgliedstaatlichen Vertragsstatut EuGH Rs. C.184/12 ECLI:EU:C:2013:663 *(Unamar NV/Navigation Maritime Bulgare)*.

c) Kollisionsrechtliche Durchsetzung analog Art. 46b Abs. 3 EGBGB

905 Eine Methode der Durchsetzung von Richtlinienrecht bei enger Verbindung zu einem oder mehreren Mitgliedstaaten trotz Rechtswahl zu einer Nicht-EU-Rechtsordnung ergibt sich aus Art. 46b EGBGB, der kollisionsrechtliche Durchsetzungsklauseln bestimmter Richtlinien umsetzt. Art. 46b EGBGB erfasst jedoch nur die in Art. 46b Abs. 3 EGBGB enumerierten Richtlinien; die Handelsvertreterrichtlinie ist dort nicht genannt und würde zudem systematisch dort auch keinen Platz haben, da Art. 46b EGBGB nur von Verbraucherschutzbestimmungen handelt. Erwägenswert könnte allerdings eine **analoge Anwendung** des Art. 46b EGBGB sein; der EuGH hatte in der *Ingmar*-Entscheidung die Vorlagefrage des *High Court of Justice*, ob die *britische Umsetzung* der Richtlinie auf einen Vertrag eines kalifornischen Prinzipals mit einem im UK tätigen Handelsvertreter anzuwenden sei, mit der Geltung der Art. 17, 18 HandelsvertreterRiLi beantwortet. Damit könnte der EuGH im Wege der Auslegung diesen beiden Bestimmungen der Handelsvertreterrichtlinie eine kollisionsrechtliche Durchsetzungsklausel beigelegt haben, welche sich in den in Art. 46b Abs. 3 enumerierten Richtlinien ausdrücklich findet. Hierfür spräche in Abwägung gegen eine Einordnung unter Art. 9 Rom I-VO, dass der Gedanke des Art. 46b EGBGB nicht die fragliche Deutung als Eingriffsnorm erfordert, weil diese Bestimmung auch rein privatnützig zwingendes Recht erfasst. Außerdem würde sich bei analoger Anwendung von Art. 46b EGBGB nicht die Frage nach der Durchsetzung der Umsetzung in einem Mitgliedstaat gegen das als Vertragsstatut gewählte Vertragsstatut eines *anderen* Mitgliedstaats stellen (dazu Rn 907).

d) Anwendung von Art. 9 Abs. 1, 2 Rom I-VO

906 Die inzwischen hM wählt jedoch eine Umsetzung der *Ingmar*-Entscheidung des EuGH durch Beachtung von § 89b HGB im Rahmen von **Art. 9 Abs. 1, 2 Rom I-VO**, bzw bei Altverträgen intertemporal des Art. 34 aF EGBGB.[13] Dies setzt, wie gesagt, voraus, dass § 89b HGB jenseits der Privatnützigkeit auch ein ordnungspolitischer Zweck zugemessen wird, den man aus der grundsätzlich sozialpolitischen und marktregulierenden Zielsetzung der Regelung der Marktmacht zwischen Prinzipal und Handelsvertreter durch Art. 17, 18 Handelsvertreterrichtlinie herleiten kann. Unmittelbare Konsequenz dieser Einordnung ist, anders bei Behandlung nach Art. 46b EGBGB, die Anwendung der Umsetzung der Richtlinie in der deutschen *lex fori*, also des § 89b HGB, auch wenn durch den Tätigkeitsschwerpunkt des Handelsvertreters ein engerer Bezug zu einem anderen Mitgliedstaat bestünde.

e) Gegenargument: Verhältnis unterschiedlicher Umsetzungen in Mitgliedstaaten

907 Die Art. 9 Abs. 1, 2 Rom I-VO favorisierende Ansicht kann freilich weiterhin nicht systematisch einwandfrei die Frage lösen, ob sich über den Anspruch der *Ingmar*-Ent-

---

13 OLG München BeckRS 2006, 07559; OLG Stuttgart BeckRS 2012, 18704; iE diesen Ansatz billigend BGH GWR 2012, 486; zur dort maßgeblichen zuständigkeitsrechtlichen Folgerung vgl die Fallvariante.

scheidung des EuGH hinaus § 89b HGB über Art. 9 Abs. 1, 2 Rom I-VO auch dann durchsetzt, wenn die Parteien das Recht eines anderen EU-Mitgliedstaats gewählt haben, die Umsetzung in der *lex fori* als die Mindestanforderungen der Art. 17, 18 Handelsvertreterrichtlinie **überschießende Umsetzung** jedoch dem Handelsvertreter günstiger ist als jene im Vertragsstatut. Nachdem der EuGH[14] diese Möglichkeit nicht generell ausgeschlossen hat, sofern der Gesetzgeber der überschießenden Umsetzung ebenfalls die Qualität einer Eingriffsnorm verleihen wollte, ist dieses Gegenargument freilich weitgehend entkräftet; der EuGH setzt jedenfalls eine Durchsetzung des Mindestbestandes der Art. 17, 18 Handelsvertreterrichtlinie als zwingendes Recht iSd. Eingriffsnormen nach Art. 9 Rom I-VO voraus und nimmt hin, dass dieser Mindestbestand die Reichweite der Qualität als Eingriffsnorm nicht absolut begrenzt.

f) Anwendung von § 89b HGB

Damit ist im Ergebnis vorliegend **§ 89b HGB** trotz kalifornischem Vertragsstatut **908**
anwendbar, weil die Bestimmung als Eingriffsnorm gemäß Art. 9 Abs. 1, 2 Rom I-VO sich gegen das kalifornische Vertragsstatut durchsetzt.

IV. Auf die Wirksamkeit der Aufrechnung anwendbares Recht

1. Anknüpfung als Erfüllungssurrogat

Die Aufrechnung ist für **vertragliche Verbindlichkeiten** als Erfüllungssurrogat von **909**
Art. 12 Abs. 1 lit. b Rom I-VO erfasst. Art. 17 Rom I-VO bestätigt nun ausdrücklich diesen vertragsrechtlichen Ansatz. Der Rechtsgedanke, dass Voraussetzungen und Wirkungen der Aufrechnung sich nach dem die Forderung beherrschenden Statut bestimmen, gilt jedoch über vertragliche Ansprüche hinaus für alle Forderungen.

2. Anknüpfungsmaßgebliche Forderung

Art. 17 Rom I-VO löst nun auch ausdrücklich die Frage, welches der beiden im Fall der **910**
Aufrechnung zusammentreffenden zwei Forderungsstatute für die Aufrechnung maßgeblich ist. Insoweit bleibt es bei der schon bisher herrschend vertretenen[15] Anknüpfung an das Statut der **Forderung gegen die aufgerechnet wird**; deren Gläubiger muss durch die Aufrechnung ohne eigenes Zutun das Erlöschen seines Anspruchs gewärtigen; er muss sich insoweit nur auf die Rechtsordnung einstellen, die seinen Anspruch beherrscht. Da Volker Voss aufrechnet, ist das Recht anzuwenden, das auf die Hauptforderung(en), gegen die aufgerechnet wird, anwendbar ist. Das ist in Höhe von 1.000 USD kalifornisches Recht und im Übrigen deutsches Recht als das Statut der Nichtleistungskondiktion.

---

14 EuGH Rs. C.184/12 ECLI:EU:C:2013:663 *(Unamar NV/Navigation Maritime Bulgare)*: Belgische überschießende Umsetzung gegen bulgarisches Vertragsstatut mit Mindestumsetzung.

15 OLG München RIW 1998, 560.

911 **Ergebnis:** Bereicherungsansprüche wegen der Überzahlung von 1.000 USD unterliegen kalifornischem Recht, das auch entscheidet, ob eine Durchgriffskondiktion stattfindet. Im Übrigen ist deutsches Recht auf die Bereicherungsansprüche einschließlich der Weitergabekondiktion (10.000 USD) anwendbar.

Abtretbarkeit und Wirksamkeit der Abtretung unterliegen deutschem Recht.

Ansprüche wegen Beendigung des Handelsvertretervertrages unterliegen grundsätzlich dem Recht von California als Vertragsstatut. Jedoch sind Art. 17, 18 Handelsvertreter-RiLi bzw § 89b HGB als zwingendes Recht anzuwenden.

Die Wirksamkeit der Aufrechnung beurteilt sich nach dem Statut der Forderungen, gegen die aufgerechnet wird, also in Höhe von 1.000 USD nach kalifornischem, im Übrigen nach deutschem Recht.

V. Abwandlung

1. Keine Anwendung der Brüssel Ia-VO

912 Die Anwendung der Brüssel Ia-VO scheidet aus, da ihr räumlich-persönlicher Anwendungsbereich nicht eröffnet ist. Die Beklagte hat weder Wohnsitz in Deutschland (Art. 4 Brüssel Ia-VO) noch in einem anderen Mitgliedstaat (Art. 5 Abs. 1 Brüssel Ia VO); somit ist nach Art. 6 Abs. 1 Brüssel Ia-VO die deutsche *lex fori* anzuwenden.

2. Internationale Zuständigkeit nach ZPO

a) Allgemeiner Gerichtsstand

913 Über die wenigen ausdrücklichen Bestimmungen der internationalen Zuständigkeit in Verfahrensgesetzen hinaus gilt auch in der ZPO der für das FamFG in § 105 FamFG ausdrücklich kodifizierte Grundsatz der analogen Anwendung der örtlichen Zuständigkeitsbestimmungen. Eine internationale Zuständigkeit in analoger Anwendung von §§ 12, 13, 17 ZPO ergibt sich jedoch nicht, da die Beklagte ihren Verwaltungssitz (§ 17 Abs. 1 S. 2 ZPO) nicht in Deutschland hat.

b) Niederlassungsgerichtsstand

914 Eine internationale Zuständigkeit deutscher Gerichte in entsprechender Anwendung von § 21 ZPO könnte sich ergeben, wenn man den Handelsvertreter Volker Voss als Niederlassung der Prinzipal in Deutschland einzuordnen hätte; dies ist jedoch nicht der Fall: Handelsvertreter sind zwar selbstständige Kaufleute, würden also das Kriterium einer organisatorischen Eigenständigkeit erfüllen, schließen jedoch nicht aus eigener Entscheidung für den Prinzipal Geschäfte ab, sondern vermitteln diese lediglich, so dass sie, ähnlich einer Verkaufsagentur,[16] einen Gerichtsstand nach § 21 ZPO nicht begründen.

16 BGH NJW 1987, 3081.

c) Vermögensgerichtsstand

Die Internationale Zuständigkeit kann jedoch aus § 23 ZPO folgen, wenn die Beklagte im Inland Vermögen hat; dies ist der Fall: Die California Jeans Inc. hat jedenfalls aus dem von Volker Voss vermitteltem Großauftrag mit einer Laufzeit von 5 Jahren Ansprüche und Forderungen gegen den Vertragspartner mit Sitz in München. Örtlich zuständig ist jedoch nicht das LG Hannover, sondern das für den Sitz (§ 17 ZPO) des Vertragspartners (Münchener Modehändler) örtlich zuständige LG München I. **915**

3. Derogierende Gerichtsstandsvereinbarung

a) Wirksamkeitsmaßstab

Jedoch könnte die internationale Zuständigkeit deutscher Gerichte durch die ausschließliche Prorogation der Gerichte in Los Angeles für Klagen gegen die in der Abwandlung Beklagte verdrängt sein. Art. 25 Brüssel Ia-VO ist auch auf die Beurteilung der Wirksamkeit der eine deutsche Zuständigkeit derogierenden Gerichtsstandsvereinbarung nicht anwendbar, da Art. 25 Brüssel Ia-VO die Prorogation eines mitgliedstaatlichen Gerichts voraussetzt. Damit untersteht auch diese Frage der ZPO. Gemäß § 38 ZPO ist die Gerichtsstandsvereinbarung, da beide Parteien Kaufleute sind, zulässig. Bedenken gegen die Einbeziehung der Gerichtsstandsklausel sind nicht ersichtlich. **916**

b) Derogationsverbot wegen Umgehung des § 89b HGB

Die Unbeachtlichkeit der ausschließlichen Prorogation eines Nicht-EU-Gerichts könnte sich jedoch daraus ergeben, dass das prorogierte Gericht absehbar nur kalifornisches Recht anwenden würde und damit die Durchsetzung des § 89b HGB oder einer anderen Umsetzung der Art. 17, 18 Handelsvertreterrichtlinie als Eingriffsnorm umgangen wird. Dies ist zu bejahen. Zwar regelt die Handelsvertreterrichtlinie nicht die Frage, ob Mitgliedstaaten die Anwendung einer Umsetzung der Art. 17, 18 Handelsvertreterrichtlinie prozessual sicherstellen müssen, wenn der Handelsvertreter den Schwerpunkt seiner Tätigkeit innerhalb der EU hat. Jedoch ist aus dem zwingenden Charakter des § 89b HGB ein Derogationsverbot herzuleiten, da nur so Geltung und Durchsetzbarkeit des zwingenden deutschen Rechts sichergestellt werden können.[17] Die Derogation der internationalen Zuständigkeit deutscher Gerichte ist somit nicht zu beachten. **917**

Ergebnis:

Das LG München I ist international und örtlich zuständig aus § 23 ZPO. Die derogierende Gerichtsstandsvereinbarung für Klagen gegen die California Jeans Inc. wäre zwar nach § 38 ZPO grundsätzlich zulässig und wirksam; jedoch besteht ein Derogationsverbot, weil die naheliegende Gefahr besteht, dass Gerichte in Los Angeles den iSv Art. 9 Abs. 1 Rom I-VO zwingenden § 89b HGB nicht anwenden würden.

17 BGH GWR 2012, 486; OLG Stuttgart BeckRS 2012, 18704; OLG München BeckRS 2006, 07559.

Literaturhinweise

Behandlung der fallrelevanten Themen in:
***Rauscher* Internationales Privatrecht (5. Aufl., 2017)**

Anknüpfung der Leistungskondiktion, Rom II-VO:	Rn 1467 ff
Bereicherungsrechtliche Dreipersonenverhältnisse:	Rn 1471 ff
Anknüpfung der Nichtleistungskondiktion, Rom II-VO:	Rn 1496 ff
Durchsetzung von Richtlinien unter Art. 46b EGBGB:	Rn 1268 ff
Zwingende Bestimmungen unter Art. 3 Abs. 3, 4 Rom I-VO:	Rn 1315 ff
Eingriffsnormen (Art. 9 Rom I-VO):	Rn 1320 ff

Weitere Literatur

1. Anknüpfung von Bereicherungsansprüchen unter der Rom II-VO

Ofner Die Rom II-Verordnung – Neues Internationales Privatrecht für außervertragliche Schuldverhältnisse in der Europäischen Union, ZfRV 2008, 13.

Busse Internationales Bereicherungsrecht zwischen EGBGB-Reform und Rom II, RIW 2003, 406.

2. Anknüpfung Leistungskondiktion

Sendmeyer Die Rückabwicklung nichtiger Verträge im Spannungsfeld zwischen Rom II-VO und Internationalem Vertragsrecht, IPRax 2010, 500.

3. Bereicherungsrechtliche Dreipersonenverhältnisse

Rauscher/Picht (2016) Art. 10 Rom II-VO Rn 46.

Schlechtriem Internationales Bereicherungsrecht, IPRax 1995, 65.

Landschein Die Direktkondiktion gegen den Überweisungsempfänger bei der Rückabwicklung von Fehlüberweisungen – Ein Schritt zur Verwirklichung eines einheitlichen europäischen Zahlungsverkehrsraums?, BKR 2016, 457.

4. Anknüpfung der Nichtleistungskondiktion

RauscherPicht (2016) Art. 10 Rom II-VO Rn 36.

Staudinger/von Hoffmann/Fuchs (2001) Art. 38 Rn 9.

5. Durchsetzung von § 89b HGB gegen Rechtswahl und Derogation

Semler Der Ausgleichsanspruch des deutschen Handelsvertreters in Internationalen Handelsvertreterverhältnissen – Rechtswahl und Schiedsverfahren, ZVertriebsR 2016, 139.

VI. Sachenrecht

Fall 17

Richards Wohnung in Torremolinos

Der niederländische Staatsangehörige Kees van Maarten lebt in Amsterdam und ist **918**
Eigentümer einer Finca bei Torremolinos (Costa del Sol, Spanien), die zwei Wohnungen umfasst, welche sachenrechtlich nicht als Eigentumswohnungen ausgewiesen sind. Er verkauft mit am 15.1.2014 in Wilhelmshaven geschlossenem privatschriftlichem Vertrag einen Hälfteanteil an der Finca, verbunden mit dem Recht zur Nutzung der Wohnung im Obergeschoss, an den deutschen Staatsangehörigen Richard Rübenbauer, der seinen Wohnsitz in Wilhelmshaven hat. Der Vertrag enthält ua die Bestimmung: „Dieser Vertrag und die aufgrund dieses Vertrages entstehenden Rechtsbeziehungen unterliegen deutschem Recht."

Am 1.8.2014 sind beide Vertragsparteien in Torremolinos und errichten dort vor einem spanischen Notar die nach Information beider Parteien in Spanien übliche *„escritúra publica"* (öffentliche Urkunde) über den *contrato de compra y venta* (Kauf- und Verkaufvertrag) in spanischer Sprache, die nur die nach spanischem Recht erforderlichen Mindestangaben beinhaltet, jedoch nicht alle im Vertrag vom 15.1.2014 enthaltenen Nebenbestimmungen. Die *escritúra publica* wird dem Richard Rübenbauer übergeben. Eine Eintragung in das *Registro de la Propiedad* (Eigentumsregister) erfolgt nicht.

Am 20.9.2014 kommt es, als Kees van Maarten gerade in seiner Wohnung im Erdgeschoss der Finca in Torremolinos weilt, zu einem Erdrutsch. Ein von ihm sofort herbeigerufenes Unternehmen für Erdarbeiten stützt die Villa ab und nimmt anschließend erforderliche Wiederbefestigungsarbeiten vor, wofür es 6.000 € in Rechnung stellt.

Richard Rübenbauer zeigt sich trotz mehrfacher Aufforderungen nicht bereit, die Hälfte der Kosten zu übernehmen. Kees van Maarten ärgert sich darüber so sehr, dass ihn der Vertrag reut. Nach seiner Einschätzung ist der Kaufvertrag ohnehin unwirksam. Um möglichst preisgünstig eine Klärung der Eigentumsfrage zu erreichen, erhebt er am 4.12.2014 Klage zum AG Wilhelmshaven, mit der er Zahlung einer Entschädigung wegen – aufgrund Unwirksamkeit des Vertrages und fehlenden Eigentumserwerbs – rechtsgrundlos gezogener Nutzungen der Wohnung im ersten Stock der Finca durch Richard Rübenbauer während der Monate Juli und August 2014 verlangt. Sein Rechtsanwalt hält dies für einen geschickten Schachzug, da der Antrag nur bei Nichtigkeit des Kaufvertrages begründet sein werde, so dass man ggf durch einen späteren Zwischenfeststellungsantrag die ganze Angelegenheit billig geklärt bekäme.

Das AG Wilhelmshaven weist die Klage des Kees van Maarten im frühen ersten Termin wegen fehlender internationaler Zuständigkeit ab. Da der Richter auch Zweifel an der

Begründetheit angedeutet hatte, wechselt Kees van Marten seinen Rechtsanwalt und reicht am 5.1.2015 Klage auf Zahlung von 3.000 € beim AG Wilhelmshaven ein.

1. War die Entscheidung des AG Wilhelmshaven zutreffend?
2. Ist Richard Rübenbauer Miteigentümer der Finca geworden?
3. Ist das AG Wilhelmshaven für die neue Klage zuständig?
4. Welche Rechtsordnung/en ist/sind auf den mit der Klage vom 5.1.2015 geltend gemachten Anspruch anzuwenden?
5. Die Klage vom 5.1.2015 wird am 27.2.2015 mit eingeschriebenem Brief gegen Rückschein dem Richard Rübenbauer samt den gemäß § 276 Abs. 1 und 2 ZPO erforderlichen Fristsetzungen und Belehrungen an seiner Privatanschrift zugestellt; der Rückschein ist von seiner ebenfalls dort lebenden Ehefrau unterzeichnet. Richard Rübenbauer reagiert nicht. Am 27.3.2015 erlässt das AG Wilhelmshaven auf Antrag ein Versäumnisurteil. Kees van Marten möchte wissen, ob er mit diesem Urteil ohne Einschaltung spanischer Gerichte einen in Spanien vollstreckbaren Titel erlangen kann, denn er vermutet, dass Richard Rübenbauer sich in Spanien niederlassen will?

Materialien

I. Spanisches IPR und ILR

a) Art. 10 código civil (cc)[1]

919 1. Der Besitz, das Eigentum und die übrigen Rechte an unbeweglichen Sachen sowie ihre [Register]Publizität richten sich nach dem Recht des Ortes, an dem sie sich befinden.

...

9. Außervertragliche Verbindlichkeiten richten sich nach dem Recht des Ortes, an dem sich der Sachverhalt ereignete, durch den sie entstanden sind.

Die Geschäftsführung richtet sich nach dem Recht des Ortes, an dem der Geschäftsführer seine Haupttätigkeit entfaltet.

Im Falle ungerechtfertigter Bereicherung gilt dasjenige Recht, kraft dessen die Übertragung des Vermögenswertes zugunsten des Bereicherten bewirkt würde.

b) Art. 11 cc[2]

(1) Formen und Förmlichkeiten von Verträgen, Testamenten und sonstigen Rechtshandlungen richten sich nach dem Recht des Landes, in dem diese zustande kommen; jedoch sind sie ebenfalls wirksam, wenn sie gemäß den Formen und Förmlichkeiten des Rechts zustande gekommen sind, das auf ihren Inhalt anwendbar ist, desgleichen, wenn sie gemäß dem Personalstatut des Verfügenden oder dem gemeinsamen Personalstatut der Beteiligten vorgenommen sind. Gleichfalls sind die Handlungen oder Verträge über unbewegliche Sachen gültig, welche in Übereinstimmung mit den Formen und Förmlichkeiten des Orts der Belegenheit zustande gekommen sind.

---

1 *Sohst* Das spanische Bürgerliche Gesetzbuch (Código Civil Español und Spanisches Notargesetz)[5] (2013).
2 Bergmann/Ferid/Henrich/*Daum* Spanien (Stand 2016).

Wenn solche Handlungen an Bord von Schiffen oder Flugzeugen auf der Reise vorgenommen worden sind, gelten sie als im Land der Flagge, Eintragung oder Registrierung vorgenommen. Kriegsschiffe und Militärflugzeuge werden als Teil des Gebiets des Staats angesehen, dem sie angehören.

(2) Wenn das für den Inhalt von Handlungen oder Verträgen maßgebliche Recht für ihre Gültigkeit eine bestimmte Form oder Förmlichkeit verlangt, wird es immer angewendet, auch für den Fall, dass sie im Ausland vorgenommen werden.

c) Art. 16 cc[3]

1. Gesetzeskollisionen, die infolge des Nebeneinanderbestehens unterschiedlicher zivilrechtlicher Gesetzgebungen auf nationalem Hoheitsgebiet entstehen, werden nach den Vorschriften in Kapitel IV unter Beachtung der folgenden Besonderheiten entschieden:

(1) Als Heimatrecht gilt jenes, das sich durch die bürgerlich-rechtliche Gebietszugehörigkeit (*„vecindad civil“)* ergibt.

(2) Es gelten nicht die Abs. 1, 2 und 3 des Artikels 12 über *die Qualifikation, die Verweisung* und die öffentliche Ordnung.

(*kursiv:* sinnentstellende Übersetzung geändert).

Hinweis: Kapitel IV umfasst die Art. 8-12 cc

II. Spanisches materielles Recht[4]

d) Art. 605 cc

Das Grundbuch *(Registro de la Propiedad)* hat die Eintragung oder Registrierung der Rechtsgeschäfte und Verträge über das Eigentum und die übrigen dinglichen Rechte an Grundstücken zum Gegenstand.

[Hinweis: Die Eintragung hat Bedeutung im Zusammenhang mit dem gutgläubigen Erwerb durch Dritte, ist jedoch nicht konstitutiv für den Rechtserwerb.]

e) Art. 609 cc

Das Eigentum wird durch Aneignung erworben.

Das Eigentum und die übrigen Rechte an Sachen werden durch das Gesetz, durch Schenkung, durch testamentarische und gesetzliche Erbfolge und als Folge bestimmter Verträge mittels Übergabe erworben.

Diese Rechte können auch durch Ersitzung erworben werden.

[Anm.: Art. 609 cc ist auch auf Rechte an Grundstücken anzuwenden; die tatsächliche Übergabe bei bebauten Grundstücken erfolgt zB durch Übergabe der Schlüssel; Art. 1462 Abs. 2 cc – unten – verdrängt nicht die tatsächliche Übergabe sondern ist nur ein Übergabesurrogat.]

f) Art. 1278 cc

Verträge sind verbindlich, gleich in welcher Form sie geschlossen wurden, vorausgesetzt, sie erfüllen die für ihre Wirksamkeit wesentlichen Voraussetzungen.

Art. 1279 cc

Verlangt das Gesetz die Errichtung einer Urkunde *(escritura pública)* oder eine andere besondere Form zur Wirksamkeit der jeweiligen Verpflichtungen eines Vertrages, können sich die Vertrags-

3 *Sohst* Das spanische Bürgerliche Gesetzbuch (Código Civil Español und Spanisches Notargesetz)[5] (2013).
4 *Sohst* aaO Fn 1.

schließenden gegenseitig zur Einhaltung jener Form zwingen, sobald die Einigung und die übrigen für seine Wirksamkeit erforderlichen Voraussetzungen vorliegen.

Art. 1280 cc Der öffentlichen Beurkundung bedürfen:

1. Die Rechtsgeschäfte und Verträge, die das Entstehen, die Übertragung, die Änderung oder das Erlöschen von dinglichen Rechten an Grundstücken zum Gegenstand haben.

...

[Anm.: Art. 1280 cc führt nicht zur Unwirksamkeit eines nicht in dieser Form geschlossenen Grundstückskaufvertrages, sondern zu einem Anspruch auf Formwahrung nach Art. 1279 cc.]

g) Art. 1461 cc

Der Verkäufer ist zur Übergabe und zur Mängelbeseitigung der Sache verpflichtet, die Gegenstand des Kaufvertrages ist.

Art. 1462 cc Die verkaufte Sache gilt als übergeben, wenn sie unter die Sachherrschaft und in den Besitz des Käufers gestellt wird.

Erfolgt der Verkauf mittels öffentlicher Urkunde *(escritura pública)*, so steht deren Errichtung der Übergabe der Sache, die Gegenstand des Vertrages ist, gleich, sofern sich aus dieser Urkunde nicht das Gegenteil ergibt oder deutlich ableiten lässt.

III. Foralrecht, Andalusien

h) In der Autonomen Region Andalusien bestehen keine Sonderregeln im Sachenrecht.

Strukturierung des Falles

Wesentliche Themen: Ausschließliche Zuständigkeit nach Art. 22 Nr 1 Brüssel I-VO; Entscheidung bei ausschließlicher Zuständigkeit in anderem Mitgliedstaat; Rechtswahl und partielle Rechtswahl; Formstatut; Sachenrechtsstatut; Statut der GoA; GoA in der Rom II-VO; EG-VollstreckungstitelVO. **920**

Frage 1: Internationale Zuständigkeit des AG Wilhelmshaven (Zutreffen der Entscheidung)

1. Brüssel Ia-VO: Anwendungsbereich
- Sachlicher Anwendungsbereich Art. 1 Abs. 1 Brüssel Ia-VO (+)
- Keine Ausnahme Art. 1 Abs. 2 Brüssel Ia-VO (+)
- Intertemporaler Anwendungsbereich Art. 66 Abs. 1 Brüssel Ia-VO (-); „eingeleitet" kann offen bleiben, Klageerhebung (§ 253 Abs. 1 ZPO) vor 10.1.2015
- Also weiterhin Brüssel I-VO anzuwenden (Art. 66 Abs. 2 Brüssel Ia-VO)
- Beklagtenwohnsitz in Deutschland, also allgemeiner Gerichtsstand Art. 2 Abs. 1 Brüssel I-VO (+)

2. Zuständigkeit

a) Allgemeiner Gerichtsstand
- Allgemeiner Gerichtsstand des Beklagten (Art. 2, 59 Brüssel I-VO) in Deutschland (+)

b) Verdrängung durch ausschließliche Zuständigkeit
- Abweisung mangels Zuständigkeit, wenn Gericht eines anderen Mitgliedstaates ausschließlich zuständig (Art. 25 Brüssel I-VO) und nicht Art. 29 Brüssel I-VO
- Ausschließliche Zuständigkeit der spanischen Gerichte nach Art. 22 Nr 1 Brüssel I-VO:

c) Nicht Miete oder Pacht
- Miete oder Pacht (-) kein vertragliches Nutzungsverhältnis

d) Dingliche Rechte: Autonome Bestimmung
- Dingliches Recht an einer unbeweglichen Sache
- Autonom zu bestimmen: dingliche Rechte wirken gegen jedermann
- Gegenstand der Klage, wenn Bestand und Reichweite als solche im Streit
- Nutzungsansprüche, EBV-Ansprüche also an sich nicht dinglich (-)

e) Abgrenzung: Bestehen des Eigentums
- Aber: vorfraglicher Streit um Wirksamkeit der Übereignung
- Bei inzidenter Betroffenheit des Eigentums (unstreitiges Tatbestandsmerkmal) (-)
- Bei vorgreiflicher Betroffenheit des umstrittenen Eigentums (+)

Ergebnis: Das AG Wilhelmshaven war international unzuständig und hat die Klage zu Recht abgewiesen.

Frage 2: Eigentumserwerb durch Richard Rübenbauer

1. Sachenrechtsstatut
- Art. 43 Abs. 1 EGBGB, spanisches Belegenheitsrecht, Verweisung also auf spanisches Recht
- Gesamtverweisung Art. 4 Abs. 1 EGBGB
- Annahme durch spanisches IPR Art. 10 Abs. 1 cc (+)
- Foralrechtliche Bestimmungen zum Eigentumserwerb (-), interne Anknüpfung Art. 16 Abs. 1, Art 10 Abs. 1 cc: Andalusien. Sachenrechtliche Sonderregeln (-)

2. Materielles spanisches Recht

a) Eigentumserwerb durch Kaufvertrag und Übergabe
- nach Art. 609 Abs. 2 cc: Titel und Modus

b) Wirksamkeit des Kaufvertrages
- Vertrag iSd Art. 609 Abs. 2 cc: Kaufvertrag, Wirksamkeit ist Vorfrage

c) Übergabe
- Übergabe (*tradición*, „Traditionsprinzip"), ersetzt durch *escritura pública* Art. 1462 Abs. 2 cc (+)

d) Eigentumsregister
- Eintragung im *Registro de la Propiedad*: nicht konstitutiv

3. Vorfrage: Wirksamer Kaufvertrag

a) Vorfragenanknüpfung
- selbstständig nach deutschem IPR

- Ausnahme (-) trotz Abweichung der Beurteilung vom Belegenheitsrecht

b) Formstatut
- Fraglich nur Formwirksamkeit, also Formstatut
- Anwendungsbereich Rom I-VO: zeitlich (+); sachlich (+); auch Form von Schuldverträgen erfasst, vgl Art. 11 Rom I-VO; räumlich (+) Art. 2 Rom I-VO
- Aber Art. 11 Abs. 4 Rom I-VO: (-) nur für rein sachenrechtliche Rechtsgeschäfte
- Art. 11 Abs. 5 Rom I-VO: (-) keine zwingenden Formvorschriften, die sich gegen sonstiges Formstatut durchsetzen
- Art. 11 Abs. 1 Alt. 2 Rom I-VO, Ortsform deutsches Recht (+)
- Art. 11 Abs. 1 Alt. 1 Rom I-VO, Geschäftsform:
- Rechtswahl (Art. 3 Abs. 1 S. 1 Rom I-VO) zu deutschem Recht im Vertrag vom 15.1.2014; Art. 4 Abs. 1 lit. c Rom I-VO greift lediglich bei Fehlen einer Rechtswahl und ist nicht etwa unabdingbar
- Änderung der Rechtswahl durch *escritura pública* (-); nicht als originärer Vertrag gewollt, sondern als Erfordernis zum Schutz gegen Dritterwerb nach *lex rei sitae*
- Partielle Rechtswahl Art. 3 Abs. 1 S. 3 Rom I-VO, spanisches Recht für Form: (-) kein hinreichend sicheres Indiz
- Also Geschäftsform ebenfalls deutsches Recht

4. Wahrung der Form nach deutschem Recht

a) Anwendbarkeit von § 311b BGB
- § 311b Abs. 1 BGB auf Grundstückskaufverträge über ausländisches Grundstück (+)

b) Substitution, Neuabschluss
- Substitution für notarielle Beurkundung durch *escritura pública*
- Würde nur zu einem Neuabschluss am 1.8.2014 *ex nunc* führen
- Insoweit aber spanisches Recht als Ortsform genügend
- Substitution also irrelevant, im Übrigen fehlen Nebenabreden in der *escritura pública*

c) Heilung bei ausländischer Registereintragung
- Heilung nach § 311b Abs. 1 S. 2 BGB
- Nach Wortlaut Heilung ausgeschlossen mangels erforderlicher Auflassung in Spanien
- Aber Zweck des § 311b Abs. 1 S. 2 BGB: Heilung durch Vollzug
- Registereintragung als Vollzug (-) nicht konstitutiv
- Vollzug des Kaufvertrages nach dem maßgeblichen Sachenrecht (+), Übergabesurrogat erfolgt

Ergebnis: Richard Rübenbauer ist durch Übergabe aufgrund wirksamem, hinsichtlich der Form geheiltem Kaufvertrag Miteigentümer geworden.

Frage 3: Internationale Zuständigkeit des AG Wilhelmshaven für die neue Klage

1. Intertemporale Anwendbarkeit der Brüssel I-VO/Brüssel Ia-VO
- Intertemporale Anwendbarkeit der Brüssel Ia-VO (-); Art. 66 Abs. 1 Brüssel Ia-VO, Einleitung des Verfahrens entsprechen Art. 32 Brüssel Ia-VO, also Klageeinreichung, nicht Zustellung. Also Brüssel I-VO anwendbar (Art. 66 Abs. 2 Brüssel Ia-VO)

2. Ausschließliche Zuständigkeit

a) GoA
- GoA wegen Rettung einer Sache: (-) Eigentum nicht Gegenstand

b) Miteigentum
- Anspruch aus Miteigentümerverhältnis: (-) da hier nicht Bestand des Miteigentums in Frage steht, sondern nur Ansprüche aus dem Miteigentum

3. Allgemeiner Gerichtsstand

Art. 2 Brüssel I-VO (+)

Ergebnis: Das AG Wilhelmshaven ist international zuständig; insbesondere besteht keine ausschließliche Zuständigkeit spanischer Gerichte.

Frage 4: Anknüpfung

1. Ansprüche aus der Miteigentümergemeinschaft

a) Qualifikation
- sachenrechtlich, soweit sachenrechtliches Gemeinschaftsverhältnis als solches betroffen

b) Kein gesetzliches Schuldverhältnis iSd Rom II-VO
- Anknüpfung des gesetzlichen Schuldverhältnisses zwischen Miteigentümern Anwendbarkeit der Rom II-VO?
- zeitlicher Anwendungsbereich: (+) Miteigentum nach dem 11.1.2009 (Art. 31, 32 Rom II-VO) begründet
- sachlicher Anwendungsbereich:
- gesetzliches Schuldverhältnis im Sinn deutschen Rechts, aber in Art. 1 Abs. 1 Rom II-VO autonom zu verstehen, Erwägungsgrund 11 Rom II-VO
- schuldvertraglich begründete Miteigentümergemeinschaft nicht außervertraglich zu verstehen, vgl Art. 1 Abs. 2 Rom II-VO mit Ausnahmen für Ehegüterrecht und Erbrecht, nicht aber für das Sachenrecht, was daran liegen dürfte, dass man solche Schuldverhältnisse bereits nicht als außervertraglich iSd Art. 1 Abs. 1 Rom II-VO ansah
- für sachenrechtliche Schuldverhältnisse also Art. 1 Abs. 1 Rom II-VO (-)

c) Vertragliches Schuldverhältnis oder Sachenrechtsstatut
- Anknüpfung entweder als vertragliches Schuldverhältnis iSd Rom I-VO oder als sachenrechtliches Schuldverhältnis nach deutschem IPR
- Aber privatautonome Gestaltung
- Zwischen den Miteigentümern zulässig
- Rechtswahl analog Art. 3 Abs. 1 Rom I-VO, soweit nach *lex rei sitae* zulässig
- Sodann im spanischen Belegenheitsrecht (+) analog Art. 3 Abs. 1 Rom I-VO
- Im Vertrag vom 15.1.2014 ausdrücklich Rechtsbeziehungen deutschem Recht unterstellt
- Falls Art. 3 Rom I-VO nicht anwendbar: Sachenrechtsstatut, keine Rechtswahl nach Art. 10 cc.

2. Ansprüche aus GoA

a) Anwendbarkeit der Rom II-VO
- Zeitlicher Anwendungsbereich (+)
- Sachlicher Anwendungsbereich: (+) GoA ausdrücklich in Art. 11 Rom II-VO geregelt, Bezug zu mehreren Staaten Art. 1 Abs. 1 Rom II-VO, keine Bereichsausnahme Art. 1 Abs. 2 Rom II-VO
- Räumlicher Anwendungsbereich (+): *loi uniforme* Art. 3 Rom II-VO

b) Anknüpfung
- Art. 11 Abs. 1 Rom II-VO Statut eines zwischen den Parteien bestehenden Rechtsverhältnisses (+), hier Miteigentümergemeinschaft

c) Rechtswahl
- Rechtswahl Art. 14 Abs. 1 S. 1 lit. a Rom II-VO (-) nur nachträglich möglich, keine kommerzielle Tätigkeit iSd Art. 14 Abs. 1 S. 1 lit. b Rom II-VO

Ergebnis: Ansprüche aus Miteigentum unterstehen kraft Rechtswahl deutschem Recht, sofern Art. 3 Abs. 1 Rom I-VO entsprechend anzuwenden ist; anderenfalls unterstehen sie spanischem Recht als Sachenrechtsstatut. Die GoA innerhalb der Miteigentümergemeinschaft folgt dieser Anknüpfung.

Frage 5: Vollstreckung in Spanien

1. Brüssel Ia-VO

a) Bedeutung
- Art. 39 Brüssel Ia-VO (VO [EU] Nr 1215/2012) Vollstreckbarkeit ohne Exequaturverfahren (-), Art. 80 Brüssel Ia-VO hebt die Brüssel I-VO auf

b) Intertemporale Anwendung
- Intertemporal Brüssel Ia-VO erst ab dem 10.1.2015 anwendbar (-) Art. 81 Abs. 2 Brüssel Ia-VO.
- Auch hinsichtlich der Vollstreckung Art. 66 Abs. 1 Brüssel Ia-VO, Einleitung des Erkenntnisverfahrens entsprechend Art. 32 Brüssel Ia-VO.

2. Brüssel I-VO

a) Anwendungsbereich
- Sachlicher Anwendungsbereich: Art. 1 Abs. 1 Brüssel I-VO (+), keine Bereichsausnahme Art. 1 Abs. 2 Brüssel I-VO (+);
- Räumlich: Art. 31 ff, 38 ff Brüssel Ia-VO für Entscheidungen aus einem Mitgliedstaat in einem anderen (+).
- Also auch für Vollstreckung Art. 38 ff Brüssel I-VO anzuwenden.

b) Exequaturverfahren
- Art. 38 ff Brüssel I-VO erfordern, anders als Art. 39 ff Brüssel Ia-VO, ein Exequaturverfahren in Spanien (Art. 38 Abs. 1 Brüssel I-VO), wenn auch nicht kontradiktorisch Art. 41, 42 Abs. 1 Brüssel I-VO

- Also Antrag nach Art. 38 Abs. 1 Brüssel I-VO bei *Juzgado de Primera Instancia* (Art. 39 Abs. 1 iVm Anhang II Brüssel I-VO) in Spanien erforderlich
- In Art. 53 Brüssel I-VO genannte Urkunden beizufügen, Art. 40 Abs. 3 Brüssel I-VO

3. EG-VollstrTitelVO

a) Anwendungsbereich

- Art. 5 EG-VollstrTitelVO: Bestätigung iSd Art. 6, 9 EG-VollstrTitelVO führt zu Anerkennung und Vollstreckbarkeit in allen Mitgliedstaaten ohne Exequaturverfahren (+)
- Sachlicher Anwendungsbereich, Art. 2 Abs. 1 EG-VollstrTitelVO (+), keine Bereichsausnahmen Art. 2 Abs. 2 EG-VollstrTitelVO (-), wie Brüssel I-VO
- Räumlicher Anwendungsbereich: Vollstreckung von Titel aus einem Mitgliedstaat in anderen Mitgliedstaaten, Art. 1, 2 Abs. 3 EG-VollstrTitelVO (+)

b) Zuständigkeit

- Antrag Art. 6 Abs. 1 EG-VollstrTitelVO
- Zuständig für Entgegennahme des Antrags ist Ursprungsgericht Art. 6 Abs. 1 Hs. 1 EG-VollstrTitelVO
- Sachliche und örtliche Zuständigkeit zur Erteilung der Bestätigung § 1079 ZPO, ebenfalls das Ursprungsgericht
- Funktionell zuständig nicht der Urkundsbeamte der Geschäftsstelle, § 724 Abs. 2 ZPO, sondern Rechtspfleger, § 20 Nr 11 RPflG

c) Bestätigungsvoraussetzungen

- Art. 6 EG-VollstrTitelVO
- Prüfung ohne Anhörung des Schuldners, § 1080 Abs. 1 S. 1 ZPO
- Art. 3 Abs. 1 EG-VollstrTitelVO unbestrittene Forderung
- Aktiv unbestrittene Forderung, Art. 3 Abs. 1 lit. a oder d EG-VollstrTitelVO (-): kein Anerkenntnis, kein Vergleich, keine öffentliche Urkunde
- Passiv unbestrittene Forderung, Art. 3 Abs. 1 lit. b, c EG-VollstrTitelVO (+): hier Art. 3 Abs. 1 lit. b EG-VollstrTitelVO, keine Anzeige der Verteidigungsbereitschaft
- Art. 6 Abs. 1 lit. a EG-VollstrTitelVO: Vollstreckbarkeit im Ursprungsmitgliedstaat Deutschland, Art. 4 Nr 4 EG-VollstrTitelVO (+), vorläufige Vollstreckbarkeit § 708 Nr 2 ZPO
- Formelle Rechtskraft nicht erforderlich, also § 338 ZPO nicht hinderlich für Bestätigung
- Art. 6 Abs. 1 lit. b EG-VollstrTitelVO: Kein Widerspruch zu Zuständigkeitsregeln in Kapitel II, Abschnitte 3 und 6 Brüssel I-VO (+), keine Versicherungssache, Art. 22 Brüssel I-VO gewahrt
- Art. 6 Abs. 1 lit. c EG-VollstrTitelVO, da es sich um eine passiv unbestrittene Forderung iSd Art. 3 Abs. 1 lit. b EG-VollstrTitelVO handelt, also „Mindestvorschriften“ Kapitel III zu prüfen (unten)
- Art. 6 Abs. 1 lit. d EG-VollstrTitelVO:
- Richard Rübenbauer Verbraucher iSd Art. 6 Abs. 1 lit. d Str. 2 EG-VollstrTitelVO
- Nach Zweck keine Beschränkung auf Rechtsstreit mit Unternehmer
- Forderung iSd Art. 3 Abs. 1 lit. b oder c EG-VollstrTitelVO (+)
- Also Bestätigung nur, wenn Entscheidung aus Wohnsitzmitgliedstaat des Verbrauchers: (+) Wohnsitz nach Art. 59 Brüssel I-VO in Deutschland

d) Insbesondere: Mindestvoraussetzungen an Zustellung und Unterrichtung

- Zustellung des verfahrenseinleitenden Schriftstücks, hier Klage § 253 ZPO
- Maßstab Art. 13, 14 EG-VollstrTitelVO
- Art. 13 EG-VollstrTitelVO (-), Ersatzzustellung § 178 Abs. 1 Nr 1 ZPO ohne Bescheinigung des Adressaten selbst
- Art. 14 Abs. 1 lit. a EG-VollstrTitelVO
- Zustellung persönlich unter der Privatanschrift des Schuldners
- In derselben Wohnung lebende Ehefrau
- Art. 14 Abs. 3 lit. a EG-VollstrTitel-VO (-), keine Zustellungsurkunde
- Art. 14 Abs. 3 lit. b EG-VollstrTitelVO (+), Rückschein von Ehefrau unterzeichnet

- Art. 19 Abs. 1 lit. a EG-VollstrTitelVO: Überprüfung muss möglich sein (ggf §§ 233, 338, 339 ZPO), aber kein Bestätigungshindernis, sondern ggf Art. 6 Abs. 2 EG-VollstrTitelVO
- Art. 16 EG-VollstrTitelVO materielle Unterrichtungsvoraussetzungen (+), wie § 253 Abs. 2 ZPO
- Art. 17 lit. a EG-VollstrTitelVO formelle Unterrichtungsvoraussetzungen (+), wie § 276 Abs. 1, Abs. 2 S. 1 ZPO
- Art. 17 lit. b EG-VollstrTitelVO Belehrung über Konsequenzen des Nichtbestreitens (+), wie § 276 Abs. 2 S. 2 ZPO

e) Ausstellung der Bestätigung
- Art. 9 Abs. 1 EG-VollstrTitelVO Formblatt im Anhang I EG-VollstrTitelVO
- Art. 9 Abs. 2 EG-VollstrTitelVO deutsche Sprache

Ergebnis: Kees van Marten kann mit Erfolg die Bestätigung des Versäumnisurteils als Eu-VollstrTitel beantragen. Die Vollstreckung aus dem Eu-VollstrTitel bedarf in Spanien als Mitgliedstaat iSd EG-VollstrTitelVO keiner gerichtlichen Exequaturentscheidung. Bei Vollstreckung nach der Brüssel I-VO bedarf es hingegen einer Exequaturentscheidung. Die Brüssel Ia-VO ist auf die Klage nicht anwendbar, auch wenn das Urteil erst nach deren Inkrafttreten ergangen ist.

Lösung

Frage 1: Internationale Zuständigkeit des AG Wilhelmshaven (Zutreffen der Entscheidung)

1. Brüssel Ia-VO: Anwendungsbereich

921 Die Entscheidung des AG Wilhelmshaven war zutreffend, wenn es die Klage zu Recht wegen internationaler Unzuständigkeit abgewiesen hat. Dies könnte sich nach der **Brüssel Ia-VO** beurteilen, deren sachlicher Anwendungsbereich (Art. 1 Abs. 1 Brüssel Ia-VO) eröffnet ist: Ausnahmen nach Art. 1 Abs. 2 Brüssel Ia-VO liegen nicht vor. Fraglich ist jedoch die intertemporale Anwendbarkeit; die Brüssel Ia-VO ist am 10.1.2015 in Kraft getreten, findet aber nur Anwendung auf Verfahren, welche am Tag des Geltungsbeginns oder danach eingeleitet wurden (Art. 66 Abs. 1 Brüssel Ia-VO). Eine ausdrückliche Regelung des für die Verfahrenseinleitung maßgeblichen Zeitpunkts enthält die Brüssel Ia-VO nicht. Für das vorliegende erste Urteil, das noch vor dem Stichtag ergangen ist, muss nicht geklärt werden, ob iSd Art. 66 Abs. 1 Brüssel Ia-VO ein Verfahren mit Klageerhebung nach § 253 Abs. 1 ZPO oder bereits bei Einreichung eingeleitet ist. Damit ist die Brüssel Ia-VO nicht anzuwenden; es gilt vielmehr weiterhin die Brüssel I-VO (Art. 66 Abs. 2 Brüssel Ia-VO).

2. Zuständigkeit

a) Allgemeiner Gerichtsstand

922 Der Beklagte hatte bei Klageerhebung seinen Wohnsitz (Art. 59 Brüssel I-VO, § 12 BGB) in Deutschland, so dass hier der allgemeine Gerichtsstand für gegen ihn gerichtete Klagen liegt.

b) Verdrängung durch ausschließliche Zuständigkeit

923 Die Klage war jedoch mangels internationaler Zuständigkeit abzuweisen, wenn ein Gericht eines anderen Mitgliedstaates **ausschließlich zuständig** war (Art. 25 Brüssel I-VO) und das angerufene Gericht nicht ebenfalls ausschließlich zuständig war (Art. 29 Brüssel I-VO).

In Frage kommt hier nur eine ausschließliche Zuständigkeit der spanischen Gerichte nach **Art. 22 Nr 1 Brüssel I-VO**.

c) Nicht Miete oder Pacht

924 Ein Anspruch aus **Miete oder Pacht** ist nicht betroffen, da Ansprüche wegen Nutzung nach unwirksamer Übereignung gerade kein vertragliches Verhältnis zum Gegenstand haben, kraft dessen der Beklagte die unbewegliche Sache nutzt. Das gilt auch, wenn in

der maßgeblichen Rechtsordnung die Nutzungsentschädigung der Höhe nach an mietrechtlichen Maßstäben orientiert sein sollte.[1]

d) Dingliches Recht: Autonome Bestimmung

Ob ein **dingliches Recht an einer unbeweglichen Sache** Gegenstand der Klage ist, ist autonom zu bestimmen, also nicht dem Recht des jeweiligen Belegenheitsstaates überlassen.[2] Dingliche Rechte sind als Rechte, die gegen jedermann wirken, abzugrenzen gegen persönliche Rechte, die nur gegen den Schuldner geltend gemacht werden können. Sie sind nur dann Gegenstand der Klage, wenn ihr Bestand und ihre Reichweite als solche im Streit sind. In diesem Sinn hätte eine Klage, die lediglich auf Nutzungsentschädigung wegen unberechtigtem Besitz gerichtet ist, kein dingliches Recht zum Gegenstand,[3] selbst wenn der Anspruch voraussetzt, dass der Kläger der Eigentümer ist (zB EBV-Ansprüche). **925**

e) Abgrenzung: Bestehen des Eigentums

Fraglich ist jedoch, ob es auch dann nicht um ein dingliches Recht geht, wenn zwischen den Parteien inzident auch die **Wirksamkeit der Übereignung** und damit das Eigentum des Beklagten streitig ist. Art. 22 Nr 1 Brüssel I-VO greift jedenfalls dann nicht ein, wenn feststeht, wer Eigentümer ist und es nur um Ansprüche des Eigentümers gegen einen Nutzer geht.[4] Fraglich ist die vom EuGH bejahte Anwendung, wenn sich ein dingliches Recht primär nur gegen den Eigentümer richtet, sich aber gegenüber jedermann konkretisieren kann.[5] Anwendbar ist hingegen Art. 22 Nr 1 Brüssel I-VO, wenn (zwischen Miteigentümern) eine das Eigentum gestaltende Entscheidung, insbesondere die Aufhebung des Miteigentums, begehrt wird.[6] Ansprüche auf Nutzungsvergütung sind also vor diesem Hintergrund als solche nicht dinglicher Natur. Berücksichtigt man den vom deutschen Begriff verschiedenen Streitgegenstandsbegriff der Brüssel I-VO (vgl Art. 27 Brüssel I-VO), so ist das Eigentum jedoch bereits Gegenstand der Klage, wenn darüber *vorgreiflich* zu entscheiden ist. Dagegen spricht nicht, dass Art. 22 Nr 1 Brüssel I-VO nicht eingreift, wenn das nicht strittige Eigentum implizit Anspruchsvoraussetzung ist.[7] Beruht der Anspruch, wie hier, im Sinn eines Eigentümer-Besitzer-Verhältnisses gerade auf der Frage, wem das Eigentum zusteht, so ist das Eigentum nicht nur inzident betroffen, sondern Gegenstand des Rechtsstreits. **926**

Ergebnis: Das AG Wilhelmshaven war international unzuständig und hat die Klage zu Recht abgewiesen. **927**

1 EuGH Rs. C-292/93 ECLI:EU:C:1994:241 *(Lieber/Göbel)*.
2 EuGH Rs. 115/88 ECLI:EU:C:1990:3 *(Reichert/Dresdner Bank)*; EuGH Rs. C-438/12 ECLI:EU:C:2014:212 *(Weber/Weber)*; EuGH Rs. C-605/14 ECLI:EU:C:2015:833 *(Komu u.a./Komu)*.
3 EuGH Rs. C-292/93 ECLI:EU:C:1994:241 *(Lieber/Göbel)*.
4 EuGH Rs. C-292/93 ECLI:EU:C:1994:241 *(Lieber/Göbel)*: Nutzungsvergütung.
5 EuGH Rs C-438/12 ECLI:EU:C:2014:212 *(Weber/Weber)*: Vorkaufsrecht.
6 EuGH Rs. C-605/14 ECLI:EU:C:2015:833 *(Komu u.a./Komu)*.
7 EuGH Rs. C-343/04 ECLI:EU:C:2006:330 *(Land Oberösterreich/čEZ)*; ebenso BGH NJW 2008, 3502.

Frage 2: Eigentumserwerb durch Richard Rübenbauer

1. Sachenrechtsstatut

928 Für Rechte an einer Sache verweist Art. 43 Abs. 1 EGBGB auf das **Belegenheitsrecht**, also auf spanisches Recht. Es liegt eine Gesamtverweisung vor (Art. 4 Abs. 1 S. 1 EGBGB), die das spanische IPR in Art. 10 Abs. 1 cc (MAT a) für unbewegliche Sachen annimmt. Eine Unteranknüpfung an ein Foralrecht, die gemäß Art. 16 Abs. 1, 10 Abs. 1 cc in das Recht verweist, in dem die Immobilie belegen ist, führt im Fall der Autonomen Region Andalusien nicht zu sachenrechtlichen Sonderregeln (MAT h).

2. Materielles spanisches Recht

a) Eigentumserwerb durch Kaufvertrag und Übergabe

929 Als Eigentumserwerbstatbestand kommt hier Art. 609 Abs. 2 cc (MAT e) in Betracht, wonach das Eigentum als Folge bestimmter Verträge durch Übergabe übergeht. Das spanische Recht folgt also ersichtlich nicht dem Trennungsprinzip (und damit zwangsläufig nicht dem Abstraktionsprinzip). Es lässt aber auch nicht durch den schuldrechtlichen Vertrag als solchen das Eigentum übergehen, sondern verlangt neben dem Vertrag als **Titel** des Eigentumserwerbs die Übergabe als dessen **Modus**.

b) Wirksamkeit des Kaufvertrages

930 Vertrag iSd Art. 609 Abs. 2 cc kann insbesondere ein wirksamer Kaufvertrag sein. Ob der Kaufvertrag vom 15.1.2014 wirksam ist, ist eine **Vorfrage** im Tatbestand der spanischen Sachenrechtsnorm, die gesondert abzuhandeln ist und nicht ohne Weiteres dem spanischen Recht untersteht (Rn 933 ff).

c) Übergabe

931 Erforderlich wäre außerdem eine **Übergabe** (*tradición*, „Traditionsprinzip"). Diese Übergabe könnte nach Art. 1462 Abs. 2 cc (MAT g) durch die Errichtung der *escritura pública* ersetzt worden sein. Dies ist geschehen, denn die Kaufvertragsparteien haben die *escritura* errichtet.

d) Eigentumsregister

932 Hingegen ist eine **Eintragung** im *Registro de la Propiedad* für den Erwerbsvorgang ohne konstitutive Bedeutung. Das Register entspricht funktionell nicht dem deutschen Grundbuch, sondern hat vor allem die Aufgabe, den Erwerber gegen einen Dritterwerb bei Doppelveräußerung zu schützen.

Damit hängt ein wirksamer Miteigentumserwerb des Richard Rübenbauer nur von der Wirksamkeit des Kaufvertrages ab.

3. Vorfrage: Wirksamer Kaufvertrag

a) Vorfragenanknüpfung

Vorfragen sind grundsätzlich **selbstständig**, also nach deutschem IPR anzuknüpfen. Das ist in Fällen, in denen die Wirksamkeit eines schuldrechtlichen Geschäfts zu prüfen ist, das nach dem maßgeblichen Sachenrechtsstatut kausal den Eigentumserwerb vermittelt,[8] nicht unzweifelhaft. Ähnlich wie für Vorfragen im Namens- und Staatsangehörigkeitsrecht ließe sich durchaus vertreten, die schuldrechtliche Vorfrage wegen der engen Verbindung zum Immobiliarsachenrecht bei Grundstücken unselbstständig anzuknüpfen. Es entstehen durchaus Spannungen, wenn aus deutscher Sicht das Eigentum an einem spanischen Grundstück letztlich anders beurteilt würde als nach dem spanischen Belegenheitsrecht. Nachdem durch die Rom I-VO nicht nur das materielle Vertragsstatut, sondern auch die Anknüpfung der Form des Schuldvertrages, insbesondere auch eines Schuldvertrages, welcher ein dingliches Recht an einer Immobilie zum Gegenstand hat (Art. 11 Abs. 5 Rom I-VO), vereinheitlicht ist, hat diese Frage jedenfalls zwischen den Mitgliedstaaten keine Bedeutung mehr. 933

b) Formstatut

Da lediglich die Formwirksamkeit fraglich ist, ist also das **Formstatut** zu bestimmen. 934

aa) Das Formstatut könnte sich nach der **Rom I-VO** bestimmen. Der zeitliche **Anwendungsbereich** ist für den seit dem 17.12.2009 geschlossenen Kaufvertrag eröffnet (Art. 29 Abs. 2 Rom I-VO); sachlich ist der Grundstückskaufvertrag ein vertragliches Schuldverhältnis in einer Zivil- und Handelssache; ein Bezug zum Recht verschiedener Staaten, hier Spanien und Deutschland, liegt vor (Art. 1 Abs. 1 Rom I-VO); eine Bereichsausnahme greift nicht ein (Art. 1 Abs. 2 Rom I-VO); die Rom I-VO regelt insbesondere auch die Form von Schuldverträgen (Art. 11 Rom I-VO). 935

bb) Fraglich ist allenfalls die Abgrenzung zum Formstatut für dingliche Verträge. **Art. 11 Abs. 4 EGBGB** ist durch Art. 11 Rom I-VO nicht verdrängt, ist aber nur auf Rechtsgeschäfte anzuwenden, die rein sachenrechtlicher Natur sind, also unmittelbar ein Recht an einem Grundstück begründen oder eine Verfügung über ein Grundstücksrecht bewirken. Hingegen gilt für schuldrechtliche Verträge Art. 11 Rom I-VO; dies gilt mit der in Art. 11 Abs. 5 Rom I-VO bestimmten Einschränkung auch dann, wenn der Vertrag kausal für eine Verfügung ist, selbst wenn er diese unmittelbar bewirkt (wie zB im italienischen Recht). 936

cc) Eine zwingende Anknüpfung der Form des schuldrechtlichen Kaufvertrages an das Belegenheitsrecht nach **Art. 11 Abs. 5 Rom I-VO** besteht nicht; hierzu müsste das spanische Recht zwingende Formvorschriften für den Grundstückskaufvertrag enthal- 937

8 Hingegen untersteht der dingliche Vertrag im Rahmen der Übereignung dem Sachenrechtsstatut; vgl aber zur Auslegung des Schuldvertrages hinsichtlich der Frage, ob dieser bereits eine dingliche Einigung enthält: BGH RIW 2012, 804.

ten, die unabhängig vom Abschlussort und vom Vertragsstatut sind; da das spanische Recht noch nicht einmal eine zwingende Form für den Grundstückskaufvertrag enthält, kommt dies nicht in Betracht.[9]

938 dd) **Ortsformstatut** (Art. 11 Abs. 1 Alt. 2 Rom I-VO) ist deutsches Recht.

939 ee) Das **Geschäftsstatut** (Art. 11 Abs. 1 Alt. 1 Rom I-VO) bestimmt sich nach Art. 3 ff Rom I-VO, deren Anwendungsbereich eröffnet ist.

An der Wirksamkeit der Rechtswahl (Art. 3 Abs. 1 S. 1 Rom I-VO) zu deutschem Recht im Vertrag vom 15.1.2014 besteht kein Zweifel. Insbesondere greift Art. 4 Abs. 1 lit. c Rom I-VO lediglich bei Fehlen einer Rechtswahl in die Bestimmung des Statuts für Immobiliarkaufverträge ein und ist im Gegensatz zu Art. 43 Abs. 1 EGBGB, 11 Abs. 5 Rom I-VO nicht etwa unabdingbar.

940 ff) Die nachfolgende Errichtung einer *escritura pública* könnte dazu Anlass geben, eine einverständliche **Änderung des Vertragsstatuts** anzunehmen; hierzu bedarf es der Feststellung von Umständen, aus denen sich mit hinreichender Sicherheit ein entsprechender Parteiwille ergibt.[10] Die Errichtung eines Kaufvertrages in der Sprache des Belegenheitsstaates ist im Allgemeinen ein starkes Indiz für die stillschweigende Wahl des dortigen Rechts.[11] Hier ist jedoch die *escritura* ersichtlich nicht als der originäre Kaufvertrag gewollt; ihre Errichtung erfolgt vielmehr aufgrund der „Üblichkeit" im spanischen Grundstücksverkehr, die darauf beruht, dass die *escritura* Übergabesurrogat und Eintragungsgrundlage ist und die Eintragung wiederum zum Schutz des Eigentums gegen Dritte anzustreben ist. Im zutreffenden Verständnis der Parteien hat die *escritura* also keine zusätzliche schuldrechtliche Bedeutung, sondern ist der *lex rei sitae* geschuldet.

941 gg) Zu erwägen ist allenfalls eine **partielle Rechtswahl** (Art. 3 Abs. 1 S. 3 Rom I-VO) zu spanischem Recht hinsichtlich der Form des Kaufvertrages.[12] Eine solche Rechtswahl müsste jedoch wiederum ausdrücklich sein oder sich eindeutig aus dem Vertrag ergeben (Art. 3 Abs. 1 S. 2 Rom I-VO). Angesichts der uneingeschränkten und ausdrücklichen Rechtswahl zu deutschem Recht kann eine Teilrechtswahl nicht schon daraus hergeleitet werden, dass die Parteien sich der privatschriftlichen Form bedient haben, die nach spanischem Recht genügen würde (beachte Art. 1278, 1279 cc, MAT f). Der privatschriftliche Vertrag begründet lediglich einen Anspruch auf Errichtung der *escritura pública*).

Es bedarf also jedenfalls der Wahrung der deutschen Form.

---

9 Anwendungsbeispiel: Beim Grundstückskaufvertrag über ein deutsches Grundstück ist § 311b BGB zwar intern nicht abdingbar, aber nach hM (vgl *Staudinger/Winkler von Mohrenfels* (2016) Art. 11 Rom I-VO Rn 143) nicht international zwingend iSd Art. 11 Abs. 5 Rom I-VO.

10 BGH RIW 2004, 857.

11 BGH NJW 1998, 1321.

12 Zur Zulässigkeit OLG Hamm NJW-RR 1996, 1145.

[Hier käme man zu einem anderen Ergebnis, wenn spanisches Recht direkt über Art. 11 Abs. 4 Rom I-VO anzuwenden wäre, denn Art. 11 Abs. 1 S. 2 cc (MAT b) lässt die Belegenheitsform bei Immobiliengeschäften immer genügen.]

4. Wahrung der Form nach deutschem Recht

a) Anwendbarkeit von § 311b BGB

§ 311b Abs. 1 BGB ist als eine Bestimmung des Formstatuts auch auf Grundstückskaufverträge anzuwenden, die ein im **Ausland belegenes Grundstück** betreffen, soweit deutsches Recht Formstatut ist. Mangels notarieller Beurkundung wäre der Vertrag also nichtig. **942**

b) Substitution, Neuabschluss

Eine **Substitution** für die erforderliche notarielle Beurkundung anlässlich der Errichtung der *escritura pública* ist nicht zu erwägen: Sofern der am 15.1.2014 geschlossene Vertrag sich als endgültig nichtig erwiese, wäre zwar ein wirksamer Neuabschluss am 1.8.2014 zu prüfen. Da dieser jedoch in Spanien erfolgte, wäre nicht mehr ausschließlich deutsches Recht Formstatut, so dass ein Abschluss in spanischer Ortsform möglich wäre, es also keiner Substitution des spanischen Notars zur Wahrung der deutschen Geschäftsform bedürfte. **943**

Eine Substitution würde zudem unabhängig von der Qualität des spanischen Notars und des spanischen Beurkundungsverfahrens daran scheitern, dass der gewollte Vertrag ausweislich der privatschriftlichen Urkunde vom 15.1.2014 weitere Nebenbestimmungen enthält, die in Spanien nicht mitbeurkundet wurden, so dass inhaltlich der von § 311b Abs. 1 S. 1 BGB geforderten Beurkundung nicht genügt wäre (§ 139 BGB).

c) Heilung bei ausländischer Registereintragung

Wegen des unterschiedlichen Inhalts kann auch nicht offenbleiben, ob Titel des Eigentumsübergangs der Vertrag vom 15.1.2014 ist oder ein eventuell am 1.8.2014 neu geschlossener Vertrag. Es ist daher zu prüfen, ob eine **Heilung** nach § 311b Abs. 1 S. 2 BGB eingetreten ist. **944**

aa) Würde man hierzu auf den **Wortlaut des § 311b Abs. 1 S. 2 BGB** abstellen, so wäre eine Heilung ausgeschlossen, wenn der Kaufvertrag ein ausländisches Grundstück betrifft und im Belegenheitsstaat keine Auflassung erforderlich ist und/oder ein dem deutschen Grundbuch vergleichbares Grundstücksregister nicht existiert. Dies ist abzulehnen, denn der Zweck des § 311b Abs. 1 S. 2 BGB darf nicht nur unter den sachenrechtlichen Formalien des deutschen Rechts durchzusetzen sein, sondern muss auch eingreifen, wenn § 311b Abs. 1 S. 1 BGB auf einen Kaufvertrag über ein ausländisches Grundstück anzuwenden ist. Maßgeblich ist nicht *wie*, sondern *dass* der ursprünglich formnichtige Kaufvertrag vollzogen wurde.[13] **945**

13 BGHZ 73, 391, 396.

946 **bb)** Es ließe sich erwägen, bei Fehlen des Erfordernisses eines dinglichen Verfügungsgeschäfts lediglich auf die **Registereintragung** abzustellen, sofern diese im Belegenheitsstaat vorgesehen ist. Auch dies würde dem Zweck der Heilungsbestimmung jedoch nicht gerecht. Das würde nämlich ein Verständnis der Registereintragung als „Grundbucheintragung (nach spanischem Recht)" implizieren, das als solches verfehlt ist, weil die Registereintragung gerade nicht funktionell einer Grundbucheintragung entspricht, denn sie ist für den Eigentumserwerb nicht konstitutiv (MAT d). Die Drittwirkung der Eintragung ist aber für Zwecke der Heilung ohne Bedeutung, weil sie den Vollzug des Kaufvertrages *inter partes* nicht berührt.[14]

947 **cc)** Maßgeblich kann daher nach dem Zweck des § 311b Abs. 1 S. 2 BGB nur sein, ob der formnichtige Kaufvertrag **nach dem maßgeblichen Sachenrecht vollzogen** ist. Das ist im spanischen Recht bereits der Fall, wenn die Übergabe oder ein Übergabesurrogat stattgefunden hat. Entscheidend für die Wahrung des Zwecks des § 311b Abs. 1 S. 2 BGB ist es, dass das Interesse an der Formwahrung, insbesondere die Warnfunktion, hinter dem Bestandsinteresse zurücktritt, sobald der Vertrag seitens des Verkäufers erfüllt ist. Das liegt hier vor, weil die *escritura pública* errichtet wurde (Rn 940).[15]

948 **Ergebnis:** Richard Rübenbauer ist durch Übergabe aufgrund wirksamem, hinsichtlich der Form geheiltem Kaufvertrag Miteigentümer geworden.

Frage 3: Internationale Zuständigkeit des AG Wilhelmshaven für die neue Klage

1. Intertemporale Anwendbarkeit der Brüssel I-VO/Brüssel Ia-VO

949 Fraglich ist wieder (vgl Rn 921), ob die Klage wegen ausschließlich internationaler Zuständigkeit der spanischen Gerichte abzuweisen ist. Für die am 5.1.2015 eingegangene, aber erst am 27.2.2015 zugestellte Klage ist zu klären, auf welchen Zeitpunkt für den Stichtag der „Einleitung" des Verfahrens (Art. 66 Abs. 1 Brüssel Ia-VO) abzustellen ist. Eine ausdrückliche Regelung des für die Verfahrenseinleitung maßgeblichen Zeitpunkts enthält die Brüssel Ia-VO nicht. Um eine einheitlich Handhabung zu gewährleisten ist jedoch auf die für die Litispendenz in Art. 32 Brüssel Ia-VO bestimmte autonome Auslegung, nicht hingegen auf die lex fori (§ 253 Abs. 1 ZPO), abzustellen. Maßgeblich ist damit der Eingang der Klage bei Gericht, wenn sodann der Kläger seinen Mitwirkungspflichten bei der Zustellung nachkommt. Damit ist hier noch die Brüssel I-VO anzuwenden.

14 BGHZ aaO Fn. 11.
15 BGHZ aaO Fn. 11.

2. Ausschließliche Zuständigkeit

Ob **Art. 22 Nr 1 Brüssel I-VO** eingreift, hängt von der Natur des geltend gemachten Anspruchs ab. Die Klage könnte auf Ansprüche aus dem Miteigentümerverhältnis oder auf GoA gestützt werden. 950

a) GoA

Bei **GoA wegen Rettung einer Sache** handelt es sich zwar um einen Anspruch, der sich gegen den Eigentümer richtet. Im Streit ist jedoch nicht der Umfang oder Bestand eines Rechts an der Immobilie, das sich gegen jedermann richtet, sondern die aus Anlass der Rettung der Sache entstandene schuldrechtliche Beziehung zwischen dem Eigentümer und einem Dritten. Art. 22 Nr 1 Brüssel I-VO ist daher nicht anzuwenden. 951

b) Miteigentum

Klagen aus dem **Miteigentümerverhältnis** können den Bestand eines dinglichen Rechts zum Gegenstand haben, insbesondere dann, wenn das Recht zum Besitz, der Bestand des Miteigentums oder die dingliche Gestaltung der Miteigentümergemeinschaft (Aufhebung, Teilung)[16] in Frage steht. Die Miteigentümergemeinschaft, selbst eine Wohnungseigentümergemeinschaft, ist jedoch nicht als solche der ausschließlichen Zuständigkeit des Art. 22 Nr 1 Brüssel I-VO unterworfen.[17] Hier zu erwägende Ansprüche wegen Tragung der Kosten und Lasten der gemeinsamen Sache beruhen auf der Miteigentümerstellung, berühren diese aber nicht in ihrem Bestand; insbesondere streiten die Parteien nicht darum, ob Miteigentum besteht, sondern nur um sich daraus ergebende Ansprüche in dem aus dem Miteigentum fließenden Schuldverhältnis. Art. 22 Nr 1 Brüssel I-VO greift auch insoweit nicht ein.[18] 952

3. Allgemeiner Gerichtsstand

Die internationale Zuständigkeit des AG Wilhelmshaven ist deshalb nach den allgemeinen Bestimmungen der Brüssel I-VO zu beurteilen und ergibt sich hier aus **Art. 2 Brüssel I-VO**, da der Beklagte Wohnsitz (Art. 59 Abs. 1 Brüssel I-VO, § 7 BGB) in Deutschland hat. 953

Ergebnis: Das AG Wilhelmshaven ist international zuständig; insbesondere besteht keine ausschließliche Zuständigkeit spanischer Gerichte. 954

---

16 EuGH Rs. C-605/14 ECLI:EU:C:2015:833 *(Komu ua/Komu)*.

17 Aus praktischer Sicht fordern deshalb *Geimer/Schütze* EuZVR[3] Art. 22 Rn 96 für die WEG eine erweiternde Auslegung.

18 EuGH Rs. C-605/14 ECLI:EU:C:2015:833 *(Komu ua/Komu)*; ebenso BGH NJW 2008, 3502 zu Ansprüchen wegen Verletzung von Miteigentum.

Frage 4: Anknüpfung

1. Ansprüche aus der Miteigentümergemeinschaft

a) Qualifikation

955 Das Verhältnis zwischen den Miteigentümern eines Grundstücks ist nur insoweit sachenrechtlich zu **qualifizieren**, als es das sachenrechtliche Gemeinschaftsverhältnis, insbesondere die Art der dinglichen Mitberechtigung (Gesamthand, Bruchteilseigentum, Wohnungseigentum), betrifft.

b) Kein gesetzliches Schuldverhältnis iSd Rom II-VO

956 Daneben besteht zwischen Miteigentümern, vor allem zwischen Miteigentümern nach Bruchteilen, ein **gesetzliches Schuldverhältnis** (vgl §§ 741 ff BGB), für das ein Schuldstatut zu bestimmen ist.

In Betracht kommt insoweit die Anwendung der **Rom II-VO**, deren **zeitlicher Anwendungsbereich** für das erst nach dem Stichtag 11.1.2009 (Art. 31, 32 Rom II-VO) begründete Schuldverhältnis eröffnet wäre.

Fraglich ist jedoch der **sachliche Anwendungsbereich**. Zwar handelt es sich im Sinn des deutschen Rechts um ein gesetzliches Schuldverhältnis; in der geboten autonomen Auslegung von Art. 1 Abs. 2 Rom II-VO (vgl Erwägungsgrund 11 Rom II-VO) ist dies jedoch fraglich. Die gesetzliche Ausgestaltung einer schuldvertraglich begründeten Miteigentümergemeinschaft dürfte danach nicht als außervertraglich zu verstehen sein. Hierfür spricht insbesondere, dass in Art. 1 Abs. 2 Rom II-VO außervertragliche Schuldverhältnisse ausgenommen wurden, die sich aus Materien ergeben, die engen Bezug zu nicht von der Verordnung erfassten Rechtsgebieten haben, wie das Ehegüterrecht und das Erbrecht. Dass die Verordnung auch das Sachenrecht nicht erfasst, sachenrechtliche Schuldverhältnisse aber nicht in Art. 1 Abs. 2 Rom II-VO genannt sind, dürfte sich damit erklären, dass man solche Schuldverhältnisse bereits nicht als außervertraglich iSd Art. 1 Abs. 1 Rom I-VO ansah.

c) Vertragliches Schuldverhältnis oder Sachenrechtsstatut

957 In Betracht kommt damit entweder eine Einordnung als **vertragliches Schuldverhältnis** iSd Rom I-VO oder als sachenrechtliches Schuldverhältnis, welches weiterhin dem nationalen IPR untersteht.

958 **aa)** Wendet man die Rom I-VO an, so erfasst nach **Art. 3 Abs. 1 S. 1 Rom I-VO** die umfassende Rechtswahl im Vertrag vom 15.1.2014 auch dieses Schuldverhältnis. In dem Vertrag vom 15.1.2014 haben die Parteien ausdrücklich die aufgrund des Vertrages entstehenden Rechtsbeziehungen deutschem Recht unterstellt. Das ist dahingehend auszulegen, dass auch, soweit zulässig, die wechselseitigen schuldrechtlichen Beziehungen als Miteigentümer der Finca deutschem Recht unterliegen sollen.

bb) Wendet man hingegen die bisherigen Grundsätze der Anknüpfung solcher „außervertraglicher" Schuldverhältnisse im deutschen IPR an, so wird es nach allgemeiner Ansicht an das Recht des Lageortes angeknüpft,[19] weil es aus dem sachenrechtlichen Gemeinschaftsverhältnis resultiert und zunächst der Konkretisierung des dinglichen Verhältnisses dient. Danach wäre hier spanisches Recht maßgeblich. **959**

Da andererseits das gesetzliche Schuldverhältnis nur Auffangfunktion hat und regelmäßig jenseits der dinglich zwingenden Bestimmungen eine privatautonome Gestaltung zwischen den Miteigentümern über Nutzungen, Lasten und Kosten zulässig und üblich ist, liegt es nahe, für das auf sachenrechtlicher Grundlage bestehende gesetzliche Schuldverhältnis eine **Rechtswahl** entsprechend Art. 3 Abs. 1 Rom I-VO zuzulassen, obgleich Art. 3 Abs. 1 Rom I-VO unmittelbar nur für vertragliche Schuldverhältnisse gilt. Art. 42 EGBGB spricht nicht gegen die Zulassung einer Rechtswahl für ein *bereits konkretisiertes* gesetzliches Schuldverhältnis, wobei ohnehin die Bestimmung auf die in Art. 38 ff EGBGB geregelten außervertraglichen Schuldverhältnisse bezogen ist und auf sachenrechtlicher Grundlage entstehende Schuldverhältnisse nicht unmittelbar betrifft. Der BGH folgt zutreffend der Ansicht, die eine Rechtswahl analog Art. 3 Abs. 1 Rom I-VO zulässt, wenn das Recht des Lageortes Parteiautonomie und damit Rechtswahl gestattet.[20]

Für das spanische **Belegenheitsrecht** kann von der Zulässigkeit einer solchen Rechtswahl ausgegangen werden, wenn man diese aus einer analogen Anwendung des Art. 3 Abs. 1 Rom I-VO herleitet, der auch in Spanien unmittelbar gilt. Ist hingegen Art. 3 Abs. 1 Rom I-VO nicht auf das Schuldverhältnis aus Miteigentum anzuwenden, so ist spanisches Recht als Sachenrechtsstatut berufen und entscheidet als solches über die Zulässigkeit einer Rechtswahl für das Verhältnis der Miteigentümer, für die sich aus Art. 10 cc nichts ergibt. **960**

2. Ansprüche aus GoA

a) Anwendbarkeit der Rom II-VO

aa) Ansprüche aus GoA könnten nach der **Rom II-VO** anzuknüpfen sein, die zeitlich Anwendung findet (Rn 956). **961**

bb) Auch der **sachliche Anwendungsbereich** ist eröffnet, da GoA ausdrücklich in Art. 11 Rom II-VO geregelt ist, vorliegend ein Bezug zu mehreren Staaten vorliegt (Art. 1 Abs. 1 Rom II-VO) und eine Bereichsausnahme (Art. 1 Abs. 2 Rom II-VO) nicht gegeben ist. **962**

cc) **Räumlich** ist die Rom II-VO als *loi uniforme* anzuwenden (Art. 3 Rom II-VO). **963**

19 BGH NJW 1998, 1321, 1322.
20 BGH NJW 1998, 1321, 1322, dort noch zu Art. 27 aF EGBGB.

b) Anknüpfung

964 Die **Anknüpfung** der GoA bestimmt sich in Art. 11 Abs. 1 Rom II-VO vorrangig nach dem Statut eines zwischen den Parteien bestehenden Rechtsverhältnisses. Die Fremdgeschäftsführung, die durch ein zwischen den Parteien bestehendes Rechtsverhältnis veranlasst oder ausgelöst ist, hängt in ihren Voraussetzungen (Fremdheit des Geschäfts, Bestehen von Rechten und Pflichten, Fehlen vorrangiger vertraglicher Ausgleichsansprüche) eng mit diesem Rechtsverhältnis zusammen. Die GoA innerhalb einer Miteigentümergemeinschaft ist daher grundsätzlich nach deren Statut anzuknüpfen, unterliegt also in Abhängigkeit der Anknüpfung des Schuldverhältnisses der Miteigentümer deutschem oder spanischem Recht.

c) Rechtswahl

965 Eine **Rechtswahl** ist hingegen auch nach Art. 14 Abs. 1 S. 1 lit. a Rom II-VO nur nachträglich möglich. Eine kommerzielle Tätigkeit iSd Art. 14 Abs. 1 S. 1 lit. b Rom II-VO liegt nicht vor, wenn alle Beteiligten außerhalb ihrer beruflichen oder gewerblichen Tätigkeit handeln.

966 **Ergebnis:** Ansprüche aus Miteigentum unterstehen kraft Rechtswahl deutschem Recht, sofern Art. 3 Abs. 1 Rom I-VO entsprechend anzuwenden ist; anderenfalls unterstehen sie spanischem Recht als Sachenrechtsstatut. Die GoA innerhalb der Miteigentümergemeinschaft folgt dieser Anknüpfung.

Frage 5: Vollstreckung in Spanien

1. Brüssel Ia-VO

a) Bedeutung

967 Die Brüssel Ia-VO hat zum 10.1.2015 die Brüssel I-VO ersetzt (Art. 80 Brüssel Ia-VO). Sie sieht in Art. 39 die Vollstreckbarkeit von Entscheidungen aus Mitgliedstaaten vor, **ohne dass es eines Exequaturs bedarf**; die Prüfung der Anerkennungshindernisse erfolgt nur noch auf Rechtsbehelf des Schuldners.

b) Intertemporale Anwendung

968 **Intertemporal** ist die Brüssel Ia-VO auch in Ansehung der Anerkennung und Vollstreckung nur anzuwenden, wenn das Verfahren seit dem 10.1.2015 eingeleitet wurde (Art. 66 Abs. 1 Brüssel Ia-VO). Dies gilt – wegen des vollstreckungsrechtlichen Systemwechsels insoweit anders als beim Übergang vom EuGVÜ zur Brüssel I-VO – uneingeschränkt auch für die Anerkennung und Vollstreckung, so dass bei hier vorliegender Verfahrenseinleitung im Erkenntnisverfahren vor dem Anwendungsstichtag 10.1.2015 das Urteil nicht nach Art. 39 Brüssel Ia-VO vollstreckt wird, selbst wenn es erst nach dem Anwendungsstichtag ergeht. Maßgeblich für den Zeitpunkt der Einleitung ist wiederum Art. 32 Brüssel Ia-VO.

2. Brüssel I-VO

a) Anwendungsbereich

In Betracht kommt für die Vollstreckung eines deutschen Titels das Verfahren nach Art. 38 ff Brüssel I-VO. Deren **sachlicher Anwendungsbereich** ist bei dem Urteil in einer Zivilsache gegeben (Art. 1 Abs. 1 Brüssel I-VO), auch eine Bereichsausnahme liegt nicht vor (Art. 1 Abs. 2 Brüssel I-VO). **Räumlich** gelten die Art. 31 ff, 38 ff Brüssel I-VO für die Anerkennung und Vollstreckung von Entscheidungen aus einem Mitgliedstaat in einem anderen; der Wohnsitz des Beklagten (vgl Art. 3 Abs. 1 Brüssel I-VO) spielt keine Rolle. **969**

b) Exequaturverfahren

aa) Das Verfahren nach Art. 38 Brüssel I-VO ist jedoch ein klassisches **Exequaturverfahren**, bei dem der deutsche Titel in Spanien erst durch eine Vollstreckbarerklärung, die auf Antrag erfolgt (Art. 38 Abs. 1 Brüssel I-VO), vollstreckbar wird, auch wenn das Verfahren seit Inkrafttreten der Brüssel I-VO in erster Instanz nicht mehr kontradiktorisch stattfindet (Art. 41 Brüssel I-VO) und der Schuldner erst nach Vollstreckbarerklärung hiervon erfährt (Art. 42 Abs. 1 Brüssel I-VO). **970**

bb) Kees van Marten müsste also einen **Antrag** nach Art. 38 Abs. 1 Brüssel I-VO bei dem *Juzgado de Primera Instancia* (Art. 39 Abs. 1 iVm Anhang II Brüssel I-VO) am Wohnsitz des Schuldners in Spanien oder am Vollstreckungsort (Art. 39 Abs. 2 Brüssel I-VO) stellen und die in Art. 53 Brüssel I-VO genannten **Urkunden** beifügen (Art. 40 Abs. 3 Brüssel I-VO). Damit kommt dieses Verfahren für den Wunsch, einen Titel ohne Befassung spanischer Gerichte zu erlangen, nicht in Betracht. **971**

3. EG-VollstrTitelVO

a) Anwendungsbereich

aa) In Betracht kommt jedoch ein Antrag auf **Bestätigung als Europäischer Vollstreckungstitel** (Eu-VollstrTitel) gemäß Art. 6 Abs. 1 Hs. 1 EG-VollstrTitelVO (VO [EG] Nr 805/2004). Eine solche Bestätigung würde zur Anerkennung und Vollstreckbarkeit in allen anderen Mitgliedstaaten ohne weiteres Exequaturverfahren und ohne Anfechtbarkeit im Vollstreckungsmitgliedstaat führen (Art. 5 EG-VollstrTitelVO). **972**

bb) Der **sachliche Anwendungsbereich** (Art. 2 Abs. 1 EG-VollstrTitelVO) einschließlich des Katalogs der Bereichsausnahmen (Art. 2 Abs. 2 EG-VollstrTitelVO) entspricht dem der Brüssel I-VO, ist also eröffnet. **973**

cc) **Räumlich** gilt die EG-VollstrTitelVO für die Vollstreckung von Titeln aus einem Mitgliedstaat in anderen Mitgliedstaaten (Art. 1, 2 Abs. 3 EG-VollstrTitelVO), wobei es für Dänemark insoweit keine Anwendungsregelung gibt. **974**

b) Zuständigkeit

975 Die Bestätigung erfolgt auf **Antrag** (Art. 6 Abs. 1 EG-VollstrTitelVO). Zuständig für die Entgegennahme des Antrags ist das Gericht, das das Urteil erlassen hat (Art. 6 Abs. 1 Hs. 1 EG-VollstrTitelVO). Sachliche und örtliche Zuständigkeit zur Erteilung der Bestätigung ergeben sich aus § 1079 ZPO; zuständig ist danach ebenfalls das Ursprungsgericht; funktionell zuständig ist jedoch nicht der Urkundsbeamte der Geschäftsstelle (§ 724 Abs. 2 ZPO), sondern der Rechtspfleger (§ 20 Nr 11 RPflG).

c) Bestätigungsvoraussetzungen

976 **aa)** Die Bestätigung wird dem Antragsteller erteilt werden, wenn die Bestätigungsvoraussetzungen nach Art. 6 EG-VollstrTitelVO vorliegen. Das zuständige Gericht prüft diese Voraussetzungen **ohne Anhörung** des Schuldners (§ 1080 Abs. 1 S. 1 ZPO).

977 **bb)** Zunächst müsste es sich um eine Entscheidung über eine **unbestrittene Forderung** iSd Art. 3 Abs. 1 EG-VollstrTitelVO handeln. Andere Titel können nicht im Verfahren nach Art. 6 ff EG-VollstrTitelVO bestätigt werden; Art. 6 Abs. 1 lit. c EG-VollstrTitelVO stellt lediglich für besondere Kategorien der unbestrittenen Forderung zusätzliche Bedingungen auf.

978 Eine **aktiv unbestrittene** Forderung iSd Art. 3 Abs. 1 lit. a oder d EG-VollstrTitelVO liegt nicht vor. Dazu müsste Richard Rübenbauer die Forderung ausdrücklich im gerichtlichen Verfahren anerkannt, an einem Vergleich mitgewirkt oder die Forderung in öffentlicher Urkunde anerkannt haben.

979 Es könnte jedoch eine **passiv unbestrittene Forderung** nach Art. 3 Abs. 1 lit. b, c EG-VollstrTitelVO vorliegen. Art. 3 Abs. 1 lit. b EG-VollstrTitelVO setzt voraus, dass der Schuldner im gerichtlichen Verfahren der Forderung zu keinem Zeitpunkt nach den Verfahrensvorschriften deutschen Rechts als *lex fori* widersprochen hat; dies ist der Fall, denn Richard Rübenbauer hat es bereits versäumt, seine Verteidigungsbereitschaft anzuzeigen. Art. 3 Abs. 1 lit. c EG-VollstrTitelVO greift hingegen nur bei Säumnis nach streitiger Einlassung. Damit ist das Versäumnisurteil (typischer Weise) eine Entscheidung über eine unbestrittene Forderung.

980 **cc)** Das Urteil müsste im Ursprungsmitgliedstaat Deutschland (Art. 4 Nr 4 EG-VollstrTitelVO) **vollstreckbar** sein (Art. 6 Abs. 1 lit. a EG-VollstrTitelVO). Dabei genügt eine vorläufige Vollstreckbarkeit, die bei Versäumnisurteilen gemäß § 708 Nr 2 ZPO besteht.

Der **formellen Rechtskraft** des Titels bedarf es hingegen nicht; dass gegen das Versäumnisurteil ggf noch Einspruch (§ 338 ZPO) statthaft ist, hindert nicht die Bestätigung als Eu-VollstrTitel.

981 **dd)** Die Entscheidung dürfte nicht in **Widerspruch zu Zuständigkeitsregeln** in Kapitel II, Abschnitte 3 und 6 der Brüssel I-VO stehen (Art. 6 Abs. 1 lit. b Brüssel I-

VO). Da keine Versicherungssache (Abschnitt 3 Brüssel I-VO) vorliegt, käme nur die Verletzung einer ausschließlichen Zuständigkeit nach Art. 22 Brüssel I-VO (Abschnitt 6 Brüssel I-VO) in Betracht. Dass insbesondere Art. 22 Nr 1 Brüssel I-VO einer Entscheidung des AG Wilhelmshaven nicht entgegensteht, wurde bereits geprüft (Rn 950).

ee) Es müssten, da es sich um eine **passiv unbestrittene Forderung** iSd Art. 3 Abs. 1 lit. b EG-VollstrTitelVO handelt, gemäß Art. 6 Abs. 1 lit. c EG-VollstrTitelVO die sog **„Mindestvorschriften"** des Kapitels III EG-VollstrTitelVO gewahrt sein. Eine Entscheidung über eine unbestrittene Forderung iSd Art. 3 Abs. 1 lit. b oder c EG-VollstrTitelVO kann nur dann als Eu-VollstrTitel bestätigt werden, wenn das gerichtliche Verfahren im Ursprungsmitgliedstaat hinsichtlich der Zustellung Art. 13-15 EG-VollstrTitelVO und hinsichtlich der Unterrichtung und Belehrung des Schuldners Art. 16-17 EG-VollstrTitelVO genügt hat oder Versäumnisse gemäß Art. 19 EG-VollstrTitelVO geheilt sind. **982**

ff) Fraglich könnte sein, ob auch die einschränkenden Voraussetzungen des Art. 6 Abs. 1 lit. d EG-VollstrTitelVO zu prüfen sind; nach dem Wortlaut ist dies der Fall, denn Richard Rübenbauer hat als **Verbraucher** iSd Art. 6 Abs. 1 lit. d Str. 2 EG-VollstrTitelVO kontrahiert. Bedenken könnten sich ergeben, weil die andere Vertragspartei nicht Unternehmer ist und man ähnlich wie zu Art. 15 Brüssel I-VO in einschränkender Auslegung diese Bestimmung nur anwenden könnte, wenn ein Verbraucher mit einem Unternehmer kontrahiert. Freilich besteht der Zweck der Regelung darin, den Verbraucher gegen die besonderen Risiken der unmittelbaren Vollstreckbarkeit zu schützen, wenn er vor anderen Gerichten als denen seines Wohnsitzstaates ein Versäumnisurteil gegen sich hat ergehen lassen. Dieser Zweck hat mit beruflichem oder privatem Handeln des Klägers nichts zu tun. **983**

Somit ist Art. 6 Abs. 1 lit. d EG-VollstrTitelVO zu prüfen; die syntaktisch schwer verständliche Norm ist dahin auszulegen, dass Entscheidungen gegen einen Verbraucher, die unter den Voraussetzungen des ersten Strichs (Forderung iSd Art. 3 Abs. 1 lit. b oder c EG-VollstrTitelVO) ergehen, nur dann bestätigt werden können, wenn sie von einem Gericht des Wohnsitzmitgliedstaats des Schuldners erlassen wurden. Da es sich um eine solchermaßen unbestrittene Forderung handelt (also um ein Versäumnisurteil), müsste das Urteil also im Wohnsitzstaat des Richard Rübenbauer ergangen sein. Der Wohnsitzbegriff folgt auch insoweit Art. 59 Brüssel I-VO; Deutschland ist Wohnsitzstaat des Schuldners und Beklagten Richard Rübenbauer, die Voraussetzung des Art. 6 Abs. 1 lit. d EG-VollstrTitelVO ist also erfüllt.

d) Insbesondere: Mindestvoraussetzungen an Zustellung und Unterrichtung

Zu prüfen bleiben noch die Mindestvoraussetzungen (Rn 982): **984**

aa) Die **Zustellung** des verfahrenseinleitenden Schriftstücks, also hier der Klage, die nach deutscher *lex fori* zur Rechtshängigkeit führt (§§ 261, 253 ZPO), müsste einer der in Art. 13, 14 EG-VollstrTitelVO beschriebenen Voraussetzungen, die selbst keine Zustellungsvorschriften, sondern nur Maßstäbe erfolgter Zustellung sind, entsprechen. Vorliegend ist die Zustellung als Ersatzzustellung gemäß § 178 Abs. 1 Nr 1 ZPO erfolgt; für Zwecke der EG-VollstrTitelVO kommt es aber nicht auf die Wirksamkeit der Zustellung nach dem anwendbaren Zustellungsrecht an, sondern auf die damit bewirkte Wahrung einer der Modalitäten in Art. 13, 14 EG-VollstrTitelVO. Da der Rückschein von der Ehefrau des Richard Rübenbauer unterschrieben wurde, ist keine der in **Art. 13 EG-VollstrTitelVO** genannten Zustellungsmodalitäten gewahrt, da diese alle eine vom Adressaten unterzeichnete Bestätigung erfordern.

985 **bb)** Die Zustellung könnte jedoch **Art. 14 Abs. 1 lit. a EG-VollstrTitelVO** genügen. Zwar wurde hier die Zustellung persönlich unter der Privatanschrift des Schuldners an die in derselben Wohnung lebende Ehefrau bewirkt. Diese Zustellung müsste jedoch zusätzlich in einer der in Art. 14 Abs. 3 EG-VollstrTitelVO beschriebenen Weisen bewiesen werden. Hier fehlt es zwar an einem von der die Zustellung vornehmenden Person unterzeichneten Schriftstück iSd Art. 14 Abs. 3 lit. a EG-VollstrTitelVO, wie es im Fall der Zustellungsurkunde nach § 182 ZPO vorläge. Es genügt jedoch für die Zustellung ohne (unmittelbaren) Nachweis des Empfangs durch den Schuldner iSd Art. 14 Abs. 1 lit. a oder b EG-VollstrTitelVO auch eine Empfangsbestätigung der Person, an die zugestellt wurde (Art. 14 Abs. 3 lit. b EG-VollstrTitelVO), hier also der von der Ehefrau unterzeichnete Rückschein. Die Mindestanforderungen an die Zustellungsmodalitäten sind also gewahrt.

986 **cc)** Allerdings verlangt Art. 19 Abs. 1 lit. a EG-VollstrTitelVO, dass jeder Mitgliedstaat bei Zustellungen, die einer der Formen des Art. 14 EG-VollstrTitelVO entsprechen, einen Rechtsbehelf zur **Überprüfung** der Entscheidung zugunsten des Schuldners bereitstellt, wenn ihn die Zustellung ohne sein Verschulden nicht so rechtzeitig erreicht hat, dass er Vorkehrungen für seine Verteidigung treffen konnte. Dem genügt jedoch beim Versäumnisurteil die Möglichkeit des Einspruchs (§ 338 ZPO); sollte auch die Zustellung des Versäumnisurteils durch Ersatzzustellung erfolgt sein, so käme ggf auch eine Wiedereinsetzung wegen Versäumung der Einspruchsfrist (§§ 233, 339 ZPO) in Betracht. Das Bestehen dieser Rechtsbehelfe hindert aber nicht die Bestätigung, nur die Aufhebung oder Änderung auf Einspruch könnte ggf zu einer späteren Bestätigung der Nichtvollstreckbarkeit gemäß Art. 6 Abs. 2 EG-VollstrTitelVO führen.

987 **dd)** Weiter müssten die **materiellen Unterrichtungsvoraussetzungen** des Art. 16 EG-VollstrTitelVO gewahrt sein. Diese Voraussetzungen betreffen die Identifizierung des Anspruchs und der Parteien und sind gemäß § 253 Abs. 2 ZPO Inhalt einer ordnungsgemäßen Klageschrift, so dass mangels anderer Angaben im Sachverhalt von der Wahrung auszugehen ist.

988 **ee)** Zudem müssten auch die **formellen Unterrichtungsvoraussetzungen** des Art. 17 EG-VollstrTitelVO gewahrt sein. Die in Art. 17 lit. a EG-VollstrTitelVO geforderten

Belehrungen (Frist, Vertretung durch Rechtsanwalt, Bezeichnung des Gerichts samt Anschrift) sind Gegenstand der Aufforderung nach § 276 Abs. 1 ZPO bzw der Belehrung nach § 276 Abs. 2 S. 1 ZPO, vorliegend also gegeben. Eine Ladung ist im schriftlichen Vorverfahren nicht erfolgt, so dass eine Terminsmitteilung nicht erforderlich war.

Die Belehrung über die Konsequenzen des Nichtbestreitens (Art. 17 lit. b EG-Vollstr- **989**
TitelVO) ist Gegenstand der Belehrung nach § 276 Abs. 2 S. 2 ZPO, somit also ebenfalls gegeben.

e) Ausstellung der Bestätigung

Da somit die Voraussetzungen der Bestätigung vorliegen, ist die Bestätigung des Ver- **990**
säumnisurteils wie beantragt unter Verwendung des Formblatts im Anhang I der EG-VollstrTitelVO (Art. 9 Abs. 1 EG-VollstrTitelVO) in deutscher Sprache (Art. 9 Abs. 2 EG-VollstrTitelVO) auszustellen.

Ergebnis: Kees van Marten kann mit Erfolg die Bestätigung des Versäumnisurteils **991**
als Eu-VollstrTitel beantragen. Die Vollstreckung aus dem Eu-VollstrTitel bedarf in Spanien als Mitgliedstaat iSd EG-VollstrTitelVO keiner gerichtlichen Exequaturentscheidung. Bei Vollstreckung nach der Brüssel I-VO bedarf es hingegen einer Exequaturentscheidung. Die Brüssel Ia-VO ist auf die Klage nicht anwendbar, auch wenn das Urteil erst nach deren Inkrafttreten ergangen ist.

Literaturhinweise

Behandlung der fallrelevanten Themen in:
Rauscher Internationales Privatrecht (5. Aufl., 2017)

Ausschließliche Zuständigkeit nach Art. 24 Nr 1 Brüssel Ia-VO:	Rn 1905 ff
Entscheidung bei ausschließlicher Zuständigkeit in anderem Mitgliedstaat:	Rn 2089 ff
Rechtswahl und partielle Rechtswahl:	Rn 1188 ff, 1194 ff
Formstatut und Rechtswahl:	Rn 1145 ff, 49
Sachenrechtsstatut:	Rn 1529 ff
Statut der GoA:	Rn 1503 ff, 1505
GoA in der Rom II-VO:	Rn 1520 ff
EG-VollstreckungstitelVO:	Rn 2490 ff

Weitere Literatur

1. Ausschließliche Zuständigkeit nach Art. 22 Nr 1 Brüssel I-VO/Art. 24 Nr. 1 Brüssel Ia-VO

Rauscher/Mankowski (2016) Art. 24 Brüssel Ia-VO Rn 1 ff.

Naujok Rechtsprechung des Bundesgerichthofs zur Frage der internationalen Zuständigkeit nach Maßgabe des § 22 Nr 1 EuGVVO, ZfIR 2008, 623.

Mankowski Internationale Zuständigkeit für dingliche Rechte an unbeweglichen Sachen, ZZPInt 2004, 210.

Peschke Ausschließliche Zuständigkeit im Belegenheitsstaat für Antrag auf Auflösung einer Miteigentümergesellschaft an unbeweglichen Sachen IWRZ 2016, 84.

2. Entscheidung bei ausschließlicher Zuständigkeit in anderem Mitgliedstaat

Rauscher/Mankowski (2016) Art. 27 Brüssel Ia-VO Rn 1.

Guypers Internationales Privat- und Zivilverfahrensrecht, GPR 2009, 34.

3. Rechtswahl und partielle Rechtswahl

Staudinger/Magnus (2016) Art. 3 Rom I-VO Rn 26 ff; partielle Rechtswahl: Art. 3 Rom I-VO Rn 104 ff.

Rugullis Die Rechtswahl nach Art. 27 Abs. 1 EGBGB – Sachnorm oder Gesamtverweisung?, ZVglRWiss 106 (2007) 217.

Basedow Theorie der Rechtswahl oder Parteiautonomie als Grundlage des Internationalen Privatrechts, RabelsZ 75 (2011) 32.

Flessner Rechtswahl im internationalen Sachenrecht – neue Anstöße aus Europa, FS Koziol (2010) 125.

4. Formstatut

Staudinger/Winkler von Mohrenfels (2016) Art. 11 Rom I-VO Rn 1.

Döbereiner Rechtsgeschäfte über inländische Grundstücke mit Auslandsberührung, ZNotP 2001, 465.

5. Sachenrechtsstatut

Kreuzer Die Vollendung der Kodifikation des deutschen Internationalen Privatrechts durch das Gesetz zum Internationalen Privatrecht der außervertraglichen Schuldverhältnisse und Sachen vom 21.5.1999, RabelsZ 65 (2001) 383.

Siehr Internationales Sachenrecht, ZVglRWiss 2005, 145.

6. Statut der GoA

Staudinger/von Hoffmann/Thorn (2001) Art. 39 EGBGB Rn 1.

Fischer Die Neuregelung des Kollisionsrechts der ungerechtfertigten Bereicherung und der Geschäftsführung ohne Auftrag im IPR-Reformgesetz von 1999, IPRax 2002, 1.

7. GoA in der Rom II-VO

Nehme Die Internationale Geschäftsführung ohne Auftrag nach der Rom II-Verordnung – Anknüpfungsgegenstand und Anknüpfungspunkte, IPRax 2012, 136.

Wendelstein Das Statut der Geschäftsführung ohne Auftrag in Nothilfefällen, GPR 2014, 46.

8. EG-VollstreckungstitelVO

Bach Die EuVTVO im System des Europäischen Zivilverfahrensrechts, RIW 2018, 549.

Coester-Waltjen Der neue europäische Vollstreckungstitel, Jura 2005, 394.

Wagner Die neue EG-Verordnung zum Europäischen Vollstreckungstitel, IPRax 2005, 189.

Stein Der Europäische Vollstreckungstitel für unbestrittene Forderungen – Einstieg in den Ausstieg aus dem Exequaturverfahren bei Auslandsvollstreckungen, EuZW 2004, 679.

Fall 18

Verschobene Sportwagen

Der italienische Staatsangehörige Giulio Giuliano, der in Garda (Italien) lebt, ist in Geldnöten. Er muss drei Sportwagen aus seiner Sammlung, einen Ferrari, einen Maserati und einen Porsche Turbo Carrera, zu Geld machen und plant den Verkauf an Interessenten, die er durch Annoncen in deutschen Automobilzeitschriften zu finden hofft. **992**

Den Ferrari hat er 2014 von einem Händler in Milano gekauft. Hierfür hat er ein Darlehen über 100.000 € bei der Cassa Rurale Verona genommen. Als Sicherheit hat er der Cassa Rurale Verona an dem Ferrari eine Hypothek nach Art. 2810 Abs. 2 codice civile iVm Regio decreto n. 1814/1927 bestellt, die in dem *foglio complementare* eingetragen ist, das integraler Bestandteil der Zulassungsbescheinigung *(carta di circolazione)* ist.

Den Porsche und den Maserati hat Giulio Giuliano im Frühjahr 2015 in Milano gekauft und bar bezahlt.

Für den Porsche interessiert sich auf eine Annonce hin der in Stuttgart lebende Martin Müller. Schon bei Müllers erstem Anruf am 10.8.2018 wird man handelseinig. Müller kauft den Porsche zu 130.000 €. Hiervon sollen 65.000 € vor Absendung des PKW und 65.000 € nach Eintreffen des PKW bezahlt werden. Giuliano bedingt sich aus, dass das Eigentum an dem Fahrzeug erst nach vollständiger Bezahlung, also in Deutschland, übergehen solle. Müller erklärt sich damit einverstanden. Nach Eintreffen der vereinbarten ersten Rate versendet Giuliano den Porsche per Bahn (durch Österreich) nach Stuttgart. Dort trifft er am 23.8.2018 ein und wird noch am Frachtbahnhof im Auftrag von Peter Puch, einem Gläubiger von Martin Müller, gepfändet. Da Martin Müller daraufhin die zweite Rate nicht überweist, erhebt Giulio Giuliano Drittwiderspruchsklage nach § 771 Abs. 1 ZPO gegen Peter Puch.

Für den Ferrari und den Maserati findet Giulio Giuliano durch Annoncen keine Abnehmer und entschließt sich deshalb, die Fahrzeuge vor den Toren der IAA in Frankfurt/Main selbst anzubieten. Er will beide Fahrzeuge auf einem Tieflader von Italien nach Frankfurt bringen.

Dabei übernachtet er am 20.9.2018 in Zürich, wo in der Nacht der Maserati vom Tieflader gestohlen wird. Das Fahrzeug gelangt, inzwischen mit ordnungsgemäßer schweizerischer Zulassung und Papieren ausgestattet, zu dem Züricher Autohändler Alain Argli, der es am 3.10.2018 an den deutschen Studenten Siegfried Spät, der mit automobilen Gelegenheitsgeschäften sein Studium finanziert, zum Preis von 100.000 CHF verkauft. Siegfried Spät überführt das Fahrzeug nach München, wo er es am 20.10.2018 an Manfred Mann, der ebenfalls in München wohnt, gegen Barzahlung von 100.000 € veräußert. Bei einer Routinekontrolle der bayerischen Polizei wird das Fahrzeug Ende Oktober 2018 in Schwabing als gestohlen erkannt und sichergestellt. Giulio Giuliano verlangt Herausgabe des Maserati und lehnt es ab, Manfred Mann die hierfür bezahlten 100.000 € zu erstatten. Sämtliche bekannten Beteiligten wissen nichts von dem Diebstahl.

Den Ferrari veräußert Giuliano am 24.9.2018 in Frankfurt/Main an den deutschen Staatsangehörigen Franz Franke. Um wenigstens mit diesem Fahrzeug Erfolg zu haben, übergibt Giuliano dem Franz Franke nur die *carta di circolazione* (CDC), die dieser für das vollständige Äquivalent des KFZ-Briefs hält und aus der sich kein Hinweis auf die Hypothek ergibt. Das ihm bei Registrierung des Kfz 2014 erteilte, die Hypothek ausweisende *certificato di proprietà* (CDP) hält er geheim. Franz Franke zahlt bar und nimmt das Fahrzeug mit. Als die Cassa Rurale Verona wegen ausbleibender Raten und dadurch gegebener Fälligkeit der Hypothek Giulio Giuliano nach dem Verbleib des Ferrari fragt, gesteht dieser seinen unsauberen Deal ein und gibt den Namen des Käufers bekannt. Die Cassa Rurale verlangt von Franz Franke Herausgabe des Ferrari.

1. Ist die Drittwiderspruchsklage von Giulio Giuliano gegen Peter Puch (Porsche) begründet? **Variante:** Ändert sich etwas, wenn Martin Müller Italiener mit Wohnsitz in Bozen ist, den Porsche selbst gegen Zahlung von 65.000€ in Garda abgeholt hat und ihn dann, um ihn vor italienischen Gläubigern zu retten, nach Deutschland verbracht hat?
2. Besteht ein Herausgabeanspruch von Giulio Giuliano gegen Manfred Mann (Maserati)? Muss Giulio Giuliano hierfür den von Manfred Mann gezahlten Kaufpreis erstatten?
3. Welche Ansprüche hat die Cassa Rurale Verona gegen Franz Franke (Ferrari)?

Materialien

I. Italienisches IPR

a) Italienisches IPRG (l. 31.5.1995, n. 218), in Kraft seit 1.9.1995

Art. 51 ital IPRG

993 1. Der Besitz, das Eigentum und die anderen dinglichen Rechte an beweglichen und unbeweglichen Sachen bestimmen sich nach dem Recht des Staates, in dem die Sachen sich befinden.

2. Dasselbe Recht bestimmt auch über deren Erwerb und Verlust, vorbehaltlich erbrechtlicher Angelegenheiten und der Fälle, in denen die Zuordnung eines dinglichen Rechts von einer familienrechtlichen Beziehung oder einem Vertrag abhängt.

Art. 52 ital IPRG

Die dinglichen Rechte an Sachen im Transit beurteilen sich nach dem Recht des Bestimmungslandes.

[Hinweis: Art. 51 Abs. 2 ital. IPRG ist nicht als akzessorische Anknüpfung, sondern vor dem Hintergrund des in Art. 922 cc (unten b) normierten sachenrechtlichen Prinzips zu verstehen.]

II. Italienisches materielles Recht

b) Codice civile (cc)

Art. 922 cc

Das Eigentum wird durch Aneignung, durch Fund, durch Schöpfung, durch Verarbeitung, durch Vereinigung oder Vermengung, durch Ersitzung, aufgrund der Wirkung von Verträgen, durch die Rechtsnachfolge von Todes wegen und auf andere gesetzlich bestimmte Arten erworben.

[Hinweis: Das Eigentum geht mangels abweichender Vereinbarung im Zeitpunkt des Abschlusses des schuldrechtlichen Vertrages über. Ein dinglicher Vertrag oder ein Modus des Besitzerwerbs ist nicht erforderlich.]

Art. 1524 cc

(1) Der Eigentumsvorbehalt kann Gläubigern des Käufers nur entgegengehalten werden, wenn er sich aus einer schriftlichen Urkunde ergibt, die ein bestimmtes Datum trägt, das der Pfändung vorangeht.

Art. 2808 cc

(1) Die Hypothek berechtigt den Gläubiger auch gegenüber einem Dritterwerber zur Zwangsverwertung der zur Sicherstellung seiner Forderung belasteten Sachen und zur bevorzugten Befriedigung aus dem durch die Zwangsverwertung erzielten Erlös.

(2) Die Hypothek kann Sachen des Schuldners oder eines Dritten zum Gegenstand haben; sie entsteht durch Eintragung in die Immobiliarregister.

(3) Die Hypothek entsteht gesetzlich, gerichtlich oder rechtsgeschäftlich.

[Hinweis: Die Zwangsverwertung erfolgt in einem gerichtlichen Vollstreckungsverfahren.]

Art. 2810 cc

...

(2) Gegenstand einer Hypothek können ... darüber hinaus die Schiffe, Luftfahrzeuge und Kraftfahrzeuge sein gemäß den auf diese anwendbaren Gesetzen.

c) Regio decreto n. 1814 v. 29.7.1927 bestimmt die Möglichkeit der Belastung von Kfz mit einer Hypothek sowie die Erforderlichkeit der Eintragung in das *Pubblico Registro Automobilistico* (PRA) und in das *foglio complementare* zur *carta di circolazione.*

Das *foglio complementare* wurde ersetzt durch das *certificato di proprietà* (CDP), welches die bestehenden zivilrechtlichen Rechte an dem Kfz ausweist und auf der Grundlage der Eintragungen im – seit 5.10.2015 digital geführten – *Pubblico Registro Automobilistico* (PRA) erstellt wird. Die das PRA führenden regionalen Einheiten des ACI *(Automobile Club d,Italia)* erteilen seitdem kein gedrucktes CDP mehr; der Erwerber eines Kfz erhält bei Registrierung des Kfz im PRA auf seine Person eine Quittung mit einem persönlichen Zugangscode zu dem nunmehr online abrufbaren CDPD (CDP *digitale*). Vor dem 5.10.2015 erteilte CDP bleiben gültig und werden spätestens bei einer nachfolgenden Veräußerung auf CDPD umgestellt.

III. Schweizerisches IPR

d) Schweizerisches IPRG

Art. 100 schweiz IPRG

(1) Erwerb und Verlust dinglicher Rechte an beweglichen Sachen unterstehen dem Recht des Staates, in dem die Sache im Zeitpunkt des Vorgangs, aus dem Erwerb oder der Verlust hergeleitet wird, liegt.

(2) Inhalt und Ausübung dinglicher Rechte an beweglichen Sachen unterstehen dem Recht am Ort der gelegenen Sache.

Art. 101 schweiz IPRG
Rechtsgeschäftlicher Erwerb und Verlust dinglicher Rechte an Sachen im Transit unterstehen dem Recht des Bestimmungsstaates.

IV. Schweizerisches materielles Recht

e) ZGB

B. Erwerbsarten
I. Übertragung
1. Besitzübergang
Art. 714 ZGB
Zur Übertragung des Fahrniseigentums bedarf es des Überganges des Besitzes auf den Erwerber.

Wer in gutem Glauben eine bewegliche Sache zu Eigentum übertragen erhält, wird, auch wenn der Veräußerer zur Eigentumsübertragung nicht befugt ist, deren Eigenümer, sobald er nach den Besitzesregeln im Besitze der Sache geschützt ist.

B. Übertragung
I. Unter Anwesenden
Art. 922 ZGB
Der Besitz wird übertragen durch die Übergabe der Sache selbst, oder der Mittel, die dem Empfänger die Gewalt über die Sache verschaffen.

(...)

4. Verfügungs- und Rückforderungsrecht

a) Bei anvertrauten Sachen

Art. 933 ZGB
Wer eine bewegliche Sache in gutem Glauben zu Eigentum oder zu einem beschränkten dinglichen Recht übertragen erhält, ist in seinem Erwerbe auch dann zu schützen, wenn sie dem Veräusserer ohne jede Ermächtigung zur Übertragung anvertraut worden war.

b) Bei abhanden gekommenen Sachen

Art. 934 ZGB

(1) Der Besitzer, dem eine bewegliche Sache gestohlen wird, oder verloren geht oder sonst wider seinem Willen abhanden kommt, kann sie während fünf Jahren jedem Empfänger abfordern. Vorbehalten bleibt Artikel 722.

(1bis) [*betrifft Kulturgüter*]

(2) Ist die Sache öffentlich versteigert oder auf dem Markt oder durch einen Kaufmann, der mit Waren der gleichen Art handelt, übertragen worden, so kann sie dem ersten und jedem späteren gutgläubigen Empfänger nur gegen Vergütung des von ihm bezahlten Preises abgefordert werden.

(3) …

[Hinweis: Art. 934 Abs. 2 ZGB begründet kein Eigentum des gutgläubigen Erwerbers, sondern schützt lediglich dessen Besitz. Das durch Art. 934 Abs. 2 ZGB begründete Recht späterer Empfänger entsteht für jeden Empfänger neu, erfordert aber nicht, dass der spätere Erwerb unter den in Art. 934 Abs. 2 ZGB beschriebenen Umständen stattfindet.]

c) Bei Geld und Inhaberpapieren

Art. 935 ZGB

Geld und Inhaberpapiere können, auch wenn sie dem Besitzer gegen seinen Willen abhanden gekommen sind, dem gutgläubigen Empfänger nicht abgefordert werden.

d) Bei bösem Glauben

Art. 936 ZGB

(1) Wer den Besitz einer beweglichen Sache nicht in gutem Glauben erworben hat, kann von dem früheren Besitzer jederzeit auf Herausgabe belangt werden.

(2) Hatte jedoch auch der frühere Besitzer nicht in gutem Glauben erworben, so kann er einem späteren Besitzer die Sache nicht abfordern.

Strukturierung des Falles

994 **Wesentliche Themen:** Mobiliarsachenrechtsstatut; Rechtsvollendung durch Statutenwechsel; Res in transitu; Erwerb vom Nichtberechtigten; Erstarken importierten Eigentumsvorbehalts; Import ausländischer dinglicher Rechte.

Frage 1: Drittwiderspruchsklage gegen Peter Puch

1. **Vorbehaltseigentum in der Drittwiderspruchsklage**
   - Drittwiderspruchsklage, § 771 ZPO (+)
   - Auch Eigentumsvorbehalts-Verkäufer kann nach § 771 ZPO widersprechen, nicht § 805 ZPO
   - Klage also begründet, wenn Giuliano Eigentümer geblieben ist
2. **Übereignung und Eigentumsvorbehalt vor Absendung aus Italien**
   a) **Deutsches IPR, Eigentumsvorbehalt und Statutenwechsel**
      - Art. 43 Abs. 1 EGBGB, Belegenheitsrecht, bei Mobilien wandelbar
      - Art. 45 EGBGB (-) bei Kfz
      - Verweisung in italienisches Recht, Gesamtverweisung Art. 4 Abs. 1 EGBGB
      - Art. 46 EGBGB, wesentlich engere Verbindung (-), Absendestaat bei internationalem Kauf nicht zufällig
      - Sonderanknüpfung für Sicherungsrechte an Exportware (-)
      - Dafür spricht Realisierung des Sicherungsrechts erst im Bestimmungsland
      - Dagegen aber Lücke bei Zugriff von Gläubigern des Käufers noch im Absendestaat

   b) **Italienisches IPR**
      - Art. 51 Abs. 1 ital IPRG, *lex rei sitae*
      - Art. 51 Abs. 2 ital IPRG, akzessorische Anknüpfung an Vertragsstatut (-), lediglich klarstellend, dass *lex rei sitae* nicht für Schuldvertrag
      - Art. 52 ital IPRG (-) betrifft nur *res in transitu*, wenn in einem Transitland
      - Also Annahme der Verweisung

   c) **Eigentumsverlust durch Kaufvertrag vom 10.8.2018**
      - Art. 922 cc Eigentumsübergang mit Abschluss des wirksamen Kaufvertrages
      - Aber Vorbehalt abweichender Abreden, Eigentumsvorbehalt möglich, Art. 1524 cc (+)
      - Unwirksam gegenüber Peter Puch, Art. 1524 Abs. 1 cc (+) mangels schriftlicher, datierter Urkunde
3. **Änderung der Sachenrechtslage durch Ankunft in Deutschland**
   a) **Statutenwechsel im Sachenrechtsstatut**
      - Statutenwechsel tritt ein bei Wechsel zu neuer *lex rei sitae*
      - Maßgeblich Sachenrechtsstatut im Zeitpunkt des jeweiligen Verlust- oder Erwerbstatbestands
      - Transitstatut irrelevant, da keine sachenrechtlichen Tatbestände während Aufenthalt in Österreich
      - Ab Ankunft in Deutschland jedenfalls deutsches Sachenrechtsstatut

   b) **Erstarken des Eigentumsvorbehalts**
      - Unter deutschem Recht, Art. 43 Abs. 3 EGBGB:
      - Tatbestand einer Rechtsvollendung, an sich (-), aber Zweck: Vorbehaltseigentum wie beschränktes dingliches Recht
      - Nicht schon vorher erworbenes Recht (-), Vorbehaltseigentum schon in Italien entstanden, aber Art. 43 Abs. 3 EGBGB auch für Erstarkung schwächerer Rechte
      - Aber keine Transposition nach Art. 43 Abs. 3 EGBGB durch bloßes Eintreffen in Deutschland

   c) **„Erwerb des Eigentumsvorbehalts" im deutschen Recht**
      - Auslegung der Vereinbarung: Eigentumsvorbehalt jedenfalls für Deutschland
      - Sachenrechtliche Konstruktionen:
      - Abrede über Umwandlung in einen absolut wirksamen Eigentumsvorbehalt
      - Antizipierte Einigung über Rückübereignung nach Ankunft in Deutschland

- § 929 BGB
- Einigsein auch unter deutschem Sachenrechtsstatut noch gegeben
- Besitzerlangung; hier Besitzkonstitut §§ 868, 930 BGB (-), da Pfändung vor Besitzerlangung durch Martin Müller
- Verzicht auf Besitzerlangung (+)
- Dagegen zwar Struktur der §§ 929 ff BGB und Suche nach Tatbestand im deutschen Recht
- Dafür aber teleologische Auslegung von Art. 43 Abs. 3 EGBGB: Eigentumsvorbehalt soll erstarken, sobald die Sache deutschem Recht untersteht

Ergebnis: Giulio Giuliano ist durch Umwandlung seines Eigentumsvorbehalts in einen absolut wirkenden bei Eintreffen des PKW in Deutschland auch gegenüber Dritten wieder Eigentümer. Seine Drittwiderspruchsklage ist damit begründet.

4. Variante

a) Wortlautentsprechende Anwendung von Art. 43 Abs. 3 EGBGB

- Eigentumsvorbehalt abhängig von Reichweite des Art. 43 Abs. 3 EGBGB
- Umwandlung jedes relativen Eigentumsvorbehalts bei Import in deutsches Sachenrecht

b) Teleologische Reduktion auf Versendungskauf

- Art. 43 Abs. 3 EGBGB nur bei Bezug des Parteiwillens auf ein absehbares neues Statut

Ergebnis: Die Drittwiderspruchsklage wäre nicht begründet.

Frage 2: Anspruch gegen Manfred Mann

1. Anwendbares Recht: Qualifikation

a) Herausgabeanspruch

- Art. 43 Abs. 1 EGBGB, deutsches Sachenrechtsstatut
- Herausgabeanspruch § 985 BGB

b) Vorfrage: Eigentumshistorie

- Vorfrage, ob Giuliano Eigentümer, sachenrechtlich zu qualifizieren

c) Lösungsrecht

- Herausgabeanspruch gegen Erstattung, falls Lösungsrecht, sachenrechtlich zu qualifizieren
- Maßgeblicher Zeitpunkt
- Gegen Erwerbszeitpunkt: Entstehung des Lösungsrechts erst bei Herausgabeverlangen
- Aber: Lösungsrecht als Minus zu gutgläubigem Erwerb ab Erwerbsvorgang latent angelegt

2. Veräußerung an Siegfried Spät

a) Anwendbares Recht

- Eigentumserwerb Spät mit Veräußerung in Zürich am 3.10.2018
- Art. 43 Abs. 1 EGBGB, Gesamtverweisung auf schweizerisches Belegenheitsrecht
- Art. 46 EGBGB (-), Entwendung von Transitgut ist ortsbezogen
- Wandelbare Anknüpfung von Eigentumserwerb an abhanden gekommenen oder gestohlenen Sachen (strittig)
- Dafür: Grundsatz der jeweiligen Belegenheit, hM
- Dagegen: Manipulation durch den Dieb, Verbringen in ein veräußerungsfreundliches Land
- Schweizerisches IPR: Art. 100 Abs. 1 schweiz. IPRG, Belegenheitsrecht, Art. 101 schweiz. IPRG (-)

b) Kein Gutgläubiger Eigentumserwerb unter schweizerischem Recht

- Eigentumserwerb durch Spät
- Besitzübertragung bzw Tradition, Art. 714, 922 ZGB
- Rechtsgeschäft mit dem Berechtigten, Art. 714 Abs. 1, Abs. 2 ZGB, Auslegung aufgrund Traditionsprinzip
- Einigung mit dem Berechtigten, Umkehrschluss aus Art. 714 Abs. 2 ZGB
- Erwerb des Argli (-) kein gutgläubiger Erwerb gestohlener Sachen, außer Geld und Inhaberpapiere, Art. 935 ZGB, Art. 933, 934 Abs. 1 ZGB
- Erwerb des Spät (-), ebenso

c) Gutgläubiger Erwerb eines Lösungsrechts

- Durch Spät, Art. 934 Abs. 2 ZGB (+), Erwerb vom Händler, gutgläubig

3. Auswirkungen des Statutenwechsels durch Verbringen nach Deutschland

a) Kein Einfluss auf das Eigentum

- Statutenwechsel, kein unmittelbarer Einfluss auf Eigentumslage

b) Untergang des Lösungsrechts?
- Lösungsrecht untergegangen (-), Fortbestand nach Art. 43 Abs. 2 EGBGB, kein elementarer Widerspruch zu deutschem Recht, keine Transposition

4. Veräußerung an Manfred Mann

a) Kein gutgläubiger Eigentumserwerb unter deutschem Recht
- Sachenrechtsstatut deutsches Recht
- gutgläubiger Erwerb vom Nichtberechtigten (-) § 935 BGB

b) Kein Erwerb eines Lösungsrechts unter deutschem Recht
- Originär erworbenes Lösungsrecht des Manfred Mann Art. 934 Abs. 2 ZGB (-), schweizerisches Recht nicht mehr Sachenrechtsstatut

c) Derivativer Erwerb des schweizerischen Lösungsrechts
- Derivativer Erwerb des Lösungsrechts (-), zwar Fortbestand unter deutschem Sachenrechtsstatut, aber nach Art. 934 Abs. 2 ZGB nicht übertragbar

Ergebnis: Giulio Giuliano hat sein Eigentum nicht an einen gutgläubigen Erwerber verloren. Damit steht Giulio Giuliano der Anspruch aus § 985 BGB zu. Ein Lösungsrecht, aufgrund dessen er Manfred Mann den Kaufpreis zu ersetzen hätte, besteht nicht.

Frage 3: Anspruch der Cassa Rurale gegen Franz Franke

1. Mögliche Anspruchsgrundlage
- Herausgabeanspruch zur Verwertung als Sicherungseigentümer
- Wenn als Sicherungseigentum wirkendes dingliches Recht der Cassa Rurale
- Könnte aus Umwandlung einer Mobiliarhypothek, Art. 2810 Abs. 2 cc, entstanden sein

2. Auswirkung des Statutenwechsels

a) Begründung der Mobiliarhypothek
- Begründung unter italienischem Sachenrechtsstatut: Art. 43 Abs. 1 EGBGB, Annahme der Verweisung wie oben (+)

b) Statutenwechsel
- Transitstatut ohne Bedeutung, keine Erwerbs-/Verlusttatbestände, Statutenwechsel bei Ankunft in Deutschland

c) Auswirkungen auf die Mobiliarhypothek
- Art. 43 Abs. 2 EGBGB auf ankommende Mobiliarhypothek
- Eingangskontrolle (+), kein elementarer Widerspruch zum deutschen Recht, besitzloses Pfandrecht wie Sicherungsübereignung hinzunehmen
- Inhalt des ausländischen Rechts:
- Aufrechterhaltung als solches, soweit mit deutschem Sachenrecht vereinbar, keine Inhaltsänderung (+)
- Transpositionslehre: Überführung in deutsches Funktionsäquivalent wegen *numerus clausus* der Sachenrechte; hM, aber eher (-)
- Folge:
- Bei Aufrechterhaltung Fortbestehen der Mobiliarhypothek, soweit vereinbar mit deutschem Recht
- Bei Transposition Funktionsäquivalent, Pfandrecht § 1204 BGB (-) mangels Faustpfand; Hypothek § 1113 BGB (-) mangels Grundstück; Sicherungseigentum (+) als besitzloses Mobiliarsicherungsrecht

3. Auswirkung der Veräußerung an Franz Franke

a) Anwendbares Recht
- Gutgläubig lastenfreier Eigentumserwerb, sachenrechtlich zu qualifizieren, deutsches Sachenrechtsstatut

b) Gutgläubiger lastenfreier Erwerb nach § 936 BGB
- § 936 BGB (+) zweifelsfrei bei Übernahme als fortbestehende Mobiliarhypothek, aber auch hM bei Transposition in Sicherungseigentum
- guter Glaube, § 936 Abs. 2 BGB als grob fahrlässige Unkenntnis
- objektiv (+) da *certificato di proprietà* nicht eingesehen
- reduzierte Sorgfaltspflicht bei Unkenntnis der fremden Zulassungsbestimmungen (-)

4. Herausgabeanspruch

a) Verwertungsanspruch
- Hypothek besteht fort, Verwertung bei Fälligkeit

b) Verwertung bei Transposition
- Bei Transpositionslehre: Verwertung wie Sicherungseigentum

c) Verwertung bei Behandlung analog der deutschen Hypothek
- Bei Aufrechterhaltung als solche: Anspruch nach Art. 2808 cc auf gerichtliches Verwertungsverfahren, durch § 1233 Abs. 2 BGB (Pfandverkauf) zu realisieren

Ergebnis: Die Cassa Rurale hat die Mobiliarhypothek nicht verloren. Ihr steht ein Anspruch auf Herausgabe zu, jedoch nur zum Zweck der Verwertung nach den Bestimmungen des deutschen Rechts über die Pfandverwertung im Rahmen des § 1233 Abs. 2 BGB.

Lösung

Frage 1: Drittwiderspruchsklage gegen Peter Puch

1. Vorbehaltseigentum in der Drittwiderspruchsklage

995 Die Drittwiderspruchsklage (§ 771 ZPO) ist erfolgreich, wenn Giuliano Eigentümer ist; auch der Eigentumsvorbehalts-Verkäufer kann nach § 771 ZPO widersprechen und ist nicht auf die vorzugsweise Befriedigung (§ 805 ZPO) verwiesen.[1] Entscheidend ist also, ob Giuliano aufgrund der telefonischen Vereinbarung Eigentümer geblieben ist.

2. Übereignung und Eigentumsvorbehalt vor Absendung aus Italien

a) Deutsches IPR, Eigentumsvorbehalt und Statutenwechsel

996 **aa)** Auszugehen ist vom **deutschen IPR.**

Für den Eigentumsverlust und -erwerb gilt das jeweilige **Belegenheitsrecht** (Art. 43 Abs. 1 EGBGB), bei Mobilien also ein wandelbares Statut. Art. 45 EGBGB gilt nicht für Kfz, was jedenfalls für privat, nicht als Transportmittel eingesetzte PKW auch zweckentsprechend ist. Für die Zeit bis zur Versendung des Porsche nach Deutschland wird damit in italienisches Recht verwiesen.

997 **bb)** Zu erwägen ist eine Anknüpfung an eine **wesentlich engere Verbindung** (Art. 46 EGBGB). Die Bestimmung soll jedoch nur die Anwendung einer dem Sachverhalt extrem fernen Rechtsordnung vermeiden, zB beim *Transit* durch Drittländer. Die Rechtsordnung des Absendestaates ist dagegen beim internationalen Kauf nicht zufällig, solange sich die Sache dort befindet.

998 **cc)** Denkbar wäre, bei Exportware die Vereinbarung von **Sicherungsrechten**, die sich nach dem Willen der Parteien nur im Bestimmungsland realisieren sollen, unabhängig von der aktuellen Belegenheit bereits dem Recht des Bestimmungslandes zu unterstellen, also insoweit einen antizipierten Statutenwechsel anzunehmen.[2] Diese Lösung wird teilweise in Korrektur des Art. 43 Abs. 3 EGBGB vertreten, um die Probleme zu lösen, die sich ergeben, weil die vom Gesetzgeber in Art. 43 Abs. 3 EGBGB formulierte bloße Anrechnung von Tatbestandselementen bei Eintritt eines deutschen Sachenrechtsstatuts zu einem Schwebezustand führt, währenddessen das vereinbarte Recht nicht entstanden ist, so dass seine Vollendung, selbst für die unmittelbar Beteiligten unerwartet, erst nach langer Zeit eintreten mag und auch zwischenzeitlich entstandene Rechte Dritter berühren kann.[3] Eine solche Lösung auf der Ebene des IPR mag vorzugswürdig sein, ist jedoch im Wege der Gesetzesauslegung nicht erreichbar, da die gesetzgeberische Intention zu Art. 43 Abs. 3 EGBGB eindeutig an der Prämisse ausgerichtet ist, dass nicht der

1 *Zöller/Herget*[32] § 771 ZPO Rn 14.
2 Dies tut zB Art. 103 schweiz IPRG für den Eigentumsvorbehalt.
3 MüKoBGB/*Wendehorst*[7] Art. 43 EGBGB Rn 171.

Statutenwechsel antizipiert wird, sondern lediglich aus deutscher Sicht ausdrücklich gesetzlich die schon vom BGH angenommene Vorwirkung von unter früherem Statut verwirklichten Tatbestandsmerkmalen bestätigt wird (unten Rn 1012 ff). Ob Art. 43 Abs. 3 EGBGB einer teleologischen Reduktion bedarf, insbesondere nur auf den Versendungskauf anzuwenden ist, kann hier noch dahinstehen (unten Rn 1020 f).

dd) Damit bleibt es, unbeschadet einer erst materiell-rechtlich beachtlich Vorwirkung nach Art. 43 Abs. 3 EGBGB, bei der Verweisung in italienisches Recht. Dabei handelt es sich um eine **Gesamtverweisung** (Art. 4 Abs. 1 EGBGB); entgegen anders lautenden Vorschlägen wurde auch bei der Reform des IPR von 1999 für das Sachenrechtsstatut keine Ausnahme vom Prinzip der Gesamtverweisung vorgesehen. **999**

b) Italienisches IPR

aa) Art. 51 Abs. 1 ital IPRG (MAT a) geht ebenfalls von der *lex rei sitae*-Regel aus. **1000**

bb) Fraglich könnte sein, ob Art. 51 Abs. 2 ital IPRG zu einer akzessorischen Anknüpfung an das **Vertragsstatut** führt. Art. 51 Abs. 2 ital IPRG ist jedoch vor dem Hintergrund zu verstehen, dass das italienische Sachenrecht das Trennungsprinzip nicht kennt und den Eigentumserwerb aufgrund schuldrechtlichem Vertrag vorsieht (vgl Art. 922 cc [MAT b]). Art. 51 Abs. 2 ital. IPRG stellt also nur klar, dass die *lex rei sitae* nicht zugleich über die schuldrechtliche Seite des Vertrages bestimmt, nur weil dieser Vertrag auch dingliche Wirkungen haben kann.[4] **1001**

cc) Art. 52 ital IPRG spielt keine Rolle; geregelt ist nur die *res in transitu* **in einem Transitland**. Nicht erfasst sind Sachen, die sich noch im Ursprungsstaat befinden. **1002**

Damit nimmt das italienische Recht die Verweisung durch Art. 51 Abs. 1 ital IPRG an.

c) Eigentumsübergang durch Kaufvertrag vom 10.8.2018

Das Eigentum könnte bereits durch den **Kaufvertrag** vom 10.8.2018 von Giuliano auf Müller übergegangen sein. **1003**

aa) Dies könnte aufgrund Art. 922 cc (MAT b) erfolgt sein, da nach italienischem Sachenrecht der **Abschluss des wirksamen Kaufvertrages** ohne weiteren Vertrag oder sachenrechtlichen Modus den Eigentumsübergang bewirkt.[5] **1004**

bb) Jedoch steht diese Wirkung des schuldrechtlichen Vertrages unter dem Vorbehalt abweichender Abreden (vgl den Hinweis zu Art. 922 cc [MAT b]). Den Parteien ist es unbenommen, dem Vertrag nur schuldrechtliche Wirkungen beizumessen. Insbesondere ist auch nach italienischem Recht ein **Eigentumsvorbehalt** möglich, wie sich aus Art. 1524 cc (MAT b) ausdrücklich ergibt. **1005**

4 Vgl dazu *Maglio/Thorn* ZVglRWiss 96 (1997) 347, 369.
5 Zum (auch gutgläubigen) Eigentumserwerb beim Kauf von Kfz in Italien OLG Köln IHR 2018, 71.

1006 cc) Dieser Eigentumsvorbehalt könnte jedoch **gegenüber Peter Puch unwirksam** sein im Hinblick auf Art. 1524 Abs. 1 cc (MAT b). Da Peter Puch ein Gläubiger des Käufers Martin Müller ist, wirkt ihm gegenüber der Eigentumsvorbehalt nur, wenn er sich aus einer schriftlichen, datierten Urkunde ergibt, die hier fehlt.

Damit bestand zwar, solange sich die Kaufsache in Italien befand, ein Eigentumsvorbehalt; dieser war jedoch nur relativ wirksam im Verhältnis von Giulio Giuliano zu Martin Müller.

3. Änderung der Sachenrechtslage durch Ankunft in Deutschland

a) Statutenwechsel im Sachenrechtsstatut

1007 Beim internationalen **Versendungskauf** tritt durch die wandelbare Anknüpfung an die *lex rei sitae* ein Statutenwechsel ein.

1008 **aa)** Maßgeblich ist grundsätzlich das Sachenrechtsstatut im **Zeitpunkt** der Verwirklichung des jeweiligen Verlust- oder Erwerbstatbestands.

1009 **bb)** Man könnte fragen, welchem Statut die Sache im **Transit durch ein Drittland** (Österreich) unterliegt. Da sich während des Aufenthalts der Sache in Österreich aber keine sachenrechtlich relevanten Tatbestände (zB Vertragsschluss über *res in transitu* oder deren Pfändung) ereignet haben und auch die Willenserklärungen der Parteien keinesfalls auf Besonderheiten der Rechtslage in Österreich bezogen werden können, kann das Transitstatut offen bleiben. Spätestens[6] bei Ankunft in Deutschland – also vor Ankunft in Stuttgart – greift deutsches Recht als Sachenrechtsstatut ein.

b) Erstarken des Eigentumsvorbehalts

1010 **aa)** Zu prüfen ist damit, ob der **Eigentumsvorbehalt unter deutschem Recht erstarkt** ist. Dies könnte sich aus **Art. 43 Abs. 3 EGBGB** ergeben,[7] wonach für den Erwerb eines nicht schon vorher erworbenen Rechts an einer in das Inland verbrachten Sache Vorgänge unter einem früheren Sachenrechtsstatut „anrechenbar“ sind, soweit sie nicht durch einen unter vorherigem Sachenrechtsstatut im Ausland abgeschlossenen Vorgang (Rechtserwerb oder endgültige Rechtsversagung) verbraucht sind.[8]

---

6 Richtig dürfte es sein, über Art. 46 EGBGB die Sache mit dem Verlassen des Ursprungslandes schon im Transit dem Recht des Bestimmungslandes zu unterstellen, hier also schon bei Ankunft in Österreich deutschem Recht. Zum selben Ergebnis gelangt man im vorliegenden Fall, wenn man über Art. 46 EGBGB bis zur Ankunft im Bestimmungsland auf das Absendeland abstellt. Art. 52 ital IPRG wäre nämlich zu beachten, obgleich Auflockerungen nach Art. 46 EGBGB grundsätzliche *keine* Gesamtverweisungen sind; Art. 52 ital IPRG (MAT a) ist jedoch eine Kollisionsnorm, die sich gerade mit dem Problem befasst, das Grund für die Auflockerung ist, so dass der Entscheidungseinklang als die ratio der Gesamtverweisung wieder zum Tragen kommt.

7 Ob Art. 43 Abs. 3 EGBGB unvollständig einseitige Kollisionsnorm (Anwendung deutschen Rechts auf Altsachverhalte, so *Pfeiffer* IPRax 2000, 270, 273) oder Sachnorm (Berücksichtigung alter Tatbestandsmerkmale im Sachverhalt der deutschen Norm, so *Stoll* IPRax 2000, 259, 263) ist, ist hier unerheblich; zur Frage der Auslegung als partieller antizipierter Statutenwechsel hingegen oben Rn 998.

8 OLG Koblenz NJW-RR 2003, 1563; OLG Brandenburg BeckRS 2009, 7310.

bb) Ob Art. 43 Abs. 3 EGBGB für diesen Fall passt, ist fraglich. Weder geht es um die Vollendung des Eigentumserwerbs durch Müller, noch um den **„Erwerb eines Eigentumsvorbehalts“**, der sachenrechtlich nur einen nicht eingetretenen Eigentumsverlust bedeutet. Dieses Bedenken lässt sich mit Rücksicht auf die faktisch eigenständige Natur des Eigentumsvorbehalts als Sicherungsrecht überwinden, indem man das Vorbehaltseigentum unter Art. 43 Abs. 3 EGBGB in gleicher Weise wie sein Pendant, das Anwartschaftsrecht des Vorbehaltskäufers, wie ein beschränktes dingliches Recht behandelt;[9] dies entspricht auch der ausdrücklich am „Strickmaschinenfall“ des BGH orientierten gesetzgeberischen Intention.[10] **1011**

cc) Zum zweiten geht es aber nicht eindeutig um eine Rechtsvollendung in einem bisher nicht abgeschlossenen Sachverhalt, also um ein **„nicht schon vorher erworbenes Recht“**; Giuliano war auch unter italienischem Recht durchaus Vorbehaltseigentümer, nur war sein Recht nur relativ wirksam und deshalb dem Peter Puch nicht entgegenzuhalten. Dieses Problem lässt sich nur mit Rücksicht auf die Intention des Gesetzgebers lösen; Art. 43 Abs. 3 EGBGB ist ausdrücklich im Hinblick auf den vom BGH entschiedenen „Strickmaschinenfall“ konzipiert,[11] der einen nur relativ wirksamen Eigentumsvorbehalt betraf. Folgt man dieser Zielsetzung, so ist Art. 43 Abs. 3 EGBGB nicht nur auf *gestreckte Erwerbstatbestände* anzuwenden, sondern auch auf eine Erstarkung minder starker, unter ausländischem Sachenrechtsstatut verwirklichter Rechtspositionen.[12] **1012**

dd) Selbst wenn man dem folgt, führt jedoch Art. 43 Abs. 3 EGBGB nicht per se zu einem Erstarken eines schwachen ausländischen Eigentumsvorbehalts, denn die **Transposition** fremder dinglicher Rechte ist eine in Art. 43 Abs. 2 EGBGB geregelte Frage. Art. 43 Abs. 3 EGBGB erlaubt es nur, den Rechtserwerb, der vom Statutenwechsel an deutschem Recht unterliegt, unter Einbeziehung früher verwirklichter Tatbestandsmerkmale zu beurteilen. Dabei können sich auch zusätzliche Tatbestandsmerkmale ergeben. Die nach dem gesetzgeberischen Willen unterstellte Anwendbarkeit des Art. 43 Abs. 3 EGBGB führt also nur dann zu einem Erstarken des Eigentumsvorbehalts, wenn hierfür ein Tatbestand im deutschen Sachenrecht erfüllt ist. **1013**

c) „Erwerb des Eigentumsvorbehalts“ im deutschen Recht

Zu ermitteln ist daher ein **sachenrechtlicher Tatbestand** für den Erwerb eines absolut wirkenden Eigentumsvorbehalts im deutschen Recht.[13] **1014**

aa) Auszugehen ist für die sachenrechtliche Einordnung von der zwischen Giuliano und Müller getroffenen **Vereinbarung**. Da der Porsche zum Export nach Deutschland kommen sollte, darf die nur mündliche Vereinbarung eines Eigentumsvorbehalts so ver- **1015**

---

9 So die hM: Staudinger/*Mansel* (2015) Art. 43 EGBGB Rn 1323; Palandt/*Thorn*[78] Art. 43 EGBGB Rn 8.
10 Dazu Rn 1014 ff; kritisch MüKoBGB/*Wenbdehorst*[7] Art. 43 EGBGB Rn 168.
11 Vgl BT-Drucks. 14/343, 16 mit Hinweis auf BGHZ 45, 95.
12 So auch *Stoll* IPRax 2000, 259, 263.
13 So schon BGHZ 45, 95, 100.

standen werden, dass sie jedenfalls in Deutschland wirksam sein sollte. Die Wirksamkeit gegenüber Gläubigern in Italien war ersichtlich nicht von Bedeutung.[14]

1016 **bb)** Sachenrechtlich gibt es für die Umsetzung dieser Vereinbarung zwei Alternativen: Entweder ist sie als Abrede über die **Umwandlung** des nur relativ wirksamen Eigentumsvorbehalts in einen absolut wirksamen zu verstehen. Dass es nach deutschem Sachenrecht einen relativ wirksamen Eigentumsvorbehalt und deshalb eine solche Umwandlung nicht gibt, spricht nicht gegen die Zulässigkeit eines solchen Rechtsgeschäfts.[15]

Man kann aber auch die Parteien so verstehen, dass ihnen an einem nur relativen Eigentumsvorbehalt überhaupt nicht gelegen war, so dass sie sich antizipiert für den Zeitpunkt der Ankunft des Porsche in Deutschland über die Begründung eines Eigentumsvorbehalts unter deutschem Recht, also über eine **Rückübereignung** geeinigt hätten.

1017 **cc)** Beide Interpretationsmöglichkeiten sollten als lediglich konstruktive Umsetzung eines feststehenden Parteiwillens nicht zu unterschiedlichen Ergebnissen führen.[16] Das jeweils erforderliche **Einigsein** bei Eintritt in ein deutsches Sachenrechtsstatut steht außer Frage. Hierzu bedürfte es nicht einmal des Rückgriffs auf Art. 43 Abs. 3 EGBGB betreffend die früher erfolgte *Einigung*, denn maßgeblich ist das *Einigsein* im Zeitpunkt des Wirksamwerdens der Verfügung.[17]

1018 **dd)** Problematisch ist vielmehr, ob für eine solche Vereinbarung das Einigsein der Parteien genügt oder ob unter deutschem Sachenrechtsstatut ein **Tatbestand nach §§ 929 ff BGB**, also Besitz oder ein Besitzsurrogat, erfüllt sein muss. In Betracht käme nur ein Besitzkonstitut (§§ 868, 930 BGB). Dessen Vereinbarung kann zwar in der Abrede der Parteien gesehen werden. Es würde jedoch die Besitzerlangung durch Martin Müller erfordert haben, zu der es wegen der vorherigen Pfändung für Peter Puch nicht mehr kam.[18]

Für die Notwendigkeit der Voraussetzungen nach §§ 868, 930 BGB spricht die konstruktiv erforderliche Suche nach einem Erwerbstatbestand unter neuem Sachenrechtsstatut. Dagegen spricht allerdings neben dem Parteiwillen auch die mit Art. 43 Abs. 3 EGBGB trotz seiner misslungenen Fassung verbundene Intention: Der Eigentumsvorbehalt soll volle Geltung haben, *sobald* die Sache einem Sachenrechtsstatut unterliegt, das dem Parteiwillen Rechnung trägt, also schon mit Grenzübertritt, nicht erst mit Besitzerlangung. Der Umwandlung in einen absolut wirksamen Eigentumsvorbehalt bei Grenzübertritt durch Statutenwechsel[19] ist daher aus teleologischen Gründen der Vorzug zu geben.

Damit ist die Drittwiderspruchsklage von Giulio Giuliano begründet.

14 Ein solcher Wille steht für den BGH in BGHZ 45, 95, 99 außer Frage.
15 BGHZ 45, 95, 100.
16 BGHZ 45, 95, 100.
17 *Pfeiffer* IPRax 2000, 270, 273.
18 Anders als im „Strickmaschinenfall“, BGHZ 45, 95, 100, wo diese Frage offen bleibt.
19 Palandt/*Thorn*[78] Art. 43 EGBGB Rn 8; *Pfeiffer* IPRax 2000, 270, 273.

Ergebnis: Giulio Giuliano ist durch Umwandlung seines Eigentumsvorbehalts in einen absolut wirkenden bei Eintreffen des PKW in Deutschland auch gegenüber Dritten wieder Eigentümer. Seine Drittwiderspruchsklage ist damit begründet. 1019

4. Variante

a) Wortlautentsprechende Anwendung von Art. 43 Abs. 3 EGBGB?

Die Lösung der Variante hängt davon ab, welche Reichweite Art. 43 Abs. 3 EGBGB hat. 1020
Man könnte Art. 43 Abs. 3 EGBGB den allgemeinen Rechtssatz entnehmen, dass jeder relative Eigentumsvorbehalt an einer Sache, die in das Inland gelangt, zu einem absoluten Eigentumsvorbehalt wird. Das entspräche sogar dem Wortlaut, denn Art. 43 Abs. 3 EGBGB ist nicht ausdrücklich auf Sachverhalte beschränkt, die unter einem Sachenrechtsstatut begonnen wurden, *um* sich unter einem anderen Sachenrechtsstatut zu vollenden.

b) Teleologische Reduktion auf Versendungskauf

Eine solche Auslegung würde aber verkennen, dass Art. 43 Abs. 3 EGBGB, was seine 1021
Anwendung auf den Eigentumsvorbehalt angeht, vor dem Hintergrund des „Strickmaschinenfalls" zu sehen ist. Art. 43 Abs. 3 EGBGB bedarf insoweit einer teleologischen Reduktion, um ungewollte und zufällige Sachenrechtseingriffe zu vermeiden. Die Bestimmung soll nur dem **Parteiwillen** zur Geltung verhelfen. Entscheidend ist also, ob die Parteivereinbarung auf ein absehbares neues Statut bezogen war, unter dem das Geschäft seinen sachenrechtlichen Abschluss finden soll.[20] In der Variante handelt es sich dagegen um einen unter italienischem Recht abgeschlossenen und auch nicht mit Rücksicht auf einen geschäftsimmanenten Statutenwechsel offen gehaltenen sachenrechtlichen Tatbestand, der zu einem nur relativ wirkenden Eigentumsvorbehalt geführt hat und der auch durch Art. 43 Abs. 3 EGBGB nicht neu aufgerollt werden kann. Damit wird im Übrigen auch das von der Gegenansicht besorgte zufällige Erstarken relativer Eigentumsvorbehalte nach längerer Zeit vermieden.

Ergebnis: Die Drittwiderspruchsklage wäre nicht begründet. 1022

Frage 2: Anspruch gegen Manfred Mann

1. Anwendbares Recht: Qualifikation

a) Herausgabeanspruch

Da sich der Maserati gegenwärtig in Deutschland befindet, ist deutsches Recht Sachenrechtsstatut (Art. 43 Abs. 1 EGBGB). Es ist also ein Herausgabeanspruch nach § 985 BGB zu prüfen. 1023

20 *Stoll* IPRax 2000, 259, 263.

b) Vorfrage: Eigentumshistorie

1024 Dies wirft die **Vorfrage** auf, ob Giuliano Eigentümer ist. Auch diese Frage ist sachenrechtlich zu qualifizieren. Die in Betracht kommenden historischen Erwerbsvorgänge sind dem im *jeweiligen Zeitpunkt* maßgeblichen Sachenrechtsstatut zu unterstellen.

c) Lösungsrecht

1025 Ein Herausgabeanspruch gegen **Erstattung** des von Manfred Mann an seinen Vormann Siegfried Spät gezahlten Kaufpreises käme in Betracht, wenn Giulio Giuliano zwar nicht das Eigentum verloren hat, Manfred Mann aber ein **Lösungsrecht** zusteht, das sich hier nur aus Art. 934 Abs. 2 ZGB (MAT e) ergeben könnte. Auch ein solches Lösungsrecht ist bei Qualifikation aus Sicht der deutschen *lex fori* sachenrechtlicher Natur, weil es, ohne diesem das Eigentum zu verschaffen, funktionell den gutgläubigen Erwerber durch eine Form des Besitzschutzes begünstigt.[21]

1026 Fraglich könnte sein, auf welchen Zeitpunkt kollisionsrechtlich für die Entstehung des Lösungsrechts abzustellen ist. Gegen den Zeitpunkt des Erwerbsvorgangs könnte sprechen, dass nach materiellem schweizerischen Recht das Lösungsrecht erst entsteht, wenn der Eigentümer die Sache herausverlangt. Ausgehend von der funktionellen Einordnung des Lösungsrechts als schwächere Form des dem Erwerber versagten Gutglaubenserwerbs ist jedoch für die Bestimmung des Sachenrechtsstatuts maßgeblich, dass das Lösungsrecht in dem Erwerbsvorgang bereits angelegt ist.[22] Es ist daher gleichzeitig mit der Eigentumsentwicklung nach dem jeweiligen Sachenrechtsstatut zu prüfen.

2. Veräußerung an Siegfried Spät

a) Anwendbares Recht

1027 Spät könnte das Eigentum im Zusammenhang mit der Veräußerung in Zürich am 3.10.2018 erworben haben. Hierzu ist zunächst das anwendbare Recht zu bestimmen.

1028 **aa)** Zu diesem Zeitpunkt befand sich der Maserati in der Schweiz, **deutsches IPR** (Art. 43 Abs. 1 EGBGB) verweist daher als Gesamtverweisung auf schweizerisches Recht.

1029 **bb)** Etwas anderes könnte sich ergeben, wenn der Maserati in der Schweiz als *res in transitu* zu behandeln wäre. Eine Sonderanknüpfung von Transitgut nach Art. 46 EGBGB an das Recht des Bestimmungslandes steht jedoch nur für sachenrechtliche Vorgänge ohne Bezug zum Lageort zur Diskussion. Die Entwendung von Transitgut ist hingegen ortsbezogen, so dass es bei der *lex rei sitae* bleibt. Bei Veräußerung durch den Dieb handelt es sich ohnehin nicht mehr um Transitgut.

21 BGHZ 100, 321, 324 f; Staudinger/*Mansel* (2015) Art. 43 EGBGB Rn 857.
22 Staudinger/*Mansel* (2015) Art. 43 EGBGB Rn 857.

cc) Zweifelhaft ist jedoch, ob die Anknüpfung an die *jeweilige lex rei sitae* auch für den Eigentumserwerb an abhanden gekommenen oder **gestohlenen Sachen** gilt. Das erweist sich deshalb als problematisch, weil der Dieb es in der Hand hätte, die Sache in ein veräußerungsfreundliches Land zu verbringen, um einen gutgläubigen Erwerb Dritter zu ermöglichen, der am Tatort ggf ausscheidet.[23] Es lässt sich mit gutem Grund vertreten, die Möglichkeit des gutgläubigen Erwerbs dem Sachenrechtsstatut im Zeitpunkt des Diebstahls zu unterstellen.[24] Ob dem entgegen der ganz hM[25] zu folgen ist, kann hier dahinstehen, da sich der Maserati sowohl im Zeitpunkt des Diebstahls als auch der Veräußerung in der Schweiz befand.[26] **1030**

dd) Das **schweizerische IPR** folgt ebenfalls dem Lageortprinzip (Art. 100 Abs. 1 schweiz IPRG [MAT d]). Die Ausnahme für Transitgut nach Art. 101 schweiz IPRG (MAT d) greift jedenfalls nicht für den Veräußerungsvorgang ein, weil der Maserati in diesem Zeitpunkt nicht mehr Transitgut war. **1031**

b) Kein Gutgläubiger Eigentumserwerb unter schweizerischem Recht

Ob Siegfried Spät an dem Maserati **Eigentum** erworben hat, bestimmt sich somit nach schweizerischem Recht. **1032**

Eigentumserwerb setzt neben der Besitzübertragung (Tradition, §§ 714, 922 ZGB [MAT e]) ein Rechtsgeschäft mit dem **Berechtigten** voraus (vgl § 714 Abs. 1, Abs. 2 ZGB). § 714 Abs. 1 ZGB sagt dies nicht ausdrücklich, ist aber vor dem Hintergrund romanischer Rechte so zu verstehen, dass das Eigentum *nicht allein* durch den Vertrag, *sondern erst* durch die Tradition übergeht. Aus § 714 Abs. 2 ZGB folgt im Umkehrschluss, dass die Einigung mit dem Berechtigten erfolgen muss.

Eine Berechtigung des Alain Argli könnte nur bestehen, wenn nach schweizerischem Recht der Erwerb einer **gestohlenen Sache** vom Nichtberechtigten überhaupt möglich ist, denn Argli leitet sein Eigentum jedenfalls nicht aus einer Veräußerungskette Berechtigter her. Auch nach schweizerischem Recht ist jedoch der Erwerb abhanden gekommener beweglicher Sachen vom Nichtberechtigten nur bei Geld und Inhaberpapieren möglich (Art. 935 ZGB [MAT e]). Im Übrigen beschränkt Art. 933 ZGB (MAT e) den Erwerb vom Nichtberechtigten auf Fälle, in denen die Sache einem Nichtberechtigten *anvertraut* war, also unterschlagen wurde. An gestohlenen Sachen wird, wie sich aus Art. 934 Abs. 1 ZGB (MAT e) ergibt, nicht gutgläubig Eigentum erworben. **1033**

---

23 So wird ein in Italien unterschlagener registrierter PKW bei Veräußerung nach Deutschland gutgläubig erwerbbar (§§ 932, 935 BGB), obgleich in Italien (im PRA, also wie Immobilien im Sinn einer Eigentumstranskription) registrierte Kfz nach italienischem Recht nicht gutgläubig erworben werden können (Art. 1156 cc; strittig: dazu OLG Köln IHR 2018, 71). Andererseits kann ein in Deutschland zugelassener und in Deutschland gestohlener PKW in Italien gutgläubig erworben werden; da die deutsche Zulassung nicht zivilrechtlich, sondern nur straßenverkehrsordnungsrechtlich konzipiert ist, findet nicht Art. 1156 cc Anwendung, sondern es gilt uneingeschränkt der Grundsatz des Art. 1153 cc, wonach bei gutem Glauben des Erwerbers der Besitz das Eigentum vermittelt.

24 *Mansel* IPRax 1988, 268.

25 Vgl BGH NJW 1991, 1414; BGH NJW 1994, 2022.

26 Vgl auch OLG Stuttgart NJOZ 2007, 2064.

Aus demselben Grund kommt sodann auch ein Erwerb des Siegfried Spät vom **Nichtberechtigten** (Alain Argli) nicht in Frage.

c) Gutgläubiger Erwerb eines Lösungsrechts

1034 Siegfried Spät könnte jedoch gutgläubig ein **Lösungsrecht** erworben haben, das seinen Besitz nach Art. 934 Abs. 2 ZGB schützt (MAT e). Die Voraussetzungen des Art. 934 Abs. 2 ZGB waren im Zeitpunkt des Verkaufs von Argli an Spät gegeben, da Argli Kaufmann ist, der mit Autos, also Waren der gleichen Art handelt und Siegfried Spät im Erwerbszeitpunkt gutgläubig war.

3. Auswirkungen des Statutenwechsels durch Verbringen nach Deutschland

a) Kein Einfluss auf das Eigentum

1035 Mit dem Verbringen des Maserati durch Siegfried Spät nach Deutschland ist ein Statutenwechsel eingetreten. Auf die **Eigentumslage** hat dieser Statutenwechsel als solcher keinen Einfluss.

b) Untergang des Lösungsrechts?

1036 Fraglich ist dagegen, ob das **Lösungsrecht** des Siegfried Spät durch den Statutenwechsel untergegangen ist. Dies kann sich nicht schon daraus ergeben, dass das deutsche Sachenrecht vergleichbare Lösungsrechte nicht kennt. Art. 43 Abs. 2 EGBGB geht davon aus, dass fremde sachenrechtliche Institute bei einem Statutenwechsel grundsätzlich fortbestehen. Ein elementarer Widerspruch zu deutschem Recht, der die Anerkennung hindern würde, liegt nicht vor.[27] In seiner Wirkung ist das Lösungsrecht einem Zurückbehaltungsrecht ähnlich, also schuld- und nicht sachenrechtlicher Auswirkung – weshalb es auch nicht der Transposition (dazu Rn 1025 f) in ein deutsches sachenrechtliches Institut unterworfen wird.[28] Dass das deutsche Recht im Fall des § 935 BGB den Erwerber nicht schützen würde, betrifft nicht die funktionale Verträglichkeit des Rechtsinstituts mit deutschem Recht.

Damit besteht das Lösungsrecht in der 5-jährigen Frist des Art. 934 Abs. 1 ZGB, also bis zum 19.10.2023, fort.

4. Veräußerung an Manfred Mann

a) Kein gutgläubiger Eigentumserwerb unter deutschem Recht

1037 Die Veräußerung an Manfred Mann am 20.10.2018 untersteht deutschem Recht als Sachenrechtsstatut. Damit scheidet ein gutgläubiger Erwerb des **Eigentums** vom Nichtberechtigten Siegfried Spät aus (§ 935 BGB).

---

27 BGHZ 100, 321, 326.

28 Ebenso Staudinger/*Mansel* (2015) Art. 43 EGBGB Rn 864 betreffend das dreijährige Lösungsrecht nach Art. 2280 belg CC, anders Art. 2277 franz CC.

b) Kein Erwerb eines Lösungsrechts unter deutschem Recht

Fraglich ist, ob Manfred Mann ein **Lösungsrecht** erworben hat. Ein solcher Erwerb könnte sich aus Art. 934 Abs. 2 ZGB ergeben, auch wenn Siegfried Spät kein Automobilkaufmann ist (vgl Hinweis zu MAT e). Art. 934 Abs. 2 ZGB ist jedoch auf diesen Erwerbsvorgang nicht mehr anzuwenden, weil für diesen deutsches Recht Sachenrechtsstatut war. Ein originäres *Lösungsrecht des Manfred Mann* konnte also nicht mehr entstehen. **1038**

c) Derivativer Erwerb des schweizerischen Lösungsrechts

Zu erwägen bleibt lediglich ein derivativer Erwerb **des Siegfried Spät zustehenden Lösungsrechts**. Hierfür könnte man argumentieren, der Maserati sei mit einem Lösungsrecht *belastet* in das deutsche Sachenrechtsstatut eingetreten. Dagegen spricht jedoch, dass das Lösungsrecht schon nach Art. 934 Abs. 2 ZGB einem derivativen Erwerb nicht zugänglich ist (vgl Hinweis zu MAT e), sondern in der Person jedes späteren Empfängers neu entsteht. Ein Statutenwechsel führt aber nicht dazu, ein fremdes Rechtsinstitut aufrecht zu erhalten, das nach der abgebenden Rechtsordnung erloschen wäre. Das Lösungsrecht des Siegfried Spät ging also mit der Veräußerung an Manfred Mann *unter* und nicht auf diesen über. **1039**

Ergebnis: Giulio Giuliano hat sein Eigentum nicht an einen gutgläubigen Erwerber verloren. Damit steht Giulio Giuliano der Anspruch aus § 985 BGB zu. Ein Lösungsrecht, aufgrund dessen er Manfred Mann den Kaufpreis zu ersetzen hätte, besteht nicht. **1040**

Frage 3: Anspruch der Cassa Rurale gegen Franz Franke

1. Mögliche Anspruchsgrundlage

Es könnte ein Anspruch auf **Herausgabe** zum Zweck der **Verwertung** gleich einem Sicherungseigentümer bestehen. Dazu müsste der Cassa Rurale an dem Ferrari ein dingliches Recht zustehen, das in Deutschland wie Sicherungseigentum zu behandeln ist. **1041**

Ein solches Recht könnte sich aus der zunächst wirksam bestellten **Mobiliarhypothek** nach Art. 2810 Abs. 2 cc (MAT b) ergeben. Diese Hypothek ist als beschränktes dingliches Recht zu qualifizieren und in ihrer Entstehung und ihrem Bestand daher dem jeweiligen Sachenrechtsstatut zu unterstellen. Dies erfolgt wiederum historisch, weil das Sachenrechtsstatut wandelbar ist.

2. Auswirkung des Statutenwechsels

a) Begründung der Mobiliarhypothek

Die **Begründung** der Hypothek hat unter italienischem Recht als Sachenrechtsstatut stattgefunden, weil damals der Ferrari in Italien stand (Art. 43 Abs. 1 EGBGB; zur **1042**

Annahme der Verweisung Rn 996 ff). An der materiellen Wirksamkeit der Bestellung besteht nach dem Sachverhalt kein Zweifel.

b) Statutenwechsel

1043 Dahinstehen kann, ob hier zu prüfende eventuelle *gesetzliche* Verlust- oder Erwerbstatbestände im Transit durch die Schweiz bereits deutschem Recht unterlegen hätten, was zweifelhaft ist, da Sonderanknüpfungen der *res in transitu* der Verwirklichung rechtsgeschäftlicher Tatbestände dienen (vgl ausdrücklich Art. 101 schweiz IPRG [MAT d]). Spätestens mit der Ankunft in Deutschland ist ein **Statutenwechsel** zu deutschem Recht eingetreten.

c) Auswirkungen auf die Mobiliarhypothek

1044 Dessen **Auswirkungen** auf die dem deutschen Sachenrecht unbekannte Mobiliarhypothek unterliegen Art. 43 Abs. 2 EGBGB.

1045 **aa)** Art. 43 Abs. 2 EGBGB bewirkt zunächst eine **Eingangskontrolle**. Ein elementarer Widerspruch zum deutschen Recht, der bereits zur Versagung der Anerkennung an sich führen würde, besteht nicht; zwar handelt es sich im Ergebnis um ein besitzloses Pfandrecht, doch ist gerade dem deutschen Recht wegen seiner großzügigen Haltung zur Sicherungsübereignung durch Besitzkonstitut dieses Phänomen nicht fremd.[29] Auch gegen den deutschen *ordre public* verstößt die Mobiliarhypothek deshalb nicht. Die Mobiliarhypothek blieb also bestehen.

1046 **bb)** Fraglich bleibt aber auch unter Art. 43 Abs. 2 EGBGB, mit welchem **Inhalt** ein solches Recht unter deutschem Sachenrechtsstatut fortbesteht. Einerseits bietet sich an, das fremde dingliche Recht auch inhaltlich so weit aufrecht zu erhalten, wie dies mit deutschem Recht verträglich ist. Dies würde es erlauben, auch einzelne inhaltliche Elemente aus der fremden Rechtsordnung, etwa im Bereich der Verwertung (Pfandverkauf oder freihändige Verwertung), zu erhalten. Die herrschende **Transpositionslehre** überführt hingegen das importierte dingliche Recht in ein deutsches Funktionsäquivalent, wofür der *numerus clausus* der (deutschen) Sachenrechte zu sprechen scheint.[30] Dies erleichtert zwar die inländische Rechtsanwendung, führt jedoch zu einer unnötigen Veränderung, ggf sogar zu einer Aufwertung des fremden dinglichen Rechts. Die Transpositionslehre kann auch nicht erklären, warum bei einem weiteren Statutenwechsel nicht das transformierte Recht fortbesteht, sondern das originäre Recht wieder auflebt.

Folgt man der ersten Ansicht, so bestand die Mobiliarhypothek fort und wäre in ihren inhaltlichen Auswirkungen jeweils nach Art. 43 Abs. 2 EGBGB auf Vereinbarkeit mit dem deutschen Recht zu prüfen. Folgt man dagegen der Transpositionslehre, so ist ein Funktionsäquivalent zu suchen, das nicht im Pfandrecht (§ 1204 BGB) bestehen kann,

29 BGHZ 39, 173 (besitzloses französisches Pfandrecht); BGH NJW 1991, 1415 (italienische Autohypothek).
30 So auch unter Art. 43 Abs. 2 EGBGB: *Pfeiffer* IPRax 2000, 270, 272.

weil dem BGB-Pfandrecht das Faustpfandprinzip immanent ist, und auch nicht in der Hypothek (§ 1113 BGB), weil diese nur an Grundstücken bestehen kann. Funktionsäquivalent ist als besitzlose Mobiliarsicherheit vielmehr das Sicherungseigentum.[31]

3. Auswirkung der Veräußerung an Franz Franke

a) Anwendbares Recht

Durch die Veräußerung am 24.9.2018 könnte jedoch Franke gutgläubig lastenfreies **1047**
Eigentum erlangt haben. **Gutglaubenserwerb** ist als mobiliarsachenrechtliche Frage dem Sachenrechtsstatut im Erwerbszeitpunkt zu unterstellen, hier also deutschem Recht.

b) Gutgläubig lastenfreier Erwerb nach § 936 BGB

Vom hier vertretenen Standpunkt ist **gutgläubig lastenfreier Erwerb** nach § 936 BGB **1048**
zu prüfen, da die als solche fortbestehende Mobiliarhypothek ein beschränktes dingliches Recht ist. Vom Standpunkt der Transpositionslehre, die eine Umwandlung in Sicherungseigentum behauptet, müsste konsequent § 932 BGB geprüft werden. Diese Konsequenz der Transposition zieht jedoch der BGH nicht, sondern prüft ebenfalls nach § 936 BGB, was im Ergebnis jedenfalls keinen Unterschied macht.

Das Erlöschen des Rechts der Cassa Rurale hängt damit vom **guten Glauben** des Frank **1049**
Franke (§ 936 Abs. 2 BGB) ab, wobei nur grob fahrlässige Unkenntnis (§ 932 Abs. 2 BGB) vorliegen kann. Entsprechend den zum Erwerb in Deutschland zugelassener Kfz entwickelten Grundsätzen muss ein Erwerber als bösgläubig betrachtet werden, der sich die der Zulassungsbescheinigung Teil II (früher: Kfz-Brief) entsprechenden Fahrzeugpapiere nicht zeigen lässt oder deren auf Belastungen hindeutenden Inhalt nicht beachtet, es sei denn, er erwirbt bei einem niedergelassenen Kfz-Händler, der die Papiere zwar besitzen, in ihnen aber nicht als Halter oder Berechtigter eingetragen sein muss. Das ist hier objektiv geschehen, denn im italienischen Recht entspricht die *carta di circolazione* funktional der Zulassungsbescheinigung Teil I (früher Kfz-Schein), während das *certificato di proprietà* (CDP) eine der Zulassungsbescheinigung Teil II funktional entsprechende, wenn auch zivilrechtlich über diese hinausgehende Wirkung hat; sowohl das gedruckte CDP als auch das mit Zugangscode einsehbare CDPP (MAT c) hat im italienischen Rechtsverkehr die Funktion, die zivilrechtlichen Rechtsverhältnisse beim Gebrauchtwagenkauf für den Käufer ermittelbar zu machen.

Grundsätzlich besteht beim inländischen Erwerb im Ausland zugelassener Kfz eine **1050**
gesteigerte Sorgfaltspflicht, die nach den Umständen des Einzelfalls zu beurteilen ist.[32] Andererseits dürfen die Anforderungen an den Erwerber nicht überspannt werden, so dass durchaus die Vorlage unauffälliger ausländischer Kfz-Papiere, die auf den angeblichen Eigentümer lauten, genügt, sofern auch die übrigen Umstände des Imports (Lade-

31 BGH NJW 1991, 1415.
32 BGH NJW 1994, 2022: Vorlage eines deutschen Kfz-Briefes ohne Halterangabe bei Re-Import aus Italien.

papiere, Verzollung etc) unauffällig sind.[33] Die vorliegend zentrale Frage ist, ob sich der Erwerber auf Irrtümer berufen kann, die sich aus seiner **Unkenntnis der Funktion der Kfz-Papiere im Herkunftsland** ergeben. Da das Unwesen des europaweiten Handels mit unterschlagenen oder gestohlenen Luxus-Kfz allgemein bekannt ist, muss vom Erwerber nicht nur die Prüfung der ihm vorgelegten ausländischen Papiere, sondern auch eine Erkundigungspflicht darüber verlangt werden, aus welchen Zulassungspapieren der Käufer nach dem jeweiligen Recht entnehmen darf, unbelastetes Eigentum an dem Kfz erwerben zu können.[34] Erst recht gilt dies, seitdem deutsche Automobilclubs im Internet solche Informationen unschwer verfügbar machen.

Hiergegen hat Franz Franke verstoßen. Dass er ohne italienische Rechtskenntnisse nicht damit rechnen musste in einer italienischen CDP bzw CDPP auch Informationen über Mobiliarhypotheken zu finden, ändert daran nichts; maßgeblich ist, dass er hätte nachforschen und sich das italienischen Papier vorlegen lassen müssen, aus dem sich Erkenntnisse über die zivilrechtlichen Verhältnisse an dem Kfz ergeben.

4. Herausgabeanspruch

a) Verwertungsanspruch

1051 Somit besteht das Recht der Cassa Rurale fort. Sie ist nach eingetretener Fälligkeit der **Hypothek** zur **Verwertung** berechtigt. Fraglich ist jedoch, in welcher Weise die Verwertung erfolgt.

b) Verwertung bei Transposition

1052 Folgt man der **Transpositionslehre**, so hat die Verwertung wie im Fall von Sicherungseigentum zu erfolgen. Die Cassa Rurale hat also den geltend gemachten Herausgabeanspruch, wobei die für Sicherungseigentum im deutschen Recht geltenden Verwertungsbeschränkungen (entsprechende Anwendung von Pfandrechtsvorschriften) in gleicher Weise zu beachten sind.[35]

c) Verwertung bei Behandlung analog der deutschen Hypothek

1053 Hier zeigt sich jedoch ein Nachteil der Transpositionslehre, die dazu führt, dass die Cassa Rurale durch die Transposition ein besseres Recht erhält, als ihr nach italienischem Recht zukäme, denn nach italienischem Recht wäre sie auf den Anspruch nach Art. 2808 cc (MAT b) und ein gerichtliches Verwertungsverfahren zu verweisen. Nach hier vertretener Ansicht (Rn 1046) ist dagegen zu prüfen, ob die sich aus Art. 2808 cc ergebende Vorgehensweise in Widerspruch zum deutschen Sachenrecht (Art. 43 Abs. 2 EGBGB) stünde. Das ist zu verneinen: § 1233 Abs. 2 BGB sieht für den Pfandverkauf

33 OLG Köln BeckRS 2017, 118318: auch bei Erwerb eines ausländisch registrierten Kfz beim Händler im Inland.

34 BGH NJW 1991, 1415, 1416; kritisch *Kreuzer* IPRax 1993, 157, 160; selbstverständlich wäre die positive Kenntnis von CDP und CDC bei mehrfachem Erwerb von Kfz aus Italien: OLG Köln IHR 2018, 71.

35 BGH NJW 1991, 1415, 1416.

die Möglichkeit vor, dass der Gläubiger einen Titel erstreitet und sodann die Pfandsache nach den Vorschriften über den Verkauf gepfändeter Sachen, also gerichtlich, verwerten lässt. Es wäre also eine Übertragung der italienischen Verwertungsbestimmungen in deutsches Recht möglich, so dass die von der hM vorgenommene Transposition des Rechtsinstituts auch im praktischen Ergebnis zu weit geht.

Ergebnis: Die Cassa Rurale hat die Mobiliarhypothek nicht verloren. Ihr steht ein Anspruch auf Herausgabe zu, jedoch nur zum Zweck der Verwertung nach den Bestimmungen des deutschen Rechts über die Pfandverwertung im Rahmen des § 1233 Abs. 2 BGB. **1054**

Literaturhinweise

Behandlung der fallrelevanten Themen in:
***Rauscher* Internationales Privatrecht (5. Aufl., 2017)**

Mobiliarsachenrechtsstatut:	Rn 1429 ff
Rechtsvollendung durch Statutenwechsel:	Rn 1562 ff
Res in transitu:	Rn 1600 ff
Erwerb vom Nichtberechtigten:	Rn 1593 ff
Erstarken importierten Eigentumsvorbehalts:	Rn 1586 ff
Import ausländischer dinglicher Rechte:	Rn 1576 ff

Weitere Literatur

1. Mobiliarsachenrechtsstatut

Staudinger/Mansel (2015) Art. 43 EGBGB Rn 37 ff.

Siehr Internationales Sachenrecht, ZVglRWiss 2005 (104) 145.

MüKoBGB/*Wendehorst*[7] Art. 43 EGBGB Rn 1 ff.

Kieninger Perspektiven für ein Europäisches Mobiliarkreditsicherungsrecht, ZEuP 2016, 201.

2. Rechtsvollendung durch Statutenwechsel

Staudinger/Mansel (2015) Art. 43 EGBGB Rn 1309 ff.

Schacherreiter Publizitätsloses Sicherungseigentum im deutsch-österreichischen Grenzverkehr, ZfRV 2005, 173.

MüKoBGB/*Wendehors*[7] Art. 43 EGBGB Rn 160 ff.

3. Res in transitu

Staudinger/Mansel (2015) Art. 46 EGBGB Rn 45 ff.

Paul/Leopold Res in transitu – quo vaditis? – Markenrechtlicher Schutz gegen Warentransit in Europa, EuZW 2005, 685.

MüKoBGB/*Wendehorst*[7] Art. 46 EGBGB Rn 40 ff.

4. Erwerb vom Nichtberechtigten

Staudinger/Mansel (2015) Art. 43 EGBGB Rn 818 ff.

Benecke Abhandenkommen und Eigentumserwerb im Internationalen Privatrecht, ZVglRWiss 2002 (101) 362.

5. Erstarken importierten Eigentumsvorbehalts

Staudinger/Mansel (2015) Art. 43 EGBGB Rn 523 ff.

Hartwieg Die Klassifikation von Mobiliarsicherheiten im grenzüberschreitenden Handel, RabelsZ 57 (1993) 607.

6. Import ausländischer dinglicher Rechte

Staudinger/Mansel (2015) Art. 43 EGBGB Rn 1279 ff.

Gröschler Zur Behandlung ausländischer Vindikationslegate über im Inland belegene Sachen, JZ 1996, 1030.

Thode Innerstaatliche Anerkennung ausländischen Registerpfandrechts an Luftfahrzeug, WuB IV A § 439 BGB 1.92.

Sachverzeichnis

Die Angaben beziehen sich auf die Randnummern.